全国重点院校人力资源和社会保障专业核心课程系列教材

社会保障学

SHEHUI BAOZHANGXUE

（第二版）

郑功成　主编

中国劳动社会保障出版社

图书在版编目（CIP）数据

社会保障学/郑功成主编. -- 2版. -- 北京：中国劳动社会保障出版社，2024
全国重点院校人力资源和社会保障专业核心课程系列教材
ISBN 978-7-5167-6247-9

Ⅰ.①社… Ⅱ.①郑… Ⅲ.①社会保障-高等学校-教材 Ⅳ.①C913.7

中国国家版本馆 CIP 数据核字（2024）第 016361 号

中国劳动社会保障出版社出版发行

（北京市惠新东街1号　邮政编码：100029）

＊

北京市白帆印务有限公司印刷装订　　新华书店经销
787 毫米×1092 毫米　16 开本　29.75 印张　525 千字
2024 年 2 月第 2 版　2024 年 2 月第 1 次印刷
定价：105.00 元

营销中心电话：400-606-6496
出版社网址：http://www.class.com.cn

版权专有　　侵权必究

如有印装差错，请与本社联系调换：（010）81211666
我社将与版权执法机关配合，大力打击盗印、销售和使用盗版图书活动，敬请广大读者协助举报，经查实将给予举报者奖励。
举报电话：（010）64954652

第二版前言

作为改革开放以来中国社会保障改革与制度建设进程的见证者和亲身参与者,以及在高校较早专门从事社会保障教学与研究的工作者,我深感21世纪以来我国社会保障事业获得了全面发展,社会保障学科也在持续发展。鉴于社会保障事业的发展变化,特别是党的二十大描绘出了中国式现代化的全景式蓝图和走向共同富裕的国家发展目标,特对本书做修订。

本次修订幅度较大,重点是对社会保障相关理论进行了完善,以求更准确地阐述社会保障的正确知识,避免因理论阐述不足而误导学生;同时根据中国式现代化进程和中国社会保障的改革与发展实践,与时俱进地调整了具体制度安排的相关内容。

本版由郑功成执笔完成第一章至第八章,由浙江工商大学教授杨方方执笔完成第九章,由中国人民大学劳动人事学院的尹吉东博士执笔完成第十章、范世明博士执笔完成第十一章、王海漪博士执笔完成第十二章,最后由郑功成统稿、定稿。感谢第一版的作者奠定的较好基础,本版中有关缺漏与不足均由修订者承担全部责任。

期望本书能够给劳动与社会保障专业学生提供正确的、完整的专业基础知识,亦能够为其他相关专业学生及对社会保障感兴趣的专业工作者学习、掌握社会保障基本理论与实务知识提供蓝本。

郑功成

2023年9月于北京

第一版前言

自有社会保障专业以来，一直想编写一部适用于本专业的社会保障学教科书。因为我一直认为，一部优秀的教科书就像一个好的导师，会传授正确的知识并给人以启迪；而一本劣质的教科书，不仅会误导学生，而且会增加讲授者的困难。对社会保障专业而言，社会保障学的基础课程地位更是决定了它肩负着传授正确知识和引导学生进入专业殿堂的双重使命。

本书就是在这样的思考下完成的，它的主要特点已经在内容提要中加以概括了。这是我在继主持完成适用于广播电视大学学生的版本《社会保障学》（中央广播电视大学出版社2004年版）、适用于非社会保障专业学生的版本《社会保障概论》（复旦大学出版社2005年版）两部教材的基础之上，主持编写的一部主要适用于劳动与社会保障专业本科层次的社会保障基础课程教科书。如果说广播电视大学版本侧重于社会保障制度实践内容的介绍，非社会保障专业版本侧重于社会保障基本知识和制度安排的概述，那么，本书则构筑了较为完整的社会保障知识体系，突出地强调了知识性与思辨性相结合、理论性与实践性相结合、阐述性与启发性相结合。因此，上述三部教科书的体系与内容均有较大差异，但显然以本书更加符合高等学校劳动与社会保障专业以及相关专业的教学需要。

本书由我拟定编写大纲并撰写第一、二、三、五、七、八、十一章，乔庆梅撰写第四章，杨立雄撰写第六章，杨方方撰写第九章，韩克庆撰写第十章，于秀丽撰写第十二章。在各章作者完成初稿后，由我集中进行统稿、修订并定稿。最后，由陈良瑾教授审阅了书稿。

感谢陈良瑾教授，感谢各位参与本书编写的成员的合作。

欢迎高校师生及读者提出批评意见，以期不断修订完善。

郑功成
2005年6月于北京

主编简介

郑功成,湖南平江人,现任中国人民大学教授、校学术委员会副主任,中国社会保障学会会长,全国人民代表大会常务委员会委员、全国人民代表大会社会建设委员会委员,《社会保障评论》主编。兼任中国民主同盟中央委员会副主席,人力资源社会保障部、民政部等专家部门咨询委员会委员或顾问。

郑功成教授长期从事社会保障及与民生相关领域的教学与研究工作。迄今出版有《社会保障学:理论、制度、实践与思辨》《论中国特色的社会保障道路》《中国社会保障制度变迁与评估》《中国社会保障改革与发展战略:理念、目标与行动方案》《中国社会保障30年》《全球社会保障与经济发展关系:回顾与展望》《从饥寒交迫走向美好生活:中国民生70年(1949—2019)》《以人民为中心:新时代中国民生保障》《灾害经济学》《多难兴邦:新中国60年抗灾史诗》《社会法总论》等50多种著作或教科书,多部著作被译成英文、韩文、波兰文、罗马尼亚文、阿拉伯文等语种出版;发表理论学术文章600多篇,被《新华文摘》《中国社会科学文摘》等转载100多篇。获第六届、第七届教育部高等学校科学研究优秀成果奖(人文社会科学)一等奖,第十一届、十二届北京市哲学社会科学优秀成果奖一等奖,第九届、十届、十二届中国国家图书奖,第三届中国出版政府奖图书奖提名奖,以及国家级教学成果奖二等奖等;入选教育部新世纪优秀人才支持计划、百千万人才工程国家级人选,全国文化名家暨"四个一批"人才、国家"万人计划"哲学社会科学领军人才等。

内 容 提 要

本书是为高等学校劳动与社会保障专业本科层次编写的社会保障基础课程教科书。全书分为上、下两篇计十二章，上篇为基本理论篇，阐述社会保障的基本概念、发展进程、理论基石、相关关系、体系与模式，以及社会保障基金、立法与管理，旨在提供较为全面、系统的社会保障基本理论知识；下篇为制度实践篇，介绍社会救助、社会保险、社会福利、军人保障、补充保障的制度安排及实务知识，旨在从宏观和总体角度提供社会保障制度的相关知识。

与同类教科书相比，本书有如下三个显著特色：一是作为高等学校劳动与社会保障专业社会保障基础课程教科书的定位非常明确，既系统阐述社会保障基本理论与制度实践知识，又不琐细，在引导学生进入社会保障专业领域的同时又给其他社会保障专业课程及教科书留出了足够的空间；二是坚持社会保障专业视角，强调社会保障专业的核心价值追求，力求引导学生与读者确立正确的社会保障理念、把握正确的社会保障专业知识，避免片面的效率观、市场观等误导，体现了知识性与思辨性相结合、理论性与实践性相结合、阐述性与启发性相结合的原则；三是体例结构有所创新，不是提供死板的知识，而是在阐述社会保障知识体系及其内容的同时重视利用鲜活的材料，每章附有的相关案例能够给人以相应的启迪，同时可以增进读者对社会保障理论与实践的理解。

本书同时适合高等学校经济类、管理类及人口学和社会学类专业师生作为教材使用，亦适合所有对社会保障有兴趣的人士阅读。

目 录
Contents

上篇 基本理论篇

第一章 导论 /3

■学习要点 /3

■关键概念 /3

第一节 社会保障的理论界定 /3

　一、国外对社会保障概念的界定 /4

　二、中国港澳台地区对社会保障的界定 /6

　三、中国内地学者对社会保障的界定 /6

第二节 社会保障的学科性质与理论框架 /8

　一、社会保障的学科性质 /8

　二、社会保障学的基本理论框架 /11

第三节 社会保障的目标与功能 /13

　一、社会保障的目标 /13

　二、社会保障的功能 /15

第四节 社会保障的特征与原则 /21

　一、社会保障的特征 /21

　二、社会保障的原则 /28

第五节 社会保障的意义 /33

　一、社会保障突出以人为本，是实现人的全面发展的必要且重要条件 /33

　二、社会保障维护并创造公平的竞争环境，促进经济社会的正常发展 /33

三、社会保障能够化解多种社会矛盾，不断增进国民福利，并促使整个社会走向公正、实现和谐发展 /34

四、社会保障能够为其他相关政策的实施提供配套 /34

五、社会保障能够创造就业机会，助力社会产业结构改良 /35

■本章小结 /36

■案例讨论1 利率杠杆的失效 /37

■案例讨论2 农村居民社会保障问题之争 /38

■复习思考题 /39

第二章 社会保障发展进程 /40

■学习要点 /40

■关键概念 /40

第一节 概述 /40

一、社会保障发展阶段的划分 /41

二、影响社会保障发展进程的因素 /43

第二节 慈善事业与济贫制度 /46

一、慈善事业时代 /46

二、济贫制度的出现与发展 /49

三、对早期社会保障发展的简要评论 /50

第三节 现代社会保障制度 /52

一、社会保险制度的产生 /53

二、现代社会保障制度的发展 /55

三、现代社会保障制度发展规律 /59

第四节 社会保障发展的国际经验、教训与改革 /63

一、社会保障发展的国际经验 /63

二、社会保障发展的国际教训 /65

三、国外社会保障改革 /67

第五节 新中国社会保障制度的发展 /71

一、新中国社会保障制度的建立 /71

二、中国社会保障制度的改革（1986年以来）/76

■本章小结 /85

■案例讨论1 德国为什么要向"懒人"开战 /86

- ■ 案例讨论2　不平等的福利保障会带来什么效应 /87
- ■ 案例讨论3　智利公共养老保险制度私营化改革 /89
- ■ 复习思考题 /91

第三章　社会保障理论基石 /92

- ■ 学习要点 /92
- ■ 关键概念 /92

第一节　概述 /92
  一、西方国家社会保障理论历史源流 /93
  二、中国社会保障理论历史源流 /95

第二节　经济学与社会保障 /99
  一、经济学对社会保障的理论贡献 /99
  二、福利经济学与社会保障 /101
  三、经济学家与社会保障 /104

第三节　社会学与社会保障 /107
  一、社会学对社会保障的理论贡献 /107
  二、社会学家与社会保障 /108

第四节　政治学与社会保障 /111
  一、政治学对社会保障的理论贡献 /111
  二、政治需要与社会保障 /112
  三、政党政治与社会保障 /114

- ■ 本章小结 /117
- ■ 案例讨论1　欧文的试验 /118
- ■ 案例讨论2　马丁·费尔德斯坦和亨利·阿伦的争论 /118
- ■ 案例讨论3　中国老太太与美国老太太的消费观 /119
- ■ 复习思考题 /120

第四章　社会保障相关关系 /121

- ■ 学习要点 /121
- ■ 关键概念 /121

第一节　概述 /122
  一、社会保障制度涉及的基本理论范畴 /122

二、社会保障与经济发展 /127

三、社会保障与社会进步 /128

四、社会保障与人的发展 /129

第二节　社会保障与收入分配 /130

一、社会保障与收入分配目标 /130

二、社会保障与收入分配方式 /131

三、社会保障与收入分配层次 /132

第三节　社会保障与劳动就业 /135

一、社会保障与劳动力市场 /135

二、社会保障与促进就业 /138

第四节　社会保障与其他公共政策 /140

一、社会保障与消灭贫困 /140

二、社会保障与人口政策 /142

三、社会保障与国民教育 /143

四、社会保障与家庭政策 /144

第五节　社会保障与商业保险 /145

一、社会保障与商业保险的共性 /145

二、社会保险与商业保险的区别 /146

三、社会保险与商业保险的共同发展 /147

■本章小结 /148

■案例讨论1　让就业有利可图 /150

■案例讨论2　此消彼长或共生共荣？ /151

■复习思考题 /152

第五章　社会保障体系与模式 /153

■学习要点 /153

■关键概念 /153

第一节　概述 /153

一、社会保障体系的含义 /153

二、社会保障体系建设的目标 /154

第二节　社会保障体系 /156

一、社会救助 /157

二、社会保险 /158

三、社会福利 /161

四、军人保障 /163

五、补充保障 /164

第三节 社会保障主要模式 /166

一、社会保险模式 /167

二、福利国家模式 /170

三、国家保险模式 /174

四、强制储蓄模式 /175

五、结语 /178

■本章小结 /178

■案例讨论 从公积金到强积金：强制储蓄模式的差异 /179

■复习思考题 /181

第六章 社会保障基金 /182

■学习要点 /182

■关键概念 /182

第一节 概述 /182

一、社会保障基金的界定及分类 /182

二、社会保障基金的性质 /185

三、社会保障基金的意义 /187

第二节 社会保障基金筹集 /187

一、社会保障基金的来源渠道 /188

二、社会保障基金的筹措方式 /190

第三节 社会保障基金给付 /191

一、社会保障基金给付的一般理论 /191

二、不同种类社会保障基金的给付 /192

第四节 社会保障基金投资运营 /194

一、社会保障基金投资运营的必要性 /194

二、社会保障基金投资运营风险和投资原则 /195

三、社会保障基金投资工具 /197

四、社会保障基金运营方式 /198

第五节 国家社会保障储备基金 /199

 一、国家社会保障储备基金的管理 /199

 二、国家社会保障储备基金的来源 /200

 三、国家社会保障储备基金的投资 /201

第六节 社会保险基金 /203

 一、社会保险基金的性质与功能 /203

 二、社会保险基金的筹集、来源与分类 /204

 三、社会保险基金的主要类型 /206

■本章小结 /209

■案例讨论1 一起社会保险基金贪腐案 /210

■案例讨论2 劳动者自愿放弃社保的协议无效，责任在用人单位 /212

■案例讨论3 全国社会保障基金初次入市遭亏损 /213

■复习思考题 /214

第七章 社会保障立法与管理 /215

■学习要点 /215

■关键概念 /215

第一节 概述 /215

 一、社会保障法治化 /216

 二、社会保障管理 /218

第二节 社会保障立法 /218

 一、社会保障法的缘起与历史演进 /218

 二、社会保障法的本质与特征 /223

 三、社会保障法的原则、形式及内容 /224

 四、社会保障法律体系 /230

第三节 社会保障管理 /231

 一、社会保障管理模式 /231

 二、社会保障管理的基本原则 /233

 三、社会保障管理的内容 /234

 四、中国社会保障管理体制 /236

■本章小结 /236

■案例讨论1 欧盟的社会保障立法 /238

- 案例讨论 2　企业因不参加社会保险而败诉 /239
- 案例讨论 3　龙多不治水的社会保险管理格局 /240
- 复习思考题 /241

下篇　制度实践篇

第八章　社会救助 /245

- 学习要点 /245
- 关键概念 /245

第一节　概述 /245
　一、社会救助的含义 /245
　二、社会救助的发展进程 /247
　三、社会救助的基本特征 /249
　四、社会救助的功能 /250

第二节　社会救助的基本内容 /251
　一、社会救助体系 /251
　二、社会救助对象 /254
　三、社会救助标准 /255
　四、社会救助管理 /258

第三节　最低生活保障 /259
　一、最低生活保障的内涵及基本原则 /259
　二、我国最低生活保障制度的基本内容 /261

第四节　灾害救助 /263
　一、灾害与灾害救助 /263
　二、灾害救助的基本特征 /265
　三、灾害救助的方针及内容 /266

第五节　其他救助 /268
　一、专项救助 /268
　二、临时救助 /270

- 本章小结 /271
- 案例讨论 1　"孙志刚事件"推动收容遣送转向流浪乞讨救助 /272

■案例讨论 2　从五保供养到特困人员供养 /273

■案例讨论 3　社会救助应当提供社工服务吗？/273

■复习思考题 /274

第九章　社会保险 /275

■学习要点 /275

■关键概念 /275

第一节　概述 /275

第二节　养老保险 /278

　　一、养老保险的内涵、发展过程及特征 /278

　　二、养老保险模式划分 /281

　　三、养老保险的基本内容 /286

　　四、中国的养老保险 /289

第三节　医疗保险 /294

　　一、医疗保险的内涵、发展过程及特征 /294

　　二、医疗保险的基本内容 /296

　　三、其他医疗保障模式 /301

　　四、中国的医疗保障 /303

第四节　工伤保险 /305

　　一、工伤保险的内涵、发展过程及工伤责任的认定 /305

　　二、工伤保险的特征、原则及作用 /307

　　三、工伤保险的基本内容 /309

　　四、中国的工伤保险 /314

第五节　失业保险 /318

　　一、就业、失业及失业保险 /318

　　二、失业保险的基本内容 /320

　　三、中国的失业保险 /325

第六节　护理保险 /327

　　一、护理保险的内涵、发展过程及意义 /327

　　二、护理保险的基本内容 /329

　　三、中国的护理保险 /330

■本章小结 /332

- ■案例讨论1　连续工作38年无处领养老金 /333
- ■案例讨论2　提前退休与养老金的"黑洞" /334
- ■案例讨论3　劳动者自愿放弃社会保险能否获得用人单位的经济补偿 /335
- ■复习思考题 /337

第十章　社会福利 /338

- ■学习要点 /338
- ■关键概念 /338

第一节　概述 /338
- 一、社会福利的概念界定 /338
- 二、社会福利的类型 /341
- 三、人的需要与社会福利 /344
- 四、社会福利的基本内容 /348

第二节　老年人福利 /356
- 一、老年人的福利需求 /356
- 二、老年人福利的理论基础 /357
- 三、老年人福利的主要内容 /360
- 四、中国的老年人福利 /363

第三节　儿童福利 /365
- 一、儿童福利的内涵 /365
- 二、儿童福利的主要内容 /366
- 三、中国儿童福利的发展 /369

第四节　残疾人福利 /369
- 一、残疾人的定义、分类及特征 /369
- 二、残疾人福利的内涵及主要内容 /372
- 三、中国的残疾人福利 /374

第五节　妇女福利 /375
- 一、妇女福利的内涵 /375
- 二、中国妇女福利事业的发展 /376

第六节　中国社会福利的未来发展 /377
- 一、确立新理念，让更多发展成果通过社会福利途径惠及民生 /377
- 二、尊重客观规律，走中国式的社会福利发展道路 /378

三、合理设计社会福利制度的基本框架 /379

四、多管齐下推进社会福利事业快速发展 /379

■本章小结 /380

■案例讨论1　公建民营——海淀曜阳养老服务中心 /381

■案例讨论2　15 岁少年的离奇死亡 /383

■案例讨论3　兴办福利工厂，她以这样的方式助力残疾人的幸福人生 /385

■复习思考题 /387

第十一章　军人保障 /388

■学习要点 /388

■关键概念 /388

第一节　概述 /388

一、军人保障的内涵及基本特征 /389

二、军人保障制度的建立与发展进程 /390

三、新型军人保障制度的基本框架 /394

第二节　军人抚恤优待 /394

一、军人抚恤优待制度概述 /395

二、死亡抚恤 /395

三、残疾抚恤 /398

四、优待 /399

第三节　军人保险 /401

一、军人保险制度概述 /401

二、军人伤亡保险 /402

三、军人退役养老保险 /403

四、军人退役医疗保险 /403

五、随军未就业的军人配偶保险 /403

第四节　安置保障与军人福利 /404

一、安置保障 /404

二、军人福利的改革与完善 /407

■本章小结 /409

■案例讨论1　随军未就业的军人配偶保险制度的建立 /410

■案例讨论2　退役军人事务部的设立 /413

■案例讨论 3　退役军人权益保障法的出台 /415

■复习思考题 /419

第十二章　补充保障 /421

■学习要点 /421

■关键概念 /421

第一节　概述 /421

一、补充保障的内涵及分类 /422

二、补充保障的社会功能 /424

三、政府在补充保障中的职能 /425

第二节　企业年金与职业年金 /427

一、企业（职业）年金的基本理论 /427

二、中国的企业年金 /434

三、中国的职业年金 /436

第三节　慈善事业 /438

一、慈善事业的基本内涵 /438

二、慈善事业的本质特征 /439

三、慈善事业发展的影响因素 /441

四、慈善事业与社会保障 /444

第四节　商业保险 /445

一、商业保险的内涵 /446

二、商业保险的类型 /447

三、商业保险的职能 /447

四、商业保险与社会保障、社会保险的关系 /448

■本章小结 /449

■案例讨论 1　"99 公益日"见证：数字化助力公益慈善向真向善向美 /450

■案例讨论 2　"惠民保"迭代寻求可持续发展 /451

■复习思考题 /453

上篇

基本理论篇

第一章　导论
第二章　社会保障发展进程
第三章　社会保障理论基石
第四章　社会保障相关关系
第五章　社会保障体系与模式
第六章　社会保障基金
第七章　社会保障立法与管理

第一章 导论

> **》学习要点**
>
> 通过本章的学习，了解社会保障的理论界定及其差异的形成，准确认知社会保障的学科性质与理论框架以及社会保障的基本特征与原则，同时正确理解社会保障的目标、功能与意义。

> **》关键概念**
>
> 社会保障　社会保障学科　社会保障目标　社会保障功能　公平性　社会化　福利性　法制规范性　多样性　刚性发展　责任分担　普遍性原则

第一节　社会保障的理论界定

社会保障是一个十分古老的问题。自古以来，人生就充满着风险，生老病死、天灾人祸、竞争失败等都可能导致人们陷入生活困境，总有一部分社会成员需要政府、社会或他人援助才能避免生存危机。各国政府为了维护社会稳定、缓和阶层矛盾与阶级对抗，亦在很早以前就实施过社会保障措施。如中国历代统治者实施过救灾、救荒的措施，英国则于1601年在西方世界率先颁布了专门的《济贫法》。19世纪80年代，德国适应工业社会发展的需要，在世界上第一个建立了与工业文明相适应的社会保险制度。但"社会保障"（social security）①一词的出现，最早却是在美国1935年颁布的《社会保障法》中。此后，社会保障一词即被有关国际组织及多数国家所接受，并逐渐成为以政府和社会为责任主体的福利保障制度的统称。不过，由于社会保障要受到政治、经济、社会、历史文化乃至道德伦理等多种因素的综合影响，各国具体国情的差异又使其在社会保障制度的实践中出现很大差异，对社会保障的认识和理论界定也就很自然地存在差异。因此，当代社会对社会保障的理论界定并不统一，这可以视为国情差异与各国社会保障制度多样化的客观反映。有鉴于此，研究社会保障时，不仅需要综合运用政治学、经济学、社会学、法学、管理学乃至哲学、伦理学等诸多知识，而且还需要与特定国家的国情及所处时代背景等结合起来。

一、国外对社会保障概念的界定

据已有的文献资料，对社会保障的认知确实存在差异。在此，选择部分国际组织或国家及相关学者对社会保障概念的界定列示如下。

国际劳工组织对社会保障的界定。作为以维护劳工权益、协调劳资关系为己任的主要国际组织，国际劳工组织在1942年出版的文献中即将社会保障界定为：通过一定的组织对这个组织的成员所面临的某种风险提供保障，为其提供保险金、预防或治疗疾病、失业时资助并帮助他重新找到工作。②

德国在1883年、1884年、1889年先后通过了《疾病保险法》《工伤事故保险法》《老年和残障保险法》，率先建立了社会保险制度，这标志着现代社会保障制度产生。作为最早建立现代社会保障制度的国家，德国对社会保障的理解主要是基于德国社会市场经济的理论，将社会保障理解为社会公平和社会安全，认为社会保障是对竞争中不幸失败的那些人提供基本的生活保障。③而在实际生活中，社会保险亦在德国整个社会保障制度中占据主体地位。

英国是老牌资本主义国家，亦是西方福利国家的代表，建立福利国家的理论与政策依据便是1942年由贝弗里奇主持起草的研究报告《贝弗里奇报告——社会保险和相

---

① 对"social security"一词，也有人将其翻译成"社会安全"。在国际劳工组织等的文献中，更由社会保障扩展到社会保护，其内涵与外延均在进一步扩张。

② 国际劳工组织此后一直十分关注社会保障，并自20世纪50年代以来通过了一系列的公约。其中最重要的是1952年6月28日在日内瓦国际劳工会议上通过的《社会保障最低标准公约》，所涉及的内容包括医疗照顾、疾病津贴、失业津贴、养老金、工伤津贴、家庭补助、生育津贴、伤残津贴、遗属津贴等。此后，还通过了诸如《生育保护公约（修正案）》及其建议书（1952年）、《平等待遇（社会保障待遇）公约》（1962年）、《工伤事故与职业病津贴公约》（1964年）、《病残、老年、遗属补助公约》（1967年）、《医疗照顾与疾病津贴公约》（1969年）、《维护社会保障权利公约》（1982年）及其建议书（1983年）等。

③ 陈良瑾. 社会保障教程 [M]. 北京：知识出版社，1990：1-2.

关服务》。在这份报告中，贝弗里奇实际上勾画出一幅较完整的福利国家蓝图，社会保障被首次赋予了普遍性原则和类别原则，被认为是代表社会进步的可理解的政策的一个组成部分，其目标被界定为消除贫困，并将其概括为国民在失业、疾病、被伤害、老年以及家庭收入锐减、生活贫困时予以生活保障。①

美国作为最先采用社会保障一词的国家，其对社会保障的理解早先仅限于对老年人、残疾人及遗属的生活保障，后来扩展到各项社会保险及家庭津贴等。在美国社会保障署编写的《全球社会保障》一书中，社会保障被界定为根据政府法规而建立的项目，在个人谋生能力中断或丧失时给予保障，还为结婚、生育或死亡而需要某些特殊开支时提供保障。为抚养子女而发给的家属津贴也包括在这个定义之中。②

日本官方对社会保障的界定可以采用1950年日本社会保障制度审议会的解释，即社会保障是指对疾病、负伤、分娩、残疾、死亡、失业、多子女及其他原因造成的贫困，从保险方法和直接的国家负担上，寻求经济保障途径。对陷入生活困境者，通过国家援助，保障其最低限度的生活，同时谋求公共卫生和社会福利的提高，以便使所有国民都能过上真正有文化的成员的生活。③ 在日本学术界，对社会保障的理解则有广义与狭义之分，广义的社会保障被看成政府关于解决各种社会问题的社会政策的统称，狭义的解释如日本学者松尾均衡在《日本社会保障读本》中所言，社会保障，是指国民在生活上蒙受诸如失业、伤病、高龄等各种风险，而使这些国民的生活源泉——所得出现中断或减少，给国民生活带来困难时，通过社会保障机制进行国民再分配，保障其最低限度的收入所得，由国家来救济国民生活之缺损的制度。而日本社会福利学者康子则将社会保障与社会福利分离，认为社会保障的对象是经济方面的困难者，它是一种普遍地、平等地实施的制度。④

事实上，对社会保障概念的界定在一国之内的不同历史时期和不同学者之间亦存在差异，这是因为时代在发展，影响社会保障的因素以及社会保障制度也在发展，而研究者亦有着自己不同的价值取向与研究视角。因此，要想有一个全球统一的社会保障理论界定，就像要有一个全球统一的社会保障制度一样，几乎是不可能的，我们不必太过在意概念的统一，只要正确把握住社会保障的核心要义即可。

---

① 贝弗里奇. 贝弗里奇报告——社会保险和相关服务 [M]. 劳动和社会保障部社会保险研究所，译. 北京：中国劳动社会保障出版社，2008.
② 美国社会保障署. 全球社会保障—1995 [M]. 北京：华夏出版社，1996：1.
③ 陈良瑾. 社会保障教程 [M]. 北京：知识出版社，1990：2.
④ 一番夕濑·康子. 社会福利基础理论 [M]. 武汉：华中师范大学出版社，1998：33-34.

二、中国港澳台地区对社会保障的界定

在香港地区，官方界定的社会保障是以政府为责任主体并通过向有需要人士直接发放款项的方式提供的福利，包括综合保障援助计划、公共福利金计划、暴力及执法伤亡赔偿计划、交通意外伤亡援助计划、灾民紧急救济等。香港地区学者周永新认为，社会保障是政府为保障国民最低生活需求所采取的政策措施，包括非供款性的社会救助、供款性的社会保险和普遍津贴制度等。另一学者莫泰基也指出，社会保障可以理解为一个政府设立的制度，运用大众的财富，给予需要的人最基本或应得的援助，以维持生活需要，以及配合社会发展，增加国民福利。[①] 由此可见，香港官方对社会保障的界定范围较窄，仅限于官方提供的非供款性援助；而学者的界定范围较宽，还包括了供款性的社会保险等。

在澳门地区，1989年制定社会保障法案之前，当地只有社会福利、社会工作、救济等名词。当时出版的《行政》杂志刊登有关社会保障的文献时，即将社会保障译作社会福利。因此，澳门地区较为普遍的看法是将社会保障视为社会福利的一部分。回归祖国后，澳门地区的社会保障在发展，在澳门社会保障学会会长邓玉华所阐述的社会保障概念中，其给出的社会保障体系即包括社会服务、社会保险与社会救助三大形式。[②]

台湾地区的社会保障制度较港澳地区要健全，对社会保障概念有如下界定：社会保障是国家以社会救助、社会保险以及公共服务等各种不同方式，对于国民之遭遇危险事故，以致失能、失依，因而生活受损的人，提供各项生活帮助，给予其健康保障、职业保障及收入保障，并从而促进民族健康、全民就业及民生均足。[③] 但总体而言，台湾地区偏好使用社会福利概念，或者将社会救助、社会保险、社会福利等概念分割界定。

三、中国内地学者对社会保障的界定

中国内地对社会保障的认知有其共识的一面，即都以广义的社会保障为对象，但在具体阐述其定义时，依然存在着较大的差异。

中国自1986年制定和实施《中华人民共和国国民经济与社会发展第七个五年计划》起，就是采用大社会保障的概念，即肯定社会保障是国家和社会对全体社会成员的社会生活提供基本保障的制度安排，所涉及的主要是政府负责或主导的法定社会保

---

① 莫泰基. 香港贫穷与社会保障 [M]. 香港：中华书局，1993：54.
② 邓玉华. 澳门社会福利与社会保障. 澳门：澳门社会保障学会，2003：2.
③ 莫泰基. 香港贫穷与社会保障 [M]. 香港：中华书局，1993：56.

障制度，后来将社会组织举办的慈善事业、保险公司举办的有关补充保险纳入社会保障体系，建立多层次社会保障体系成为制度发展的目标，从而使社会保障涵盖的范围更加宽广。目前，较为公认的官方界定是，社会保障是一个包括法定基本保障制度安排与补充保障在内的制度体系。但不同的官方文献并不完全统一，特别是教育福利是否纳入社会保障体系尚未有共识。

在理论学术界，陈良瑾认为，社会保障是国家或社会通过国民收入的分配与再分配，依法对社会成员的基本生活权利予以保障的社会安全制度。[1] 该定义强调社会保障的责任主体是国家或社会，社会保障的目标是满足人的基本生活需求，实施的条件是相应的社会立法。

侯文若认为，社会保障可理解为是对贫者、弱者实行救助，使之享有最低生活水平，对暂时和永久失去劳动能力的劳动者实行生活保障并使之享有基本生活水平，以及对全体国民普遍实施福利措施，以保证福利增进，实现全社会安定，并让每个劳动者乃至国民都有生活安全感的一种社会机制。[2]

郑功成在综合考察现代社会保障制度在各国的发展实践，以及国际性组织、部分国家政府及有关学者对社会保障的概念界定后，提出了对社会保障的定义：社会保障是国家或社会依法建立的、具有经济福利性的、社会化的国民生活保障系统。在中国，社会保障则是社会救助、社会保险、社会福利、军人保障、福利服务以及各种政府支持的补充保障、社会互助、慈善事业及机构福利等社会措施的总称。[3] 这一定义包括四项必备要素。

（1）依法建立。现代社会保障制度遵循的是立法先行、以法定制、依法实施的原则，即通过社会保障立法来确立社会保障制度，法制规范是社会保障制度赖以建立的客观基础与实施依据。

（2）突出以人为本。它以解除国民生活后顾之忧、保障和改善国民生活、增进国民福利为目标，提供经济保障与服务保障等，注重人本、人性、人道、人文，维护并促进人的全面发展。

（3）具有经济福利性。即从社会成员的直接经济利益关系来看，因有政府、用人单位或集体与社会各界的参与和分担责任，受益者的所得通常大于所费，这是其有别于商业保险或市场交易行为的显著区别。

---

[1] 陈良瑾. 社会保障教程 [M]. 北京：知识出版社，1990：5.
[2] 侯文若. 社会保障理论与实践 [M]. 北京：中国劳动出版社，1991：11.
[3] 郑功成. 中国社会保障论 [M]. 武汉：湖北人民出版社，1994：5-6；郑功成. 论中国特色的社会保障道路 [M]. 武汉：武汉大学出版社，1997；郑功成. 社会保障学：理念、制度、实践与思辨 [M]. 北京：商务印书馆，2020.

(4) 属于社会化行为。即由官方或专业机构或社会团体来承担社会保障的实施任务，而非供给者与受益方的直接对应行为。

基于上述理论界定，社会保障的内容主要包括社会救助、社会保险与社会福利三大部分，还有面向军人的独立保障系统，以及其他补充性的社会保障措施。从层次上划分，社会保障可以划分为如下三个层次。

(1) 经济保障。即从经济上保障国民的生活，它通过现金给付或援助的方式来实现，解决的是国民遭遇生活困难时的经济来源问题。如养老金、失业保险金、社会救助金、老龄或高龄津贴、儿童津贴、残疾人津贴、家庭津贴等。

(2) 服务保障。即适应家庭结构变迁与自我保障功能弱化的变化，通过提供服务的方式来满足国民对个人生活照料服务的需求。如养老服务、康复服务、儿童服务等。

(3) 精神保障。除了经济保障与服务保障需求，人们在现实生活中还离不开相应的情感保障，即精神慰藉也是人健康生活的必要组成部分，因此，现代社会保障还日益承担着为需要者提供精神保障的责任。当然，精神保障属于文化、伦理、心理慰藉方面的保障，它更多的是一种建立在维护保障对象健康、平等、尊严基础之上的服务方式，如儿童心理辅导、老年人临终关怀以及各种包含人文关怀在内的服务都可以归属为精神保障，从而突出地体现在社会保障制度的人性化要求和人文关怀取向上，属于更高层次的保障追求。尽管在实践中难以将精神保障作为特定的制度安排来加以建设，但发达国家或地区的社会保障制度实践表明，制度化安排中确实应尊重并满足需要者的精神保障需求。

在走向共同富裕的历史进程中，国家既定的发展目标是物质与精神双富裕，这意味着新时代的社会保障制度需要承担起更大、更重的使命与责任，同时考虑上述三个层次的保障并使之有机融合，应当成为社会保障事业高质量、可持续发展的必然取向。

第二节 社会保障的学科性质与理论框架

一、社会保障的学科性质

在以往的文献中，对社会保障学科性质的认识存在着巨大偏差，这一方面与研究者不同专业视角有关，另一方面也是受到了社会保障走过的历程及其多样化实践的影响。

经济学家通常在追求效率的前提下将社会保障视为一种收益分配手段，从而很自然地将社会保障划入经济学范畴；而在社会保障理论的发展进程中，一些经济学家尤其是像庇古、凯恩斯这样一些声名卓著的经济学家对社会保障的理论贡献，更使将社会保障归属于经济学范畴成为学界中相当多的人士认同的观点。社会学家则从人类社会发展的终极目标与社会公平的角度出发，将社会保障视为社会学的一个领域，柏拉图的《理想国》、培根的《新大西岛》、莫尔的《乌托邦》、康帕内拉的《太阳城》等一批名著通常被视为社会保障的理论源泉。一个很有趣的例子，就是在学术界不仅经济学者之间或社会学者之间会对有关社会保障理论与政策问题的争论不休，而且经济学者与社会学者之间也会争论，争论得更为激烈，这种争论并非只是一道学术风景，而是必然对社会保障政策产生直接的影响。一些政治学者也会说社会保障属于政治学范畴，因为实践中的社会保障事关国家的政治稳定与政治目标，既是当代世界政党政治的重要内容，又是国家治理体系与治理能力的重要方面；而法学者、管理学者等对社会保障学科的性质亦存在着不同看法。

现实中的社会保障是否作为经济学或社会学或政治学等学科的一个分支，或者作为一个独立的学科发展，在不同国家其实是不同的。在西方国家，社会保障通常不是一个独立学科，研究社会保障的人士及社会保障专业人才的培养也并不限于经济学科和社会学科，而是来自多个学科，但与社会保障相关的社会福利、社会政策与社会工作却是一个相对确定的应用学科。在美国，有社会福利与社会工作学科，以及慈善学科，但社会保险通常被列入经济学范畴，对养老保险的研究也因公共养老金制度而被纳入了财政税收学科范畴。在日本，社会福利学科发达，而对养老保险等制度的研究则又与经济学尤其是财政学等关系紧密。在德国，社会保障法与社会保障几乎可以划等号，法学家对社会保障制度享有很大的发言权。而在中国，1997年国务院学位委员会将新增的劳动与社会保障专业归入管理学门类公共管理一级学科，将其与行政管理、土地管理、卫生事业管理等纳入同一范畴，这虽然体现了社会保障的公共性，但亦有无法全面概括社会保障是一个交叉学科领域而存在内在缺陷，这一定位也就并非是当然的结论。因此，社会保障作为一个学科是有着典型的中国特色的，它一出生就打上了中国的烙印，这种将学科按照一定的等级秩序来划分并确定其归属的做法并不完全符合学科发展的科学定位，对社会保障这样的新兴学科更是如此。但中国式现代化创造的是人类文明新形态，需要建设的也应当是中国特色的学科体系、学术体系与话语体系，因此，尽管在欧美国家只能找到社会保障相关学科而找不到独立的社会保障学科，并不意味着中国不能创立社会保障学科。

鉴于社会保障独特的性质及其作为一种重大制度安排在各国社会发展进程中占有越来越重要的地位，将其作为任何一个学科（包括经济学、社会学、管理学、政治学、法学等）的分支均不合适①，而作为一个相对独立的学科领域来发展或许更有利于社会保障理论的健康发展。"因为从理论上讲，社会保障从基金筹集到支付的过程实质上是国民收入的分配与再分配过程，它应当属于经济学范畴；社会保障的直接目的是为社会稳定与社会发展服务，是国家通过法律强制实施的公共政策，并构成当代国家治理体系的重要工具与手段，它又应当属于政治学范畴；社会保障的行为是社会控制，目的是促进社会公平与社会团结，其内容与任务是解决各种特定的社会问题，从而又应该属于社会学范畴；在实践中，社会保障关系只能由独立的法律部门来调整和规范，并需要运用到统计学、管理学及保险学等技术。由此可见，社会保障牵涉面甚广，上述学科均不可能完全包容它。目前的专业分割式研究正是造成社会保障理论研究表面繁荣、背后危机的深层原因所在。因此，社会保障应当成为一门相对独立的学科，即在经济学、社会学、政治学等多学科的基础上发展起来的一门独立的、交叉的、处于应用层次的社会学科"②。

　　社会保障作为当代社会科学的一个日益重要的组成部分，具有自己鲜明的价值取向，从而应当具有相对独立的学科地位。强调社会保障学科的相对独立性，是因为社会保障在许多国家的发展实践已经表明，它不仅要受经济、政治、社会、文化等诸多因素的影响，而且确实有自己追求的特定目标、完整而严密的体系结构以及特有的运行规律，从而具备了相对独立地发展社会保障学科领域的现实基础。社会保障学科的交叉性，是因为它牵涉面广，从而不可能孤立地存在和发展，只能是建立在多学科的基础上并需要以经济学、社会学等多门成熟学科作为理论源泉。社会保障学科的应用性，只不过是揭示了社会保障问题研究更多的是作为一门政策学科而非纯理论学科的客观事实。③对社会保障学科定位作如上理解，并不妨碍其他多门学科研究社会保障问题并取得相应的理论与政策研究成果，同时有助于中国现阶段社会保障理论研究走出误区，促使社会保障理论从分散研究走向系统研究，从微观研究走向宏观与微观研究相结合，最终促使其以完整的面目在社会科学中占据应有的地位。

　　需要指出的是，本书所称的社会保障学是不能按照传统的思维定势来理解的，因为传统思维定势对"学"的理解是指在已经被固定化了的、经过周密论证的知识体系

---

　　① 尽管一些学科可以将社会保障纳入自己的学科体系，如经济学中的福利经济学，社会学中的福利社会学或应用社会学等，但它始终只能从一个侧面来展示社会保障而无法全面、系统地阐述社会保障。
　　② 郑功成. 论社会保障领域的理论建设［J］. 中国社会保险，1995（7）：8-19.
　　③ 回顾社会保障制度的发展，可以发现不同的学派或不同学者的理论观点往往成为当政者制定社会保障政策的依据。如德国第一批社会保险法律制度的出台与实施，与德国的改良主义——新历史学派（又称为讲坛社会主义学派）有直接的关系；而贝弗里奇则以《社会保险和相关服务》的研究报告为福利国家的建立描绘了蓝图；美国在20世纪30年代制定《社会保障法》并实施较为系统的现代社会保障制度时，凯恩斯的经济理论起了重大作用，等等。现阶段各国当政者在制定有关社会保障政策时仍然会高度重视学者的意见。

之下,去进行论证和诠释已经完成了的知识体系。而社会保障作为中国的一个新兴的学科领域,显然并不具备这一条件。然而,如果我们只是沿着这种固有的思维去理解学科的发展,就不会有新学科的生长,社会科学也会陷入固化或僵化的困境。因此,不能用形而上学的、规范的、超历史的眼光来看待社会保障学,而应当将社会保障学的建立与发展立足于研究对象的特殊性的基础之上,在不断的认识过程中去探究,进而建立和把握它的理论体系。据此,社会保障学仍然是能够成立的,它的最大特点就是它不是在已经被固定化或者封闭化的体系中构筑,而是在多学科的基础上根据社会保障制度的发展实践进行探索,并在探索中建立和逐步完善它的体系。[1] 对中国学界而言,一个重要的使命就是要植根于中国国情和中国式现代化及其创造的人类文明新形态,走出社会保障学科建设与发展的新路。

二、社会保障学的基本理论框架

作为一门相对独立的学问,社会保障学所探究的是别的学科无法包容或无法完全包容的理论范畴。它所肩负的任务,不仅是揭示和阐明社会保障制度产生与发展的一般规律和特殊规律,而且需要为社会保障立法与政策制定提供科学依据,同时为社会保障制度运行提供指南,以使社会保障政策与本国的国情及所处的时代相适应,并保持自身的正常、健康、高效、持续发展。因此,社会保障学尤其强调将理论研究的目标引导到实践中。

从现实出发,社会保障学的理论体系尚未最终确立,其理论框架亦未定型。在这种条件下,只能先将社会保障在现实中的具体问题抽象化,然后再进行范畴化的研究。不过,根据社会科学研究的一般法则、社会保障制度的发展实践,以及发达国家对社会保障问题已经取得的研究成果状况,仍然可以从总体上把握社会保障学的基本理论框架。[2]

首先是社会保障的基础理论问题。这一层次除社会保障的一般理论原理或规律外,客观上还应当包括福利经济学、福利社会学等以及社会保障与其他已经被固定化的知识体系相结合的领域,如社会保障与福利经济学、社会保障与福利社会学等这些领域堪称社会保障学的理论基石。其中,社会保障发展理论,社会保障结构与功能理论,社会保障心理学与伦理学理论,中国特色社会保障理论,社会保障基金理论,社会保障与政治、社会、经济、文化乃至意识形态的关系理论,社会保障学与政策学特别是公共政策学等相关学科的关系等,是这一层次理论的核心议题。

---

[1] 郑功成. 社会保障学:理念、制度、实践与思辨 [M]. 北京:商务印书馆,2020.
[2] 郑功成. 论社会保障领域的理论建设 [J]. 中国社会保险,1995 (7):9.

其次是社会保障的政策理论问题。这一层次探究的是社会保障各个子系统乃至各个具体保障项目的产生、发展及运行规律，它客观上表现为公共政策研究。其内容应当包括社会保险政策、社会救助政策、社会福利政策，以及其他社会保障子系统与具体项目的政策研究。

最后是社会保障的管理理论问题。社会保障以政府与社会为责任主体，它面向全体国民，可供分配的资源亦是一种公共资源，从而不仅需要强化管理，而且强调公共权力的介入。因此，社会保障学还需要特别重视管理理论的研究。这一层次探究的是社会保障法制理论、社会保障管理体制理论、社会保障财务制度与统计制度，以及社会保障实施、监控与预警理论等，而政府介入的程度和调控手段以及具体的运行机制，构成了这一层次理论的核心所在。

上述框架仅仅是一个简单的设计，但它已经勾画出了社会保障学理论框架的基本轮廓。在发达国家，处于第一层次的社会保障基础理论是相当丰厚的，这不仅表现在理论成果的数量与质量上，而且产生了一批有世界影响的代表性人物。如20世纪20年代初期的福利经济学创始人庇古、1998年诺贝尔经济学奖获得者阿马蒂亚·森等，均因在福利经济学、贫困问题等的卓越研究成果而享誉世界。在社会保障应用理论方面，亦涌现出了英国福利国家蓝图的设计者贝弗里奇这样杰出的代表性人物。在中国，经过多年的建设与发展，社会保障理论研究有了很大的发展，从介绍西方的社会保障政策到研究中国的社会保障问题，取得的成果是多方面的，但与发达国家相比，中国的社会保障学科建设还处于起步阶段，它甚至比中国社会保障制度实践的发展还要落后，即社会保障理论与政策研究迄今仍然滞后于中国社会保障制度改革与发展的需要，各种社会保障专业人才的培养亦不能全面满足各项社会保障事业发展的需要。

社会保障问题的复杂性和社会保障学科的多学科交叉性，还决定了研究社会保障问题不能囿于传统的规范式研究方法，而是需要在立足现实的基础上，从发展的、开放的角度出发，选择适用的科学研究方法，包括纵向与横向结合研究方法、定性与定量相结合方法、多学科综合研究方法等。其中，对社会保障发展进程进行纵向考察是发现社会保障规律、实现社会保障知识体系化的基础，而进行国别或地区之间的横向比较研究则能够挖掘社会保障在不同国家或地区的共性与个性；定量分析可以将社会保障政策实践的客观效果作为分析对象，但政策的效果与结论却只能是理性的阐述；而多学科综合研究方法的采用几乎是一切新兴、交叉学科产生与发展的必然要求，社会保障客观上涉及经济、社会、政治等多个学科，它的发展需要多学科参与，它的理论体系也只能在多学科综合研究的基础上才能逐渐成熟起来。

还需要特别指出的是，"我国的社会保障学科是伴随世纪之交波澜壮阔的社会保障制度变革而诞生的新兴学科，一出生就打上了深厚的中国烙印，是中国特色的处于应用层次的社会科学、交叉学科，这一特点决定了我国社会保障学科必定要创新发展，要多学科融合，要立足本土做中国学问。为此，需要充分借鉴吸收欧美经验及其有益养分，更要适应中国式现代化进程和创造的人类文明新形态要求，形成中国特色的社会保障学科体系、学术体系、话语体系，为当今世界社会保障理论学术的繁荣做出与中国国际地位相匹配的贡献。这项任务异常繁重，需要中国人自己来完成，他国之人替代不了。面向未来，社会保障学界不仅要关注具体制度安排中的具体问题，更要以党的二十大精神和习近平总书记有关社会保障系列重要论述为指引，关注和研究社会保障领域中的重大理论与政策问题，如社会保障制度在中国式现代化与走向共同富裕的历史进程中的作用，在社会主义制度和人类文明新形态的功能定位，其发展目标是什么，发展规律有哪些，发展路径如何选择，与其他社会经济宏观系统如何有效对接，如何传承中国优良传统文化，等等，这些都需要理论学术界做出回应。"①

第三节 社会保障的目标与功能

社会保障作为国家发展进程中的重要制度安排，是通过采取相应的经济手段来解决相应的社会问题，进而实现特定的政治与社会目标。它在实践中发挥着自己的多重功能，同时亦体现出其他制度不可替代或者不可完全替代的一些基本特征。在人类历史的发展实践中，特别是进入现代社会以来，社会保障事实上构成了现代国家治理体系日益重要的组成部分，其效果好坏往往成为评估一个国家或地区发展状况的核心指标。

一、社会保障的目标

（一）社会保障目标的发展变化

社会保障从非正式制度到正式制度安排，其追求的目标也是随着社会的发展进步而不断发展变化的。

早期的社会保障主要基于维护统治阶级的统治秩序，充当着统治者控制社会并使统治秩序得以延续的工具，这种工具的使用往往视需要而定，从而不能认定是一种稳定的机制。

---

① 郑功成. 郑功成在第八届全国社会保障教学研讨会开幕式上的讲话//中国社会保障学会. 第八届全国社会保障教学研讨会成功举办. 2022-11-16. https://www.caoss.org.cn/article.asp?id=969.

进入现代社会后,社会保障成为稳定的制度安排,这种稳定性虽然没有改变其维护资本主义私有制及其统治秩序的使命,但逐渐融入了人道主义与社会公平的理念,并通过强制性的社会共享机制确实增进了国民的福利。如社会保险制度在德国产生时,推动这一制度发展的德国皇帝及其"铁血宰相"俾斯麦就公然宣称这一制度是消除革命的必要成本,并断言一个等着领取养老金的人是不会反政府、反社会的,因此,社会保险作为工业化的产物,它一出现就事实上充当着镇压工人运动的武装"大棒"之外的"胡萝卜",是为了防止工人阶级反抗的政治工具,但这一制度确实给工人阶级带来了实惠。随着社会的发展,社会保障单纯追求社会安全或社会稳定的目标亦发生了变化。一方面,人道主义日益成为支撑这一制度的伦理基础,对社会弱者的关注与援助日益成为建立社会保障制度的国家或地区的重点与核心,各项社会保障制度不再是出于单纯的政治目标,而是被赋予了人道主义的内核;另一方面,公平与正义日益成为各国人民共同的追求,社会保障则成了追求这一发展目标的不可替代的制度安排,因而使社会保障肩负着缩小社会差距和维护社会公平与正义的使命。例如,20世纪50年代以后在许多发达国家建立的福利国家模式,就已经不再是以社会安全为这一制度的追求目标或者说已经不再是这些国家社会保障制度的主要目标,其追求的是社会公平与正义。

从现代社会的发展进程与文明进步的视角综合考察各国的社会保障制度,尤其是发达国家和新兴工业化国家的社会保障制度,可以发现,现代社会保障的总体目标是通过保障和改善国民生活、增进国民福利来维护和促进整个社会的公正与和谐发展。

(二)社会保障制度实践的分目标

围绕着上述总体目标,社会保障制度在实践中需要实现如下分目标。

1. 帮助国民摆脱生存危机

由于各种先天与后天因素及自身与外来原因的影响,部分国民可能因疾患、天灾人祸、失业等事件陷入生活困境,如果没有相应的社会保障,这部分人将陷入生存危机而无法自拔,因此,通过相应的制度安排来解除国民的生存危机是社会保障的一个基本目标,也是最低追求目标。

2. 满足国民基本生活保障需求,不断改善和增进国民福利

随着社会经济的发展,人们对社会保障的需求也是不断发展的。如在人口老龄化的背景下,人们不仅对属于经济来源的养老金保障有需求,而且日益对各种社会服务尤其是个人生活照料有着强烈需求;在最低食物保障得到满足后,人们还会要求有相应的精神、文化、教育福利等。社会保障制度正是通过经济保障、服务保障乃至精神

保障的提供，来达到满足国民福利增长需求并保证不断改善和增进国民福利的目标的，它相对于前一个目标而言，是更高层次的目标追求。

3. 实现整个社会的公正与和谐发展

作为一个由多个子系统或项目构成的基本社会制度，社会保障追求的并不只是解决某些社会问题和增进国民福利的目标，而是为了促使整个社会公正与和谐发展。换言之，社会保障虽然属于社会政策与公共政策范畴，但又不单纯是一项社会政策或者公共政策，它还是调节国民收入分配的重大制度安排，需要综合考虑经济社会的协调发展以及自身可持续发展，还要兼顾社会各阶层的利益并使整个社会走向公正；与经济政策或其他社会政策目标较为单一相比较，社会保障对实现整个社会的公正与和谐发展负有更多的责任，它是维护社会公正并促进社会和谐的核心制度安排。在我国，社会保障制度作为中国特色社会主义制度的有机组成部分，更是全体人民共享国家发展成果和走向共同富裕的基本制度保障。

二、社会保障的功能[①]

社会保障的功能，是指社会保障包括其各个子系统及具体项目在实施过程中发挥出来的实际效能和作用。传统的社会保障理论，一般只承认社会保障事后救助的单一功能，然而，覆盖面广、项目齐全、形式多样的现代社会保障体系，早已远非历史上单一的救灾济贫可以比拟。在社会经济发展进程中，社会保障通常发挥着稳定、调节、促进发展、互助等多重功能作用。这些功能并不因为某些人对社会保障制度安排的批评甚至完全否定而被抹杀，而是在实践中作为事实而客观存在。当然，也应当承认，社会保障制度的功能是否充分得到了发挥或是否全部表现为正面效能，通常不是取决于社会保障制度本身，而是取决于社会保障制度的设计者与执行者。这就好像营养食物，它对任何人都是必要的，其作用肯定是积极的，但若吃得太多或太少，或不符合特定消费者的消费偏好，却又可能有害于享用者的身体，但我们显然不能指责营养食物本身，而是需要考虑享受对象范围的适当性与消费量的适当性。判断社会保障制度的功能，亦应当运用类似于判断营养食物功能的规则。

（一）稳定功能

从社会学角度出发，任何一个社会都需要有动力机制与稳定机制，市场机制就是现代各国经济发展的首选动力机制，而社会保障则充当着首选的稳定机制。人类社会

---

① 郑功成. 社会保障学：理念、制度、实践与思辨［M］. 北京：商务印书馆，2020.

的发展进步，任何时代都离不开稳定的社会秩序和社会环境，这种社会稳定性只能建立在社会成员具有安全保障的基础之上，而各种特殊事件的客观存在，又往往给社会成员造成群体性的生存危机，如人口老龄化、自然灾害、工业事故与职业病、疾病及市场经济条件下的竞争失败（如失业等）现象等，均不以人的主观意志为转移，且会导致一部分社会成员丧失收入和失去有效的生活保障。如果国家不能妥善地解决社会成员可能遇到的这些问题，人们的不安全感就会显著增加，部分社会成员因陷入生存危机便可能成为社会不稳定的因素，社会秩序可能因此而失去控制，并进而破坏整个社会经济的正常发展。中国历史上的历次农民起义及其导致的朝代更迭，工业化国家因经济衰退导致大批工人失业出现大罢工而带来的社会震荡，一些发展中国家因贫富差距过大、社会矛盾尖锐导致的社会危机与政治危机，等等，均表明建立社会保障制度在现代社会所具有的必要性与必然性。

通过建立社会保障制度，国家为社会成员的基本生活乃至不断发展提供相应的保障，它能够帮助陷入生存困境的社会成员从生存危机中解脱出来，能够满足社会成员对安全与发展保障的需要。如市场经济条件下工人因企业破产或就业竞争失败而失业，即可能因收入来源的丧失而陷入生存困境，失业保险与社会救助制度正是对这类社会成员基本生存权利的保障；各种社会福利服务的提供，有效地解除了社会成员在育幼、养老及其他生活服务等方面的后顾之忧，显然为社会成员的发展创造了条件，等等。可见，社会保障能够防范和消化社会成员因生存危机而可能出现的对社会、对政府的反叛心理与反叛行为，能够保障社会成员在特定事件的影响下仍然可以安居乐业，从而有效地缓和乃至消除引起社会震荡与失控的潜在风险，进而维系社会秩序的稳定和正常、健康地发展。因此，社会保障是通过预先防范和即时化解生活风险来发挥其稳定功能的，它在许多国家均被称为"精巧的社会稳定器"或"减震器"。

（二）调节功能

社会保障的调节功能表现在政治、经济与社会发展等广泛领域。

1. 政治领域

在政治上，社会保障既是各种利益集团相互较量的结果，同时也是调节不同利益集团、群体或社会阶层利益的必要手段，并在不同的社会制度下表现出不同的政治功能。在社会主义制度下，社会保障除具有一般的政治调节功能外，还特别强化了社会成员在国家和社会生活中的主人翁地位；在资本主义制度下，社会保障亦提升了国民对现存制度的依赖意识和国家认同，同时对调节不同社会阶层的政治冲突和促进政治秩序的长期稳定并维持其整体正常运营发挥着特别重要的政治作用。现代社会保障制度之所以在许多国家成为党派斗争和政党政治、民主竞选中的重要议题,正是社会保障具有不容忽视的巨大政治调节功能的体现。

2. 经济领域

在经济领域,社会保障的调节功能尤其显著,并体现在如下多个层次上。

在第一层次上,社会保障有效地调节着公平与效率之间的关系。从国际范围考察可以发现,社会保障制度越健全、水平越高、规模越大,则意味着国家在维护社会公平方面的强制力越强;反之,社会保障越是残缺不全、水平越低、规模越小,则意味着国家在社会公平方面的强制力越弱。而社会保障对公平与效率的合理调节,则是促进一个国家或地区经济社会持续、协调与和谐发展的必要举措。

在第二层次上,社会保障直接调节着国民收入的分配与再分配。社会保障资金来源于国民收入的分配与再分配,并通过税收或征费或"转移性支付"给予保证,进而分配给受保障者或有需要者,正如国际劳工组织为一个发展中国家起草的一份报告中所指出的,"在现代社会保障的各项计划中,可以看到收入再分配的一些机制……它们按照一定的体制,提取一部分生产成果,为遭受职业损害的人们谋利益;由收入较高的工人负担一部分费用,以保证低收入工人的最低年金收入;通过适当税收的办法,把社会开支分别用于鳏寡、伤残和其他可能发生的情况;它们呼吁产业部门在整个国家范围内发展基本保健服务,并且全面重建经济平衡以利于相对的最下层社会"①。而在社会保障制度健全的国家,这种调节功能更加显著,它通过社会保障资金的征集与社会保障待遇的给付,在不同的受保障群体之间横向调节着收入分配,同时还在代际纵向调节着收入分配。此外,建立在自愿捐献基础之上的慈善事业作为法定社会保障的补充,亦具有相应的收入调节功能。

在第三层次上,社会保障还直接调节着国民经济的发展,它甚至被称为国家的福利投资。一方面,社会保障资金的筹集、储存与分配,直接调节着国民储蓄与投资,并随着基金的融通而对相关产业经济的发展格局产生直接调节作用。例如,一些国家将储存的社会保障基金投向国家重点公共基础设施和重点项目,就会刺激这些领域的发展;一些国家还利用社会保障基金或公积金向社会成员个人融资,亦促进了住宅产业等的发展。另一方面,社会保障还是经济发展不同周期之间的蓄水池。当经济增长时,失业率下降,社会保障收入增加而支出减少,社会保障基金的规模亦随之扩大,减少了社会需求的急剧膨胀,最终对平衡社会总供给与总需求起重要作用;当经济衰退时,失业率提高,由于失业者不再缴纳社会保险费等而导致社会保障基金收入减少,

---

① 国际劳工局社会保障司. 社会保障导论 [M]. 北京:劳动人事出版社,1989:141.

而失业者及经济衰退导致收入下降的低收入阶层对社会保障待遇的需求随之增加，又使社会保障基金支出规模扩大，从而在一定程度具有唤起有效需求、提高国民购买力的功能，最终有助于经济的复苏。[1]

此外，社会保障事实上还对市场体系起调节作用，如养老、失业保险制度对劳动力市场起直接调节作用，是劳动力资源自由流动和优化配置的基本条件；社会保障基金的融通对资本市场与产业结构起调节作用；社会保障体系中的教育福利、职业培训、医疗服务和社会福利等，又为提高劳动者的知识素质与身体素质等奠定了基础，并对技术市场产生相应的影响。

3. 社会发展领域

在社会发展领域，社会保障亦有效地调节着社会成员的协调发展。在社会保障制度健全的国家，社会保障构成了调节"社会成员中高收入阶层（富人）与低收入阶层（穷人）、劳动者与退休者、就业者与失业者、健康者与疾患者、幸运者与不幸者、有子女家庭与无家庭负担者之间利益关系的基本杠杆"[2]。不同社会阶层之间的利益冲突因社会保障制度调节功能的发挥而得到了有效缓和，社会因收入分配差距等导致的非公正性、非公平性在一定程度上得到了调节。正如时任联邦德国总理施密特1978年在接受美国《商业周刊》的采访时所承认的，联邦德国利用"社会费用"（社会保障费用）换来了劳资之间长期存在的"妥协气氛"，而且这种"妥协气氛"同第二次世界大战后联邦德国出现的经济增长奇迹是密不可分的。20世纪90年代德国实现统一后，对东部地区（民主德国）的养老、疾病、失业保险制度进行了改造，实行了老年过渡补助金制度等，国家虽然为此付出了一定的经济代价，却有效缓和了德国西部地区与东部地区的社会矛盾与冲突，促使两个地区之间的社会发展逐步走向协调化，并迅速从尖锐对抗走向融合，进而维系着德国的强盛与持续发展。[3]

（三）促进发展功能

理论学术界对社会保障的稳定功能与调节功能往往容易达成共识，而对社会保障

---

[1] 需要注意的是，社会保障在刺激需求方面的作用比其减少需求的作用要大，这主要是因为社会保障待遇的给付是政府的一项契约性义务，而享受社会保障待遇则是国民的一项基本权益，待遇水平一般具有能上不能下、能升不能降的特征，社会保障制度所具有的这种"刚性"使政府在经济膨胀时，很难利用社会保障作为减少总支出的手段来实现减少需求的目的。因此，在充分肯定社会保障对供需平衡方面的积极作用时，亦应当看到其某些不足。

[2] 郑功成. 论中国特色的社会保障道路 [M]. 武汉：武汉大学出版社，1997：617.

[3] 德国在由国家负担一笔资金后，即在东部地区（民主德国）建立了与西部地区接轨的社会保险制度，个人与单位共同分担应缴社会保险费的50%，由国家来解决发展不平衡的地区之间的社会保障制度统一成本与改制成本，是一种值得重视的经验。

是否具有促进发展的功能还存在着分歧。其实，社会保障制度在产生初期或许主要体现出稳定与调节功能，但发展到现在则已明显地具备了促进发展的功能。

首先，现代社会保障制度已经由一种被动的、消极的、事后的补救性机制，转变为一种主动的、积极的、事前与事后相结合的保障机制，从而为促进发展提供了制度基础；其次，社会保障范围的持续扩大和基金积累规模的日益庞大，又使社会保障具备了促进社会经济发展的影响力与实力；最后，则是当代社会经济的发展，客观上要求社会保障发挥出促进发展的功能，如社会文明的进步和市场经济的发展均需要社会保障发挥推动与促进作用。

在经济领域，社会保障通过营造稳定的社会环境促进经济的发展，同时通过社会保障基金的运营直接促进着某些产业的发展，并因解除了社会成员的生活后顾之忧而提振消费，进而源源不断地为经济发展提供动力。此外，社会保障对劳动力再生产的保障与劳动力市场的维系，又促进着劳动力资源的高效配置和生产效率的提高。因此，社会保障对市场经济并非只有单纯的维系、润滑作用，而是有着促进作用。

社会保障的促进发展功能，表现在社会发展领域的如下五个方面：一是能够促进社会成员之间及其与整个社会的协调发展，使社会生活实现良性循环；二是能够促进遭受特殊事件的社会成员重新认识发展变化中的社会环境，适应社会生活的发展变化；三是能够促使社会成员的物质与精神生活水平的提高，使其更加努力地为社会工作；四是能够促进政府有关社会政策的实施，如社会保障对象通常不分性别的做法极大地促进了男女平等，教育福利有助于国民教育的普及与提升，儿童福利与家庭津贴等有利于生育政策的实施，等等；五是能够促进社会文明的发展，如社会保障为社会成员提供了安全保障，有助于消除其对不幸事件或特殊事件的恐惧感，增强自信心，进而破除封建迷信观念，树立起互助共济、自我负责、积极向上的新观念。可见，社会保障在社会成员与社会发展中的促进作用是十分明显的。①

在中国，社会主义制度的本质是追求和实现全体人民共同富裕，而社会保障制度则是实现全体人民共享国家发展成果并满足人民对美好生活需要的基本制度保障，它构成了中国式现代化的重要特征与本质要求。

---

① 人道主义与伦理道德是社会保障制度最初的理论基础，也是社会发展的基石。但社会保障是否能够促进人道主义与伦理道德的发展，却在某些学者之间存在着分歧。肯定者认为，社会保障通过对社会成员互助互济的强制化、固定化，有助于培养社会成员的社会责任感并形成整体的人道主义氛围及优良的社会伦理道德；反对者则认为，社会保障对社会成员互助互济的强制化、固定化，反而削弱了社会成员之间的互助互济精神，损害了家庭成员之间那种天然的、自发的、相互关爱的伦理道德基础。这种争论还可以持续下去，但制度化的社会保障让社会成员依赖一种制度来获得安全保障，客观上较依赖一种取决于人道主义与伦理道德的非制度化保障更为可靠。

(四)互助功能

社会保障资金来源于包括税收、缴费、捐献等多渠道，又被支付给受保障者或有需要者，这种分配机制其实是一种风险分散或责任共担机制，风险分散与责任共担本身就是以互助为基石并在互助中使风险得到化解的；同时，构成社会保障体系重要组成部分的社会福利与社会服务，无论在国内还是在国外，几乎均以社区为基础，以社会成员之间相互提供劳务为主要表现形态，从而实质上体现出了互惠互助以及在互惠互助中的他助与自助。[1] 资金的互助、物的互助和劳务服务的互助，表明社会保障制度不仅是一种社会稳定机制，而且也是一种社会互助机制。

在当代社会，生产的社会化与生活方式的社会化，使完全形态的自助成为不可能；而市场机制的作用和人类的私欲，又使完全形态的他助成为不可能。因此，那种希望社会保障完全自助化（完全自我负责）或完全他助化（完全"劫富济贫"）都是不现实的，也是无法实践的；而强调以互惠为基础，充分发挥社会保障的互助功能，同时发挥社会成员自助与他助的作用，将不仅有利于正确理解社会保障制度的真实面目，更有利于社会保障制度得到持续、健康的发展。

(五)其他功能

除稳定功能、调节功能、促进发展功能与互助功能这四大基本功能外，社会保障事实上还有着诸如防控风险等其他功能。例如，社会保障尤其是养老、失业、医疗、工伤等社会保险制度，是事先筹集保障资金，用以防范劳动者可能发生的上述风险，从而具有预防风险的功能；救灾济贫措施多用来解决社会成员遇到的即期生存危机，从而具有及时控制风险的功能。[2]

在西方国家，有的经济学者还认为社会保障有资本积累功能，并把它作为现代垄断资本主义经济的重要组成部分。因此，不能低估社会保障的功能，否则便不符合社

---

[1] 风险共担不是商业保险的专利，现代社会保障制度的基础亦是风险共担。一些学者指出类似于新加坡的公积金制度和私营化管理的智利养老保险并非传统意义上的社会保障，因为它们缺乏互助功能，这显然是有一定道理的。但从这些制度的强制性与目的出发，它又具有社会保障的特性，只不过是因互助功能的削弱甚至丧失而受到了损害而已。况且，无论是新加坡还是智利，上述模式并不等于该国社会保障模式，因为它们还同时存在着具有互助特性的其他社会保障制度。因此，社会保障的互助功能是不应该受到怀疑的。

[2] 郑功成在与德国、美国等国的学者交流中，多次听到这些学者提到了社会保障具有国家认同的功能，甚至将之列为首要功能。原因是俾斯麦当年创建社会保险制度，一个重要目的是要使德意志成为一个让全体人民认可的统一国家，尽管最终德国议会坚持采取劳资自治机制，但这一制度的确立确实增进了德意志人民对国家的认同。在美国也是一样，罗斯福总统推出《社会保障法》，极大增进了联邦政府对全美的管治功能，美国人没有身份证号码却以每个人所拥有的社会保障号码作为身份标识，表明了社会保障制度的国家认同功能是客观的。因此，尽管教科书中通常不将国家认同作为社会保障的功能，但统一的社会保障制度无疑会强化国家的向心力与凝聚力。

会保障制度自产生以来的客观情形，更无法理解社会保障制度在遇到许多非议的条件下为什么还能够在发达国家与发展中国家获得如此普遍的发展。

需要指出的是，在肯定社会保障具有多重功能的同时，也要警惕将社会保障功能泛化。例如，强调社会保障对经济发展与经济增长做出的重要贡献，或者过分突出社会保障对效率的追求，或者将社会保障视为资本市场的依靠力量，以及将社会保障的政治功能夸大甚至被当成政治竞争的工具，都必然损害社会保障的正常功能的发挥。因此，在社会保障理论研究与政策实践中，应当警惕泛经济化、泛政治化、泛社会化现象，必须时刻牢记社会保障制度的初衷和维护、促进社会公正的使命。

第四节 社会保障的特征与原则

一、社会保障的特征

根据对世界社会保障制度发展实践的全面考察，可以发现它作为一项久远的制度安排，尤其是进入现代社会上升到法制规范的层次后，体现出了一些鲜明的特征，这些特征不仅使社会保障区别于其他社会化或市场化保障机制，而且揭示出了社会保障自身的本质与应当遵循的基本原则。现代社会保障制度的基本特征，主要表现在公平性、社会化、福利性、法制规范性、多样性及刚性发展等方面。

（一）公平性特征

社会保障的公平性特征，主要体现在三个方面。

1. 保障范围的公平性

社会保障通常不会有对受保障者的性别、职业、民族、地位等方面的身份限制，全民保障实现的是全体国民社会保障权益的公平性，选择性保障实现的亦是覆盖范围内所有成员在社会保障权益方面的公平性。例如，福利国家的普通国民年金、中国香港地区的高龄津贴等，无论贫富，只要达到了规定的受益年龄就可以享受这种福利待遇；绝大多数国家或地区的社会救助政策规定，只要是收入或生活水平低于贫困线或最低生活保障线的国民或家庭，均可以获得政府提供的现金或食物援助，面向贫困人口的社会救助构成了各个国家或地区社会保障制度的基石，等等。

2. 保障待遇的公平性

社会保障一般只为国民提供基本生活保障，基本生活保障之上的需求通常不能从法定的社会保障途径获得解决。例如，贫困线的划定使贫困人口的认定及救助标准有了统一的依据，各项社会保险待遇标准的指数化亦为受保障者提供了公平的参照系，尽管不同受保障者获得的现金或实物援助或劳务服务存在差异，但这种差异较初次分配表现出来的悬殊差距已经大为缩小，从而体现了保障待遇的公平性。

3. 保障过程的公平性

社会保障为社会成员解除了许多后顾之忧，维护社会成员参与社会竞争的起点与过程的公平，同时，通过社会保障资金的筹集与社会保障待遇的给付，又缩小着社会成员发展结果的不公平，等等。因此，社会保障天然地具有追求社会公平的特性。

社会保障的公平性特征，并非以不讲效率为条件。从宏观上讲，社会保障只是整个社会结构的一个系统，它的公平性需要以社会产品按生产要素分配为基础，也不是取代按劳分配或损害按劳分配，而是通过再分配的方式来促使收入分配格局更加合理；从微观上讲，社会保障追求社会公平，其本身也是要讲究效率的，只有最大限度地发挥社会保障资源的效率，才能更好地实现社会公平并促使社会进步。①

（二）社会化特征

社会保障之所以有别于家庭保障与职业（或机构）福利，是因为它不是封闭运行而是面向整个社会开放，并通过社会化机制加以实施的制度安排。因此，社会化是现代社会保障制度的重要特征。

社会保障的社会化特征，主要体现在以下四个方面。

1. 制度的开放性

各项社会保障制度虽然都以相应的立法为依据，并明确规范了相应的资格条件，但这一制度通常是在向公众开放的条件下确立的，并接受公众的评价与监督。

2. 筹资社会化

社会保障制度是用经济手段来解决社会问题，它需要有相应的财政来支撑制度运行，而从世界社会保障制度的实践来看，虽然不同的社会保障项目的财政来源不完全相同，但总体而言，社会保障资金的筹集却是社会化的，它一般包括国家财政投入、用人单位缴费、个人缴费乃至向社会募捐所得、发行福利彩票收入以及基金运营收益等多个渠道，充分体现了社会保障财政来源的社会化特色。

---

① 社会保障作为一种收入分配机制，不能与按劳分配相对立，但亦非按劳分配的继续。虽然社会保险强调权利与义务相结合，其待遇需要与受保障者的工作年限、工资水平挂钩，但工作年限已经粗放到以10年或20年为界限，工资水平亦因社会保险替代率的大幅度降低和最低工资、最低养老金等政策的保护，而使受保障者之间的差距大为缩小。因此，社会保障不能替代按劳分配，而按劳分配亦不可能替代社会保障。按生产要素分配是国民收入分配第一层次的规则，而包含了按需分配原则在内的社会保障分配则是国民收入分配第二层次的规则。

3. 服务社会化

社会保障制度的实践过程，实质上也是为有需要的社会成员提供经济援助与社会服务的过程，在政府主导社会保障制度的条件下，各项社会保障制度的实践通常需要依赖各种机构或社会组织，例如，养老金的给付通常需要利用邮局、银行等机构的发行网点才能做到方便发放，医疗保险只有通过各种医疗机构与药店才能真正实现其目标，社会救助亦离不开居民委员会或村民委员会等基层自治组织或其他社区组织的配合，各项福利事业更是需要众多的社会福利机构（如养老院、老年公寓、残疾人康复中心等）来承担。因此，社会保障制度越健全，社会保障事业越发达，其社会化服务的特色就越显著。

4. 管理与监督社会化

随着社会保障体系的扩张和非政府组织参与程度的提高，对社会保障的管理与监督亦从政府专责向社会化监管发展。一方面，政府通过相应的途径可以将有关社会保障事务委托非政府组织来管理，这种尝试在发达国家及中国的香港、台湾地区并不罕见；另一方面，大量的社会福利与公益慈善机构的成立，又直接承担着相应的社会保障责任，它们作为独立的法人团体，实现自我管理。因此，政府在很大程度上只充当着社会保障制度运行过程的监督者角色。此外，工会组织、社会团体以及公众传媒等亦会对社会保障制度的实践进行自觉或自发的监督。需要指出的是，以智利为代表，其于20世纪80年代将公共养老金转化成私有化的个人账户制是一种强制储蓄加投资型制度，亦被认为是社会保障制度社会化的一种表现，但它实质上已经被异化成市场化工具，最终陷入危机。

可以肯定，各个国家或地区社会保障制度在实践中还会进一步强化其社会化特色，这既是社会保障责任由社会分担的需要，也是这一制度提高效能并实现可持续发展的需要。

（三）福利性特征

在现代社会，福利的概念是非常广泛的，并且被政治学家、经济学家和社会学家等高度关注。① 国际社会在"1970—1980年国际发展战略"中就明确强调，发展应该将保证不断改善每个人的福利，并为所有人谋利益作为最终目的……重要的在于保证更加公正地分配收入与财富以促进社会正义与生产效率，显著提高就业水平，加强就

---

① 福利一词在一些国家被解释成幸福。在英文中，welfare 和 well-being 两个字均可以译为中文的"福利"，但中文社会保障著述中的福利通常与 welfare 相对应。根据福利经济学奠基者庇古的观点，福利则被区分为社会福利（含义广泛，包括自由、家庭幸福、友谊等）和经济福利（指社会福利中能够用货币衡量的部分）。

业保障，扩大和改善教育、公共健康、营养、住房和社会保护，保护环境。① 在很多时候或很大程度上，福利几乎就是社会保障的代名词，这一方面是反映了社会保障制度的传统特性，另一方面也是社会保障制度安排的具体要求。

社会保障的福利性特征，即相对于社会成员个人而言，其在社会保障方面的支出要小于在社会保障方面的收益。换言之，凡所得大于所费即具有了福利性。如果社会成员用同样多的钱购买同样多的服务，它运用的便只能是市场经济条件下的等价交换原则；如果社会成员用大量的钱购买了少量的服务，这种交易便包含了对购买者的价值剥削；如果社会成员用低于服务的价格购买到了这种服务，便含有了福利性因素在内。因此，社会保障的福利性特征，体现的是社会成员在社会保障方面的交易成本低于所获得的保障待遇。

这一特征的形成，主要是因为除社会保障参与或受益群体外，国家、用人单位及社会各界还在一定程度上分担着个人的生活保障责任。对受益群体而言，社会保险的受益者虽然通常要付出一定的经济代价，但因国家、用人单位等分担了社会保险费或运行成本而获得了所得大于所费的福利保障，更重要的是社会保险提供了稳定的安全预期；社会救助作为国家的基本义务，受益者只要符合相应的资格条件而无须付出经济代价；能够被社会保障制度包容的社会服务，因有国家财政补贴或社会捐献等来充实财政基础，亦大多以免费或低价的形式提供，受益者亦直接享受着所得大于所费的福利待遇。福利性作为社会保障制度的一个基本特征，决定了社会保障虽然可以引进一定的市场机制，但它在本质上却是市场机制无法调控的。因此，我们可以自由讨论社会保障制度的范围与水平问题，并对其加以适当控制，但在政策实践中却无法否定这一制度的福利性色彩。

需要特别指出的是，社会保障的福利性不能简单地等同于经济利益交换的所费与所得，因为社会保障的根本目的是化解社会成员的生活风险，提供稳定的安全预期应当是社会成员的最大所得。例如，在医疗保险中，参保人支付保险费可能因为没有生病而不存在报销医疗费用的现象，这种现象似乎只有参保人的净付出，但若考虑到人一生中不可能避免疾病风险以及家庭成员肯定存在疾病风险，有了医疗保险就不会因疾病导致生活陷入困境或者影响生活质量，这种安全感的获得实质上就是社会成员的最大所得；类似的现象还表现在工伤保险、失业保险等多种制度安排中。因此，我们不能简单地以市场交易中的所费与所得来判断社会保障制度的优劣，更不能以此作为社会成员是否参加社会保险的依据。

---

① 国际劳工局社会保障司. 社会保障导论 [M]. 北京：劳动人事出版社，1989：145.

（四）法制规范性特征

社会保障旨在切实保障国民的收入安全与基本生活，进而促使整个社会和谐发展。一方面，社会保障资金的筹集由于涉及国家、企业及其他法人团体与个人的权利、义务及经济利益，必须以相应的法律、法规作依据，并借助政府的行政权力才能完成筹资的任务，没有完善的法制规范，便不会有社会保障制度稳定的财政基础，进而也不会有真正的社会保障制度安排；另一方面，作为一种社会稳定机制与利益调整机制，有关各方的权利与义务亦必须由法律明确规范，并要求严格依法办事，没有法制规范，社会保障制度便可能滑出正常运行的轨道，因为从社会保障资金的筹集到社会保障待遇的给付，均是市场机制难以发挥作用的。因此，现代社会保障制度自产生之日起，便以立法规范为前提，以政府干预为条件，立法先行、以法定制、依法实施是各国社会保障制度的普遍规律，法律的硬约束与政府的强势干预就是社会保障制度强制性的具体体现。

社会保障制度的法制规范特征，主要体现在法律的规范与强制方面。首先，法律的强制规范为社会保障的运行提供了必须遵守的行为准则；其次，政府只能根据法律的规范与授权，并在法律允许的范围内对社会保障制度的运行进行干预，换言之，政府的强制植根于法律的规范，并服从于法律的规范。最后，即使不是由政府直接管理而由民间举办的社会保障事务（如社会福利服务、慈善公益事业等），也必须由相应的法律、法规来规范，之后才可能健康发展。因此，尽管社会保障体系的强制性因民间参与程度的提升和政府责任的控制而存在弱化趋势，但法制规范性这一特征将始终不会改变。

在全面依法治国的背景下，法制规范性构成了社会保障法治化的基本条件，也是社会保障现代化的必要保证。

（五）多样性特征

基于影响社会保障因素的复杂性和不同国家的传统，以及社会成员对社会保障需求的差异，现代社会保障制度在具体实践中通常表现出多样性特征。

1. 社会保障制度多样化

以俾斯麦模式与贝弗里奇模式为代表的单一保障模式风行世界的时代已经成为历史，各个国或地区在建立和发展自己的社会保障制度时，通常要考虑本国或本地区的情况及所处的时代。例如，北欧国家选择福利国家模式，德国与法国等则主要采取社会保险模式，美国则是政府、市场与民间力量三足并立的多元并行模式；即使同样是福利国家，加拿大、澳大利亚等与北欧国家亦存在着差异。再以完全积累型的养老金为例，新加坡首创完全积累型的公积金制度，智利则建立了私有化的个人账户养老金制度，中国香港地区又在借鉴上述两种制度的基础上建立了自己的强积金制度，而中国内地则采取了社会统筹与个人账户相结合的独特模式，上述模式并不具有普遍性，也绝非养老保险制度的主流，但它同样表明了多样性。

2. 同一项社会保障制度，在一国（地区）之内也呈现不同的模式

这一多样性是为了适应不同社会群体的社会保障需求，同时增加国民对社会保障的选择权利。例如，我国的基本医疗保险对患者在哪一级医院就诊就有不同的费用分担办法，患者可以自己选择，类似办法在其他国家或地区亦可以发现。这种区别不仅是为了更好地提高社会保障的运行效率，而且应当是增加了受保障者的选择权利，从而在某种程度上代表着社会保障制度的一种改革与发展趋向。

3. 项目结构多样化

由于社会成员的社会保障需求并非是完全统一的，也就不能指望用一种制度来涵盖社会保障的全部内容，项目结构多样化便成为现代社会保障制度的一个重要特征。例如，社会救助在过去主要是对贫困人口提供食物保障或生活救助，但现在通常还需要加上医疗救助、住房救助、子女教育救助、临时急难救助等多项内容，从而需要在一个制度内部设立多个项目，唯有这样才能更好地满足需要并确保这一制度的效能。

4. 水平结构多样化

水平结构多样化是指不同的社会保障项目需要在待遇水平上体现出差异，例如，失业保险待遇与社会救助待遇就需要有一定的差别，且通常表现为前者较后者的保障水平要高。

5. 体系结构的多层次性

在人口老龄化加速发展和社会成员多样性、个性化需求日益扩张的条件下，当代世界的社会保障制度不再是单纯强调政府责任或政府主导，而是承认市场主体与社会力量应当参与其中并发挥积极作用。例如，美国、德国等国发达的企业年金制度就主要依靠保险公司、基金公司等举办；慈善事业更与社会福利事业相融合，成为政府实施社会福利制度并为社会成员提供相关服务的重要依托。因此，构建多层次社会保障体系成为当今世界的最大共识并在各个国家或地区的发展实践中得到了日益充分的体现。

考察全球范围内的社会保障制度，多样性特征已经得到了明显体现。各个国家或地区之间的国情差异与地域差异、文化传统差异、国民社会保障需求差异与文化、价

值偏好的差异等,均决定了多样性是现代社会保障制度的一个基本特征。

(六)刚性发展特征

绝大多数国家的社会保障发展实践,揭示了现代社会保障制度具有刚性发展的特征。这一特征既是社会成员对社会保障需求不断增长的结果,也是现代社会保障走向制度化之后的客观结果。例如,在慈善事业时代与济贫制度阶段,只有非常简单的救灾济贫保障项目,这种保障并非是制度化的保障,它基本上取决于统治者和实施者的意志及财力。进入工业社会后,社会经济条件发生了巨大变化,社会保障的对象群体也发生了很大变化,工业劳动者的年老、疾病、职业伤害、失业、生育等事件由个人风险转变成群体性社会风险,使建立社会化的养老保险、医疗保险、工伤保险、失业保险、生育保险等制度成为必然,虽然这些项目不一定同时出现,但对于市场经济条件下的社会发展进步却是缺一不可的。

随着社会经济的不断发展,社会成员的福利需求亦会日益增长,政府为了满足这种需求,往往通过立法来建立相应的社会福利制度,从而使福利项目不断增加,最终促使现代社会保障制度走向完备化。一旦社会保障项目通过立法手段得以确立,便很难再行取消。同时,社会保障的范围与水平也是刚性发展的,即覆盖范围会持续扩大,直到覆盖全体国民;待遇水平会不断提高,且不会下降。因为人类社会的发展不允许倒退,受益群体更不会让一种社会保障制度消失,不可能允许政府将自己从已经进入的社会保障网络内剔除,更不会认同社会保障待遇水平下降,而政府也天然地负有促使社会成员福利不断增长的使命。因此,现代社会保障制度在项目结构、覆盖范围、待遇水平等方面无疑是刚性增长的。这是现代社会保障制度以往实践表现出来的一个显著特征,也是现阶段乃至未来社会考虑社会保障发展问题时必须引起充分注意的特征。

如果对世界社会保障制度的发展实践做进一步考察,还可以看出其在刚性增长的总体趋势下,还呈现出阶梯式持续发展的规律:社会保障的项目会随着社会经济的发展及社会成员社会性保障需求的增长而不断增加,社会保障体系会在发展中不断膨胀。19世纪80年代以前社会保障处于第一阶梯,属于保障项目有限、保障水平普遍很低的时期。进入19世纪80年代以后,尤其是进入20世纪以后,社会保障制度进入了第一个阶梯式膨胀发展时期:原有的社会保障项目如救灾、济贫、抚恤等仍然存在并不断发展,包括养老保险、医疗保险、工伤保险、失业保险和生育保险等项目在内的社会保险制度得到了全面发展,并迅速在一些国家或地区的社会保障体系中占据主体地位。随着社会经济的不断发展,社会成员对社会保障的需求进一步增长,政府和社会亦具备了越来越强的社会保障能力，从而使社会保障制度进入了第二个阶梯式膨胀发展时期。不过，由于工业化程度不同，不同国家或地区的社会经济发展水平存在很大差异，加之社会保障体系自身发展进程中的惯性，不同国家或地区进入这一时期的标志并不像第一个阶梯式膨胀发展时期那样明显。但从一些发达国家的发展实践来看，第二个阶梯式膨胀发展时期主要表现为社会福利或福利性社会服务项目的增长和水平显著提高，以及整个社会保障体系进一步完善等方面。在这一时期，传统的社会救助项目、军人保障项目仍然被保留并得到新的发展，社会保险在普及化的同时也得到了持续发展，而老年人福利、儿童福利、妇女福利、残疾人福利及其他各项福利事业不仅自成体系，而且逐渐成为社会保障体系中新的主体内容，追求社会福利、改善生活质量、提升生活品质成为社会成员的普遍性需求。

从上述分析可见，社会保障的发展确实具有刚性发展和阶梯式持续发展的特征，即它的项目发展不是一个一个地增加，而是随着社会发展进步而急剧膨胀型发展的方式。例如，在第一个膨胀发展时期，社会保险的项目就不是单个出现，而是养老保险、医疗保险、工伤保险、失业保险等项目成批出现，20世纪80年代以后部分发达国家又增加了护理保险等；在第二个膨胀发展时期，社会福利体系亦是由老年人福利、残疾人福利、妇女福利、儿童福利等多个项目共同组成。社会保障制度在工业化国家尤其是在福利国家可能完成了阶梯式膨胀发展进程，但刚性发展规律仍然会持续发挥作用，社会保险项目亦在向普遍性的福利服务发展，如生育保险在多个国家演变成为普惠性的生育津贴，养老保险在部分国家亦形成了普惠性的国民年金制度，等等。

综上，发展社会保障事业必须充分注意到社会保障刚性发展规律，在尊重这一规律的同时亦有必要采取有效措施防止其走向极端。

二、社会保障的原则

社会保障的原则是建立这一制度应当遵循的基本准则。它通常包括公平原则、互济性原则、与社会经济发展相适应原则、共建共享与责任分担原则、普遍性与选择性相结合原则等。

（一）公平原则

社会保障制度安排属于公共产品、公共资源在公共领域中的分配，因此，缩小社会贫富差距、创造并维护社会公平，是社会保障制度的基本出发点，也是社会保障政策实践的归宿。① 尽管不同国家有不同模式的社会保障制度安排，在公平方面存在着程度不同的差异，但现代社会保障制度的产生与发展，却普遍遵循着公平原则。

根据公平原则，在社会保障制度设计中，必须打破各种身份限制，公平地对待每个社会成员并确保其享受到相应的社会保障权益；在社会保障实践中，必须更多地维护好弱势群体的利益，以此达到缩小贫富差距和促进整个社会健康、和谐发展的目标。

公平原则的最充分体现，是建立覆盖全民的社会保障体系，让全体国民普遍享受社会保障。然而，由于每一个社会保障项目均需要有相应的财力支撑，在物质财富尚未达到十分丰富的阶段时，公平原则亦只能循序渐进地加以推进。在社会保障制度建设与发展进程中，它通常表现为项目建设日益健全、覆盖范围持续扩大、保障水平逐渐提高这样的规律，项目的增长促使社会保障体系最终形成没有漏洞的社会安全保护网，覆盖范围的扩大最终会使全体国民普遍享受社会保障，而保障水平的提高则意味着国民福利的不断增进，社会公平程度进一步提升。

当一个国家只有少数人享受社会保障时，社会保障的公平原则只在享受者中得到了体现；只有当全体国民普遍享受社会保障并通过社会保障制度使生活水平与生活质量获得改善与提升时，社会保障的公平原则才真正得到全面贯彻。尽管公平原则的落实需要循序渐进，但社会保障制度的发展进程，就是这一原则日益得到落实的过程。是否促进了社会公平、缩小了社会贫富差距，是衡量社会保障制度发展正确与否的核心评价指标。

（二）互济性原则

由于人生风险的不确定性，要解除生活后顾之忧必须依靠集体力量，社会保障制度正是以确定的集体力量来化解不确定的个体风险的制度安排，因此，互济性构成了社会保障制度赖以生存与发展的基础，也是增进整个社会协调发展的重要条件。在理论和实践中，互济性原则其实是以互惠制为基础的，即我为他人做贡献，他人也为我做贡献，两者互为条件、互相促进。

互济或互惠制最早出现在家庭，家庭成员之间就是一种互惠与互助的关系，"养儿

---

① 有的观点认为，社会保障制度应当坚持效率优先、兼顾公平原则，以便突出经济发展与经济增长才是当代社会发展之根本。这其实是对社会保障的一种误解，因为社会保障制度不仅是调整社会公平与经济效率关系的机制与手段，而且是社会公平的重要标志，它本身虽然要讲究效率，但本体职责却是努力创造并维护社会公平。因此，在肯定整个社会的发展进步必定要以经济发展与经济增长为现实基础、必定要强调对效率的追求的同时，并不意味着社会保障会蜕变成一种促进经济发展与经济增长的机制与手段。因为经济发展与经济增长的动力系统应当是市场机制，而社会保障则是作为稳定机制发挥作用，两者的分工及协调，正是整个社会经济获得协调发展的前提条件。

防老"道出了家庭成员之间经济关系的真谛;由家庭而家族,由家族扩展到邻里与社区,再由社区扩展到整个社会,便构成了社会保障潜在的思想基础与群体意识。社会保障制度安排,正是这种互济或互惠制的强制化、固定化和规范化。①

在社会保障制度发展史上,无论是俾斯麦模式还是贝弗里奇模式,都建立在互助共济的原则之上,20世纪50年代新加坡建立的公积金制度则极大地弱化了互济性,20世纪80年代智利将公共养老金制度变成私有化的个人账户制,更是对社会保障互济性的颠覆。实践证明,智利的个人账户因违背互济性原则是失败的,新加坡的做法也不可能被推广。

(三)与社会经济发展相适应原则

社会保障是国家用经济手段来解决社会问题,进而达到特定政治目标的制度安排。因此,社会保障的发展亦必须坚持与社会经济发展相适应的原则。

一方面,社会发展变化决定着社会保障制度的结构变化。例如,工业化带来机器大生产,产生了工人阶级,也就很自然地需要建立相应的社会保险制度,如果工业化国家仍然只有农牧社会中的救灾济贫政策,则工业社会所带来的各种职业风险与社会风险便不可能得到化解;再如,人口老龄化高峰的到来,不仅需要建立相应的养老金制度,亦需要有发达的老年福利事业,如果没有养老金保障和相应的老年服务体系,则长寿将不会是幸福的事情。可见,社会发展客观上决定着社会成员对社会保障的需求。如果社会保障制度不能满足这种需求,国家或社会便会因风险的发生而形成社会问题与社会危机。

另一方面,社会保障制度的确立无一例外地需要相应的财力支撑。如果没有相应的财力,社会保障制度就会变成无源之水、无本之木,即使建立了也无法持续下去。因此,经济发展是社会保障制度的物质基础,它事实上决定着社会保障的发展水平。

中外社会保障制度的发展实践表明,社会保障制度只有与社会经济发展相适应,才可能在解决相关社会问题的同时获得健康、持续的发展。如果滞后于社会经济的发展,其功能便难以充分发挥,社会问题将持续恶化,进而妨碍整个社会经济的健康发展。如果超前于社会经济发展水平,则会陷入难以持续的困境,进而损害子孙后代的

---

① 新加坡、智利等国家的养老保险采取个人储蓄积累的模式,显然并不具有互济性,这正是公积金制度与智利养老保险制度遭遇批评的一个方面。然而,没有互济性并非没有福利性,对受益者而言,公积金制度的福利性是明显的,国家免税和企业分担缴费责任,决定了受益者的所得必然大于所费;而智利的养老保险制度完全由劳动者个人缴费,但政府仍然实行免税的优惠,这与纯粹采取等价交换的商业保险业务是有区别的,这或许体现了这种养老保险制度的有限福利性。需要指出的是,国际上绝大多数国家并未采取新加坡模式或智利模式,亦是基于它的互济性和福利性太弱并与传统社会保障制度相去甚远。

利益。因此，与社会经济发展相适应的原则是各国建立社会保障制度的基本原则。

需要指出的是，在坚持这一原则时，应当全面理解这一原则的含义，既不能单纯强调社会发展的需要，也不能单纯强调与经济发展水平相适应，而是要综合考虑社会发展需要与经济发展的承受能力，否则，便会顾此失彼，使社会保障制度在实践中陷入被动。

（四）共建共享与责任分担原则

社会保障制度在国内外的改革与发展，揭示出这一制度需要坚持共建共享和责任分担的基本原则。因为政府包办或者用人单位与个人承担全部责任，都会损害这一制度的健康发展，并无助于解决那些需要通过社会保障才能解决的社会问题，只有坚持共建共享和责任分担原则并据此让社会、政府、用人单位、个人乃至家庭等合理分担社会保障责任，这一制度才可能获得持续发展并有利于整个社会的和谐发展。因此，促进福利不断增长与实现责任合理分担应当在社会保障发展进程中得到全面体现。

在政府改革向有限责任政府迈进的潮流中，社会保障制度亦日益呈现出政府主导和社会分责的发展趋势。一方面，在正式制度安排中，政府承担主导责任而非全部责任，用人单位与个人均参与其中；另一方面，正式制度安排与非正式制度安排的结合日益构成社会保障制度建设的新特色，非正式制度安排的社会保障措施通常都是社会、用人单位乃至个人承担着更多责任，政府只起支持与鼓励的作用。例如，政府负责的基本养老保险制度的保障水平在许多国家或地区得到了控制，而由企业主导的非正式制度安排的企业年金却在许多国家或地区得到了前所未有的发展；救助贫困人口被国际社会公认为是政府的责任，但在政府的正式社会救助制度之外，许多国家或地区非正式制度安排的慈善公益事业却很发达并发挥着有益的补充作用，等等。

坚持共建共享与责任分担原则，实现正式制度安排与非正式制度安排的有机结合，既是政府无法包办社会保障事务和正式制度安排难以满足国民日益增长的福利需求的现实使然，也是提高社会保障公共资源的效率并充分调动民间与社会力量共同促进社会保障事业发展的必由之路，最终目的则是在确保社会保障制度可持续发展的条件下不断增进国民福利。

需要指出的是，政府虽然不能将非正式的保障纳入正式的制度安排，却应当积极引导并发挥各种非正式制度安排的作用，正式制度安排与非正式制度安排的有机结合，将放大整个社会保障体系的效能。① 多层次社会保障体系建设就是正式制度安排与非正式制度安排的融合发展。此外，对中国等具有家庭保障传统的国家而言，社会保障与家庭保障相结合亦应当成为责任分担原则的具体体现，将家庭保障作为整个社会保障制度安排的基础，将有利于促使整个社会保障制度步入稳定、健康、良性的发展轨道。正如国际劳工局前局长弗朗西斯·勃朗夏指出的那样，"在支持家庭作为其成员的代理人享受保障方面，社会保障的重要性是不容忽略的。就其固有的目标而言，社会保障应有助于加强家庭关系的稳定性，这种稳定性本身就是社会保障系统保护受益人的先决条件"②。

（五）普遍性与选择性相结合原则

社会保障的普遍性原则是 1942 年贝弗里奇起草的《贝弗里奇报告——社会保险和相关服务》中提出的一项基本原则，它要求国家在确立社会保障制度时，其对象、范围不能局限于贫困阶层，而应当使全体国民均能够享受到相应的社会保障与福利。普遍性原则符合社会保障制度对社会公平、公正的追求，体现了人类社会的终极目标，从而被许多工业化国家所认可，并成为西方福利国家在社会保障制度安排中普遍遵循的一项原则。福利国家能够风靡一时，普遍性原则的应用及其所带来的实践效果确实起到了非常特别的作用，贝弗里奇显然功不可没。

选择性原则是一些强调效率优先的国家与发展中国家在社会保障制度安排中遵循的一项原则，其含义在于根据国家财政的承受能力和受保障者的经济收入状况及对社会保障的需求程度，有区别地安排社会保障的项目、对象范围、筹资方式和待遇水平等。与普遍性原则相比，选择性原则下的社会保障显然不可能是全民保障，因为人们对社会保障的需求客观上存在着差异，国家的财政实力亦有强弱之分，尤其是一些发展中国家的地区发展很不平衡，这些条件极大地制约了普遍性原则的实践，而遵循选择性原则既能够满足社会成员不同的社会保障需求，也不会超越社会经济发展水平而构成沉重包袱。因此，选择性原则的实践其实为普遍性原则的落实创造着条件。

客观而论，普遍性原则与选择性原则在许多国家其实是相伴而行的。因此，在肯定普遍性原则并尽可能地推进社会保障制度的公平性与公正性的同时，不能将选择性原则与普遍性原则对立起来，而是应当承认发展中国家按照选择性原则或普遍性与选择性相结合的原则来建立社会保障制度的合理性与过渡性。

---

① 实际上，某些不被纳入正式制度安排的保障机制在一些国家亦具有强制性。如中国、日本、韩国等国家的家庭保障便通常由有关法律规范并强制推行，家庭成员之间如果不尽到相互扶持、相互服务的责任，将不但受到道德的谴责，还可能遭到法律的制裁。这种现象是对传统伦理道德的固定化和制度化，却又不需要占用国家公共资源，从而是值得国家维护并发掘的"财富"。

② 国际劳工局. 展望 21 世纪：社会保障的发展 [M]. 北京：劳动人事出版社，1988：6.

第五节 社会保障的意义

社会保障作为人类社会久远的福利制度安排，在进入工业社会阶段后，竟然发展成为事关各国国民切身利益，并对许多国家的政党与政治家的前程产生重要影响的客观事物，这是一种历史必然，其中也蕴含着一些偶然。就像现代社会保障体系中的重要组成部分——社会保险制度不是产生于有"日不落帝国"之称的老牌资本主义发达国家英国，而是产生于相对较为薄弱的德国一样，它本身即表明了这种制度受诸多因素的影响，包括经济的、社会的、政治的、伦理的因素乃至本土历史文化和国外案例等，总体而言是多种因素综合影响的结果，但具体到某个节点则可能是单一因素影响的结果。

现代社会保障作为人类现代化进程中孕育的重大制度文明成果，是国家现代化的"标配"，对中国式现代化更加具有重大意义。

一、社会保障突出以人为本，是实现人的全面发展的必要且重要条件

现代社会保障制度强调的是以人为本，其伦理基础是人道主义、人文关怀和公平价值理念，包括面向低收入阶层的社会救助项目、面向劳动者的社会保险项目、面向全体国民的社会福利以及各项具有互助互济、分散风险性质的保障措施，健全的社会保障体系不仅能够解除人们的后顾之忧、保障人的基本生活，而且有缩小社会贫富差距和维护社会公平等多方面的功能，直接体现了对弱者的重视与照顾以及人文关怀的精神，直接促进着人的全面发展甚至解放了人类自身，是人由家庭人、单位人转化为社会人的必要条件，最终必然促进整个社会的健康和谐发展。因此，世界各国在评估社会进步时，普遍将社会保障状况作为十分重要的指标，社会保障制度健全的国家同时也被认为是社会发展进步水平高的国家。可见，社会保障制度因价值理念的先进性和实践中的巨大功能，对社会文明发展进步有着重要贡献。

二、社会保障维护并创造公平的竞争环境，促进经济社会的正常发展

一方面，社会保障解除了人们的后顾之忧，增强了人的安全感和对未来的信心，从而不仅为人的全面发展提供了制度保障，而且能够帮助遭遇特殊事件的社会成员恢复正常生活并重新参与社会活动。例如，医疗保险化解着人们不确定的疾病风险，工

伤保险解除了劳动者职业伤害的后顾之忧，社会福利又弥补着家庭保障功能的弱化，等等。这些问题的解决，客观上消除了个人因不确定事件或意外风险导致的非公平竞争，同时也切断了个人风险转化为社会风险进而演变成社会危机的可能。另一方面，社会保障不仅直接提高了劳动者的素质，促进了劳动生产率的提高，而且维系着劳动力市场的一体化，直接推动了劳动力资源的优化配置。可见，建立健全的社会保障制度，并非仅仅是为了被动地解决某些社会问题，而是作为社会发展与市场经济的维系机制和促进机制发挥作用。

三、社会保障能够化解多种社会矛盾，不断增进国民福利，并促使整个社会走向公正、实现和谐发展

一方面，任何社会保障项目的建立，都相应地直接化解了社会矛盾，例如，社会救助因解除了贫困人口的生存危机而直接缩小了贫富差距并缓和了不同社会阶层之间的冲突，社会保险因维护了劳动者的权益而平衡了劳资关系进而化解了劳资冲突，等等。另一方面，社会保障制度的建立，又都直接表现为受益者福利的提升，健全的社会保障体系则会促进国民福利的普遍提升。例如，住房福利在不损害高收入阶层的住房条件的同时，使低收入家庭也能够有机会获得住房条件的改善；医疗保障因消除了疾病导致贫困的根源，亦间接提升了人们的福利水平；养老保险制度与老年福利事业的发展，更是使老年人所享受到的福利与人均预期寿命的延长和人类社会的发展进程保持了协同。尽管有人认为社会保障具有"劫富济贫"的特色，增加了一部分人（如低收入者）的福利而损害了另一部分人（如高收入者）的福利，但即使是从经济学意义出发，同样的财富对于高收入者与低收入者的经济效用也是完全不同的。就像100元现金对于一个高收入者可能不屑一顾，而对于一个低收入家庭却是一笔重要的生活来源，这100元在低收入者那里所创造的经济效用很自然地要高得多。因此，一个国家或地区的社会保障制度健全与否，与其国民福利水平的高低通常呈正相关关系，也与一个国家或地区的社会公正与和谐程度呈正相关关系。在我国走向共同富裕时代的历史进程中，社会保障不仅肩负着重要的使命，而且构成了共同富裕的重要内容。

四、社会保障能够为其他相关政策的实施提供配套

社会保障是一项基本的社会制度，它作为整个社会结构中的一个独立系统，既需要其他政策体系为之配套（如医疗保险离不开医疗卫生事业的配套，基金式的养老保险制度离不开资本市场的配合），也可以为其他政策体系的实施提供配套。例如，各国的人口政策就通常需要社会保障制度的配合，凡采取鼓励生育政策的国家，通常通过

面向多子女家庭提供更为优惠的福利津贴与服务来刺激生育;反之,则只对少生育子女家庭给予补贴或奖励。再如,就业问题在相当长时期内都将是中国面临的挑战,要解决或缓和就业问题就需要促进灵活就业,但若没有相应的社会保障制度配合,灵活就业方式就可能以损害劳动者的福利权益为代价;等等。因此,社会保障可以促进其他相关政策顺利实施的实践,表明这一制度的功能还需要重新评估,国家亦需要综合考虑各大政策体系之间的配合协调,尽可能实现相关政策相得益彰。

五、社会保障能够创造就业机会,助力社会产业结构改良

现代社会保障是一个庞大的制度体系,它需要众多专业人士的参与,从而是能够容纳众多劳动者的新兴部门。例如,社会保险制度的建立,需要社会保险费的征收与基金管理人员,需要相应的工伤鉴定工作人员,需要有待遇给付机构与相应的工作人员;各种社会福利及相关服务如养老服务、儿童服务、残疾人康复等,更是需要大量的劳动者参与进来。因此,社会保障事业的发展,既直接创造出大量的就业岗位,也改良着社会产业结构,这一意义应当得到重视。

在阐述社会保障的意义方面,习近平总书记曾明确指出,社会保障是保障和改善民生、维护社会公平、增进人民福祉的基本制度保障,是促进经济社会发展、实现广大人民群众共享改革发展成果的重要制度安排,发挥着民生保障安全网、收入分配调节器、经济运行减震器的作用,是治国安邦的大问题。[1] 这一重要论述将社会保障置于国家发展全局,明确了社会保障制度的目标与功能定位及其在国家治理中的地位,它包含三层含义。一是对社会保障制度的基本定位。"基本制度保障"揭示了社会保障在民生发展领域所具有的不可或缺的基础性地位,"重要制度安排"揭示了社会保障在国家发展全局中所具有的不可替代的重要地位,两者均表明在中国式现代化进程中应将社会保障置于更加重要的位置,并确保其持续健康发展。二是明确了社会保障具有"安全网""调节器""减震器"三大卓越功能。其中,对人民群众面临的各种生活风险而言,社会保障是解除其后顾之忧的可靠"安全网",有了健全的社会保障制度,人民会有可靠的基本生活保障,"安全网"编织得越密,人民群众就越有安全感;对社会财富分配而言,社会保障能够对初次分配出现的收入差距和财富积累的多寡不均进行有效调节,进而促进社会平等,使整个社会财富分配格局走向公正;对国民经济而言,社会保障对经济运行正常化以及修复经济危机导致的波动起到有效的维系作用,不仅不是经济发展的负担,而且是弥补市场失灵、消减经济危机影响的"减震器"。在中国

---

[1] 习近平. 促进我国社会保障事业高质量发展、可持续发展[J]. 求是, 2022(8).

式现代化进程中,更加需要发挥好这三大功能,因为人民群众期盼有更可靠的社会保障"安全网",扎实推动共同富裕需要加大社会保障制度的再分配力度,而国际环境的复杂性则要求社会保障继续发挥好"减震器"作用。三是明确界定社会保障"是治国安邦的大问题",这是对社会保障在国家治理中的地位的准确定位,也是对进入现代社会以来社会保障在各国发展进程中具体表现的高度凝练,还是为社会保障在中国式现代化进程中应当摆到更加突出位置定下的基调。①

综上所述,在中国式现代化进程中,加快建立健全社会保障体系有着十分重大的意义。社会发展与市场经济对社会保障的依赖以及社会保障所具有的内在功能,决定了中国不仅需要尽快建立新型的社会保障制度及其完整的体系,而且需要新型的、独立成体系的社会保障理论的指导。②

 本章小结

> 作为一项久远的制度安排,社会保障在进入现代社会后已经具有了非凡的意义,它不再是面向极少数弱者的简单的救济措施,而是维护社会公平、促使整个社会和谐发展的基本制度保证。
>
> 本章阐述了社会保障的理论界定,揭示了不同国家或地区与不同学者对社会保障的不同理解;阐述了社会保障的学科性质与理论框架、社会保障的目标与功能、社会保障的特征与原则,以及社会保障的意义。这些内容构成了学习社会保障专业知识的门槛。
>
> 社会保障是国家或社会依法建立的、具有经济福利性的、社会化的国民生活保障系统。在中国,社会保障则是社会救助、社会保险、社会福利、军人保障、福利服务以及各种政府支持的补充保障、社会互助、慈善事业及机构福利等社会措施的总称。它强调依法建立,突出以人为本,是具有经济福利性的社会化行为。
>
> 从学科性质出发,社会保障是在多学科基础上发展起来的一个新兴学科领域,它需要以经济学、政治学、社会学乃至管理学、法学等为基础,逐渐发展成为一门独立的、交叉的、处于应用层次的社会学科。
>
> 社会保障学的基本理论框架包括社会保障基础理论、社会保障政策理论和社会保障管理理论。

---

① 郑功成. 以中共二十大精神引领社会保障体系建设 [J]. 群言, 2023 (1).
② 郑功成. 中国社会保障论 [M]. 武汉:湖北人民出版社, 1994:19.

社会保障的目标是发展变化的。现代社会保障的目标是通过保障和改善国民生活、增进国民福利来维护和促进整个社会的公正与和谐发展。其分目标包括帮助国民摆脱生存危机,满足国民的基本生活保障需求,实现整个社会的公正与和谐发展。

社会保障具有稳定功能、调节功能、促进发展功能、互助功能等多重功能,这些功能的充分发挥决定了社会保障在现代社会发展进程中的特殊地位。

社会保障具有公平性特征、社会化特征、福利性特征、法制规范性特征、多样性特征和刚性发展特征,这些特征不仅使它区别于其他社会机制,而且揭示了它的本质。

社会保障制度的建设,需要遵循公平原则、互济性原则、与社会经济发展相适应原则、共建共享与责任分担原则、普遍性与选择性相结合原则等。

现代社会保障具有多方面的重要意义,它不仅是人类现代化进程中孕育的重大制度文明成果,同时也是维护社会稳定和社会公平、促进社会公正与和谐发展的推动力量。

 案例讨论 1

利率杠杆的失效

1996年5月1日,中国人民银行宣布存款利率平均降低0.98%,贷款利率平均降低0.75%;1996年8月23日,中国人民银行宣布存款利率平均降低1.5%,贷款利率平均降低1.2%;1997年10月23日,中国人民银行再次宣布存款利率平均降低1.1%,贷款利率平均降低1.5%。然而,在居民收入持续增长的背景下,作为市场经济国家宏观调控重要手段的利率杠杆在我国却完全失效,因为三次大幅度调低利率并未起到减少储蓄、刺激消费的作用。从1994年到1997年年底,城市居民家庭人均可支配收入由3 496.2元增长到5 160.3元,农村居民家庭人均纯收入由1 221.0元增长到2 090.1元;而在利率持续大幅度下调的条件下,同期居民储蓄存款却由21 518.8亿元急剧增长到46 279.8亿元,大大超过居民的收入增长水平;同一时期的结果是城乡居民消费不旺的局面依然持续,其间,物价不涨反跌。从而形成了收入增、利率降、存款增、消费降的两增两降的畸形格局,一大批国有企业库存急剧增加,亏损面急剧扩大。

造成利率杠杆失效的原因,不在于利率本身,而在于城乡居民因社会保障的严重缺失导致了安全感与对未来信心的急剧下降。当时的背景是,自1993年国家确定社会主义市场经济为我国经济体制改革的目标模式后,效率优先逐渐演变成了效率至上,社会保障制度在改革中亦日益打上了经济政策与效率优先的烙印。不仅未进入社会保障网的城乡居民仍然缺乏社会保障,即使是应当享有社会保障待遇的离退休人员也出现了不能按时足额领到养老金的现象,各项社会保障制度的改革由计划经济时期的平均主义、"大锅饭"转变为更加倾向于追求效率,不够重视公平,改革控制了政府的责任,放大了个人与家庭的责任,市场机制的作用也被夸大。在当时的情形下,人们不仅要对自己的养老与疾病医疗负责,还要对失业、下岗承担责任,而教育的产业化亦迫使城乡居民必须对子女的教育甚至是义务教育承担责任,住房制度改革也走向了自有化、私有化。人们对社会保障制度的信任度降低,转而为自己及家人可能遇到的各种后顾之忧预做筹备,因此,在生产发展的另一方面,居民消费始终处于低迷状态,不安全感导致了人们不敢消费。

1997年前后的情形,揭示了社会保障制度奉行的公平原则与可靠性是不能动摇的,社会保障制度所具有的稳定与促进等功能是市场机制所无法替代的。正是为了弥补市场机制的失灵,工业化国家才建立了健全完备的社会保障制度。凡有健全完备社会保障制度的国家,人们的后顾之忧便得到了解除,安全感的提升必然带来生活信心的提升,进而会刺激消费、促进发展。因此,不能单纯地把社会保障看成是一种福利,它在增进国民福利的同时也是一种促进经济社会发展的战略投资与现实投资。

资料来源:作者搜集整理。

 案例讨论2

农村居民社会保障问题之争

在讨论中国的城乡差别和农村居民的社会保障问题时,学术界曾经出现了这样一种流行观点:农民"有土地就有保障""土地即保障",进而认为为农村居民建立社会保障制度不但没有条件,也没有必要。然而,农村居民特有的土地保障功能正在弱化,包括养老、疾病、失业等风险正在高速积累。分析原因:一是耕地渐少,大部分农业劳动力的大部分时间处于闲置状态,而向非农部门转移并不容易;二是由于市场风险和自然灾害等,土地收益难保基本生活;三是完全脱离土地的农民和家庭渐多;四是进入人口老龄化社会后,农民有土地也难得养老保障,因为土地只是财富之母,而劳动却是财富之父,农民一旦年老而丧失了劳动能力,土地是不会自动地为其提供生活保障的。因此,得出的结论很自然地是农民"有土地就有保障"的逻辑并不成立。

又有专家认为，国家并未对农村居民有过社会保障的承诺，从而也不应当像对城镇居民那样建立社会保障制度。这种观点很明显地将社会保障看成是城镇居民的"专利品"，而忘记了政府是包括农村居民在内的全体人民选举产生的公共政府，其掌握的是法律授予的公共权力，控制的是包括农村居民在内的属于全体人民共有的公共财政资源，从而理所当然地应当谋取包括农村居民在内的公共福利。因此，无论是从社会保障制度天然追求公平的属性出发，还是从政府与国家财政的公共属性与法定职责出发，亦或是从整个社会的和谐发展出发，为农村居民建立社会保障制度不用事先契约来规定，是社会发展进步的必然。

综上，对农村居民社会保障问题的争论，其实并非是社会保障制度建设之争，而是社会保障制度继续异化成为城镇居民的专利还是矫正为包括农村居民在内的全体人民共享发展成果的制度安排之争。尽管农村居民在现阶段要实现与城镇居民平等享受同样的社会保障并不现实，但国家努力的方向却应当是将其在不太长的时期内变成现实。

值得欣慰的是，中国政府于2003年、2009年先后为农村居民建立基本医疗保险制度、养老保险制度，将农村居民纳入新型社会保障制度覆盖范围并持续全面发展，这表明中国的社会保障事业一定是全民的事业，是全体人民走向共同富裕的必由之路。

资料来源：作者搜集整理。

复习思考题

1. 如何理解社会保障理论界定的差异？
2. 如何理解社会保障目标的嬗变？
3. 为什么说社会保障具有多重功能？
4. 社会保障具有哪些特征？
5. 社会保障应当遵循哪些原则？
6. 如何理解社会保障的积极意义？

第二章
社会保障发展进程

>> 学习要点

通过本章的学习，了解社会保障的发展线索与发展规律，理解并把握影响社会保障制度的诸种因素，同时能够客观地看待社会保障发展进程中的经验、教训与改革取向，全面、系统地掌握中国社会保障制度的发展与改革进程。

>> 关键概念

慈善事业　济贫法　社会保险　新历史学派　社会保险法典　社会保障法　福利国家　立法先行　智利模式　国家—单位保障制　劳动保险条例　五保制度

第一节　概　　述

在人类社会的发展进程中，社会保障是伴随社会经济的发展而不断发展起来的，现代社会保障则是人类现代化进程中孕育的重大制度文明成果。它由非正式制度安排发展成正式制度安排，从为统治者服务到促进社会公平以及为整个社会的长期稳定、协调、和谐发展服务，从一种社会政策演变成为社会政策与经济政策等相互作用并相互协调的混合型政策，其本身就是社会文明发展进步的重要标志。在社会保障发展的背后，可以发现，"尽管经济发展是我们应当努力追求的目标，但经济发展的目的却是为了促进整个社会相互协调地向前发展。从孔子的大同社会理想到新中国确立的共同富裕观,从古代的救灾济贫措施到现代社会健全的社会保障制度,客观上都昭示着全体社会成员的健康发展是整个社会、经济发展的终极目标"[①]。毫无疑问,社会保障制度的建立与发展,正是促使我们接近这个终极目标的有效手段和合理路径。因此,考察社会保障的实践史及其在发展进程中的规律,剖析现代社会保障制度的各种不同实践模式,对修正现阶段社会保障制度安排及技术选择方面的失误,促使社会保障与社会经济长期稳定、协调、和谐地发展下去,显然具有非常重要的意义。

一、社会保障发展阶段的划分

(一)社会保障产生的标志

对社会保障产生与发展的进程,在理论学术界一直存在着不同见解。一种观点认为应当以1601年英国伊丽莎白一世颁布的《济贫法》为起始标志;一种观点则认为应当以德国1883年制定并实施有关社会保险法律作为社会保障制度产生的标志。

实际上,社会保障作为超越家庭保障之上的一种生活保障机制,源远流长,古代社会的救灾、济贫、恤孤等措施就是现代社会保障制度的直接源流。因此,就社会保障发展史而言,它已经产生并存在了数千年。在中国,以互助、他助等为基本特征的原始社会保障活动和政府主导的救灾、济贫,事实上在3 000多年前即已出现。例如,《周礼·大司徒》记载,中国在西周时即"遗人掌邦之委积,以待施惠。乡里之委积,以恤民之陇……门关之委积,以养老孤;郊里之委积,以待宾客;野鄙之委积,以待羁旅;县都之委积,以待凶荒"。所谓"委积",即指剩余的粮草,这就是一种社会保障措施。在西方社会,立足于慈悲为怀的宗教慈善事业与《济贫法》颁布后政府介入的济贫事业,其历史亦相当悠久。可见,现代社会保障制度与历史上的救灾济贫活动客观上存在着渊源关系。

就现代社会保障制度而言,通常以19世纪80年代社会保险制度在德国产生为标志,因为社会保险制度是与工业化相适应的正式制度安排,并完全具备了现代社会保障制度的法律形式与基本内容。不过,不同时代对社会保障又有着不同的需要,社会保障在不同的时代亦有着不同的表现形式与特征。因此,考察社会保障的实践史,科学划分社会保障的不同发展阶段,显然是认识社会保障客观发展规律和构建能够适应未来社会发展需要的社会保障制度所必需的。

---

① 雷洁琼. 建设有中国特色的社会保障理论[M]//郑功成. 论中国特色的社会保障道路. 武汉:武汉大学出版社,1997:序言.

（二）划分社会保障发展阶段的标志

要对社会保障发展实践进行阶段划分，必须有客观、明确的标志。郑功成提出的划分社会保障发展阶段的标志主要有五个。[①]

1. 一定时期内的生产力发展水平或社会经济发展水平

一定时期内的生产力发展水平或社会经济发展水平是决定该时期社会保障实践活动的关键性因素。如整个人类社会的发展，可以划分为原始社会、奴隶社会、封建社会、资本主义社会、社会主义社会等发展阶段，每一阶段都只具备适合本阶段社会保障发展需求的社会经济基础，任何超越或滞后于社会发展需要的社会保障，都将带来不良的后果。

2. 一定时期内社会成员对社会保障的需求

一定时期内社会成员对社会保障的需求是决定该时期举办社会保障项目或内容的社会基础。例如，在奴隶社会或封建社会，农民依赖于土地和家庭，需要的只是救灾济贫等少数社会保障措施；到资本主义社会，如果只有救灾济贫式的社会保障措施，就绝对无法满足社会成员对社会化保障的需要，各项社会保险很自然地成为人们的需要；而进入更高阶段的社会发展时期后，国民的福利需求又将全面、普遍性地增长。正是这种不断发展的社会保障需求，使社会保障制度在所有国家均不同程度地获得了发展，越是发达的社会，社会成员对社会保障的需求就越多，社会保障制度亦越健全。

3. 政府介入的程度

政府介入的程度是社会保障制度化与非制度化的一个分水岭，在此，当然不能认为政府介入越深越好，但政府介入的程度与介入的方式对社会保障制度的建立与发展无疑具有非常重要的意义，从而亦应当作为划分社会保障发展阶段的重要标志。

4. 社会保障实践的出发点与基本目标

社会保障实践的出发点与基本目标是衡量社会保障发展状态与进步程度的重要标志，如果社会保障活动只是为少数人举办并为少数人服务，其追求和实现的自然是低目标，社会保障亦只能是低水平状态；反之亦然。

5. 一定时期内社会保障实践的具体内容

一定时期内社会保障实践的具体内容是衡量社会保障处于何种发展阶段的客观标志，即在社会保障体系中，何种项目或子系统最重要，就代表社会保障处于以该项目

---

① 郑功成. 社会保障学：理念、制度、实践与思辨 [M]. 北京：商务印书馆，2020：111-112；郑功成. 论中国特色的社会保障道路 [M]. 武汉：武汉大学出版社，1997：35-36.

或子系统为主体内容的时期。

（三）划分社会保障发展阶段的举例

根据上述标准和社会保障活动的具体实践，可以对社会保障的发展阶段作不同的划分。

以政府介入的程度为依据，则社会保障在人类社会发展史上的发展实践可以大体划分为三个大的阶段：一是慈善事业时代或前社会保障阶段；二是济贫制度的形成与发展阶段；三是现代社会保障阶段。它又可以分为现代社会保障制度产生阶段、发展阶段与成熟阶段。

以社会保障在不同时期的具体实践内容为依据，也可以划分为三大发展阶段：一是社会救助型发展阶段，这一时期只有救灾济贫活动，目的在于化解部分社会成员因灾荒而导致的生存危机，社会保险制度建立之前均可以归入这一阶段；二是社会保险型发展阶段，这一时期并非不要救灾济贫措施，而是适应工业社会的需要，社会保险制度成为整个社会保障体系的主体内容，它从社会保险制度产生开始，到社会保险制度成为一种普遍性的社会保障制度为止，其目的在于解除劳动者及其家庭成员的后顾之忧，从而在保障内容与目标上产生了质的飞跃；三是社会福利型发展阶段，即当人们的后顾之忧获得化解后，关注的领域必然是如何进一步改善和提高生活质量，这是社会福利所要解决且能够解决的问题，因此，社会福利逐渐成为社会保障体系中最重要的内容，从而进入社会福利型发展阶段。[1]

二、影响社会保障发展进程的因素

无论是社会保障活动的起源，还是现代社会保障制度的发展，都可以发现，影响与制约社会保障的因素是多方面的，尽管在多数情况下经济因素可能发挥更大的作用，但也不能排除一定时期内政治的、社会的或道德的因素等能够起支配作用。[2] 因此，全面考察社会保障的影响因素，将有助于把握现在所处的时代及其所需要的社会保障制度。

---

[1] 郑功成. 论中国特色的社会保障道路 [M]. 武汉：武汉大学出版社，1997：35-40.
[2] 在研读中外有关社会保障方面的著作时，可以发现不同的学者站在不同的学术角度对社会保障制度的影响因素有不同的理解。经济学者大多赞成经济因素始终是社会保障制度的决定性因素，而多数社会学者在研究社会保障问题时可能更注重社会问题、社会公正或正义及伦理道德等对社会保障制度的影响，政治学者或许会强调政治与政治家对社会保障制度的发展具有重大影响，他们都能够列举许多实例来加以佐证。其实这正表明影响社会保障制度的因素是多方面的，在不同的历史条件下，不同因素的影响度可能会产生不同的变化，从而是社会保障制度自身所具有的复杂性与时代性的具体体现。

从总体上考察社会保障的发展史，可以发现，影响其发展进程及发展状态的最重要的因素不外乎是社会因素、经济因素、政治因素、文化道德伦理因素。概括而言，社会因素决定着社会保障制度的有与无，经济因素决定着社会保障水平的高与低，政治因素决定着社会保障发展节奏的快与慢，文化道德伦理因素决定着社会保障模式的选择，这是社会保障制度发展进程中呈现出的理论逻辑与实践逻辑，也是历史逻辑与现实逻辑。

（一）社会因素

社会因素是社会保障制度产生与发展的基础性影响因素，也是决定性因素。因为任何社会保障实践活动，都是基于某种特定社会问题的客观存在且需要通过相应的社会保障措施才能得到解决为前提的。救灾措施的实施，必定是以灾害尤其是大的自然灾害造成社会成员生存危机，进而引发严重的社会危机为要件；济贫制度的确立与发展，必定是以部分社会成员因贫困而陷入生存危机为要件；社会保险制度的建立与发展，亦是基于劳动者有诸多后顾之忧且可能因此而引发严重社会问题为要件；老年人福利的发展则是人口老龄化及家庭结构变迁导致家庭保障功能持续弱化的必然结果；等等。因此，社会因素，包括社会结构变迁、社会成员分化、社会矛盾激化等，都直接影响着社会保障制度的建设与发展。

（二）经济因素

经济因素毫无疑问是社会保障制度的重要影响因素，它决定着社会保障水平的高与低。因为任何社会保障制度或措施都离不开相应的经济基础，只有当生产力发展到一定水平时才可能出现物质财富的剩余，并使国家、社会或家庭具备帮助有需要者的能力，进而才会有物质的援助活动存在。因此，经济发展水平客观上决定着社会保障的发展水平，例如，古代只有简单的、有限的救灾济贫活动，进入现代工业社会后却出现了社会保险，第二次世界大战后许多西方国家纷纷宣布建成福利国家，均表明了生产力发展水平与经济发展水平对社会保障制度的重大影响。然而，经济因素是否在所有地区、所有时代都真正决定着社会保障的发展进程，还要受到其他因素的制约和影响。

（三）政治因素

政治因素的影响主要表现在建立、发展社会保障的节奏快慢上。在西方，政治因素介入社会保障是随着16世纪的宗教改革开始的。此前，西方社会的政治与福利是分离的，救灾济贫等社会保障事务作为一种福利活动，属于教会的工作范围，是由建立在家庭保障与社区互助基础上的宗教慈善事业来承担的。此后，以英国1601年颁布的《济贫法》为标志，政府通过法令来帮助教会履行济贫职责，西方国家中政治对社会保障的影响由此开始变得日益重要。到19世纪80年代，德国作为发达程度不如英国等国的欧洲国家，却成了世界上第一个建立社会保险制度的国家，亦有着政治因素的重大影响在内。对于中国这样一个中央集权的国家，政治因素的影响自古延续至今，表现得尤其明显。封建社会各朝代官方的救灾济贫事业虽然有儒家伦理道德的影响，但主要是出于维护统治者的统治秩序并延续其政权生命的需要，从而更早、更多地打上了政治烙印。随着民主政治的发展，政治因素对社会保障制度发展的影响更是无处不在、无时不有。因此，政治因素是现代社会需要引起特别关注的因素。

（四）文化道德伦理因素

文化道德伦理因素是影响社会保障发展的又一重要因素，它决定着社会保障制度的模式选择。在社会保障实践的起源阶段尤其重要。大约在公元前2000年，人们便将乐善好施视为一种高尚的德性，古埃及的宗教文献《死亡之书》中就有"我给所有的饥饿者以面包，我给裸露者以衣裳的表述"。《圣经旧约》的《旧约全书》更通过列举约伯的善举来劝人行善，即"穷人求援，我总乐意帮助；孤儿求助，我就伸出援手。我为水深火热中的人祝福；我也使寡妇的心欣慰。我以正义做衣服穿上，公道是我的外袍、我的华冠。我做盲人的眼睛，我做跛子的腿。我做穷人的父亲，我常为陌生人申冤。我摧毁强暴者势力，救援被他们欺压的人"。这种让高于人的神来倡导乐善好施的教义，使得相应的道德规范出现，这种道德规范并非只是抽象的伦理，而是表现为具体的利益与责任关系。因此，在西方社会，最初的救灾济贫活动是由宗教组织推动的。而中国虽然是官方较早介入的救灾济贫活动，也是受到了儒家推己及人、仁者爱人的文化道德思想的影响。进入现代社会后，社会保障制度的选择同样需要有社会共识作为基础，而社会共识的形成必定以所在国家的文化道德为支撑。因此，文化道德伦理因素对社会保障制度安排的选择，在最初几乎是起决定作用的，后来虽然随着社会保障制度的确立与发展，其影响表面上看似乎日渐式微，但时至今日，爱人如己、推己及人、同情弱者、互助互惠的人道主义伦理道德，不仅依然对社会保障制度的发展产生着直接影响，而且上升到公平与正义的价值理念。各国社会保障制度的选择必须尊重本国的文化道德，才能为本国人民所接受。

可见，社会保障制度呈现出多样化发展、不平衡发展的格局，是因为即使都采用市场经济体制或都奉行资本主义制度或都具有同样的经济发展水平的国家，亦可能存在着社会的、政治的和文化道德伦理等方面的差异,而这些因素客观上均对社会保障的发展有直接的影响。①

第二节 慈善事业与济贫制度

一、慈善事业时代

在社会保障发展史上,慈善事业时代是一个相当漫长的时代,它可以从不同国家出现自发的、临时性的救灾济贫活动算起,到国家以立法的形式介入社会保障活动时止。②

慈善事业时代作为社会保障发展史上的第一个阶段,它的社会背景是不发达的农业社会。在这一时期,民族国家逐渐形成并走向巩固,但生产力水平仍处于非常落后的状态,对统治者而言,防御外强入侵与开疆拓土可能是最重要的事业。尽管需要帮助者众,而能够提供帮助者却少,国家更是缺乏足够的财力。因此,无论是西方宗教组织开展的救灾济贫活动,还是古代中国历代统治者开展的救灾济贫活动,抑或是民间自发开展的救灾济贫活动,其特色都是取决于举办者的意愿与财力,并非为满足社会成员的需要,从而只是一种随机的、临时的、非常落后的救助活动。

构成慈善事业时代的三大支柱,是宗教慈善事业、官办慈善事业与民间慈善事业。

(一) 宗教慈善事业

在慈善事业时代,值得大书特书的应当是宗教慈善事业。西方盛行的各种宗教不仅是当时社会保障思想的重要来源,而且直接指导着各宗教团体的慈善活动,其中尤以佛教、基督教、天主教等对慈善事业的影响最为深远。

一方面,各种宗教教义多将行善列为基本准则。例如,佛教教人慈悲为怀,强调以深度的爱护之心给予众生以快乐幸福,以深度的同情、怜悯之心拔除众生的痛苦,倡导布施、福田、利行等行善方法,并将照拂他人特别是贫弱无依的人的行为称之为

---

① 对多因素影响的认可,不仅能帮助我们理解为什么济贫制度首先产生于英国,而社会保险制度却产生于德国;而且能帮助我们理解美国为什么还有数千万人口缺乏法定医疗保障,中国香港地区作为发达地区为什么到20世纪末还没有建立社会保险制度,而中国内地却在20世纪50年代到80年代建立过全民化的社会性保障制度(这种制度在城镇是国家福利与单位福利的组合,而在乡村则是在集体混合分配和合作医疗等措施上得到体现)。见:郑功成. 社会保障学:理念、制度、实践与思辨 [M]. 北京:商务印书馆,2020:111–112.

② 中国可能是一个例外,因为中国自古以来就是政府强势介入社会保障实践。严格而论,凡政府负责的救灾济贫活动均不应当称为慈善事业,只有来自民间或非政府组织(如教会与慈善组织等)举办的社会性保障实践才是慈善事业。但从全球范围考察,仍然可以沿着本章的思路来探讨社会保障的发展史。

"善",反之就被称之为"恶";基督教则强调爱人如己,并将行善作为《圣经》规定的基本内容来约束教徒,等等。

另一方面,教会组织开展的各种救灾、济贫、施医助药等活动,在这一时代成为一些西方国家主要的社会保障方式,并随着宗教影响区域的扩大而扩大到全世界。尽管后来随着宗教改革与政府势力的增长,国家逐渐介入济贫事业和其他社会保障领域,但宗教慈善事业一直未有间断,迄今仍发挥着传统的救急济困作用,并构成对现代社会保障制度的有益且重要的补充。

(二)官办慈善事业

所谓官办慈善事业[①],可以理解为由官方组织却未制度化的救济活动。与宗教慈善事业相比,官办慈善事业是以国家的介入并以传统道德及政治需要为基础而产生且得到发展的,这在西方国家有一个渐进的过程,即政府根据需要与实力,在宗教慈善事业不能满足贫弱社会成员的需要时,直接出面举办有限的临时性救济活动,其实践活动较为单薄。而在中国,官办慈善事业则是源远流长,因为中国历史上一直是皇权至上,宗教在社会的影响一直未能像西方国家那样,其势力不大,贫弱社会成员对救灾济贫的需要便只能由官方来满足。

在中国,历史上最富有特色与创见的官办慈善事业,莫过于仓储后备和以工代赈两种救灾济贫方式。所谓仓储后备,是平时建立谷物积蓄以备灾荒并救济贫民的一种古老的社会保障措施。《礼记·王制篇》中说:"国无九年之蓄,曰不足;无六年之蓄,曰急;无三年之蓄,曰国非其国也。三年耕,必有一年之食,九年耕,必有三年之食。以三十年之通,虽有凶旱水溢,民无菜色。"《礼记·月令》中有"天子布德行惠,命有司发仓廪,赐贫穷,振[②]乏绝"的记述。《孟子·尽心篇》中有战国时期齐宣王亦尝"发棠邑之仓,以振贫穷"的记载等。至于义仓的建设,自隋唐至明清一直未有间断,并事实上发挥过很大的作用。可见,中国古代统治者很早就有过救灾济贫的实践活动,并一直延续下来。[③]

在西方,《济贫法》颁布前官方介入救灾济贫活动的事例亦不罕见。如早在6世纪末的罗马城邦社会,城邦的市政当局就曾经用公款和捐款购买谷物,用以无偿分发给丧失劳动能力的人和阵亡将士的遗属,或者低价出售以平抑畸高的物价。在15—16世

[①] 官办慈善事业是基于历史表述的方便,因为封建社会的社会保障实践是在封建帝王"家天下"的条件下实施的,体现的是统治者所谓的"仁政"与恩赐。从现代社会保障视角出发,凡政府举办的社会保障活动均非慈善事业,而是由法律明确赋权明责的社会事业,它表现为政府的法定责任与国民的法定权益。

[②] 作者注:振在此处意义同赈。

[③] 郑功成.《中国社会保障论》第一编·渊源篇[M].武汉:湖北人民出版社,1994.

纪之交的法国，由宗教团体掌握的福利设施亦逐步地为世俗政权所接管，它通常被视为教权衰落、王权兴起的直接反映。在《济贫法》颁布前的英国都铎王朝，政府甚至通过了一项强制征收济贫税的条例，规定每一教区须对其贫民负责，等等。因此，历史上官方参与开展救灾济贫活动，可以视为现代社会保障制度从一产生就由政府充当责任主体或主要责任主体的直接来源。

当然，官办慈善事业虽然是政府介入社会保障领域的表现，但这一时期的政府介入却有如下典型特征：一是没有法制约束，二是并非固定的、经常性的措施，三是所提供的救助被看成是一种恩赐行为，四是这种救济活动十分有限。因此，官办慈善事业具有与宗教慈善事业性质相似的一面，从而不能与现代社会政府举办的济贫事业相提并论。

（三）民间慈善事业

除宗教慈善事业与官办慈善事业外，古代的社会保障活动事实上还有第三极，即由民间人士自发举办的各种慈善活动。民间零星的互助或他助活动，在中外历史上不乏记载。有组织、有规模的民间慈善事业大约是在中世纪以后出现的，且不论欧洲国家，仅看只有200多年立国历史的美国，亦可以发现这种事实。例如，1657年，美国波士顿就出现了民间的苏格兰人慈善协会，它由住在该市的27位苏格兰人组成，并开展着多种济贫活动。[①]

在中国，宋代范仲淹举办的"义田"、朱熹的"社仓"、刘宰的"粥局"，清末熊希龄举办的慈幼局，等等，均是被史家关注的慈善典型并载入中国的历史典籍。迄今仍在香港地区享有很高声誉与影响的东华三院，亦是在1851年由部分华人乡绅创办的广福义祠基础上不断发展、壮大起来的民间慈善团体，100多年来一直为香港地区有需要的人士提供医疗与医药救助。[②]

此外，以互助为基本特征的社会性救助活动亦开始出现，并成为慈善事业的重要补充。如在中世纪的德国，出现了"基尔特"即手工业者互助基金会，它通过向会员收取会费筹集基金，以帮助那些丧失工作能力又没有土地作为生活依托的手工业会员。在18世纪的英国，则出现过很多具有互助性质的"友谊会"，其形式类同于德国的"基尔特"。中国亦在同一时期出现过各种行会，并开展着具有互助性质的救助活动。

综上，在济贫制度确立前，社会保障实践活动虽然在中西方之间存在着极大的差异，但总体上仍可以称为宗教慈善事业、官办慈善事业与民间慈善事业共生的时代，

---

① 郑功成. 社会保障学：理念、制度、实践与思辨［M］. 北京：商务印书馆，2000：120.
② 郑功成，等. 中华慈善事业［M］. 广州：广东经济出版社，1999.

即可以统称为慈善事业时代。这一时代尽管层次极低，却说明了人类社会对社会性保障机制的需要，以及他助与互助的道德基础，并提供了某些可行的解贫济困方式与手段，从而仍然具有它的历史价值与现实启迪。

二、济贫制度的出现与发展

（一）《济贫法》的颁布与济贫制度的确立

国家通过立法的形式来介入济贫事务，是社会保障发展史上的一座重要里程碑，这座里程碑在西方国家通常以1601年英国伊丽莎白一世颁布《济贫法》为标志。在英国颁布《济贫法》之前，英国社会处于动荡不安的时期，这一时期人口大量流动，贫困、失业、流浪现象急剧增加，社会陷入极不稳定状态，而仅仅依靠宗教的力量已不能解决当时的诸多社会问题。同时，这一时期也开始出现教权衰落、王权兴起的现象，商品经济的发展推动欧洲地区进入了民族国家时代，原来由宗教组织主持的济贫事务亦不可避免地要部分地转移到政府手中。而正因为王权在欧洲处于兴起时期，就像宗教慈善活动在中世纪巩固和发展了教会势力一样，政府亦期望通过逐渐介入济贫事务来加强和发展世俗政权的力量。因此，社会动荡、教权衰落、民族国家与王权的兴起，是这一时期的特定时代背景。面对社会的极度不稳定，一些国家便开始考虑采取相应的措施来缓和社会矛盾，促进民族国家的发展，并使王权得以巩固。首先是1572年英国都铎王朝通过了强制征收济贫税的条例，之后，才是1601年英国颁布世界上第一部《济贫法》[①]，该法将已有的宗教或社会救助活动惯例用法律的形式固定下来，首次由官方划定一条贫困线，对有需要的孤儿、老年人、病人进行收容，同时为失业者、贫民小孩提供有限的帮助。总体而言，在西方由农业社会向工业社会过渡时期，济贫制度可以说是一种主要的社会保障模式。

在中国历史上，宋代以前，官方举办的社会保障活动主要是救灾等救急性措施，到宋代则由救急发展到济贫，其对于老幼孤残等社会弱势群体的救助成就远超过前代。在救济手段上，宋代通过设置福田院、安济坊、漏泽园等救助机构分别承担着养老、医疗、丧葬三个方面的职能，社会救济事业事实上被纳入了制度化轨道，从而开创了中国古代社会救助的基本格局。因此，中国政府的济贫实践较英国1601年的《济贫法》要早600年左右。不过，这种救灾济贫活动往往随着朝代更迭而改变，这使得中国古代社会保障史尚未被英语主导的国际社会保障学界所广泛认同。

---

① 为了与两个世纪后颁布的《济贫法》相区别，历史上将1601年英国颁布的《济贫法》称为《旧济贫法》或《伊丽莎白济贫法》，而将1834年通过的《济贫法修正案》称为《新济贫法》。

（二）济贫制度的发展

英国自 1601 年颁布《济贫法》后，又于 1723 年通过了设立济贫院的法律，其目的是强调使穷人"懂得"劳动。1774—1824 年，英国议会通过了一系列劳工协议法案。1782 年，英国通过了《格伯特法》，放宽了济贫法的实施范围，缓和了因"惩戒性"救助所造成的某些惨况。到 1834 年，英国议会又通过了著名的《济贫法修正案》（即《新济贫法》），它确立了"劣等处置"与"济贫院"规则，实现了减少济贫税的目标，从而赢得了社会上层与中产阶级的欢迎，但因缺乏人道而遭到了下层民众的诅咒。

自英国《济贫法》颁布后，欧洲其他国家亦开始仿效。例如，瑞典于 1763 年制定了《济贫法》，经多次修订后，于 1871 年将救济对象限定为老年人；荷兰亦于 1854 年颁布了《济贫法》。

在北美，当时正处于殖民地时代，英国的《济贫法》很自然地直接影响着该地区的早期社会救助活动。较早的文献记载是马萨诸塞殖民地首任总督约翰·温斯罗普（John Winthrop）在 1630 年写的《基督慈善的典范》和 1635 年写的《日志》，文中即记载了该殖民地议会的救济活动；一些殖民地则通过了类似英国济贫法式的法律，规定每一城镇都要为穷人提供基本的食品、衣着和居住等。[①]

在中国，虽然封建政府在历史上并未像英国等国家那样颁布专门的济贫法，但仓储后备等救灾济贫措施经过继承与发展，又确实是历代统治者延续的用于赈灾济贫的常备制度。

尽管依据《济贫法》确定的济贫制度与现代社会保障制度不能相提并论，尽管济贫制度在英国的实践以惩罚受助者而有着恶名（十分苛刻的受助条件以至于有的贫民宁肯饿死也不愿领取救济），尽管这种立法极不平等并事实上亦未使济贫活动成为一项固定的、经常性的制度，但它毕竟是通过法律的形式将早期的社会保障活动固定了下来，从而埋下了社会保障制度化的种子，这显然是一个历史的进步。

三、对早期社会保障发展的简要评论

从慈善事业时代的济贫活动到济贫制度的确立，再到现代社会保障制度的建立，慈悲为怀的道德值得肯定并依然在发挥着作用，而制度化的安排更应当值得肯定，因为无法强迫一个人行善，却可以通过强制性的制度安排以及征税或征费来实现社会保障再分配的目的。正如沃尔特·I. 特拉特纳（Walt er I. Trattner）在其所著的《从济

---

① 郑功成. 社会保障学：理念、制度、实践与思辨 [M]. 北京：商务印书馆，2000：122-123.

贫法到福利国家——美国社会福利史》一书所言,"社会福利发展的历史就是从慈悲到正义之路,慈悲是善心是情操,正义是制度化公理,前者无法持久,而后者却可以长久运行"①。因此,济贫制度作为现代社会保障制度产生之前的尝试,其进步意义是毋庸置疑的。

然而,在漫长的农业社会里,社会保障实践始终处于社会救助型发展阶段。一方面,社会保障活动限于当时的生产力水平与社会经济发展状态,除有限的济贫活动与仓储后备外,根本不可能建立社会保障基金,从而只能满足部分社会成员因灾或因其他不幸事件濒临死亡线上时的最起码的社会性保障需求;另一方面,当时的社会结构也比较简单,社会成员被分为统治阶级与被统治阶级两大对立阶级,职业结构亦主要是从事农牧生产,因此,除宗教慈善事业与民间慈善事业外,官方的社会保障活动便只是统治者对被统治者实施的所谓"仁政",其目的是防止被统治者无法生存时出现反抗。

对这一时代社会保障活动,可以作如下评价。

第一,性质上是居高临下的施舍型。无论是慈善事业时代还是济贫制度出现以后,因为统治者与被统治者的不平等地位,加之并没有相应的法律制度来规范这种行为,或者虽然有法律制度却完全是有利于统治阶级的,其各种救济活动便很自然地成为统治者对被统治者居高临下的施舍,即灾民与贫民并不天然具有获得救助的权利,他们是否能够得到救助,或这种救助能否解决灾民和贫民的生存危机,都完全取决于统治者和实施救助的教会等机构,有时甚至以牺牲人格或接受惩罚为条件。因此,接受救助者不得不对给予救助者感恩戴德,而提供救助者则可以驱使被救助者,两者处于极不平等的地位。

第二,根本目的是防止被统治者反抗。这一时期,不论是王权兴起的西方,还是中央集权的中国,政府介入济贫事务的根本目的,既不是为了真正解决社会成员中的贫困现象,也不是真正保障社会成员的生存权利,而是为了防止被统治者在因灾或因不幸事件陷入生存困境时发生与统治者直接对抗的行为。因此,这一时期的社会保障活动是统治者的"灭火器",这与现代社会保障制度是有根本区别的。

第三,保障项目是极端有限型。这一阶段的社会保障项目在世界各国都是极为有限的,并集中体现在救灾济贫项目上。以中国封建社会的社会保障为例,就只有救灾、济贫、优抚三大项目,其中:救灾措施可以分为赈款救灾、赈谷救灾、以工代赈等内容,它是当时中国社会保障制度中的主体项目;与救灾措施相比,当时中国的济贫措

---

① TRATTNER W I. From poor law to welfare state [M]. New York: The Free Press, 1989.

施显得十分薄弱,基本上限于对部分无家可归、无力生存的孤老残幼进行有限的临时救助,它只能看作是救灾措施的补充;优抚措施则是能够引起封建统治者重视的一个保障项目,它面向服役的军人,包括死亡抚恤、伤残抚恤及对军人家属的有关照顾等内容。由此可见,这一阶段的社会保障项目是十分有限的。

第四,保障水平是极端低下型。由于慈善事业与政府的济贫政策事实上并非一种固定的、必行的社会政策,加之受当时财力的局限,其保障水平极端低下。以中国古代的救灾为例,多数情况下是采取赈谷救灾的方略,但赈谷也不过是临时的应急之策;有时大灾发生时,官方只在灾民外流路边时设置粥棚向流民施粥,解决的只是一顿一天的生存问题,这从一个侧面反映了当时救灾济贫水平的极端低下。

第五,保障效果是不良型。由于身份极不平等,加之项目太少、水平太低,这一时期的社会保障实践效果也是不良的,不仅不能解决有需要的社会成员的生存保障问题,而且也不能真正解决得到救助的社会成员的生存问题。因此,每当大的灾荒发生,"饿殍塞途""尸横遍野""人相食"的惨剧便史不绝笔,中外历史上不乏人民因无法生存而揭竿而起的实例①,从而充分说明了这一时代的社会保障效果是不良的。

从上述分析可见,从慈善事业时代发展到济贫制度确立与发展的时代,社会保障经过数千年的孕育,确实在随着社会的发展而发展,但慈善事业时代只能算是社会保障的起源,而济贫制度的确立亦只不过是社会保障由非制度化向制度化发展的一个过渡,它们均因非制度性和非权利性,只能算是社会保障发展进程中的初级阶段。

第三节 现代社会保障制度

现代社会保障制度是工业化的产物,它以19世纪80年代德国制定并实施有关社会保险法令为起始标志。经过20世纪上半叶的发展,现代社会保障制度作为一个由多个子系统构成并同时得到发展的制度体系,于20世纪四五十年代进入成熟期。到20世纪七八十年代后,随着社会经济等诸多影响因素的发展变化,各国又先后步入社会保障制度改革发展阶段。进入21世纪20年代后,伴随第四次工业革命带来的互联网、数字化的广泛应用,以及老龄化加速发展等,社会保障制度又面临着新的挑战,需要创新式发展。

---

① 中国历史上历次大的农民起义,绝大多数是以灾荒为背景,以抢米抢粮为导火索。这种定例表明了人的生存危机一旦转变成社会群体危机,社会秩序便很难控制,大的社会动乱就必然发生。它从另一个侧面揭示了通过建立相应的社会保障制度来化解这种社会风险的必要性与重要性。

一、社会保险制度的产生

（一）社会保险制度产生的背景

19世纪80年代，德国成为世界上第一个建立社会保险制度的国家。

当时的社会背景是，欧洲国家在18世纪取得工业革命的胜利后，先后迈入工业社会，而工业社会带来的最大变化，就是机器大生产逐渐取代手工生产而占据经济发展中的主导地位，市场经济取代了自给自足式的小农经济，社会结构日益走向复杂化，工人阶级则逐渐成为社会结构中的主体。工业生产的社会化和规模化促使越来越多的劳动者从乡村进入城镇工作与生活，并构成一个日益庞大的无产者阶层，以往作为家庭或个人风险的年老、疾病、工伤、失业等特定事件，亦开始演变为一种具有典型社会性的群体风险，因为每一个工业劳动者只要发生这种风险，便意味着失去收入来源和生活保障，进而成为社会不稳定的因素。在这种情形下，仅靠以往的济贫措施与慈善事业，已不可能解决问题。因此，各国执政者在继续对贫民、灾民进行救助的同时，不得不将建立新的安全机制与保障机制提到重要位置来考虑，从而促使能够适应工业社会需要的各种社会保险制度成为新的政策选择。

社会保险制度首先产生于德国，并非因为德国是当时世界上最先进的国家，而是有其他因素的推动。一方面，从19世纪70年代至第一次世界大战前夕，德国境内盛行鼓吹劳资合作和实行社会政策的学派即新历史学派，该学派主张国家直接干预经济生活的管理和负起文明与福利的职责，这种主张对统治者的影响极大，从而为社会保险制度的产生奠定了理论基础；另一方面，随着马克思主义的传播，在社会主义政党的推动下，德国工人运动日益高涨，它强烈要求政府实施保护劳工的政策，同时自发组织各种互助储金会等，迫使当局考虑社会保障问题，从而堪称社会保险制度出台的催化剂。此外，德国当时处于有"铁血宰相"之称的俾斯麦执政时期，俾斯麦很清楚要取得对内、对外政策的胜利，关键在于安抚好工人，以便取得工业发展的先机，进而实现对外扩张。独特的社会背景和德国内部上述因素的影响，促使德国成为最先建立社会保险制度的国家。1883—1889年，德国先后制定了《疾病保险法》《工伤事故保险法》和《老年与残障社会保险法》，并于1911年将上述三部法律确定为德意志帝国统一的法律文本，另增《孤儿寡妇保险法》，即为著名的《社会保险法典》，史称"帝国社会保险法典"。1923年和1927年，德国又先后制定了《帝国矿工保险法》《职业介绍和失业保险法》，至此，德国基本建成了完整的社会保险制度。德国的实例亦表明，社会保障制度的确立与发展，并不完全取决于经济发展状态，而是多种因素特别是社会因素影响的结果。

由于以社会保险为主体内容的社会保障体系适应了工业社会的需要，对于解除劳动者的后顾之忧和稳定社会发展具有良好的作用，继德国之后，其他欧洲国家乃至大洋洲、美洲的一些国家纷纷仿效，并于19世纪末到20世纪30年代先后建立了自己的社会保险制度。不仅如此，这一时期一些欧洲国家还通过殖民扩张，将这种制度带到了一些殖民地地区，并最终为大多数国家所接受。

以社会保险制度的出现作为现代社会保障制度产生的标志，理由在于：一是社会保险属于制度化的社会保障机制，从而完成了由济贫时代的不确定性、临时性到稳定性、经常性的转变；二是由雇员、雇主[①]共同供款和国家（政府）资助建立的社会保险制度，真正确立了社会责任与风险的共同分担机制；三是受保障者无需以牺牲人格尊严和接受惩戒为受益条件，免去了济贫制度下的经济状况调查和济贫院的"奚落"。因此，尽管社会保险制度在产生之初只不过是统治者的一种"怀柔之术"，但它的出现确实使社会保障发展进程产生了质的飞跃，即零星的救灾济贫措施发展成为稳定的社会政策，施舍式的社会救助发展成为公民的法定权利。因此，国际劳工组织这样评价社会保险制度的出现，"在社会政治历史上，没有什么事情比社会保险更能急剧地改变普通人的生活了，这种保险制度使人们在因公害事故、健康不良、失业、家庭生计承担者死亡，或因任何其他不幸使收入受到损失的情况下，不至于沦为赤贫"[②]。

（二）社会保险制度的基本特征

考察社会保险制度的产生与形成，可以发现它具有以下四个特征。

其一，社会保险在性质上是权利义务结合型。尽管政府与雇主均承担供款责任，但劳动者要享受社会保险待遇，仍须承担相应的缴费义务，因此，权利与义务相结合便成为社会保险制度的重要特征。

其二，社会保险制度的目的是解除社会成员的后顾之忧。社会保险面向劳动者，它不仅能化解劳动者已经发生的生存危机，而且能防范可能发生的收入丧失或剧降风险，其目的在于解除劳动者在年老、疾病、工伤、失业等方面的后顾之忧，并通过对劳动者的收入保障来解决其家庭经济与生活危机。因此，社会保险能够解决社会成员未来或可能遭遇的生活风险，客观上能够起到预防贫困的作用，与慈善事业及济贫制

---

① 雇主是指一个组织中使用雇员进行有组织、有目的的活动且向雇员支付工资报酬的法人或者自然人。在中国，很少使用雇主一词，一般采取单位、用人单位之说，或者直接指称企业、机关事业单位、社会组织等。在本书中，存在交替使用现象。

② 国际劳工组织. 社会保障基础 [M]. 长春：吉林大学出版社，1987：21.

度解决的即时或现实风险相比，这显然是一个巨大的进步。

其三，保障水平是基本保障型。社会保险是工业化和市场经济的产物，与社会救助相比，社会保险显然具备了为全体社会成员提供基本生活保障的经济基础，其保障水平更是普遍高于社会救助项目，从而使社会成员的基本生活得到了保障。因此，社会保险制度通过对劳动者遭遇特定事件时提供收入或费用保障，进而为劳动者及其家庭成员的基本生活提供有力的支持，从而是社会保障进入新发展阶段的重要标志。

其四，保障过程规范化、强制性。社会保险制度的确立，使提供社会保障成为国家和社会的重要责任，而享受社会保障则成了社会成员的法定权利，这就使得社会保障由此进入规范化与强制性发展阶段。例如，各种社会保险项目的保障范围、保险水平、实施程序等，无一不以相关法律、法规为依据，政府及各种组织与个人均须承担起法律规定的相关义务，而受保障者则依法享受相应的社会保障权益。

综上，现代社会保险制度不再是统治者对被统治者的恩赐与怜悯，而是国家和社会的一项应尽职责，是国家依法赋予劳动者的一项法定权利，社会保险的提供者与社会保险的享受者在法律上处于完全平等的地位，这正是现代社会保障制度最本质的东西。

二、现代社会保障制度的发展

（一）现代社会保障制度的发展线索

由于现代社会保障制度是法治化事业，我们可以通过对工业化国家社会保障法制建设的考察，来揭示现代社会保障制度的发展线索。

毫无疑问，1883年德国颁布《疾病保险法》应当是现代社会保障制度产生的起始标志；而1935年罗斯福总统当政时美国国会通过的《社会保障法》以及据此确定的社会保障制度，则使现代社会保障制度由社会保险制度朝着综合性社会保障制度的发展方向跨进了一大步。第二次世界大战后，英国工党政府宣布建成福利国家则可以看成是现代社会保障制度开始步入成熟阶段。到20世纪七八十年代以来，一些发达国家基于以往社会保障政策出现的一些问题，开始思考改革的办法，从而促使现代社会保障制度进入了改革、发展与完善时期。

与前述资本主义现代化国家相比，世界上第一个社会主义国家——苏联，其建立的社会保障制度则源自布尔什维克信仰共产主义的初心使命和社会主义的内生动力，苏联将社会保障看成国家发展的目的，视为社会主义制度优越性的具体体现，表现出来的是主动作为、积极作为。苏联建立社会保障制度的背景，是1917年十月革命胜利后，由列宁领导的布尔什维克武装起义推翻了资产阶级临时政府，建立了人类历史上第一个由马克思主义政党领导的社会主义国家，自此走上了用社会主义方式改造国家和推进现代化建设的道路，同时顺应人民的愿望发展各种社会福利事业。1918年，苏联政府将国家救济人民委员会改名为苏维埃社会保障人民委员会，随后颁布了劳动者社会保障条例、抚恤条例、退休条例等一系列社会保障法律，从而几乎是同步创立了与社会主义制度相辅相成的苏联式社会保障制度。这种制度以列宁的国家保险理论为指导①，建立在社会主义公有制基础之上，内化于计划体制之中，包括免费教育、免费医疗、免费住房，以及养老金、社会救助和各种生活用品补贴等，全面保障苏联人民的基本生活和社会经济权利。可见，苏联建立的不是俾斯麦式的需要劳动者付费的有限社会保险制度，而是在劳动人民享有主人翁地位的社会主义制度下，由国家、企业或集体提供各种免费福利保障，其全面性、普惠性和慷慨性开创了人类社会保障发展史上的新纪元。

苏联建立社会主义制度后用最短的时间将一个农业国变成了一个强大的工业国，成为社会主义国家阵营的领头羊是一个历史事实；苏联式社会保障制度不仅造福了苏联人民，而且为所有社会主义国家建立社会保障制度提供了制度示范，并促使西方资本主义国家加快了本国社会保障发展步伐，这是又一个历史事实。②新中国成立后迅速建立了一套免费型社会保障制度，就是借鉴苏联模式的结果，其他社会主义国家也是如此，如朝鲜、古巴迄今仍在实行免费型社会保障制度。不仅如此，英国创建福利国家的理论依据是贝弗里奇发表的《贝弗里奇报告——社会保险和相关服务》，这份报告提出政府要为因失业、疾病、年老、生育和鳏寡孤独而在经济生活中处于不利地位的人们提供社会保障，为所有人提供"从摇篮到坟墓"的福利制度，显示出了苏联式社会保障制度的浓厚影子。尽管苏联早已于20世纪90年代初期解体，其免费型社会保障制度亦不完美，且因超越了社会主义国家所处的发展阶段而遇到挫折，但其建制初衷和为人民谋福祉的追求以及税收筹资机制的创制，却为人类现代化进程和社会保障的发展留下了宝贵的财富。③

对于一些发展中国家而言，在社会保障制度建设方面则处于不平衡状态。有的国

---

① 早在1912年，列宁就明确提出，最好的工人保险形式是工人的国家保险，它是根据下列原则建立的：（一）在工人丧失劳动力的一切情况（伤病、疾病、年老，还有女工的怀孕和生育、供养人死亡后所遗寡妇和孤儿的抚恤）下，或在他们因失业而失去工资的情况下，国家保险都应给工人以保障；（二）保险应包括一切雇佣劳动者及其家属；（三）对一切被保险人都应按照偿付全部工资的原则给予补偿，同时一切保险费应由企业主和国家负担；（四）各种保险应由统一的保险组织办理，这种组织应按区域和按被保险人完全自行管理的原则建立。见：列宁. 列宁全集（第二十一卷）[M]. 北京：人民出版社，1990：155.

②③ 郑功成. 中国式现代化与社会保障新制度文明[J]. 社会保障评论，2023（1）.

家迄今仍未建立相应的社会保障制度，或者仅有适用于少数人口的保障制度。因此，大多数发展中国家仍然需要加强自己的社会保障制度建设。

基于上述情形，能够清晰地反映出现代社会保障制度发展线索的，只能是一直处于继承与发展过程中的工业化国家的社会保障实践。

（二）现代社会保障制度发展的基本内容

在现代社会保障制度产生阶段，除济贫制度等旧式保障项目依然存在外，与工业社会相适应的社会保险制度逐渐成为社会保障体系中的主体内容，其中疾病保险、工伤保险与老年保险是工业化国家最早关注的领域，后来增加了失业保险，并进一步完善了社会救助制度。

第二次世界大战后，各工业化国家在完善社会保险制度的同时，普遍重视社会福利制度建设，如英国、瑞典等西欧、北欧国家先后宣布建成福利国家，建成了对国民"从摇篮到坟墓"的全面的福利保障制度。其他工业化国家虽然未走福利国家的道路，但社会福利方面的立法却不断颁行，例如，日本就通过制定"保险立法""福利六法"等一系列法律，为日本健全的社会保障制度的建立与发展提供了具体的法律依据。因此，第二次世界大战后工业化国家的社会保障制度就是包括了社会救助、社会保险与社会福利等各种现代保障措施在内的完整的社会保障体系。

此后，不同的国家亦有新的项目增加。例如，希腊建立了独特的灾害社会保险项目，德国、日本等先后于20世纪90年代新增了独特的社会保险项目——护理保险，但新项目的数量不多，绝大多数工业化国家社会保障制度在内容上的发展，主要不是表现为新项目的增加，而是表现在服务范围的扩展和水平的变化上，以及有关保障方式的改革与完善。

发展中国家的社会保障制度在内容方面的发展，既表现为社会保险项目与社会福利项目不断增加（但建立失业保险制度的国家较少），也表现为保障范围不断扩展以及实施方式的不断调整等方面。同时，由于许多发展中国家客观上还是二元社会，贫困问题在乡村表现得尤其突出，因此，重视乡村扶贫亦构成了一些发展中国家的特殊社会性保障措施，并事实上取得了良好的减贫效果。例如，中国自20世纪80年代以来，尤其是1994年实施《国家八七扶贫攻坚计划（1994—2000年）》后，反贫困取得了重要进展，但贫困人口规模仍然庞大；2012年以来，国家通过多方筹资，在贫困地区开展大规模的扶贫工程，特别是在精准扶贫思想的指导下，全国乡村的赤贫人口快速减少，绝对贫困与区域性贫困现象于2020年被送进了历史，这一卓越成就为世界瞩目。印度开展的"绿色革命"，泰国实施的乡村发展计划、小农发展规划和乡村就业工程，以及巴西、菲律宾、印度尼西亚等一些发展中国家实施过的扶贫计划，均取得了缓解贫困问题、保障乡村贫民最低生活的良好效果。[①] 但总体而论，除中国近20年来取得了社会保障全面发展的卓越成就外，发展中国家的社会保障制度与工业化国家相比，无论是在项目设置还是在服务范围与保障水平等方面，均存在着较大差距，从而还面临着进一步加快社会保障制度建设与发展的问题。

（三）现代社会保障制度发展的基本特征

根据前述现代社会保障制度的基本发展线索，社会保障制度将随着生产力水平的持续提高和各国社会经济的持续发展而继续发展。社会保险日益成为各国的普及化制度，社会成员必然会要求不断地通过社会福利性措施来改善和提高生活质量，尤其是人口老龄化趋势的加快，更使包括老年人福利在内的各种社会福利措施逐渐成为社会成员最关注和整个社会最重视的社会保障问题，因此，社会保障制度便很自然地进入社会福利型社会保障阶段。

基于各国尤其是多数工业化国家的发展实践，可以发现现代社会保障制度在现阶段乃至未来时期的一些基本特征。它主要体现在五个方面。

1. 社会保障在性质上表现为全民普遍性福利

全民普遍性福利即全体社会成员均能享受到多方面的社会保障，除社会成员按有关条件分别享受社会救助、社会保险、军人保障等待遇外，社会福利项目的多样化使之真正成为全民共享的保障待遇。换言之，普遍性的社会保障构成了全体国民共享发展成果的基本途径。

2. 社会保障的根本目的在于提高社会成员的生活质量和促进整个社会和谐发展

一方面，社会成员的基本生活因为社会救助和社会保险制度而得到了国家和社会的保障，而国家和社会设置各种社会福利项目的根本目的是使社会成员的生活状况得到进一步的改善，并使其生活质量得到提高；另一方面，通过社会保障，能够实现全体社会成员共享发展成果，社会阶层矛盾从根本上得到缓和，进而为整个社会的和谐发展创造了必要且重要的条件。

3. 社会保障项目走向完备化

原有的各种社会救助、社会保险等保障项目不可能被取代，仍将持续得到发展，而社会福利等项目仍会不断增加，从而促使社会保障成为一个由多个子系统和若干具体项目组成的庞大的保障家族，它们共同构成了完备的社会保障体系，既从各个方面

---

① 郑功成. 社会保障学：理念、制度、实践与思辨[M]. 北京：商务印书馆，2000：135.

保障全体社会成员的基本生活权益，又能够使社会成员的生活质量从多个方面得到真正的提高。

4. 实施过程进一步社会化

政府、用人单位与社会等共同分担社会保障责任的机制日益成熟，社会保障在管理、实施乃至监督等诸环节上均进一步走向社会化。

5. 社会福利的普及化与高水平化，是社会保障进入高级阶段的标志

从世界范围来考察，一些西方发达国家事实上已经进入了这一时期。例如，英国、荷兰、芬兰、丹麦、挪威、瑞士、瑞典等西欧、北欧国家以及加拿大等国家，均是高福利、全民福利国家。尽管这些国家的高福利政策已经造成了一些社会问题，但并不表明社会保障制度由低水平向更高水平、更合理的组合方式发展的规律存在问题，因为人类追求福利的增长是天然的、合理的要求，而社会经济的不断发展又为满足这种要求提供了经济的、政治的、社会的条件。因此，在现代社会保障制度的发展进程中，国家和社会考虑的应当不是如何拒绝它，而是在对社会福利过度膨胀进行有效调控的前提下，把握好发展时机，以促进国民福利合理增长为基本出发点，及时修正社会保障的发展路径与方案，尽可能消除社会保障可能产生的负作用，推动社会保障造福全体社会成员并促进社会经济长期稳定、协调、和谐发展的目标得到实现。

目前，由第四次工业革命带来的互联网、数字化的广泛应用，对人们的生产方式、生活方式和社会治理、国家治理方式均产生了全面、深刻、持久的影响，这种影响促使劳动形态更加多样化，同时也使财富生产与分配格局发生了重要变化，进而促使社会保障制度必须作出相应的甚至是重大的调整才能适应时代发展的要求。

三、现代社会保障制度发展规律

尽管各国之间的社会保障理论及其具体实践存在着较大差异，但作为人类社会不可或缺的一种社会稳定、公平与协调发展机制，任何国家的社会保障制度在发展进程中又都表现出一些带有共性的规律。这些规律在实践中均具有客观性和不可逆转性。

（一）立法先行、依法实施

与慈善事业与济贫制度相比，现代社会保障制度在各国实践中表现出来的首要规律，就是先有社会保障立法并以法律为依据确立制度，之后才会有社会保障项目的具体实践。这一点在工业化国家的社会保障立法与制度建设轨迹中是显而易见的。因此，立法先行正是现代社会保障制度作为一种社会政策和一种国家制度安排的特征的具体体现。

由于法律的制定需要经过一个审慎的、公开的决策过程，而民主社会的立法者往往是民众选举出来并具有民意代言人身份的人，立法先行便表明了国家在建立社会保障制度时审慎而负责任的态度，同时也是充分汇集全体国民或绝大多数国民在福利方面的意愿的表现。

立法先行还有一层特殊的意义在于，政府可以主导社会保障制度，却不能决定社会保障制度。这是因为政府虽然直接掌握着公共权力、控制着公共资源并负有谋取公众福利的责任，但政府始终是现代社会保障制度中的责任承担者之一，它既不可能包办所有的社会保障事务，也不可能单方面决定社会保障制度，因为用人单位、个人与社会团体在社会保障制度中也承担相应的责任并享有自己的发言权甚至选择权。因此，只有通过能够广泛地代表和综合各社会阶层与利益群体的意见的立法，才能让社会保障制度更加符合各责任方的利益，实现责任均衡，并促使社会保障制度沿着公平的、法治化的轨道正常发展。

可见，立法先行不仅仅是现代社会保障制度的惯例，更是现代社会保障制度的内在要求。

（二）与社会经济发展相适应

社会保障是国家和社会有组织地运用经济援助与社会服务的手段来满足社会成员的各种社会保障需求，这就必然要与当时、当地的社会经济状况相适应，任何超越时代的社会保障措施都将导致物极必反的结果，任何落后时代的社会保障措施亦因不能真正解决其应当解决的各种社会问题而酿成社会危机。因此，社会保障制度的发展应当与社会经济发展相适应。

一方面，社会保障制度的确立首先是为了解决社会成员的特定社会问题，而特定的社会问题又是与特定的时代、特定的社会结构紧密联系在一起的。例如，在原始社会，社会成员通过氏族组织共同生活在一起，共同劳动、公平分配，过的是原始共产主义生活，社会成员的生存问题统一由氏族组织来保障，从而既不需要也不可能建立近代或现代型的社会保障制度。在奴隶社会，虽然国家已经产生，但社会结构是由奴隶主与奴隶组成，奴隶主分割、占有社会财富和奴隶。奴隶主因为有土地与财富，生存条件自不必言，而奴隶作为奴隶主的一种私有财产，其生存问题亦仅仅是奴隶主的私人问题，并取决于奴隶主。进入封建社会后，社会结构开始发生重大变化，社会保障的主要对象——农民，作为一个社会阶层出现，从而使国家组织救灾济贫事务成为必要。如果国家救灾不力，或贫民无法生存，农民起义就将此起彼伏，甚者导致封建王朝的灭亡，这已是中外历史证明了的一条客观真理。进入资本主义社会和工业社会后，工人阶级作为新的社会阶层出现并日益壮大，其社会地位也日益重要，社会分工的日益发达又使其他行业也发达起来，社会结构便变得日趋复杂，社会成员对社会保障的需求亦趋向多样化、多层次化，从而需要建立健全、完备的社会保障制度。如果缺乏相应的社会保险制度安排，工人阶级便可能处于在风险与生存危机之中；如果没有相应的社会福利，亦无法满足社会成员对不断改善生活质量的需要。因此，现代社会需要的不再是单项社会保障措施，而是健全、完备的社会保障体系。

另一方面，社会保障采用的主要是经济援助的手段，即使是社会服务的提供也需要有相应的财力来支撑，从而必须具备相应的经济基础。在生产力不发达、经济落后的时代或社会里，即使社会成员有着多方面的甚至是非常迫切的社会保障需求，国家和社会也无法真正满足这种需求。例如，在中华人民共和国成立前，广大人民长期生活在水深火热之中，并非是所有的封建王朝都不顾人民的死活，但限于当时的生产力水平与国家财力，往往对大灾之后的灾民缺乏必要的和有效的救济。基于同理，在一定的经济基础条件下，如果过分追求社会保障的规模与水平，亦必然带来不堪重负的后果，最终仍然会出现严重的社会问题。反之，如果有了雄厚的经济基础，社会保障的规模与水平便具备了不断提高的经济基础。

需要指出的是，如果经济发展到了一定的水平而社会保障严重滞后，则社会问题便无法得到解决，由此而引发的社会危机必然进一步演变为经济危机与政治危机，最终损害的仍将是整个国家与社会的健康发展。

综上，与社会经济发展相适应的规律，是社会保障在发展进程中必须遵循的客观规律，如果违背了这一规律，就会发生严重的社会问题。换言之，如果社会保障的发展水平超越或严重滞后于社会经济发展水平，就可能得到与建立社会保障制度时的初衷相背离的结果。

（三）协调发展

无论是历史上的社会保障，还是现代社会保障，都是一个由若干保障项目组成的系统。尽管不同历史时期的社会保障项目有多寡之分，但就当时的背景而言，每一个项目均具有不可缺少性，子系统或项目之间应当是协调发展的关系。社会保障制度的协调发展规律，具体体现在以下两个层次。

第一，社会保障各具体项目协调发展。一方面，社会保障项目的内容应当协调发展。例如，农业社会中的救灾与济贫作为当时社会保障的主要项目，缺一不可，因为若无救灾便会有灾民造反，若无济贫便会有走投无路的贫民揭竿而起；再如，工业社会里若仅有养老保险而无生育保险，女工的就业权益和生活权益就会因生育事件而受到严重损害；等等。另一方面，社会保障项目之间的水平应当协调发展。例如，救灾项目与济贫项目之间、各种社会保险项目之间保障水平的差距不能太过悬殊，否则亦会导致新的社会问题发生。再以老年保障为例，养老金与养老服务是两大支柱性制度安排，如果只有养老金而缺乏养老服务，则老年人虽有稳定的经济来源，也会因社会服务供给不足而陷入生活质量下降的困境。因此，社会保障各具体项目之间的协调发展是整个社会保障体系协调发展的基础。

第二，社会保障各子系统协调发展。现代社会保障制度是由多个子系统共同构成的，各子系统之间虽然保障对象不同、保障内容有别、保障待遇也存在着差异，但它们是一个完整的、协调的体系，在发展中不能顾此失彼，也不能厚此薄彼，否则，就会严重影响社会保障体系整体功能的发挥，甚至会激化社会成员之间的矛盾。在此，不同社会保障子系统之间的保障水平应当相互协调，以社会保险子系统的保障水平与社会救助子系统的保障水平为例，虽然后者应当低于前者，但若两者差别太大，整个社会保障水平就会失去平衡；同时，不同子系统的项目之间应当相互配合，如社会保险子系统中的失业保险就需要有社会救助子系统中的贫困救助项目配合，否则，失业工人超过失业保险的保障期限仍未能够找到工作时，其生活就会失去来源，可见，对失业工人而言，仅有失业保险制度仍然是残缺不全的。

综上所述，在社会保障发展进程中，不能违背协调发展的规律，如果顾此失彼、厚此薄彼，不仅会因留下保障的漏洞而无法解决已有的社会问题，而且会因项目之间或子系统之间的不协调而导致整个社会保障体系效率低下。因此，协调发展规律是各国社会保障制度必须遵循的客观规律。

（四）多样化发展

进入现代社会后，德国式的社会保险模式与英国式的福利国家模式一度成为许多国家参照的典范，苏联式的国家保险模式亦在20世纪50年代后成为其他社会主义国家参照的样板，新加坡或智利的强制储蓄模式亦被一些东南亚地区或拉美地区国家仿效。进入21世纪后，世界各国的社会保障制度在发展与变革中呈现出多样化发展的景象。

社会保障多样化发展作为现代社会保障制度在各国发展实践中所表现出来的客观规律，既是影响社会保障制度走向的重要因素，也是制约社会保障制度的政治、社会、经济、历史、文化乃至道德伦理等因素综合影响的一个结果，经济全球化可能会对社会保障制度的发展产生一定的影响，如国际资本全球化流动与劳动力成本之间的关系必然促使劳工标准国际化等，但在可以预见的未来，经济全球化无法同化各国的社会保障制度。因此，多样化发展规律在过去、现在乃至将来，仍是社会保障制度发展进程中应当遵循的一项基本规律，它能够促使某些国家尤其是发展中国家，在建立与发展本国社会保障制度时保持以现实国情为基础的较为清醒的头脑，而不会受所谓的德国模式、英国模式、美国模式、新加坡模式乃至智利模式等牵制。

此外，多层次性也是社会保障多样化发展的一个方面，这不仅是适应人口老龄化与社会发展进步的需要，而且是调动市场与社会资源以不断壮大整个社会保障体系的物质基础的需要，还是满足社会成员日益多样性、个性化需求的需要。

对世界各国而言，社会保障统一模式或由少数几种模式或单一层次来决定的时代已经过去，多样化成为现阶段社会保障制度在各国发展的重要规律。

第四节　社会保障发展的国际经验、教训与改革

从19世纪80年代社会保险在德国产生以来，到20世纪末，全世界不同程度地建立了现代社会保障制度的国家已经发展到了170多个。这些国家在建立和发展本国社会保障制度时，既都取得了相当的成就，也都不同程度地存在一些问题。总结社会保障制度发展的国际经验与教训，对社会保障制度的改革与发展显然大有裨益。

一、社会保障发展的国际经验

一般而言，立法先行、依法实施，与社会经济发展相适应，协调发展和多样化发展，既是现代社会保障制度的发展规律，也是现代社会保障制度在各国发展实践中的重要经验。此外，各国社会保障制度的发展经验还有如下五个。

（一）尊重本国的国情

鉴于西方国家社会保障制度发展实践中出现的有关问题，以及这些国家的社会保障制度总与其国情有千丝万缕的关系，它不可能被照搬到其他国家。发展中国家在建立自己的社会保障制度时，亦不再单纯仿效已有的社会保障模式，而是尊重本国国情，努力探索适合本国的社会保障道路。例如，德国的社会保险制度奉行劳资自治的原则，是对其社会自治传统的尊重；美国迄今仍有数以千万计的国民没有法定医疗保险，是其崇尚个人自由和效率取向的价值观的反映；新加坡的公积金制度虽然不能成为其他国家的现成模式，但它在新加坡的成功，表明了对新加坡具有较强的适应性。一些发达国家也在不断地研究发展中国家的做法，同时更加全面地反思以往的社会保障制度，并根据本国发展变化了的情况进行改革或修订。因此，在尊重本国国情的基础上，增

进交流、互相参考、互相借鉴，已经成为各国社会保障制度发展实践中具有普遍意义的经验。

（二）追求长期稳定、协调、和谐发展

从"惩戒术"到"怀柔术"，从为统治者服务到为社会长期稳定、协调、和谐发展服务，从只救助不幸者到成为共享经济社会发展成果的重大制度安排，社会保障制度确实走过了不平凡的发展历程。人类社会发展到现阶段，越来越多的国家将社会保障制度视为国家长期稳定、协调、和谐发展的重大战略，并通过及时修订立法和完善社会保障政策来促使社会保障制度更加完善。例如，有的工业化国家的社会保障财政危机因社会保障政策的及时调整而得到了缓解，一些发展中国家加快了滞后的社会保障制度建设步伐，客观上均有助于促进整个社会经济长期稳定、协调、和谐发展，而社会保障制度也在一些国家以更新的姿态迈上了可持续发展之路。因此，社会保障制度的建立，不仅需要考虑其在现阶段的作用，而且应当考虑它的可持续发展以及整个社会经济的长期稳定、协调、和谐发展。

（三）健全社会保障法律制度

健全社会保障法律制度是工业化国家建立并实施其社会保障制度的重要经验。在工业化国家，普遍颁布有多部社会保障法律，社会保障法律构成一个独立的法律部门，并在国家法律体系中占有很重要的地位。例如，英国就颁布有《国民保险法》《国民救济法》《国民工伤保险法》《国民保健事业法》等多部社会保障法律；日本仅社会福利方面就颁布过多部有名的法律，即"福利六法"；等等。在德国等欧洲国家，还设有专门的社会（保障）法法院系统，以专门维护国民的社会保障权益。法律制度的健全，不仅使各种社会保障事业有了具体的法律依据，亦为国民社会保障权益的实现提供了保证，从而是社会保障事业获得稳定、持续发展的前提条件。

（四）努力追求社会化

历史上的社会保障主要是政府保障与教会保障，它与一般社会成员并不具有双向交流功能。而现代社会保障事业则被看成是全体社会成员的共同事业，一些国家鼓励本国社会成员主动参与社会保障事务，包括分担缴费、参与经办社会保障事务、参与管理和监督社会保障制度的实施等，社会保障不再单纯是政府的责任。这种做法使社会保障事业具有了更为坚实的社会经济基础，从而是一条值得重视的宝贵经验。当然，社会化有程度高低之分，发达国家社会保障的社会化程度较发展中国家显然要高。就

社会保障而言，追求社会化是毋庸置疑的，但也要根据国情来定，落后国家或落后地区或许既需要社会化程度较高的社会保险，同时也需要社会化程度较低的社区型社会保障，社区可以成为一些国家社会保障制度的重要基石。

（五）对市场机制日益重视

一方面，由于现收现付制社会保障难以应付人口老龄化的挑战，一些国家选择基金制社会保障（主要是养老保险制度），而社会保障基金的长期积累又必然面临贬值的风险，从而需要与资本市场相结合才能实现保值增值的目标，因此，社会保障制度亦开始了与经济政策、资本市场的有机结合，并通过资本市场来创造并分享着经济发展成果。另一方面，在市场经济条件下，越来越多国家的政府认识到需要调动市场主体与社会力量的积极性，共同建设社会保障体系，以便持续壮大整个社会保障体系的物质基础并更好地满足社会成员的福利保障需求，从而支持市场主体或社会组织发展补充性社会保障，通过利用市场机制的适度竞争和对民间与社会资源的调动，促使社会保障制度达到更高的效率。

二、社会保障发展的国际教训

无数事实表明，社会保障制度的产生与发展，取得的成就无疑是十分辉煌的，因为它解除了国民的后顾之忧，化解了社会危机，促进了社会公平，进而维系着社会经济长期稳定、协调、和谐发展。然而，许多国家纷纷对社会保障制度进行改革的事实亦表明，现代社会保障制度百余年来的发展历程并非只有令人满意的一面，它同样有着一些必须引起高度重视的教训。概括起来，社会保障发展的国际教训主要有三点。

（一）国家包办社会保障事务和福利的高速膨胀，会导致社会保障财政危机

社会保障具有刚性增长的特征，在实践中表现为项目、水平只能上不能下，从而导致保障规模不断扩大，保障支出亦不断膨胀，这种趋势发展越快，政府的财政压力就越大。一些国家只能依靠征收高税收来维持高福利，即使如此，仍无法使社会保障收支趋向平衡。社会保障财政危机一直是令西方发达国家最头痛的国内问题之一，也是其他国家对西方社会保障模式颇多非议的主要原因。尽管西方发达国家的社会保障制度并没有因财政危机而破产，但一些国家已经出现的社会保障财政危机（主要是养老保险），表明了社会保障事务完全由国家包办和福利的高速膨胀是导致财政危机的深

刻原因。构建多层次社会保障体系成为国际社会的高度共识，这正是吸取国家包办社会保障事务的教训而获得的启示。

（二）社会保障体系的残缺不全或水平过低会使社会问题进一步恶化

例如，一些国家由于缺乏必要的社会保障，社会问题日益严重。非洲地区及南亚地区的一些国家，每年还有许多社会成员陷入严重的生存危机而无法自拔，有的因饥饿而亡，有的因无钱医病或缺乏医疗保障不治而亡，灾民流离失所的现象还很普遍，进而引发严重的社会危机与政治危机等，而在这样的条件下要实现经济社会发展的目标显然是不可能的。为数不少的落后国家的现实表明，研究社会保障问题不能仅仅注意已经建立了现代社会保障制度的国家，不能仅仅看到社会保障水平过高所带来的某些负面影响，还应当注意到那些没有建立社会保障制度及社会保障能力严重不足的国家，因为这些国家所出现的严重社会问题或危机及其对经济社会发展的不利影响，亦从另一个侧面证明了如下结论：一个国家如果缺少完备的社会保障体系，特别是产业工人的社会保险出现纰漏，要构建任何一种市场经济体制几乎是不可能的，并且不可能成为工业社会的一名合格成员。因此，发展中国家不能把社会保障简单地看成是国家的一种负担，而是应当把它看成是在社会经济发展中使效率与公平合理结合的一种必需机制，是促进整个社会协调、和谐发展的一种必需手段。

（三）在法定社会保障领域要对私有化保持高度警惕

智利从20世纪80年代将公共养老金私有化，进入21世纪后不断爆发严重的社会危机并迫使其不得不重建公共性质的养老金，以及其他仿效智利采取个人账户制的国家纷纷放弃或者改变这一模式，表明社会保障作为公共产品，与私有化是有质的区别的，它必须建立在互助共济的基础之上，坚守共建共享的法则。事实上，当今世界走的多层次社会保障体系发展之路，是在公共的法定社会保障之外再促进市场主导或社会力量主导的其他层次保障合理发展，市场化的保障显然能够满足个性化需求。

此外，对社会保障水平高是否会影响国家竞争力与持续发展，事实上存在着分歧。在欧洲高福利国家中，既有像希腊这样陷入危机的典型，也有像德国这样一直保持竞争力并实现持续发展的好榜样，瑞典、瑞士等绝大多数高福利国家的国际竞争力位居世界前列并持续发展的事实，证明其并未因高福利而陷入困境，反而呈现出两者之间的正相关关系。但如果不具备相应的物质基础，超前发展高福利，也必定带来危机，希腊以及拉丁美洲的巴西、阿根廷、委内瑞拉等国都有过深刻的教训。

三、国外社会保障改革

20世纪80年代以来,许多国家在改革、完善甚至重建本国的社会保障制度,但这绝不意味着社会保障制度走向终结,现代社会保障制度将适应时代的变化而得到更加理性的发展。

国际劳工组织的意见可能有助于我们对社会保障领域存在的问题保持清醒的头脑:"所谓的社会保障'危机'问题,应当明确并且强调两个更深刻的要点。现存危机的主要起因既不是领取养老金人数的持续增加,也不是医疗技术改进的结果,最主要的原因是经济发展速度缓慢、失业问题严重。在很大程度上,社会保障对衰退造成的社会经济影响起到了缓解作用,应该永远记住社会保障的积极作用。"[1] 在肯定社会保障制度的积极作用的同时,认识其不足,并通过改革措施来加以修正,已经成为越来越多的国家共同努力的一个方向。

(一)福利国家的改革

1. 福利国家危机的争论

世界上可能没有任何一种制度安排像福利国家模式一样,人们对其两种截然不同的评价,它在产生之初被西方世界一致称颂并为许多国家所仿效,而进入20世纪80年代以后,却又被许多国家视为政府的包袱和妨碍国家经济发展的绊脚石。如果从福利国家模式自产生到20世纪60年代这一时期西欧、北欧国家的社会经济发展状况来看,很自然地会感受到福利国家不仅是社会文明进步的标志,而且是社会经济发展的巨大推动力量;如果再考察20世纪70年代以后一些福利国家的状况,也很自然地会发现福利国家给政府造成的财政压力和对社会经济发展的某些负面影响。如果说福利国家存在失误并非是一种制度安排的失败,而是这种制度在发展进程中调控不当或控制机制乏力所致,那么这一判断的前提,就是要客观地审视福利国家的发展历程,既不能忘记这种制度对经济社会发展所起到的巨大促进作用,也不能忽视后来出现的某些负面影响;既要看到德国等国家的社会保障制度经历100多年还在持续发展,也要看到希腊等国家遭受的社会保障发展挫折。这样客观地评估福利国家的发展,可能有助于找到可行的改革方案,进而修正其在一定程度上偏离了初衷且具有惯性的发展路径。

有关福利国家危机的争论,是在20世纪80年代成为社会保障界或福利界的焦点的,除福利国家自身开始反思外,非福利国家模式的国家也将反思福利国家模式并

---

[1] 国际劳工局. 展望21世纪:社会保障的发展[M]. 北京:劳动人事出版社,1988:94-95.

提出改革建议作为一种时尚，有时甚至较福利国家的反思更加尖锐。经济合作与发展组织的专家认为，福利国家的危机突出地表现为失业率高、社会保障财政赤字、某些社会政策加剧了通货膨胀而不利经济发展等。① 这些现象无疑是福利国家真实的一面，但国际劳工组织的专家却不赞同将社会保障危机完全算在社会保障制度的头上，认为社会保障存在的危机并非社会保障结构的危机，而是经济基础由于运营不良而受到侵蚀所造成的危机，并进而认为社会保障既非经济危机的起因，也非经济衰退的起因。②

不论如何评价福利国家危机的起因，针对福利国家的现状，都可以发现福利水平过高所造成的某些负面影响。以20世纪下半叶的社会保障支出为例，在英国，社会保障支出总额在1949—1950年为103亿英镑，仅占国民生产总值（GNP）的4.7%；1979—1980年支出额增加到449亿英镑，占GNP的9%；到1992—1993年进一步上升到741亿英镑，占GNP的12.3%；1978—1992年社会保障支出年均递增3.7%，这一增长率超过了英国GDP增长率和政府财政增长率，而这还未包括社会保障系统之外的其他公共福利支出。③ 在瑞典，包括社会保障、教育、健康等各公共福利部门在内的公共支出占GNP的比重在1950年为25%、1960年为33%、1970年为45%、1980年以后达到60%以上，它在20世纪70年代年均增长5.9%，大大超过其GDP 2%~3%的增长速度。④ 其他福利国家与英国、瑞典的情形大体相同。福利国家社会保障支出的膨胀，一方面表明了国民共享经济社会发展成果的程度很高，"安全网"织得很密，社会也很和谐，另一方面也需要以高税收为财政基础，而高税收则需要以高工资为条件，高工资又直接影响着就业率和生产成本。可见，福利国家事实上陷入了一个不改革便很难解脱的怪圈。

2. 福利国家的改革措施

针对公共福利支出膨胀并导致财政危机，以及社会保障部门日渐庞大而逐渐演化成官僚机器的现象，福利国家在维护福利国家模式的基本前提下，自20世纪80年代开始，就将改革或修订原有的社会保障制度作为一种必要的发展手段。英国从时任首相撒切尔夫人到布莱尔，均致力于福利领域的改革；瑞典社会民主党自1982年重新执政后亦以"保卫福利，重建经济"为口号，对社会保障制度实施某些调整；其他福利国家亦对社会福利制度作出了一定程度的调整。

---

① 经济合作与发展组织秘书处. 危机中的福利国家[M]. 北京：华夏出版社，1990：序言.
② 国际劳工局. 展望21世纪：社会保障的发展[M]. 北京：劳动人事出版社，1988：209.
③ 陈炳才，许江萍. 英国：从凯恩斯主义到货币主义[M]. 武汉：武汉出版社，1997：24.
④ 张平，孙敏. 瑞典：社会福利经济的典范[M]. 武汉：武汉出版社，1997：67.

概括起来，福利国家对社会保障制度的改革措施主要有如下四点。

（1）削减福利支出。例如，英国在撒切尔夫人执政时即采取了减少住房补贴和用优惠价格向住户出售公有住房的步骤，同时允许公费病人到私人医院看病；瑞典规定了养老金的最高限额，同时减少了失业保险金和多子女补助费，取消了对减时工作工人的工资补贴；一些国家还通过提高退休年龄来减少养老金支出；等等。

（2）调整福利结构。例如，英国自1998年开始实施"改救济为就业"的计划，以帮助较长时间没有工作的年轻人和城市贫民区单身母亲找到工作，同时取消或减少收入较高家庭的儿童补贴和母亲补贴；但也有一些国家增加了相关福利项目，如德国就在20世纪90年代增加了母亲养老金待遇等。因此，调整福利结构可以看成是让社会保障制度适应时代发展需要的优化措施。

（3）扩充社会保障资金来源。例如，努力促进经济发展、降低失业率，由此而使缴费人数增加和征收的社会保障税增加；制定更加严密的税收征管办法，防止偷税漏税行为发生；提高退休年龄以增加社会保障税的收入；一些社会保障部门甚至开始了某些创收活动。

（4）引入私营机制，以减轻官方系统的压力并提高社会保障系统的行政效率。例如，英国政府就迫使地方政权、全国健康服务等部门将一系列服务项目通过招标改由私人承包，同时鼓励私人养老保险、医疗保险与职业福利的发展；瑞典亦开始出现少数的公共服务私营化机构，使官方社会保障系统的膨胀得到了抑制；各国还进一步采取防范措施，以避免社会保障待遇被骗取。

上述改革并未动摇福利国家社会保障制度的根本，其总体福利水平仍然处于当今世界的最高水准状态。通过微调来增强社会保障制度的可持续性事实上已经取得一定的成效，即社会保障支出的膨胀速度有所缓和，行政效率亦有好转。

（二）美国的社会保障改革

美国对社会保障政策的调整是从20世纪70年代开始的，因为此前的社会保障基本上是以大政府、小社会、高税收和高福利模式为背景，采取的也是扩大社会保障规模与开支来提高社会福利。进入20世纪70年代以后，随着自由主义的相对衰落，保守主义抬头，新联邦主义得到了发展，美国的社会经济政策也发生了转变，出现了小政府、大社会、低税收和有限福利模式的发展趋势。

在社会保障领域，美国的政策调整或改革主要表现在四个方面。

1. 调整社会保障指导思想

在继续强调国家干预的前提下，充分发挥自由竞争的功能；在强调联邦政府的主导作用下，充分兼顾州政府和地方政府以及私营机构的能动作用。

2. 适当调整社会保障的目标

以控制社会保障规模和纠正社会保障弊端并发挥州政府和地方政府的作用为主，将社会保障要解决的问题定位于如何在安抚中产阶层的前提下照顾好底层民众，在控制安全阀的条件下解决费用过多、管得过宽及发挥效力的问题。

3. 调整社会保障的有关内容

总体上美国的社会保障是从20世纪60年代以前的不断扩大到相对收缩，从以失业、老年保障为重点到着力解决医疗保险和医疗补助，以及以低收入年轻母亲和抚养未成年子女为重点的家庭津贴。[①] 小布什2004年赢得第二任总统选举胜利后，又提出要改造美国现行的公共养老保险制度，适度引入个人账户制，当然这不可能变成现实，因为发明公共养老保险个人账户制的国家——智利，短期内即陷入了危机。

4. 重视私营机构和慈善事业的作用

企业年金、商业性医疗保险等在美国国民的生活中占有很重要的地位，同时也扮演着政府负责的社会保障系统的重要补充角色。不过，克林顿政府提出的医疗保险改革计划并未能顺利实施，迄今全美国仍然有数千万人口缺乏基本的医疗保障；然而，美国经济自20世纪90年代以来的发展，使联邦政府开始出现财政盈余，从而为解除社会保障财政危机并进一步调整社会保障制度的结构提供了很好的条件。此外，美国的慈善事业特别发达，慈善组织扮演着社会福利特别是相关公共服务提供者的重要角色，对美国法定社会保障制度起到了有益的补充作用。有鉴于此，美国的社会保障体系事实上是政府主导下包括政府负责、市场主体与慈善机构共同供给的多元并举的模式，这是有别于德国俾斯麦模式和英国贝弗里奇模式的美国模式，在发达国家可谓独树一帜。

需要指出的是，美国并非福利国家，它与西欧、北欧国家相比，效率与公平长期较量的结果总是偏向效率优先。因此，美国社会保障制度的选择在很大程度上是从效率角度出发的，这种制度还深受利益集团与政党竞争的影响。而数以千万计的国民缺乏基本的医疗保障和数以千万计贫困人口的客观存在，以及贫富差距偏大的事实，也使它作为世界头号经济大国遭到了"非议"。

总之，改革社会保障制度已经成为一种世界潮流，它的背景是时代在发展变化，而各种传统的社会保障模式也确实存在着一些不能令人满意的地方，因此，修订原有的社会保障制度，调整以往的社会保障结构，进一步增强对社会保障的调控能力，努

---

① 黄安年. 当代美国社会保障政策［M］. 北京：中国社会科学出版社，1998：292-293.

力实现社会保障与整个社会经济长期稳定、协调、和谐发展，是许多国家正在进行或准备进行的重要工作。需要指出的是，进一步巩固基本保障制度，同时促使个人责任的适当回归、市场机制的适度引入等成为新的发展趋势，但政府的主导责任从根本上不会发生改变。

第五节　新中国社会保障制度的发展①

一、新中国社会保障制度的建立

新中国的社会保障制度，是自1949年年底逐步建立的。它虽然与历史上的社会保障实践有着渊源关系，却又与新中国成立前的社会保障制度无直接继承关系，因为新中国成立前并未建立过现代社会保障制度。考察新中国社会保障制度的发展实践，在改革开放前30年所走的历程是从国家责任发展到国家与单位责任并重的进程，进入改革开放后则是一个逐渐走向政府主导与社会各方共担责任的进程。

（一）新中国社会保障制度建立过程

1949年10月1日中华人民共和国成立，当时充当临时宪法的《中国人民政治协商会议共同纲领》为建立新中国的社会保障制度提供了最基本的法律依据，该纲领明确规定"革命烈士和革命军人的家属，其生活困难者应受国家和社会的优待。参加革命战争的残废军人和退伍军人，应由人民政府给以适当安置，使其能谋生自立"，并要"逐步实行劳动保险制度"等。1949年、1950年新生的人民政权先后掀起救灾高潮和救济城市失业工人的高潮，揭示了中国共产党和人民政府鲜明的人民立场与价值取向。

1951年2月26日，政务院颁布《中华人民共和国劳动保险条例》，并经1953年、1956年两次修订，全面确立了适用于中国城镇职工的劳动保险制度，它的实施范围包括城镇机关、事业单位之外的所有企业和职工，从而成为新中国社会保障制度中最重要的一项社会保障制度。1952年6月27日，政务院颁布《关于全国各级人民政府、党派、团体及所属事业单位的国家工作人员实行公费医疗预防的指示》，实施数十年之久的公费医疗制度自此建立；1955年12月29日，国务院（原政务院改为国务院）发布《国家机关工作人员退休处理暂行办法》《国家机关工作人员退职处理暂行办法》《关

---

① 本节摘自郑功成于2002年在中国人民大学出版社出版的《中国社会保障制度变迁与评估》第一篇，同时参考郑功成于2008年在人民出版社出版的《中国社会保障30年》以及2019年发表于中国人民大学学报的《中国社会保障70年发展（1949—2019）：回顾与展望》，不再单独引注。

于处理国家机关工作人员退职、退休时计算工作年限的暂行规定》《国家机关工作人员病假期间生活待遇试行办法》等法规，国家机关、事业单位职工退休、退职制度由此确立；1956年6月30日，第一届全国人民代表大会第三次会议通过了《高级农业生产合作社示范章程》，确立了面向乡村的五保制度①；这一期间，中央政府或其职能部门还就职工福利、社会福利事业、福利工厂、生活困难补助等社会保障问题发布了一系列的法规性文件。到1956年时，中国已经初步建立了以国家为主要责任主体、城乡单位担负共同责任并一起组织实施的较为完整的社会保障制度。在这种制度安排下，国家直接承担着统一制定各项社会保障政策、直接供款和组织实施有关社会保障事务的责任，城镇企业单位负责缴纳职工的劳动保险费用，农村集体则担负着救济五保户和优待烈军属等责任，各种单位开始普遍承担实施有关社会保障政策的任务，国家与单位在社会保障制度的确立与实施过程中日益紧密地结为一体。

自1957年开始，随着新中国成立初期三大改造任务的完成，国家转入有计划地全面进行社会主义经济建设时期。为适应新形势的发展，国家开始对社会保障制度进行调整与完善，为此，经全国人民代表大会常务委员会批准，国务院先后于1957年11月和1958年3月颁布了《关于工人、职员退休处理的暂行规定》《关于工人、职员退职处理的暂行规定》等法规，企业职工的退休养老成为一项独立的制度安排；1962年6月国务院又颁布了《关于精减职工安置办法的若干规定》等法规，并开始在中国农村普遍建立县、乡（公社）及村（生产大队）三级医疗保健网，合作医疗制度在广大乡村得到确立。在这一时期，卫生部、劳动部、内务部等亦发布有关决定，对公费医疗、劳保医疗、农村五保户保障和军属优待制度等进行相应的调整。军人的退休制度亦得到确立。在这一时期，国家—单位保障制仍然延续着创立时期的格局，国家（主要体现在中央政府）承担主要责任，各类单位共担相关责任，只是保障内容发生了一些变化。例如，城镇职工的退休制度从劳动保险中独立出来并趋向统一、正常化，社会保险覆盖面在稳步扩大，农村五保制度、合作医疗制度及其他各项社会保障政策得到一定程度的完善。不过，因受"大跃进"等的影响，城市工业从不合理发展到职工人数大规模削减（从农村进城再回农村去），有关福利事业也同样经历了一个从大发展到大削减的过程，农村合作医疗亦经历"一哄而起"又在一些地方办办停停的现象，因此，拟议中的社会保障制度调整任务并未完成。

1966年5月，"文化大革命"开始。当时的基本社会背景是政治上强调意识形态至上，共产主义与集体主义成为时尚，城镇经济成为国有经济"一统天下"，农村则全面

---

① 五保制度是针对农村中缺乏或丧失劳动能力、无依无靠、没有生活来源的老、弱、孤、寡、残等弱势群体，由乡、村两级组织负责向其提供保吃、保穿、保住、保医、保葬和保教等五个方面的援助的一种社会救助制度。

进入"一大二公"的公社化时期，国家—集体—个人的利益进入高度"一致"的时期，国家和单位对社会成员的生活提供保障被视为社会主义制度的当然内容和优越性，并与各个单位的生产活动和劳动分配混同在一起。以1968年年底国家撤销主管救灾救济、社会福利等事务的内务部为起始，负责劳动保险事务的工会亦陷入瘫痪状态，劳动部门受到削弱。在这种情形下，1969年2月，财政部发布《关于国营企业财务工作中几项制度的改革意见（草案）》，规定国营企业一律停止提取劳动保险金，原在劳动保险金开支的劳动保险费用改在营业外列支，形成待遇标准按照国家政策规定执行、所需费用由企业实报实销的"企业保险"模式。自此以后，作为整个社会保障事业主体内容的劳动保险失去社会统筹机能并演变成企业或单位保障制，城镇社会保障制度只能主要依靠各个单位组织来实施。不过，这一时期农村集体举办的社会保障却得到了迅速发展，农村合作医疗覆盖农村人口的90%以上，农村五保制度全面实行，农村居民得到了实惠。因此这一时期，在城镇，国家—单位保障制的责任重心由国家转向单位，城镇企事业单位包办社会的现象迅速扩张，社会保障在很大程度上走向自我封闭的单位化；在农村，仍主要是集体经济支撑着初级社会保障制度发展。

1978年是中国发展进程中特别重要的一年。这一年中国共产党第十一届中央委员会第三次全体会议召开，标志着中国开始步入一个新的时期；同年第五届全国人民代表大会第一次会议通过的《中华人民共和国宪法》亦在第四十八至第五十条分别对劳动者的福利、年老、疾病医疗或者丧失劳动能力的物质帮助以及对革命残废军人、革命烈士家属的生活保障问题作出了原则规定；国家重设民政部，主管全国社会救助、社会福利、优抚安置事务，劳动部门的工作亦开始恢复正常。与此同时，国务院还先后颁行了《关于安置老弱病残干部的暂行办法》《关于工人退休、退职的暂行办法》等法规，对于恢复被"文化大革命"破坏的退休养老制度起到了重要作用。1980年10月7日，国务院发布《关于老干部离职休养的暂行规定》，一种待遇特殊的退休制度——离休制度由此确立，并与一般退休制度一起构成了中国的退休养老制度。1982年12月4日第五届全国人民代表大会第五次会议通过的《中华人民共和国宪法》亦在第四十三条中规定了国家发展劳动者休息和休养的设施及休假等福利问题；第四十四条规定了国家机关与企事业单位职工的退休保障；第四十五条规定了公民在年老、疾病或者丧失劳动能力的情况下，有从国家和社会获得物质帮助的权利（包括社会保险、社会救济、医疗卫生、优抚事业、社会福利等）；第四十六条规定了公民的受教育权利；第四十八条规定了妇女权益问题；第四十九条规定了对老年人、妇女、儿童保护；等等。因此，1982年通过的《中华人民共和国宪法》对公民的社会保障权益规范是相当广泛的。1984年10月20日，中国共产党第十二届中央委员会第三次全体会议通过了《中共中央关于经济体制改革的决定》，城镇继农村承包责任制改革后正式步入经济体制改革时期。随后进行的城市经济体制改革，从根本上触动了国家—单位保障制的经济基础，也动摇着赖以支撑国家—单位保障制的行政体系和单位组织结构。因此，在国家正式决定推进经济体制改革后，与计划经济体制相适应的国家—单位保障制意味着只能走上重大变革的必由之路。

总体而论，1969—1977年是国家—单位保障制重心向单位转移并持续扩张的时期；1978—1985年仍然维持并巩固着这种制度模式，这一时期所做的工作虽然有所改进，但主要还是为了解决历史遗留问题和恢复被"文化大革命"破坏了的退休制度等，尽管个别地区在劳保医疗（如让职工分担部分医疗费用）、退休费用统筹（个别城市进行行业统筹）方面进行了试验，却并未触动国家—单位保障制的根本。因此，1969—1985年，国家—单位保障制的实质及其以单位为重心的格局一直未有改变。1986年开始，中国的社会保障制度开始正式进入改革时期和一个新的发展时代。

（二）计划经济时期社会保障制度的基本框架与特色

1. 基本框架

从制度结构出发，计划经济时期形成的国家—单位保障制建立在传统社会主义生产资料公有制基础之上并纳入了高度集中的国家计划体制，其基本框架由国家保障、城镇单位保障、农村集体（或单位）保障三大板块组成。其中，城镇单位保障因其保障全面且水平较高而成了整个社会保障制度的主体，国家保障与农村集体保障成为整个社会保障制度的两翼。

国家保障板块是在国家统一政策规范下，以政府财政拨款为基础，由政府主管部门直接实施（或借助机关、事业单位与城乡基层政权实施）的社会保障项目。它主要包括机关事业单位工作人员社会保障、城镇居民价格补贴、军人保障、民政福利、农村救灾救济等。

城镇单位保障板块服从于国家统一的政策规范，由企业从收益中直接提取经费并自行组织实施、封闭式运行。在计划经济时期，当企业收益不足以支撑单位保障时，国家财政通过补贴的方式给予最后保证。绝大多数城镇居民主要依靠单位保障板块提供保障，它主要包括职工劳动保险、职工集体福利，这一制度使绝大多数城镇居民直接受惠。因此，城镇单位保障事实上一直是中国社会保障制度的主体。

除国家提供有限的救灾救济外，农村以社队集体为单位，农村居民通过所在的社队集体获得有关社会保障，其经费来源于社队集体单位统一核算中的统一提留，其主要内容包括合作医疗、五保户供养及其他福利保障。

2. 制度特色

全面考察计划经济时期形成的国家—单位保障制，可以发现这种制度安排的特色非常鲜明，概括起来就是国家负责、单位包办、全面保障、板块结构、封闭运行、缺乏效率。

（1）国家负责。国家通过计划经济体制维持着各个单位组织"长生不死"，并通过财政补贴的方式来直接担保。社会保障制度能否实施、如何实施、能否持续下去，最终并非取决于单位而是取决于国家政策、取决于国家财力，可见，国家—单位保障制的本质特征就是国家负责。

（2）单位包办。在国家—单位保障制下，单位的作用尤为重要，国家离开了单位则根本不可能实施社会保障政策。各单位无一例外，要遵从国家政策规定并直接承担起组织实施本单位社会保障的责任，企业单位与乡村集体经济组织还要为这种制度的实施提供经费。因此，在城镇，居民除接受政府的价格补贴外，几乎所有生活保障事务均是通过所在单位来获得保障的；在乡村，除灾民接受灾害救助外，亦是依靠集体经济组织的分配与福利来获得生计与疾病医疗保障的。因此，对绝大多数国民而言，国家—单位保障制就是单位包办的社会保障制度。

（3）全面保障。在国家—单位保障制下，作为社会主义优越性的体现，这种制度保障的范围是广泛的。在城镇，从退休养老到疾病医疗，从住房福利到教育福利，从就业安置到贫困救助，从价格补贴到职工食堂等，由国家主导、单位包办的社会保障事务不仅涵盖了人们的社会性保障需求，甚至还包括了一部分非社会性保障需求。在农村，保障项目虽然不多，但国家规定农村收益分配采用按劳分配与按人口分配相结合的方式，收入分配中即含有福利的份额，政策规范的保障项目亦受益者众多，如城镇的劳动保险与职工福利几乎使所有城镇居民均受惠其中，农村合作医疗曾经惠及95%以上的农村人口。

（4）板块结构。国家保障、城镇单位保障与农村集体保障三大板块相互分割、各负其责，计划经济不仅使国有经济"一统天下"、人民公社"一大二公"，而且保证了城镇劳动者的高就业、"铁饭碗"，加之严格的户籍管理和城乡之间、干群之间、不同所有制单位之间的流动制，所有的社会成员均被安置在城镇的某一个单位或农村的某一个社队，社会成员也就普遍被某一保障板块或者两个保障板块所覆盖，因此，特定的社会、经济结构使三个相互分立的板块共同构成了一张并无遗漏的"安全网"。不过，这种板块结构毕竟与社会保障社会化原则相背离，它最终不仅导致了单位负担不公平和不堪重负的直接后果，而且造成了社会成员的畸形福利观念，从而是阻碍社会经济协调发展的重要因素。

（5）封闭运行。在国家—单位保障制下，制度的实施过程是完全封闭的，各个单位只对本单位的成员负责，一些集体福利设施即使闲置也不会对其他单位开放。在各个单位客观上存在着收益差异（如事业单位接受财政拨款有多寡、企业单位销售收益有多寡、农村社队生产产量有高低）的条件下，封闭运行所带来的必然是本位主义和相互攀比之风。

（6）缺乏效率。一方面，在国家—单位保障制下，由于国家与单位承担了社会保障的全部责任，并分别组织实施着各项社会保障政策，社会成员个人就无需承担直接义务，在其他国家社会保障领域发挥重要作用的各种社会组织亦无生存空间，因此，国家—单位保障制是权利义务单向、社会组织缺位的制度模式；另一方面，在国家—单位保障制下，劳动者的福利所得实际上与其劳动所得混淆不清，城镇长期实行的是低工资、多福利待遇，享受福利成为劳动者及其家庭成员生存的必要条件，因此，城镇职工的社会保障待遇其实含有劳动报酬的份额在内，这就使得保障与就业无法分离。在农村，农民的收益分配是按劳分配与按人口分配相结合。这种制度安排因无法调动政府之外的积极性和混淆了劳动所得与福利分配的差别，从而不仅影响了制度自身的效率，亦直接损害了劳动者的劳动积极性。

此外，国家—单位保障制的特色还表现在国家与单位之间的"父子关系"上，在这种制度模式下，不仅人民享受着国家的"父爱"，在遇到生计困难时依靠国家，各种单位也享受着国家的"父爱"——接受着各种补贴，从而具有很浓厚的中国传统文化色彩。

二、中国社会保障制度的改革（1986年以来）

20世纪80年代以后，中国进入改革开放时期。对于中国社会保障制度改革的起始标志与进程的确认，观点不尽一致。一种看法认为，应从1978年党的十一届三中全会的召开算起，因为它标志着中国进入一个新阶段；另一种看法认为，中国社会保障改革与中国经济改革同步，应当自1980年农村经济改革算起。郑功成则认为，中国的社会保障改革应当以社会保障政策发生重大变革为标志，而1986年即因相关政策的出台而可以视为进入改革阶段的正式年份。能够支撑这一结论的依据是此前出台的政策主要是延续原有的保障制度，而1986年4月12日第六届全国人民代表大会第四次会议通过的《中华人民共和国国民经济和社会发展第七个五年计划（1986—1990年）》，不仅首次提出了社会保障概念，而且单独设章阐述了社会保障的改革与社会化问题，社会保障社会化作为计划经济时期国家—单位保障制的对立物，被正式载入国家发展计划；同年7月12日由国务院发布《国营企业实行劳动合同制暂行规定》和《国营企业职工待业保险暂行规定》，不仅明确规定国营企业用劳动合同制取代了计划经济时期的"铁饭碗"，规定劳动合同制工人的退休养老实行社会统筹并由企业与个人分担缴纳保险费的义务，而且初步形成了失业保险制度的框架，从而具有了显著的制度创新象征；同年11月10日由劳动人事部颁发的《关于外商投资企业用人自主权和职工工资、保险福利费用的规定》，因强调外资企业必须缴纳中方职工退休养老基金和待业保险基金，亦意味着国家在承认经济结构多元化的条件下对劳动者社会保障权益的维护，并开始消除社会保障单位化的烙印。1986年发生的上述标志性事件，显示了中国社会保障制度自此进入了制度重构时期。

（一）中国社会保障制度改革的原因与简要历程

1. 改革的原因

中国社会保障制度改革是在特定时代背景下多种因素综合影响的结果。一方面，经济改革所带来的变化动摇了原有社会保障制度的经济基础与社会基础。例如，20世纪80年代初期农村承包责任制的推行，使原有的农村社会保障制度（如五保制度、合作医疗制度等）丧失了赖以支撑的集体经济基础，除五保制度在政府修改原有制度并通过颁布《农村五保供养工作条例》（1994年1月23日）强力推进外，合作医疗制度几乎全面崩溃；而稍后进行的城市经济体制改革，又使国民经济结构由国有经济"一统天下"转变为多元经济成分并存发展，国有单位不再是"长生不死"，伴随而来的则是社会结构发生深刻变化，经济主体多元化、劳动力市场化、收入差距扩大化和由此带来的社会阶层分化，以及单位与政府之间、个人和单位与政府之间的利益追求由一致走向分离，必然动摇原有社会保障制度的经济基础和社会基础，如果不对其进行重大变革，社会保障制度安排不仅不可能继续发挥其作用，而且可能成为社会冲突、激化矛盾的新的致因，并直接对市场经济体制改革与经济发展造成直接损害。另一方面，计划经济时期形成的社会保障制度自身亦存在着缺陷，并在实践中造成了负面影响。例如，封闭运行的国家—单位保障制导致社会保障统筹、互济功能的丧失，单位负担畸轻畸重，一些企业在改革开放前就陷入了不堪重负的困境，公费医疗等制度亦存在巨大的资源浪费现象，一些保障项目的不公平性由受保对象个人权益的不公平日益扩展成社会不公平，因此，原有制度因自身存在难以克服的缺陷，亦有了改革的必要性。此外，社会保障改革作为一种世界性潮流，自20世纪70年代以来就在西方工业化国家和许多发展中国家兴起，它们的行动表明这种制度不可能是一成不变的，它需要适应社会经济的发展变化而及时作出调整。

2. 改革的简要历程

通过对中国社会保障制度改革的考察，发现它可以划分为五个阶段。

(1) 第一阶段（1986—1993年），重点是为国有企业改革配套和缓解乡村贫困问题，原有的社会保障制度在延续，但新型的社会化保障机制开始生长。国家在这一阶段提出了社会保障社会化原则并通过中央政府的推动取得了进展，国家责任得到了适度控制和调整，改变单位包办社会保障事务的做法成了改革的重要内容，个人亦开始承担有象征意义的缴费责任等，这些变化预示着社会保障社会化开始替代社会保障单位化。这一阶段社会保障改革的重点在总体上是为国有企业改革配套和缓解贫困地区的乡村贫困问题，但单纯强调为国有企业改革配套亦使城镇社会保障制度改革目标走向片面化。正是这种片面化造成了社会保障制度改革日益滞后于经济改革与社会发展的需要，因为社会保障制度不可能只为某项改革配套，也不可能只为国有企业和国有企业职工服务。

(2) 第二阶段（1993—1997年），社会保障成为市场经济体系的重要支柱，旧制度与新制度并存但此消彼长。这一阶段以1993年11月14日中国共产党第十四届中央委员会第三次全体会议通过《中共中央关于建立社会主义市场经济体制若干问题的决定》并在其中对社会保障改革提出明确要求与原则规范为主要标志。社会保障社会化自此成为改革追求的主要目标，并越来越多地体现在政策实践中，但原有的社会保障制度亦未明确宣布废除，因此，这一阶段是原有社会保障制度和新型社会保障制度并存但此消彼长的时期。这一阶段的背景是，国家已经确立经济改革的目标模式是市场经济体制，社会保障制度被确认为市场经济正常运行的维系机制，社会保障亦被称为市场经济体系的五大支柱之一，《中共中央关于建立社会主义市场经济体制若干问题的决定》中的第（26）~（28）条明确要求建立多层次的社会保障体系，并确认了社会保障体系包括社会保险、社会救济、社会福利、优抚安置和社会互助、个人储蓄积累保障，以及城镇职工养老和医疗保险金由单位和个人共同负担，实行社会统筹和个人账户相结合等重要内容。1994年1月23日，国务院颁布《农村五保供养工作条例》，农村五保供养工作自此走向规范化；同年4月14日，经国务院批准，国家经济体制改革委、财政部、劳动部、卫生部联合发布《关于职工医疗制度改革的试点意见》，在城市开始推进职工医疗保险制度改革，社会医疗保险开始取代国家—单位保障制中的公费医疗与劳保医疗；同年国务院还先后制定并公布了《国家八七扶贫攻坚计划（1994—2000年）》《关于深化城镇住房制度改革的决定》，扶贫工作与住房制度改革步入一个新的发展时期；此外，劳动部、民政部等还颁布了一系列有关社会保险、最低工资保障、福利彩票管理等方面的行政性法规。此后，国务院先后颁布了《关于深化企业职工养老保险制度改革的通知》（1995年）、《关于建立统一的企业职工基本养老保险制度的决定》（1997年），使新型养老保险制度建设取得重要进展；国务院还发布了《关于在全国建立城市居民最低生活保障制度的通知》（1997年）和《中共中央、国务院关于卫生改革与发展的决定》（1997年）等，促使城镇贫困救助政策走向制度化，卫生体制改革亦被正式提上改革日程。劳动部、民政部等中央部委亦发布了一系列政策法规推进各项社会保障制度改革。因此，这一阶段的社会保障改革随着市场经济体制改革的步伐加快而加快，它体现了为市场经济体制改革服务、以养老保险改革和医疗保险改革为重点的特色。

（3）第三阶段（1998—2008年），社会保障逐渐成为一项基本的社会制度。进入这一阶段的主要标志有三个：一是1998年3月新一届中央政府在保留民政部的同时，新组建了劳动和社会保障部，相对统一了社会保障管理体制；二是社会保障全面走向社会化和去单位化，建立独立于企事业单位之外的社会保障体系，筹资渠道多元化、管理服务社会化成为改革原有社会保障制度和建设新型社会保障制度的明确目标；三是超越了片面为国有企业改革配套和单纯为市场经济服务的观念，开始将社会保障制度作为一项基本的社会制度安排来建设。1998年以来，国务院先后颁布了《关于实行企业职工基本养老保险省级统筹和行业统筹移交地方管理有关问题的通知》（1998年）、《关于建立城镇职工基本医疗保险制度的决定》（1998年）、《失业保险条例》（1999年）、《社会保险费征缴暂行条例》（1999年）、《住房公积金管理条例》（1999年）、《城市居民最低生活保障条例》（1999年）、《关于完善城镇社会保障体系的试点方案》（2000年）、《工伤保险条例》（2003年）、《劳动保障监察条例》（2004年）等一系列法规或法规性文件，并成立了全国社会保障基金理事会，劳动和社会保障部、民政部等亦制定了一批有关社会保险、社会福利、社会救助方面的法规性文件，它们共同规范与指导着社会保障制度的全面转型。尤其是在2004年3月，第十届全国人民代表大会第二次会议通过《中华人民共和国宪法修正案》（2004年），正式将建立健全同经济发展水平相适应的社会保障制度写入了宪法，更明确标志着社会保障制度正在成为国家发展必要的基本制度安排。在这一阶段，国家仍然继续主导着社会保障改革并承担着直接的、重要的责任，但构成社会的各个方面（如企业、机关事业单位、慈善公益团体等）及社会成员个人均共同分担着社会保障责任，社会保障不再单纯地是为经济改革服务而是为整个社会经济协调稳定发展服务，包括社会保险、社会救助、社会福利在内的整个社会保障制度的规范性建设和管理服务社会化取得了显著的进展。

（4）第四阶段（2009—2020年），社会保障开始步入全民保障时代。① 2009年是中国社会保障发展进程中具有重要意义的年份，这一年启动的农村养老保险试点和推进覆盖全民的医疗保险制度，以及掀起大规模的保障性住房建设等，使中国社会保障事实上进入了全面发展时期。到2012年，基本养老保险制度实现了制度全覆盖，所有老年人均能够按月领取数额不等的基本养老金；全民医保的目标基本实现，社会救助开始走向城乡一体化。党的十八大以来，我国社会保障体系建设更是取得了巨大成就。一是社会保障覆盖面快速扩大，成为全民共享国家发展成果的有效制度保障。老年人皆享养老金、全民医保目标基本实现，社会救助实现了应保尽保。保障性住房建设与大规模的棚户区与农村危房改造，解决了城乡低收入困难家庭的安居问题。养老服务在不断发展并向社区与居民家庭延伸，儿童福利从孤儿向困境儿童扩展，贫困的重度残疾人有了专门的生活与护理补贴，慈善事业亦从少数人参与走向大众化、平民化。二是社会保障水平稳步提高，促进了全民共享改革发展成果。2005年以来，我国连年提高退休人员基本养老金水平，职工和居民医保政策范围内住院报销比例分别达到80%和70%左右，城乡低保标准和残疾人"两项补贴"及孤儿基本生活保障标准不断提高，军人抚恤待遇以年均10%的幅度持续提高。三是社会保障助力应对经济危机、促进经济改革与发展效果显著。2009年着力推进全民医保、保障性住房建设和建立农民养老保险制度，有效提振了居民消费，使我国率先摆脱美国次贷危机引发的国际经济危机的负面影响，迅速恢复快速增长势头。2020年在抗击新冠肺炎疫情中及时出台一系列社会保障新政，不仅有效地保障了民生，亦对保住市场主体、稳定就业发挥了极其重要的作用。可见，社会保障为实现经济快速发展和社会长期稳定"两个奇迹"发挥了重要作用，为当今世界提供了一个正面范例。四是社会保障管理体制基本理顺，经办服务能力在提升。2018年国务院机构改革重塑了社会保障管理体制，特别是新组建国家医疗保障局、退役军人事务部。同时，社会保障经办服务能力与水平也持续得到了提升，基本建成了从中央到省、市、县、乡镇（街道）的五级社会保障服务网络，社会保障信息化建设得到加强，网上经办和异地协作普遍推广，养老保险关系转移接续顺畅、异地就医直接结算基本实现。五是社会保障法制建设亦取得了重要进展。2009年以来，全国人民代表大会及其常务委员会先后制定了《中华人民共和国社会保险法》（2010年）、《中华人民共和国军人保险法》（2012年）、《中华人民共和国慈善法》（2016年）、《中华人民共和国退役军人保障法》（2020年）等法律，修订了《中华人民共和国老年人权益保障法》等；国务院先后制定了《社会救助暂行办法》（2014

---

① 本节数据由人力资源社会保障部、国家医疗保障局、民政部、退役军人事务部提供。

年)、《全国社会保障基金条例》(2016年)、《志愿服务条例》(2017年)、《医疗保障基金使用监督管理条例》(2020年)等新法规,并修订了相关法规。这些表明社会保障改革与制度建设开始进入新阶段。

(5) 第五阶段(2021年至今),社会保障制度开始步入成熟、定型发展阶段。2021年3月第十三届全国人民代表大会第四次会议通过的《中华人民共和国国民经济和社会发展第十四个五年规划和2035年远景目标纲要》以及2022年10月党的二十大通过的大会报告《高举中国特色社会主义伟大旗帜 为全面建设社会主义现代化国家而团结奋斗》是两份具有划时代意义的纲领性文件,为国家现代化建设和以共同富裕为发展目标的中国式现代化进程提供了蓝图和行动指南,也为中国社会保障制度建设与发展提供了根本遵循。同时,国家加大了深化养老保险、医疗保障改革的力度,提出了建立基本养老服务制度等要求,整个社会保障制度进入了全面优化的时期,以高质量、可持续为追求目标的中国特色社会保障制度进入全面建制发展时期。可以肯定,伴随中国式现代化的稳步推进,中国特色社会保障制度也必定在2035年前后全面建成。

(二) 对中国社会保障制度改革与发展的简要评论

自20世纪80年代以来,中国社会保障制度改革选择的是渐进改革的方式,这种方式几乎有别于任何国家的社会保障制度改革,因为其他国家对社会保障制度的改革几乎都是立法先行,有关社会保障制度的法案获得通过,即意味着新的社会保障政策得到确立或完全替代原有的政策。但中国社会保障制度从1986年以来走过的历程却并非如此,它经历了从自下而上到自上而下、从自发改革到自觉改革、从单项改革到综合改革的渐进过程,在很长时期内都是新旧社会保障制度并行,几乎所有的社会保障新方案均通过长时期的试点。这种渐进式改革方式符合中国整个改革事业的要求,因为中国的经济改革也是渐进式而非休克式的,但这不符合社会保障制度变革的国际惯例,因为它在实践中不仅受制于经济改革,而且容易对其他改革的推进产生路径依赖。因此,回顾中国社会保障改革的历程,便可以发现既有巨大的成就,亦存在着不足。

一方面,中国社会保障制度改革成就巨大。通过近年来的变革,在维系经济改革和国民经济持续增长、保证整个社会基本稳定的同时,促使曾经惠及亿万国民的社会保障制度实现整体转型,为国际仅有。许多国家的社会保障制度改革只能局限于某一项目或某一环节,甚至还引发严重的社会危机,既揭示了社会保障制度变革的艰难性,也从一个侧面证实了中国社会保障制度改革的成就。

另一方面,社会保障制度转型仍未最终全面完成,现行社会保障制度仍然存在着一些制度性缺陷，这表明中国社会保障制度改革并非只有成功与经验，它还同时存在需要吸取的教训。例如，养老保险地区统筹问题、医疗保险个人账户问题、工伤保险还没有完全覆盖以农民工为主体的产业工人等，正视这些不足对整个社会保障改革的深化和新型社会保障制度的最终确立显然具有非常重要的意义。

（三）中国社会保障制度发展所面临的主要问题

中国社会保障制度发展所面临的问题很多，其中既有历史问题，也有改革中未能妥善处理好的问题；既有制度之内的问题，也有制度之外的问题。当前存在的主要问题有四点。

1. 社会保障体系仍不健全，社会保障仍然不足

完善的社会保障体系不仅包括规范、协调的保障项目体系，而且应当包括确保制度运行安全的健全的监管体系和能够满足制度实施的完善的服务体系。但从现状出发，中国社会保障体系还存在诸多缺漏，不仅现有项目体系无法覆盖全体应当被覆盖的社会成员，而且还存在项目空白；在监管等方面，除养老保险等少数项目的监督趋严与社会化服务进程在加快外，其他分项社会保障制度的监管体系与服务体系的建设尚欠缺；政府主导之外层次的社会保障体系亦未能实质性推进。社会保障"安全网"客观上还存在漏洞，居民的基本养老保险水平有待提高，医疗保障还不能彻底解除全体人民的疾病医疗后顾之忧，面向老年人、儿童、残疾人等在内的各项社会福利事业相对滞后。可见，我国迫切需要加快健全社会保障体系。

2. 责任模糊

责任模糊是中国现阶段社会保障制度改革与发展面临的又一重大问题。它包括：一是历史责任与现实责任划分不清，正在影响着对历史责任的合理化解和新制度的统一；二是政府责任边界不明晰，不仅造成了政府负担持续加重，更重要的是无法有效引导市场、社会乃至单位组织发挥应有的作用，如慈善公益事业就缺乏扶持，商业保险亦缺乏有效且有力的引导；三是中央政府与地方政府的责任分担未能明确。在国家责任方面，虽然中央财政自1998年以来对社会保障的投入在大幅度增长，但并非是一种固定的比例分担机制，且地方财政的投入偏少。社会保障制度安排中的主体各方责任的非确定性或模糊性，财政责任的非固定化，无疑会直接损害新制度的计划性和可预见性，同时也会给经济发展和市场竞争中的主体各方带来权利与义务的不确定性，并增加劳动者代际负担的不确定性和每届政府应负责任的不确定性，进而可能损害市场经济的正常秩序，弱化国家参与国际竞争的能力。因此，用明确的责任划分来替代现实中的责任模糊，用分级负责的固定拨款机制来促使各级财政到位，客观上已经成

为新型社会保障制度建设所面临的紧迫任务。

3. 制度有效性还有待提高

社会保障制度改革虽然改变了计划经济时期单位包办社会保障事务时负担畸轻畸重的现象，却因多种原因造成了新的不平等。例如，因基本养老保险统筹层次长期偏低，各地区的缴费基数与费率因历史负担的轻重不同而存在差距，这不仅损害地区之间的公平竞争，而且构成了中国社会保障制度尤其是应当统一的基本养老保险制度走向统一的阻碍因素；劳动者个人之间因多种原因导致的社会保障权益不平等，亦直接损害着社会保障的公平与公正，阻碍着统一劳动力市场的形成。再如，医疗保险中，职工医疗保险个人账户弱化了这一制度的互助共济功能，虽然2021年确立了单位缴费不再划入个人账户的新政策，加强了统筹保障能力，但个人缴费仍然延续着完全划入个人账户的做法；对居民医疗保险采取按照人头等额缴费的做法更导致了筹资负担的不公和医保待遇的逆向调节现象。工伤保险、失业保险制度没有将灵活就业者、新业态就业者纳入覆盖范围，明显不利于保障一线劳动者权益。其他保障政策亦存在着政策不协调、不规范及技术问题。因此，尽管新制度取得了值得肯定的实践效果，但有效性仍然有待提高。

4. 法制建设滞后

在当代社会，任何制度只有通过法律调整才能摆脱单纯偶然性和任意性羁绊。社会保障制度对法制性的要求更高，立法先行、以法定制、依法实施是一项基本原则，许多国家在建立或修订自己的社会保障制度时均会遵循这一规则，即任何一项社会保障制度的建立和改革，通常都以立法机关制定或修订相关法律、法规为先导，以管理部门制定相应的实施细则为条件，之后才是具体组织实施社会保障项目。这一定例除法治社会和市场经济的客观要求外，亦是社会保障制度自身的需要。因为社会保障是涉及亿万国民切身利益的社会公共事业，没有立法的规范和硬约束，便不可能得到有效推进；同样重要的还有，社会保障制度安排牵涉政府、用人单位与个人之间的责任分担和不同社会群体或利益集团的利益调整，当我们考察西方国家的社会保障制度时，就可以发现行政机关与立法机关在社会保障立法方面存在分歧的现象非常普遍，许多关于社会保障的立法事实上是行政机关与立法机关相互较量与妥协的结果，这至少说明仅仅依靠政府是难以真正确立社会保障制度的。因此，立法的意义不仅在于对社会保障制度的权威规范，更在于实现社会保障责任与权益的合理配置。[①] 然而，中国的现实却是社会保障法制建设滞后，主要依靠行政机关的法规政策来推动社会保障制度改

---

① 郑功成. 加入WTO与中国的社会保障改革[J]. 管理世界, 2002 (4).

革与发展。这种状况不仅不利于新的社会保障制度真正走向定型发展,还会因政策过于灵活而损害了新制度应有的稳定性。

(四)中国社会保障制度的未来发展

2004年3月,第十届全国人民代表大会第二次会议通过的《中华人民共和国宪法修正案》,明确规定国家建立健全同经济发展水平相适应的社会保障制度,表明国民的社会保障权益是一项宪定权益。2022年10月召开的党的二十大确定的中国式现代化的目标任务,则标志着中国社会保障制度进入了以全面建成中国特色社会保障制度为目标的新发展阶段。

立足于全面建设社会主义现代化国家的新时代,基于社会保障制度自身的规律和走向共同富裕的内在要求,可以概括出中国社会保障未来发展的基本轮廓。

在讨论新型社会保障制度的发展目标时,应当避免陷入认识误区和可能导致不良后果的政策取向。例如,借鉴国外经验不等于与国际接轨,利用民间力量和市场机制不等于走私营化道路,维护经济发展不等于只服从于经济增长,强调个人责任不等于政府可以推脱自己的责任,等等。因此,稳妥而又有效的选择应当是以中国式现代化和走向共同富裕的目标追求为根本遵循,并在国家发展全局中找准社会保障制度的定位,在尊重规律与尊重国情的条件下做到理性建制,实现高质量、可持续发展。

根据中国式现代化的历史进程,2035年将基本实现现代化,在扎实推进共同富裕方面取得明显的实质性进展,基本公共服务要实现均等化;21世纪中叶将全面建成社会主义现代化强国,基本实现全体人民共同富裕。这一现代化蓝图客观上也为社会保障的发展提供了目标导向与行动路线。中国社会保障制度发展的目标,应当是在这种制度成熟、定型的基础上,成为全体人民走向共同富裕的重要制度安排和支撑社会主义福利中国大厦的有力支柱。它的分目标包括三个:一是尽快实现制度定型,包括完成国家立法、在政府主导下完善社会保障体系、健全监管机制和全面实现社会化等;二是全面解除人民群众的生活后顾之忧并不断增进人民福利,成为全体人民走向共同富裕的重要标志;三是实现高质量、可持续发展,在与中国式现代化进程保持适应性的条件下实现自身的可持续发展,成为维系人民世代福祉的久远制度安排。

在建设中国新型社会保障制度的进程中,应当确立大协调观与可持续发展观,突出以人为本、维护公平、促进平等的价值取向。一方面,社会保障不仅要追求系统内部各子系统与各项目之间的协调,还应当追求社会保障政策与就业政策、收入分配政策、公共财政政策、人口政策等相关政策的协调;不仅要追求制度自身的可持续发展,而且要为整个社会经济的可持续发展做出有益的、有力的贡献。另一方面,社会保障的最终目标是为了人的全面发展，是为了促进社会公平，从而在制度发展进程中，必须牢固地确立以人为本和公平正义的价值取向。

在现阶段，中国社会保障发展的首要任务，就是将社会保障制度上升到国家立法规范的层次，进一步明晰政府在社会保障制度中的主导责任，进一步厘清不同层次保障制度的目标与功能定位，并根据责任分担的原则进一步明确政府、用人单位与个人的社会保障责任，在实践中坚持制度建设的多层次化与社会化原则，采取官民结合的手段来调动政府、社会、市场、企业乃至家庭及个人参与的积极性，最终建成一个健全的、覆盖全民的社会保障体系。

本章小结

社会保障作为超越家庭保障之上的生活保障机制，在中外均源远流长。

早期的社会保障是慈善事业的代名词，它包括宗教慈善事业、官办慈善事业与民间慈善事业，在西方以宗教慈善事业为主，在中国则以官办慈善事业为主。此后才进入济贫制度阶段。

在社会保障的发展进程中，受到多种因素的影响，包括社会因素、经济因素、政治因素、文化道德伦理因素等，社会保障制度的产生与发展，实质上是上述多种因素综合影响的结果。

社会保险制度在德国的产生，是进入现代社会保障制度阶段的标志。包括养老保险、医疗保险、工伤保险、失业保险等制度安排在内的社会保险，成为工业社会必不可少的社会化保障机制，它既是工人阶级长期斗争获得的成果，也是社会文明发展进步的重要方面。

福利国家将社会保障的发展推到了一个全新的阶段，使社会保障制度摆脱了历史上充当稳定社会的工具的单一色彩，代之以社会公平等理念，进而成为社会和谐发展的维系与协调机制。

社会保障制度在实践中所表现出来的立法先行、依法实施，与经济社会发展相适应，协调发展，多样化发展规律，以及尊重本国国情，追求长期稳定、协调、发展，健全社会保障法律制度等经验，值得所有国家尊重与借鉴。而国家包办社会保障事务和福利高速膨胀，以及社会保障体系的残缺不全或水平过低等所带来的不良后果，又揭示了这一重大制度安排需要理性。

自20世纪80年代以来掀起的社会保障改革浪潮，表明社会保障制度需要不断完善才能获得更好的发展。无论是福利国家还是美国，以及智利等发展中国家的社会保障改革,均揭示了社会保障只有适度控制政府责任和坚持责任分担机制,并充分发挥政府、社会、市场、企业乃至家庭及个人的积极性,才会更加健康地发展。

中国的社会保障改革是世界瞩目的重大制度变革,其重要意义在于它的全面变革与制度创新。迄今为止,中国社会保障改革走过了四个阶段,取得了巨大成就,但改革中也出现过失误,现阶段还面临许多问题与挑战,改革正步入利益格局深刻调整的深水区。伴随中国式现代化的全面推进,中国特色社会保障制度的建设将进入快车道。

案例讨论1

德国为什么要向"懒人"开战

懒惰,这两个字似乎不该和德国人联系在一起,因为谁都知道,他们是世界上最勤劳的民族之一。然而无情的现实是,德国现在也出现了一批"懒人",而且为数不少。

几年前,记者曾在德国住过一次医院。同室病友中有两位失业多年的德国工人。从闲聊中得知,他们患的都是因营养过剩引起的"富贵病",并不严重。但这两位靠吃社会救助的人,照样可以每年踏踏实实地来医院住上一两次。在医院,他们每天除了吃饭、睡觉、打针和服药,就是喝咖啡、看马路小报,或者谈论涉及他们个人的福利问题,真是优哉游哉。我曾问他们为什么不去找份工作,其中一人说:"那样太不合算。"

干工作赚工资,怎么就不如在家吃救助合算呢?原来,战后的联邦德国为了实现社会的公正与平等,曾大力发展福利事业。失业者不仅得到了生活的基本保障,而且还能享受任何国家都不能比拟的优厚待遇。例如,你只要连续工作两年,一旦失业就可以连续若干年从国家领取每月1 800马克的固定收入,同时还能享受医疗保险和养老保险,就连住房和子女补贴也比在职人员要多。例如,一个有两个孩子的低收入家庭,每月的毛收入连同住房补贴和子女补贴,总共为3 245马克,而同样一个四口之家如果靠失业救助生活,每月可以得到2 940马克,只比前者少约300马克。那么,有谁还愿意为区区这点钱而每月苦干150个小时呢?看来,问题就出在这里,一个原本为了实现公正的体制却造成了一种新的不合理。正如一位专家所说:"其实并不是德国人懒惰,而是我们的体制懒惰,是制度把人养懒了。"

至于德国到底有多少"懒人",人们难以准确统计。2000年,德国劳动部门记录有91 000人公开拒绝劳动,但专家们认为,实际的"懒人"肯定还要比这个数字高出许多倍,否则,平常大白天,哪来那么多闲人泡在啤酒馆、游戏厅,或者在大街上游荡呢?

游手好闲、专靠社会救助过活的人,实际上是一条剥削他人劳动的"寄生虫",因此他们的所为日益引起德国社会的极大义愤。人们纷纷呼吁:必须对这些"懒人"进行惩治,不劳动者不得食!

德国政府认真考虑对社会福利和劳动市场制度进行改革。尽管阻力重重,但仍然决心向这些积弊已久、却长年无人敢碰的禁区进军。其方略是:一方面,创造一批低收入的劳动岗位,以帮助长期失业者(这些人大多学历低、能力较差)重返劳动市场;另一方面,对不肯劳动、钻社会福利空子的"懒人",则坚决减少或取消对他们的社会救助。

据说18世纪初,欧洲人曾用一种奇特的方法惩治懒惰:谁要拒绝劳动,就把他关进地牢,然后往囚室里灌水,只需几个时辰,就能把"懒人"淹死。这时,"懒人"求生只有一个办法,牢房里放着一台小水泵,他必须拼命地蹬踏水泵踏板,通过"劳动"才能死里逃生。400年过去了,当年的"水泵治懒法"如今已变成了法律,德国《联邦社会救助法》第25条规定:凡不肯劳动的人,就没有权利得到生活补助。

资料来源:严建卫于2001年7月30日在《文汇报》发表的文章。

作者补充:德国的现象值得重视。不过,虽然福利国家的批评者们往往认为,福利国家成本高昂,会鼓励懒惰,但也有不少学者提出与之不同的主张,即福利国家实际上是一种能够获得社会合作与回报的投资,是划得来的。例如,瑞典、瑞士等福利国家的实践表明,高福利不仅未损害其创新力与竞争力,反而产生了一大批诺贝尔奖获得者,并拥有一大批世界著名的企业。因此,对福利制度的影响还需要客观理性地看待,其进步意义显然要大于负面效应。

案例讨论 2

不平等的福利保障会带来什么效应

中国城市存在的是一种不平等的福利保障,即正规就业岗位如国家机关、事业单位、国有企业及其他类型企业中的劳动者享受着包括养老、医疗、工伤、失业保险及住房福利、各种补贴和带薪休假等完整的社会福利待遇,而非正规部门的劳动者及正规部门中非编制内的劳动者(如农民工、临时工等)的福利待遇却比较缺乏,绝大多数的农民工虽然身在城市却不能享受与市民一样的社会保障待遇。根据劳动经济理论,在市场经济条件下，某个部门就业水平决定于该部门的劳动报酬，而劳动报酬又由工资率、社会保险与职业福利构成，因此，在工资率已定的条件下，劳动者的社会保障水平或者福利水平对就业的影响显然具有决定意义。一般表现为社会保障或福利水平越高，该部门的就业水平就越低，反之亦然。与此同时，高福利保障部门的就业规模越小，低福利保障部门的就业压力就越大，反之亦然。

调查表明，一些企业明显具有使用农民工或劳务派遣工以替代正式职工的倾向，这是因为企业是从降低用工成本出发的，一个农民工或劳务派遣工比一个正式职工的福利保障支出要大幅度减少甚至不用这方面的支出。从纯粹的经济理论角度看，不平等的福利保障待遇所造成的用工成本差距越大，以追求利润最大化为目标的企业以农民工或劳务派遣工或临时工来替代正式职工的冲动就越强烈，其结果必然是正规就业者越来越少而非正规就业者越来越多，这是福利保障制度不平等的直接效应。

当高福利保障部门大量的正规就业者被裁减下来，并被迫进入低福利保障甚至无福利保障的非正规就业者行列时，该部门的劳动力供给就会相应地大量增加，与之相联系的是该单位的用工成本相应地大幅度下降，进而又使非正规就业者竞争更加激烈，继而使其福利保障待遇更低甚至波及工资水平，结果导致正规就业者与非正规就业者收入与福利保障差距进一步扩大。

不平等的福利保障制度也直接影响着人事制度改革的进程。人们一旦进入高福利保障部门，就绝不会轻易退出，因为一旦退出就意味着巨大的福利保障损失，正是这一因素使高校毕业生的就业去向一直呈现首选有编制的国家机关、事业单位的现象。

不平等的福利保障制度还严重损害了社会公平。因为福利保障待遇的不平等造成了不同就业方式劳动者的收入分配不平等，进而导致经济地位与社会地位的不平等，同时还造成了不同用人单位竞争的不平等。

不平等的福利保障还损害了社会和谐。高福利保障单位因对正式员工与非正式员工或劳务派遣工采取不平等的福利保障制度而易导致两大群体对立，低福利保障单位则会直接导致劳动者与单位的对立，同时也易引起不同身份劳动者之间的对立，这些后果显然不利于经济社会的持续、稳定、协调与和谐发展。

综上，不平等的福利保障带来的直接效应是影响就业、损害公平、阻滞改革、破坏和谐，它也并不必然带来效率，或者说是局部的效率破坏了公平的竞争环境。因此，劳动者的福利保障制度，至少由法律规范、政府主导的社会保险等制度应当是统一的，只有这样才能促使劳动就业市场发育成熟，才能创造市场经济条件下的公平竞争环境，并推进社会和谐。

资料来源：作者搜集整理。

案例讨论 3

智利公共养老保险制度私营化改革[①]

智利对公共养老保险制度采取的私营化改革,几乎是一场对传统社会养老保险制度的重大革命,它始于20世纪80年代初期,当时的政治背景是智利军方发动政变后并于1980年通过修订宪法取得了合法的统治地位,皮诺切特将军独揽大权实行独裁统治且至少延续到1989年;同时,军人政府通过宪法从制度上削弱了政府的职能,并把这些职能转交给私营部门,另外还通过限制参政渠道、增强市场作为社会经济活动管理者的作用等方式分解社会,并通过了一系列的新政策规范,排除了有组织的对抗。此外,智利人不好储蓄的传统亦影响了其经济的发展。在这种社会、政治、经济及传统习俗的背景影响下,养老保险制度私营化即作为一项新的政策出台并被强制实施。

智利养老保险制度私营化模式,是在1973年10月将全国各种家庭津贴统一起来并将其由养老保险基金会转交给新成立的机构——家庭津贴补偿组织,以及1979年2月废除建立在工作年限基础上的养老保险制度,建立对养老金水平统一调整制度的基础上,以1980年11月通过的3500号法令为依据,于1981年开始实施的一种新型养老保险制度。它以个人资本为基础,实行个人账户制(包括基本个人账户和补充个人账户,前者指个人要将其纳税收入的10%作为自己的养老金投入,后者则是在前者基础上为将来得到更多养老金而进行更多储蓄所设立的补充个人账户),个人账户由私人养老保险基金管理公司负责经营管理,保险费完全由个人缴纳,雇主不承担缴费义务。政府的作用有两个:一是立法强制;二是成立智利养老保险基金监管局主管各家私人养老保险基金管理公司,同时成立社会保险制度标准化管理局负责协调新旧制度的过渡,智利中央银行亦直接参与私人养老保险基金管理公司投资活动的监管。从智利养老保险模式的运行来看,其最大的特点就是养老保险个人负责制,同时将政府的管理责任转移给私人养老保险基金管理公司,这样,政府的责任被缩小到极小限度,而个人的责任却被扩大到极大程度。

智利对养老保险制度的改革因其在20世纪80年代确实取得了政府负担减轻、养老保险基金运营效益显著增长等成就,由此而成为世界瞩目的对象。养老保险基金私营化管理亦被另外一些拉丁美洲国家视为值得仿效的榜样。首先是秘鲁于1992年开始仿效,随后是哥伦比亚、阿根廷于1993年开始改革,乌拉圭、墨西哥于1995年开始改

[①] 郑功成. 社会保障学:理念、制度、实践与思辨[M]. 北京:商务印书馆,2020:173-178;郑功成. 智利模式——养老保险私有化改革述评[J]. 经济学动态,2001(2).

革，接着是玻利维亚、萨尔瓦多于1996年采取了民营管理的方式，委内瑞拉亦于1997年对养老保险制度进行改革。美国、欧洲国家乃至像中国这样的发展中国家，都以极大的兴趣关注着智利模式，可以这样说，自19世纪80年代俾斯麦创造的德国社会保险模式和20世纪40年代以后依据《贝弗里奇报告》建立的福利国家模式后，社会保障领域再也没有一种改革能够像智利模式这样引人注目了。然而，也应当看到，对智利模式持审慎态度的人似乎更多[①]，即使在仿效智利的拉美国家中，也并非是完全模仿，例如，墨西哥采用的是包括私营化管理在内的多元管理方式，阿根廷、乌拉圭采用的是混合改革方式，秘鲁、哥伦比亚采用的是公营与私营平行的改革方式，还没有哪个国家完全采用智利模式，而是都选择了一种混合体制；中国虽然选择了社会统筹与个人账户相结合的养老保险模式，也只能说是部分地吸收了智利的个人账户做法。进入21世纪后，智利模式更因在其本国遭遇的重大危机而陷入困境，曾经仿效智利的国家也纷纷改弦易辙，从而证明了私营化改革并不符合公共养老保险制度的客观规律。

还需要指出的是，智利养老保险制度私营化改革，并不等同于智利整个社会保障制度的私营化，因为智利的社会救助乃至失业保险等其他社会保障制度仍然由官方直接提供保障。同时，对于养老保险领域，智利政府亦并非完全放任，而是从立法与监管方面尽到自己的责任。如智利养老保险基金监管局和中央银行的管理职责就包括：规定私人养老基金管理公司的投资工具及其应占的比例，每种投资工具的采用均要事先得到法律的认可；制定养老保险基金在资本市场中的运行规则，确保竞争的透明度和公平性，保证投资的安全性，协调各方的利益冲突；规定投资的最小回报率等。

总之，智利养老保险制度私营化改革及其带来的深刻危机，表明不尊重社会保障制度的客观规律必然付出沉重的代价，这种深刻教训值得我国吸取。

资料来源：作者搜集整理。

[①] 对智利模式持怀疑态度的人，主要有如下理由：一是该模式使今天的供款人既要为自己退休后供款，又要为那些在预扣所得税制度下工作的人的养老金提供资金，这种双重负担在政治上、经济上都是不能接受的；二是智利特定的社会政治背景并不具有普遍性；三是私营化管理隐蔽性强，潜在风险大，当遭遇经济衰退时私人养老保险基金管理公司亦可能破产，从而造成受保障者的权益缺乏保障，或者仍然构成政府的负担；四是这种模式取消了责任共担机制而代之以完全的个人责任制，根本上取消了社会保险的公平目标，亦没有了互济性特征，从而是逆潮流的做法；五是智利模式是否成功还需要有更长时间的考验。事实已经证明，当初对智利模式持怀疑态度的人是有远见的。

复习思考题

1. 社会保障发展要受哪些因素的影响?
2. 社会保障发展经历了哪些阶段?
3. 比较宗教慈善事业、官办慈善事业、民间慈善事业的异同。
4. 试评价早期的社会保障。
5. 为什么说社会保险制度的出现是现代社会保障制度建立的标志?
6. 现代社会保障制度的发展有哪些基本规律?
7. 社会保障的国际经验与教训有哪些?
8. 如何评价福利国家及其改革?
9. 如何评价中国的社会保障改革?
10. 谈谈你对中国社会保障未来发展的见解。

第三章
社会保障理论基石[①]

▶▶ 学习要点

通过本章的学习,了解社会保障是建立在多学科基础上发展起来的一个新兴学科领域,能够正确理解和把握经济学、社会学、政治学及其他相关学科对社会保障的理论贡献。

▶▶ 关键概念

理想国　乌托邦　空想社会主义　大同社会论　社会互助论　仓储后备论　赈济说　福利经济学　帕累托最优　凯恩斯主义　新自由主义　需求层次论　结构功能论　社会保障泛政治化

第一节　概　　述

现代社会保障并非单纯的社会制度安排,它牵涉整个社会经济资源的分配与社会公正、政府责任等,其成败在表面上看取决于现实制度安排与政策实践,实际上却深受一定的理论流派与价值偏好的影响。因此,研究社会保障理论和选择社会保障政策,

---

① 本章主要参阅郑功成于2020年在商务印书馆再版的《社会保障学:理念、制度、实践与思辨》第二章。

均有必要了解能够对其产生重要影响的理论基础与理论流派，这是真正了解开启不同社会保障制度安排内幕的钥匙。

在本书第二章中，已经阐述了社会保障作为一种源远流长的社会稳定机制，是由早期的家族保障、团体互助、慈善事业等非制度型形态逐步走向法制规范、政府或社会管理、公众广泛参与的制度型形态的。在早期社会，有限的社会保障活动主要是受恻隐之心、仁爱思想、宗教伦理等的影响。进入现代社会后，公平与进步日益成为社会成员的普遍追求，社会保障制度安排亦成为整个社会关注的焦点，社会保障的分配规模及所涉及的范围也日益扩大，并在社会经济发展中占有越来越重要的地位，这样的发展趋势与发展格局正是社会、经济、政治、文化道德伦理诸因素共同作用的结果。因此，经济学、社会学、政治学等学科，也就很自然地共同构筑了社会保障学坚实的理论基础。如经济学揭示的普遍原理与基本方法、社会学揭示的社会分层与结构功能论、政治学中的民主法制论等，构成了社会保障的理论基础与指导方法。

一、西方国家社会保障理论历史源流

尽管古代社会并无完整的社会保障理论，但无论是西方还是中国，都有许多先贤对理想社会的描绘，这些描绘中不乏社会福利思想，它们对后世的影响并未间断，从而与现代社会保障理论存在渊源关系。例如，在西方，公元前400年左右的古希腊人就不满当时奴隶制度的剥削与压迫，幻想着建立一个没有私有制、没有压迫与剥削、人人自由平等、生活幸福的社会，并著书立说来阐述自己对理想社会的主张，当时最有影响的是柏拉图所著的《理想国》。在古罗马帝国，P.维吉尔亦描绘过"天下为公"的理想社会，等等。从15—17世纪英国的莫尔、意大利的康帕内拉，到18世纪法国的梅叶、摩莱里，再到19世纪的圣西门、傅立叶与欧文等，均在自己的著作中阐述了没有私有制、财产公有、倡导互助、人人平等和生活幸福的理想社会。这些著作与思想的贡献，主要在于它揭示了社会矛盾的根源是社会的不平等，从而主张实现社会公平、促进社会成员协调发展，这些思想正是现代社会保障最基本、最深刻的思想基础。而宗教对早期社会保障的影响也不仅表现在思想方面，而且突出地表现在实践活动中，因此，宗教的产生与发展，亦构成了社会保障理论渊源的另一个来源。例如，佛教推崇慈悲为怀，强调以深度的爱护之心给予众生以快乐幸福，以深度的同情怜悯之心拔除众生的痛苦，并倡导布施和助人等。早期的基督教明确反对富人对穷人的剥削，宣传基督会再次降临人间并建立人人平等、普遍幸福的千年王国，表达了人类追求福利的普遍性与迫切愿望；早期基督教社团所实行的财产公有和平均主义分配原则亦为后来坚持社会主义制度的人和国家制定福利分配方式提供了依据与方法；基督教还特别强调爱人如己，主张在施爱于他人中体验幸福的境界，摩西十诫则劝人净化心灵，努力向善；等等。宗教教义的上述主张客观上表达了博爱、互助、平等的思想，这些思想无疑为西方社会保障理论的形成与社会保障实践的发展奠定了道德基础。与此同时，许多宗教团体直接主办各种慈善事业，并一度成为西方国家维护社会稳定和保障社会成员生存权利的基本机制，时至今日仍在发挥着补充国家正式社会保障制度安排的作用。可见，宗教对西方社会保障而言，一是奠定并强化了社会公平与社会互助等道德基础；二是提供了制度安排最初的方法示范；三是补充着正式社会保障制度安排的不足。因此，宗教对现代社会保障的影响，不仅是理论的，也是实践的；不仅是历史的，也是现实的。

根据上述线索，我们能够找到一些对早期理想社会进行设计并对社会保障理论有影响的代表性人物与著述。首先被公认的代表性人物及其著述无疑是古希腊的柏拉图和他的《理想国》，在《理想国》一书中，柏拉图讨论到了优生学问题、节育问题、家庭解体问题、婚姻与独身问题、专政问题、独裁问题、共产问题、民主问题、宗教问题、道德问题、教育问题、男女平等问题等，堪称一部综合性著作。[①] 他反对私有制，强调分工与互助，追求共产制度与财产公有，主张确立公正原则、消除暴力与贫困对立，以及提倡平等和社会秩序和谐等，这些思想对后来的空想社会主义有重大影响。

莫尔作为空想社会主义的创始人，亦以《乌托邦》一书而留传于世。在《乌托邦》（又名《关于最完美的国家制度和乌托邦新岛的既有益又有趣的金书》）一书中[②]，莫尔批判了当时的英国社会，宣称私有制是万恶之源，并描绘了一个没有剥削、财产公有、分配公平的理想社会。乌托邦的最大特点就是在政治上实行民主制，在经济上实行公有制，社会结构是城乡一体化，精神上是高尚文明，分配方面则是按需分配，其内容涉及社会制度、分配制度乃至人民健康等诸方面，并号召人人相互帮助，以人道主义的名义尽量减轻别人的贫穷和困苦，照顾到别人的康乐与幸福，这种思想成为近代社会保障制度重要的思想来源之一，并在社会主义思想史上占有重要的地位。

意大利的康帕内拉是早期空想社会主义的又一代表性人物，尽管在莫尔与康帕内拉之间事实上还有着一位很有影响的空想社会主义者即德国的闵采尔（约1490—1525年），但闵采尔并未留下像莫尔的《乌托邦》和康帕内拉的《太阳城》这样的传世之作。在《太阳城》一书中，康帕内拉描绘了一个政治民主、一切生产资料与生活资料归全民所有、由全社会有计划地组织生产与消费、没有贫富对立、实行按需分配的社

---

① 柏拉图. 理想国 [M]. 北京：商务印书馆，1986.
② 托马斯·莫尔. 乌托邦 [M]. 北京：商务印书馆，1982.

会；在太阳城内，三大差别都已消灭，每个人的基本需要都能够得到保障，社会成员之间有着很密切的互助关系；等等。①

18世纪空想社会主义的代表性人物有法国的摩莱里，它以《自然法典》著称于世。在《自然法典》一书中，摩莱里用理性原则来论证未来社会，并从理性与正义出发，斥责资本主义私人所有制是万恶之源，只有财产公有才合乎社会公正，更突出地提出了用法律条文来规定社会准则，并用法律条文的形式提出了未来社会的基本原则：一是财产公有，除直接用于消费和生产的东西外，一切不得私有；二是人人有工作，人人依靠社会供养；三是每个公民都要依其能力和条件来促进公益的增长。由此可见，《自然法典》中其实已经包含了社会保障的普遍意义和社会保障的权利与义务关系等内容在内。②

进入19世纪后，法国的圣西门、傅立叶和英国的欧文成为最有影响的空想社会主义者，他们使空想社会主义达到了近代空想社会主义的顶峰。其中，法国的圣西门通过《论实业制度》、傅立叶通过《新的工业世界和社会事业》等著述，采用详尽的理论论证的形式来揭示资本主义制度的不合理，塑造了未来理想社会的模式；而英国的欧文则提出劳动公社，并主张通过改革实验来构造理想的社会模式。他们主张在现代化大生产的基础上实现按劳分配乃至按需分配，同时有许多主张与社会保障有直接关联。例如，圣西门把满足人民的需要、促进无产者福利的提高、保证社会的安宁作为社会制度的"唯一的和固定的目的"，并提出了满足这种要求的手段，包括一切人都要劳动，按照社会成员的贡献来使每个社会成员得到最大便利和福利，等等。

综上所述，空想社会论的产生与发展，虽然探讨的是整个社会制度问题，并且是一种空想社会主义，但它确实涉及了国民福利问题与收入分配问题，公平原则与按劳分配、按需分配等思想客观上为现代社会保障理论与实践的发展提供了指导。因此，空想社会论与现代社会保障理论构成了正统的渊源关系，而宗教的影响则主要起着道德方面的影响作用。

二、中国社会保障理论历史源流

中国是世界上唯一拥有数千年文明史且从未中断的国家，与西方国家相比，中国从未出现过宗教高于王权的时代，世俗政权统治人民决定了中国自古以来就有需要政府或官方承担起社会保障责任的深厚传统，这一特点事实上决定了中国现代社会保障制度的产生虽然源于欧美国家，但符合政府主导的社会保障原则的做法无疑更加源远

---

① 康帕内拉. 太阳城 [M]. 北京：商务印书馆, 1980.
② 摩莱里. 自然法典 [M]. 北京：商务印书馆, 1982.

流长。在中国历史上，各种自然灾害、战争、瘟疫等都是严重危害人民生命财产安全的重大因素，人民或因灾陷入绝境，或贫病交加死于非命，其生存危机往往导致百姓铤而走险、揭竿而起。中国历史上历次大的农民起义绝大多数以灾荒为背景的史实表明：灾祸或战乱导致生存危机—百姓起义—动摇统治秩序—造成朝代更迭，这已是中国的历史公例。统治者为了维护自己的统治，就不得不提出各种救灾济贫和优抚的议论，当这些议论变成统治者的实际行动时，就产生了与之相应的社会保障政策。因此，中国历史上的社会保障观念或思想是在统治阶级中被迫形成的，一些著名思想家或开明君主、官吏对救荒济贫、优抚等的议论就是中国社会保障思想的萌芽，它源于早期社会实践，又指导着长达数千年的封建王朝救灾济贫实践。

纵观中国历史，社会保障思想最早是与安民、抚民的思想混合在一起的，它可以追溯到舜时期。当时，帝舜与大臣皋陶、禹讨论政务时就提出要"慎身"和注意"安民"的问题。而真正产生社会保障原始思想的时期则是奴隶制度确立以后，尤其是诸子百家的思想得以创立，此后经过漫长历史时期的发展，就逐渐形成了对后世颇有影响的大同社会论、社会互助论、仓储后备论、社会救助论等各种社会思想，这些思想与中国历史上社会保障实践的发展密切相关，从而与现代中国的社会保障理论有直接的渊源关系。

大同社会论产生于公元前500多年前，是中国的乌托邦思想。在《礼记·礼运·大同篇》中，孔子用精炼的语言首先提出并描绘了大同社会：大道之行也，天下为公。选贤与能，讲信修睦。故人不独亲其亲，不独子其子，使老有所终，壮有所用，幼有所长，矜、寡、孤、独、废疾者皆有所养，男有分，女有归。货恶其弃于地也，不必藏于己，力恶其不出于身也，不必为己。是故谋闭而不兴，盗窃乱贼而不作，故外户而不闭。是谓大同。在这段话中，"天下为公"即实行公有制是大同社会的最高理想，政治上则主张社会民主、选贤任能；经济上主张社会财富归全体人民共同享有，生活上实行社会统筹、各得其所；在生产方面则是人人尽自己的努力去劳动，所有的社会成员均有生活保障等。可见，大同社会论的核心内容既涉及社会制度，又包含了丰富的社会保障思想，这种思想甚至较柏拉图在《理想国》中的描绘更为直接地体现了社会保障制度的基本原则及其对社会弱者的庇护精神。此后，大同社会思想又得到了一定的发展。例如，东晋时期的陶潜在《桃花源记》中亦描述了一个大家共同劳动、安居乐业的世外桃源。宋代康与之的《昨梦录》一书也描绘了一个人人平等、按需分配的理想社会。近代康有为于1902年完成《大同书》，仁爱之心或人道主义精神是构筑康有为大同社会理想的基石，同时还吸取了资产阶级自由、民主、平等思想；尤其值得指出的是，康有为在《大同书》中还描绘了有关养老院、教育与医疗福利，以及社会公益事业的经费来源等，这些设想无疑包含了社会保障的理念。孙中山作为中国传统的大同社会思想的又一继承者，他结合中国的具体国情，提出了著名的"三民主义"，其中的民生主义强调的民生，就是"人民的生活——社会的生存、国民的生计、群众的生命"①。平均地权和节制资本则是民生主义的两大纲领，前者被认为是社会主义的做法，后者是指节制私人资本并同时发展国家资本，主张兴办公立教育事业，保障完全就业，实行全民公费医疗，并"设公共养老院，收养老人，供给丰美，俾之愉快，而终其天年"。作为中国社会思想的精华，大同社会论是儒家思想的重要组成部分，它的产生与发展确实是中华民族关于未来社会理想的结晶，它吸引了无数仁人志士为之奋斗，也在某种意义上推动着社会保障事业的发展；但它毕竟是空想社会主义，并存在着历史局限性。因此，在肯定大同社会论与中国社会保障理论及实践存在着深厚渊源关系时，还应当客观地评价其作用。

社会互助论是中国儒家思想的又一组成部分。尽管有的著述将社会互助思想纳入大同思想一并阐述或相提并论②，但就其内容而言，仍是有区别的。大同社会论强调的是整个社会的大同，更多的是对整个社会制度的设计，而社会互助论强调的是社会成员的互助，前者只是一个无法实现的幻梦，而后者却是可以付诸实践的一种社会保障思想。在春秋战国时期，著名思想家墨子就主张"兼爱交利"，在《墨子·兼爱》中提出"为贤之道将奈何？曰：有力者疾以助人，有财者勉以分人，有道者劝以教人。若此，则饥者得食，寒者得衣，乱者得治"，希望以此实现人民老有所养、孤幼有所依、无饥无寒和安居乐业的理想。而另一位大思想家孟子在《孟子·滕文公上篇》中亦主张"出入相友，守望相助，疾病相扶持，则百姓亲睦"。汉代于吉撰著的《太平经》一书认为，"或积财亿万，不肯救穷周急，使人饥寒而死，罪不除也……然智者当苞养愚者，反欺之，一逆也。力强当养力弱者，反欺之，二逆也。后生者当养老者，反欺之，三逆也"，其劝人互助的思想显而易见。③ 宋代学者张载主张"救灾恤患，敦本抑末"，同时提出敬老慈幼、扶困、济贫的愿望等。④ 到20世纪初，中国民主革命的先驱孙中山先生更认为互助是人类的本性，主张人类社会的进化以互助为原则，"进化之主动力在于互助，而不在于竞争"⑤。可见，社会互助思想作为中国传统社会思想的重要组成部分，其主张社会成员之间互助共济的社会思想亦是现代社会保障理论的源泉。

此外，中国历史上还有仓储后备论、社会救助论等丰富的思想或理论主张。其中，

---

① 孙中山. 孙中山选集[M]. 北京：人民出版社，1956：765.
② 王明. 中国大同思想资料[M]. 北京：中华书局，1959.
③ 王明. 中国大同思想资料[M]. 北京：中华书局，1959：18.
④ 王明. 中国大同思想资料[M]. 北京：中华书局，1959：34.
⑤ 侯松茂. 国父社会思想之研究[M]. 台北：正中书局，1981：28.

仓储后备论是一种主张建立谷物积蓄以备灾荒并济贫民的社会思想，也是依靠国家力量来储粮备荒、保障社会成员基本生存权利的一种社会保障思想。正是基于仓储后备思想，中国历代创设了不少仓储，如常平仓、义仓、惠民仓等，这些设施也确实为救济灾民贫民发挥过很好的作用。而中国史籍中有关社会救助方面的议论与著述亦很多，其中赈济说的影响最为深远，这种思想是主张用实物（主要是粮食与衣服布帛等）和货币救济遭受灾害或生活极端困难无以生存的社会成员，以保障其最低限度的生活需要的一种保障思想。如宋代董煟的《救荒全法》就提出人主当行六条中有"四曰遣使发廪……六曰散积藏以厚恤黎元"，宰执当行八条中有"六曰建散财发粟之策"，监司当行十条中有"二曰视部内灾伤大小而行赈救之策"，太守当行十六条中有"二曰准备义仓以赈济……九曰委诸县各条赈济之方，十曰因民情各施赈济之术"。同时指出"救荒有赈济、赈粜、赈贷三者，名既不同，用各有体……赈济者，用义仓米施及老、幼、残疾、孤、贫等人。米不足，或散钱与之，即用库银籴豆、麦、菽、粟之类，亦可"①。到明代，林希元、王圻二人对赈济说作了系统概括，不仅主张赈济，而且专门列出了赈济的方式与实施措施。赈济说发展到后来，不仅为统治者所采用，而且发展成为赈物、赈款、以工代赈三大具体方略，并在中国社会保障史上一直占有特别重要的地位，发挥了很大的作用。此外，社会救助论还有其他多种主张。② 例如，调粟说主张移民就食、移食就民和平籴，即在全国范围内通过对丰收和遭灾的不同地域间进行粮食的调拨或移民，使灾民的生活得到保障；养恤说主张对灾民实行施粥、居养、赎子、发放寒衣、医药帮助等，以安置灾民或流民为主要内容；安辑说主张对因灾荒离村的农民进行诱导并给予一定的扶助（如减赋、给田等），以达到安置灾民、稳定社会的目的；放贷说主张对灾民、贫民实行放贷，以便帮助灾民、贫民恢复简单再生产；节约说则主张在灾荒之年减少食物、杜绝浪费、节省费用等，以克服灾荒所造成的困难，该学说到后来逐渐发展成为平时崇俭固本的理论。可见，与政府负责的传统相适应，中国的社会救助思想也是十分丰富的，它们构成了中国古代社会思想的重要组成部分。

综上，与西方社会保障思想渊源相比，中国历史上与社会保障有关的思想既与其有共同点，也存在着区别。在对未来理想社会的构想方面，孔子的大同社会思想与柏拉图的理想国几乎是相通的，前者较后者时间更早；在政治目的方面，均是为了维护统治阶级的利益和统治秩序。然而，中国古代的社会保障思想因官方负责的传统而较西方社会更早论及了政府的责任，在具体内容上不仅涉及救灾、济贫，还涉及优抚及有关社会福利设施，并有仓储后备这类积极的防范措施，在救济方面亦提出了系统的

---

① 引自清代陆曾禹的《康济录》。
② 郑功成. 中国社会保障论［M］. 武汉：湖北人民出版社，1994：32-35.

赈济学说，因此，中国古代的社会保障思想内容异常丰富，有许多思想迄今仍闪烁着光辉。不足之处在于，这类思想不是流于空想，就是注重于治标之术，并局限于当时特定的历史条件；即使转变为统治者的政策，亦因封建集权统治根深蒂固，其实施效果也完全取决于统治者的个人意志与品德；加之历经改朝换代，新朝虽然往往沿用旧朝的一些做法，但却不是对旧朝政策的直接继承，因此，自始至终均未能变成长久的制度安排，这是中国较西方国家更早地介入社会保障领域却又大大晚于西方国家建立现代社会保障制度的重要原因之一。

第二节 经济学与社会保障

与空想社会论相比，经济学领域讨论社会福利问题不仅要晚得多，而且均是立足于经济效用的角度，但自进入工业社会后，经济学领域对社会保障制度的关注度持续上升，经济学的影响也越来越大。众所周知，经济学是研究各种经济关系和经济活动规律的科学，其目的是促使财富增长与积累，而社会保障则是通过再分配方式来达到特定社会目标与政治目标的制度安排，其本身亦可以被视为一种经济活动。因此，社会保障既需要按照自身规律来发展，也必然要受到各种经济关系与经济活动规律的制约，这种内在的关联决定了经济学不仅为社会保障学科的发展提供相应的理论基础，而且对社会保障制度的发展产生了特别重要的影响。

一、经济学对社会保障的理论贡献

与历史进程中的任何一个时代相比，现代社会保障在理论研究与具体制度安排方面受经济学的影响都是前所未有的。这一方面是日益健全完备的社会保障制度及其动用的经济资源构成了经济领域中日益重要的组成部分，越来越需要有雄厚的经济基础与合理的经济政策；另一方面是社会保障的发展亦对经济发展与经济政策的影响日益重大所致。从19世纪的自由放任主义到贸易保护主义，从凯恩斯主义成为20世纪上半叶的正统经济学理论到20世纪70年代以后弗里德曼货币主义的盛行，再到进入21世纪后对经济自由主义的反思，我们不仅能够清晰地观察到一百多年来经济学理论（主要是宏观经济理论）的发展进程，亦能够透过这些理论与学说的变迁来发现社会保障制度建立与发展的轨迹。[①]

中外社会保障发展实践进程揭示出社会保障制度安排其实是一种社会价值的选择，

---

① 郑功成. 社会保障学：理念、制度、实践与思辨 [M]. 北京：商务印书馆，2020：65-82.

而经济学中的选择理论则是社会保障制度安排的理论基础,这是经济学对社会保障的第一个重要的基础性理论贡献。不管是国家干预与自由竞争的选择,还是平等与效率的选择,抑或是具体的制度安排与发展手段的选择(如博弈论、对策论等),经济学在这些方面所取得的成就均为社会保障制度选择提供了基础与条件。尽管社会保障理论不是经济学能全部涵盖的,却也部分地直接体现在经济学理论体系之中;即使不能体现在经济学体系中的部分,也不同程度地要受到经济学理论体系和经济学界观点的影响。

经济学对社会保障的第二个特别重要的基础性理论贡献,在于为社会保障理论与政策实践的发展提供了具体的方法论。例如,西方经济学中的收入分配理论、边际效用理论、就业理论、贫困理论、制度学说与私有化理论,以及马克思主义的劳动价值学说、后备基金与六个扣除学说等,都有助于解决现代社会保障制度安排中的某些政策与技术选择难题。

经济学对社会保障的第三个基础性理论贡献,是经济学特有的视角为社会保障理论研究与政策选择提供了有价值的思维方式,并能够确保社会保障理论与政策选择从空想社会主义进化到理性发展。经济学的共同特点就是假设人都是理性人,以经济效用为出发点,强调市场与效率等。这一思维定势虽然并不符合社会保障制度基于社会公平而得以创立并得到普遍发展的客观规律,但对于更加科学地研究社会保障问题和选择社会保障制度仍有重要意义。

当然,社会保障问题越来越受到经济学界的重视,不能简单地看成是经济学者对社会保障给予了空前的重视,恰恰相反,它是社会保障制度的建立与发展已在客观上越来越大地影响到经济发展与经济增长所致。考察历史,可以发现这样一种现象,当社会保障实践活动规模很小的时候,它只不过是政论家、神学家与慈善家关注的问题;而当社会保障变成一种国家制度安排并在国民收入分配与再分配中占有越来越大的比重时,经济学界的关注就显得至关重要了。一个非常明显的例子是属于宏观经济范畴的财政经济对社会保障问题的重视。在现代社会保障制度产生之前,济贫事业与慈善事业所导致的支出对国家财政几乎构不成压力与影响,那么,财政经济所需要关注的重点领域往往是国防、公共设施及其他公共领域;而当社会保障成为国民的一项法定权益以后,它导致的支出规模不断扩大,许多国家的财政开支中有很大一部分被直接用于社会保障事业,有时甚至超过国家财政支出总额的40%而成为国库开支的第一大项目,在这种情形下,财政经济学家如果还是对社会保障制度不够重视,其研究工作本身的意义及所取得的研究成果的价值显然要大打折扣。在微观经济领域,社会保险制度的建立与健全以及企业年金等员工福利机制的发展,使其构成了企业生产成本的重要组成部分,这种生产成本结构性的重大改变,很自然地使社会保险及员工福利成为微观经济学必须关注和研究的问题。因此,除社会保障制度安排与国民经济发展不可分割的内在联系外,经济学界对社会保障问题的重视,其实还是社会保障制度安排对经济发展所产生的影响日益巨大而导致的一个必然结果。

需要指出的是,在充分肯定经济学是现代社会保障理论及政策实践的重要理论基石,以及经济学所揭示的普遍原理与方法对社会保障有特别重要的指导意义的同时,还应当清楚地认识到,经济学无法完全包容社会保障理论,因为二者的研究对象、目的与方法并不相同,从而绝对不是社会保障的全部理论基础。因此,在强调重视经济学的重要基础地位的同时,不能用经济学替代社会保障理论,社会保障理论也不能简单地被视为经济学的一个分支。否则,就会忽略社会的、政治的乃至历史文化、民族传统等因素对社会保障制度的深刻影响,进而将效率问题绝对化,这绝非是理性而合理的选择。[①]

二、福利经济学与社会保障

福利经济学是寻求最大社会经济福利的经济理论体系,它主要研究如何进行资源配置以提高效率、如何进行收入分配以实现公平,以及如何进行集体选择以增进社会福利。作为现代经济学的一个重要分支,福利经济学不仅在发展过程中衍生出公共选择经济学和产权经济学,亦对社会保障理论的发展起直接的特别重要的作用。因此,经济学与社会保障的关系,在很大程度上其实是福利经济学与社会保障的关系。

了解福利经济学,必须先了解福利、社会福利与经济福利的概念,尽管不同的学者对这些概念有着不同的理解,但大体上仍然可以作如下概括,即福利包括个人福利与社会福利,其中个人福利通常被解释成"幸福""快乐"的同义词,是指个人对物质生活需要与个人精神生活需要的满足;而社会福利是一个整体的概念,指一个社会全体成员的个人福利的总和或个人福利的集合。在社会福利中,能够直接或间接用货币来衡量的那部分社会福利通常被称为经济福利。经济福利构成了福利经济学的研究对象,而社会保障理论研究的内容还包括满足社会成员有关精神文化生活需要的内容,因此,福利经济学与社会保障理论在研究对象及内容方面仍然存在着很大的差异。

福利经济学产生于资本主义进入垄断阶段之时。如果从思想渊源追溯,有的学者

---

① 2004年9月和2005年4月,国际社会保障协会秘书长霍斯金和国际著名社会政策学者、英国伦敦经济学院终身教授彼得·汤森先后应郑功成教授邀请到中国人民大学演讲时,均谈到应当警惕国际经济组织的社会保障改革建议,甚至提出世界银行只能从办银行的视角来研究社会保障。这种见解在社会保障专家学者中并不罕见,它表明社会保障基于社会公平与经济学基于经济效率之间是有重大区别的。

认为可以追溯到亚当·斯密的《国民财富的性质和原因的研究》（1776 年）；一些西方学者则认为福利经济学最早起源于英国资产阶级经济学家和改良主义者约翰·霍布森，他在 19 世纪末到 20 世纪初的一系列著作中论述过福利问题，认为经济学的中心任务应当是研究如何增进社会福利，同时主张改进财富分配以消除不平等现象，但他又未能建立福利经济学的体系，从而在福利经济学的建立与发展中无法取得与庇古同等的地位。

1920 年，英国经济学家庇古出版了《福利经济学》一书，第一次将福利经济学作为一门独立的学科来看待，并首次建立了福利经济学的理论体系。自此以后，福利经济学成为经济学的一个日益重要的分支，不仅在英国得到了很大的发展，而且在美国、法国和北欧国家得到广泛传播和发展。第二次世界大战结束后，福利经济学进入了一个新的发展时期，一大批著名的福利经济学家和大量的福利经济学文献，极大地拓宽了福利经济学的研究领域与内容。因此，经济学界一般将福利经济学的发展划分为两个阶段，或者将福利经济学分为新旧两派，旧派（即第一阶段）以英国经济学家庇古为代表；新派（即第二阶段）则导源于意大利著名经济学家维尔弗雷多·帕累托，后为英国的尼古拉斯·卡尔多、约翰·希克斯与美国的阿巴·勒讷、保罗·萨缪尔森等所倡导。

旧派福利经济学认为，个人主观心理评价的效用可以用货币计量，效用在不同人之间可以进行比较，当社会上每个人收入的效用总和最大时，社会经济福利就是最大；同时，还从收入的边际效用递减出发，断言国民收入的总量越大，其中归于贫者的比例越大，则社会经济福利越大；进而主张国家采取适当的干预经济的措施和财政政策，以调节生产资源和国民收入的分配。作为旧派福利经济学的代表，庇古以边沁的功利主义哲学为思想基础，以马歇尔的基数效用论和局部均衡论为理论基础，创立了福利经济学理论。他从边际效用价值论出发，提出了福利、社会福利与经济福利等概念，认为福利是表示人的心理状态并寓于人的满足之中，福利的大小可以通过货币来衡量；同时，庇古论述了经济福利与国民收入之间的关系，认为国民收入的大小与国民收入的分配是影响经济福利的主要因素，即影响一个国家经济福利的经济原因是国民收入的形成和使用，其中国民收入的形成是生产资源的配置问题，而国民收入的使用则是国民收入的分配问题，进而针对如何衡量和增进社会经济福利问题得出了"收入均等化"的观点，针对如何才能实现生产资源最优配置的问题得出了政府应当干预经济的结论。此外，庇古还提出了向富人征税尤其是向富人的消费征税，再以转移支付的方式将这部分收入转移给穷人的主张。例如，向穷人提供免费教育、失业保险、社会救助、医疗保健保险等措施就是直接转移支付；由政府对穷人的基本生活必需品和住宅的生产给予补贴以降低这些物品的供给价格,使穷人能够更多地消费这些物品则是间接转移支付。庇古的收入均等化、国家干预论等观点及转移支付主张,对实行有利于穷人的收入再分配政策和西方福利国家的发展具有相当大的影响。

新派福利经济学导源于意大利著名经济学家帕累托的经济思想。帕累托最先提出帕累托最优或帕累托最适度的概念,他指出,"当某种分配标准既定时,我们可以遵照这种标准,研究何种状态会使集体中各个人达到最大可能的福利。让我们考虑任何一个特定的状态,并且假定在适合所包括的关系方面做一很小变动,如果这样做以后,每一个人的福利都增进了,显然新的状态对每一个人就更有利;相反,如果所有人的福利都减少了,则新的状态对于每一个人就没有利。但是,另一方面,如果这种小变动使一些人福利增进,而另一些人福利减少,那么对于整个社会来说,就不可能认为这种改变是有利的。因此,我们规定最大偏好状态是:在那种状态,任何微小的改变,除了某些人的偏好依然不变,不可能使所有人的偏好全增加,或者全减少"①。这段话的含义是:如果生产和交换的情形改变了,所造成的收入分配使得有些人的境况变得好些,而其他人的境况变得坏些,那就不能说整个社会福利是增加了还是减少了;只有在一定收入分配的条件下,生产和交换情形的改变使得有些人的境况变得好些而其他人的境况并未变得坏些,社会福利才能说是在增加。根据帕累托最优概念,在下面两种情形下调整资源的配置可以增进社会福利:一是使得每个社会成员的境况变好;二是在没有使任何一个社会成员境况变坏的前提下使至少一个社会成员的境况变好。由于新派福利经济学的许多内容都是围绕帕累托最优概念发展演化而来的,因此,新派福利经济学被认为是起源于帕累托;同时,帕累托提出的效用序数概念亦被当代英国经济学家希克斯等人加以采用,成为新派福利经济学的理论基础。帕累托最优与效用序数理论作为一种价值判断,在西方经济学界已被普遍接受,并广泛应用于经济分析中,对新派福利经济学的影响更是广泛、全面而又深刻。在新派福利经济学的发展中,英国的希克斯、美国的勒讷和萨缪尔森等人均做出了贡献。与旧派福利经济学相比,新派福利经济学回避旧派福利经济学所主张的效用的计量和比较问题,它以序数效用论和一般均衡论为理论基础,从每个消费者购入商品的所谓"交换的最适度条件",和各个企业使用生产资源的所谓"生产的最适度条件",来论述达到最大社会经济福利的条件;有的认为听任完全自由竞争,有的认为国家采取适当的调节措施,就可以达到最大的社会经济福利。新派福利经济学的贡献主要在于:一是提出了社会福利函数理论;二是提出了社会选择理论;三是对市场失效与政府作用进行了研究。

---

① 帕累托. 政治经济学教科书 [M] //厉以宁. 西方福利经济学述评. 北京:商务印书馆,1984:85.

从福利经济学的理论体系及旧派、新派福利经济学的基本观点来看，它不仅专门研究经济福利问题，而且关注到社会公平问题，从而与社会保障确实存在着血肉相连的关系。

三、经济学家与社会保障

经济学家是经济学大厦的建筑师，经济学的观点其实与经济学家的价值取向和判断密不可分，因此，经济学与社会保障的关系亦可以解析为经济学家与社会保障的关系。一批著名经济学家在其代表作中阐述对社会保障与福利问题的不同看法，既是对经济学发展的贡献，也是对社会保障发展的贡献。

例如，庇古的《福利经济学》、哈耶克的《通向奴役的道路》、冈纳·缪尔达尔的《亚洲的戏剧：一些国家贫穷的研究》、勒讷的《统制经济学——福利经济学原理》、阿瑟·奥肯的《平等与效率——重大的抉择》、肯尼思·阿罗的《社会选择与个人价值》、约翰·加尔布雷思的《经济学和公共目标》、米尔顿·弗里德曼的《资本主义与自由》与《自由选择：个人声明》、乔治·吉尔特的《财富与贫困：国民财富的创造和企业家精神》、阿马蒂亚·森的《集体选择与社会福利》和《论经济不平等》等，均有对社会保障或福利问题的阐述与主张。这些阐述与主张不仅构成了这些经济学者经济思想的重要组成部分，而且也构成了现代经济学体系的有机组成部分，从这个意义出发，社会保障理论与经济学具有血肉相连的关系，经济学所取得的成就为社会保障理论的发展提供了丰厚的土壤；尤其是福利经济学的产生与发展，更直接推动着社会保障理论的发展与进步。

如果说社会保险制度在德国的产生是反对自由放任的资本主义和主张推行社会主义的新历史学派理论的胜利，那么，从20世纪30年代到60年代盛行30多年的凯恩斯主义，则是工业化国家建立现代社会保障制度和福利国家的重要理论支柱。《就业、利息和货币通论》① 是约翰·凯恩斯的主要著作，也是凯恩斯主义的代表作和"凯恩斯革命"的标志，在这本书中，凯恩斯摒弃以前的资产阶级政治经济学关于自动调节恢复资本主义经济均衡的市场机制这种传统概念，指出资本主义已经丧失了这一机制，因而需要国家调节和干预资本主义经济，否则，私有制的资本主义便不可避免地要灭亡。凯恩斯的国家干预论和增加公共支出等政策主张，为国家建立社会保障制度并通过这种制度来调节社会经济的发展，确实扫除了理论障碍，从而事实上推进了现代社会保障制度的发展。

---

① 约翰·凯恩斯. 就业、利息和货币通论 [M]. 北京：商务印书馆，1963.

在获得诺贝尔经济学奖的经济学家中，也有多位对社会保障理论做出过重要贡献。例如，1972年获奖的美国经济学家阿罗即以社会选择理论等著称于世，在其代表性著作《社会选择与个人价值》①一书中，阿罗从分析民主制度下寻找进行社会选择的社会福利函数的必要性入手，提出了个人偏好和社会选择的本质这两个公理及社会福利函数应满足的五个条件，同时用反证法证明了著名的阿罗不可能定理或"独裁定理"。

1974年同时获得诺贝尔经济学奖的奥地利经济学家哈耶克和瑞典经济学家缪尔达尔，则以相左的观点而突出地展现了经济学界对有关社会保障问题的看法。其中，哈耶克在《通向奴役的道路》②一书中，集中阐述了自己的政治倾向和经济思想，他认为私人企业制度和自由市场经济是维护个人自由和提高经济效率的根本保证，而集权主义和社会主义是违背"人的本性"的一种制度，实行计划经济则是一条"通向奴役的道路"。在哈耶克1960年完成的另一部著作中，他不仅对"社会公正"持批判态度，而且在讨论福利国家的社会保障问题时明确指出，"为救济贫困而设计的制度性安排已经逐渐变成了一种对收入进行再分配的手段：这种再分配在表面上所依据的乃是某些人认为的社会正义原则（现实中并不存在这种社会正义原则），然而，在实质上却是由特定的决策所决定的"。"在一个社会将消灭贫困和保障最低限度的福利视作自身职责的时代，与一个社会认为自己有权确定每个人之'公正'地位并向其分配它所认定的个人应得之物的时代之间，实存在着天壤之别。当政府被授予提供某些服务的排他性权力的时候，自由就会受到极为严重的威胁，因为政府为了实现其设定的目标，必定会运用这种权力对个人施以强制"。因此，哈耶克在某些学者的著作中被称为"社会公正"的死敌。而缪尔达尔则对社会正义赋予了极大的激情，他在《亚洲的戏剧：一些国家贫穷的研究》③等著作中，揭示了发展中国家的不公平现状，认为不发达国家应积极进行平等主义的改革，主张确立现代化理想，实现社会平等与经济平等及机会均等，而社会保障显然属于社会公平与平等改革的应有之义。两位经济学家的观点如此分歧，竟然同年获得诺贝尔经济学奖，既表明了学术争鸣的自由，又表明了经济学界对社会公平、平等及社会保障等问题的讨论注定将无法趋向一致。

与哈耶克同属新自由主义者的经济学家还有1976年获得诺贝尔经济学奖的美国经济学家弗里德曼，他是"效率"绝对优先论者，在《资本主义与自由》④一书中，他认为竞争的资本主义是一个经济自由的制度，政府的职责范围必须加以限制，政府的

---

① 肯尼斯·阿罗. 社会选择与个人价值 [M]. 成都：四川人民出版社，1987.
② 哈耶克. 通向奴役的道路 [M]. 北京：商务印书馆，1962.
③ 冈纳·缪尔达尔. 亚洲的戏剧：一些国家贫穷的研究 [M]. 北京：北京经济学院出版社，1988.
④ 米尔顿·弗里德曼. 资本主义与自由 [M]. 北京：商务印书馆，1986.

权力必须分散，应主要通过市场和价格机制来组织经济生活；在社会保障方面，主张政府的职责只是对私人慈善事业和家庭无法保障的人进行补充照顾，认为政府通过累进的所得税和遗产税办法干预收入分配过程是违背自由社会的道德准则的，进而指出政府的广泛的福利计划和减贫计划不仅未达到预期目标，而且造成了一系列问题，提出解决这些问题的有效途径是允许私人企业和私人机构参与这些领域的竞争，允许个人自由选择。在《自由选择：个人声明》① 一书中，弗里德曼更抨击了政府的社会保障计划，认为包括社会保险、直接救济、医疗照顾与补助、食品券、公共住房和城市复兴计划等在内的广泛社会保障体系导致了社会福利支出的膨胀，尽管目标是崇高的，结果却令人失望，从而主张实行负所得税制，并逐步取消社会保险。作为一名有影响力的经济学家，弗里德曼这样完全否定现代社会保障制度甚至主张取消社会保险的观点是相当典型的。另一位经济学家詹姆斯·M. 布坎南，也通过自己的著作力图揭示"政府失灵"并试图克服政府干预经济的缺陷，在《自由、市场和国家》② 一书中，他不仅提出舍弃福利国家的政策建议，而且认为现代福利国家象征了几乎一个世纪的错误。与上述理论相反，加尔布雷思在《丰裕社会》③ 和《经济学和公共目标》④ 等著作中，却主张国家干预，并提出一套关于未来社会的设想（即新社会主义），强调个人的生活福利应得到保障、医疗保健事业应有很大发展、环境卫生和居住条件应得到改善，以及文化、教育、艺术事业会不断取得进步，并明确提出用累进所得税制来消除收入不均等。另一位经济学家奥肯则坚持调和"平等"与"效率"两大价值目标的所谓"第三条道路"，但他仍然赞同通过社会保障措施来调整社会关系。

庇古、帕累托、阿马蒂亚·森等福利经济学家一直主张增进国民福利。阿马蒂亚·森作为当代著名经济学家，研究领域包括社会选择与福利分配、个人价值观与集体决定、福利指数与贫穷指数、最贫穷人士的福利等，尤其长期致力于社会最贫困人群的福利问题研究，其研究成果涉及世界上的穷人和各国政府能够借以帮助穷人的新途径。阿马蒂亚·森认为，GDP 的增长与人民生活水平提高并没有必然的关系，人均 GDP 增加并不等于人民生活水平提高，主张政府在追求经济增长的同时要注意改善贫富悬殊、

---

① 米尔顿·弗里德曼. 自由选择：个人声明 [M]. 北京：商务印书馆，1982.
② 詹姆斯·M. 布坎南. 自由、市场和国家 [M]. 北京：北京经济学院出版社，1988.
③ 约翰·加尔布雷思. 丰裕社会 [M]. 上海：上海人民出版社，1965.
④ 约翰·加尔布雷思. 经济学和公共目标 [M]. 北京：商务印书馆，1980.

不平等的现象，对社会保障制度持充分肯定态度等。①

即使在具体的制度设计方面，经济学界亦有主张对社会保障采取公营或私营化的争论，还有对现收现付制和基金制持完全相反意见的争议。因此，经济学早已成为争论社会保障问题的一个非常重要的理论领域，一些经济学家亦早已成为研究社会保障问题的重要专家。然而，社会保障的目标并不等同于经济目标，因此，经济学可以充当社会保障的理论基石，但经济学对社会保障问题的研究同样不能等同于社会保障理论问题的专门研究。就像弗里德曼可以提出取消社会保险制度但几乎所有的国家不可能做到一样，绝对的"公平"与绝对的"效率"均是注定要灭亡的。

经济学领域与经济学家对社会保障态度的差异，正是发展社会保障理论学说的有益营养来源，也是确立社会保障制度安排的重要依据。换言之，经济学与经济学家否定社会保障的学说和肯定社会保障的学说对社会保障理论与制度实践的健康发展具有同等重要的意义。

第三节　社会学与社会保障

一、社会学对社会保障的理论贡献②

社会学是从整体上研究社会关系、社会发展和社会问题的一门综合性学科。如果从社会保障的出发点与追求目标来考虑，社会学无疑是社会保障最重要的理论基石之一。首先，社会保障的出发点是由于养老、医疗、贫困、灾害等诸种社会问题的客观存在，需要通过社会保障机制才能获得解决；其次，社会保障制度的确立与发展，通常被视为社会发展的重要方面和重要标志；最后，社会学还构成了社会保障理论发展

---

① 2017年3月20日，郑功成教授在北京与阿马蒂亚·森教授进行了一次较为深入的单独交流，发现彼此对社会保障的许多观点具有一致性。双方一致认为，将世界经济发展处于低潮的致因归咎于福利制度是极端错误的观点，没有科学依据，它应当是经济政策失误、金融业异化以及政治担当不足等的"贡献"。双方都认为，社会公正是这个时代格外重要的主题，虽然完全的公正很难实现，但不断减少不公平非常必要，全球化要追求全球公正，而不能限定在某个国家。中国公正社会的建设还需要包括社会保障在内的许多制度安排的支撑，而医疗、教育与经济发展是互促互长的，是经济可持续性发展的重要因素。阿马蒂亚·森教授在听了郑功成教授对中国社会保障发展的简要介绍后，认为中国社会保障与国民经济都取得了持续、快速的发展成就，可作为当今世界经济增长与社会保障相互促进的一个案例。阿马蒂亚·森教授建议，中国在社会保障领域的实践和成就应作为案例向世界推广，为其他国家的社会保障发展提供参考与借鉴。双方一致认为，社会保障是国家治理体系的重要制度支柱，更是解决贫困问题的有效制度保障。只要每个人都能够实现老有所养、病有所医、困有所济，贫困发生率便会大幅下降。因此，健全社会保障制度对于国家健康发展与建设一个公正社会至关重要。上述内容引自2017年3月23日中国人民大学官网《郑功成教授与诺贝尔经济学奖获得者阿马蒂亚·森教授交流》一文。

② 郑功成. 社会保障学：理念、制度、实践与思辨［M］. 北京：商务印书馆，2020：83-92.

进程中最早的和最直接的渊源，如人道主义、伦理道德、历史文化传统就是社会保障的道德基础和最初的理论源泉。因此，尽管经济学在当代社会保障理论与制度实践中似乎占有最重要的基础地位，但社会学的影响其实早已融入社会保障理论并依然保持着对社会保障理论与政策实践的巨大影响力，这表明在社会保障理论的建设与发展中，社会学至少具有与经济学同等重要的地位，并发挥着同等重要的作用。

社会学研究的社会问题、社会公正、社会稳定、社会价值、社会进步、家庭与社区、社会化、社会分层与人口问题等，不仅为社会保障研究奠定了必要而又坚实的理论基础，而且直接指导着社会保障理论研究与制度实践的发展。例如，社会保障制度的确立，是由于特定的社会问题的客观存在，但什么问题是社会问题，这种社会问题达到何种程度时会对整个社会正常运行构成威胁，它需要采取何种措施才能缓和或化解，社会是否公平，社会进步的标志是什么，等等，所有这些均是需要社会学研究和回答的问题。这些问题的研究对于社会保障而言，显然具有基础性意义。

如果再考察各国的现实，还会发现，社会保障通常被纳入社会发展而非经济发展的范畴，社会保障水平的高低通常作为评价与衡量一个国家社会发展水平和社会平等程度而非经济发展水平的重要标志，这种归类习俗或许从另一个角度阐明了社会保障理论与社会学之间不可分割的关系。

需要指出的是，在社会发展进程中，经济、政治、法律、文化、道德、思想意识乃至存在的各种社会问题等都是密切联系在一起的，而社会学的优势正在于将社会看成一个整体，这种整体观对于研究社会保障问题有着非常直接的启示。社会保障起于各种社会问题，止于解决各种社会问题，社会保障过程需要考虑到文化、道德、思想意识等精神领域的东西，中间需要运用到政治、经济和法律的手段，最后往往通过物质或劳务的援助才能使问题获得真正解决。因此，社会保障本身也是一个十分复杂的系统，从而需要从整体出发来加以研究，才能够获得全面的、合理的、准确的理论判断与相关结论。

二、社会学家与社会保障

与经济学一样，社会学家也是构筑社会学大厦的建筑师。但社会学关注的是社会公平与社会发展问题，社会学家同样是基于这一视角来观察并研究社会发展进程中的问题，这显然较经济学所关注的焦点及思维视角有着重要的区别，正是这种区别才使得社会学成为与经济学并行的成熟学科体系，并共同构成支撑社会保障的理论基石。而社会学对社会保障的理论基础支持地位，又是通过社会学家的理论贡献来奠定的，一些社会学家的努力，是社会保障理论得以不断发展的重要条件。在此，可以选择亚伯拉罕·马斯洛的需要层次论、塔尔科特·帕森斯的结构功能论、埃米尔·涂尔干的社会整合论等加以简介。

美国心理学家马斯洛（1908—1970年）提出的需要层次论是国际上很有影响的社会学思想。在马斯洛著的《激励与个人》①一书中，他发展了亨利·默里关于人的需要的思想，把人的需要按照发生的顺序，由低到高呈梯状分五个层次，即生理需要、安全需要、社交需要、尊重需要、自我实现需要，每一个层次的需要均有若干具体的内容（见表3-1）。

表3-1 马斯洛的需要层次表

功能	需要层次	事例
自我实现	自我实现需要	大学毕业
被尊重	尊重需要	在工作中得到提升
社会交往（归属和爱）	社交需要	结盟关系
安全	安全需要	法律制度
生存	生理需要	食物、住房

资料来源：[美] 威廉姆·H. 怀特科. 当今世界的社会福利 [M]. 解俊杰，译，北京：法律出版社，2003：67；有改动。

马斯洛认为，在低层次需要获得相对满足之后，才能发展到较高层次的需要；但高层次的需要发展后，低层次的需要仍然继续存在，只是对行为的影响作用减少了而已。同时，马斯洛还指出，人们一般按照这个梯状从低层次到高层次来追求各项需要的满足，但这并不是说不同层次的需要不能在同一时间发挥作用，而是在某一特定时期总有某一层次的需要发挥独特的作用并处于主导地位，其他的需要则处于从属地位。尽管马斯洛的需要层次论不能绝对化，但它确实反映了绝大多数人的一般需要规律。这种规律揭示了社会保障的重要性，例如，对于许多社会成员而言，处于第一层次需要的生理需要，在现代社会客观上只有通过相应的社会保障措施才能真正满足，如食物救济、住房福利、交通津贴等，均是满足处于低收入阶层的社会成员第一层次需要的重要条件；在第二层次需要中，社会成员追求的是一种安全感，包括医疗有保障、年老有依靠、就业有安全感、防止职业伤害等，而要真正解除社会成员的后顾之忧，亦需要建立相应的社会保险与社会福利制度；对第三层次需要而言，精神交流与精神慰藉可以依靠家庭、社区及团体组织等来获得满足，但对于部分孤、寡、残障者，却还需要社会保障工作者来提供相应的服务；在第四层次需要中，教育福利显然是必不可少的，它是社会成员获得知识、能力与尊严的必需途径。由此可见，在现代社会里，

---

① 亚伯拉罕·马斯洛. 激励与个人 [M]. 北京：中国社会科学出版社，1985.

社会成员需要的满足，客观上离不开社会保障制度的保障；越是低层次的需要，就越离不开社会保障；社会保障制度的建立，正是促使社会成员的需要获得满足并由低层次向高层次转移的良好的社会机制。可见，从社会成员个体出发，马斯洛的需要层次论可以充当社会保障理论与政策的重要基石。

美国社会学家帕森斯（1902—1979年）是结构功能论的创立者，而结构功能论可以说是社会学理论最基本的见解，也是社会学较早成熟的理论派别。帕森斯在他的《社会行动的结构》等一系列的著作中，强调分析大规模的社会文化的体系结构与功能，重点描述社会结构与社会制度的关系。结构功能论的核心观念是"整合与秩序"，并多少承袭了生物演化论者的观点，他将社会比喻成生物有机体，并认为社会的各部门就像是生物的各种器官一样，各有其功能，只有将社会视为一个整体才能透视和了解它如何有秩序地存在，以及如何发挥社会不同部门的不同功能，进而解释一个稳定而整合的社会是如何运作的。例如，各国的社会保障制度的不同，往往是因为其社会的结构不同所致，而社会保障制度设计后的实施过程也会进一步对社会结构产生重塑的效果。结构功能论认为，社会保障制度的兴起原因是这种制度本身对于社会有功能上的重要性与必要性，这种解释当然不可能说明社会保障制度的真正来源与变迁，但它将社会保障视为社会整体中的一个必要组成部分并具有独特的社会功能，无疑是正确的，并且有助于我们认识社会保障在现代社会发展进程中的客观地位和作用。与结构功能论类似的社会学理论还有聚合论，持此观点的学者认为，福利兴起的原因符合所谓的"工业主义的逻辑"或"技术决定论"因素，即社会保障制度是工业社会发展不可避免的结果，工业化程度越高，则社会保障制度应该越稳定。这是由于随着资本主义的兴起和工业技术的进步，失业与贫困等社会问题的应对需要社会保障制度，因而所有的社会应因全世界走向工业化模式而逐渐产生包括社会保障制度在内的相同的社会制度。在此，聚合论立足于社会的发展阶段，采取的仍然是社会整体观与功能决定论。

尽管法国社会学者涂尔干（1858—1917年）在他的著述中很少直接讨论社会保障问题，但他认为，国家存在的功能是为了帮助社会以达成整合的目的，而为了社会整合，必须建立社会互助的集体意识，这种社会整合论其实亦代表了一种社会保障思想。在他的多部著作中，都反对人的自利心，并关心社会的集体福利，倡导互助意识，主张以人类利他的道德力量来整合社会，以获得社会的共识，而社会保障制度正是基于互助与利他主义的想法而设计的制度。因此，涂尔干的思想对社会保障学说的发展无疑做出了重要的贡献。

社会学家瑞林格则认为，一个社会的价值观与意识形态对社会保障制度的影响极大。他通过对德国与美国的社会保险制度的比较，认为美国之所以较德国晚约50年之久才建立社会保险制度,其根本原因是文化风俗习惯与价值体系的差异造成的:德国在当时有很强的父权主义思想,人民普遍认为国家应该为全国的百姓负起生老病死的责任;而美国则相反,一直是一个自由放任、个人主义思潮盛行的国家,接受救济或福利者往往被公众视为个人失败的象征,含有强烈的社会歧视效果。因此,德国不仅很自然地比美国更早确立社会保障制度,而且其制度建设得更好、更完整。从文化因素的角度来研究社会保障问题肯定是必要的,因为它确实能够说明一些从经济的、政治的角度无法说明的现象,但过分强调文化决定论却并不妥当。客观的思辨方式应当是,尽管在某个国家的某个时期,某种社会保障制度的产生与发展似乎取决于某个单纯因素,但社会保障制度的产生与发展又确实是政治、经济、社会、文化等诸种因素交互作用的结果。

威伦斯基和勒博克斯均是美国加州伯克利大学的社会学教授,均以较早探讨福利国家的发展理论和建构社会福利或社会政策类型而著称于世。在威伦斯基和勒博克斯1958年合著出版的《工业社会与社会福利》一书中,首次提出了著名的社会福利两分法,即残补型和制度型,并认为当一国开始工业化以后,其社会福利的实施就会从残补型向制度型方向演变。在威伦斯基和勒博克斯的理论中,残补型社会福利是视家庭和市场为满足人类需要的正常机制,当它们无法发挥正常功能时国家才弥补其缺失;同时,国家所提供的协助,不宜超过维持最低生存的标准,且受助者须通过官方制定的严格程序才能获得受助资格。制度型社会福利则主张国家应扮演福利供应者的实质角色,制度化的社会保障成为一种最基本的、第一线的社会福利机制。此后,一些社会学者又进一步发展了二人的社会政策模型理论,其分类亦越来越细。

另一位著名社会学者约翰·罗尔斯是学术界平等优先论者,在他的《正义论》一书中,他提出了两个正义原则:最广泛的同等自由、初级商品分配的差别原则;他主张"所有社会价值……都将被均等地分配,但针对每个人的优势而进行的各种不均等分配除外",认为社会应当将优先权交给平等。

综上所述,可以发现社会学与社会保障之间的内在理论联系。因此,社会学也与经济学一样,共同成为现代社会保障最重要的理论基石。

第四节 政治学与社会保障

一、政治学对社会保障的理论贡献

亚里士多德曾指出,人是天生的政治动物。这一命题说明了人的存在决定了政治存在，政治是人的内在要求，政治发展最终是基于人的发展。作为一门古老的学科，政治学在欧美各国与经济学、社会学等一样早已发展成为十分成熟的学科，并在人类文明发展进程中发挥了非常重要的作用。

尽管政治学的发展取决于经济发展与社会发展，但是，政治学所揭示出来的人与社会的关系，以及对人的发展与社会进步的追求，对社会保障理论研究与政策选择无疑具有重要的基础性影响。

政治学关注的核心领域是国家与社会、民主与法制、人权与主权、政党与政权、政府与市场、中央与地方、发展与稳定、权力与腐败、决策与行政等。这些核心领域均与社会保障有着密切的联系。

例如，现代社会保障制度就是以国家与社会承担责任的面孔出现的；民主不仅帮助许多国家选择了适合自己的社会保障制度，而且也使这一制度更加符合人民的意愿；在世界各国，现代社会保障制度安排不仅属于法制建设的内容，而且是被法治化了的事业；社会保障的最主要的功能在于保障人的生存权与发展权，而社会保障制度在世界各国的多样化发展则又与主权及主权所涉及的人权联系在一起；不同的政党与政权对社会保障的不同主张，表明了推进或者改良社会保障制度是政党与政权的重要使命，包括中国在内的许多国家改革社会保障制度的核心问题，则是重新处理政府与市场、中央与地方、发展与稳定的关系，等等。

由此可见，政治学研究的核心领域，几乎是与社会保障有关的基础性理论问题，这些问题的研究成果，毫无疑问可以作为研究与解决现实社会保障问题的重要理论基石。从这个意义上讲，政治学与经济学、社会学对社会保障具有同等重要的基础性理论价值，社会保障理论与政策实践的发展，需要高度重视并汲取政治学的养分。

二、政治需要与社会保障[①]

政治学研究的对象是政治行为、政治体制及社会公共权力发展规律，它属于上层建筑范畴，其最重要的目的无疑是社会控制与权力制衡，公共政策构成了政治的重要组成部分，而社会保障能够减低甚至消除社会成员的生存危机，进而有效地维护社会秩序的稳定。因此，不论是济贫时代还是现代社会，社会保障与政治均存在密不可分的关系。

一方面，政治需要社会保障作为实现目标的工具和手段，离开社会保障的维系，政治目的将难以实现。因此，政治通常对社会保障施加强大的影响，它通过国家机器

---

① 郑功成. 社会保障学：理念、制度、实践与思辨［M］. 北京：商务印书馆，2020：232-236.

来制定社会保障方面的法律与制度，同时监控着社会保障制度的运行与发展。另一方面，社会保障的发展也离不开政治的推动，并对政治产生相当的影响。尽管不宜将社会保障问题泛政治化，但政治介入社会保障或福利领域却是有目共睹的客观事实，从中国古代的救灾济贫到英国济贫制度的确立、德国社会保险制度的兴起，以及美国现代社会保障制度、英国等福利国家的建立，均隐含着政治需要与政治目标在内；同时，社会保障制度一旦建立，便会沿着自身发展规律发展，当它的发展与政治的发展不相吻合时，不是令政治陷入困境便是使修订、改革甚至重建社会保障制度成为必要。因此，基本的结论便是，政治与社会保障是相互需要，在一定的条件下，是政治决定着社会保障的发展；而在另外的条件下，却可能是社会保障影响着政治的发展。

在专制政治下，国家机器为独裁者所控制，人民没有发言权，社会保障完全取决于统治者的意愿与意志，并被视为统治者的恩赐之物。中国古代的专制是皇权至上、家天下式的专制，西方古代的专制既是王权专制也是贵族集团的专制，无论是哪一种，社会保障措施均是统治者或既得利益集团维持他们权力的策略性工具。在统治者开明的情况下，社会保障措施可能得力一些；反之，处于生存危机中的社会成员可能根本得不到起码的保障。因此，专制统治下的社会保障是由统治者主观意愿决定的社会保障，也是被动式的社会保障，它的目的是巩固和维持统治秩序与政权得到延续，它的内容局限于低层次的救济，它的运行是人治而非制度化，它的效果取决于统治者的开明程度及是否重视民生问题。因此，专制政治并不具备现代社会保障所需要的条件，虽有社会保障措施却并非是国民的权利，从而也不可能真正产生现代社会保障制度能产生的效果。[①]

在民主政治的条件下，由于立法机关与行政机关的组成人员通常是通过民主选举产生的，所以社会保障虽然表面上看起来是由立法机关规范并由行政机关实施，但社会保障制度的发展事实上却取决于多数国民的意愿。西方国家的民主政治多是议会政治，即由国民选举议员与总统，由议会制定、总统签署法律，议员与总统需要经过竞选程序并发布自己的政治演说，赢得选民的选票才能当选。在中国，人民代表大会制度是根本政治制度，人民代表由各地区选举产生，全国人民代表大会及其常务委员会是国家法律的制定者，而作为国家元首的国家主席与政府首脑的总理及国务院组成人员均由全国人民代表大会选举产生。因此，民主政治能够使人民的意愿通过自己选举

---

① 现代社会还有一些君主专制国家，这些国家在政治上仍然是独裁专制的，但却模仿西方国家通过立法建立了有关社会保障制度，法律规定了国民的有关社会保障权利。这种现象似乎是一种例外，但如果我们考虑到政治不是社会保障制度的唯一决定因素，以及经济富裕的专制国家与经济落后的专制国家的差别，就可以发现经济条件对专制政治产生了牵制作用。

出来的代表或代表自己团体利益的政治集团来影响立法与政策的制定，国民的社会保障权益很自然地会上升到法律规范的层次并受到法律保护。不过，在资本主义制度下，虽然政治制度与社会制度均公开宣布平等，然而其经济制度却建立在私有制的基础之上，平等权利与不平等收入构成了资本主义社会无法解决的冲突，并由此产生了国民生活水平与物质福利的悬殊差别，社会保障制度可以说为缓和这种冲突起到了巨大的作用。

在肯定民主政治对社会保障发展的积极作用的同时，还应当重视社会保障泛政治化的不良现象。在西方国家，通常会有这样一种现象：每到选举期，社会保障或福利便成为不同政治集团竞争的一种锐利武器，福利承诺出现膨胀，这在一定程度会扭曲现代社会保障制度的发展进程，即它所带来的并非只是合理的一面，也可能有不太合理的一面。可见，如果只是一味跟着选票走，社会保障制度带来的可能不一定是社会发展的幸事。①

承认政治对社会保障的需要与影响，并不意味着社会保障是为政治服务的，因为作为社会成员的安全保障机制，它的根本目标应当且只能是为了社会成员的全面发展和整个社会的发展进步。社会保障在现代社会仍不时被有的政党或政治家用作工具甚至被演化为政治手段或政治陷阱，这是政治的悲哀，也是社会保障的悲哀。理智的社会与理性的政治应当避免这种现象。

三、政党政治与社会保障

政党政治是政治学研究的核心范畴之一。政治对社会保障的影响，表面上是通过立法机关与行政组织来进行的，实际上在某种程度上却是政党、各利益集团乃至政治家操纵的结果。因为民主政治的最大特色其实就是政党政治，以及各种利益集团的推动。因此，政党对福利的看法客观上对社会保障制度的发展起很大的作用。②

现代民主政治几乎是政党政治的代名词，即政党作为某一阶级或阶层利益的代表，它通过介入国家的政治生活来发挥自己的作用。政党政治的特色并不单单是参加选举活动，而是对政府各项活动确定周详的目标，以供选民参考，选民则通过政党的政治纲领和计划，明确自己应当支持哪个政党并给予他们权力去推行其计划。在政党提出的政治宣言中，社会保障作为社会政策中的主体内容通常占有相当重要的地位，但其社会保障的主张是否会引起所有选民的注意却并不一定，因为选民的关注倾向不仅与自己所处的经济、政治地位有关，而且和自己的偏好有关。不过，以工业化国家的经

---

① 郑功成. 社会保障学：理念、制度、实践与思辨 [M]. 北京：商务印书馆，2020：235-236.
② 郑功成. 社会保障学：理念、制度、实践与思辨 [M]. 北京：商务印书馆，2020：236-240.

验来看，社会保障或许是能够引起广泛关注的政治敏感点之一，因为低收入阶层与劳工阶层希望获得更加公平的、全面的保障，而富裕阶层或资本家阶层却可能更多地考虑效率与成本问题，因此，任何政党在讨论国内政治经济问题时均难以回避社会保障或福利问题。

政党政治通过议会或控制政府来实现自己的政治主张和社会政策，其对社会保障的看法直接影响社会保障政策的制定与实施。例如，美国有两大政党即民主党和共和党，民主党人认为，社会成员的生活困境是社会环境欠佳或制度的不完善造成的，政府应当努力改善环境、提供机会，同时负起照顾人民生活的责任，故设立社会保障制度是完全必要的；而且随着各种社会问题的兴起，政府还应该不断改善社会服务来配合人民的需要。在民主党执政时或在民主党主政的州（市），还可以看出他们较为重视少数民族（如拉丁裔、亚裔和黑人等）和穷人的利益，能够体恤他们的需要并常常为少数民族提供就业机会。共和党是保守党，它的政纲与民主党的政纲有很大差别，共和党人不喜欢政治制度的改变，他们在经济上反对政府干预，在福利上较民主党明显保守。由于两大政党对福利问题的看法存在很大分歧，每次不同的政党执政，美国的社会保障政策便会有一番变动。因此，美国今天的社会保障制度，既有罗斯福、杜鲁门、肯尼迪、约翰逊、克林顿、奥巴马、拜登等民主党政府不断扩大社会保障的影子；也有艾森豪威尔、尼克松、福特、里根、布什、小布什、特朗普等共和党政府收缩社会保障的影子。例如，1964年民主党的约翰逊总统上任后便实行反贫运动，政府拨出大量款项开展多项社会服务给老年人、穷人、儿童、病患者及残疾人，遗留到现在的还有为贫困儿童设立的启蒙班、为行动不便且待在家中的老年人运送食物、为低收入者申诉提供法律援助，以及社会保险制度中增加医疗福利、社会福利制度中增加医疗补助等。后来共和党的尼克松上任，便取消了很多社会福利项目。到了共和党的里根与布什任总统期间，其政论就是政府解决不了这么多的社会问题，从而将很多福利与服务项目取消了。[①] 克林顿作为民主党推举出来的总统，1992年在竞选中许诺他上台后让"每个美国人都能享受医疗保健"，同期民主党通过的政纲亦提出了平民福利法案，但克林顿上任后遇到了一系列的难题迫使他在社会保障问题上向共和党作出妥协，以致他的福利改革遭到严重挫折。[②] 到小布什上台后，减税与削减社会福利成为他推动的改革目标，在他的第二个任期内，更是提出要控制公共养老金计划且为每个美国人建立个人账户，这一动议无疑遭到了民主党的强烈反对。再如美国的医疗保障改革，自克林顿到拜登历经多任总统，一波三折，导致迄今仍有数以千万计的美国人缺乏法定

[①] 黎帼华. 美国福利 [M]. 香港：三联书店（香港）有限公司，1998：26-29.
[②] 黄安年. 当代美国的社会保障政策 [M]. 北京：中国社会科学出版社，1998：257-258

的医疗保险，就是党争误却民生的典型案例。

在政党政治下，议会通常成为争论社会保障或福利问题的场所。例如，1999年11月26日，日本众议院卫生福利委员会的议员们为通过备受争议的养老金法案，执政党与反对党的众议员打成一团，该法案旨在削减老年人的养老金款项，其内容是将公众养老金削减5%并将退休年龄从60岁延长至65岁，法案虽然获得通过，但反对党发誓要抵制下去，此即为一个显著的个案。① 正如一位学者所言，"社会政策的决定因素建立在阶级之间以及追求利益集团之间的权力关系基础之上，而不是建立在意识形态和大众偏好的幻境之中"②。

需要指出的是，政治家作为政治学关注的重点研究对象，也是社会保障研究中需要多加关注的对象。政治家对社会保障的作用，通常是通过对政策的制定或影响来表现的。政治家如果作为政党的代言人，其反映和执行的将是所属政党的主张，在这种条件下，公众在关注政治家的同时尤其会关注其所属政党；政治家如果作为个体参与政治，则公众关注的是他所处的社会阶层及个人的政治纲领。在前一种条件下，政治家对社会保障的影响实际上是政党在社会保障方面的主张的反映，它的倾向通常是较为稳定的；在后一种条件下，则只能看政治家的现实主张；在特殊时期，政治家可能向对手妥协或者充当协调人的角色。不管什么情形，政治家对社会保障政策均有直接的、重大的影响。例如，社会保险制度在德国的产生，与当时的俾斯麦首相的个人决断有直接的关系；英国福利国家的建立，既与英国工党的政治主张相吻合，也与时任英国首相的工党领袖艾德礼直接相关，艾德礼甚至因之而在半个世纪后被评为英国历史上最杰出的首相；美国1935年通过的《社会保障法》并由此而确立了自己的社会保障制度，亦与罗斯福总统推行新政直接关联；苏联首创国家保险制度，与列宁的主张密不可分。即使在中国，也可以发现类似例子，例如，1998年强力推行的"两个确保"③，2009年为农民建立养老保险制度、推行全民医保等，均与当时的党和国家领导人着力推进直接相关；2012年以来社会保障改革走向全面深化并取得全面快速发展，则与以习近平同志为核心的党中央的高度重视直接相关。因此，政治与社会保障的关系，在很多情形下均可以从特定政治人物与社会保障的关系找到印证。

---

① 郑功成. 社会保障学：理念、制度、实践与思辨 [M]. 北京：商务印书馆，2020：239.
② 经济合作与发展组织. 危机中的福利国家 [M]. 北京：华夏出版社，1990：21.
③ "两个确保"是指中国政府明确承诺并强力推进的两项社会保障措施，即确保企业离退休人员基本养老金按时足额发放和确保国有企业下岗职工基本生活费按时足额发放。

 **本章小结**

现代社会保障并非单纯的社会制度安排，它牵涉整个社会经济资源的分配与社会公正、政府责任等，其成败在表面上看取决于现实制度安排与政策实践，实际上却深受一定的理论流派与价值偏好的影响。因此，研究社会保障理论与选择社会保障政策，均有必要了解能够对其产生重要影响的理论基础与理论流派，这是真正开启不同社会保障制度安排内幕的钥匙。

社会保障是在多学科基础上发展起来的一个新兴学科领域。而能够对社会保障理论与政策产生重要影响的学科不外乎是经济学、社会学、政治学等成熟的学科体系，经济学、社会学与政治学等事实上构成了社会保障的理论基石。

西方社会保障的理论源流包括空想社会论、宗教思想与空想社会主义；中国社会保障的理论源流则是大同社会论、社会互助论、仓储后备论和社会救助论等。

经济学是社会保障的重要理论基石，经济学中的选择理论、收入分配理论、边际效用理论、就业理论、贫困理论、制度学说、私有化理论等均对社会保障理论发展与政策选择有基础性的理论贡献，而福利经济学更为社会保障的发展提供了丰厚的土壤与养分。在经济学领域中，经济学家对社会保障的看法并不总是一致的，经济学家的分歧表明了社会保障制度选择的复杂性，同时也表明了不能简单地用经济学理论评判社会保障问题。

社会学同样是社会保障的重要理论基石，社会学所关注的社会问题通常构成社会保障制度指向的对象，社会学所揭示的人道主义、伦理道德、历史文化传统以及对社会公正、社会发展、社会进步的追求，更是直接构成了社会保障的重要理论源泉。亚伯拉罕·马斯洛的需要层次论、塔尔科特·帕森斯的结构功能论、埃米尔·涂尔干的社会整合论等的社会政策模型无不对社会保障理论与政策的发展起着重要的作用。

与经济学和社会学的影响一样，政治学作为一个成熟的学科体系，同样对社会保障起着理论基石的作用。政治学关注的核心领域如国家与社会、民主与法制、人权与主权、政党与政权、政府与市场、中央与地方、发展与稳定等，均是社会保障理论与政策选择中必然地要涉及的基础理论问题。古今中外的发展实践表明，政治需要社会保障，社会保障的进程与政治需要密切相关。在现代民主政治下，政党政治对社会保障的影响极深，任何社会制度的确立及修订总能找到政党、政治人物的影子。

案例讨论 1

欧文的试验

欧文是19世纪最有影响的空想社会主义代表人物之一,他出身于手工业者家庭。他认为,人是环境的产物,进而认识到资本主义生产的秘密即利润来源于对工人的剥削,从而主张按照财产公有、共同劳动、共同消费、按需分配的共产主义原则来改造整个社会,强调只有社会主义才能克服资本主义的一切罪恶。晚年还提出共产主义主张,但他将希望寄托在仁慈的统治者身上。他的主要著作有《新社会观》。

欧文早期在苏格兰办工厂,1800年,29岁的欧文担任新拉纳克纱厂经理。在管理该工厂时,便开始了改善劳工福利状况并建立相应的福利制度的改革试验,并由此而成为欧洲最有名望的慈善家之一。在他管理的工厂内,工人不仅劳动时间大为缩短,而且能够享受到较好的福利待遇。然而,他的试验不久即破产,原因是工厂因为改善工人的劳动条件、增进工人的福利导致无法与其他工厂竞争。

欧文试验的失败,不仅说明了当时的社会条件还无法容许这样的试验,更深刻地揭示了社会保障不可能在个别单位内部实现的客观规律。联系到现阶段中国社会保险制度推进过程中的不平衡状态,部分单位全员参保,部分单位有农民工没有参加社会保险,以及不同地区社会保险费率高低相差明显的现象,同样可以发现不符合社会保险制度内在要求的问题。因为这种不平衡带来的是参加社会保险的单位将付出较不参加社会保险单位更高的成本代价,而费率高低悬殊则构成了破坏市场竞争公平环境的因素。因此,社会保障制度应当是社会化的、公平的制度安排,只有当社会保障成为国民的普遍性的、法定的权益时,这一制度才不会因实施者处于不利竞争地位而遭失败。

资料来源:作者搜集整理。

案例讨论 2

马丁·费尔德斯坦和亨利·阿伦的争论

马丁·费尔德斯坦和亨利·阿伦是当代美国经济学界很有影响的经济学家,都对社会保障问题有专门的研究,并被一些人称为美国社会保障领域的代表性人物。他们两人都承认不同的养老金制度安排对于经济增长会产生相应的效应,但在对待养老保险制度应当选择现收现付制还是完全积累制或基金制的问题上却存在着重大分歧。

马丁·费尔德斯坦对现收现付制持批评态度，明确提出社会保障制度在某些条件下可能减少个人储蓄，即社会保障具有对个人储蓄的"挤出效应"。他认为，现收现付制的养老金制度一方面会减少为了退休期的消费而在工作时积累资产的需要（称之为"资产替代效应"），另一方面又可能诱使人们为了缩短工作期和延长退休期而提前退休（称之为"引致退休效应"）。因此，他得出的结论是现收现付制的养老金制度挤出了个人储蓄，从而导致投资减少，进而导致产出减少，最终有碍经济增长。

亨利·阿伦则从基金制和现收现付制的再分配效应出发，肯定了一个特定的养老金制度如果在增加了受益者的福利的同时，不会使其他任何人的福利状况有所恶化，那么，就可以称其为帕累托最优计划。他在1966年发表的《社会保障悖论》文献中指出，在萨缪尔森的"生物回报率"（即人口增长率+实际工资增长率）大于市场利率的前提下，现收现付制能够在代际实现帕累托最优的配置，而基金制却会带来一个使未来各代生命期效应都要减少的跨时配置。他的结论是，现收现付制总是能够在代际实现帕累托最优的配置，而基金制一般都不会达到帕累托最优的改进，其理由是现在的一代人并没有义务为了将来各代人的养老金而积累财富。因此，他对现收现付制持肯定态度而对基金制持批评态度。

由马丁·费尔德斯坦和亨利·阿伦之间引出的养老金现收现付制与基金制的福利效应的争论，揭示了经济学家们对社会保障问题的看法并不总是一致的，而要对社会保障模式及财务机制做出合理的选择，显然较经济学家假设的条件要复杂得多。

资料来源：作者搜集整理。

 案例讨论3

中国老太太与美国老太太的消费观

在世纪之交，中国的传媒流传着一则被某位经济学家演绎的中国老太太与美国老太太在天堂相遇的故事。故事的内容是：两位老太太死亡后进入天堂，美国老太太说"我终于还清了购房的抵押贷款"，中国老太太则说"我终于存够了购房的存款"。这两句话揭示出美国老太太虽然到死才还清购房贷款但早就享受到了住房条件的改善，而中国老太太虽然积累了购房资金却一天也未享受过住房条件改善的实惠。故事的演绎者是想告诉人们，美国老太太的消费观与中国老太太的消费观是截然不同的，进而引申出美国老太太是积极消费主义者，而中国老太太是消极消费主义者，并想用两位老太太的生活经历告诉人们，放大消费能力和超前消费才是现实生活的天堂。

如果单纯地从经济学意义上讲，这则对比故事是有一定道理的。然而，如果联系到当时美国与中国社会保障制度的差别，将能够帮助我们更加全面地理解这则故事的深刻含义。因为在美国，老年人有养老金，有免费医疗保障，还有健全的社会救助制度，人们的现实生活风险与后顾之忧其实并不太多，或者可以通过相应的社会保障制度来化解；而在中国，当时绝大多数老年人并没有养老金与医疗保障，即使是面向贫困人口的社会救助制度也是残缺不全的，大多数国民的后顾之忧与生活风险比较大。在这样不同生活背景和制度保障的情形下，敢于消费与不敢消费显然不能以单纯的经济观或消费观念来评判。

时代发展到今天，由于中国的社会保障制度日益健全，城乡居民的生活后顾之忧持续大幅度减轻，中国老太太们的消费观念也有了很大变化，不仅能够接受贷款买房等做法，而且成了时尚消费、网络消费、旅游消费等的重要群体，其消费结构的升级证明了社会保障制度对促进消费的巨大作用。

资料来源：作者搜集整理。

复习思考题

1. 为什么说社会保障是在多学科基础上产生并逐渐发展起来的一个新兴学科领域？
2. 如何看待经济学与经济学家对社会保障政策选择的影响？
3. 如何正确理解理论学术界对社会保障问题的争论？
4. 试比较分析经济学、社会学、政治学对社会保障制度的不同影响。
5. 社会公平与经济效率能够在社会保障制度选择中得到整合吗？
6. 试列举经济学界与社会学界的代表性人物及其对社会保障理论的贡献。
7. 比较专制政治与民主政治下的社会保障。
8. 试分析一个政党的社会保障政策主张。

第四章
社会保障相关关系

>> **学习要点**

通过本章的学习，应当掌握社会保障与经济社会发展、收入分配、劳动就业、公共政策、商业保险等的关系，真正理解世界各国社会保障制度千差万别的原因。

>> **关键概念**

公平 效率 横向公平 纵向公平 权利 义务 收入分配 初次分配 再分配 第三次分配 劳动力流动 劳动力供求 促进就业 人口政策 家庭政策 商业保险 中国式现代化 共同富裕

社会保障从来不是一种孤立的制度安排，它在实践中很自然地与本国的经济发展、社会进步和社会成员的综合发展有密切联系，并与其他社会经济政策相互关联、相互影响。经济发展和社会进步为社会保障的发展提供坚实的物质支持和环境支持，而良好的社会保障制度又成为经济发展、社会进步的维系与促进机制，并对其他社会政策的发展起着不可替代的促进作用。因此，有必要从宏观视角出发，将社会保障制度放在整个社会系统中加以考察。本章在阐述社会保障一些基本理论范畴及其与经济社会发展的一般关系的基础上，还将分别介绍社会保障与收入分配、劳动就业、其他公共政策以及商业保险之间的关系。

第一节 概 述

一、社会保障制度涉及的基本理论范畴

在各国的社会保障制度实践中，无论是制度选择的过程还是制度定型后的实践发展结果，都不可避免地要涉及公平与效率、政府与市场、权利与义务等基本理论范畴。从某种意义上讲，社会保障制度安排实质上是在一个国家内部对公平与效率的价值取向做出选择，是对社会保障制度中政府干预和市场机制做出尽可能合理的安排，是对社会保障制度涉及的主体各方的权利与义务进行相应的规范。因此，有必要了解这些基本的理论范畴及其在社会保障中的体现。

（一）公平与效率

公平与效率是人类社会发展进程中始终引人关注并需要妥善处理好的问题，但关于公平与效率的争论可以说是由来已久，在社会保障领域也不例外。

1. 公平与效率的概念

公平作为人类共同追求的永恒的价值理想，并不是一个纯经济学的概念，而是一个涉及个人价值判断在内的社会学与伦理学问题，它不仅存在于社会收入的分配中，而且涉及社会生活的多个方面。所谓公平，简言之就是公正、平等，它是一个多维度的概念。从共时的角度讲，公平包括社会经济生活的多个方面，如经济公平、政治公平、社会公平等；从历时的角度讲，公平包括起点公平、过程公平和结果公平，其中，起点公平往往是过程公平和结果公平的基础，没有起点公平，过程公平和结果公平也难以实现。对社会保障制度而言，不但要实现社会成员享有社会保障机会和权利的公平，而且要达到主体各方的负担公平；不仅要确保起点公平，而且要努力维护过程公平，力求接近结果公平或者努力缩小结果的不公平。社会保障制度安排还有横向公平和纵向公平之分，横向公平是指同一群体的人能够享受同样的社会保障待遇，履行同样的义务；而广义的纵向公平则是指代际的公平，以及个人一生中不同阶段负担的公平。社会保障需要首先实现横向公平，同时需要考虑纵向公平。

效率是西方经济学的一个核心概念，是指通过资源的有效配置和使用，达到社会福利最大化。宏观意义上的效率可分为三个阶段：第一阶段是资源最优配置的效率，通常用实现了"帕累托效率"或"帕累托最优"来描述；第二阶段是可持续的综合效率，仍体现了人类对效率的追求，但增加了生态、环境对效率的制约条件，丰富了效

率的内涵；第三阶段是网络经济的效率，也称"后工业效率"，指通信和计算机的网络化使传统效率发生了质的飞跃。社会保障的效率主要体现在制度目标的实现程度和制度自身运行成本的节约以及制度运行的有效性上。

2. 公平与效率的关系

公平与效率同时存在于人类社会的发展进程中，它们构成了发展的一体两面。然而，在不同的时代，确实会出现某种程度上的倾斜，即优先于效率还是优先于公平。作为一对宏观范畴的概念，实际上不能把公平与效率片面地理解为在任何制度安排中均是一样的，它应当体现在一个国家特定时代所有制度安排或政策选择的综合效应上，就像我国改革开放以来所强调的效率优先、兼顾公平一样，这是改革开放前一个时期国家政策的总体取向与选择，但这并不意味着社会保障制度也需要体现效率优先、兼顾公平的原则，因为几乎所有工业化国家发展的实践表明，市场经济及市场机制是天然地追求效率，而社会保障制度却天然地追求公平。因此，公平与效率是超越一个国家具体制度安排或政策选择之上的一对理论范畴。①

客观而论，公平与效率应当是相辅相成、辩证统一的关系，但一个国家如果不能处理好公平与效率的关系，这两者就可能互为代价。一方面，如果只强调公平，势必会阻碍人们追求效率的积极性，损害经济和社会的发展，最终结果将是全社会的"共同贫穷"，中国计划经济时期超越生产力发展水平的平均主义分配体制因为将结果公平作为追求目标，导致的是生产力发展缓慢、出现"共同贫穷"的局面；另一方面，如果一味地追求效率，其结果必然是收入分配差距悬殊和社会成员之间不平等加剧，这不仅与社会发展的最终目标相悖，而且导致社会问题、社会矛盾、社会冲突的深刻化，最终同样损害经济的正常发展。因此，在人类社会发展的长河中，公平与效率并不存在谁优先的问题，但在一定的发展时期却可能因国家发展战略的需要而有所侧重，一定时期内侧重于公平或者侧重于效率，最终都是为了公平与效率的相互协调、相互促进。一方面，公平目标的实现，可以增加低收入阶层的收入，提高其文化素质和健康水平，还可以防止社会成员贫富两极分化，减少社会阶层对立和冲突，维护社会稳定，促进社会和谐，从而有利于维持经济社会发展的高效率；另一方面，如果效率提高了，经济发展与经济增长必定使物质财富更加丰厚，进而为促进社会公平提供雄厚的物质基础，并最终实现全社会的共同富裕。由此可见，从长期发展的角度看，公平与效率

---

① 这一观点在郑功成教授的很多论著及演讲中均得到了发挥。他认为公平与效率是一对超越具体制度安排或政策选择的理论范畴，是一个国家一定时期内所有制度安排或政策选择的总体价值取向，它对具体的制度安排或政策选择虽然有一定的影响，但不可能颠覆某些具体制度安排或者政策选择固有的价值取向。就像市场机制即使在福利国家也会天然地追求效率，而社会保障即使是在美国这样标榜效率的国家也在体现着对公平的追求。因此，他不主张社会保障制度生硬地套用超越具体制度安排或者政策选择的效率优先、兼顾公平观。

是发展进步的一体两面，公平可以促进效率，效率可以促进公平，二者都是促进社会进步、满足人们发展需要的手段。

3. 社会保障中的公平与效率

对社会保障制度而言，它的任务和功能决定了必须以追求社会公平为目标，社会保障发展所走过的道路就是一条从慈悲到正义之路。① 现代社会保障制度所肩负的责任与功能就是确保起点公平、维护过程公平并逐步实现结果公平。

当然，由于社会保障制度涉及每一位社会成员的切身利益和国家、企业、个人的利益分配格局，制度设计和运行好坏直接关系着每个人的生存与权益保障，并对国家的未来发展产生直接而重要的影响，在制度设计与政策选择中还必须考虑到各个具体保障项目的多样性和复杂性，不同的社会保障项目在实践中对公平与效率的考虑也会有所不同。例如，社会保险虽然同样强调并体现出对公平的追求，但在养老保险待遇方面却通常与参保人的工资水平及缴费状况相联系，从而部分地体现了效率与激励因素；而社会救助则是为了保障每一位社会成员最基本的生存权与发展权，在世界各国均以政府负责为条件，完全展现了追求社会公平的属性；社会福利在实践中的社会化和多层次化，不同领域的侧重点也有所不同，在以国家为主体并运用公共资源的普及化福利项目方面，如残疾人福利、义务教育福利等，公平会得到全面体现，而社会力量举办的福利设施、福利院等则可以适当地体现出效率原则，这样可以在促进社会公平的同时激发社会力量举办社会福利事业的积极性。

（二）政府与市场

关于政府与市场的争论，一直是理论学术界关注的焦点，并不可避免地会影响到包括社会保障制度在内的制度安排与政策选择。这种争论集中表现于两种观点的对立，即自由主义和国家干预。

1. 政府与市场的关系

18 世纪下半叶，资产阶级利益的代言人亚当·斯密提出了"经济人"假设和"看不见的手"的概念，提倡自由竞争、自由贸易，以及劳动力、资本和其他生产要素的自由流动。随后的李嘉图、马歇尔等丰富和完善了这一理论。到 19 世纪末 20 世纪初，这种理论受到了挑战，20 世纪 30 年代的全球经济大危机彻底打破了市场万能论，也粉碎了市场自动均衡理论，凯恩斯国家干预主义应运而生。凯恩斯提出"有效需求不足"原理，主张扩大政府经济干预，该理论为时任美国总统罗斯福先后两次采用，并成为

---

① 郑功成. 从慈悲到正义之路——社会保障的发展 [M] //郑功成. 构建和谐社会：郑功成教授演讲录. 北京：人民出版社，2005：163.

第二次世界大战以后的主流经济学，促进了国家垄断资本主义的发展，也促进了资本主义国家社会保障的发展。但20世纪70年代世界经济出现"滞胀"，又使凯恩斯主义的国家干预理论遭到挫败，自由主义卷土重来。到20世纪90年代中期，世界银行经济学家青木昌彦等对政府在东亚经济发展过程中的作用进行深入研究之后，又提出了市场增进论，认为政府政策的职能在于促进或补充民间部门的协调功能，而不是将政府和市场仅仅视为相互排斥的替代物，强调把政府的政策目标定位于改善民间部门的协调能力和克服市场缺陷的能力。进入21世纪后，市场机制成为公认的具有效率的发展手段，但对自由主义经济学主张也开始了反思。

工业化国家的发展实践已经表明，政府不是万能的，市场同样不是万能的。市场失灵现象的存在，以及市场不可能自动地解决好公平问题，也不可能真正实现平等、共享的目标，表明需要政府的干预和调控；而政府失灵现象的存在，又使市场有参与的必要性。因此，政府和市场都不是万能的，它们之间并不是非此即彼的单向选择关系，而是在双方合理分工的基础上，建立有效的选择和协调机制，实现资源配置最优化和交易成本最小化。

2. 社会保障中的政府与市场的功能界定

从各国的社会保障立法来看，都是将社会保障视为国家的责任，政府是构建社会保障制度的主体。首先，政府应该推动立法机构建立完备的社会保障法律体系，通过立法赋权明责，使社会保障能够在法制的框架下规范运行；其次，政府应当通过财政投入、税收和收入分配等政策，对市场无力承担、不愿意承担或不适合承担的国民生活风险进行保障，或在政府的支持下由非盈利机构或社会组织提供保障，真正体现出社会保障制度的社会公平性；最后，政府还应当对社会保障承办主体和实施主体及相关环节进行严格有力的调控、管理和监督，保证制度实施的有效性和有序性。而针对政府政策效应偏离政策目标的现象，市场化改革则可以促使政府以程序化、法治化、科学化的方式参与调控，并避免政府行为对制度本身的正常运行造成损害。

具体到我国社会保障中政府与市场的功能界定，应充分考虑现阶段的中国国情，合理协调二者的关系，做到有为政府与有效市场相结合，制度公平与管理效率相结合。在转制成本的负担和基础保障以及制度构建、法制建设方面，政府应该承担起自己的责任；同时，也应避免政府包揽过多的现象。建立多层次社会保障体系作为明确的目标，决定了在政府主导社会保障事业发展的同时，还应当充分调动市场主体与社会力量参与的积极性，例如，发展社会福利事业、慈善事业等，发挥商业保险等的作用，以便将有为政府与有效市场有机地结合起来，这是一条正确的可持续发展之路。

(三) 权利与义务

1. 权利与义务的关系

权利与义务是一对法律范畴,权利是指宪法和法律确认的公民作为或不作为某种行为的可能性,或要求他人作为或不作为某种行为的可能性;义务是指宪法和法律规定的公民必须履行的责任。

根据辩证唯物主义,权利与义务的关系是相辅相成的关系。首先,二者既对立又统一,既严格区别又互为条件。世界上没有无权利的义务,也没有无义务的权利;权利的实现需要义务的履行,义务的履行又为权利的实现提供了可能性。其次,权利与义务密不可分。某人具有了某种权利,那么同时也意味着另外一个人(或一些人)负有相应的法律义务,反之,某人承担了法律义务,也就意味着另外一个人(或一些人)产生了权利,两者共同构成权利与义务法律关系两个不可分割的方面。可见,权利与义务不可能孤立地存在和发展,任何一方的存在和发展都必须以另一方的存在和发展为条件。再次,权利与义务相互渗透、相互包含,一定条件下可以相互转化。对于获得者是权利的,对于付出者则是义务;在一些情形下所承担的义务,必然在另一些情况下享有相应的权利;一方有什么权利,他方便有什么义务;一方有什么义务,他方便有什么权利。最后,权利与义务具有双重关系。这种双重关系表现在,一是权利与义务主体所享有的权利与其自身所负有的义务的关系,二是他所行使的权利与他人所履行的义务的关系。一个人可以放弃自己的权利,但他必须履行所承担的义务。

2. 社会保障中的权利与义务

在社会保障中,强调遵循权利与义务相结合的原则,但不同的项目又具有不同的侧重和表现。总体而论,社会保障权利的享有需要以履行法定的义务为前提。国家或政府作为社会保障的实施主体,有向受保障者收取保险费或以其他形式(如形成财政资金,可用于社会救助的税收)向社会成员征税的权利,但必须履行向社会成员提供风险保障的责任;对于受保障者同样如此,其保障权益的实现也需要以付出一定的保险费或其他形式的支出(如税收)为前提。在社会保险中,除工伤保险外,其他各险种在绝大多数国家均要求受保障者必须缴纳一定的保险费(税),作为享受领取保险金权利的条件,承担缴费责任是受保障者的义务,领取保险金是受保障者的权利;在一些社会救助制度(如以工代赈)中,受保障者必须以参加劳动作为接受救助的条件,即使是最低生活保障也要求申请者承担如实申报和配合救助机构家计调查的义务;在社会化的福利设施中,享受者也须付出一定的经济代价,才能够享受各项社会服务等。权利与义务相结合是社会保障责任共担机制的内在要求,体现的是共建共享原则,是发挥风险分散功能的需要。当然，社会保障中权利与义务的结合并不意味着权利与义务必然对等，因为权利与义务对等体现的是一种等价交换的关系：付出多少，得到多少。在社会保障制度中，受保障者的所得通常大于所付，在一些社会保障制度安排中亦有受保障者无需付费或很少付费的现象。此外，由于社会保障天然地以追求社会公平为目标，在社会保障制度的具体实践中，少数项目也明显具有权利与义务的单向性。如灾害救助，为需要救助者提供生活保障是社会和国家的义务，而接受救助是公民应有的基本权利，公民接受社会救助不以缴费为享受条件；再如慈善事业中，是有能力者帮助有需要者，受助者无需付费。这些都是具有明显的权利与义务不对等性的社会保障项目安排。

由此可见，社会保障的权利与义务关系并非是市场经济中的等价交换关系，而是更广泛意义上的权利与义务的结合，这种结合在具有特殊社会功能和社会目标的社会保障制度中，有时权利的享受是不以履行义务为前提的。

二、社会保障与经济发展

社会保障采取的是经济手段，必然需要相应的经济基础，同时也反过来影响着经济的发展。它们之间的辩证关系是：经济发展水平决定着社会保障的水平和规模，而社会保障制度也对经济发展有反作用。

一方面，人类社会的经济活动包括生产、分配、交换和消费四个环节，其中生产处于最基础的地位，生产什么、生产多少决定了分配、交换和消费的数量和质量，但分配、交换与消费也反过来决定着生产的结构与发展状态。作为社会再分配政策，社会保障再分配功能的发挥取决于生产发展这一先决条件；作为政府宏观调控政策，社会保障在任何条件下也不可能脱离经济基础而存在。经济发展水平高，社会保障物质基础雄厚，再分配的规模和水平越高，国家以社会保障进行宏观调控的能力越强，且该功能和作用的充分发挥反过来又会进一步促进社会保障体系的健全与完善；反之，在经济发展不足的条件下，社会保障无论在社会再分配和宏观调控功能上，还是在体系结构上都可能残缺不全，这一点已经在世界各国的社会保障发展中得到了印证。

另一方面，与经济基础相适应的社会保障制度，不但可以为陷入困境的社会成员提供生活保障，而且有利于维持劳动力再生产和劳动力资源的优化配置；规模适度的社会保障通过收入再分配的实现，既能平衡劳动者之间收入的过分悬殊，实现社会公平，又可以进行一定的激励，提高社会生产率。另外，适度规模的社会保障基金的积累和支付，还可以成为活跃资本市场的经济力量，并对居民储蓄、扩大消费等产生相应的影响，从而可以在多方面促进国民经济的发展。相反，如果社会保障超前或滞后于经济发展，就会制约和阻碍经济发展：前者会造成代际矛盾，损害劳动者积极进取之心，使社会保障成为经济发展的负累，损害经济发展后劲和国家综合竞争力；后者则会因社会保障制度的不健全，导致社会问题不能及时解决，结果将是社会问题日益严重，进而必然地波及经济发展。上述两个方面的教训在中外近半个世纪以来的实践中均能够找到许多例证。

在市场经济条件下，社会保障是市场经济正常运行的安全保障网，市场经济风险的多元化也要求和促进着社会保障的发展。因为社会化大生产和市场经济的发展，使每一位社会成员既不依附于任何单位或组织，又必须抛却以前传统、封闭的生活方式，融入社会中，而经济全球化更是使社会成员的生活风险被进一步放大。生产方式、生活方式的社会化和经济全球化，使人们面临着社会化的风险，单靠个人或家庭的自我保障根本不足以应付或满足生活风险保障的需要。因此，市场经济条件下社会成员生活风险的全面化与社会化，客观上要求社会保障制度在项目体系、制度管理、运营实施等多方面不断发展和完善。

三、社会保障与社会进步

自人类诞生以来，追求自由、平等便成为人们的崇高理想。从茹毛饮血的原始社会到日益发达的当代社会，从2500多年前中国孔子的大同社会论到欧洲的空想社会主义，从柏拉图的《理想国》到康帕内拉的《太阳城》，世界大同、天下为公一直是无数仁人志士孜孜以求的梦想。人类社会的文明进程已经揭示，个人的自由和全面发展，不仅是个人幸福所系，而且是国家繁荣和社会进步的客观标志。现代社会保障制度作为人类社会发展和文明进步的产物，在促进整个社会的健康发展方面起着不可替代的作用。社会的发展离不开社会保障，社会保障的发展和完善也得益于社会进步。

从总体上讲，人类社会的进步包括物质文明的进步和精神文明的进步，前者表现为对社会成员的生存、发展所需物质资料的满足，后者则在于人类生活品质与品味的提高。根据马斯洛的需要层次论，人在满足了基本的生存需要之后，总是有谋求更高层次的安全、社会交往、尊重、自我实现的需要，这不但要有充分的保障机制来保障社会成员的生存安全，而且要创造和谐的社会环境，保证每一个人的充分发展。在上古的原始社会，在生产力水平极其低下的条件下，人们就以其最朴素、最原始的平等观念，来保障每一位社会成员的最基本生存；在漫长的奴隶社会和封建社会，虽然没有稳定的、制度化的社会保障措施，但仓储后备、以工代赈等措施已经成为统治者应付饥馑与灾荒的惯常手段。当历史的车轮驶入现代社会，扩大和分散化了的社会风险迫切需要现代化的保障机制；物质生产的进步和人本思想的发展，天赋人权成为时代发展的主题；保障每一位社会成员的生存权和发展权则构成了人类社会发展进步最基本、最根本的目标，社会保障便不可替代地、义不容辞地承担起了这一使命。在世界各国，社会保障规模与水平逐渐提高、制度措施日趋健全、保障功能日臻完善。由此可见，人类社会的进步不但为社会保障的发展提供了物质的、精神的基本前提，而且要求社会保障与现代化的社会文明相适应，这也是实现保障目标的应有之义。

"第二个联合国发展十年国际发展策略"（1970—1980年）指出，发展之最终目的既（即）提供日益增多之机会，使全体人民有更佳之生活，故必须实现更公平的收入及财富分配以促进社会正义及生产效率，切实提高就业水平，达成更高度收入保障，扩充与改进教育、卫生、营养、住宅及社会福利之设施，并保护环境。[①] 社会保障作为社会发展的一个方面，不但在促进社会公平、消除贫困、维护社会协调和稳定等方面发挥着不可替代的作用，而且在实施过程中，社会的互助互济精神得到了发扬光大，人们的现代观念得到了树立，人道主义精神和社会道德得到了弘扬和发展。人类社会越发展，人本思想越凸显，就越需要社会保障制度的提高和完善。正因为社会保障体现了以人为本的人道主义与共享理念，创造并维护着社会公平与正义或者缩小着社会不公平，它的发展才不仅被看成是保障社会成员生存和发展的需要，而且被视为人类社会文明进步的标志和表现。

四、社会保障与人的发展

马克思曾经指出，人是社会关系的总和，人的发展是社会发展的中心，社会的发展依赖于每一个社会成员的发展，每一个社会成员的发展又必须在社会这个环境中实现，社会保障为人的发展提供了可靠的保障机制。

从人类发展的历史来看，人类的发展是个体的人逐渐社会化的过程，是一个由封闭的、自然的人发展到开放的、社会的人的过程。在漫长的自然经济社会中，人们过着自给自足的生活，每个人都被束缚在自己的家庭范围内，家庭是他们唯一的庇护所，承担着他们所有的生活风险保障责任，国家仅在灾荒之时才实施水平极低的非制度化的救助措施。随着生产的发展和社会的进步，人的社会化成为不可逆转的趋势，打破了原来封闭的生活方式，家庭的保障功能日益削弱，单靠过去那种救灾济贫式的保障制度已不可能适应人的社会化的需要。因此，社会成员面临的生活风险，只有通过规范的、稳定的制度安排才能获得化解，现代社会保障制度正是适应人的这种发展趋势而走向全民化、普及化的。从这个意义上讲，人类的社会化进程决定了社会保障的普

---

① 第二个联合国发展十年国际发展策略［EB/OL］. 联合国官网，［2023-06-13］. http://www.un.org/zh/documents/treaty/A-RES-2626(XXV).

及化进程。反过来，社会保障为社会成员提供的安全保障机制又必然促进个人的发展，最终结果也是促进了全人类的发展。

在当代社会，社会保障不仅是一种安全保障机制，而且是一种社会协调和促进机制；不仅能够为陷入困境的社会成员提供基本的生活保障，解除其后顾之忧，而且还起着维护社会公平、公正的作用，为社会成员的个人发展提供了良好的社会环境。例如，医疗保险、失业保险、工伤保险等不但可以为遭受不测的人提供生活保障，使他们摆脱困境，还可以提高人的身体健康水平，为社会生活中的竞争失败者提供经济援助，使他们有重新步入社会参与竞争的机会；职业培训和教育福利可以提高劳动者的劳动技能和文化素质，增强了个人的竞争能力和发展潜力。当然，个人素质的提高和个人发展反过来又促进了社会的全面发展，从而也促进了社会保障的发展和完善。

第二节 社会保障与收入分配

从经济角度出发，可以发现社会保障属于国民收入分配体系，它是调节社会财富分配格局的重要工具，也是促使社会财富分配更加合理、公正的基本制度安排。在收入分配的诸多影响因素中，生产力发展水平和生产方式是根本的影响因素，决定了收入分配的水平和方式，并使收入分配反映出一定的生产关系。经济体制、社会政策目标、国家强制力等也是收入分配的影响因素，促进或制约着收入分配。社会保障作为社会安全与保护机制，在整个国民经济中发挥着直接或间接的再分配功能，其再分配功能的强弱和再分配规模的大小是调节收入分配差距、影响社会公平实现的重要因素。

一、社会保障与收入分配目标

在市场经济条件下，劳动者作为独立的经济主体，必须从社会获得必要的生产、生活资料，以维持其自身的发展和劳动力再生产需要。作为连接生产和消费的必不可少的中间环节，分配是在劳动者为社会生产付出了自己的智力、体力、知识和技能之后，以劳动报酬的形式从国民收入中获取一部分生活资料。所以，收入分配不但是满足劳动力生产、发展的需要，而且是作为对劳动者为社会付出的补偿，是劳动者生存的必要条件。在西方经济学的"经济人"假设下，人们的经济行为具有趋利避害的自利倾向，劳有所得、劳有所获是对劳动者的利益激励机制，它可以促使其追求经济目标、提高经济效率，最终推动社会经济发展。从社会学的角度讲，经济社会发展的最终目标是以人为中心，满足社会成员的物质和精神生活需要，进而实现人的最充分发展，而分配的目标与经济社会发展的目标是一致的，即通过实现每个人的发展最终达到全社会的共同发展，实现真正的社会和谐与公平。

与初次分配中劳动者按劳获酬的分配方式相比，社会保障显然是一种收入再分配方式。一方面，社会保障的资金主要来源于国家税收收入和向雇主与劳动者个人征收的社会保险费等；另一方面，社会保障又按照各个项目的规范将这笔资金分配给受保障者，使社会成员获得基本的生活保障，并维持劳动力再生产的延续性。因此，社会保障既受整个收入分配格局的影响，又直接影响着国家的收入分配格局。现代社会保障制度在产生之初虽然是被作为"消除革命的成本"而实施的，是社会的"稳定器"和"减震器"，但随着社会的进步和发展，人的发展成为社会发展的主体，生存权和发展权成为社会成员最基本的权利，作为社会再分配机制，社会保障的分配目标无疑是缩小贫富差距、减少贫困，最终实现社会公平。由此，无论从经济学角度还是从社会学角度，社会保障制度与国民收入的最终分配目标都是一致的。

二、社会保障与收入分配方式

随着经济的持续发展，我国城乡居民的个人收入水平在迅速提高，收入的来源也呈现出多样化的趋势，单一的以工资收入为主的分配体制已不复存在，取而代之的是多种分配形式并存的多元化分配格局。在党的二十大报告中，用专门篇幅阐释了我国完善分配制度的基本方略，核心要义是将收入分配制度定位为促进共同富裕的基础性制度安排，强调"坚持按劳分配为主体、多种分配方式并存，构建初次分配、再分配、第三次分配协调配套的制度体系"[①]。面向社会成员个人的分配，通常包括按劳分配与按需分配等方式。

关于按劳分配，较为普遍的理解是指在社会总产品做了必要的扣除之后，以每个劳动者为社会贡献的劳动数量和劳动质量作为依据分配收入，多劳多得、少劳少得、不劳不得。按劳分配作为分配方式的主体，为社会成员参与社会产品的分配提供了基本的原则和前提，为提高经济活动的效益提供了内在动力，是市场经济最大限度地发挥劳动者生产积极性的最佳形式。作为初次分配领域最主要的分配方式，按劳分配遵循效率优先、兼顾公平的原则。

按需分配是指按社会成员的实际需要分配社会收入。按照马克思主义创始人的设想，当人类社会发展到共产主义阶段，由于经济的发展，城乡之间、工农之间、脑力劳动与体力劳动之间的本质差别已经消失，每一个社会成员不再为旧的社会分工所束缚，劳动时间也大大缩短，全体人民的思想觉悟和道德品质得到极大提高，不计报酬

---

① 凡引用党的二十大报告的，均与本处同源：习近平. 高举中国特色社会主义伟大旗帜　为全面建设社会主义现代化国家而团结奋斗——在中国共产党第二十次全国代表大会上的报告[N]. 人民日报，2022-10-26.

的自觉的社会公益劳动成为劳动者的习惯，成为劳动者生活的第一需要，即具备了各尽所能、按需分配的条件。按需分配的前提是社会生产力的高度发展和物质财富的极大丰富。

社会保障作为一个多层次多项目的复杂分配系统，其中既有按劳分配的成分，又有按需分配的成分。例如，社会保险的缴费通常与劳动者的工资收入相关，其中，养老保险即部分地体现出按劳分配的延续，但在待遇给付时却并非完全按照缴费多少来决定，而是根据需要来确定；医疗保险的待遇不是取决于缴费多少而是取决于医疗费用及可报销范围，从而可以视为按劳分配与按需分配的混合；而社会救助的经费来源于国家财政收入，它明显地体现出按需分配的原则。当然，不论何种分配方式，最终的结果和目的都是相通的，即保障社会成员的基本生活并不断增进人民福祉，实现社会公平。当然，社会保障按需分配是以国家和社会财力为后盾的，是以仅仅满足社会成员的基本生活为目标的低水平的按需分配，远不能与马克思主义所设想的共产主义社会的按需分配相提并论。

三、社会保障与收入分配层次

一般而言，国民收入的分配可分为两个层次，即初次分配和再分配。社会保障制度除涉及国民收入初次分配和再分配外，实际上还有第三次分配，再分配和第三次分配都是为了弥补初次分配中效率有余、公平不足而进行的。初次分配和再分配是国民收入的主要分配形式，第三次分配由于规模有限，而且是基于自愿的、非制度化的和不稳定的，对国民收入分配的影响亦很有限。

（一）初次分配

国民收入初次分配是在国民收入生产部门内部各集团、各阶层及其成员之间进行的分配，是在产品和劳务的生产过程中，按照各种要素主体对产出直接做出的贡献大小给予的货币补偿。在初次分配中，国民收入被分解为三个部分，即国家收入、企业收入和职工个人收入。初次分配强调效率原则，在完全的市场经济条件下，初次分配的具体操作、运行和产生的结果由市场来实现，强调市场中各主体的权力仅在于通过自身需求和供给行为对初次分配产生影响，分配效率的高低取决于市场经济的发展程度。社会保障与国民收入初次分配的关系可以概括为两点。

一是社会保障制度本身参与国民收入的初次分配。根据马克思主义六个扣除理论和劳动力价值决定理论，劳动者所得形成社会总产品后，应该从中扣除六个部分，"第一，用来补偿消费掉的生产资料的部分；第二，用来扩大生产的追加部分；第三，用来应付不幸事故、自然灾害等的后备基金或保险基金……"①。同时，由于劳动力的价值是由生产、发展、维持、延续劳动力及劳动者家属所必需的生活资料的价值决定的，劳动者的工资收入必然包括维持劳动者本人和家属生存发展的生活资料的价值，对劳动者进行必要的技能培训以及为维持劳动力再生产（如对失业者进行救助及培训、对伤残者的医疗及康复等）的生活资料的价值，上述由生产资料的价值决定的劳动力价值——工资收入，必然来自于劳动者的必要劳动，这其中包含了对劳动者提供的社会保障费用支出。所以，无论从马克思主义六个扣除理论还是从劳动力价值决定理论来讲，社会保障基金都主要来自于劳动者的必要劳动，从而也来自于国民收入的初次分配。社会保障本身在参与国民收入的初次分配之后，再以其在初次分配中的所得进行再分配。

二是社会保障弥补初次分配的不足。如前所述，初次分配是以市场为基础的，按照生产要素分配，强调的是效率原则。由于市场竞争中不同的劳动者受教育程度不同、劳动能力不同、占有的生产资料和社会资源不同，他们从国民收入初次分配中的分配所得必然不同，这就形成了不同劳动者之间的收入差距。适度的收入分配差距可以形成对先进者的奖励和对落后者的激励，有利于提高劳动者的积极性，而过度的收入分配差距必然形成社会不公、贫富悬殊，危害社会稳定和发展。国际上以基尼系数表示贫富差距，超过0.4即超过了警戒线。社会保障制度作为对社会财富的一种再分配方式，通过互助共济、收入补偿，使竞争中处于劣势的个体不至于与其他社会成员相差太大，在一定程度上调节经济资源在不同地区、不同社会阶层之间的分配，从而事实上弥补了初次分配效率有余、公平不足的缺陷。

（二）再分配

为了弥补初次分配的不足，国家通常通过政府干预建立有力的再分配机制。国民收入的再分配是指在初次分配基础上，在全社会范围内继续进行的分配。国民收入再分配主要是为了满足社会公共部门运转、国家经济建设、社会后备基金储备、社会保障安排、收入分配关系的调节的需要而进行的。国民收入再分配的主要工具包括税收、社会保障、转移性收入，而社会保障居于核心地位，因为税收也是社会保障的主要筹资渠道，国民的转移性收入主要依靠社会保障制度实现。作为政府对市场产生不良后果的矫正，再分配的作用主要是弥补市场失灵，使社会财富分配更加合理化，缩小初次分配形成的差距。在实践中，再分配是以国家强制力和公共权力为基础的，其运行

---

① 中共中央编译局. 马克思恩格斯全集（第九卷）[M]. 北京：人民出版社，1963：19.

效果的优劣受制于政府可动用的经济资源和强制力大小。税收与财政是政府干预收入分配的基本手段，财政分配是政府实现收入分配目标的基本途径。

作为再分配的主要方式与途径，社会保障通过社会救助、社会保险、社会福利及相关服务等制度安排，维护并实现着社会公平与正义，使国民生活水平得到普遍保障。各国社会保障实践证明，社会保障制度越健全，保障水平越高，国家利用社会保障进行收入再分配的规模越大，对收入分配的干预越强，社会收入越趋向公平；反之，社会保障制度越不健全，保障水平越低，国家干预收入分配的力度就越小，收入分配不公的现象也越严重。从现代社会发展进程来看，各国社会保障分配规模逐渐扩大，分配水平逐渐提高，这一方面是应付社会风险、提供国民生活保障的需要，另一方面也是实现社会收入和资源公平分配的需要，社会保障规模的扩大表现了国家再分配力度的增强。在我国，经过多年的改革与发展，已经建立了世界上规模最大的社会保障体系，基本养老保险参保人数逾10亿，领取养老金的人数近3亿，覆盖全民的基本医疗保险目标基本实现，其他社会保障事业也在不断发展，但这一制度体系还未全面实现覆盖全民的目标，在实践中因存在制度性缺陷与缺失导致质量还不够高，从而在整体上显得社会保障再分配力度不够。因此，健全社会保障体系、强化社会保障再分配功能不仅是发挥其再健全作用的必由之路，也是调节收入分配格局、扎实推进全体人民走向共同富裕的必由之路。

（三）第三次分配

所谓第三次分配，是指在初次分配和再分配之后，出于个人自愿，在习惯与道德的影响下把可支配收入的一部分捐赠出去，形成慈善公益基金，然后再资助给那些需要资助者。如果说再分配是对初次分配的调节，即政府弥补市场之不足，那么第三次分配则可以视为对再分配的补充，即民间捐赠弥补着政府再分配之不足。

初次分配注重的是效率，再分配强调的是公平，而第三次分配追求的是社会协调与和谐。从国际经验来看，第三次分配在照顾孤寡老人，收养孤儿，以及帮助残障人士、失业者、贫困者、艾滋病患者、行为偏差者等方面发挥着重要作用。在走向共同富裕的历史进程中，市场和国家的作用必不可少，但要真正促进社会和谐，还需要各种社团、社会关系网络、慈善或志愿事业和机构的发展。这种不是通过利益驱使或国家强制，而是出于个人自愿，以慈善、志愿或互助为形式的资源流动，不仅可以从物质上缓解某些群体的困境，而且可以从心理上、情感上消除不同社会阶层的隔阂和对立，在价值上形成一定的共识，有助于舒缓社会阶层之间乃至社会整体结构上的紧张，营造良性互动的关系，进而形成差异基础上的和谐。因此，以慈善事业为载体的第三次分配虽然对收入分配的调节功能非常有限,但社会价值却不可替代、不容低估。由于第三次分配是建立在社会捐献基础上的自愿的、非制度化的分配方式,缺乏稳定性常常成为其发展的制约因素。从目前情况看,我国的慈善事业发展滞后,每年募集的善款不到 GDP 的 0.2%,其中企业捐赠要占 3/4,个人捐赠的款物极其有限。由此获得的一个基本结论是:以慈善事业为主要表现形态的第三次分配在我国国民收入分配体系和个人财富共享方面几乎可以忽略不计。[①] 面向未来,应当将发挥第三次分配作用纳入国家完善分配制度体系的顶层设计,通过完善褒奖制度与财税支持政策,以及积极推进慈善事业与法定社会保障制度安排的有效衔接,加快促进慈善事业持续发展,进而增强慈善事业作为第三次分配在国民收入分配中的调节力度。

第三节　社会保障与劳动就业

社会保障尤其是社会保险与劳动就业存在着密不可分的关系。一方面,社会保障中占据主体地位的社会保险通常以就业为条件,即就业者构成了社会保险的权利主体,就业亦使劳动者有相应的收入来源,有能力缴纳各项社会保险费用,从而构成了社会保障发展的活的基金源泉;另一方面,劳动者在劳动就业过程中也特别需要相应的社会保障,因为只有社会保障才能为劳动者提供充分的风险保障,进而解除劳动者的后顾之忧,并提高劳动就业的延续性和实现充分就业。社会保障与劳动就业之间的内在联系,决定了社会保障政策与劳动就业政策需要相互协调、相互促进。[②]

一、社会保障与劳动力市场

作为一种风险分担机制,社会保障直接为劳动者提供养老、医疗、失业以及贫困救助、伤残康复等多种保障,构成一张严密的社会"安全网",有效缓解了人们的生存风险,并在一定程度上影响人们的行为选择。

(一)社会保障与劳动力流动

从国内外实践来看,社会保障制度是否健全以及覆盖面的大小,是影响劳动力流动、影响整个社会就业水平的重要条件。社会保障对劳动力流动的影响,不同的条件下有不同的表现。

[①] 郑功成,等. 关于慈善法修订建议稿及相关说明 [J]. 中国社会保障学会民生专报,2021 (6).
[②] 郑功成. 中国民生的两大主题——社会保障与促进就业 [M] //郑功成. 构建和谐社会:郑功成教授演讲录. 北京:人民出版社,2005:110-117.

在我国计划经济条件下，社会保障制度是建立在公有制基础之上并服从国家指令性计划安排和农村集体经济体制的收入分配政策。社会保障由国家、企业和集体分别承办，不同单位的劳动者参加相对独立的、板块式的劳动保障制度。国有单位不但为职工提供了较高水平的养老、医疗、工伤保险和住房、教育等福利，而且职工不存在失业风险，劳动者只要进入国有单位便有了终身的保障。由于国家是国有企事业单位的所有者和责任者，这种保障制度实际上是一种国家—单位保障制，城镇集体企业一般参照执行。而广大农民除少量水平极低的社会救助外，主要依靠农村集体经济组织的集体福利，包括农村五保制度、合作医疗制度与农村基础教育等。城乡分立、板块结构、身份有别的社会保障体系，进一步强化了劳动者之间的壁垒和用工制度的弊端。因此，计划经济体制下的社会保障制度虽然为提高劳动者身体素质和健康水平以及在稳定社会方面发挥了不可忽视的作用，但其封闭性和板块之间的差异性，使不同所有制单位的劳动者缺乏流动的激励和条件，不利于劳动力的合理流动。

在市场经济条件下，优化配置劳动力资源是市场经济的内在要求，劳动力的自由流动构成了优化配置劳动力资源的前提条件，它要求一体化的劳动力市场，一体化的劳动力市场又要求建立普遍适用的社会保障制度。有了普遍性的社会保障制度，不仅劳动力的生产和再生产有了基本保障，而且劳动力自由流动的风险也会大大降低。一般而言，在经济利益机制逐渐增强的情况下，劳动者具有通过流动改变收入状况的强烈愿望，一旦各种约束和障碍被拆除，劳动力流动就必然会发生，而完善的社会保障制度有利于加速劳动力的流动，促进劳动力资源的优化配置。因此，社会保障制度是劳动力自由流动和优化配置劳动力资源的加速器和保障机制。

改革开放以来，我国打破了计划经济时期的计划招工制度，代之以市场化就业为主要方式，形成了劳动力自由流动的格局，为国民经济持续发展提供了强大动力。但社会保障制度不够成熟仍在某种程度上影响着劳动力流动。一方面，由于社会保障制度尚未实现全国统筹，劳动者在不同统筹地区或城市转换工作时容易出现社会保障权益流失的风险，而不同地区之间的社会保障权益差异亦必然使劳动力流动受到影响；另一方面，现阶段的多种社会保障制度仍然以计划经济体制下的户籍制度为依据，这使得大量在城镇工作生活的农村户籍人口不能享受与当地户籍居民一样的社会保障权益，这不仅阻碍了劳动力在城乡之间的合理流动，也损害着城镇化的发展质量。因此，通过改革和制度创新，建立全国统一公平、完善规范的社会保障制度，促进劳动力的自由流动和优化配置劳动力资源，已经成为我国持续健康发展面临的重要任务。

（二）社会保障与劳动力供求

社会保障制度对劳动力供给的影响具有双重性。一方面，现代社会保障制度作为社会成员的基本生存保障机制,为劳动者应付社会风险提供了有力的支持,为他们的生活提供了有效的保障,实质性地解除了劳动者的后顾之忧,使其可以全身心地投入劳动,激发其劳动积极性,这会带来劳动力供给的增加;加之社会保障制度可以采取以就业为导向的失业保障措施,各种职业和技能培训也提高了劳动者的素质,使之对就业市场具有更高的适应能力,更能应付职业环境的变化,从而客观上也起到了增加劳动力供给的作用。

另一方面,现实中的社会保障制度又并不像制度设计之初所设想的那样完美,它既有增加劳动力供给的作用,也有阻碍劳动力供给的一面。首先,由于社会保险费的征收,使劳动者当期收入减少,影响到劳动者的生活水平,为了弥补收入的下降,劳动者会更加努力地工作(此谓收入效应),从而增加了劳动力供给;相反,劳动者当期收入的减少,也可能会使他在当前生活水平不受太大影响的条件下,选择以更多的闲暇替代劳动(此谓替代效应)、减少工作。当替代效应大于收入效应时,劳动力供给将会减少。其次,在社会保障制度较完善的条件下,如在一些福利国家,社会保障待遇水平高、享受条件宽松,但个人所得税又比较高,有时就业劳动者纳税后实际收入反而不如领取救助金时收入高,一些人就宁愿靠领取救助金度日,也不愿工作,出现了所谓"养懒汉"的现象,这就减少了劳动力的供给。最后,在社会保障收支代际转移,缴费者并非直接受益者或由于较高的税收导致低工资且养老金替代率较高的情况下,也会使劳动者选择提前退休,过早地离开劳动市场,减少劳动力供给。

作为社会保障体系中主体内容的社会保险,其运行的财务基础是雇主(企业或用人单位)和雇员(劳动者)共同缴纳的社会保险费而形成的社会保险基金,在保险费分担的情况下,保险缴费必然增加企业劳动力成本,从而会影响到企业的用工行为。当其他生产要素价格一定时,劳动力要素的价格成为影响企业生产成本的重要因素。费用分担原则要求企业按工资总额的一定比例缴纳社会保险费(税),无疑成为企业一项不菲的开支,导致生产成本提高。劳动力成本的提高会使企业面临两种选择:第一种是减少用工,并通过提高技术含量或增加资本投资的方式来弥补劳动力的不足,形成资本替代劳动的格局,减少对劳动力的需求。第二种是当劳动力成本提高时,企业通过降低工资或抬高产品价格的方式,将提高的那一部分成本转嫁给劳动者或消费者,但是在竞争性的市场中,提高产品价格的可能性几乎为零,企业唯一的选择就是通过降低工资的方式将社会保险费转嫁给劳动者本人,形成低工资高税收,这种办法会使提前退休成为劳动者的选择,这就意味着社会保障供款减少和养老金支出的增加。在社会保障支出水平刚性的条件下,供款率的提高和社会保障支出的增加又使劳动力成本进一步提高,这样企业会缩减生产规模或以资本替代劳动,无论企业采取哪一种策略,最终的结果都可能是减少劳动力需求,劳动者被排挤出就业范围之外。

当然,从另一个角度看,社会保障通过对陷入困境的社会成员提供经济援助,可以保持其一定的支付能力,在一定程度上有利于刺激消费、扩大内需、促进经济增长、增加就业岗位,从而又有扩大劳动力需求的一面。

综上,社会保障对劳动力供求的影响是复杂的,需要审慎考虑。

二、社会保障与促进就业

就业和社会保障是现代社会民生发展的两个基本问题,两者之间相互联系、相互影响。社会保障作为民生保障的"安全网"和经济运行的"减震器",对促进就业有不可替代的作用,同时也是衡量就业质量的核心指标。就业促进已经成为社会保障尤其是失业保障制度发展的必然趋势,失业保障在许多国家已经由被动的失业后补救转变为积极的就业促进。社会保障对促进就业具有得天独厚的优势,就业率的提高对于社会保障制度的健全和完善亦发挥着重要作用。

(一)社会保障促进就业

现代社会保障制度在19世纪后期的德国产生之初,并没有专门的失业保障,当时社会保障制度对于促进就业的作用在于通过对劳动者的疾病、工伤、残障和老年等风险的保障和保险金给付,帮助劳动者重新开始正常的生活,重新步入劳动力市场,这是一种间接的促进就业作用。而自1905年第一个失业保险制度在法国诞生以来,经过一个多世纪的发展,各国的失业保障制度已经从单纯的失业救助发展到了失业救助和就业促进的双重制度安排。不仅如此,伴随社会保障事业的发展,其本身也拓展了就业空间,这使得社会保障促进就业的作用更加全面。总起来讲,社会保障在以下四个方面发挥着促进就业的作用。

第一,社会保障通过为陷入生活困境或暂时失去收入来源的社会成员提供经济援助和保障劳动者的体面生活,使劳动者能够尽快渡过难关,以更加积极的姿态融入社会,重新进入劳动力市场,有利于积极就业。

第二,现代社会保障制度发展到今天,已不仅仅是基本的生活保障制度,更重要的是可以通过教育福利的落实、对劳动者的职业和技能培训,提高劳动者素质和劳动能力,使之能够应付市场风险。

第三,全国统一完善的社会保障体系的建立,有利于形成统一开放的劳动力市场,提高劳动力流动性和信息对称性,减少就业壁垒和摩擦性失业,可以缩短劳动者的失业周期,提高就业率。

第四，社会保障的不断发展也拓展了就业空间，容纳了越来越多的劳动者就业。例如，社会保险事业的全覆盖与社会救助制度的健全，需要专门的机构与队伍来实施，面向老年人、儿童、残疾人、妇女的各项福利事业及相关服务更是容纳巨量劳动者的就业领域。因此，社会保障事业的发展可以创造更多的就业岗位，进而为社会成员提供更高质量的保障。

（二）就业促进社会保障发展

就业和社会保障是一个不可分割的有机整体。一方面，社会保障促进就业，社会保障的发展离不开就业。在现代社会中，生产方式和生活方式的社会化，使每一个社会成员都面临着社会化的风险，对社会保障提出了更高水平和更大规模的要求。另一方面，就业为社会保障提供了发展和运行的经济和财政支撑。从狭义上讲，社会保障（尤其是占主体地位的社会保险）通常是以就业劳动者为参保主体的，就业劳动者及其单位的缴费构成了社会保障基金的重要来源，为社会保障制度运行提供最基本的经济基础；从更广泛的意义上讲，充分就业不仅是国民经济发展的基本目标之一，而且是经济发展必不可少的良性推动因素，社会保障的发展归根到底得益于经济的发展，就业所推动的经济发展为社会保障制度提供了最终、最根本的经济后盾。

此外，充分就业、高质量就业还意味着更多社会保障覆盖对象具有缴费能力，共建共享原则会得到更加充分的体现。因此，就业优先战略与积极就业政策的实施，亦包含了促进社会保障发展的成分在内。

（三）我国利用社会保障促进就业的措施

基于社会保障与就业之间的内在关联性，决定了社会保障不仅应为包括劳动者在内的所有社会成员提供基本生活保障，而且应在促进就业和就业保障中发挥积极作用。

第一，建立统一公平的社会保障体系，为劳动力市场提供良好的制度环境，消除劳动力流动壁垒，维护就业市场一体化，进而促使就业质量得到提高，并提高劳动力资源配置的有效性。

第二，建立就业导向型的失业保障制度，变失业保障为就业保障。"授人以鱼，不如授人以渔"，失业保障制度不仅要为失业劳动者提供经济保障，而且应该在就业服务、就业培训、职业介绍等方面发挥更大的作用。基于当前的现实，我国应当扩大失业保险的覆盖面，将灵活就业者纳入，同时将提高劳动者素质和劳动技能培训放到与失业救助同等重要的位置，这不仅可以更好地发挥失业保障制度的功能，而且有利于提高劳动者的劳动能力，进而使劳动力资源整体素质得到优化。

第三，努力提高社会保障制度促进就业的功能。例如，最低生活保障制度中如果实行一定的收入豁免政策，将促使贫困家庭有劳动能力的成员积极参与社会劳动，进而使其收入增加、生活状态得到改善，等等。

第四节　社会保障与其他公共政策

社会保障本身是政府主导的公共政策，在实践中又与其他公共政策有紧密的联系，如反贫困政策、人口政策、教育政策以及家庭政策等，客观上均与社会保障制度息息相关。

一、社会保障与消灭贫困

贫困问题是严重的社会问题，也是世界性问题，被列为联合国社会发展问题三大主题之首。1990年制订的"联合国第四个十年发展活动纲要"把发展中国家的经济持续发展和消除贫困列为首要目标和国际合作的优先领域。1992年12月22日，第47届联合国大会确定每年的10月17日为世界消除贫困日，旨在引起国际社会对贫困问题的重视。1995年联合国社会发展世界首脑会议确定1996年为世界消除贫困年、1997—2006年为世界消除贫困十年。2000年9月，联合国首脑会议上由189个国家签署"联合国千年宣言"，确定联合国千年发展目标（MDGs）行动计划，该计划共分8项目标，旨在将全球贫困水平在2015年之前降低一半（以1990年的水平为标准）。2015年9月25日，联合国可持续发展峰会在纽约总部召开，193个成员国在峰会上正式通过17项联合国可持续发展目标（SDGs），指导2015—2030年的全球发展。联合国的这些行动，表明贫困问题是全世界共同面对和需要解决的重大问题。2020年1月，联合国正式发起可持续发展目标"行动十年"计划，呼吁加快应对贫困、气候变化等全球面临的最严峻挑战，以确保在2030年实现以17项可持续发展目标为核心的2030年可持续发展议程。

消灭贫困需要经济增长，但经济增长并不必然导致贫困的消失。缓解贫困和提高全体国民的生活质量，必须依靠政府的再分配政策进行宏观干预，社会保障是可以缓解贫困、促进社会平等的重大制度安排，其作用主要表现在以下四个方面。

第一，社会救助直接面向贫困人口，为贫困人口及遭遇灾祸的人们提供着最基本的生活保障，从而会直接起到缓解贫困的作用。一个社会如果没有制度化的社会救助，贫困人口便可能因生活困难陷入困境，而有了制度化的社会救助，则陷入生活困境的社会成员就能够获得相应的援助，从而可以缓解和减轻他们的贫困程度。

第二,社会保险主要面向劳动者,事实上直接起着预防贫困和减少贫困的作用。例如,养老保险为退休人员提供经济来源从而可以防止老年人陷入贫困境地,工伤保险可以为遭遇职业伤害的劳动者提供经济补偿,失业保险为失业者提供现金援助从而能够缓和其生活危机,医疗保险则可以避免人们因疾病而陷入生活困境,等等。因此,社会保险解除的是人们的后顾之忧,起到的是防止与减少贫困的直接作用。

第三,社会福利可以提高人们的素质,实现全体国民共享发展成果。例如,教育福利、职业培训及公共就业服务等可以直接提高劳动者的劳动技能和职业素质,增加其就业机会和就业收入,从更深的层面解决劳动者的贫困问题;老年人福利、残疾人福利、妇女儿童福利等则能够使享受者分享发展成果,进而减轻其经济负担与压力,提高其生活质量。

第四,社会保障制度作为一种再分配政策,通过让高收入者多做贡献、低收入者和贫困家庭相对享受较多的待遇,在一定程度上调节了社会成员的贫富差距,缩小了收入分配的不平等程度,缓解了现实社会中的相对贫困。它还通过平抑劳动者的收入和消费曲线,调节其不同生命周期的生活水平和质量,避免了生活大起大落的现象。另外,社会保障制度还通过公共医疗卫生、社会服务措施,增进了全社会的福祉,客观上缓解了贫困给人们带来的痛苦。

就像社会公平不能仅指望社会保障制度一样,缓和乃至消灭贫困问题也不是仅靠社会保障制度就能够全部实现的,但上述分析已经表明,社会保障制度确实对国家解决贫困问题起着直接的不可替代的作用。因此,国家要真正实现消灭贫困或者缓和贫困问题,必须健全并完善社会保障体系。

党的十八大以来,我国掀起了大规模的脱贫攻坚行动,在精准扶贫理念的指导下,通过一系列的国家行动,如期实现近亿贫困人口脱贫,将绝对贫困与区域性整体性贫困现象送进了历史,取得了人类发展史上最卓越的反贫困成就。在这一进程中,社会保障制度发挥了巨大的作用。一方面,社会保障是最大的防贫、减贫机制。例如,老年人皆享养老金,为有效防止和减轻老年贫困提供了有力支撑;全民医保目标基本实现,医疗费用报销水平稳步提升,基本切断了疾病与贫困之间的链条;其他各项社会保障事业的发展,均不同程度地减轻了保障对象的负担压力,并增加了转移性收入。另一方面,社会保障为脱贫攻坚做出了重要的直接贡献。例如,2020年,国家利用财政补贴,为6 098万建档立卡贫困人口代缴基本养老保险费,使贫困人口参保率达到了99.99%,同年年底有超过3 014万贫困老年人按月领取基本养老金,其中建档立卡贫困老年人达1 735万人[①]；通过2018—2020年医保扶贫专项行动，全国累计资助贫困人口参加基本医疗保险达2.3亿人次，直接减轻个人缴费负担403亿元，减轻医疗费用负担达3 500亿元[②]；最低生活保障制度直接保障着4 000多万城乡低收入困难群众的基本生活，残疾人"两项补贴"（困难残疾人生活补贴和重度残疾人护理补贴）直接惠及以千万计的残疾人；等等。一个简单的事实是，如果没有参加基本养老保险，3 000多万贫困老年人的人均可支配收入将降低10%以上；如果缺乏有力的医疗保障，贫困人口中40%以上的因病致贫或返贫人口仍摆脱不了贫困；如果没有最低生活保障等制度安排，低保对象将陷入生存危机状态。在脱贫攻坚任务完成后，仍有一些困难人口无法通过自身努力摆脱贫困，这些困难人口便只能由社会保障制度进行兜底。可见，正是社会保障制度构筑了防贫减贫的牢固防线，进而为全面建成小康社会和走向共同富裕奠定了基石。

二、社会保障与人口政策

由于社会保障是基于人的需要与人的发展而产生并发展起来的，人口政策的实施同样需要有相应的保障与激励机制，因此，在许多国家，人口政策与社会保障政策之间通常存在着不可分割的联系，有时甚至是完全一体的关系。

所谓人口政策，是指一个国家根据自己的社会经济发展需要和人口与社会经济发展的比例关系，为直接干预、调节和影响人口数量（包括鼓励或控制人口增长）、人口构成、人口分布等而制定的法令、措施、方法和手段的总和。人口政策是一把双刃剑，它在改变家庭结构和人口结构的同时，也从多方面影响着以人作为参与主体和服务对象的社会保障制度。在西方国家，由于人口出生率低下，劳动力供应不足，大多采取刺激生育的政策，其社会保障对多子女家庭提供了优厚待遇，成为刺激生育的重要措施。

在我国，伴随人口老龄化的加速行进，少子高龄化现象已经很难逆转，人口结构的深刻变化对社会保障的影响至关重要。一方面，自1999年、2000年先后按照60岁及以上人口、65岁及以上人口占总人口之比判断我国进入老龄化社会后，2021年65岁及以上人口占总人口之比达14.2%的事实，标志着我国已经从轻度老龄化进入了中度老龄化社会，并将不可逆转地走向深度老龄化社会，这意味着养老金支付压力、疾

---

① 社保扶贫保生活，成效如何来看［N/OL］．人力资源社会保障部网站，（2021-02-05）［2023-06-19］．http：//www.mohrss.gov.cn/SYrlzyhshbzb/ztzl/rsfp/xw/202102/t20210205_409224.html.

② 全国医疗保障工作会议在京召开［N/OL］．国家医疗保障局网站，（2021-01-13）［2023-06-19］．http：//www.nhsa.gov.cn/art/2021/1/13/art_14_4259.html.

病医疗或健康维护的代价以及对养老服务等的需求必定持续上升。另一方面,我国的人口出生率持续降低,进入"十四五"后开始出现人口负增长现象,年轻人口在总人口中的比重持续降低,这意味着劳动人口持续减少,社会保障供款也会相对减少,进而影响到社会保障基金收入来源。可见,少子高龄化时代的到来,对社会保障体系结构、社会保障财政的直接影响巨大。因此,有必要统筹考虑社会保障与人口政策的关系,并使这两大政策体系相互协调、相互促进。

从现实出发,我国需要更加理性地建立多层次养老金制度体系,更加理性地确立中国特色的医疗保障制度,建立长期护理保险制度,加快发展基本养老服务、儿童福利、残疾人福利事业,以健全完备的社会保障体系和更可持续的筹资机制、更加公平的待遇机制来适应人口结构的深刻变化,并助力人口均衡发展。

三、社会保障与国民教育

国民教育作为整个社会福利系统中的一项重要子系统,对实现社会公平、促进社会和谐起着基础性作用。联合国2003年在千年发展目标中指出,发展中国家要摆脱贫困,采取的重要政策就是要投资于健康与教育,这些投入不是有碍而是有助于经济增长,经济增长又反过来有助于人类发展。诺贝尔经济学奖得主阿马蒂亚·森也指出,对于贫困地区,儿童入学率的增加、成年文盲人口的减少以及医疗健康情况的改进,则意味着贫困减少的开始。

社会保障与国民教育的发展是相互促进的关系,社会保障中教育福利的实施维护了教育的公平性,保证了教育事业的健康发展,而教育事业的发展反过来又会有利于社会保障制度的巩固和完善。一方面,现代社会保障制度是包括社会救助、社会保险、社会福利等在内的全面的国民保障系统,教育福利构成了现代社会保障制度的必要内容,社会保障制度的发展有利于现代国民教育体系的形成,有利于促进全民族教育和科学文化素质的提高。另一方面,社会保障制度为劳动者提供的经济保障客观上起到了保障其子女享受教育的权利,而各种具有福利性的职业培训等又使劳动者的文化素质与技能水平得到提高。此外,国民教育的发展,包括义务教育、职业教育、高等教育等,成为劳动者劳动技能提高的关键因素。作为生产力中最活跃的因素,劳动者素质的提高必将大大提高社会生产效率、促进经济发展,从而为社会保障制度的发展和完善提供最基本的活力源泉。

我国自改革开放以来,在教育优先战略的导向下,政府主导的教育资源获得了较以往更为充分的发掘。特别是党的十八大以来,教育事业得到了全面快速发展,学前教育与义务教育的福利性明显增强,高中教育、职业教育的规模在不断跃升,更建立了世界规模最大的国民教育体系,特别是高等教育毛入学率从 2012 年的 30% 到 2019 年的 51.6%,再到 2021 年进一步跃升为 57.8%,进入了世界公认的高等教育普及化阶段;全国接受高等教育的人口已达 2.4 亿多人,新增劳动力平均受教育年限达 13.8 年。[①] 不过,目前仍然存在着教育资源在城乡之间和地区之间分配不公的现象,面向未来,还需要加大教育投入,并将完善教育福利体系作为健全社会保障体系的重要方向。

四、社会保障与家庭政策

家庭是社会的基本单元,在社会延续和稳定发展中发挥着举足轻重的作用。1989 年 12 月 8 日的第 44/82 号联合国大会决议宣布 1994 年为国际家庭年,反映了国际社会对家庭问题的关注。由于家庭结构和存在形式的多样性,各国家庭政策也是多种多样的。从各国的实践来看,家庭政策包含家庭与人权、家庭与贫困、家庭与教育、家庭与性别平等、家庭与健康、家庭与社会融合和保护、家庭与环境等庞大而复杂的政策系统。家庭政策对家庭结构和家庭变化有巨大的影响,它一方面可以维持传统家庭的稳定,另一方面可以针对当今社会、经济、文化变迁对家庭产生的影响,以政策性的措施安排,保障弱势群体的权益,最终促进社会的稳定与和谐发展。社会保障制度作为社会的"安全网",通过为社会成员提供经济援助、医疗保健、国民教育、伤残康复、就业保障等服务,目的也是为了实现社会成员的充分发展。一些社会保障还通常以家庭为单位,如我国的最低生活保障制度便是以低收入家庭为援助对象的。因此,社会保障与家庭政策不但具有相同的发展目标,而且在许多项目和制度安排上也是一致的,这一点在中国表现得尤其明显。

在现代社会,家庭的建立和发展必须以性别平等、个人权利不受侵犯、责任、相互尊重、关爱与宽容为基础,每一个家庭及其所有成员都应该得到全面的保护和支持。社会保障通过各项措施,为社会成员提供的经济和服务援助,不但有力地缓解和消除了家庭贫困、促进家庭成员健康状况的改善,而且在维护家庭人权(包括整个家庭的人权和每一个家庭成员的人权)方面起着不可替代的作用。通过国民教育福利,可以提高家庭成员的受教育水平,从而提高整个家庭的素质;通过职业介绍和职业培训,可以使每个家庭成员都有机会和能力成为社会劳动者,对于消除家庭性别歧视发挥着重要作用。反过来,家庭作为社会成员赖以生存和依附的最基本单位,社会保障政策目标的实现在某种程度上也直接依赖于家庭政策的落实。例如,只有通过家庭政策中的反贫困措施,消除单个家庭的贫困,才能最终实现社会保障消除社会贫困的目标;

---

① 郑功成. 着力促进全体人民共同富裕 [J]. 中国党政干部论坛,2022 (11).

家庭通常是其成员的首任教育者，通过家庭的教育和人力资本投资，社会保障促进就业的目标得以实现；家庭政策的实施，使家庭承担着防治疾病、保持健康、促进养成良好的卫生习惯和生活习惯等方面的基本任务，这与社会保障中增进国民健康的目标是完全吻合的；家庭还承担着家庭成员之间年老、伤残照顾等基本的任务，这实际上减轻了社会保障的负担。家庭作为人和社会之间的社会化媒介，通过促进对多元化和多样化的尊重以及良好的公民道德的形成，起着加强社会融合的作用，这无疑与社会保障促进社会和谐的目标是完全一致的。

由此可见，社会保障与家庭政策在制度内容上是相融相通、相互促进的，在政策目标上也是一致的。社会保障的实施和健康发展有赖于家庭政策的实现，家庭政策的实施要靠社会保障制度来促进和支持。西方一些国家将家庭政策与社会保障政策有机结合起来的做法，非常值得我国借鉴。

第五节 社会保障与商业保险

社会保障与商业保险都是社会化的风险分担和经济保障机制，两者既有相通之处，亦有很大的区别。在多层次社会保障体系建设中，商业保险因具有社会化保障功能，亦通常纳入这一体系并发挥其作用。因此，处理好社会保障与商业保险的关系，无论在理论上还是实践上，都具有十分重要的意义。

一、社会保障与商业保险的共性

作为两种风险分担和经济保障的机制，社会保障与商业保险具有如下五点共性。

第一，社会保障与商业保险都是对特定风险损失进行分担的社会化机制。商业保险根据风险的可保性要求，以概率论和大数法则为基本原理，将大量同质的风险进行集中，收取保险费建立保险基金，当被保险人发生保险责任范围内的风险损失时，保险人依照保险合同对其进行经济给付或补偿。由于风险的同质性，不同的风险单位发生损失的可能性是一致的，这样对于一个被保险群体而言，其中某个或某些个体所发生的风险损失被平均分摊到了全体被保险人个体身上，实现了损失的分担和共济。社会保障由于受到社会、经济发展和人口变动等多种复杂因素的影响以及具有特定的社会目标，精算难度比商业保险大得多，大数法则所发挥的作用在实际应用中受到了限制，但它同样实现了风险的共济和分担。例如，医疗保险、失业保险等短期给付的险种就充分体现了风险的集中和有效分担，而对于给付期限较长的养老保险、工伤保险，其费用也是（或部分地）由整个被保险群体承担的，无疑也是利用了风险的集中与分散原则。

第二，社会保障与商业保险都进行了风险转移。风险转移是风险管理的一种手段。商业保险中，被保险人通过与保险人签订保险合同，缴纳相应的保险费，将风险转嫁给保险人承担，被保险人购买保险商品数量的多少决定了其风险的转嫁程度。而社会保障中的社会保险项目，被保险人的风险也部分或完全地转嫁给了社会保障系统；对于社会救助项目，实现的则是风险的被动转嫁——当某些社会成员陷入困境而危及生存时，政府和社会有责任、有义务给予救助，帮助其渡过难关，这是在风险事故发生之后进行的损失承担责任的转嫁。

第三，社会保障与商业保险都以给予损失赔偿或保险金给付等方式为被保险人提供保障。这是对由于风险事故发生而给被保险人造成的经济损失进行的补偿。商业保险保险人依据保险合同规定，以实际损失为基础，对被保险人进行经济赔偿或保险金给付。社会保障则是以现金给付、实物救助和提供服务等多种方式，不但为被保险人提供经济或生活保障，其中的一些项目（如社会福利）还在一定程度上满足社会成员提高生活水平的需要。

第四，充足的基金是两种社会化保障制度健康运行的物质基础。商业保险由作为独立市场经济主体的保险公司经营，只有通过向被保险人收取保险费建立保险基金，才能保障保险赔付的资金来源。社会保障不同的子系统资金来源不同，有的采取三方负担的方式（如养老、医疗等社会保险），有的来源于财政拨款（如社会救助），也有的来源于社会化筹资（如社会福利和一部分社会救助资金），但不论资金来源于何方，也不论采取何种筹资方式，充足的基金是社会保障制度顺利实施的物质基础。

第五，社会保障与商业保险都具有为偶然性的风险损失提供保障的特征。所谓偶然性损失是不可预知的、可能发生也可能不发生的损失。商业保险承保的必须是偶发事故、意外事故，是可以进行风险防范和利用概率论和大数法则测算的，必然性的损失不属于商业保险的承保范围。社会保障中的一些项目同样对偶然性的、突发的风险损失进行补偿，如医疗、工伤等社会保险以及一些社会救助项目，这些事故的发生是偶然的、不可预知和不可控制的；而养老保险所承保的风险则是偶然中的必然，因为被保险人最终都将步入老年，成为养老保险金的领用者。

二、社会保险与商业保险的区别

由于社会救助、社会福利和商业保险泾渭分明，而社会保险和商业保险之间则存在着密切联系，在讨论社会保障和商业保险的关系时，通常只论社会保险和商业保险的区别。概括起来，社会保险和商业保险的区别，主要表现在以下四个方面。

第一,性质不同。社会保险是基于公共利益建立的社会保障制度,它由法律强制规范,由政府主导,属于公共政策与公共品范畴;而商业保险是基于经济利益建立的合同关系,由市场主导,属于私人经济或营利性行业范畴。

第二,经营目标和经营主体不同。社会保险的经营目标是解除社会成员特别是劳动者的后顾之忧,平衡劳动关系,增进人民福祉;而商业保险的经营目标则是为投资者追求利润最大化。从世界各国实践情况看,社会保险的经营主体一般是政府机构或者公营机构,不以营利为目的,其职能不但要保障社会成员的基本生活,而且要实现维护社会稳定的社会目标,并且最终要通过实现社会保障的全民化和普享化而达到全社会的和谐与共同发展;而商业保险的经营主体只能是作为市场主体并以营利为目的的商业保险公司。

第三,经营方式和管理体制不同。社会保险的经营方式是依法强制实施,其管理者是政府社会保障主管部门,且由主管部门监管的社会保险经办主体负责具体运行,其体现的是政府主导的法定制度安排。商业保险作为一种市场交易活动,是保险人和投保人之间等价交换的结果,它受价值规律、竞争规律等市场经济规律的制约。保险公司通过严格的核保、核赔以及其他风险管理措施,选择符合自身成本效益原则的风险单位承保,与被保险人签订保险合同,对双方都具有法律约束力和强制性。商业保险的管理者是政府金融保险监管部门,它负责保险经营主体的审批、有关政策制定、宏观调控等。

第四,运行机制和运行环境不同。社会保险作为国家的一项公共政策,强调的是社会目标,需要的是法律赋权明责,要求有统一公平的政策规制,其保障对象范围由法律确定,公民个人没有选择投保与否的自由,只要符合条件就必须参加统一的社会保险,满足的是社会成员的基本生活保障需求;商业保险采取的是自愿成交、等价交换、依约履责的市场机制,要求的是规范、平等竞争的市场环境,遵循的是多投多付、少投少付、不投不付原则。

可见,社会保险与商业保险是两种不同的社会化风险保障机制,在实践中应当各循其道、各守其规、各尽其责、各显其能、各得其所。

三、社会保险与商业保险的共同发展

一般而言,社会保险与商业保险在一定程度上存在着替代关系。一方面,在收入既定的情况下,由于支付能力有限,消费者用于社会保险方面的支出增加,必然使其投保商业保险的资金减少,反之亦然;另一方面,当一国社会保险得到充分发展,为公民提供的经济保障程度较高时,也会降低他们对商业保险的保障需求。例如,在20

世纪50年代的西方发达国家,商业人寿保险业务占全部保险业务的一半,但由于此后社会保险制度的普遍建立,商业保险业务增长明显减缓。再如,计划经济时期和改革开放初期的中国,企业和单位承担了职工及其家属的生、老、病、死、伤、残等几乎所有的保障责任,较低的社会风险使人们对商业保险的需求减弱,商业保险发展速度缓慢。当然,随着经济发展和支付能力的提高,以及部分群体希望有更好的保障,社会保险与商业保险又都会得到发展。

在承认社会保险和商业保险存在替代效应的同时,更应当看到在多层次社会保障体系建设与发展进程中,两者之间也存在着互为促进和补充的关系。因为国民保障需要的多层次性和多样性,依靠单纯的社会保险或单纯的商业保险都难以满足其生活保障需要,所以,社会保险与商业保险在许多国家能够并行不悖,共同构成国民的经济保障系统。例如,社会保险为人们提供生、老、病、死、伤、残、失业等基本的保障,而商业保险却只要符合可保风险条件便可以设立相应的险种,即使社会保险已经保障了的风险,商业保险仍可以再予以更好的保障。再如,社会保险与商业保险的相通性亦使两者可以相互渗透、取长补短。由于商业保险客观上具有一定的社会公益性和公共性,保险公司在实现经营目标的同时,还可以兼顾社会目标的实现;社会保险也可以吸收商业保险的有益做法,促进自身机制和体制的完善,如社会保险采取权利与义务相结合的费用三方负担原则,或将商业保险免赔的做法引入医疗保险,都是社会保险开源节流的有益尝试;商业保险也可开办一些忽视利润且具有社会保险功能的险种(如团体年金保险),不但吸引客户还可作为社会保险的补充。在技术上,社会保险与商业保险补可以互通有无,如保险精算技术、计算机和网络信息技术等,实现资源共享。

特别需要指出的是,中国式现代化是全体人民共同富裕的现代化,14亿多人口的现代化国家不仅需要有健全的法定社会保障制度来促进社会共享,而且需要充分利用包括商业保险在内的市场机制来不断壮大多层次社会保障体系的物质基础,伴随中等收入群体规模的持续扩大,越来越多的人将成为商业保险的客户来源。因此,全体人民共同富裕的中国式现代化完全能够同时为社会保障与商业保险的共同发展创造有利的条件。

 本章小结

社会保障从来不是一种孤立的制度安排,它在实践中很自然地与本国的经济发展、社会进步和社会成员的综合发展有密切联系,并与其他社会经济政策相互联系、相互影响。经济发展和社会进步为社会保障的发展提供坚实的物质支持和环境支持，而良好的社会保障制度又成为经济发展、社会进步的维系与促进机制。

在社会保障制度实践中，不可避免地要涉及公平与效率、政府与市场、权利与义务等基本理论范畴。现代社会保障制度天然追求公平，它不仅确保起点公平，而且维护过程公平、结果公平。社会保障由政府主导，但也需要利用市场机制。社会保障坚持权利与义务相结合原则，但不同的项目又具有不同的侧重和表现。

社会保障采取的是经济手段，必然需要相应的经济基础，同时也反过来影响着经济的发展，它们之间的辩证关系是：经济发展水平决定着社会保障的水平和规模，而社会保障制度也对经济发展有反作用。社会保障的发展与完善不仅是社会发展的必然，也得益于社会进步，并且是人类社会文明进步的标志和表现。社会保障为人的发展提供了可靠的保障机制，而个人素质的提高和个人发展反过来又促进了社会的全面发展，从而也促进了社会保障的发展与完善。

社会保障属于国民收入分配体系，是社会收入分配中的一个重要组成部分，社会保障与国民收入的最终分配目标具有一致性。在实践中既体现了按劳分配的份额，也包含了按需分配的份额；既包含了初次分配的份额，又是不可替代的再分配手段，作为补充保障的慈善事业等还是对社会财富的第三次分配。

社会保障尤其是社会保险与劳动就业存在着密不可分的关系，劳动就业为社会保障的发展创造着有利条件，而社会保障亦直接影响着劳动力流动与劳动力市场的供求，进而能够发挥促进就业的作用，它们之间应当是相互协调、相互促进的关系。

社会保障与国家其他公共政策同样存在着不可分割的内在联系。社会保障在缓和贫困乃至消灭贫困方面起到极为重要的作用。社会保障与人口政策的结合，能够实现人口均衡发展的目标。社会保障与国民教育的结合，有利于提高国民的文化教育素质。社会保障与家庭政策的结合，有利于稳定家庭并使社会保障获得持续发展的重要基础。

社会保障与商业保险都是社会化的风险分担和经济保障机制，它们共同为解除国民的生活风险服务，但是属于两种性质不同的风险分担机制，单凭任何一方都不能够为社会提供全面的风险保障，从而需要共同发展，以全体人民共同富裕为追求目标的中国式现代化必定能够为社会保障与商业保险的共同发展创造有利的条件。

案例讨论 1

让就业有利可图

1999—2003年,上海市最低生活保障(简称低保)对象的数量飙升了6倍,由1999年的7万人增加到2003年的44.56万人,低保标准由1993年的120元上升至2003年的290元。低保对象家庭中,领取2~4年的家庭占44.4%,领取4年以上的占15.9%,两者合计占60.3%,显然,对于这些家庭,领取低保金并非是解决临时困难的权宜之计。少数居民家庭产生了较强的低保依赖。

在上海市低保标准设计中,家庭的救助总额等于救助标准和家庭人数的乘积,忽视了规模效应对家庭生活水准的影响,这是导致多人户家庭比单人户家庭具有较强的福利依赖倾向的原因。在当时的低保标准下,低保替代率随家庭规模呈线性增长。假设领取低保的有3人户、2人户和1人户,无人就业的2人户和3人户的替代率都相当高,即如果这些家庭只能从事低工资的就业,参加就业并不能明显增加收入,甚至对3人户来说,根本不会增加收入。对低保对象来说,他们实际感受到的"直接利益替代率"比理论替代率要高,他们的就业动机没有如替代率所显示的那么强。另外,粮油帮困、医疗救助、教育救助、廉租房等附带福利,一定程度上削弱了他们走向劳动力市场的愿望。

为促进低保对象的就业,2002年上海市引入救助标准抵扣和渐退措施。前者指对因就业而将退出救助或需调整原来低保补助额的人实行"救助渐退"办法,逐步扣除、逐月退出。2003年1月,救助金渐退改为一次性发放,即一次性获得原来需要2~6个月得到的渐退金。救助标准抵扣中,参加就业的低保对象其本人基本生活费抵扣标准由290元调整为340元,后来又升至390元。对于一人户,当其收入低于290元时,收入的增加将被100%扣除,家庭纯收入一直保持在290元;当收入超过290元时,丧失低保资格。对二人户,当其劳动收入低于580元时,收入的增加将被100%扣除,家庭纯收入一直保持在580元;当家庭毛收入在580~635元时,理论上他们丧失低保资格;当家庭劳动收入在635~680元时(假如一人就业),虽然工资收入超过了低保标准,但由于一人就业后实行抵扣标准的调整,故而他们能继续享受低保,但收入的增加将被100%扣除,家庭净收入保持在680元;当家庭劳动收入超过680元时,丧失低保资格。对三人户,当其劳动收入在635元以下时,家庭净收入保持在870元;当劳动收入在635~970元时(假如一人参加就业),因就业人员低保标准抵扣,家庭净收入增加100元,保持在970元;当毛收入超过970元时,丧失低保资格。

上述制度设计会引致两大陷阱:"失业陷阱"和"贫困陷阱"。"失业陷阱"是指许多低保对象即便就业,也只能从事一些收入低于最低工资的非全日制工作,而一旦这些家庭(特别是规模在2人及以上的家庭)难以找到工资水平超过"收入门槛"的工作,他们不仅无法享受抵扣措施,而且参加工作的动力也不强,陷入失业的陷阱中。所谓"贫困陷阱"是指,由于低保制度实行的是100%的有效边际税率,即就业收入增加多少,救助金就相应减少多少,对低保家庭来说,有人就业并不能增加家庭收入或只能增加很少的收入,会大大挫伤他们参加工作的积极性。因此,如何重新设计对低保家庭的救助标准体系,真正做到"让就业有利可图",是完善城市低保制度的必由之路。

资料来源:参见黄晨曦《让就业有利可图——完善上海城市最低生活保障制度研究》一文,有删改。

   案例讨论2

此消彼长或共生共荣?

从20世纪80年代开始,日本经济增长速度不断下滑,加上人口迅速老化所带来的养老支出扩大和收入增长下降,养老金入不敷出导致了养老金财政危机。为了摆脱人口老龄化和养老金财务危机对宏观经济和养老体制的巨大冲击,日本从20世纪80年代开始对养老体制进行改革。时至今日,日本养老体制已经运行半个多世纪,它为推动日本经济高速增长做出了重要贡献。然而,随着亚洲金融危机,从1997年日产生命保险公司破产到2001年的3月,日本有七家商业保险公司破产。

从发达市场经济国家的历史发展过程看,社会保险产生在商业保险之后。最早的商业保险公元前就有了,现代意义上的商业保险则是随着工业化的过程,在18世纪末19世纪初发展起来的,但商业保险对贫困群体等无法发挥保障作用,无法缓解激烈的社会矛盾。因此,19世纪80年代,社会保险制度得以在德国产生并迅速向其他工业化国家扩展。进入20世纪后,西方国家逐步建立了保障项目完备的社会保障制度。第二次世界大战后,西方国家的社会保险一方面对社会稳定和经济繁荣发挥了作用,另一方面费用支出过快增长,到20世纪80年代开始成为一些国家的沉重包袱。为此,各国又相继开始进行社会保障制度改革,减少政府的社会保险负担,发挥商业保险的作用。例如,美国由商业保险公司经办的团体职业退休保险自20世纪80年代以来,参加人数增长76%,保险总资产增长455%;到1993年年末,覆盖了在职人员的48%,积累基金 2.5 万亿美元，占美国国内股票市场的 40%。加拿大政府养老金计划 1992 年大约支出 4 250 亿加元，而企业职业养老保险和个人储蓄计划支出为 4 800 亿加元；日本的人寿保险人均额是全世界最高的。

从这些国家的发展实践中，可以发现社会保险与商业保险并不是此消彼长的问题，而是可以共生共荣和共同发展。在中国社会保障制度改革进程中，我们同样需要研究商业保险可以发挥且应当发挥的对社会保障的补充作用，应当避免的是将社会保险与商业保险相互对立起来，或者由于边界不清使得功能紊乱。我们需要在多层次保障体系的建构中准确定位法定社会保障与商业保险的目标、功能定位，并建立明确的法律制度规范，确保两者相得益彰地向前发展。

资料来源：作者搜集整理。

复习思考题

1. 美国和英国同属经济发达国家，为什么两个国家的社会保障制度却有很大的差别？
2. 试分析收入分配与社会保障的关系。
3. 社会保障制度如何消除贫困、促进社会公平？
4. 如何协调社会保险与商业保险的关系并促使两者共同发展？
5. 社会保障对国家政治、经济、社会的发展有哪些影响？

第五章
社会保障体系与模式

>> **学习要点**

通过本章的学习，应当了解社会保障体系的含义与目标，掌握政府主导的基本社会保障制度与民间及市场主办的各种补充保障的结构、基本内容及差异，在了解国情与社会背景的基础上把握不同社会保障模式的特点与区别。

>> **关键概念**

社会保障体系　社会救助　社会保险　社会福利　军人保障　慈善事业　社区服务　福利经济学　福利国家　贝弗里奇报告　公积金制度　智利模式　国家保险模式

第一节　概　　述

一、社会保障体系的含义

社会保障体系，是指由社会保障各个有机组成部分所构成的整体，包括各个社会保障项目的结构及其运行机制等。换言之，社会保障体系是国家依法建立的保障国民生活、维护社会稳定、促进社会和谐发展的系统，是由社会救助、社会保险、社会福利、军人保障以及各种具有互助共济功能的社会化保障机制共同编织成的社会"安全网"。从各国的发展实践来看，社会保障体系有无漏洞通常是衡量社会保障制度完备与否的基本依据。

由于影响社会保障的因素复杂，而各国的具体国情又差异甚大，各国在建立自己的社会保障体系时，都经历了一个从单一保障项目到多个保障项目，从单一层次保障到多层次保障，从相互分割的"头痛医头、脚痛医脚"措施到相互协调的完整体系的发展过程。从横向比较来看，各国社会保障体系往往不尽相同，这是因为社会保障制度的建立及发展要受到所在国家的经济、社会、政治、文化、历史以及发展阶段等多重因素的影响，在社会保障的项目设置、覆盖范围、保障水平、给付标准等方面也就不可能一致。从纵向比较来看，各国的社会保障体系也一直处于不断调整、充实和完善之中，因为社会保障制度必须不断地适应社会经济发展和社会成员对社会保障需求的发展变化，其覆盖范围、项目设置、待遇水平等也必须适时调整。只有社会保障体系与本国国情相适应并且与所处发展时代相适应，社会保障才能说是合理的制度安排，并发挥出自己应有的作用。

考察现代社会保障制度的发展进程，可以发现现代社会保障体系的发展大致划分为三个阶段。

一是面向贫困人口与工业劳动者阶段。这一阶段，传统的救灾济贫项目得到完善，但国家社会保障制度的重点主要是面向工业劳动者（产业工人），主要的社会保障项目（如养老保险、医疗保险、工伤保险与失业保险等）均围绕工业劳动者的需要而设立。

二是面向贫困人口与一般劳动者阶段。这一阶段，社会保障的覆盖范围持续扩大，不仅工薪劳动者纳入了社会保障体系，而且农民及其他社会阶层也被纳入社会保障覆盖范围。保障项目也开始增加，社会保障的公平性得到提升。

三是面向全体国民阶段。这一阶段，全体国民都被纳入社会保障的范围，社会保障体系不仅包括各种已有的社会救助项目与社会保险项目，而且向社会福利项目扩张，完备的社会保障体系使社会保障制度成为全民共享发展成果的社会制度。

从社会保障的项目设置与实施来看，也是在保持和改造传统的救灾济贫项目的同时，先以劳动者的病、残、老以及生育为主要内容提供保险，之后逐步扩大到对失业后的生活保障，进而随着社会发展的进程促使各项社会福利事业得到发展。无论哪一个工业化国家，基本上是遵循这样的途径发展其社会保障体系的。

二、社会保障体系建设的目标

从各国的社会保障制度实践出发，社会保障体系建设是一个逐渐完善的过程，但无论一个国家的社会保障体系建设是否已经完备，均会以完备的社会保障体系为其追求目标,这一目标在机会均等、平等分配、适度保障等原则指导下,又可以分解为社会保障体系的完整性、协调性与层次性。

(一)完整性

从现代社会的需要出发,只有建立完整的社会保障体系,才能真正全面解决各种需要国家和社会运用社会保障手段来解决的现实社会问题。以老年人为例,当人均预期寿命不断延长时,国家会进入老年型国家阶段,社会会变成老年型社会,老年人口在总人口中的比重亦会持续上升。在人口老龄化阶段,如果没有相应的养老保险制度安排,众多老年人就完全可能因退出劳动岗位而丧失收入来源,进而陷入贫困状态;如果缺乏相应的老年人福利特别是其中的养老服务,即使老年人有养老金保障,也可能因缺乏社会化的生活照料服务等而影响生活质量,甚者会导致悲惨的结局;随着子女数量的减少以及"丁克"家庭的出现,人在进入老年阶段后尤其需要有相应的情感保障,这就要求社会保障制度必须充满着人性与人文关怀;等等。可见,对老年人而言,经济保障、服务保障与精神保障都是不能缺少的保障。在市场经济条件下,个人的生活风险更大,包括就业岗位的竞争等,很可能造成收入剧减、陷入生活困境,因此,市场经济条件下更需要有较为完备的、多层次的社会保障体系,即保障项目应当齐全化、保障内容应当完整化,若干个性质相近的社会保障项目构成一个完整的社会保障子系统,若干个社会保障子系统共同构成一个完整的多层次社会保障体系。

在国际上,国际劳工组织有关公约所规定的九项保障内容,包括医疗照顾、疾病津贴、失业津贴、养老金、工伤津贴、家庭补助、生育津贴、伤残津贴、遗属津贴,可以作为一个较完整的社会保障体系的最低要求。

(二)协调性

完备的社会保障体系,是以社会保障制度各子系统、各层次、各项目之间协调发展为条件的。因此,社会保障体系建设的发展应当具有协调性。

一方面,社会保障各子系统、各层次、各项目之间的发展水平应相互协调,不能畸高畸低,造成社会保障对象之间的对立。

另一方面,社会保障各子系统、各层次、各项目在分工负责的同时,应当具有功能上的互补性。例如,失业保险与社会救助分属两个不同的子系统,其水平有高低之别,但都可以对失业者负责,两者的有机结合与协调发展将有助于为劳动者规避失业风险提供全面保障;基本养老保险的保障水平应该适当,以便为企业年金和个人养老金的发展留有余地;基本养老保险可以解决老年人的收入来源问题,但仍需要养老服务等的配合才能真正解决社会成员的养老保障问题。

(三) 层次性

尽管社会保障天然追求社会公平,且社会保障的公平性往往在一元化的制度安排中能够得到更为全面的体现,但完备的社会保障体系并不等于制度安排或项目设置的单一层次和绝对统一。因为社会成员对社会保障的需求既有共性的一面,也有个性的一面,社会成员的收入水平、生活状况以及对社会保障的要求并不一致,因此,完备的社会保障体系还应当体现出制度安排的多层次性,以便满足社会成员的不同需求。

在现代社会保障体系中,针对不同人群的需要,每个项目的目标定位及作用也各不相同。其中,社会保险保障的对象主要是社会成员中的劳动者,这部分人及其家属在社会群体中占有很大比重,社会保险对他们来说是保障其基本生活水平的重要制度安排。然而,由于失业、疾病或天灾人祸等各种原因,这部分人仍有可能陷入困境、难以自救,从而还需要另一层次的制度保障。社会救助作为基础性、兜底性的社会保障制度,正是对从社会保险制度"漏出"的社会成员,如无收入、无生活来源、无家庭依靠并失去工作能力者,生活在国家贫困线或最低生活标准以下的家庭或个人,以及遭受自然灾害和不幸事故者等,提供物质援助的又一层次制度安排;而社会福利作为社会保障体系的最高层次,则是为了增进国民福祉、改善国民物质生活条件而设立的社会保障制度。

即使是解决老年人经济来源的养老保障制度,在许多国家也是由多层次的老年保障项目构成的,如政府负责的具有普遍福利性质的国民年金、社会保险型的基本养老保险、企业建立的企业年金,以及个人从市场上购买的个人养老金产品或人寿保险,共同构成了一个多层次的养老保障制度体系。

第二节 社会保障体系

现代社会保障体系通常包括法定的基本保障制度与非法定的补充保障措施两大类:前者由国家立法统一规范并由政府负责或主导,一般包括社会救助、社会保险和社会福利三个基本组成部分,以及面向军人建立的社会保障制度等;后者通常是在政府的支持下由市场或社会来解决,一般包括慈善事业、企业年金、商业保险、家庭保障等,它们构成对法定的基本保障制度的补充,并发挥着有益作用。

一、社会救助

（一）社会救助的含义

社会救助是指国家和社会依法向由不能维持最低或基本生活水平的低收入人口以及天灾人祸中的不幸者组成的社会脆弱群体提供款物接济和扶助的一项社会保障制度安排，它是现代社会保障体系中具有基础地位的一个重要子系统。

（二）社会救助的特点

与其他社会保障子系统相比，社会救助的特点十分明显。

第一，社会救助的资金来源于国家财政预算拨款。

第二，社会救助通常被认为是政府对国民应尽的责任，是生活水平低于贫困线或最低生活标准的国民应该享受的一项基本权利，提供救助方与接受救助方的权利与义务关系具有单向性，而其他社会保障子系统则多是权利与义务相结合。

第三，社会救助的对象是低收入群体或特殊弱势群体。他们因没有收入或者收入不足以维持基本生活或遭遇特殊风险而陷入生活困境，迫切需要通过社会救助制度施加援助才能度过生存危机。

第四，社会救助需要救助者依法自愿提出申请，经救助机构调查并批准后方可获得救助。

（三）社会救助的重要性

进入现代社会后，因贫困人口减少和其他社会保障系统的建立，尽管社会救助在整个社会保障体系中的地位较历史上相对下降，但因其肩负着解决弱势社会成员基本生存问题的责任，从而仍然占据必不可少的基础地位。其重要性主要表现在两个方面。

第一，社会救助是最先形成的、历史最悠久的社会保障形式，各国的社会保障制度均是在原来社会救助措施的基础上不断发展起来的。尽管在多数国家的社会保障体系中，社会保险与社会福利已经成为最重要的社会保障形式，但社会救助依然并且会长久存在，因为贫困现象长久存在，孤、寡、残等需要帮助的弱势群体也会长久存在，各种灾害事故更是不可完全避免，因此，社会救助在社会保障体系中的基础地位将不会改变。

第二，社会救助是保证社会成员生存权利的最后一道防线。尽管社会保险为社会安全设置了一道防线，但仍会有一部分人因保障不足而生活十分困难。例如，一部分失业者在失业保险金给付期满后仍未找到工作而生活陷入极端困境时，就需要通过社会救助向他们提供帮助；遭遇天灾人祸的不幸者也需要有相应的救助；还有各种陷入临时困境的国民，政府的临时救助就发挥了救急难的作用。因此，社会救助是其他社会保障制度不可替代的最后防线。

二、社会保险

（一）社会保险的含义

社会保险是由国家立法规范，主要面向劳动者建立的一种强制性社会保障制度，它由国家（政府）、用人单位和个人三方共同筹资，目标是保证劳动者在因年老、疾病、工伤、生育、失业等风险，暂时或永久失去劳动能力从而失去收入来源时，能够从国家或社会获得物质帮助，以此解除劳动者的后顾之忧。这一概念强调了社会保险的主要对象是最重要的社会群体——劳动者，并突出了以劳动权利为基础，在实践中实行权利与义务相结合以及国家（政府）、用人单位和个人三方责任共担。

作为现代社会保障体系的重要组成部分，社会保险也是个人消费品的一种再分配形式，但劳动者享受社会保险待遇或权利并不是一刀切，它不完全取决于个人缴费的多少，而是依据国家的社会保险法律和政策，对社会履行劳动义务的情况进行界定，至于给付多少则按照当时国家经济状况和个人收入水平确定。几乎在所有国家，社会保险的支出规模占整个社会保障支出的最大份额，而社会保险所包括的项目几乎关系到每个劳动者进入劳动年龄以后的整个生命周期，劳动者从业期间及退休以后所发生的重大事件都会涉及社会保险支出。因此，社会保险事实上构成了现代社会保障体系的主体和核心。

（二）社会保险的特点

除了具有社会保障制度的一般特点，社会保险制度还独具五个特点。

1. 预防性

社会保险的预防性特点，主要反映在社会保险基金的建立上。通过多方筹措而建立的社会保险基金，可由国家用在每个参保人身上，防范他们一旦发生社会保险立法规定范围内的风险而遭受损失，起到有备无患、未雨绸缪的作用。其他社会保障项目如社会救助，则因事先难以掌握，因而更侧重于善后，预防性特点较弱。

2. 补偿性

社会保险给予参保人的物质帮助，主要限于收入损失补偿，即劳动者在劳动中断、收入中断时才有权获得给付。社会保险的缴费虽然通常与工资挂钩，但社会保险待遇的给付却不与工资相等。因此，从社会保险那里得到的补偿只能是对参保人收入损失一定程度的补偿，即保障劳动者的基本生活需要。

3. 储蓄性

社会保险机构依法收取企业和个人的社会保险费，同时，也吸纳来自国民收入的分配与再分配资金，并按立法规定进行积累，根据政策进行分配。只有积累社会保险基金，才能对丧失劳动能力或收入中断的劳动者及其供养的亲属提供必要的物质帮助，才能保证其基本生活需要。因此，社会保险资金在征集与管理过程中具有相应的储蓄性。

4. 责任分担

社会保险资金来源于多渠道，不仅由个人、用人单位缴费及政府补贴三方共同筹资，还会有相应的投资收益等，从而体现了社会保险责任的分担，并以此保证资金来源的可靠性。

5. 互助共济

社会保险参加人定期缴纳社会保险费，建立社会保险基金，当其中有人遭遇特定风险而受到损失或有需要时，可以按规定领取一定数量的保险金，从而达到了风险分担、互助共济的目的。例如，养老保险体现了同代劳动者与隔代劳动者之间的互助共济功能，医疗保险是全体参与医疗保险的劳动者分担患病劳动者的疾病医疗风险，工伤保险是全体参与工伤保险的劳动者分担遭遇工伤事故（含职业病）的劳动者的职业伤害风险，失业保险是全体参与失业保险的劳动者分担失业者的失业风险。因此，社会保险具有典型的互助共济特征。

（三）社会保险的项目构成

由于社会保险所承担的风险是劳动者丧失收入的风险，在实践中表现为劳动者在其全部生命周期内遇到的各种失去收入的风险，包括年老、疾病、失业、工伤、生育风险等。因此，社会保险项目安排通常包括七个方面。

1. 养老保险

养老保险是保障法定范围内的劳动者因年老（符合法定退休条件）而退出社会劳动后，能够获得满足其基本生活需要的、稳定可靠的经济来源的社会保险项目。在各国社会保障体系中，养老保险一般都是最重要的项目，这是因为养老保险的参保人享受保险待遇的时间最久、待遇给付的标准相对较高；尤其是在人口老龄化加剧的条件下，养老保险的重要性更是不言而喻。在制度实践中，养老保险必须贯彻切实保障老年人基本生活的原则，因此，养老金水平不仅要适度，而且要有能够随着物价变化而不断调整的弹性，真正能够让退休的老年人继续分享社会经济发展的成果。

2. 医疗保险

医疗保险是对法定范围内的劳动者在患病或非因工伤伤害时提供保障的社会保险项目，它既包括医疗费用的给付，也包括各种医疗服务。医疗保险的目的是恢复劳动者的劳动能力和补偿劳动者病假期间的生活开销，在各国的社会保险制度中，医疗保险是仅次于养老保险的又一重要的社会保险制度。在全民医保的情形下，医疗保险的覆盖范围超出劳动者范围，而是以全体人民为保险对象，这使得医疗保险因具有普惠性而更加重要。当然，还有以英国为代表的福利国家以及以苏联为代表的国家保险模式都采取政府财政负担的公费医疗（实质上并非所谓"免费医疗"）制度，它属于普惠性的福利制度安排。

3. 工伤保险

工伤保险是对法定范围内的劳动者因从事职业工作遭受意外伤害或患职业病时提供生活保障的一种社会保险项目。与其他社会保险制度相比，工伤保险具有雇主赔偿的性质，工伤保险的缴费一般完全由雇主承担，政府在特殊情况下予以补助，而劳动者个人无需承担缴费义务。在工伤责任认定方面，各国普遍采取无过失补偿原则，即不管导致工伤的责任在何方，只要不是劳动者的故意行为所致，遭受伤害的劳动者均有权享受工伤保险待遇。工伤保险的对象是从事经济活动的劳动者本人，但获取保险待遇的，往往不限于劳动者本人，还包括他们的家属。需要指出的是，以互联网的广泛应用为标志的第四次工业革命带来了就业形态的多样性，也给现行工伤保险制度带来了巨大挑战，这一制度必须做出重大调整才能适应这一挑战。

4. 失业保险

失业保险是对法定范围内的劳动者因失业而失去经济来源时，按法定时限和标准给予其物质援助的社会保险项目。在市场经济条件下，劳动者的就业通常由竞争机制发挥主导作用，失业现象在所难免。因此，对失业者予以一定的保障，既有利于劳动力再生产，使用人单位和国家拥有可靠数量和素质合格的劳动力资源，也有利于社会安定。当然，失业者获得失业保险也必须满足一定的条件，如一定的工作期限、参加失业保险并承担缴纳义务、有再就业的愿望并在失业保险部门登记、接受职业介绍等。同时，伴随就业形态多样化和灵活就业人数日益增长，失业保险也需要调整，从以标准劳动关系为依据的受雇劳动者向有稳定收入劳动者扩展应当是一个合理的取向，否则将进入收窄与萎缩状态。

5. 生育保险

这是对法定范围内的女性劳动者因生育而导致收入暂时丧失时提供生活保障的社会保险项目，是一项维护女性劳动者权益的社会保险项目。女性劳动者在怀孕、生育和护理婴儿期间，必须离开工作岗位，因而会面临工资收入暂时丧失的风险。生育保险的实施，便可保证女性劳动者在生育期间获得必要的物质帮助而使自己的经济损失得到补偿。一般而言，妇女的生育活动需要一个较长的周期，包括怀孕、临产、分娩、哺育婴儿等，所以生育保险要贯彻产前产后一律给予保险待遇的原则，应包括妇女产前产后一定时间内的带薪假期，有时还包括生育补助费。产假工资的多少、产假长短、生育补助费的额度，各国不尽相同。需要指出的是，发达国家的生育保险已经上升为一项普遍性的国民福利，即不限于从事社会劳动的女性，而是覆盖所有生育妇女，生育保险待遇亦为生育津贴所替代。我国则将生育保险基金与职工基本医疗保险基金合并使用，同时也需要建立福利性的生育津贴制度。

6. 死亡抚恤

死亡抚恤亦称遗属保险，其待遇包括两个部分，一部分是死者的丧事办理和安葬费用，另一部分是死者遗属享有的抚恤金。丧葬费包括死者穿戴的服装衣帽、整容、遗体存放、运送、火化、骨灰盒及其存放费用支出；遗属领取的抚恤金，一般按死者生前一定时限的工资收入发给，未成年子女和无收入的配偶还可按期领取补助。

7. 护理保险

进入少子高龄化时期后，德国、日本等发达国家还建立了专门的护理保险制度，即劳动者在劳动期间可以参加护理保险，待年老失能需要生活照料时，可以通过护理保险获得保障。我国则于2016年开始在部分城市开展护理保险试点，国家已经明确提出要建立长期护理保险制度。

上述项目构成了社会保险制度。需要指出的是，各个国家的社会保险项目不尽一致，例如，希腊甚至将灾害保险也纳入社会保险范畴；而在另一些国家，部分社会保险演变成为国民福利（如生育保险转化为生育津贴），或者分化成为社会保险与普遍性的国民福利（如养老保险分化为一般养老保险与国民年金），或者将削减的社会保险转化为补充保障（如部分国家削减较高水平的养老保险，同时发展补充性养老保险）。因此，全球社会保险制度在稳定中发展。

三、社会福利

（一）社会福利的含义

社会福利的含义有广义和狭义两种理解。

广义的社会福利实际上是广义的社会保障的同义语，是国家和社会对全体社会成员提供的全部物质和文化生活的保障和福利，除前述社会保险、社会救助外，还包括其他旨在改善与提高国民生活质量的物质福利，以及全部公共的文化、教育、卫生、体育设施和服务。狭义的社会福利，作为社会保障的从属概念，是与社会保险、社会救助并列的概念，是社会保障体系中日益重要的子系统。在中国，社会福利作为社会保障体系的一个子系统，已得到学界、官方及公众的普遍认同。

（二）社会福利的特点

作为整个社会保障体系的一个子系统，社会福利具有五个特点。

1. 保障对象全员化

社会福利的覆盖范围不像社会保险多限于劳动者，也不像社会救助只限于特殊的弱势群体，而是面向全社会成员，被称为"按人头"的社会保障制度。

2. 保障项目广泛

社会福利的项目包括全体社会成员享受的公共福利事业，如教育、科学、文化、体育、卫生、环境保护设施和福利服务；特殊人群享受的福利事业，如为老年人、残疾人、妇女、儿童等特殊群体提供福利及相关服务的机构、设施等；还有各种政策规制的优待项目，或者免费或者减费优惠。

3. 资金来源多渠道

社会福利项目的资金来源包括各级政府的财政预算拨款，还有各个组织单位的专项基金、社会团体的资助与捐献，以及福利服务的收费等。根据资金来源的不同，它可以分为官办福利事业、民办福利事业、单位办福利事业，以及官助民办福利事业等。

4. 保障水平弹性化

社会福利的项目、范围和水平取决于各个国家的经济文化发展水平和受益者的需求程度。经济发达国家社会福利的项目相对较多、水平较高，经济不发达国家社会福利的项目相对较少、水平较低。在一个国家的不同发展阶段和不同时期，社会福利的项目和水平也有所不同，总的趋势是随着社会经济发展水平的提高而不断改善。

5. 主要形式是提供福利性的社会服务

例如，养老服务在老年人福利中占据主体地位，儿童服务在儿童福利中占据主体地位，等等。因此，社会福利服务作为国家基本公共服务体系中的重要内容，构成了促进社会平等和维系社会成员有质量生活的重要条件。《中华人民共和国国民经济和社会发展第十四个五年规划和2035年远景目标纲要》中明确提出我国要在2035年实现基本公共服务均等化的目标，这表明各项社会福利事业的发展也将进入快车道。

总之，社会福利的目标是改善全体社会成员的物质文化生活水平，不断增进国民的福祉，进而提高国民的生活质量。因此，社会福利是高层次的社会保障制度。

（三）中国社会福利的项目构成

中国的社会福利子系统包括四类主要项目。

1. 老年人福利

老年人福利是专门面向老年人的福利项目，主要包括老年人的生活照料服务及其他福利。例如，养老院、老年公寓、老年照料中心等机构服务，以及老年津贴、老年保健、老年护理、家居照顾等项目，还有公益场所对老年人免费开放等优待。随着人口老龄化时代的到来，老年人福利日益成为现代社会保障体系中的重要项目。

2. 残疾人福利

残疾人福利是专门面向残疾人的福利项目，主要包括残疾人康复事业、残疾人教育事业、残疾人就业以及其他相应的福利。残疾人福利事业的发展水平是衡量一个国家社会文明程度的重要标志。

3. 妇女儿童福利

妇女儿童福利是面向妇女儿童的福利项目，亦可以分解为妇女福利与儿童福利。如妇幼保健、儿童免疫、孤儿收养、妇幼津贴、儿童保育服务等。

4. 其他福利

其他福利是指像教育福利、住房福利及其他不在前述三大项目范围之内的各项公共福利事业，它们从不同的角度满足着社会成员的需求。

此外，面向劳动者的福利还有基于职业的职业福利或机构福利，它由企业或雇主负责提供，但通常不在政府负责或主导的法定社会保障制度之内，可以纳入补充保障范畴。

四、军人保障

军人保障是以军人为保障对象的一个综合性保障系统，这主要是因为军人肩负着保卫国家的任务，是一个有着特殊性的群体，军队的独立与军人高度集中的群体意识与职业要求，不可能与普通社会成员一样纳入同一个社会保障系统，而是需要有相对独立的制度安排。因此，在世界各国，都有专门针对军人这一特殊职业的保障制度，例如，在美国社会保障体系中，军人保障就是一个独特的系统，并占有很高的地位。

在我国社会保障体系中，亦专门为军人建立了相应的保障制度，它主要包括军人保险、军人抚恤、军人福利、军人复员转业的就业安置或补偿等项目。全国人民代表大会常务委员会先后于2012年、2020年、2021年通过《中华人民共和国军人保险法》《中华人民共和国退役军人保障法》《中华人民共和国军人地位和权益保障法》等法律，确立了我国的军人保障制度。

需要指出的是，军人保障的对象虽然以现役军人和武装警察为主体，但也包括了革命烈士家属，退伍、复员、转业军人，因公残废的军警人员，部分项目还惠及军人家庭。

军人保障的资金来源于国家财政拨款，其实质是国家对军人的一种褒扬和经济补偿，也是解除军人后顾之忧的一种制度安排。因此，军人保障是一项面向特定群体，兼具社会救助、社会保险、社会福利性质并有重大政治意义的综合型社会保障制度。

五、补充保障

在各国社会保障体系中，除政府主导并由专门法律具体规范的基本社会保障制度外，往往还有一些非正式的社会化保障措施同时存在并发挥着相应的社会保障作用，它们共同构成了多层次保障体系。例如，慈善事业、企业年金、商业保险等客观上均不同程度地发挥着社会保障的作用，它们亦是现代社会保障体系的有机组成部分。

（一）慈善事业

慈善事业是建立在社会捐献基础之上的一项民办社会救助事业，它以社会成员的善爱之心为道德基础，以社会各界的自愿捐献为经济基础，以民间公益团体为组织基础，以大众参与为发展基础。在实践中，慈善机构根据捐献者的意愿，对需要帮助的社会成员进行物质帮助，从而是现代社会保障体系中的特殊组成部分。

经验表明，发展慈善事业是当代社会得以化解诸多社会问题、促进社会良性发展的一条重要而有效的途径。许多慈善事业不仅能有效地弥补基本社会保障的不足，而且对处于困境而无力自行摆脱危难的弱势群体提供了来自社会的援助和关爱，进而充当着沟通不同社会阶层的有益桥梁，有效地润滑着社会关系，促进整个社会的安定、和谐发展。不仅如此，慈善事业还直接弘扬了优良的道德文化，净化了社会风气，从而最终有助于推动社会文明的进步。[①]

（二）企业年金

企业年金是指由企业建立的面向本企业职工的一项补充养老保险制度，是职业福

---

① 郑功成. 论中国特色的社会保障道路 [M]. 武汉：武汉大学出版社，1997：268-276；郑功成，张奇林，许飞琼. 中华慈善事业 [M]. 广州：广东经济出版社，1999.

利或机构福利中日益重要的组成部分，是对政府主导的基本养老保险制度的有益补充。

在实践中，企业年金包括各种类型的企业补充养老保险，如雇主养老金计划、利润分享养老金计划、员工股权养老金计划、企业团体寿险等项目。在美国等国家，企业年金的出现要早于国家的养老保险制度，而一旦国家正式的养老保险制度建立以后，企业年金就成为养老保障的次级层次，成为企业招揽人才、激发劳动者的劳动积极性和提高企业竞争力的有效制度，并被视为企业人力资源管理的重要内容。企业年金作为人力资源管理系统中报酬管理或员工福利进行安排，是雇主为了吸引和留住员工长期为企业服务和提高劳动生产效率，向雇员提供的一笔年金。

由于企业年金具有调和劳资关系、改善劳动者福利和补充基本养老保险制度的多重功能，它一般能够得到政府的财税优惠，其费用通常可以列入企业成本，允许在规定的额度内实行税前列支。

（三）商业保险

商业保险是保险人与投保人或被保险人通过保险合同建立保险关系的一种商业交易行为，是由投保人或被保险人向保险人支付一定的保险费，将自己特定的风险转移给保险人，当约定风险或事件发生后，由保险人依据保险合同支付赔款或保险金的一种风险管理机制。商业保险包括人寿保险、养老保险、人身意外伤害保险、健康保险及各种财产保险、责任保险等。

商业保险的发展，能够在一定程度上解除社会成员的后顾之忧并弥补基本社会保障的不足。例如，财产保险事实上可以替代部分政府救灾责任，凡财产保险发达的国家，保险公司往往是灾害损失补偿的主力军；同样，商业性的养老保险可以增强投保人的养老财富积累，商业健康保险能够让投保人获得更好的服务。当然，商业保险毕竟是一种商业行为，追求利润是商业保险的根本目的，它应当遵循的是市场法则。因此，无论商业保险多么发达，均不可能替代政府负责或主导的基本社会保障的作用。

（四）家庭保障

家庭保障虽然不是社会性保障机制，但对于亚洲国家尤其是中国而言，它又确实是国民可靠且稳定的一种生活保障机制。在此，家庭保障是指在家庭内部，家庭成员之间相互提供包括经济保障、服务保障和精神慰藉等内容在内的生活保障机制，它在保障社会成员的生活方面通常与国家和社会负责的社会保障并驾齐驱。在中国，《中华人民共和国民法典》《中华人民共和国老年人权益保障法》《中华人民共和国残疾人保障法》《中华人民共和国妇女权益保障法》《中华人民共和国未成年人保护法》等多项法律均规定了家庭成员之间的互助保障义务。因此，家庭保障不只是中华民族的一种传统，也是现行法律制度的规范。在一些国家，政府主导的有关社会保障项目还通常与家庭保障有机地结合起来，或者制定相应的家庭政策，对家庭保障给予扶助。

在家庭保障中，家长或成年成员充当着责任主体，但每个家庭成员均会有较为明确的分工，从而在实质上仍含有家庭成员之间长期互惠的内生机制。尽管工业革命摧毁了以家庭为基本单位的自然经济基础，资本主义大工业取代了一家一户的手工生产而成为社会的基本生产单位，传统的家庭结构也逐渐走向解体，由几世同堂缩小到核心家庭甚至单亲家庭，其所承担的许多职能为社会保障所替代，但总体而论，家庭保障仍然是社会成员一生中处于基础地位的重要保障机制。因为在世界范围内，对青少年、儿童的养育，对老年人的赡养，绝大多数生活服务的提供，仍然主要由家庭来解决。[1] 目前在西方发达国家，社会保障制度对家庭保障功能产生了越来越大程度的替代，这在一定程度上弱化了家庭保障，美国就有很多人认为是社会保障制度制造了越来越多的未婚母亲和不负责任的父亲，这种评价促使西方国家不断呼吁重视家庭的保障作用。在亚洲地区，家庭构成了社会的基石，家庭为家庭成员提供着经济、服务及情感方面的保障。

中国传统的家庭制度和家庭伦理，对家庭保障尤其具有特别重要的意义。中国长期受儒家思想影响，而儒家强调"百善孝为先"，"孝"是中国的"大传统"和"小传统"的核心[2]，也是家庭保障的文化心理基础之所在。"养儿防老"不仅在家庭内部的代际分配关系上具有积极意义，在"亲子融融"的人际关系上更具有积极意义。正是因为它的积极意义，中国的现行法律制度才始终支持着中国的家庭制度和家庭意识，多部法律都规定子女有赡养父母的义务，这为家庭养老提供了充分的法律保障。虽然随着工业化、城镇化的发展和少子高龄化的不可逆转，中国的家庭结构已经发生了巨大变化，家庭保障功能也在持续弱化，但是中国的"亲子"文化和"尊老养老"文化并没有消失。因此，中国的社会保障发展需要重视对家庭保障功能的重视与扶持。

第三节 社会保障主要模式

现代社会保障制度的发展，以19世纪80年代德国制定并实施有关社会保险法令为起始标志。在100多年的发展历程中，社会保障制度由单一项目的制度安排逐渐发展成为一个包含多个子系统及众多保障项目在内的社会安全体系。然而，由于社会制度、

---

[1] 郑功成. 社会保障学——理念、制度、实践与思辨 [M]. 北京：商务印书馆，2020：30-33.
[2] 金耀基. 从传统到现代 [M]. 北京：中国人民大学出版社，1999.

经济发展水平及文化传统等的差异，各国建立的社会保障制度也不尽相同，从而形成不同的社会保障模式。从各国社会保障制度的具体安排出发，可以分为四种类型，即社会保险模式、福利国家模式、国家保险模式、强制储蓄模式。[①]

一、社会保险模式

（一）社会保险模式的起源与特点

1. 社会保险模式的起源

社会保险模式是最早出现的现代社会保障模式，又被称为俾斯麦模式，亦被称为"传统型"社会保障模式。

19世纪80年代，德国处于俾斯麦当政时期，被称为"铁血宰相"的俾斯麦基于德国当时的社会背景，首创了与工业社会相适应的社会保险制度，从而开启了现代社会保障发展的大门。德国创建社会保险制度的理论依据是德国新历史学派和社会政策协会的"国家干预主义"，以弗里德里希·李斯特为先驱的旧历史学派强调国家对经济发展的作用，主张国家干预经济生活。19世纪70年代，由旧历史学派演变而成的新历史学派，进一步强调国家的超阶级性及其对社会经济的决定作用，主张由国家通过立法进行自上而下的改良。1873年，由德国新历史学派成立的社会政策协会主张实行一系列社会政策，强调通过举办社会保障、缩短劳动时间、改善劳动条件等措施来缓和阶级矛盾。俾斯麦在对日益高涨的工人运动采取镇压措施的同时，在内外交困的严峻形势下，采用了这种理论，于1883—1889年先后制定了有关医疗保险、工伤保险、养老保险的三部社会保险法令，由此确立了社会保险制度，也改变了资本主义社会的血腥治理模式，进而为德国的迅速崛起创造了条件，并迅速被其他国家仿效，成为许多国家社会保障体系中的主体内容。

在经历20世纪30年代经济大萧条和第二次世界大战后，社会保险制度被欧洲某些国家和美国等进一步发展成比较完善的社会保险模式社会保障制度。如美国1935年颁布的《社会保障法》就是在德国社会保险制度的基础上制定的，它不仅继承了德国社会保险制度所采取的理论，而且吸取了凯恩斯提出的"有效需求"和依靠政府干预经济来摆脱失业和萧条的理论和建议，同时进一步确立了"保险费用部分由雇主、部分由雇员缴纳，国家给伤残和养老保险提供津贴"的原则，追求的社会目标是使受保障

[①] 社会保障模式的划分主要是基于社会保障制度安排的筹资方式、保障范围及项目等主要因素的特点，实际上，不同国家的社会保障模式要复杂得多，世界上没有哪个国家的社会保障制度与另一个国家的社会保障制度完全一样。因此，本书的模式划分只是相对而言的，它对理论研究和政策分析有益。

者不致陷入贫困。这样，雇主与雇员投保为主、权利与义务的有机结合构成了社会保险（或自保公助）模式社会保障制度的基本原则。

2. 社会保险模式的特点

社会保险模式的特点，主要有以劳动者为核心，建立责任分担的筹资机制，实行权利与义务有机结合，以互助共济的方式和现收现付的财务机制来解除劳动者的后顾之忧。

（二）社会保险模式的代表

1. 德国

德国是世界上最先建立社会保险制度的国家，自创建社会保险制度至今已经有一百多年的历史。

德国现行的社会保险制度是在直接继承俾斯麦时期创建的社会保险制度的基础上发展起来的，它与战后德国所奉行的"社会市场经济"密不可分。在德国，市场效率与高水平的社会保障之间的结合被视为缺一不可、互为条件的发展基石。这种以经济效率兼顾社会公平的目标更有利于效率的发挥和充分体现公平。在实践中，社会保险模式表现为受保障者自己缴纳社会保险费，只要符合规定的条件，均可享受相应的社会保险待遇。政府禁止滥用社会保险基金，并采取一系列的措施限制和推迟某些社会福利费用。

不仅如此，德国还把社会保障与其他经济、政治措施结合起来运用，如把"自助"的社会保障同保持货币的长期稳定联系在一起，以防止消费和投资的膨胀，从而保持稳定的经济秩序。在社会保障方面，德国虽然也存在资金紧张等难题，但与福利国家相比并不严重。在保障内容方面，基本上分为两大部分：一是以养老保险、医疗保险、工伤保险、失业保险、护理保险等为主体的广泛的社会保险体系，以及社会抚恤、社会救助、青少年救助和住房补助等；二是以"共同决定权"和劳动保护为主体的雇员保护政策体系。第一部分是德国社会保障制度的核心，在五大保险项目中，养老保险与医疗保险是德国社会保障体系中开支最大的项目，也是覆盖范围最广的保障项目。在社会保障的管理方面，德国的社会保险实行由雇主与雇员高度自治的经办机制、政府加以监督的管理体制，其经办管理责任主体包括保险机构、基金会或部门所属地方机构；除失业保险外，社会保险机构均由劳资双方共同参与，实行自治管理，政府不直接干预，但对社会保险机构的运行进行监督。德国社会保障主要监督部门为联邦劳动与社会事务部，政府的监督只对社会保险机构是否守法、经营管理和会计工作等方面进行监督。

2. 美国

美国是世界上头号经济大国，其社会保障制度亦有着显著特色，但总体而论，美国的政府、市场、社会三足并行的混合型保障，仍然属于政府主导的社会保险模式国家。1935年由罗斯福总统签署的《社会保障法》通常被认为是美国社会保障制度得以建立的标志。此前虽然也有部分社会保障措施，但1929—1931年的经济大萧条，才真正使美国政府认识到建立与工业社会相适应的社会保障制度的重要性。《社会保障法》的出台，在很大程度上是当时各种社会力量共同推动的结果，其中罗斯福总统的社会保障社会化主张和对联邦政府责任的认可，为社会保障立法提供了理论和政策依据。美国建立社会保障制度后，不仅为人们提供了基本保障，而且增强了联邦政府对国家的管治能力，社会保障卡成为美国公民身份的标志，直接增进了国家认同。因此，社会保障制度客观上重构了美国的国家治理体系。

自《社会保障法》实施后，美国的社会保障制度又经过多次修订和补充，形成了比较健全且范围广泛的社会保障制度，它主要由社会保险和社会福利两大部分构成。其中，社会保险制度主要包括老年、遗属和残障保险，医疗保险，失业保险，工伤保险；社会福利按照发放形式则可以分成现金福利和非现金福利两类，前者主要包括家庭补助和补充性保障收入两个项目，后者主要由六类项目组成：医疗补贴、食品补贴、儿童营养、住房补助、就业培训、贫困家庭子女教育。在上述社会保障项目中，老年、遗属和残障保险是美国社会保障开支最大的项目，甚至美国官方及一些人士通常将其等同于社会保障。此外，美国社会保障体系的一个重要特点就是私人保险的作用突出，保险公司在寿险、医疗保险等领域提供的商业保险服务很受欢迎，各种非营利机构或慈善机构亦发挥着重要作用。在社会保障管理方面，美国实行州政府管理为主、联邦政府支持的管理方式，联邦政府、州和地方各级政府、社会组织及团体分层次设有管理机构，并尽可能把权限下放到地方和基层，以提高效率。但多层次管理亦存在机构臃肿的现象，且行政管理费较为庞大。

3. 日本

日本是亚洲第一个推行社会保险制度的国家。从20世纪20年代到50年代，日本逐渐建立了以健康保险、雇员年金保险和国民年金制度为核心的社会保障体系。第二次世界大战后，日本政府的发展策略是首先发展工业，其次是成倍增长人们的收入，使人们过上富裕的生活，最后再增加福利费用的支出。当时，日本理论界认为，国家应把财政资金更多地投向经济生产部门，由企业和家庭成员负担福利所需要的开支，只有当他们做不到这一点时，才由国家来代替他们承担这一责任。日本当时社会保障政策的原则之一是国家只保障人们的最低生活水平，凡申请生活补助的人，其工资收入必须低于厚生劳动省所规定的最低生活费；原则之二是强调企业发挥内部互助作用，即各企业分别制订面向本企业员工的福利计划，国家尽量避免直接参与。这些理论依据和策略原则使日本社会保障制度有自己的特色，尽管日本的社会保障水平较高，但给国民经济造成的负面影响并不像福利国家那么严重。[①] 日本现行社会保障制度的基本内容包括：面向一般民众的环境政策、公共卫生政策、儿童补贴，属于社会福利范畴的儿童福利、残疾人福利、生活保护和老年人福利，面向一般高龄者的老年人保健，以及属于社会保险范畴的养老保险（年金制度）、医疗保险（健康保险）和失业保险制度。其中，社会保险制度是日本社会保障制度的核心与主体。日本社会保障制度虽然是模仿西方建立的，但也带有鲜明的亚洲特色，例如，重视个人、家庭的保障作用，强调劳资关系的和谐，企业福利计划相当发达。在社会保障管理方面，日本奉行行政与业务分开、管钱与管事分开的原则。日本社会保险分别由立法、行政管理、监督执行、社会保障基金管理运营等机构分管。立法由参议院负责，中央一级行政管理由劳动厚生省负责。

由于社会保险模式既适应了工业社会的需要，又避免了福利国家的某些缺陷，从而受到了多数国家的重视。但各国的社会保障发展实践也表明，在社会保险制度方面的差异仍然是很大的，社会保险制度在整个社会保障体系中亦并非总是占据主体或核心的地位。有的国家确实继承了俾斯麦模式，但有的国家却只是采取了俾斯麦模式的部分做法，有的国家甚至完全将这种模式蜕变为其他模式（如强制储蓄模式）。

二、福利国家模式

（一）福利国家模式的起源与特点

1. 福利国家模式的起源

福利国家一词出自英国著名经济学家贝弗里奇在1942年完成的一份社会保障研究报告《贝弗里奇报告——社会保险和相关服务》，它在社会保障领域是全民福利的象征，代表着资本主义世界的最高福利水准。

福利国家模式社会保障的理论依据是福利经济学。1920年，英国剑桥学派主要代表人物之一的庇古出版《福利经济学》，这部具有划时代意义的著作的问世，为福利国家的确立奠定了理论基础。在该书中，庇古认为经济政策的目标，在于使社会福利总和最大化。国民收入的总量越大，社会福利就越大；在国民收入一定的条件下，国民

[①] 穆怀中. 社会保障国际比较 [M]. 北京：中国劳动社会保障出版社，2002：62.

收入的分配越是均等化，社会福利也越大。因此，他主张国家通过累进税政策，把高收入者缴纳的一部分税款给低收入者享用，以增加社会福利。福利国家模式正是在这种理论的指导下，以公民权利为核心，确立了福利普遍性和保障全面性的原则，它以国家为直接责任主体，以国家为全体公民提供全面保障为基本内容，以充分就业、收入均等化和消灭贫困等为目标，以政府与公民之间的责任关系取代了建立福利国家之前的雇主与雇员之间、领主与农奴及社团伙伴之间、家庭亲属之间的责任关系。①

1948 年，英国在通过实施一系列社会保障法律后，正式宣布建成福利国家。随后，西欧、北欧等一些国家也纷纷宣布建立福利国家，加拿大、澳大利亚等国家也迈向了福利国家，福利国家作为经济社会发展水平达到很高层次和社会文明进步的象征，在世界上风靡一时，20 世纪 60 年代达到鼎盛时期。

2. 福利国家模式的特点

具体而言，福利国家模式及其所推行政策的主要特点有五个。

(1) 累进税制与高税收。国家通过确立累进税制对人们收入所得进行再分配，使社会财富不再集中于少数人手里；同时，维持福利国家高水平的福利支出，也必然需要高税收来支撑。因此，高税收不仅充当着福利国家的财政基础，而且构成了福利国家模式的重要特征。

(2) 普遍覆盖与全民共享。"普遍性"和"全民性"构成福利国家模式社会保障的基本原则，其目标不仅使社会成员免遭贫困、疾病、愚昧、肮脏和失业之苦，而且在于维持社会成员一定标准的生活质量，加强个人安全感。各种保障制度，不仅限于受保障者一人，而且推及其家属；不只限定于某一保险项目，而且推及凡维持合理生活水平有困难或经济不安定的所有情形，以最适当的方法给予保障。

(3) 政府负责与保障全面。在福利国家，政府是社会保障的当然责任主体，不仅承担着直接的财政责任，而且承担着实施、管理与监督社会保障的责任。同时，福利国家的社会保障项目众多，待遇标准也较高，保障项目设置涵盖了每个社会成员"从摇篮到坟墓"的一切福利保障需求，而个人通常不需缴纳或低标准缴纳社会保障费用，福利开支主要由政府和企业负担。

(4) 法制健全。各种社会保障制度均依法实施，并设有多层次的社会保障法律监督体系。

(5) 充分就业。国家采取各种措施来促使人人有就业机会，通过消灭各种导致失业的因素来实现充分就业的目标。

---

① 郑功成. 社会保障学：理念、制度、实践与思辨 [M]. 北京：商务印书馆，2020：145.

（二）福利国家模式的代表

在世界上，许多国家的社会保障制度选择福利国家模式。除英国等西欧国家，还有北欧国家，以及加拿大、澳大利亚等发达国家。其中，英国是福利国家的起源国，瑞典被称为"福利国家的橱窗"，北欧五国被誉为福利国家的天堂。

1. 英国

福利国家起源于英国，是与英国当时特定的历史条件分不开的。第二次世界大战期间，英国遭受了前所未有的战争破坏，社会矛盾激化，迫切需要在战后建立缓和社会危机、促进经济发展的一套社会稳定机制。于是，1941年，英国政府委托著名经济学家贝弗里奇负责制订战后社会保障计划，这个计划于1942年年底以《贝弗里奇报告——社会保险和相关服务》为题发表，报告提出在战胜法西斯德国后，建立一套"从摇篮到坟墓"的社会福利制度。还需要指出的是，世界上第一个社会主义国家——苏联，在20世纪20年代建立了免费的教育、医疗等社会保障制度，亦为英国福利国家的建立提供了参考。

在《贝弗里奇报告》中[①]，提出社会保障应当采取三种方式，即满足基本需要的社会保险、特殊情况的国民补助和作为补充基本保障的自愿保险。同时，《贝弗里奇报告》还认为，英国的社会政策应以消除贫穷、疾病、肮脏、无知和懒散这五大祸害为目标，建立一个覆盖全社会的国民保险制度。该报告提出了社会保障的六项原则：（1）按统一标准发放补助金，不论接受者在失业、丧失工作能力或退休前原有的收入是多少，一律提供相同数量的补助；（2）按统一标准缴纳保险费，投保人员无论贫富，无论从事何种职业，一律缴纳相同的保险费；（3）将负责的行政部门统一起来；（4）领取的补助金数额应当适当并及时提供；（5）普遍性原则，社会保险的对象要逐步扩大到全国人口；（6）类别原则。上述原则其实是对公平性、强制性、福利性等的追求，它随之成为所有选择福利国家模式的国家建立健全社会保障制度的基本原则。

在《贝弗里奇报告》的基础上，英国政府在短短数年内先后制定了一系列社会保障法案。如《社会保险法》（1946年）、《国民卫生保健服务法》（1946年）、《家庭补助法》（1945年）、《国民保险法》（1946年）和《国民救济法》（1948年）等。这些社会保障法律的颁布，使英国成为当时世界上社会保障制度最完备的国家，并于1948年正式宣布第一个建成福利国家。经过此后20年的改进完善，英国的社会保障制度发展成为面向全体社会成员、高福利、统一管理体制、为国民提供"一揽子"预防性保

[①] 贝弗里奇. 贝弗里奇报告——社会保险和相关服务 [M]. 北京：中国劳动社会保障出版社，2004.

障的完整的社会保障体系，国家作为责任人承担最后的责任。

正如英国工党1945年在竞选宣言中所表示的，福利国家就是"使公民普遍地享受福利，使国家担负起保障公民福利的职责"。因此，英国的福利国家政府内容十分广泛，包括全民医疗保健、社会保险和社会服务。全民医疗保健包括农民（和在英国居住一年以上的外国人）在内，基本上由国家负担；而社会保险主要是发放养老金、失业救助和家庭补贴，养老金有基本养老金、补助养老金，失业救助分失业救济、失业者额外津贴和额外补助三个部分，家庭补贴包括孕妇补贴、儿童补贴、低收入家庭补贴、寡妇补贴、住房补贴和圣诞节奖金等；社会服务则是一个发达的个人生活照料系统，满足社会成员的生活服务需求。不仅如此，为实施福利国家政策，英国政府还建立了一个庞大的管理机构，其中央管理机构是卫生和社会保障部，其社会保险业务是通过500多个中央、地区和地方机构开展工作的。

2. 瑞典

瑞典是福利国家的又一典型代表。自1948年开始，瑞典致力于建设福利国家。瑞典的社会保障制度大体分为两个层次：一是针对所有国民的基本生活保障，二是在此基础上提供的与收入相联系的保障。前者项目多、内容繁杂，后者则主要同少数保障内容相联系。因此，瑞典的社会保障制度在本质上奉行公平原则。

就保障内容而言，瑞典的社会保障项目繁多，对人们生老病死的每一个环节都有相应的保障，除生育、疾病、伤残、失业、养老保障外，还有儿童、遗属、单亲家庭、住房、教育和培训津贴；除现金津贴外，还提供医疗、护理等多项服务。这种全民性保险和广泛而优厚的补贴制度，使瑞典获得了"福利国家的橱窗"之称。

为了管理庞杂的社会保障事务，瑞典成立了统一的国家社会保障委员会。在国家社会保障委员会的领导下，形成了由国家、州市各级政府社会机构与服务处所构成的社会保障服务网络。

瑞典奉行的这种"从摇篮到坟墓"的社会保障政策，对于社会稳定和经济发展起了很大作用。国家通过立法手段，干预经济和财政，对国民收入的再分配力度大，使财富在各家庭之间的分配趋于平等，这对于消除贫困和维持社会稳定与繁荣起到了保障作用。据统计，瑞典的公共开支占GDP的比重在1960年时为31%，1982年上升到67%。但是，当时瑞典的经济成就却引人注目，失业率只有2.7%，通货膨胀率仅3.3%，低于欧洲也低于经济合作与发展组织成员国的平均水平。[①] 到20世纪末，瑞典在维持高福利的同时，其经济形势依然良好，瑞典仍然是欧洲生活水平最高的国家之

---

① 穆怀中. 社会保障国际比较[M]. 北京：中国劳动社会保障出版社，2002.

一，也是保持了经济发展活力的国家之一。

不过，过于优厚的社会保障待遇，亦造成了一些负面影响。例如，社会保障支出增长过快，导致了社会保障制度的收不抵支；同时，由于国家包得过多、标准过高，使得用于生产的财力减少，社会成本提高，产品在国际市场竞争力相对下降。此外，由于社会保障项目多、范围广、水平高，使社会保障收入同劳动收入的差距逐渐缩小，这种现象必然会使部分人产生过分依赖社会和国家的思想。正是因为福利国家在快速发展中出现了一些问题，学术界（主要是经济学界）亦对福利国家模式多有批评，认为它是造成公共福利开支不断膨胀，税收负担加重，影响经济增长与国际竞争力的一个重要致因。因此，福利国家自20世纪80年代起也在调整自己的社会保障制度，但总体而论，包括西欧、北欧国家和加拿大、澳大利亚等在内的福利国家模式不会从根本上改变。

三、国家保险模式

（一）国家保险模式的起源

国家保险模式，是由世界上第一个社会主义国家——苏联，于20世纪20年代创建并被其他社会主义国家普遍仿效的社会保障模式。

苏联建立社会保障制度的背景，是1917年十月革命胜利后，由列宁领导的布尔什维克武装起义推翻了资产阶级临时政府，建立了人类历史上第一个由马克思主义政党领导的社会主义国家，自此走上了用社会主义方式改造国家和推进现代化建设的道路，同时顺应人民的愿望发展各种社会福利事业。1918年，苏联政府将国家救济人民委员会改名为苏维埃社会保障人民委员会，随后颁布了劳动者社会保障条例、抚恤条例、退休条例等一系列社会保障法律，从而几乎是同步创立了与社会主义制度相辅相成的苏联式社会保障制度。这种制度以列宁的国家保险理论为指导，建立在社会主义公有制基础之上，内化于计划体制之中，包括免费教育、免费医疗、免费住房，以及养老金、社会救助和各种生活用品补贴等，全面保障着苏联人民的基本生活和社会经济权利。可见，苏联建立的不是俾斯麦式的需要劳动者付费的有限社会保险制度，而是在劳动人民享有主人翁地位的社会主义制度下，由国家、企业或集体提供着各种免费福利保障，其全面性、普惠性和慷慨性开创了人类社会保障发展史上的新纪元。[①]

---

① 郑功成. 中国式现代化与社会保障新制度文明［J］. 社会保障评论，2023（1）.

（二）国家保险模式的特点

国家保险模式的主要特点有四个。

第一，国家通过宪法将社会保障确定为国家制度，国民所享有的社会保障权利由生产资料公有制保证，并通过相应的社会经济政策的实施获得。

第二，社会保障支出由政府和企业承担，其资金由全社会的公共资金无偿提供，由于国家已事先做了社会保障费的预留和扣除，个人不需要缴纳社会保障费。

第三，保障的对象是全体国民。每一个有劳动能力的人都必须积极参加社会劳动并在劳动中获得相应的社会保障，国家对无劳动能力的社会成员也提供物质保障。

第四，工会参与社会保障事业的决策与管理。

国家保险制度作为社会主义国家普遍采用过的社会保障模式，不仅曾经造福社会主义国家的亿万人民，而且事实上推动了西方资本主义国家社会保障的发展。如英国创建福利国家的理论依据是经济学家贝弗里奇发表的《贝弗里奇报告——社会保险和相关服务》，这份报告提出政府要为因失业、疾病、年老、生育和鳏寡孤独而在经济生活中处于不利地位的人们提供社会保障，为所有人提供"从摇篮到坟墓"的福利制度，显示出浓厚的苏联式社会保障制度的影子。

尽管苏联早已于20世纪90年代初期解体且易帜，其"免费"的社会保障制度亦不完美，且因超越了社会主义国家所处的发展阶段而遇到挫折，但其建制初衷及为人民谋福祉的追求以及税收筹资机制的创制，却为人类现代化进程和社会保障的发展留下了宝贵的财富，苏联的这种历史贡献不应被忘记。

四、强制储蓄模式

与传统社会保险模式与福利国家模式有着巨大区别的另一种社会保障模式，是新加坡等国创立的公积金制度及后来变种的智利养老保险私营化模式等，它们实质上都是一种强制储蓄的保障模式。

（一）强制储蓄模式的特点

强制储蓄模式的社会保障制度，曾经长期不被国际社会保障界认可，因为它缺乏传统社会保障制度的互济功能。不过，自新加坡建立公积金制度以来，随着人口老龄化的加剧，在以往的社会保障模式难以很好地解决养老等问题时，强制储蓄模式引起了重视，在世界银行等的推动下，一些国家在改革或建立自己的社会保障制度时亦会考虑借鉴和吸收强制储蓄模式的优点。

强制储蓄模式除具备国家立法规范、政府监督等特点外,还有以下五个鲜明特点。

1. 强调自我负责,缺乏互济性

强制储蓄模式是在国家立法的规范下,采取强制手段扣除劳动者的一部分工资储存起来,完全用于劳动者自己养老等。它不存在劳动者之间的互助共济功能,从而也无法让风险在群体中分散。可见,这种制度强调的是自我负责而不是追求互助共济,这一点与其他社会保障模式所追求的目标是相悖的。

2. 建立个人账户,实行完全积累制

在强制储蓄模式下,每个参与其中的劳动者均拥有一个账户,用人单位与劳动者自己缴纳的费用均直接计入该账户,并逐年积累,直到劳动者年老退休时才能领取。因此,这种模式实现的其实是劳动者自己一生中的收入与负担的纵向平衡。

3. 与资本市场有机结合

由于强制储蓄模式是完全积累制的财务机制,每个劳动者在劳动期间积累在个人账户上的资金是不断增长的,从参加强制储蓄到领取相应待遇,往往间隔数十年,必然面临基金贬值的风险。因此,强制储蓄模式的最大压力在于如何使个人账户上积累的基金实现保值增值,这就必然要求积累基金与资本市场相结合,才可能在参与社会财富创造的过程中避免贬值的风险。

4. 在保障内容上主要是养老保障

从当代世界采取强制储蓄模式的国家来看,这一模式主要适用于具有长期积累性的养老保险。因此,所谓的强制储蓄模式并不等于采取这一模式的是国家整个社会保障制度,而只是整个社会保障制度中的一部分。

5. 政府承担责任的方式特殊

在强制储蓄模式下,政府通常并不直接分担缴费责任,而是扮演着监督者的角色,对个人账户上积累基金的投资运营进行监督是重点。同时,不同国家政府承担的责任亦是有区别的,如新加坡是设立中央公积金局来集中运营公积金并由政府确保相应的收益率,智利则采取私营化办法,政府仅仅承担监管责任。

强制储蓄模式在激励劳动者自我负责和限制政府责任方面是有效的,但其缺乏互济性的缺陷,不利于风险的分散,且无法促进社会公平。因此,迄今为止,真正实行强制储蓄模式的国家只有新加坡等个别小国家。

(二)强制储蓄模式的代表

1. 新加坡

20世纪50年代,新加坡从殖民统治下获得独立,当时即考虑建立自己的社会保障制度，但在经过对工业化国家已有社会保障模式的全面考察与评价之后，新加坡放弃了简单模仿他国建立社会保障制度的想法，而是根据自己的国情，创设了独特的公积金制度。

新加坡的公积金制度，是通过国家立法，强制所有雇主、雇员依法按工资收入的一定比例向中央公积金局缴纳公积金，由中央公积金局加上每月应付的利息，一并计入每个公积金会员的账户，专户储存；会员享受的待遇，限于其账户存续期间累积的公积金额度。新加坡的公积金最初只是一种简单的强制养老储蓄制度，后来随着社会经济的发展和收入水平的提高，逐步发展成包括养老、住房、医疗在内的一项综合性社会保障制度。会员除在达到退休年龄时领取养老金之外，退休前还可在特准范围内用于购买住房和支付医疗、教育费用等。因此，新加坡的社会保障制度是以公积金制度为主体的，公积金制度之外虽然还有部分救助与福利事业，但在保障国民生活方面的作用均弱于公积金制度。

新加坡的公积金制度强调劳动者自食其力、自力更生、自我保障，采取的是统一的个人储蓄而不是分散的个人储蓄，资金按照法律规定强制征收后计入个人账户。在资金筹集方面，由雇主和雇员按规定的一定比例分担，政府根据经济发展、工资收入及公积金储蓄比例等作相应调整。由于实行个人账户与完全积累制，公积金制度虽然具备积累财富的功能，能够起到激励作用，对促进经济发展也有积极作用，但这种模式并不具备再分配和互助调剂的功能，从而并不能解决所有的社会问题。不过，新加坡的公积金制度经历半个多世纪的发展，从单一功能发展到多重功能，进而成为新加坡国民主要的社会保障措施，说明它是符合新加坡国情并具有生命力的。

2. 智利

另一个引起广泛关注的采取强制储蓄模式的代表性国家是智利。智利曾经是拉美国家中最早建立社会保险制度的国家。与新加坡相比，智利强制储蓄模式的特点在于：一是用人单位不缴费而只由劳动者个人缴费；二是由私人机构管理养老保险基金的运营；三是个人账户上的强制性储蓄只能用于养老而不能像新加坡那样可以用于医疗保健与住房开支等。可见，智利的养老保险私营化较传统模式而言，显然走得比新加坡更远。当然，智利的强制储蓄制度事实上还需要相应的社会保障措施配套。①

智利规定，劳动者必须按工资收入的10%按月缴纳保险费，并存入个人退休账户，用人单位不缴费。在基金的运行中，智利采取的是由相互竞争的私人养老保险基金管理公司负责管理个人账户基金，注重基金的投资运营和保值增值。保险金待遇主要取

---

① 郑功成. 社会保障学：理念、制度、实践与思辨［M］. 北京：商务印书馆，2020：151.

决于个人账户积累额及投资收益状况。当劳动者达到法定退休年龄后,通过不同方式领取养老金,如购买年金保险或从个人账户上逐月支取。智利在推进养老保险私营化过程中,政府从立法、运行机制及监控体系等方面发挥作用,以确保基金的有效运营和保值增值。可见,智利养老保险私营化突出表现为:(1)专人专户,一家公司负责一项基金计划,实现基金运行的简化、透明,并强化监督管理作用;(2)将养老保险基金的运营纳入法治化、规范化和制度化的轨道,通过规定最低准备金、年金基金资产的投资限额,将相互投资公司的投资运营限制在一定幅度之内,以维持养老保险基金的总体平衡;(3)建立有效的监控体系和制定严格的投资规则,以确保基金运营的安全性和盈利性。

将公共养老保险制度改为养老保险私营化管理后,智利模式在短期内一度取得了"成效",受到世界银行与国际货币基金组织等一些银行机构的高度重视,但在国际社会保障界并未得到认可,国际劳工组织与国际社会保障协会一直不认同智利的做法,遗憾的是这些专业机构的声音在一些发展中国家被忽略。事实证明,因为智利将传统的社会保险制度改变为养老储蓄基金制度违背了社会保险制度的客观规律,不仅在本国遭到了失败,不得不重建基础性的养老保险制度,而且也被一些曾经借鉴其做法的国家所抛弃。智利公共养老保险私营化实践的失败,表明社会保险制度不能异化成缺乏互助共济功能的私人产品。

五、结语

从现实和发展趋势出发,如果不是以社会保障制度主体内容为依据,而是从社会保障制度的整体来看,许多国家选择的或正在建设与变革中的社会保障制度,其实是兼具多种模式特点的混合型模式。例如,中国在摒弃社会主义国家传统的国家保险模式后,经过改革开放以来的制度变革,逐渐形成的是中国特色的混合型社会保障制度,其中既有覆盖面广的社会保险,也有个别的全民性福利,还在法定基本养老保险制度中引进了个人账户制。在福利国家中,也不断在推进多层次社会保障体系建设。因此,对世界而言,各国社会保障制度会呈现出遵循法治、政府主导、责任分担、互助共济、多层次化等共同特征,也会呈现本国的一些特色。

 本章小结

社会保障体系是国家依法建立的保障国民生活、维护社会稳定、促进社会和谐发展的系统。由于各个国家的经济、社会、政治、文化、历史等不同,社会保障的项目设置、覆盖范围等也不尽相同,各有其特征。

社会保障体系建立的原则包括机会均等、平等分配和适度保障等，所追求的目标则是追求完整性、协调性和层次性。

政府主导的基本社会保障制度安排包括社会救助、社会保险、社会福利以及军人保障等，社会救助面向低收入群体和特殊弱势群体，社会保险主要面向劳动者，社会福利则满足全体社会成员的福利需求，军人保障则是面向军人的综合性保障系统。由于基本社会保障制度不可能满足国民全部的社会性保障需求，慈善事业、企业年金、商业保险乃至中国特色的家庭保障等就构成了对基本社会保障制度的重要补充，并不同程度地发挥着社会保障的作用。

基于各国社会保障制度的主要特点，世界上的社会保障模式主要有四种，即社会保险模式、福利国家模式、国家保险模式、强制储蓄模式。实际上，经过多年的发展与改造，真正完全采取某一种模式的国家并不多见，许多国家选择或正在选择的社会保障制度安排其实是兼具多种模式特点的混合型模式。

社会保险模式强调权利与义务相结合，通过国家、用人单位和劳动者三方共同分担责任，充分体现保险互助共济原则，目的是解除劳动者的后顾之忧，增进劳资关系的融洽。典型国家包括德国、美国、日本等。

福利国家模式强调普遍性与全民性，是在经济发达、整个社会物质生活水平较高的情况下实行的一种全面保障形式，目的在于对每个社会成员提供"从摇篮到坟墓"的福利保障，它以高税收为财政基础，以高福利为显著标志。典型国家有英国、瑞典等。

国家保险模式是以公有制为基础并纳入计划经济体制的一种社会保障模式，它强调国家负责，个人不承担缴费义务，是苏联建立并曾经被其他社会主义国家普遍仿效的模式，客观上亦对福利国家起到了示范作用。

强制储蓄模式强调个人自我负责、自我积累、自我保障，采取完全积累制的财务机制，主要代表为新加坡。

 案例讨论

从公积金到强积金：强制储蓄模式的差异

完全积累制是相对于现收现付制而言的一种养老保险财务机制，它通常以个人账户的面孔出现。在世界上，新加坡建立的公积金制度开创了社会保障个人账户与完全积累制的先河，接着是智利于1980年推行养老保险私营化改革，然后是中国香港地区于 2000 年推行强积金制度。从公积金到强积金，新加坡、智利与中国香港地区选择的养老保险制度，在制度模式上均是强调个人负责，采取的都是强制性的个人账户形式，确立的都是完全积累制的财务机制，且均与资本市场紧密结合，缺乏共济性是它们的共同缺陷，所有这些均表明了强制储蓄模式的共性。

然而，比较一下新加坡的公积金制度、智利的养老保险私营化制度和中国香港地区的强积金制度，便可发现三者之间其实存在着六点差异。

（1）资金筹集方面。新加坡是雇主与雇员按照等额原则共同分担缴费责任，智利是完全由劳动者自己承担缴费责任，而中国香港地区借鉴了新加坡的做法。

（2）基金管理方面。新加坡建立中央公积金局并由其负责管理公积金，智利与中国香港地区则均由私营机构管理着养老保险基金。

（3）基金投资方面。新加坡采取公营方式，由中央公积金局根据政府的主导统一集中投向房屋建设等公共领域，从而为改善国民的居住条件做出了贡献；而智利与中国香港地区则由私营机构实行分散投资，完全参与资本市场的竞争。

（4）待遇给付方面。新加坡的公积金除用于养老外，还可用于改善受保障者的居住条件和医疗方面；而智利与中国香港地区均只能用于养老。

（5）政府角色定位方面。新加坡选择公营方式并确保相应的投资收益率，决定了政府扮演着这一制度担保人的角色；而在智利与中国香港地区，政府扮演的主要是监督者的角色。在新加坡，劳动者无需承担投资失败和基金贬值的风险；而在智利与中国香港地区，个人却须对基金投资风险负责，因为分散投资的决定权在个人账户所有者手中。

（6）制度建立的基础方面。新加坡的公积金制度完全是新创建的，从而没有历史负担。智利则是对原有的公共养老保险的革命，从而需要政府承担转制成本并采取认购债券的方式来消化。在中国香港地区，建立强积金制度前即有部分企业或组织已经建立了相应的养老保险制度，中国香港地区采取的办法是凡缴费水平高于强积金制度确定的缴费水平的，继续实施该组织原有的办法；凡未建立养老保险或者已经建立的养老保险缴费水平低于强积金制度规定的缴费水平的，则须按照强积金制度规定的标准参与进来，因此，中国香港地区建立强积金制度是在维护市民既得利益的条件下进一步增进其福利。

还可以列举其他一些差异，但上述差异已经足以表明，即使是强制储蓄模式，也进入了多样化发展阶段。

资料来源：作者搜集整理。

复习思考题

1. 为什么说社会保障体系不能有漏洞?
2. 中国现行社会保障体系框架包括哪些内容?
3. 比较基本社会保障与补充社会保障的差异。
4. 比较社会救助、社会保险与社会福利的异同。
5. 比较几种主要社会保障模式的异同。
6. 如何评价智利养老保险私营化改革?

第六章
社会保障基金

>> 学习要点

通过本章学习，应当了解社会保障基金的定义与分类，掌握社会保障基金的筹措方式、社会保障基金的给付、投资运营，并熟悉国家社会保障储备基金和社会保险基金的具体内容。

>> 关键概念

基金　社会保障基金　财政性社会保障基金　社会救助基金　社会保险基金　社会福利基金　军人保障基金　强制储蓄　社会保障基金给付　社会保障基金投资运营　系统性风险　非系统性风险　投资组合　金融投资　实业投资　国家社会保障储备基金　社会保险基金　公积金基金　养老保险基金　医疗保险基金　失业保险基金　工伤保险基金

第一节　概　　述

一、社会保障基金的界定及分类

基金一般是指由产品分配形成的、具有特定用途的资金。社会保障基金是国家和社会从已有的社会财富中提存、积累并用以援助或补偿社会保障对象的资金,是支撑社会保障制度的物质基础。① 在社会保障制度实践中,一方面,国民收入经过初次分配,形成国家、单位或集体、个人的原始收入,政府通过财政预算拨款、用人单位或集体缴费、个人缴费的方式来建立社会保障基金;另一方面,根据一定的法定条件实现国民收入再分配,向不同项目的社会保障对象提供现金援助和福利服务,其功能在于解除受保障者的后顾之忧,保障国民的基本生活并不断增进国民的福祉。

根据不同的标准,可以对社会保障基金进行分类。

(一)按基金运营管理方式分类

按基金运营管理方式分类,社会保障基金可分为财政拨款形成的社会保障基金,即财政性社会保障基金;强制性征缴形成的社会保障基金,即缴费型(纳税型)社会保障基金;多元组合形成的社会保障基金,即混合型社会保障基金。

1. 财政性社会保障基金②

财政性社会保障基金直接来源于国家税收,体现了政府在社会保障方面的财政责任。一般而言,财政性社会保障基金通过经常性预算和财政拨款的形式形成,其结构与功能通常取决于国家的社会保障规模以及财政体制与相关社会保障制度的结合程度。对社会保险实行纳税制的国家,因社会保险基金的加入而使财政性社会保障基金显得非常庞大;对社会保险实行缴费制且独成系统的国家,财政性社会保障基金的规模会相对较小。中国的社会保险基金采取缴费制,在财政系统之外运行,因此,政府财政直接承担的社会保障拨款责任主要包括社会救助、公职人员社会保险缴费、各种公办福利事业和军人保障,以及对社会保险制度中的养老保险、医疗保险等进行补贴,其规模在不断壮大。

在社会保障制度运行中,国家对不同社会保障项目的资助力度是不同的。一般来说,社会救助基金、社会福利基金和军人保障基金以国家财政供款为主,甚至完全由国家财政拨款形成;而在社会保险基金中,国家财政分担相应的责任,并扮演制度担保人的角色。

政府在承担社会保障财政责任时,拨款的主体通常有中央和地方政府财政两个层级,其管理方式也有两种:一是中央政府和地方政府依法拨款并分别运行、各负其责,如美国;二是中央政府拨款与地方政府拨款混合使用,如中国。财政性社会保障基金不论由国家财政部门直接管理,还是财政部门与社会保障有关职能部门共同管理,都

---

① 郑功成. 中国社会保障论[J]. 武汉:湖北人民出版社,1994:7.
② 郑功成. 社会保障学:理念、制度、实践与思辨[M]. 北京:商务印书馆,2020:332.

是政府站在社会保障前台并承担直接责任的标志。

2. 缴费型（纳税型）社会保障基金

缴费型（纳税型）社会保障基金是指依照社会保障立法，强制要求雇主、雇员或规定范围的国民缴纳社会保障（险）费（税）形成的社会保障基金。① 任何单位和个人都必须无条件地履行法律规定的缴费义务，缴纳的标准和待遇给付的标准等均由国家法律、法规统一确定，用人单位和劳动者个人无自由选择与更改的权利。强制性征缴形成的社会保障基金主要有各种社会保险基金和住房公积金，如养老保险、医疗保险、失业保险、工伤保险、生育保险、护理保险基金。社会保险基金是强制性征缴形成的社会保障基金的典型代表，它来源于按工资额（或可支配收入）的一定比率征收的社会保险费，通常由用人单位与劳动者或覆盖范围内的个人分担缴费责任，国家财政也视保险项目及覆盖对象的情况供款，是国家、单位、个人等在社会保险方面责任共担机制的具体体现。

3. 混合型社会保障基金

混合型社会保障基金是指通过多种渠道筹集到的社会保障资金。这些渠道包括国家财政拨款、向受益者收费、接受社会捐赠、发行福利彩票等。社会福利基金是多元筹资组合形成社会保障基金的典型代表。社会福利基金是整个社会保障基金的有机组成部分，与财政性或强制性征缴形成的社会保障基金不同的是，社会福利基金在多数情况下都是一种混合型社会保障基金，其中既有来自国家财政拨款的份额（如官办福利或政府对民办福利事业的补助），也有来自服务收费的份额（不以营利为目的），还可能有来自社会捐赠或发行福利彩票的份额。

（二）按用途及功能分类

按社会保障项目的用途及功能分类，社会保障基金可以分为社会救助基金、社会保险基金、社会福利基金、军人保障基金等。

1. 社会救助基金

社会救助基金是指国家通过经常性预算和财政性拨款形成的，专门用于救助困难群体的社会保障基金。根据资金的来源渠道，社会救助基金可以分为政府财政性基金和民间慈善基金。政府财政性基金来源于国家税收，主要用于缓解社会成员的贫困程度和救助天灾人祸中的不幸者。中国的社会救助是一种综合型救助制度安排，主要包括基本生活救助（低保）、特困救助、灾害救助、医疗救助、教育救助、住房救助、临

---

① 出于惯常用法和行文简洁的考虑，本书多以缴费（型）或保险费来阐释社会保障资金征缴的相关内容。

时救助等。民间慈善基金来自社会捐赠，用于帮助需要帮助的人们。在实践中，社会救助金的给付并不需要以缴费为前提，一般由国家、社会向被救助者实施单向的货币和实物救助。救助标准在各国或一国之内不同地区以及不同时期都有所不同。一般来说，救助标准的制定要考虑国家实力和传统福利水平，要考虑社会平均生活水平和收入水平，要考虑消费价格指数和生活指数等因素。

2. 社会保险基金

社会保险基金是指通过雇主与雇员共同缴纳社会保险费的方式形成的、用于保障劳动者在丧失劳动能力或失去劳动机会时的基本需要的基金。大多数国家的社会保险基金由雇主与雇员缴费形成，同时，国家给予税收和利率优惠，以及适当的财政资助，体现国家、雇主和雇员三方责任共担的原则。社会保险基金一般包括养老保险基金、医疗保险基金、失业保险基金、工伤保险基金、生育保险基金、护理保险基金，中国则将生育保险基金并入城镇职工基本医疗保险基金一并管理。

3. 社会福利基金

社会福利基金是指国家和社会用于提高国民物质和精神文化生活水平而建立的社会保障基金，包括财政性福利基金、社会化福利基金和单位自有的福利基金。其中，财政性福利基金通常用于无收入来源和无法定赡养人或抚（扶）养人的老年人、残疾人和孤儿等特殊群体的社会福利事业，社会化福利基金则可以根据国民的需要来安排，而单位依据法律、法规政策设立的福利基金则用于本单位员工的福利。需要指出的是，社会福利基金不同于社会救助基金，它的目的不是济贫，而是保障和维持社会成员一定的生活质量，因而是较高层次的保障。中国的社会福利基金来源主要是财政拨款、单位自筹、发行福利彩票以及社会捐赠等。社会福利基金对保障社会成员的基本生活需要、促进社会公平、实现经济发展成果共享，起着非常重要的作用。

4. 军人保障基金

军人保障基金是为实施军人社会保障而筹集的资金，它主要包括优抚基金、军人保险基金等。其中，优抚基金是指国家财政拨款并用于保障法定优抚对象的基本生活和褒扬军人、抚恤军烈属等的社会保障基金；军人保险基金则是为了确保现役军人能够与地方社会保险制度接轨而筹集的专项资金，它主要来源于国家财政拨款。此外还有退役军人安置基金等。

二、社会保障基金的性质

考察社会保障基金的性质，可以发现，社会保障基金实质上是从国民收入的初次分配和再分配过程中形成的一种消费性社会后备基金。从社会保障基金的运行看，国民收入经过初次分配形成国家、用人单位或集体、个人的原始收入，政府通过财政拨款、用人单位或集体统筹以及个人缴费等方式建立社会保障基金，然后根据一定的法定条件和不同项目的社会保障对象提供经济补偿或福利服务。这样，这种再分配改变了国民收入原有的分配结构比例，使国家、用人单位和个人三者之间的分配比例发生变化，即将一部分原属于国家和用人单位的份额转移到个人消费领域。社会保障基金在实践中通常先筹资或积累、后支付，从而从客观上表现为社会后备基金形态和国民收入再分配性质。①

无论在哪个国家，社会保障基金均主要来源于雇主、雇员缴费与政府拨款等三大渠道。对于由雇主缴费和政府拨款的部分，马克思主义经典作家也曾做过论述。在《哥达纲领批判》中，马克思指出，"如果我们把'劳动所得'这个用语首先理解为劳动的产品，那末（么），集体的劳动所得就是社会总产品。现在从它里面应该扣除：第一，用来补偿消费掉的生产资料的部分；第二，用来扩大生产的追加部分；第三，用来应付不幸事故、自然灾害等的后备基金或保险基金"，强调"从'不折不扣的劳动所得'里扣除这些部分，在经济上是必要的"，同时"剩下的总产品中的其他部分是用来作为消费资料的。在把这部分进行个人分配之前，还得从里面扣除：……第三，为丧失劳动能力的人等设立的基金，总之，就是现在属于所谓官办济贫事业的部分"。② 在《资本论（第三卷）》中，马克思指出剩余价值的一部分，必须充当后备基金或保险基金，"甚至在资本主义生产方式消灭之后，也必须继续存在的唯一部分"③。恩格斯也强调这种基金"过去和现在都是一切社会的、政治的和智力的继续发展的基础"④。马克思对资本主义条件下劳动力价值的分析表明，劳动力价值包括三部分，即劳动者维持自身生存所必需的生活资料的价值、劳动者养活家属所必需的生活资料的价值和劳动者为了掌握一定的生产技术所必需花费的受教育训练费用。随着劳动者生活水平的提高，必要劳动将会扩大，这时劳动者的必要劳动不仅包括维持和再生产劳动力所必需的生活资料价值，还应包括劳动者丧失劳动能力后维持生存所必需的生活资料价值，因此，社会保障基金基本上属于必要劳动的范畴。

然而，社会保障基金并非全部由必要劳动所创造，还有部分来源于剩余劳动。例如，社会保障基金投资运营所获利润，来源于投资运营收益扣除劳动者必要劳动和生产所消耗的生产资料的剩余。国家为非物质生产部门的劳动者提供的社会保障基金来

---

① 郑功成. 中国社会保障论 [J]. 武汉：湖北人民出版社，1994：6-7.
② 中共中央编译局. 马克思恩格斯选集（第三卷）[M]. 北京：人民出版社，1975：9-11.
③ 中共中央编译局. 马克思恩格斯全集（第二十五卷）[M]. 北京：人民出版社，1972：958.
④ 中共中央编译局. 马克思恩格斯选集（第三卷）[M]. 北京：人民出版社，1975：233.

自于物质生产部门劳动者的剩余劳动。

三、社会保障基金的意义

社会保障基金在性质上属于社会公共基金或共享基金,其意义不仅在于支撑整个社会保障制度,而且在于对收入分配进行有效调节,进而对社会经济的发展起协调作用。从某种意义上讲,社会保障制度的运行其实就是筹集社会保障基金并合理地分配社会保障基金的过程。

在任何时代和任何社会制度下,劳动者的老、弱、病、残、孕以及丧失劳动能力,都是普遍存在的客观现象。特别是在现代社会,随着生产的高度社会化和分工协作的发展,以及人口老龄化、家庭规模小型化等,个人面临的风险日益增多,人们对社会保障的需求也日益高涨。而任何社会保障制度的建立,都需要以相应的社会保障基金为前提与基础。

国家通过建立社会保障基金,对遇到各种风险的个人及家庭提供补偿或服务,保证个人及家庭的基本生活,使个人及家庭不仅无生存之忧,而且能够使劳动力得以恢复,使社会再生产得以顺利进行,进而不断增进人民福祉。从社会发展的角度看,通过建立社会保障基金,社会保障制度就能够有效地防范与消化社会成员因生存危机而可能出现的反叛心理与对立行为,缓和乃至消除引起社会震荡与失控的潜在风险,进而维系着社会秩序的稳定和正常、健康的社会发展。

需要指出的是,养老保险等社会保险制度和公积金制度通常会形成相应的资金积累,因而也必然面临保值增值的压力,投资活动就显得尤为重要。因此,社会保障制度还需要与资本市场有机地结合起来,并在促进经济发展的过程中实现基金的保值增值。

第二节 社会保障基金筹集

社会保障基金筹集,是指由社会保障机构按照法律规定的比例向计征对象征收社会保障费的一种行为,它关系到能否建立充足和稳定的社会保障基金,是社会保障制度的核心内容和关键环节。国际劳工组织对社会保障基金的筹措提出了三项原则:一是受保障者负担的费用不应超过全部所需费用的一半;二是避免低收入者负担过重;三是要考虑本国的经济状况。在实践中,社会保障基金的筹集要求做到:一是资金的筹集方式应当与制度模式相适应;二是资金的筹集渠道必须畅通;三是资金的来源必须稳定；四是已筹措的资金能够满足社会保障的需要。①

一、社会保障基金的来源渠道

筹集社会保障基金，首先要解决基金来源问题。世界各国的社会保障基金的来源并不完全相同，呈现出一定的差异性。多数国家的社会保障基金由国家（政府）、用人单位和个人三方合理分担。除此之外，社会捐赠、发行福利彩票、社会福利服务收费等也是社会保障基金的来源渠道。

（一）国家财政供款

在现代社会，无论采取何种社会保障模式，国家都承担着直接的财政责任，只不过是因模式不同所承担的责任轻重不同而已。国家责任的一个具体体现，便是由财政对社会保障供款，它构成社会保障基金的一个固定的、重要的来源渠道，是调节个人收入分配、促进社会保障制度建设的重要手段。

国家财政对社会保障的支持，可以概括为三种方式。一是财政支持，即政府直接拨款实施社会保障项目，社会救助基金、公共福利基金及军人保障基金主要由政府财政拨款形成。二是实行税收优惠或让利，这是一种间接资助形式，它又可以分为三种形式，即国家允许社会保障机构强制性地向用人单位和个人征收税前缴纳的社会保险费；国家对社会保障机构筹集的基金实行免税优待以及对保障对象享受的保障待遇不征税；国家让利，表现为国家对存储于国家金融机构的社会保障基金，或对用于投资的社会保障资金，给予较高的利率优惠。三是承担社会保障管理与运行费用。②

（二）用人单位和个人缴费

用人单位与个人缴费是现代社会保障基金的重要来源。在市场经济条件下，各国都制定了相应的社会保障法律、法规，这些法律、法规无一例外地会要求用人单位、个人承担缴纳社会保险费的责任。

用人单位承担社会保障责任的方式就是为其员工向社会保险机构缴纳社会保险费，它一般按用人单位员工工资总额的一定百分比缴纳，由社会保险机构或税务机构依法强制征收。用人单位缴纳的社会保险费在本质上构成了用人单位的"经济性"负担，是其生产经营顺利进行的内在要素。

---

① 郑功成. 社会保障学：理念、制度、实践与思辨 [M]. 北京：商务印书馆，2020：285.
② 郑功成. 社会保障学：理念、制度、实践与思辨 [M]. 北京：商务印书馆，2020：339.

就社会成员个人而言，既是社会保障的受益人，也是社会保障资金的负担主体，他们也应承担相应的责任和义务。个人负担社会保障费包括两个方面：一是法定社会保险制度通常要求劳动者承担相应的社会保险缴费义务；二是社会成员在享受有关社会福利尤其是社会服务时，亦可能需要承担有限的付费义务，如有的福利服务并非免费但以低廉收费维护运转，个人需要付出相应的费用来获得具有福利性的公共服务。个人缴纳相应的社会保障费用，不仅有利于减轻用人单位和国家财政的负担，还能完整地体现社会保障的权责结合与责任分担的原则，同时增强个人自我保障意识，引导社会成员对社会保障基金管理和监督的重视。通常，在社会保险制度中，劳动者按工资或收入的一定百分比缴纳社会保险费（只有工伤保险不要求个人承担缴费义务）；在一些社会福利与社会服务中，受益者根据规定的条件在享受相应待遇及服务时支付有限的费用。

（三）社会筹资

社会筹资的渠道主要有社会捐赠和发行福利彩票。

社会捐赠是许多国家筹集社会保障资金的一个非正式的却又非常普遍的渠道，其特点是以善爱之心为道德基础，以自愿捐献为基本特征，由民间慈善公益机构负责征集并用于各种社会救助与福利事业。作为一条重要的补充社会保障基金的来源渠道，慈善公益机构可以直接吸纳社会捐赠并根据实际需要使用，也可以根据某些特定事件（如自然灾害）或特定对象（如灾民）的需要，临时向社会募捐，募捐的方式有直接筹款、义卖、义演等多种方式。在中国，中华慈善总会、中国青少年发展基金会、中国人口福利基金会等机构就是依靠社会募捐从事慈善公益事业的机构。

在许多国家，筹集社会保障基金的经常性渠道还有发行福利彩票，它完全凭公众自愿参与，所筹集的资金用于兴办各种社会福利事业，如安老、助孤、扶幼、济困等，是对政府社会保障基金尤其是社会福利基金的重要补充。发行福利彩票的特点是购者自愿、返奖率高，并带有博彩性质。但是，福利彩票的发行也有一定的负面影响。购买彩票者亦包含中低收入者尤其是低收入者，从而实质是利用中低收入者的一部分所得来兴办社会福利事业，就此而言，它有违社会福利的本意。因此，应当有节制地发展福利彩票事业。

（四）其他渠道

除了上述几个主要渠道，以下几个渠道也是社会保障基金的来源。它包括：基金运营收益、发行特种国债、国际援助等。这些来源渠道虽然在过去不被重视，但随着社会保障制度对市场机制的重视与利用,适当收费成了社会福利事业的重要财政来源,而基金运营收益则构成了基金制社会保障制度安排的重要保证。

二、社会保障基金的筹措方式

从社会保障资金的筹措方式来看,世界各国的社会保障筹资方式主要有三种方式,即征税方式、征费方式和强制储蓄方式。

（一）征税方式

征税方式是根据国家立法规范,政府运用行政权力采取税收形式强制筹措社会保障资金的一种筹资方式。西方发达国家通常采取这种方式来筹集社会保障基金,如开征工薪税、个人所得税乃至消费税、遗产税等,均可以用于社会保障事业。就社会保险制度而言,目前世界各国社会保险缴税制的形式也是多种多样的,有专门开征社会保险税的,也有通过征收个人所得税和其他税收来筹集社会保险资金的。

征税方式通常与现收现付制社会保障制度相适应,而不能适应完全积累制社会保障制度的要求。因此,是否选择征税方式,还应当考虑各国的社会保障财务机制。

（二）征费方式

征费方式是指政府职能部门依据有关法律规范,向用人单位与个人强制性征收并用于特定社会保障项目的筹资方式,它一般限于社会保险。之所以采取征费方式筹资,主要是因为社会保险资金是分项来源于用人单位与个人的缴费,因此必须专门用于特定的社会保险项目,这一特点决定了社会保险基金从性质上有别于财政资金。

与征税方式相比,征费方式可以根据不同的社会保险种类设置不同的缴费率,实行收支两条线管理。

（三）强制储蓄方式

强制储蓄方式也称个人账户制,是指雇员和雇主按规定的缴费率将社会保险费存入为雇员设立的个人账户,需要时按规定从个人账户中支取的一种筹资模式。在国家立法规范下,覆盖范围内的任何单位和个人都必须根据有关法律、法规规定参加强制储蓄,不得擅自更改或中途退出。强制储蓄方式一般仅适用于完全积累制的养老保险制度。

第三节　社会保障基金给付

社会保障基金给付，是指按法律、法规和规章的规定，由社会保障机构按一定的标准和方式将资金支付给符合条件的社会成员，以保障其基本生活需要。社会保障基金给付是社会保障基金管理的最终环节，是国民社会保障权益实现的标志。因此，依法给付社会保障待遇，不仅是社会保障管理与实施机构的义务，也是社会保障基金管理的重要内容。

一、社会保障基金给付的一般理论

（一）社会保障基金给付范围

社会保障基金给付的范围包括以下几个方面：第一，用于退休人员的养老金支出；第二，用于符合法定条件的失业者、工伤者的基本生活保障及就业培训、职业康复等；第三，用于参保人疾病医疗的经费开支；第四，用于军人保障方面的支出；第五，用于社会救助方面的支出；第六，用于社会福利事业方面的支出；第七，用于社会保障设施方面的支出。

从用途来看，社会保障基金给付项目基本上可以归为两类，即社会保障待遇给付和社会保障管理费用给付。其中：社会保障待遇给付在基金支出中占极大比重；社会保障管理费用主要包括用于社会保障机构及其人员的办公经费、人员经费等。

（二）社会保障基金给付原则

确定社会保障基金给付应遵循三个原则。

第一，保障受保障者基本生活需要的原则。人的基本生活需要可以分为生存的需要、发展的需要和享受的需要，社会保障的一个基本功能就是在社会成员生存受到威胁时保证其基本生活需要。当然，在不同时期，基本生活需要的内容和水平并不完全相同，在确定社会保障待遇支付水平时就要有一个基准，使之能够与经济发展水平相适应。保障基本生活需要要求社会保障给付水平既不能过高，以免给经济、财政带来沉重的负担；也不能过低，以免无法保障社会成员的基本生活需求。

第二，随物价变动调整待遇水平的原则。由于社会保障的基本目标是保障社会成员的基本生活，而社会成员的基本生活水平又取决于一定的收入水平与消费水平。2023年，北京市的最低生活保障标准为月人均1 395元，当物价提高5%时，同样水平的最低生活保障待遇意味着受保障者的生活水平会下降；类似的情形也会发生在其他社会保障项目上。因此，社会保障基金给付的标准需要随物价的变动而调整，其目的还是在于保障社会成员的基本生活需求，不至于因物价上涨而导致生活水平下降。

第三，让受保障者分享经济发展成果的原则。在现代社会，基于社会公平与正义，让全体国民分享经济发展成果日益成为政府与社会各界的共识，但退出劳动领域的老年人、不能参与社会劳动的残疾人以及缺乏劳动能力的未成年人等，如果没有社会保障制度安排，是极少有机会参与分享经济发展成果的。因此，社会保障待遇给付还应当尽可能地通过扩大制度的覆盖面来使全体国民不同程度地得到保障，公平的社会保障制度必定可以实现让全体国民分享经济发展成果的目标。同时，及时根据经济发展的水平来提高社会保障待遇（如最低生活保障线等）也是让受保障者分享经济发展成果的基本手段。

对中国而言，中国式现代化是全体人民共同富裕的现代化，社会保障事业的发展及其再分配功能的强化，是扎实推进共同富裕的具体表现。

（三）社会保障基金给付方式

社会保障基金的给付方式有很多，最基本的有三种，即货币支付、实物支付和服务支付。因为社会保障基金基本上以货币形式筹集，同时货币作为一般等价物具有很大的灵活性和适应性，领取者有较大的自由支配空间，所以，社会保障基金的给付方式大部分采取货币形式。例如，养老金、工伤保险金、失业保险金等社会保险均采用货币形式支付，医疗保险待遇虽然以提供医疗服务的方式提供，但实际上仍然是货币形式结算；社会救助给付也是以货币支付形式为主。实物支付是指政府直接为社会成员提供特定物资的一种社会保障基金给付方式，这种给付方式在社会救助、社会福利与军人保障中都有不同程度的采用，例如，美国的食品券制度就是实物支付的典型代表，美国的住房救助和医疗救助中也经常使用这种方式；我国的灾害救助中也常见实物救助（提供食物、衣被等）的方式。服务支付是指通过为所需要的社会成员提供服务及服务设施而实现保障目的的一种社会保障基金给付方式，例如，医疗保险中的身体检查、疗养基地和康复基地的建立，以及敬老院、福利院、幼儿园和各种青少年活动中心等的兴建，都属于提供服务及服务设施的给付。

二、不同种类社会保障基金的给付

（一）社会救助待遇给付

社会救助待遇给付是对社会成员在陷入生存危机或不能维持最低限度生活水平时，

由国家和社会按照法定标准向其提供满足最低生活需求的物质帮助。它给付的对象一般分为三种情形：一是无依无靠无生活来源的家庭和个人；二是遭受自然灾害而暂时陷入贫困状态的家庭和个人；三是生活水平低于国家规定的收入标准的家庭和个人；四是临时遭遇生活困境的家庭和个人，例如，新冠肺炎疫情发生期间，民政部门就通过发放临时救助金来解决受疫情影响人员的基本生活费用。

社会救助待遇给付需要满足两个条件：一是确因发生不可抗力引起基本生活来源中断，或因丧失劳动能力无生活来源，或生活水平低于一般水平；二是个人提出申请，并经家计调查，确属需要救助。同时，社会救助只能满足救助对象基本生活需求，因而标准相对较低。在实践中，社会救助不同项目的待遇给付亦存在较大的差异。

在灾害救助方面，因取决于灾害的发生及其危害程度，救助待遇给付表现出临时应急性特征，它以帮助遭遇灾害的国民避免生存危机并解决其现实困难为目标。因此，灾害救助强调快捷性、准确性和有效性，不仅需要政府职能部门依法办事，而且需要地方基层组织的积极配合，有时还必须打破常规，以真正解决灾民的生活困境为最高目标。正因为灾害救助的范围与规模取决于灾害发生的严重程度，对灾害救助的预算也通常需要根据灾情的大小进行调整，大的自然灾害发生后往往需要政府追加救灾预算拨款，同时还需要动员社会各界捐献。

在贫困救助方面，则表现出稳定性、长期性等特点。在待遇给付中，济贫待遇需要在家计调查的基础上以低于政府确定的贫困线或最低生活保障线为标准。在不同的国家，社会救助待遇的给付既可以由一个系统来承担，也可以由两个乃至多个系统来承担。中国的社会救助工作主要由民政部门承担，但教育救助、医疗救助等则分别由相关政府职能部门来承担。

（二）社会保险待遇给付

社会保险是现代社会保障体系中最重要的子系统，它以现金给付为主、劳务服务为辅。尽管各社会保险项目性质一致，但在待遇给付方面却存在着较大差异，并需要采取不同的手段才能完成这一环节的任务。因此，社会保险待遇的给付客观要求分项给付、社会化管理。

一般而言，养老金的给付需要采取社会化手段，如通过银行、邮政网点方便退休人员领取养老金。工伤保险、失业保险待遇通常是由社会保险机构直接支付。医疗保险待遇以医疗服务的形式出现，它通过医疗保险机构与医疗服务方的费用结算为受保障者提供保障。在德国与日本等国，护理保险则是通过向需要护理服务的老年人提供被雇用的护理人员工资报酬的形式来实现的。因此，虽然社会保险均可以算为现金或货币支付，但社会保险待遇的具体给付形式却因项目需要而异。

（三）社会福利待遇给付

社会福利待遇给付形式主要有三种，即货币形式、实物形式和服务形式，其中服务形式是主要形式。

货币形式是指政府以向国民发放货币津贴的形式来实施社会福利制度。在社会福利的实现形式中，货币形式是一种比较次要的形式，它在社会福利体系中发挥辅助作用。除此之外，社会福利主要是以提供设施和服务的方式来实现其目标，并且从某种程度上讲，提供设施和服务在社会福利制度中更具有普遍性和经常性。提供设施的形式是指政府和社会通过举办各种社会福利事业向社会提供社会福利设施等实物来体现社会福利待遇的给付，它是社会福利最主要的实现形式，如政府举办的各种社会文化、教育、体育、健身、休闲等公益性的社会事业。

需要指出的是，社会服务是社会福利待遇的主体内容（除某些福利性津贴），它通常由各种社会服务团体或社区组织提供，其资金主要来源于政府财政拨款、自筹经费（如募捐）和服务收费，各国的福利彩票与博彩业获得的收益亦多用于社会福利事业。社会服务可以划分为三个层次：一是纯粹的福利服务，它对受助方免费提供，如某些福利机构提供的收养孤老、孤儿等服务；二是具有福利性的低收费服务，它虽然对受助方收取费用，但不以营利为目的；三是交易性的社会服务，它基本上按照市场机制运作，遵循等价交换原则，服务机构可以产生赢利。①

第四节　社会保障基金投资运营

一、社会保障基金投资运营的必要性

一般而言，由于社会保障必须先积累相应的基金，之后才能保证待遇给付，这种基金从筹集到支付都会处于一个过程中，这就使得社会保障机构总是能够积累一笔备用的资金，特别是采取完全积累或部分积累制的养老保险等，所积累的基金规模更大。如果积累的资金不能进行有偿运营，便会遭遇贬值风险，这种贬值主要是由通货膨胀造成的。在现代社会，通货膨胀是市场经济中的客观现象，往往随经济的周期性波动而呈现出周期性变化。在社会保障基金中，养老保险基金需要经过长期的积累才能确

---

① 郑功成. 社会保障学：理念、制度、实践与思辨［M］. 北京：商务印书馆，2020：259-260.

保支付，通货膨胀对其实际购买力构成极大威胁。因此，各国都很重视社会保障基金的投资运营，社会保障基金与资本市场的有机结合已经成为中外社会保障制度发展的一个趋势。

社会保障基金投资运营的意义是多方面的。一方面，它是社会保障基金保值增值的必由之路。在物价总体水平上升和货币相对贬值的条件下，社会保障基金的购买力要保持不变，只有通过投资获得收益并将这些收益充实到基金中去，才能抵御通货膨胀的冲击，增强社会保障给付能力。另一方面，它有利于减轻政府、用人单位和个人的负担。如果社会保障基金能够保值，可以保证受益人的福利不会因时间的推移而下降；如果社会保障基金能够增值，还可以保证受益人未来的福利增多；但是如果社会保障基金出现贬值，为了不使未来福利出现下降，则只能提高政府、用人单位或个人的现期负担或未来负担。此外，社会保障基金投资运营，还可以促进社会经济的发展，因为社会保障基金投入社会再生产过程，并实现社会保障基金的增值，由此必然带来社会总产出的增长，从而起到加速经济发展的作用。当然，社会保障基金的投资运营取决于社会保障制度是否采取基金制模式，换言之，只有采取完全积累制或部分积累制的社会保障基金才需要并可能进行投资运营，而采取现收现付制的社会保障项目因无基金积累以及由此可能带来的贬值风险，也没有必要进行投资运营。

二、社会保障基金投资运营风险和投资原则

（一）社会保障基金投资运营风险

社会保障基金在投资运营过程中，必然会面临一些风险。这些风险可以概括分为系统性风险与非系统性风险两类。[①]

社会保障基金投资运营中的系统性风险，是指对基金而言是外部的、无法在组合投资中被分散的风险，是所有投资者要承担、由市场共同性因素所影响的风险。系统性风险主要有政治风险、政策风险、利率风险、经济周期风险、购买力风险和市场缺陷风险。其中，政治风险是指一国政治的动荡影响该国经济政策的变动，从而构成了市场的政治风险。政策风险是指政府运用各种经济政策对国家经济运行进行调节时影响社会保障基金的收益，如中央银行实行紧缩的货币政策，导致股市萎缩，影响社会保障基金在股市的收益。利率风险是由于利率的波动影响社会保障基金收益，金融市场利率波动会导致证券市场价格和收益率的变化，直接影响国债价格和收益率，影响

---

① 詹伟哉.社会保险基金财务研究[M].武汉：武汉大学出版社，2003：91.

企业的融资成本和利润。经济周期风险是指由于一国的经济周期变化规律影响社会保障基金收益。经济周期一般表现为繁荣、衰退、萧条、复苏四个不同的阶段，当经济处于繁荣时期时，证券市场兴旺，社会保障基金收益水平提高，实业投资也有相当可观的回报；当经济处于衰退时期时，证券市场低迷，实业投资回报率也会很低。购买力风险是指通货膨胀风险。市场缺陷风险是指由于市场发育不成熟产生的风险，如不完善的证券市场、政府对市场的过多干预等。

社会保障基金投资运营中的非系统性风险，是指风险来源为非全局性、理论上可以通过基金管理者的操作进行防范、化解的具体风险。非系统性风险主要表现为投资项目风险、流动性风险和管理风险。其中，投资项目风险是指受社会保障基金所投资的上市公司股票或实业项目本身因素影响而导致的风险，如果社会保障基金所投资的上市公司经营不善、股票下跌，会导致基金投资收益下降。流动性风险是指在运营过程中因资金难以"变现"或贷款对象出现支付困难而导致的风险。管理风险是指社会保障基金运营过程中由于基金管理人的主观原因影响基金收益水平所产生的风险，它包括委托代理风险、基金管理人投资战略风险、基金管理人管理水平风险等。

（二）社会保障基金投资原则

由于面临前述风险，加之社会保障基金本身的特殊性，社会保障基金管理和运营在投资时往往把安全性原则放在首位，同时遵循收益性原则、分散投资原则并兼顾流动性原则，力求在保证基金投资安全的前提下实现收益最大化。

1. 安全性原则

社会保障基金投资运营的安全性原则是指社会保障基金投资经办机构必须绝对保证投资的社会保障基金能够按期如数收回，并取得预期投资收益。社会保障基金是对参保人未来给付的负债，是用来支付参保人最基本生活支出的积累金，在参保人遭遇事故需要这笔资金时，社会保障管理机构必须履行给付责任。如果投资失败，则无力支付社会保障金，从而影响参保人的基本生活，甚至影响社会的安定。所以社会保障基金的投资，必须首先考虑安全性原则。

2. 收益性原则

追求社会保障基金投资的安全性，并不排除社会保障基金投资追求利润最大化。收益是社会保障基金实现自我积累的重要途径，也是衡量社会保障基金投资成败的关键指标。从理论上讲，社会保障基金投资的目的是保值增值，但是由于通货膨胀、工资增长及替代率变化等因素的影响，必然需要社会保障基金投资有较好的收益，这样才能使社会保障基金在不断积累过程中逐渐壮大起来，并有利于减轻国家、用人单位和个人的负担，增进社会成员的福利。因此，不少国家都规定了投资的最低收益率。在实践中，要实现社会保障基金投资运营安全和收益的双重目标并不容易，因为通常情况下收益与风险呈正相关关系，要取得收益就得冒一定的风险，两者很难兼顾，这就要求投资者要有较高的专业水平与投资技巧。当然，社会保障基金投资不能只讲经济效益、不顾投资的社会效益，而应该将投资的经济效益和社会效益兼顾起来，必须与政府的公共目标保持一致。这也是社会保障基金不同于其他金融性投资的一个重要特性。

3. 分散投资原则

由于投资风险大，社会保障基金投资运营时必须遵循分散投资的原则，即要求不能把所有的投资放在同一个项目或者同一个行业或者同一地区，而是要考虑多样化的投资组合方式，以分散投资风险，并促使社会保障基金的投资运营在总体性、长期性、稳定性上实现安全增长。在社会保障基金的投资组合中，既要包括固定收益金融工具，又要包括权益工具；既要包括低风险的投资工具，又要包括高风险、高收益的投资工具；既要有中长期工具，又要有短期工具。对于进行国际投资的社会保障基金还要考虑投资于不同国家的金融工具。

4. 兼顾流动性原则

尽管社会保障基金的支出通常是有计划的，不会发生像商业保险那样因突发性大灾害导致资金支付高峰的不确定性现象，但同样需要保持一定份额的基金能够及时满足社会保障待遇的给付。因此，社会保障基金在投资运营过程中，需要兼顾流动性即变现性原则，换言之，社会保障基金投资在不发生价值损失的前提下应当可以随时变现。因此，社会保障基金投资不能一味地追求收益性而忽视流动性，这就要求社会保障基金投资经办机构善于选择流动性较好的金融工具进行投资。

三、社会保障基金投资工具

从各国社会保障基金投资运营的实践情况来看，可供选择的投资工具包括金融投资和实业投资两类。

（一）金融投资

社会保障基金投资的金融投资工具，包括储蓄存款、债券、股票、货款、以资产为基础的证券、衍生证券等。

1. 储蓄存款

储蓄存款是社会保障基金管理机构把资金存入银行，以取得一定利息的投资方式。

储蓄存款有活期和定期之分，活期可随时提现，但利息较低；定期较活期利息高，但一般只能到期提取。定期又有时间长短之分，时间越长，利息率越高。储蓄存款的优点是安全可靠，投资风险相对较低，收益稳定，流动性较好，而且操作简便，省事省力；其缺点是收益相对偏低，不能有效化解通货膨胀的风险。在社会保障基金刚刚进入资本市场时，储蓄存款所占比例较高，随着投资工具选择的多样化，比重逐步降低，只用来做短期投资工具，以满足流动性需要。

2. 债券

债券分为政府债券和企业债券两种。政府债券有很好的信誉，偿还有保证、安全性强、无风险，而且在急需时可以随时变现，具有较强的流动性，因而成为社会保障基金的重要投资工具。同时，购买政府债券也为国家重点建设提供了资金，因而许多国家鼓励把社会保障基金投资于政府债券。一些发达国家和发展中国家常常立法规定社会保障基金中的部分项目必须要有一定比例投资于政府债券。政府债券的收益虽然高于银行利息，但其投资收益也并不高，因而在社会保障基金中所占比例也不能太大。企业债券的风险一般处于政府债券和股票之间，收益一般也高于政府债券。企业债券的风险程度因企业的资信程度而不同，各国政府通常对社会保障基金投资的企业债券等级有所限制，以防止过高的投资风险。

3. 股票

股票一般有较高的收益率，而且变现能力强，因而成为社会保障基金投资的一种重要工具。目前，多数国家都允许社会保障基金投资于股票市场，但是由于股票市场风险较高，绝大多数国家限制社会保障基金投资股票的比例。股票投资的收益来自股票买卖的价差和持股期间的股息收入。

（二）实业投资

除了金融投资工具，社会保障基金还可以进行实业投资。实业投资包括房地产、基础设施等不动产。不动产投资在经济持续发展的情况下可以保证有较高的盈利率，安全性也有保证，能在一定程度上防范通货膨胀风险，但不动产投资一般投资周期长、流动性也差。其中，房地产市场受经济周期波动影响有较大风险，并且由于有较强的专业性，因而投资的管理成本较高，一些国家对社会保障基金投资于房地产的比重有严格规定，多数国家社会保障基金用于不动产投资的比重都比较低。然而，在经济快速成长时期，进行实业投资又可能给社会保障基金带来稳定的高收益。

四、社会保障基金运营方式

虽然各种投资工具均具有风险—收益特征，但由于各国资本市场的发育程度以及对基金投资风险的管理能力有差异，同种投资工具在不同国家之间的风险—收益特征却有所区别。社会保障基金投资运营实践中需要视不同情况选择不同的组合投资方式。从世界各国社会保障基金投资方式的选择和组合情况来看，资本市场发育完善、基金投资风险管理能力较强的国家，政府对社会保障基金投资方式的限制较为宽松，可供选择的投资方式较多；反之，资本市场发育不完善、基金投资风险管理能力较弱的国家，政府对社会保障基金投资方式的限制较多，投资方式比较单一。

依据社会保障基金运营的思路和面临的不同风险，社会保障基金运营方式可以分为稳健型运营方式、风险型运营方式和组合型运营方式。其中，稳健型运营方式是指基金的运营在规避运营风险的前提下获得投资收益，选择的投资项目主要集中于风险较低、收益稳定的银行存款、债券投资、信托理财等项目上。风险型运营方式是指社会保险基金以追求投资收益最大化为目标的一种投资方式，选择的投资项目主要是高风险、高收益的项目，包括股票、房地产、实业或者创建投资基金。组合型运营方式是指采用稳健经营与风险经营相结合的组合运营方式，是社会保障基金投资方式中最普遍的一种。各个国家基金投资的方向和比例不一，一般情况下，股票与债券占有较大比例，其次才是其他投资工具。

第五节　国家社会保障储备基金

一、国家社会保障储备基金的管理

为了更好地应对人口老龄化和实现社会保障可持续发展，国务院于2000年9月建立全国社会保障基金，并设立全国社会保障基金理事会。全国社会保障基金是国家重要的战略储备基金，它主要肩负着应对人口老龄化高峰时期带来的养老金支付压力的重要职责，是我国社会保障制度保持良性运行的重要保证。目前，全国社会保障基金存在与运行的依据是2016年国务院发布并施行的行政法规《全国社会保障基金条例》。

全国社会保障基金由中央政府直接筹集、管理。它作为国家社会保障储备基金，既不同于社会保险基金，也不同于其他社会保障基金，而是在社会保险基金和社会救助基金出现财务危机时，充当补充、调剂基金的作用。当然，其主要的目标还是为了应对人口老龄化高峰时期带来的养老金支付压力。在保值增值方面，全国社会保障基金作为战略储备基金，与基金制的社会保险基金是相同的。

全国社会保障基金的管理单位是全国社会保障基金理事会，该机构在2018年前作为国务院直属机构，受社会保障部门、财政部门监督；2018年国务院机构改革后，改由财政部代管,成为财政部管理的事业单位,作为基金投资运营机构,履行基金安全和保值增值的主体责任。其主要职责有以下七项。

（1）管理运营全国社会保障基金。

（2）受国务院委托集中持有管理划转的中央企业国有股权,单独核算,接受考核和监督。

（3）经国务院批准,受托管理基本养老保险基金投资运营。

（4）根据国务院批准的范围和比例,直接投资运营或选择并委托专业机构运营基金资产。定期向有关部门报告投资运营情况,提交财务会计报告,接受有关部门监督。

（5）定期向社会公布基金收支、管理和投资运营情况。

（6）根据有关部门下达的指令和确定的方式拨出资金。

（7）完成党中央、国务院交办的其他任务。

全国社会保障基金理事会的主要业务部门有基金财务部、股票投资部、固定收益投资部、股权资产部、法规及监管部、风险管理部、养老金管理部、信息技术部等。非常设机构有投资决策委员会、风险管理委员会、内部控制委员会、专家评审委员会。

二、国家社会保障储备基金的来源

全国社会保障基金的来源主要有中央财政拨款、国有资产划转、彩票公益金和包括投资收益在内的其他收入。社会保障基金资产是独立于全国社会保障基金理事会和社会保障基金投资管理人、社会保障基金托管人的资产。

（一）中央财政拨款

随着现代社会保障制度的建立,政府成为主要的责任主体。政府对社会保障的责任主要表现为财政责任,没有国家财政作为后盾,现代社会保障制度很难顺利实施。全国社会保障基金作为国家社会保障战略储备基金的特殊性,决定了中央财政拨款占有极为重要的地位。

（二）国有资产划转

国有资产划转是指将国有资产或其利润从国有资产管理部门划转全国社会保障基金的行为。其中,国有股减持主要采取国有股存量发行的方式,划转国有股存量的出售收入,全部上缴全国社会保障基金理事会;还有国有资产利润也会划转全国社会保障基金理事会,以充实、壮大国家社会保障战略储备基金。

（三）彩票公益金

发行福利彩票是国家筹集社会福利基金的重要手段，但在我国社会保障改革过程中，由于历史债务沉重和转制成本较高，国家亦规定彩票公益金中的一部分要进入全国社会保障基金，成为补充国家社会保障战略储备基金的一个资金来源。

（四）投资收益

国家允许全国社会保障基金理事会对基金进行投资运营，所获取的投资收益进一步充实国家社会保障储备基金。为此，全国社会保障基金理事会在国内外资本市场上进行了积极的尝试，并取得了一定的成效。

三、国家社会保障储备基金的投资

作为国家社会保障储备基金，必须确保基金的保值增值。因此，投资运营便成为全国社会保障基金理事会的重要使命。2001年12月13日，财政部、劳动和社会保障部共同颁布并实施《全国社会保障基金投资管理暂行办法》，由此确立了国家社会保障储备基金的投资运营规范。根据这一规范，全国社会保障基金理事会虽然可以进行一些风险小的投资运营（如银行存款与购买国债），但并不是充当直接投资运营社会保障基金的主要机构，它主要负责按照规定的标准选择投资管理人和托管人，并对投资管理人和托管人开展社会保障基金的投资运营进行监管。在全国社会保障基金的投资运作和托管过程中，由财政部拟订社会保障基金管理运作的有关政策并进行监督，同时，中国证券监督管理委员会（以下简称中国证监会）和中国人民银行按照各自的职权对社会保障基金投资管理人和托管人的经营活动进行监督。2016年国务院颁布《全国社会保障基金条例》，为全国社会保障基金管理提供了更高层级的依据。此外，2006年财政部制定的《全国社会保障基金境外投资管理暂行规定》，2022年全国社会保障基金理事会发布的《全国社会保障基金理事会实业投资指引》，这些规范性文件亦为全国社会保障基金的运营管理提供了操作依据。

（一）投资管理人和托管人

1. 投资管理人

根据现行规定，市场主体要取得全国社会保障基金投资管理业务的资格条件，有七个方面。

（1）在中国注册，经中国证监会批准具有基金管理业务资格的基金管理公司及国务院规定的其他专业性投资管理机构。

（2）基金管理公司实收资本不少于法律、法规规定的数额。其他专业性投资管理机构需具备的最低资本规模不受此条规定限制。

（3）具有2年以上的在中国境内从事证券投资管理业务的经验，且管理审慎，信誉较高。具有规范的国际运作经验的机构，其经营时间可不受此条规定限制。

（4）最近3年没有重大的违规行为。

（5）具有完善的法人治理结构。

（6）有与从事社会保障基金投资管理业务相适应的专业投资人员。

（7）具有完整有效的内部风险控制制度，内设独立的监察稽核部门，并配备足够数量的称职的专业人员。

具备以上条件的机构后，向全国社会保障基金理事会提交申请书，并由中国证监会出具申请人是否满足规定的基本条件的意见。全国社会保障基金理事会成立包括足够数量的独立人士参加的专家评审委员会，参照公开招标的原则对具备条件的社会保障基金投资管理业务申请人进行评审。当申请人取得资格后，即可以按照投资管理政策及社会保障基金委托资产管理合同，管理并运用社会保障基金资产进行投资。

2. 托管人

申请办理全国社会保障基金托管业务者，应当具备以下五个条件。

（1）设有专门的基金托管部。

（2）实收资本不少于80亿元。

（3）有足够的熟悉托管业务的专职人员。

（4）具备安全保管基金全部资产的条件。

（5）具备安全、高效的清算、交割能力。

具备以上条件的机构，向全国社会保障基金理事会提交申请书，并提交由中国人民银行批准其从事社会保障基金托管业务的证明。全国社会保障基金理事会按照招标原则评选社会保障基金托管人。成为基金托管人后，就可履行托管人职责。

（二）投资范围与投资组合

全国社会保障基金的投资范围，包括银行存款、国债、证券投资基金、股票、信用等级在投资级以上的企业债、金融债等有价证券。在全国社会保障基金建立的初始阶段，减持国有股所获资金以外的中央预算拨款仅限投资于银行存款和国债。全国社会保障基金投资运作的基本原则是在保证安全性、流动性的基础上，实现增值，投资运作的理念是安全、诚信、规范、效益、创新，投资运作方式是由全国社会保障基金理事会直接运作与全国社会保障基金理事会委托投资管理人运作相结合。

一般来说，风险小的投资直接由全国社会保障基金理事会直接投资，主要形式有银行存款和在一级市场上购买国债。按照有关规定，经中国人民银行和财政部同意，全国社会保障基金理事会开展了协议存款业务和国债一级市场的直接投资运作，同时还进入了全国银行间债券市场，加入了银行间市场国债承销团，并建立了自己的国债交易室。与此同时，全国社会保障基金理事会还建立了事前风险评估、事中实时监控、事后评估检查的风险管理体系，构建了全国社会保障基金理事会计算机信息系统。对于风险较大的投资，包括股票、企业债、金融债的投资以及在二级市场上买卖国债，则需要委托国内外专业性投资管理机构管理和运作。

基于国家社会保障储备基金的公共性，国家对这一基金的投资管制较为严格，充分地体现了投资组合和风险分散的规则。

据全国社会保障基金理事会公布，截至2021年年末，全国社会保障基金资产总额达30 198.10亿元，其中，境内投资资产27 474.73亿元，占社会保障基金资产总额的90.98%；境外投资资产2 723.37亿元，占社会保障基金资产总额的9.02%。从投资收益来看，2021年，全国社会保障基金投资收益额1 131.80亿元，投资收益率4.27%；全国社会保障基金自成立以来的年均投资收益率8.30%，累计投资收益额17 958.25亿元。在实践中，全国社会保障基金理事会对社会保障基金采取直接投资与委托投资相结合的方式开展投资运作。根据2021年年报，直接投资资产10 213.08亿元，占社会保障基金资产总额的33.82%；委托投资资产19 985.02亿元，占社会保障基金资产总额的66.18%，委托投资主要包括境内外股票、债券、证券投资基金，以及境外用于风险管理的掉期、远期等衍生金融工具等。

第六节　社会保险基金

社会保险基金是社会保障基金中规模最大也是最重要的一种基金，它是社会保险制度的物质基础与财政保证。因此，有必要单独讲述。

一、社会保险基金的性质与功能

社会保险是处理社会成员（主要是面向劳动者）生活风险的一种社会保障机制，它通过筹集社会保险基金，将劳动者可能遭受的风险由全体劳动者共同分担，从而达到分散风险的目的。当劳动者遇到各种风险和困难时，社会保险能够为其提供基本的物质生活保障，而保证社会保险实现这一目标的经济基础是社会保险基金。

社会保险基金是在国民收入的初次分配及再分配过程中形成的，主要来源于雇主和雇员缴费，以及国家财政资助，是一种消费性的社会后备基金。国家投入的资金是从财政收入中支取的，确切地说来源于国家税收收入，因此这部分资金实际上是国家借助其权力参与国民收入分配和再分配的结果，其真正的来源是社会总产品中的可变资本和剩余价值。雇主所承担的社会保险缴费有两种情形，物质生产部门所缴纳的社会保险费来源于剩余价值，而非物质生产部门所缴纳的社会保险费来自国民收入的再分配，属于可变资本和剩余价值范畴。个人缴纳的社会保险费来源于可变资本。社会保险基金具有社会保障基金的一般特征，但其保障对象是劳动者，而不是所有社会成员。社会保险基金对劳动者具有普遍保障责任，是对劳动者采取的一种保障措施，但它以雇主和雇员缴纳社会保险费为前提。

除了具备社会保障基金的一般功能，社会保险基金最主要的功能是为劳动者及其家庭成员提供基本生活保障，这是由社会保险的基本功能决定的。社会保险的基本功能之一是当一部分人因竞争失败或经营不善导致破产、面临生存困难时，或者当劳动者失业、暂时或永久丧失劳动能力而使劳动者及其家庭成员陷入困境时，社会保险要对他们提供保持最低生活水平的物质帮助，以此达到免除人们的后顾之忧和维持社会稳定、促进和谐发展的目标。要达到这个目标，最重要的是要有足够的社会保险基金。

二、社会保险基金的筹集、来源与分类

（一）社会保险基金的筹集

社会保险基金的筹集是指由社会保险机构按照社会保险制度所规定的计征对象和方法，定期向劳动者所在单位或劳动者个人征收社会保险费的行为。社会保险基金的筹集是社会保险基金支付的前提，是关系到社会保险制度目标能否实现的最关键环节，是社会保险制度的基础和核心。

（二）社会保险基金的来源

社会保险基金的来源主要有三个渠道，即国家（政府）、雇主（用人单位）和雇员（个人）。

从各个国家的实践看，负担方式因不同的社会保险制度而有所区别。归纳起来，主要有三方负担型、两方负担型和单方负担型三种负担方式。

（1）三方负担型。由雇主、雇员和政府三方负担，许多国家采取这种方式。

（2）两方负担型。一是雇主和雇员两方负担，这是大多数国家采取的方式；二是由雇员和政府两方负担，部分国家的部分社会保险项目采取这种分担方式；三是由雇主和政府两方负担，如日本、德国等国的工伤保险、意大利的失业保险以及瑞典等国的疾病生育保险就采用这种负担方式。

（3）单方负担型。如智利的养老金缴费完全由个人承担，绝大多数国家的工伤保险缴费均由雇主一方全部承担。

不过，在一个国家内部，并不是只采取一种负担方式，大多是根据不同社会保险项目的要求而多种负担方式并存。

社会保险基金筹集的总原则是"以支定收，收支平衡"，即一定时期内社会保险基金的筹集总额，以预计需要支付的社会保险费用总额为依据来确定，并使二者始终保持大体上的平衡关系。如果支大于收，社会保险制度就会因失去经济上的保障而无法运转；如果收大于支，就会加重缴费者的负担，影响其正常生活。当然，不同的社会保险项目对基金平衡的要求也不一样，例如，养老保险基金追求的是长期平衡，失业保险基金追求的是与经济发展周期相适应的周期平衡，而工伤保险、医疗保险与生育保险则追求年度平衡。根据这一原则可以发现，基金出现收不抵支的局面是财务危机，基金出现非正常的大量结余也是一种不健康的表现。[①]

（三）社会保险基金的分类

根据不同的标准，可以对社会保险基金做进一步的分类。

1. 按社会保险项目及其功能分类

社会保险基金可分为养老保险基金、医疗保险基金、失业保险基金、工伤保险基金、生育保险基金、护理保险基金。这是最主要的分类办法，因为不同项目的社会保险基金负有不同的社会保险使命。在我国，职工的生育保险基金已经与城镇职工基本医疗保险基金合并。

---

① 这是郑功成教授多次提到的一个观点。他认为，衡量社会保险基金收支状况与社会保险制度是否可持续不能以基金结余额大小为标志，而是必须符合相关社会保险项目自我平衡和自我发展的要求，按照他的观点，养老保险追求的是长期平衡而不是基金结余，基金结余与积累只是为了应付人口老龄化带来的支付高峰；失业保险追求的是周期平衡而不是年度平衡，经济衰退年度收不抵支或经济繁荣年度收大于支都是正常现象；而工伤保险、医疗保险及生育保险则应当以年度平衡为追求目标，因为这些风险是相对稳定的，如果出现大量结余则表明这些制度已经出现了费率偏高或者待遇偏低的异常现象，从而应当及时调整制度。他针对我国所有社会保险项目均出现大量基金结余的现象持批评态度，认为不符合社会保险制度的规律与要求，需要对制度设计及费率标准与待遇结构做进一步调整。

2. 按社会保险基金所有权分类

社会保险基金可以分为公共基金、机构基金和个人基金。[①] 其中，公共基金为公共所有，其来源有财政拨款、按法律规定由雇主或雇员缴纳的社会保险费、社会捐赠等。养老保险基金、医疗保险基金、失业保险基金、工伤保险基金、生育保险基金中的社会统筹部分均属于公共基金。机构基金是单位为其员工福利而建立的社会保险基金，所有权全部或部分归集体所有，按照国家政策和单位规定对符合条件的员工给予补贴。个人基金是归个人所有的非财政性社会资金，是按法律、法规、规章缴纳的、计在个人账户下用于专门用途的基金，如个人账户的养老保险基金、个人账户的医疗保险基金就是个人基金，但它不同于银行存款和各种有价证券，只能用于特定用途，如养老金支付、医疗支付。

3. 按基金运营管理方式分类

社会保险基金可分为财政性基金、市场信托管理基金、公积金基金。其中，财政性基金分为预算内管理资金和预算外管理资金。各类社会保险基金中的社会统筹基金属于公共所有的基金，纳入国家预算外管理，建立财政专户，收入上缴财政专户，支出由财政部门按预算外资金收支计划从专户中核拨。市场信托管理基金是按契约或章程，由雇主和雇员缴纳，并计入个人账户，由基金法人委托受托人进行管理的基金。凡以个人账户储存积累的基金都应按这种管理方式管理，如企业补充养老保险基金，受益人是拥有个人账户的职工，基金会法人是基金资产的名义持有人，作为资产所有人的法人代表行使基金管理决策职能，委托金融中介机构运营管理。公积金基金是按法律、法规规定，由雇主和雇员缴纳，并计入个人账户，产权归个人所有的基金。公积金基金往往只能用于特定用途，如养老、医疗。我国的住房公积金只能用住房支出。

4. 按筹资模式分类

社会保险基金可以分为现收现付统筹制形成的社会保险基金、个人账户储存基金制形成的社会保险基金、社会统筹部分基金积累制形成的社会保险基金、社会统筹和个人账户相结合部分基金积累制形成的社会保险基金。

三、社会保险基金的主要类型

从社会保险项目及其功能分类出发，社会保险基金包括养老保险基金、医疗保险基金、失业保险基金、工伤保险基金、生育保险基金以及一些国家的护理保险基金等。不同社会保险基金的来源并不完全一样，其使用范围更不相同。因本书第九章将对社

[①] 林义. 社会保险基金管理 [M]. 北京：中国劳动社会保障出版社，2001：15.

会保险有较详细的阐述，此处只简略介绍四类基金。

（一）养老保险基金

养老保险基金是指在政府立法确定的范围内，依法征缴的用于支付劳动者退休养老待遇的专项基金。养老保险基金是社会保险基金中最重要的一类，它负担的是保障社会成员在其年老时的基本生活的重任，时间跨度长，基金数额巨大，因而是整个社会保险基金中最重要的项目。在多层次养老保险体系中，养老保险基金也由不同层次的基金构成，主要有基本养老保险基金、企业或职业年金、个人养老保险基金三个层次，每个层次的资金来源不同。

本处所指的养老保险基金是法定的基本养老保险基金。世界大多数国家的养老保险基金是由政府、雇主和雇员三方共同负担，负担形式和分担比例有所不同。基本养老保险待遇的支付条件由法律规定，主要包括：退休年龄、缴费记录、就业记录和经济状况。养老保险基金支出项目主要有养老金支出、养老金继承支出和法律规定的其他支出。

世界各国的养老保险基金财务模式主要有三种，即现收现付制、完全积累制和部分积累制。养老保险基金的给付一般必须满足两个条件，即达到法定退休年龄和缴纳养老保险的时间达到规定的期限。该部分内容在本书第九章介绍。

（二）医疗保险基金

医疗保险基金是指为参保人提供疾病所需医疗费用而建立的一种社会保险基金。实行医疗社会保险模式的国家，基金主要来源于用人单位和参保人缴纳的保险费以及国家财政补贴。

医疗保险费用支付，也被称为医疗保险费用偿付或结算，是指由医疗保险机构依照法律政策规定，在参保人接受医疗服务后，对其所花费的医疗费用进行部分或全部补偿，也可以理解为对医疗服务机构所消耗的医疗成本进行补偿。各个国家对医疗保险基金的给付条件有不同的规定，如有的国家设立"封顶线"，在这个限额以下的部分由医疗保险机构支付，超出这个水平的医疗费用由病人自己负担；有的国家还设立"起付线"，当参保人就医时，其医疗费用在某个标准数额（通常是最低限额）以下的部分由患者自付，医疗保险机构只支付这个标准数额以上的部分。

（三）失业保险基金

失业保险基金是指政府依法向雇员及雇主征缴的、对因非自愿失业而造成的劳动风险损失给予补偿的一种社会保险基金。失业保险基金的给付是对劳动者在就业之后失去工作、造成收入中断时，由国家或社会保险机构按法定的期限为失业者提供满足其基本生活需求的帮助，并支付就业培训费用。失业保险待遇一般包括失业保险金、失业补助和附加补助金（如医疗补助金和丧葬抚恤金），失业保险的目的是保障失业者失业期间的基本生活，帮助失业者再就业，因此，给付失业保险待遇和促进就业就是失业保险基金最主要的两个使用方向。

各国失业保险的待遇给付一般遵循如下三个原则：一是保障失业者及其家属的基本生活；二是待遇水平必须低于失业者原工资水平；三是权利与义务对等。目前，确定失业保险金给付金额的方法有三种：一是工资比例法，即与失业者失业前的工资水平相联系；二是均等法，对所有符合条件的失业者支付同等水平的失业保险金；三是混合法，这是工资比例法与均等法的结合。我国的失业保险金的支付标准是高于最低生活保障标准低于最低工资标准。给付等待期就是失业后必须等待一定时间，才能领取到失业保险金，给付等待期的长短，取决于各国实行的就业政策，以及失业保险基金的规模和财政状况。

需要指出的是，由于促进就业已经成为各国失业保险制度的重要职能，因此，培训失业者并为其提供就业服务就构成了这一基金的重要开支渠道。

（四）工伤保险基金

工伤保险基金是指国家和社会为满足劳动者遭遇工伤事故时的医疗、生活保障及必要的经济补偿需要而建立的一种社会保险基金。同其他社会保险基金相比，工伤保险基金具有显著的赔偿性质，保险费通常由雇主单方负担。

工伤保险待遇主要有医疗给付、工伤津贴、残疾年金或补助金、遗属津贴等项目。医疗给付是指对工伤事故中的受伤者负担对其治疗及采取相应措施的费用或直接提供医疗服务。从各国工伤保险的实践来看，绝大部分国家的工伤医疗费用均由雇主承担，少数国家由政府补贴。工伤津贴是指在工伤治疗期间支付给受伤人员的补贴，补贴标准在所有国家都是按照发生工伤事故前若干月内本人平均工资的一定比例发放。残疾年金或补助金是指在伤情稳定、医疗终结后，根据工伤鉴定机构鉴定的残疾等级予以支付一定补助的一种工伤待遇。遗属津贴一般支付给死者的配偶、未成年子女以及过去一直由死者赡养的父母。

本章小结

  基金一般是指由产品分配形成的、具有特定用途的资金。社会保障基金是国家和社会从已有的社会财富中提存、积累并用以援助或补偿社会保障对象的资金，它是社会保障制度的物质基础。社会保障基金按基金运营管理方式分类，可分为财政拨款形成的社会保障基金、强制性征缴形成的社会保障基金和多元组合形成的社会保障基金；按社会保障项目的用途及功能分类，又可以分为社会救助基金、社会保险基金、社会福利基金、军人保障基金等。

  社会保障基金实质上是从国民收入的初次分配和再分配过程中形成的一种消费性社会后备基金。社会保障基金在性质上属于社会公共基金或共享基金，其意义不仅在于支撑整个社会保障制度，而且在于对收入分配进行有效调节，进而对社会经济的发展起协调作用。

  世界各国社会保障基金的来源并不完全相同，呈现出一定的差异性，多数国家的社会保障基金由国家（政府）、用人单位和个人三方合理分担。除此之外，社会捐赠，发行福利彩票和社会福利服务收费等也是社会保障基金的来源渠道。社会保障基金筹措方式主要有三种形式，即征税方式、征费方式和强制储蓄方式。社会保障基金财务管理模式也可以划分为三种，即现收现付制、完全积累制和部分积累制。

  社会保障基金的给付方式归纳起来有货币支付、实物支付和服务支付等三种形式。给付项目主要有社会救助待遇给付、社会保险待遇给付、社会福利待遇给付等。

  由于面临各种风险，加之社会保障基金本身的特殊性，社会保障基金管理和运营在投资时往往把安全性原则放在首位，力求在保证基金投资安全的前提下实现收益最大化。社会保障基金可选择的投资工具可以分成两类，即金融投资和实业投资。金融投资包括储蓄存款、债券、股票、货款、以资产为基础的证券、衍生证券等。实业投资包括房地产、基础设施等不动产。

  全国社会保障基金是中央政府建立的战略储备基金，主要用于应对人口老龄化带来的养老金支付高峰。全国社会保障基金的管理单位是全国社会保障基金理事会，基金主要来源渠道包括中央财政拨款、国有资产划转、彩票公益金和包括投资收益在内的其他收入。全国社会保障基金的投资范围，主要包括银行存款、国债、证券投资基金、股票、信用等级在投资级以上的企业债、金融债等有价证券。

> 社会保险基金是社会保障基金中规模最大也是最重要的一种基金。它是在国民收入初次分配及再分配过程中形成的,主要来源于雇主和雇员缴费,以及国家财政资助,是一种消费性的社会后备基金,最主要的功能是为劳动者及其家庭成员提供基本生活保障。社会保险基金按保险项目及其功能分类,有养老保险基金、医疗保险基金、失业保险基金、工伤保险基金、生育保险基金和护理保险基金。

案例讨论 1

一起社会保险基金贪腐案

2022年1月29日晚,湖南省纪委监委宣传部与湖南广播电视台新闻中心联合摄制的三集电视专题片《反腐倡廉永远在路上》第三集《守护国之大者》播出。片中详细介绍了一起震惊全国的社会保险基金贪腐案。

1. 发现管理漏洞,先后收集去世人员社会保障卡944张

2021年2月1日深夜,衡南县一家自动取款机报警系统骤然响起,有人同时使用多张银行卡将现金全部取空,公安民警现场发现,取款人随身携带612张社会保障卡,已取出15多万元现金。

湖南省委高度重视,迅速组织人员对案件进行调查,经查,当晚的取款人阳某就是衡南县人力资源社会保障局农保中心征缴股原股长。

阳某表示:"(社会保障卡)基本上属于没有人管的状态,就有很多死亡人员他已经死亡了,但是这个钱在我们系统里面还是继续在发。"发现这个管理漏洞后,阳某便动了邪念,把罪恶之手伸向社会保险基金。他勾结一些乡镇劳务站负责人,许诺给其好处。先后收集去世人员社会保障卡944张,取出卡里资金后,除了分一些给别人,其余都装进了自己的腰包。

衡南县松江镇劳务站原站长王某表示:"第一次的时候,装完系统取完钱,阳某分了我12万,当时也比较害怕,毕竟钱太多了。"

衡南县近尾洲劳务站原站长唐某星则表示:"他说不用担心,不会有什么事情。"

2. 提高最低发放标准,每张卡发放金额提高数十倍

面对金钱诱惑,他们完全丧失了底线。2018年,阳某把手头可用的卡全部取完后,又拉拢负责社会保障卡发放的同事廖某,帮助其激活已经暂停发放的社会保障卡。

衡南县人力资源社会保障局原工作人员廖某表示:"他说你把这些(暂停的)人做一下发放,他是拿卡给我发钱,我在这边做续发,他在那边查询(资金)。"

阳某为了套取更多社会保险基金，又送给新农保中心主任伍某5万元现金，让他提供管理账号，并定期给他送钱。

衡南县人力资源社会保障局新农保管理中心原主任伍某表示："我把001管理账号给了阳某，如果发现有异常的话，我就不要讲，在自己签字这一个关口放行。"

就这样，整个部门由逐个审核、逐级负责，变为个个腐蚀、环环失守。2019年7月，阳某、伍某等人通过系统把发放额度调大，更多社会保险基金源源不断地流入了卡里。

纪检监察干部表示，最低发放标准是每人每月103元，他们这次把标准提高至每人每月990元，并且把时间提前三年，导致每张卡发放的金额比原来提高数十倍。

3. 最多一晚取款200万元，社会保险基金被挥霍

社会保险基金作为人民群众的"保命钱"，本该实施最严格的监管，在这里却形同虚设。

衡南县人力资源社会保障局原局长邓某因即将退休，在发现账目存在问题之后，也是睁一只眼闭一只眼。他表示："反正我也走了，所以我就看人家签了没有，他们签了我才签的，反正也不是领我们的钱，不是领我们县的钱，是国家的钱、省里面的钱。"

阳某的贪欲愈发膨胀，最多一个晚上取款高达200万元，他有钱之后豪赌成性，最多一晚上输掉近70万。

同时他化名为"王老板"成为各大酒吧的贵宾，一次就花掉10万元。

阳某称当时自己对钱已经没什么感觉了，生活里只有赌博和娱乐。阳某等人利用职务便利监守自盗，疯狂窃取社会保险基金，从2016年6月至2019年1月，违规套取社会保险基金高达1787万余元。

经衡阳市纪委监委提级查办，衡南社保案25名党员干部被问责，12名涉嫌职务犯罪人员被移送司法机关审查起诉，被套取的社会保险基金全部依法追缴到位。

纪检监察干部表示："欺诈骗保、侵占社会保险基金违法行为严重侵害了人民群众的切身利益，我们联合多部门开展社会保险基金管理专项整治，共排查整改相关问题5000多个，立案310人，移送司法机关处理38人，给予党纪政务处分172人。"

资料来源：2022年1月30日陕西法制网刊登的文章，有删改。

案例讨论 2

劳动者自愿放弃社保的协议无效，责任在用人单位

用人单位和劳动者应当参加基本养老保险制度并按时足额缴纳基本养老保险费，这既是用人单位和劳动者的合法权利，也是用人单位和劳动者的应尽义务。如果劳动者与用人单位协商一致，签订了自愿放弃缴纳社保的协议，那么，这份协议是否有效呢？一起来看下面的案例。

1. 案情简介

2013 年 12 月 26 日，被告张某到原告某保安公司工作。入职当天，原告、被告签订了劳动合同及"放弃缴纳社会保险协议书"，协议书中约定：被告自愿放弃缴纳社会保险，并请求原告将应为其缴纳的社会保险费用以补贴形式按月发放给被告；被告自愿放弃因此向原告主张经济补偿金、各类保险待遇等其他费用的权利；如被告向有关部门投诉或主张原告应给予缴纳社会保险，被告应返还原告按月随工资支付给他的社会保险费。因此产生的滞纳金、利息等，由被告全额补偿给原告。

2022 年 3 月，被告反悔，向有关部门投诉后，原告为其补缴基本养老保险、失业保险、工伤保险、医疗保险 97 196.32 元及滞纳金 65 857.51 元。原告认为，被告应当返还原告发放的保险补贴 99 383.14 元并承担滞纳金，遂诉至法院。

2. 法院审理

法院认为，为劳动者缴纳社会保险是国家通过立法强制建立的制度，用人单位与劳动者建立劳动关系，即负有为劳动者缴纳各种社会保险费的法定强制义务，用人单位与劳动者约定不为劳动者缴纳社会保险是无效的。故涉案"放弃缴纳社会保险协议书"虽系原告与被告协商一致签订，但因该协议违反法律强制性规定而无效。

因此，被告所获取的社会保险补贴应返还，故对原告要求被告返还 99 383.14 元不当得利予以支持。为劳动者缴纳社会保险是用人单位的法定义务，因用工单位没有履行法定义务而产生的滞纳金不应由劳动者承担，故被告要求原告承担 65 857.71 元滞纳金的诉讼请求，法院不予支持。

3. 法官说法

用人单位为员工缴纳社会保险费是法定的义务，不能根据劳动者或用人单位自己的意愿而免除，不管是口头承诺还是签订书面协议而放弃缴纳社会保险费的行为，均违反了法律强制性规定，属于无效协议。

社会保险费是社会保险基金的主要来源，是人民群众的"保命钱"，是社会保险制

度的物质基础，关系到参保职工的切身利益和社会稳定。因此，用人单位或者劳动者不缴纳社会保险费，不仅损害劳动者权益，更将损害社会公共利益。

4. 法条链接

《中华人民共和国劳动法》第七十二条规定，用人单位和劳动者必须依法参加社会保险，缴纳社会保险费。

《中华人民共和国社会保险法》第十条第一款规定，职工应当参加基本养老保险，由用人单位和职工共同缴纳基本养老保险费。

《中华人民共和国劳动合同法》第二十六条规定，用人单位免除自己的法定责任、排除劳动者权利的，违反法律、行政法规强制性规定的，劳动合同无效或者部分无效。

资料来源：山东高院的鲁法案例【2023】443。

案例讨论 3

全国社会保障基金初次入市遭亏损

全国社会保障基金的收益率一直不高。2001 年全国社会保障基金的年收益率为 2.25%，2002 年为 2.75%，2003 年实现收益率为 2.71%。部分人认为，低收益的根本原因在于社会保障基金投资结构不合理，银行存款比例过大。加大股票投资的比例是提高基金收益的主要途径。然而，全国社会保障基金进入股市并扩大股票投资比例却意味着可能遭遇高风险，尤其是在资本市场发育不良和股票市场低迷的情形下。据全国社会保障基金理事会提交的《2001 年全国社会保障基金年度报告》，该机构于 2001 年 7 月以战略投资者身份申购中石化 A 新股 3 亿股，申购价 4.22 元/股，成本 12.66 亿元。2001 年 12 月 31 日股票市值 10.35 亿元（以当日收盘价 3.45 元计算），全国社保基金股票投资浮亏达 3.48 亿元。

这一消息发布后，迅速引起广泛关注。正是由于这次入市的失利，全国社会保障基金理事会也对进入股市持更加审慎的态度，同时，国家也改变了由全国社会保障基金理事会投资的方式，由专业化的基金公司或投资机构来负责直接运营社会保障基金成为合理的政策选择。全国社会保障基金理事会初次入市即遭失利的个案，表明股票市场的风险是很高的，非专业机构入市失败的可能性也是很大的，它证明了高收益率与高风险性相辅相成。因此，社会保障基金的投资运营还是应当在国家法规政策的严格规范下，在管理机关的严密监管下，交由专业化的投资机构来运营为好。

资料来源：作者搜集整理。

复习思考题

1. 如何理解社会保障基金的重要性?
2. 如何理解社会保障基金的性质?
3. 社会保障基金的来源渠道有哪些?
4. 比较社会保险征税方式与征费方式的优缺点。
5. 社会保障基金的给付有几种方式?
6. 社会保障基金投资原则有哪些?投资方式主要有哪几种?
7. 为什么要建立全国社会保障基金?
8. 比较养老保险的三种财务模式。

第七章
社会保障立法与管理

>> 学习要点

通过本章的学习，应当了解社会保障法治化的意义与价值，掌握社会保障法律制度的基本理论与中国社会保障立法的进程，熟悉社会保障管理模式与基本原则，明了中国社会保障管理体制。

>> 关键概念

社会保障法 社会保障管理 天赋人权 济贫法 法律解释 社会保障法律体系 集中管理模式 分散管理模式 社会保障管理体制 人力资源社会保障部 民政部 退役军人事务部 国家医疗保障局

第一节 概 述

现代社会保障是法治化制度安排，各国都是通过立法来确立社会保障制度并确保其得到实施，而要确保这一制度真正得到落实又离不开健全的管理体制。因此，立法与管理其实构成了社会保障制度及其运行的根本要件。一般来说，社会保障法是指调整一个国家社会保障关系的法律规范的总和，它包括国家立法机关制定的社会保障法律和国家行政机关颁布的社会保障法规及其他规范性文件，其目的均是为了赋予国民以相应的法定社会保障权益，同时明确实现这种权益的责任承担者及承担方式；而社会保障管理则是有别于生产管理的社会政策管理，属于国家上层建筑的组成部分，它既是社会保障法治化的自然延伸，也是对社会保障法治化的强化，在实践中还通常受到社会经济制度及各国行政架构的制约。社会保障法治化是社会保障制度长期稳定的保证，而社会保障管理则有助于社会保障制度正常、高效地运行，进而使社会保障主体的权利得到良好的实现。

一、社会保障法治化

现代意义的法治，是指把国家事务制度化、法律化并严格依法办事的一种原则。在这一原则下，不仅要求国家立法机关制定较为完备的法律，而且还要求有负责任的执法与司法机制，以及依照法律规范运行的实施主体与参与主体，真正通过法律赋权明责，在实践中做到有法可依、有法必依、违法必究。因此，立法至关重要，良法是善治的前提。

社会保障法治化的价值包括两种：一是内在价值，即社会保障法所固有的价值；二是外在价值，即社会保障法所具有的相对于其他社会目标来说的工具价值。[①]

（一）内在价值

社会保障法治化的内在价值，可以作两点解析。

第一，法律的目的之一就是追求公平与正义，通过法律的规定可以使社会保障的各项制度更为公平、合理。在现代国家法治精神之下，一项法律的制定过程往往就是对某一个制度理性思考的结果，它要求对每一项制度从设计到具体措施的实施，都要经过严密的考量，要顾及各个社会阶层的利益，真正使通过法律反映出来的制度能够蕴含社会所公认的准则与价值。因此，只有实现法治化，通过法律追求公平与正义，才能使社会保障制度更趋完善与合理。

第二，法律的稳定性和连续性可以使社会保障主体的权利与义务获得一种确定性。法治国家的原则之一是要使法律获得普遍性的服从，为达此目的，法律必须具有一种稳定性和连续性的品格，不能朝令夕改。社会保障制度最基本的目的，在于解除社会成员的后顾之忧，从而必须是确定的、能够连续实施的制度安排。因此，通过立法，将社会保障制度以法律的形式固定下来，这些制度也就有了可以连续实施的生命力。与此同时，透过这些稳定的、不会轻易被变更和取消的社会保障制度，社会保障主体

---

① 林嘉. 论法治国家目标与社会保障法制化 [J]. 中国人民大学学报, 2002 (2).

对于自己的权利与义务才会有明确的预期，这种明确的预期会有效地减少社会保障制度在实施过程中的纠纷和摩擦，使社会保障制度的运转更加顺畅、自如。例如，劳动者是社会保险缴费的义务主体，当劳动者对缴费后可享受的权益有了明确预期以后，其对自己所承担的义务就会有一个正确的价值判断，建立在这个价值判断上的义务将会得到更好的履行，从而使权利与义务有机地结合起来，进而使整个社会保障制度进入良性循环、可持续发展的状态。

（二）外在价值

社会保障法治化的外在价值，可以作两点解析。

第一，法律对权利与义务可以起到资源配置作用，只有通过法治化，才能使社会保障主体的权利、义务和职责明晰化。没有成为国家法律之前的社会保障只能是国家的一种政策和措施，是政府的施舍或慈善。如果对社会成员的保障不是基于法定权利，国家也就没有向社会成员给付保障待遇的义务，那么对于社会成员来说，在未得到保障之时就缺乏向国家要求的正当根据。而将社会保障以法律的形式确定下来后，就等于以法律上权利的形式赋予社会成员社会保障权，以法律上义务的形式规定了国家和社会有向社会成员提供保障的职责和义务，社会成员也就享有了在国家不作为或不适当作为时对国家的一种请求权，这种请求权的根据来源于社会保障法的规定。因此，只有在社会保障法治化的条件下，社会保障才成为社会成员的法定权利而不是政府的施舍或慈善；也只有当社会保障成为社会成员的法定权利后，社会保障才能起到真正的保障作用。可见，通过法律的形式赋予社会成员社会保障权，可以防止国家权力的滥用，防止国家权力对社会成员权利的任意变更和侵害。

第二，只有通过法治化，才能确保社会保障制度规范、有序地运行。法律最基本的特征就是强制性与规范性，法律制定后，通过国家的强制力来保证其有效地实施。当社会保障制度被确定下来后，就需要借助法律的强制性来保证其有效且良性运行。社会保障的运行是一个巨大的社会工程，包括缴费、给付和基金运作等。对于依法负有缴费义务的主体，必须严格依照法律规定缴纳，不得拒缴或欠缴各项社会保险费；与此相对应，社会保障经办机构也必须按法定标准及时地将各项社会保障待遇发放到受保障者手里，不得延误或任意地减少。对社会保险基金的运作，主要是要求对社会保险基金在安全的前提下进行投资和管理，任何单位和个人不得挪用，这一要求必须通过法律规定明确严格的法律责任并强化监管来实现。可见，只有在法治化的环境下，社会保障制度才能有效地运行。

二、社会保障管理

社会保障管理的意义在于能够将社会保障法律制度细化并促使其得到贯彻落实，能够通过对社会保障计划或方案的制定来主导社会保障制度的持续发展，能够监控和纠察社会保障的具体实践以保证其健康有序地运行。可见，社会保障管理对社会保障制度而言，较之法制系统、实施系统等更具形象代表色彩，同时也是社会保障责任主体履行自己责任的象征。因此，现代社会保障制度要求建立健全高效率的社会保障管理机制。

值得指出的是，尽管绝大多数国家均是由政府机构行使对社会保障事务的管理权。但在一些西方国家亦存在着区别。这种区别在于，"凡是由政府岁入向所有家庭提供家属津贴的国家里，有关业务通常由政府部门管理；凡津贴的支付对象主要是受雇人员的家庭，其基金主要来源于雇主缴纳的保险费，其管理须在公众监督下，由某个半自治性的机构负责"①。需要注意的是，由于各国情况的差异，上述划分并不能作为所有国家确立自身社会保障事务管理体制的依据。以社会保险为例，在将社会保险费及待遇支付直接纳入国家财政范畴的条件下，政府必须承担起对社会保险事务的直接管理责任；在将征缴的社会保险费列入单独账户的条件下，既有完全由政府机构直接管理的，也有交由半自治机构或自治机构（如新加坡的中央公积金局和欧洲一些国家的保险协会等）管理的，还有交由私营或私人机构（如智利的养老金、中国香港地区的强积金等）管理的。有一点可以肯定的是，绝大多数国家或地区都是由政府部门承担最主要的社会保障管理责任。②

第二节 社会保障立法

一、社会保障法的缘起与历史演进

（一）社会保障法的缘起及其产生的历史社会条件

1. 社会保障法的缘起

社会保障法作为一种实体法，一般认为缘起于英国中世纪的济贫立法。从 1531 年开始一直到 16 世纪结束，英国颁布了一系列法令，规定国家对亟待救济的老弱贫民应

---

① 美国社会保障署. 全球社会保障——1995 [M]. 北京：华夏出版社，1996：16.
② 郑功成. 社会保障学：理念、制度、实践与思辨 [M]. 北京：商务印书馆，2020：416-417.

予以救济。到 1601 年，伊丽莎白女王下令将以前各项济贫法令编纂补充成为法典颁布，这就是历史上有名的英国《济贫法》。该法规定，教区对没有亲属供养的区内贫民负责，并将贫民分为三类：（1）健壮贫民，必须做工自给；（2）无工作能力的老病残疾者，分别以院内收容与院外救助两种方式救助之；（3）失依儿童，分别以孤儿院收养、家庭辅助、家庭寄养三种方式予以抚养。救济经费以济贫税、志愿捐款和罚金三者为来源。《济贫法》的颁布，使社会保障首次有了法制化的外衣，从而可以看成是一种历史性的进步。

不过，英国济贫立法与现代意义上的社会保障法之间却存在着根本区别，因为济贫立法的目的并非是为了保障贫民的基本生存权，而是为了防止贫民沦为流民危及王权的稳固，在《济贫法》实践中，贫民被强制性要求以受奴役为代价换取救济。因此，《济贫法》不仅不具有现代社会保障立法的公平与正义色彩，而且直接充当着强化英国统治秩序的一个工具。

实际上，作为现代意义上的社会保障法只有在承认和尊重国民基本生存权的时代才可能出现。一般认为，现代意义上的社会保障法缘起于 19 世纪末德国所颁布的一系列社会保险法律。当时，德国由著名的"铁血宰相"俾斯麦主政，德国当时是刚刚历经三次王朝战争形成了统一的民族国家，但国内工人运动风起云涌，政局处于动荡之中。俾斯麦在使用"鞭子"政策进行镇压失效之后，转而求助于"糖果"政策，采用了当时德国社会政策学者的某些主张，进行了一系列的社会立法，例如，1871 年普法战争后所颁布的《陆海军人养老金及遗属救济法》、1883 年颁布的《劳工疾病保险法》、1884 年颁布的《事故保险法》、1889 年颁布的《残障与老年保险法》等，而且在 1885—1890 年，德国的被保险对象还一再被扩大。这些被称为"俾斯麦先生的社会主义"的立法，虽然带有怀柔因素，但也确立了国家在保障国民生存权益方面的责任，促使社会共同责任机制的形成及确立。这些立法以维护人的尊严为前提，在保障项目上确立了以人为中心、以保障基本生活需求为重点，其立法内容主要集中在社会保险领域，重在解除劳动者的后顾之忧，从而使社会成员的生存保障上升为合法权益。因此，社会保险立法的出现，才真正意味着现代社会保障立法的产生。

2. 社会保障法产生的历史社会条件

现代意义上的社会保障法之所以在 19 世纪末才得以产生，是工人阶级经过长期抗争并付出血泪代价的结果，而当时的历史社会条件也发生了重大变化。

第一，工业革命的完成。虽然英国的工业革命在 18 世纪 60 年代就开始了，但是法、德、美等国直到 19 世纪中叶才真正相继完成工业革命。工业革命的完成促成了机器化大规模生产的出现，社会财富得以大量增加，但同时也带来了诸多的社会问题。

一方面，在经济竞争机制中，越来越多的个体生产者失去生产资料，农民则失去土地，沦为雇佣劳动者；另一方面，在机器生产的环境下，劳动强度增加，工伤事故不断，失业威胁增多，疾病治疗和老年生计等问题使雇佣劳动者忧心忡忡。这一系列严重社会问题危及各国政权的稳固，迫使统治者必须采取相应的对策与措施，社会保障法就是这些措施的主要载体。

第二，自由资本主义逐渐向垄断资本主义过渡。按照马克思的分析，垄断资本主义的产生，导致了社会两极分化的加剧，寡头统治与赤贫阶级同时存在，产生于19世纪上半叶的共产主义运动也愈演愈烈，从直接破坏机器到进行集体政治行动，这些斗争迫使资产阶级思考对策，因此，社会保障法的出现也可以说是直接导源于无产者的斗争。1881年11月17日，德皇威廉一世发表《皇帝诏书》宣称，"社会顽疾的根治仅通过对社会民主党人过激行为的镇压是不够的，同时还要积极增进工人的福利"①，并说，"一个期待养老金的人是最守本分的，也是最容易统治的，……社会保险是一种消灭革命的投资"②。

第三，在历史法学派及其后续潘德克顿法学派的影响下，德国出现了法典化倾向。历史法学派出现于18世纪末19世纪初，其时德国尚四分五裂，落后于其他先行工业化国家，因而该学派是作为"反现代化"的面目出现的，主张法是一个国家民族精神的体现，民族习惯法高于制定法，因而不主张法典化，但该学派细致的法学研究却为后来的法典化打下了深厚的学术根基，培养了大批卓越的法学家。到19世纪下半叶，德国出现了统一趋势，为完成民族国家的建构，历史法学派中出现了潘德克顿法学派，主张统一立法，注重对概念的分析和法律结构体系的构造，形成法典。因而，社会保险法在德国首先出现，是有其深厚的法学资源作为背景的，与当时德国法学的领先地位有密不可分的联系。

第四，生存权思想和社会改良思潮的兴起。生存权思想可以追溯至十七八世纪的欧洲启蒙思想家，如霍布斯、洛克、卢梭等的天赋人权思想。生存权作为一种权利形态由德国法哲学家约翰·费希特（1762—1814年）提出，他认为，人能够活，生存才有保障，这是国民应有的权利，不能生存时，他对国家有提出要求生活保障的生存权。而生存权作为法律权利，最早由奥地利空想社会主义法学家安东·门格尔（1841—1906年）在其1886年出版的《全部劳动权史论》一书中提出的，他认为劳动权、劳动受益权、生存权是造成新一代人权——经济基本权的基础，社会财富的分配应确立一个使所有人都获得与其生存条件相适应的基本份额的客观标准，社会成员根据这一

---

① 华颖. 德国社会保障制度［M］. 北京：中国劳动社会保障出版社，2023：39-40.
② 史探径. 社会保障法研究［M］. 北京：法律出版社，2000：12.

标准具有向国家提出比其他具有超越生存欲望的人优先的、为维持自己生存而必须获得的物和劳动的要求的权利。同时，德国19世纪70年代还开始兴起名为"讲坛社会主义"的改良主义思潮，威·桑巴特、路·布伦坦诺等一批名教授在讲坛上极力鼓吹改良，认为国家是超阶级的组织，可以在不触动资本家利益的前提下逐步实行社会主义，这些教授于1872年创立了社会政策协会，明确主张劳资协调、国家干预经济生活、实施社会政策、保护劳动者正当权益、举办社会保险、缩短劳动日、改良劳动条件等。他们支持当时的德国首相俾斯麦推行社会政策，直接促成了1883年起几项社会保险法律的制定和实施。①

（二）世界社会保障法的历史演进

根据社会保障立法理念的嬗变和各国社会保障立法的具体实践，可以将社会保障法的历史演进大致划分为四个阶段。②

1. 济贫法阶段

它以1601年英国颁布的《济贫法》为起始标志，直到19世纪80年代社会保险法律产生为止。如前所述，英国早在16世纪上半叶就进行了济贫立法，1601年的《济贫法》是将已有的济贫法令编纂成法典，后于1834年英国上下两院又通过了《济贫法修正案》。受英国的影响，荷兰于1854年颁布了《济贫法》，瑞典于1871年颁布了《济贫法》，还有一些国家也制定了自己的济贫法律制度。在这一阶段，立法理念在于救济与矫治贫民，立法的内容局限于救济事务，通过的立法虽然被冠以《济贫法》名称，但提供救济者仍然处于恩赐者地位，接受救济者却必须以牺牲尊严并接受奴役为代价。因此，这一阶段的立法基本上是一种对旧式慈善事业的规定，从而不能与现代社会保障立法相提并论。

2. 现代社会保障立法产生阶段

它以19世纪80年代德国颁布世界上第一批社会保险法律为起始标志，直到20世纪40年代第二次世界大战结束时为止。进入18世纪中叶以后，一些国家工业化进程加快，工人的个人生存风险加大，工人运动风起云涌，劳资矛盾尖锐对立，由社会来承担风险的思想逐渐被接受，德国率先在19世纪80年代进行了一系列社会保险立法。随后，德国的社会保险立法成为他国纷纷效仿的榜样，其影响逐渐波及整个欧洲、北美、拉美及大洋洲等地区。在欧洲大陆，波兰、挪威、意大利等先后建立了各自的社会保险法律体系，英国于1908年、1911年先后建立了老年社会保险与疾病社会保险制度。

---

① 史探径. 社会保障法研究 [M]. 北京：法律出版社，2000：8-10.
② 郑功成. 社会保障学：理念、制度、实践与思辨 [M]. 北京：商务印书馆，2020：391-340.

在亚洲地区，日本曾于1911年制定了《工伤保险法》，1922年又制定了《疾病保险法》。美国则于1935年颁布了综合性的《社会保障法》，这是世界上首部规范多项社会保障事务的法规，具有综合性特点，在社会保障立法史上具有重要意义。大洋洲国家和拉美国家在20世纪初期也纷纷进入社会保障立法的第一个高峰期，如澳大利亚、新西兰及阿根廷、巴西等国在这一时期就纷纷通过立法建立了老年、工伤、疾病等社会保险制度，智利还于1924年率先颁布了除工伤保险以外涵盖其他社会保险项目的综合性《社会保险法》，这部法较美国的综合性立法还要早11年。与上述情况相反，亚洲（除日本外）、非洲的国家在社会保障立法方面却要滞后得多，这种现象与亚洲、非洲地区工业化进程缓慢及市场体制发育不足有密切的关系。

3. 现代社会保障立法成熟阶段

第二次世界大战以后，随着社会经济的进一步发展和立法理念的变化，特别是以苏联为代表的社会主义国家普遍建立了自己的社会保障制度，促使全球社会保障立法进入了定型和成熟阶段。

成熟阶段的基本标志有五个。一是立法的理念不再是单纯的社会稳定观念，而是引进了社会公平观念与普遍性原则，社会主义国家更是将社会保障视为社会主义制度优越性的体现，积极主动地普遍推行；二是从20世纪40年代后期到70年代，不仅工业化国家进入了社会保障立法的又一个高峰期，亚洲、非洲的一些发展中国家也纷纷制定社会保障法律，构建实施范围有限的社会保障制度；三是立法的内容超越了社会保险并向其他社会保障领域扩展，除有关社会保险方面的立法继续得到重视外，社会福利、国民保健及其他社会保障领域的立法也得到了重视，从而促使社会保障法律体系成长为一个有着丰富内容的独立法律部门，据此建立的社会保障制度亦能够为社会成员的生存与发展提供全面的保障；四是一些国际组织开始出面推动全球社会保障制度的建设与发展；五是一些工业化国家根据发展的需要进一步修订、充实了以往颁布的社会保险法律，使之走向定型，而一些发展中国家亦能在借鉴发达国家立法经验的基础上制定较为成熟的社会保障法律，进而促使社会保障立法在多数国家进入成熟期。

因此，这一阶段的社会保障法制建设，是以整体形式（包括社会保险法、社会福利法、社会救助法等各种社会保障法律得以制定）和独立法律部门的面孔出现的，国民享受社会保障不仅成为一项基本的法定权益，而且扩展成享受现代文明进步成果（即不再局限于基本生活保障）的制度保险。

4. 现代社会保障立法的完善与发展阶段

进入20世纪70年代以后，工业化国家在社会保障立法已经定型的基础上，针对社会保障制度发展进程中出现的问题，纷纷开始探索社会保障制度的改革途径，以求进一步完善本国的社会保障制度，这就必然需要对以往的社会保障法律制度进行必要的修订和完善；发展中国家则一方面需要制定新的社会保障法律以便建立更加全面的社会保障制度，另一方面同样需要根据社会经济发展与国民对社会保障需求的变化进一步修订、完善以往制定的社会保障法律。总而言之，这一阶段还在继续发展中，但已经体现出的特色会长期指导着社会保障立法的发展。例如，在立法观念上，追求协调发展与可持续发展逐渐成为基调；在国家责任与个人责任的关系上，主张个人及家庭尽到自我保障责任的思想在一些立法中得到体现，这可以视为社会保障立法在某种程度上的回归，它能够促使政府、社会、用人单位与个人合理分担社会经济发展压力。因此，20世纪70年代以来，大多数国家的社会保障立法均进入了自我完善并与整个社会经济协调发展的时代。[1]

二、社会保障法的本质与特征

现代社会保障制度的建立，是以解除国民生活后顾之忧并促使社会经济协调发展为基本出发点与归属点的，因此，现代社会保障立法实质上既是社会成员生存权利保护法和国民安全法，同时也是社会稳定法和社会调节法及社会和谐法。一般来说，社会保障法是指调整一个国家社会保障关系的法律规范的总和，它包括国家立法机关制定的社会保障法律和国家行政机关颁布的社会保障法规、规章和其他规范性文件。

作为现代法律体系的一个重要组成部分，社会保障法具有法的一般特征。同时，作为一个独立的法律部门，它还具有自己的明显特征。

1. 保障性

社会保障法以立法的形式，通过对社会保障的对象、范围、措施等的规定，使符合条件的、生存发生困难的社会成员的基本生活得到有效保障。由于社会成员在社会生活以及劳动过程中，难免会遇到各种风险和事故，通过社会保障制度，能够使社会成员在受到意外和风险时不至于生活无着，从而使社会每一个成员都能得到必要的安全保障。社会保障法的保障性特征，不仅反映了国家在社会保障问题上的态度和所应承担的责任，同时也为社会成员提供了一种现实的或可预期的"安全感"，进而使人心安定，为整个社会的安定创造良好的条件。

---

[1] 郑功成. 社会保障学：理念、制度、实践与思辨[M]. 北京：商务印书馆，2020：389-395.

2. 强制性

社会保障由国家通过立法强制实施，就社会保险而言，凡依照法律规定必须投保的劳动者和用人单位都必须参加保险，当事人没有任意选择的权利，也不能任意退出保险，保险的险种和保险费的缴纳也必须按照法律规定执行，不能由当事人自由协商；其他社会保障制度也须由法律赋权明责。只有坚持强制性，才能确保法定的社会保障权益得到实现，才能让对社会保障承担责任的主体依法承担法定的义务。因此，社会保障的强制性是国家对社会经济生活实行国家干预的表现，也是社会保障制度得以存在和实施的保证。

3. 普遍性

社会保障是促进社会公平、实现社会共享的基本制度安排，普遍性是其重要特征。因此，社会保障立法总体上经历过从小范围覆盖到大范围覆盖乃至全民覆盖的历程，从而体现出普遍性特征。在我国，基本养老保险由三大制度分别覆盖机关事业单位工作人员、城镇企业职工和城乡居民，基本医疗保险由两大制度分别覆盖城镇职工和城乡居民，基本实现了养老保险全覆盖和全民医保的目标。

4. 平等性

这种平等性主要体现在立法中的非歧视性原则上。一方面是社会保障法总体上追求平等性，即社会成员遭遇生活困难时，有权平等地获得社会保障，国家既不能任意取消社会成员的这种权利，也不允许一部分人超越法律享有特权。另一方面是具体保障制度安排上贯彻平等性，例如，社会保险项目均须依法参保并承担法定义务后，可以依法享受相应的待遇，参保人员一律处于平等地位；凡符合条件的低收入困难家庭或天灾人祸中的不幸者，均可以申请社会救助相关项目待遇。

5. 鼓励性

鼓励性是社会保障法的又一个显著特征。社会保障法中规定的一些保障内容，如对暂时或永久丧失劳动能力的劳动者的物质保障，直接与劳动贡献有关，劳动时间长、贡献大的，获得的物质保障待遇就高些，反之就低。这种差别规定，有助于鼓励劳动者在职时积极劳动，为社会多创造财富、多做贡献。

三、社会保障法的原则、形式及内容

（一）社会保障法的原则

社会保障立法中需要遵循下列一些基本原则。①

---

① 郑功成. 社会保障学：理念、制度、实践与思辨[M]. 北京：商务印书馆，2020：382-385.

1. 人权保障原则

社会保障被视为基本人权。我国在 2004 年 3 月通过的《中华人民共和国宪法修正案》中，将"国家尊重和保障人权"首次写入其中。人权意味着一个人所固有的权利，现代人权最基础的权利就是生存权，而国家对于生存权的立法保障主要是通过社会保障法律体系来实现的。国家不应该仅仅从维护社会稳定的角度出发来确定社会保障法的价值，这种价值充其量只是一种工具价值和外在价值，而应该将保障公民生存权作为社会保障法的内在价值，将公民的生存权作为社会保障法的起点和终点。因此，人权保障原则是社会保障法的首要原则。

2. 公平原则

社会保障追求的目标是社会公平，失去了公平的特性就不再是社会保障，如个人储蓄积累可以用于养老等方面，但绝对不是社会保障，完全的个人账户制也是同样道理。因此，立法的过程可以遵循公平与效率相结合的原则，而通过立法所确立的社会保障制度必须基于促进和维护社会公平原则，这是现代社会保障制度之所以成为民生保障、社会和谐发展机制和维系经济长期发展机制的根本要求。

3. 权利与义务相结合原则

权利与义务是现代社会保障法律制度中的一对基本范畴。作为国家根本大法的《中华人民共和国宪法》规定，任何公民享有宪法和法律规定权利，同时必须履行宪法和法律规定的义务。因此，社会保障立法也应遵循宪法的原则性规定，摒弃单纯强调受保障者的权利而忽略其义务的做法，代之以权利与义务相结合。例如，在社会保险法中强调劳动者承担相应的供款义务，在社会福利法中强调社会成员履行一定的缴费义务或其他义务，在社会救助法中要求受益者配合社会救助机构的家计调查，等等。

4. 与社会经济发展水平相适应原则

按照马克思主义的观点，法律制度作为上层建筑是社会经济发展的产物。因此，在社会保障立法实践中，既要充分考虑社会成员对社会保障的诉求，又要客观估量所处时代的经济承受能力，以维护社会保障制度可持续发展为根本目标，结合短期利益与长期利益，体现社会保障与生产力发展水平相适应，与经济、社会相互协调、相互促进的原则。2004 年 3 月，第十届全国人民代表大会第二次会议通过的《中华人民共和国宪法修正案》，就明确写上了"国家建立健全同经济发展水平相适应的社会保障制度"。在近 20 年的社会保障发展实践中，我国也体现出了尽力而为、量力而行的基本取向。

5. 普遍性与特殊性相结合原则

任何法律都应当是一种普遍的规范，社会保障立法也应考虑全体社会成员的利益与需要，并能够适用于全体社会成员，使一切社会成员能够享受到相应的社会保障权益；同时，又必须承认社会成员之间不仅存在着阶层差异，而且存在着个体差异，它们对社会保障的需求并非是一致的，从而需要差别对待，即针对不同类型的社会成员制定内容有别的社会保障法律，这就是特殊性原则。而且，在不同国家尤其是像中国这样幅员辽阔、人口众多、地区发展不平衡的国家，不能在社会保障方面实行"一刀切"，应坚持全国实行统一的社会保障法律制度的同时，适当照顾不同地区的特殊情况，因地制宜。

（二）社会保障法的形式

所谓社会保障法的形式，是指社会保障法律规范的表现形式，即有关社会保障的规范性法律文件。中国社会保障法的形式，包括以下几个层次。

1. 宪法

宪法是国家的根本大法，因而也是国家制定社会保障法律、法规和实行社会保障制度的基本依据。例如，《中华人民共和国宪法》规定，"国家建立健全同经济发展水平相适应的社会保障制度"和"国家尊重和保护人权"，表明国家建立社会保障制度的目标已经明确。同时，亦规定"国家依照法律规定实行企业事业组织的职工和国家机关工作人员的退休制度。退休人员的生活受到国家和社会的保障。""中华人民共和国公民在年老、疾病或者丧失劳动能力的情况下，有从国家和社会获得物质帮助的权利。国家发展为公民享受这些权利所需要的社会保险、社会救济和医疗卫生事业。国家和社会保障残废军人的生活，抚恤烈士家属，优待军人家属。国家和社会帮助安排盲、聋、哑和其他有残疾的公民的劳动、生活和教育。"宪法的这些规定，构成了中国社会保障法的基本渊源。

2. 法律

这里的法律并非泛指，而是专指由国家最高权力机关及其常设机关，即全国人民代表大会和全国人民代表大会常务委员会颁布的规范性法律文件。法律又分为基本法律和基本法律以外的其他法律，前者由全国人民代表大会制定和修改，比较全面地规定和调整国家及社会生活某一方面的基本社会关系；后者由全国人民代表大会常务委员会制定和修改，通常规定和调整基本法律以外的比较具体的社会关系。目前，我国的社会保障立法主要有《中华人民共和国社会保险法》（2010 年制定）、《中华人民共和国军人保险法》（2012 年制定）、《中华人民共和国慈善法》（2016 年制定）、《中华人民共和国退役军人保障法》（2020 年制定），以及《中华人民共和国残疾人保障法》《中华人民共和国老年人权益保障法》《中华人民共和国妇女权益保障法》等相关法律。

总体而言，我国的社会保障制度还主要依靠政策性文件实施，社会保障立法任重而道远。

3. 行政法规

根据《中华人民共和国立法法》规定，行政法规是国家最高行政机关即国务院制定的规范性法律文件。"行政法规"只是学理上的术语，实践中并没有一个单行的行政法规以"行政法规"作为具体名称。按照国务院2001年颁布、2017年修订的《行政法规制定程序条例》的规定，行政法规的名称一般称"条例"，也可以称"规定""办法"等。国务院根据全国人民代表大会及其常务委员会的授权决定制定的行政法规，称"暂行条例"或者"暂行规定"。关于社会保障方面的行政法规已有多部，如《失业保险条例》《工伤保险条例》《社会救助暂行办法》《自然灾害救助条例》《住房公积金条例》《军人抚恤优待条例》《全国社会保障基金条例》《社会保险费征缴暂行条例》《医疗保障基金使用监督管理条例》《劳动保障监察条例》等。此外，还有一些由国务院发布的"决定""命令"以及"通知"等文件，亦带有较强的政策性，如1997年7月16日发布的《国务院关于建立统一的企业职工基本养老保险制度的决定》，1998年12月14日发布的《国务院关于建立城镇职工基本医疗保险制度的决定》，2014年2月26日发布的《国务院关于建立统一的城乡居民基本养老保险制度的意见》，2015年1月3日发布的《国务院关于机关事业单位工作人员养老保险制度改革的决定》，2020年2月25日发布的《中共中央、国务院关于深化医疗保障制度改革的意见》，2020年8月25日发布的《中共中央办公厅、国务院办公厅印发〈关于改革完善社会救助制度的意见〉》，等等，均是规制与实施我国社会保障制度的重要依据。

4. 地方性法规、自治条例和单行条例

地方性法规是由省、自治区、直辖市的人民代表大会及其常务委员会所制定的规范性法律文件。"地方性法规"这一名称也属学理上的术语，并不为立法实践所采纳，一般称为"条例""规定""办法""实施细则"等。而根据《中华人民共和国宪法》规定，民族自治地方的人民代表大会有权依照当地民族的政治、经济和文化的特点，制定自治条例和单行条例。各省级立法机关均制定了多项社会保障领域的地方性法规，但总体上仍然是贯彻落实国家层级的法律、法规或政策而展开的。

5. 部门规章和地方规章

部门规章和地方规章可统称为行政规章。部门规章是指国务院各部委和某些其他工作部门发布的规范性法律文件。地方规章是指省、自治区、直辖市人民政府，省、自治区人民政府所在地的市和国务院批准的较大的市以及经济特区市的人民政府制定的规章。目前，有关社会保障的立法主要就是以行政规章的形式体现出来的，之所以如此，是因为中国社会保障制度正处于转型期，行政规章的制定既便于制定，又便于修改或废除，非常灵活。但立法层次过低会影响社会保障制度的可靠性与权威性，会影响社会保障制度的实施与完善。

6. 法律解释

在中国，作为社会保障法律体系内容之一的法律解释，一般是指国家机关的规范性解释。这种规范性解释包括最高国家权力机关（全国人民代表大会及其常务委员会，下同）的解释，国家司法机关（最高人民法院、最高人民检察院）的解释，国家最高行政机关（国务院）的解释，国家监察机关的解释，以及地方国家权力机关和行政机关的解释。在法律解释实践中，最高人民法院的司法解释占有特殊地位，这主要是因为最高国家权力机关很少进行法律解释。有关社会保障方面的司法解释较少，如1996年11月发布的《最高人民法院关于实行社会保险的企业破产后各种社会保险统筹费用应缴纳至何时的批复》，2006年发布的《最高人民法院关于因第三人造成工伤的职工或其亲属在获得民事赔偿后是否还可以获得工伤保险补偿问题的答复》，等等。

（三）社会保障法的内容[①]

社会保障法的基本内容包括社会保障法的调整对象、主体与客体等。

1. 社会保障法的调整对象

社会保障法的调整对象，是指社会保障法所规范的各种特定的社会保障关系，主要是国家或政府、用人单位和社会成员在社会保障中所发生的各种社会经济关系。具体来说，社会保障法的调整对象主要包括八类：

（1）国家与国民之间的关系，即中央政府、地方各级政府与全体社会成员之间的关系，需要明确政府在社会保障中的职责和社会成员享受社会保障的权益等；

（2）社会保障实施或经办机构与政府之间的关系，包括管理与被管理的关系、财政关系等；

（3）社会保障实施或经办机构与社会成员之间的关系，它们之间既是社会保障资金筹集者与供应者的关系，又是社会保障待遇提供者与享受者的关系，因而是实施社会保障项目最主要的实践范畴，应当明确规范其权利与义务等；

（4）社会保障实施或经办机构与用人单位之间的关系，它们之间是社会保障资金筹集者与供应者的关系；

（5）企业、社会团体及政府与劳动者之间的社会保障关系，其实质内容是保证劳动者的社会保障权益，规范用人单位履行对劳动者的社会保障责任等；

---

① 郑功成. 社会保障学：理念、制度、实践与思辨 [M]. 北京：商务印书馆，2020：386-388.

（6）社会保障运行过程中的管理机制，即社会保障行政管理机构的设置及其与其他部门的关系；

（7）社会保障运行过程中的监督机制，包括监督机制的建立以及各种监督机构的职责、权限划分及其协调性等；

（8）其他社会保障关系，如社会保障子系统之间、项目之间的关系，社会保障基金（主要是社会保险基金）与国家财政资金、资本市场的关系等，亦需要由相关的社会保障法进行规范。

2. 社会保障法的主体

社会保障法的主体，是指在社会保障活动中，依法享受权利与承担义务的当事人，主体资格是由法律规定的，也是社会保障运行过程中客观存在的。从社会保障的运行过程来看，其主体应当包括四类。一是国家或政府（主要通过政府职能部门来体现）。国家不仅直接参与社会保障活动，而且是最重要的责任主体，它对社会救助、社会保险、社会福利、军人保障等各项社会保障制度的实施给予财政支持，从而是社会保障法律关系中的特殊主体。依此类推，在分税制和财政分级负责制的条件下，地方各级政府也成为了社会保障法律关系的特殊主体。二是社会保障实施或经办机构。实施或经办机构直接承担着实施各种社会保障事务的责任，既依法享有向企业、社会团体、劳动者等征收社会保险费的权利，又承担着具体组织实施社会保障项目的义务，从而是社会保障法律关系中的当然主体。三是企业、社会团体及政府。它们不仅承担着社会保障供款的责任，而且要直接承担诸如举办职业福利、社会福利的责任，从而对社会保障有着直接的义务与权利，亦是社会保障法律关系中的当然主体。四是城乡居民与劳动者。社会保障都是面向全体人民的福利性保障制度，城乡居民是社会保障制度的直接受益对象，也需要承担一定的缴费责任，劳动者更是必须依法履行缴费义务，从而也是社会保障法律关系中的当然主体。上述有关各方共同构成了社会保障法律关系中的主体，但社会保障实施或经办机构与社会成员具有完全主体资格，其他则具有特殊主体资格，这种主体构成，正是社会保障事业公益性、福利性和社会性的具体体现。

3. 社会保障法的客体

社会保障法的客体，是指各关系主体的权利与义务共同指向的目标。从社会保障制度的实践内容来看，它的客体是指社会保障规定项目和范围内的各种物质利益和自然人。一方面，社会保障所保障的都是客观存在的财产物资和自然人的生活与身体，例如，灾害救助是以社会成员所有的财产物资（包括有生命的种植业、养殖业生产和无生命的家庭财产）上的利益为具体的保障对象，而其他社会保障项目则多是以保障自然人的生活与身体健康、生命安全为目标；另一方面，社会保障的目的主要是为社会成员的基本生活提供物质保障，国民保障权益的实现又是通过支付货币或提供劳务等方式来进行。因此，人是社会保障法中最重要的客体，而物则是部分社会保障法的特殊客体。①

四、社会保障法律体系

社会保障法律体系的具体构成，一方面取决于法律体系理论，另一方面也取决于社会保障制度本身的内容和结构。就法律体系理论而言，法律体系是指一国的全部现行法律规范按照一定的标准和原则，划分为不同的法律部门而形成的内部和谐一致、有机联系的整体。同时，就某一法律部门来讲也有其体系结构，即某一法律部门的所有现行法律规范也可以分类组合成为不同的、低一层次的法律部门，从而形成内部一致、有机联系的统一整体。因此，从法律体系理论上来讲，社会保障法首先是一个独立的法律部门，是整个国家法律体系的一个组成部分；同时，它又有其自身的体系结构，由若干低一层次的法律部门所构成。

现代法治国家的法律体系极为庞杂，由低位阶至高位阶形成一个金字塔型结构，而这一巨大的金字塔又可视为若干个小金字塔即子法律体系，社会保障法律体系就是这些小金字塔之一。社会保障法律体系包括社会保障专门法律体系和社会保障相关法律体系。社会保障专门法律体系是指专门规范社会保障事务的法律，它们是社会保障制度得以确立并健康运行的主要依据，如《社会保险法》《社会救助法》《社会福利法》《慈善法》等。社会保障相关法律体系是指一些国家制定的包含有与社会保障内容相关的法律所构成的体系，如《劳动法》《公务员法》等。

中国社会保障法律体系应以《中华人民共和国宪法》所确定的公民权益和国家提供社会保障的具体规范为根本的立法依据；以《中华人民共和国社会保险法》与社会救助法、社会福利法、医疗保障法、军人保障法等专项社会保障法律，以及相关立法（如《中华人民共和国老年人权益保障法》《中华人民共和国残疾人保障法》）等共同组成社会保障法律体系；而每一项专门立法又统辖着若干个子法或法规或规章，从而形成完备的法律体系。②

需要指出的是，尽管新中国的社会保障法制建设走过了半个多世纪的历程，并制定过多部社会保障方面的法规和部分相关法律，但总体上仍然较滞后，尚处于主要依靠政策性文件实施社会保障制度的状态。因此，必须全面加快社会保障法制建设，包

---

① 郑功成. 社会保障学：理念、制度、实践与思辨 [M]. 北京：商务印书馆，2020：386-387.
② 郑功成. 社会保障学：理念、制度、实践与思辨 [M]. 北京：商务印书馆，2020：409-413.

括制定社会救助法、社会福利法、医疗保障法等多种专门法律，以及修订完善《中华人民共和国社会保险法》及相关法律、法规等，为整个社会保障制度在法治轨道上运行提供完备的法律依据与保障。

第三节　社会保障管理

一、社会保障管理模式

社会保障管理是确保这一制度依法有序运行、健康发展的重要保障，社会保障管理效果的好坏，又通常与社会保障管理模式密切相关。

社会保障管理模式是指国家为实施社会保障事业而规定的从中央到地方的各种社会保障管理机构、管理原则和运行机制的总和。世界各国的社会保障管理模式因其政治、经济、文化、历史背景和民族传统不同而有很大差异。按照集权程度，则可以分为集中管理、分散管理、集散结合管理等模式。需要指出的是，中国的管理包括政府部门的监管与具体经办社会保障业务的管理，而西方一些国家则是将政府的监督权与承担社会保障事务的特定法人的管理权分离。

（一）集中管理模式

集中管理模式，是把养老保险、医疗保险、工伤保险、失业保险以及其他社会保障项目全部统一在一个管理体系内，建立统一的社会保障管理机构（俗称大部制），对社会保障各项目基金的筹集、待遇给付以及运营监督等实施集中统一的管理。在实行集中统一管理模式的国家里，一般从中央到地方都设立专门的社会保障行政管理机构和业务机构，配备专职的工作人员。其显著特征有三个：一是社会保障决策权统一集中在中央；二是社会保障预算权统一，即编制和执行全国范围内的社会保障预算；三是政府间的社会保障联系是一种直接的双重联系，即地方各级政府不仅要在横向上对同级政府负责，还要在纵向上服从中央政府的指令，同时，地方社会保障收支规模与基本结构要由中央政府决定。

集中管理模式具有四方面的优点：一是有利于社会保障的统一规划、统一实施、统一监督，避免了政出多门、多头管理所产生的诸多利益冲突，使社会保障功能更有效地发挥；二是有利于社会保障各项目之间、社会保障运行机制各环节之间的协调和社会保障基金的集中管理，并在一定范围内调剂使用，真正发挥社会保障的互济功能；三是有利于降低社会保障管理成本，控制管理费用；四是对社会保障业务和基金的集中管理，还有利于增强透明度，便于加强社会监督。

集中管理模式的局限性主要体现在：一是某些社会保障项目的管理与政府业务主管部门往往难以协调，进而影响管理效果，如失业保险、工伤保险与劳动就业部门的就业促进、工伤预防等工作往往很难协调配合；二是这种模式往往以国家行政管理为主，受行政干预较多。

英国、新加坡即实行这种模式。

（二）分散管理模式

分散管理模式，是指不同的社会保障项目由不同的政府部门或机构管理，并各自建立一套社会保障执行机构、资金运营机构及监督机构，各保障项目之间相互独立，资金不能相互融通使用。其基本特征有三个：一是各个社会保障部门事权独立；二是各个社会保障部门预算独立；三是政府将社会保障事务委托给社会保障经办机构管理，只对社会保障进行监督，并根据各类保险项目的财务状况进行必要的平衡。

分散管理模式具有两方面的优点：一是各管理机构具有较大的自主性，能根据自己所管理社会保障项目特点制定详细、周全的管理法规，较灵活地适应社会保障发展的需要；二是管理的独立性强，能根据客观实际，及时调整保障项目和内容，较灵活地适应社会生活的需要。

在社会保障事务实施中，分散管理模式的局限性体现在：一是管理机构多、管理成本高，例如，德国养老保险因由多个养老保险协会分散管理，其管理费用占所缴养老保险金的3%，而同期日本、美国的养老保险管理费用只占1%；二是因机构庞杂和相互独立可能导致一些工作的重复，给被保险人和保险机构管理增添了难题。

德国是实行分散管理模式的典型代表，其养老保险与医疗保险的监督权分别属于联邦劳动与社会事务部、卫生部，具体的社会保险业务则由劳资双方组建的不同的基金分散管理。

（三）集散结合管理模式

集散结合管理模式，是指将社会保障中共性较强的项目集中起来，实行统一管理，而将特殊性较强的项目单列出来由相关部门分散管理。集散结合管理模式的显著特征，是根据社会保障项目的不同，把集中统一管理和分散自主管理有机地结合起来。

集散结合管理模式的优势主要体现在：一是它既能体现社会保障社会化、一体化的要求，又能兼顾个别项目的特殊要求；二是有利于调动各方面的积极性，提高工作效率，降低管理成本，更好地促进社会经济发展。可以认为，集散结合管理模式兼具了集中管理模式和分散管理模式的优点,而又在一定程度上避免了两者的缺点。当然,这种模式的顺利实施需要有较为有利的内外部条件和管理环境。

美国、日本等国采用集散结合管理模式。

二、社会保障管理的基本原则[①]

社会保障管理在运行中需要遵循管理的一般原则,同时还应当考虑社会保障制度的特殊性而遵循某些特定的规则。它主要包括公开、公正与效率原则,依法管理原则,与相关系统协调一致原则等,这些原则是建立合理的社会保障管理体制的基本依据,也是管理系统正常、有效地运行的准则与保证。

(一)公开、公正与效率原则

现代社会保障是公共事务,它关系到全体社会成员的切身利益,而支撑社会保障制度运行的财政基础(无论是财政拨款形成的基金还是通过向用人单位和劳动者征缴社会保险费而形成的基金)亦是社会公共基金,它实质上属于全体社会成员共有。因此,社会保障制度的运行应当是透明的,社会保障管理亦必然要遵循公开、公正与效率的原则。

在公开、公正与效率原则下,首先是社会保障管理机构及其职责应当通过社会成员熟知的途径与方式加以公开化,以便让大众接受必要的社会保障政策信息,明了自己的社会保障权益,以及可以申请与上诉的路径及处所;其次,管理机构在社会保障运行中既是责任者,更是社会保障制度公正性的维护者,它应当严格依法保护社会成员的社会保障权益,并对社会保障纠纷采取不偏不倚的态度;最后,效率是管理系统运行追求的最重要目标,管理机构是否职责分明、政令是否畅通无阻、管理成本是否低廉、管理资源是否得到最优配置,均是衡量管理效率的基本标志。

应当看到,由于一些官方社会保障管理机构办事效率低的原因,由私营系统来取代公营系统管理或运行社会保障事务的趋向已得到相当多公众的理解与拥护。

(二)依法管理原则

社会保障法治化及其所具有的强制性,决定了社会保障制度在各个环节均须严格按照现行法律、法规与政策的"肯定的、明确的、普遍的"规范运行,并接受社会公开监督。因此,依法管理成为管理机构履行职责的内在要求。

---

① 参见郑功成于1997年在武汉大学出版社出版的《论中国特色的社会保障道路》第十四章,以及2020年在商务印书馆再版的《社会保障学:理念、制度、实践与思辨》第七章。

社会保障管理作为整个社会保障运行机制中的一个重要环节，实行依法管理包括两个方面：一是管理机构及管理岗位的设置需要有相应的法律、法规作为依据，有关法律、法规对此应当有明确而具体的规范；二是管理系统必须依法运行，即管理机构只能在既定的职责范围内行使权力，既不能不作为，也不能越权行事。

依法管理作为对社会保障管理的一项基本要求，既是为了避免因管理职责紊乱致使社会保障制度在运行中出现非正常状态，也是为了确保社会保障管理的权威性。因此，为社会保障管理立法应当先于社会保障管理体制的建立，社会保障管理的基本任务就是保证现行社会保障法律、法规、政策的贯彻落实，是执行法治并确保法治的关键性工具。

（三）与相关系统协调一致原则

虽然社会保障是一个独立运行的系统，但它与其他社会系统和经济系统却存在着不可分割的联系，从而在运行中需要与其他系统保持协调一致。例如，社会保障管理系统与国家财政系统就需要在社会保障基金管理等方面协调一致，如果社会保障基金进行商业运营，管理系统还应当与金融证券系统保持协调一致，等等。

即使在社会保障管理系统内部，不同的管理机构亦需要在明确职责、分工负责的基础上保持某种程度的合作。此外，管理系统还需要与社会保障法制系统、实施系统及监督系统保持协调一致。强调管理系统与其他系统的协调及管理系统内部的协调，目的在于减少摩擦、提高效率并促使管理目标的顺利实现。因此，社会保障管理工作在一定程度上就是协调性工作。

三、社会保障管理的内容

社会保障管理的内容可以从以下三个方面进行概括。

（一）社会保障行政管理

社会保障行政管理，是指行政部门依法行使对社会保障事务的管理与监督权力，它是确保社会保障制度良性运行的保证。

政府要管理监督社会保障事务，必须依法设置相应的社会保障管理部门，例如，我国中央政府设置有人力资源社会保障部、民政部、退役军人事务部、国家医疗保障局等，在地方各级政府中亦设置有同样的管理部门，由这些部门专司社会保障管理职责。

社会保障行政管理的内容包括依法制定更为具体的社会保障政策及运行规范，对社会保障制度的运行进行日常监督。社会保障行政管理的任务，是确保社会保障制度的规范运行，并对失范现象进行纠正。

（二）社会保障财务管理

社会保障财务管理包括两个层次：一是政府财政、审计部门对社会保障财务收支及运行状况进行管理与监督；二是社会保障主管部门对社会保障经办机构的财务收支及运行状况进行管理与监督。

一般而言，财政部门不仅为社会保障财务活动提供规范性的依据，而且对重要的社会保障财务运行进行监督；审计部门则通过抽查等方式对社会保障实施或经办机构进行财务监督。

社会保障主管部门亦对其负责管理的社会保障经办机构的财务活动进行监督管理。例如，人力资源社会保障、医疗保障行政部门对社会保险、医疗保障经办机构财务活动的监督管理，民政部门对有关社会福利、社会救助机构财务活动的监督管理。

社会保障财务管理的环节包括：一是对社会保障基金筹集的管理，检查各责任主体（如国家、用人单位、个人）是否按法定标准供款，私人和社会团体的捐助是否符合法律的规定等；二是社会保障待遇给付的管理，即对享受者支付的养老金、医疗补助、工伤保险金、失业补助、最低生活保障金等，是否符合法律规范、有无违规现象、有无漏洞等，发现失范时应当及时纠正并处理；三是对社会保障基金运营的管理与监督，确保社会保障基金安全并尽可能地使其保值增值。

需要指出的是，由于社会保障基金是支撑社会保障制度的物质基础，在基金制条件下，社会保障基金与资本市场的结合日益紧密，对社会保障基金及其运营的管理与监督也就成为社会保障财务管理的重点。它一般由专门的社会保障管理机构进行管理，并接受社会监督，在许多国家是由政府、用人单位与劳动者代表三方组成的机构对基金进行监督管理，理由在于：社会保障基金一般由政府、用人单位、受保障者承担供款责任，作为基金所有权的自然延伸，三方均拥有当然的管理权；社会保障作为现代文明国家的一项社会政策，各国政府负有无可推卸的管理责任和义务；而用人单位作为义务主体，其积极性要调动起来也应参与管理，因为这样才有利于细致地甄别受保障者的条件、控制社会保障基金的发放；受保障者不仅拥有享受社会保障的权利，而且有缴纳社会保障基金的义务和管理基金的责任，社会保障基金距离受保障者越近，越有利于建立国民的社会保障意识，越有利于社会保障基金的管理。因此，社会保障基金管理组织，应区别于政府行政机构和以营利为目的的企业或商业组织，成为一个由三方代表共同组成的事业性的公共机构。

（三）其他社会保障管理

除行政管理与财务管理外，社会保障领域还有社会保障服务管理、人力资源管理等。例如，对社会保障经办机构的服务质量进行监督，对社会保障经办机构人员资格的审查，等等，都是维护社会保障制度良性运行的保证。

四、中国社会保障管理体制

中国现行社会保障管理体制，是2018年在中央政府机构改革中确立的，它主要表现为同一社会保障事务由同一部门管理与监督。在中央政府机构序列中，管理社会保障事务的职能部门主要有人力资源社会保障部、民政部、退役军人事务部、国家医疗保障局、财政部等。

其中，人力资源社会保障部负责管理全国的养老保险、工伤保险、失业保险；民政部负责管理全国的社会救助、社会福利、慈善事业等；退役军人事务部负责管理退役军人保障事务和优抚对象的社会保障事务；国家医疗保障局负责管理全国的基本医疗保险、生育保险、护理保险；财政部负责管理中央财政社会保障支出及财务制度，管理全国社会保障基金等；审计署负责对社会保障事务进行审计监督；国家发展改革委负责制定社会保障发展的中长期规划等；住房城乡建设部负责管理全国的保障性住房、住房公积金事务；应急管理部负责管理灾害救助事务；全国社会保障基金理事会虽然是一个事业单位，却肩负着管理国家社会保障储备基金及其投资运营的责任。

此外，还有一些人民团体亦不同程度地参与社会保障事务的管理。如中华全国总工会、中华全国妇女联合会、中国残疾人联合会等机构就不同程度地参与了社会保障事务的管理。

 本章小结

> 现代社会保障是法治化事业，它由国家立法机关通过相应的立法来确立制度，并在相关管理机构的管理下才能正常运行。社会保障法是指调整一个国家社会保障关系的法律规范的总和。
>
> 社会保障法治化的内在价值是社会保障法所固有的追求公平与正义、稳定性和连续性的价值，社会保障法的外在价值是明晰社会保障主体的权利、义务和职责并确保社会保障制度规范有序地运行。

社会保障管理的意义在于能够将社会保障法律制度细化促使其得到贯彻落实，能够通过对社会保障计划或方案的制定来主导社会保障制度的持续发展，能够监控和纠察社会保障的具体实践以保证其健康有序地运行。

社会保障法缘起于英国中世纪的济贫立法，但它与现代社会保障立法又有着根本的区别。只有当确立了国家在保障国民生存权益方面的责任，并以维护人的尊严为前提的社会保险立法出现时，才真正意味着现代社会保障立法的产生。

社会保障法的历史演变大体上划分为如下四个阶段：济贫法阶段、现代社会保障立法产生阶段、现代社会保障立法成熟阶段和现代社会保障立法的完善与发展阶段。

现代社会保障制度的建立，是以解除国民生活后顾之忧并促使社会经济协调发展为基本出发点与归属点的，因此，现代社会保障立法实质上既是社会成员生存权利保护法和国民安全法，同时也是社会稳定法和社会调节法及社会和谐法。它还具有自己明显的特征，即保障性、强制性、普遍性、平等性和鼓励性。

现代社会保障立法需要遵循人权保障原则、公平原则、权利与义务相结合原则、与社会经济发展水平相适应原则、普遍性与选择性相结合原则。

中国社会保障法的形式包括宪法，法律，行政法规，地方性法规、自治条例和单行条例，部门规章和地方规章，法律解释等。

社会保障法的主体，是指在社会保障活动中，依法享受权利与承担义务的当事人，主体资格是由法律规定的。社会保障法的客体，是指各关系主体的权利与义务共同指向的目标。从社会保障制度的实践内容来看，它的客体是指社会保障规定项目和范围内的各种物质利益和自然人。

社会保障管理属于社会政策管理，属于国家上层建筑的组成部分，它既是社会保障法治的自然延伸，也是对社会保障法治的强化，在实践中还通常受到社会经济制度及各国行政架构的制约。在具体的管理模式方面，可以分为集中管理、分散管理和集散结合管理。在管理实践中，需要遵循公开、公正与效率原则，依法管理原则，以及与相关系统协调一致原则。社会保障管理的内容主要包括社会保障行政管理、财务管理与其他社会保障管理。

中国政府的社会保障管理部门主要有人力资源社会保障部、民政部、退役军人事务部、国家医疗保障局和财政部，其他有关部门亦按法定职责不同程度地参与社会保障事务管理。

案例讨论 1

欧盟的社会保障立法

欧盟（欧洲联盟）的前身是欧洲经济共同体，于 1957 年创建，最初只有法国、德国、意大利、比利时、荷兰和卢森堡等 6 个国家。1973 年，英国、丹麦、爱尔兰加入；1981 年，希腊加入；1986 年，西班牙和葡萄牙加入。上述 12 个国家于 1991 年 12 月在荷兰的马斯特里赫特签订了《欧洲联盟条约》（也称《马斯特里赫特条约》），欧盟正式取代欧洲经济共同体，该条约也于 1993 年 11 月 1 日生效。1995 年 1 月，瑞典、芬兰和奥地利加入欧盟，欧盟由 15 个成员组成。2004 年，欧盟接受包括匈牙利、捷克、波兰等在内的 10 个新成员国，从而完成其成立以来的第五次也是最大的一次扩容，扩容后的欧盟成为全世界最大的区域经济体，其成员国也将由原来的 15 个扩大到 25 个。

欧盟作为一个区域经济体，追求的是区域经济一体化，从而需要建立统一的劳动力市场。为此，欧盟通过一系列立法和采取多种措施打破成员国之间的限制。在社会方面，欧盟致力于通过劳动力的自由流动和更大范围内提供工作岗位来提高欧盟的就业水平，同时也通过成员国国内立法的接近促使欧盟范围内雇员生活与工作条件趋向平等。《欧洲联盟条约》就特别明确了欧盟在社会方面的任务，规定欧盟及其成员国的目标是在社会进步中，平衡地促进就业水平的提高、生活和工作条件的改善以及适当的社会保障水平。1997 年签订的《阿姆斯特丹条约》明确要求各成员国对"公民社会基本权利予以尊重和确立"，这里的社会基本权利包括劳动权、职业培训权、劳动条件权、平等劳动报酬权、组织工会权和集体谈判权、特殊劳动群体的保护权、健康权和社会保障权等。2004 年 10 月 29 日，欧盟 25 个成员国的领导人在罗马签署了欧盟历史上的第一部宪法条约，这标志着欧盟在推进政治一体化的道路上又迈进了重要的一步，该条约内容分为欧盟宪法、欧盟公民基本权利宪章、欧盟的政策和欧盟条约四个部分，其对有关公民的社会保障权益等进一步明确化了，它被称为是欧盟一体化的新起点。

在社会保障方面，欧盟采取了积极的措施来建立人员自由流动的保障体系，使劳动者在不同国家就业时其社会保障权利和各种社会保险待遇不受影响，为此，欧洲理事会通过了若干协调社会保障制度的条例，如 1971 年第 1408/71 号《关于适用于薪金雇员和自由执业者及其家属在共同体内流动的社会保障制度公约》；1972 年第 54/72 号《关于上述条约的适用方法的条例》；1983 年第 2001/83 号条例对上述条例的修订。

根据欧盟的有关协议，欧盟立法中有关社会保障制度的基本内容主要包括：一是维持成员国的国内立法，即尊重各国已有的法律；二是促使成员国的法律适用于本土之外，以使雇员在不同国家工作可连续计算，社会保险待遇的发放也扩大到欧盟范围内；三是促进成员国之间社会保障机构的合作，以便为上述措施的实施提供制度保障；四是实行平等原则，各成员国在社会保障待遇上对于流动到其本土上的其他成员国公民要如同本国公民一样平等对待。①

欧盟规定的劳动者在不同国家工作的社会保险权益可以连续计算，是经济全球化条件下，解决区域经济一体化中的劳动者自由流动时的社会保障权益的有效举措。不过，随着欧盟东扩，由于新加入的国家经济发展水平大大低于原来加入的国家，这种规定实际上要受到相应的限制。

欧盟有关社会保障的立法表明了经济全球化背景下劳动者的自由流动需要跨越国境的社会保障制度规范，同时也表明社会保障国际化并非易事，因为它必然地要受到各国具体国情的制约，经济、社会、政治、文化等诸种因素的非一致性，是社会保障制度国际化很难逾越的障碍。

资料来源：作者搜集整理。

案例讨论 2

企业因不参加社会保险而败诉

于某等 6 人系某私营企业 1998 年 5 月招用的农民工，经过几年的培训和锻炼，他们很快成了厂里的技术骨干。2001 年 6 月，双方签订了 5 年期劳动合同，自 2001 年 6 月 1 日起至 2006 年 5 月 31 日止。自 2004 年 5 月开始，于某等人多次与雇主协商参加养老保险、工伤保险、医疗保险事宜。雇主总是以制造厂是私营企业，他们又都是农民工，以及劳动合同上没有要参加社会保险的约定为由，拒绝他们提出的要求。2005 年 2 月 28 日，于某等 6 人再次与雇主协商未果后，以企业拒绝参加社会保险为由，向雇主递交了书面辞职报告，并于次日离厂，到同行业另一家工厂工作。

于某等 6 名技术骨干辞职离厂后，该厂几乎处于瘫痪状态，雇主非常着急，亲自去找于某等人，要求他们回厂上班，但由于社会保险问题不能达成一致协议，于某等人均表示决不回厂。为此，该雇主向当地劳动争议仲裁委申请仲裁，要求于某等人回厂继续履行劳动合同，否则，每人需向厂方交纳违约金 5 000 元，赔偿经济损失 1 万元。

劳动争议仲裁委立案后，依法开庭仲裁。庭审时，申诉人陈述了自己申诉的事实

---

① 王益英. 外国劳动法和社会保障法 [M]. 北京：中国人民大学出版社，2001：760.

与理由,并特别强调,于某等人在劳动合同期限内,未经企业批准擅自离职,属违约行为,应当向厂方支付违约金。同时,由于他们擅自离职,使合同不能按期完成,也影响了整个企业的生产,直接造成10多万元的经济损失,于某等人应当承担赔偿责任。于某等人辩称,我们年轻时能出力挣钱吃饭,老了以后谁来养活我们?这当然要靠社会保险;况且,国家政策规定,企业应当参加社会保险,为此,我们多次与企业协商,雇主都拒绝了我们的合理要求;为了解决后顾之忧,将来老有所养,我们只能辞职另谋职业,到参加社会保险的用人单位工作。同时,于某等人还提出反诉,要求申诉人为他们补缴社会保险费。

劳动争议仲裁委认为:根据法律、法规规定,中国境内的用人单位及其职工均应依法参加社会保险。申诉人不参加社会保险,是造成被诉人辞职的直接原因,是一种侵害被诉人合法权益的违法行为。在用人单位拒绝依法为劳动者参加社会保险并缴纳社会保险费的情况下,劳动者随时可以与用人单位解除劳动合同,劳动合同未涉及的事项应按照国家有关法律、法规执行。因此,于某等人的辞职行为不属违约行为。依照《中华人民共和国劳动法》第七十二条等的规定,劳动争议仲裁委裁决如下:

(1) 驳回申诉人的申诉请求;

(2) 申诉人依法为被诉人补缴社会保险费。

通过本案,表明用人单位不参加社会保险、不承担为劳动者依法缴纳社会保险费的责任,劳动者不仅可以随时与用人单位解除劳动合同,而且还可以依法申请劳动争议仲裁,要求用人单位为自己缴纳社会保险费。

资料来源:作者搜集整理。

案例讨论3

龙多不治水的社会保险管理格局

1998年以前,中国的社会保险管理体制是多个部门管理,它源于计划经济体制下国家机关不同职能部门的设置。当时的情形是,劳动部门管理和经办国有企业、部分集体企业职工的社会保险,民政部门管理和经办农村的养老保险,人事部门管理和经办国家机关事业单位的养老保险等,中国人民保险公司亦管理和经办部分城镇集体单位职工的养老保险,卫生部门管理国家机关事业单位的医疗保险,劳动服务公司管理和经办部分单位职工的失业保险。此外,就养老保险而言,国务院还先后批准电力部门、铁路部门、邮电部门、水利部门、建设部门(中建总公司)、金融部门、石油天然气部门、民航部门、煤炭部门、有色金属部门、交通部门单独管理和经办本行业职工的养老保险。这样，社会保险实际上分别由四个部门、十一个行业再加上中国人民保险公司、劳动服务公司等企业分别管理和经办。这种多头管理和多头经办的格局，被称为多龙治水。

在这种管理格局下，应当统一的社会保险制度被多头分割，不仅管理机构与经办机构重复设置，管理与运行成本成倍增加，而且这种各自为政的局面造成了应当统一的社会保险制度无法统一，国家失去了对社会保险制度的宏观调控和综合平衡能力，地方因多头管理与经办，还激化了不同单位职工之间的矛盾。各项社会保险制度改革无法推进，各级政府的大量精力被迫放在处理各管理部门与经办机构的关系上，社会保险制度改革更加艰难。

1998年3月，第九届全国人民代表大会第一次会议批准国务院机构改革方案，才基本结束了社会保险多头管理与经办的局面，全国社会保险事务的管理职责被统一到劳动和社会保障部（人力资源社会保障部前身）。但这次改革并不彻底，医疗保险仍然处于人社部门与卫生部门分割管理状态，退役军人保障事务则处于部队和人社部门、民政部门分割管理状态，其带来的不良实践效应日益显性化。

2018年3月，第十三届全国人民代表大会第一次会议批准国务院机构改革方案，使社会保障管理体制得到了理顺。如将医疗保障事务的管理职责从人社部门、卫健部门与发展改革委整合到新组建的国家医疗保障局，将退役军人保障事务从部队、人社部门、民政部门等整合到新组建的退役军人事务部，经过2018年以来的实践检验，证明是极其正确的改革举措。

资料来源：作者搜集整理。

复习思考题

1. 为什么要突出强调社会保障管理法治化？
2. 如何理解社会保障立法理念的嬗变？
3. 社会保障法有哪些主要形式？
4. 社会保障管理应当遵循哪些原则？
5. 中国的社会保障管理部门有哪些？各承担哪些管理职责？

下篇

制度实践篇

第八章　社会救助

第九章　社会保险

第十章　社会福利

第十一章　军人保障

第十二章　补充保障

第八章
社会救助

>> 学习要点

通过本章的学习，应当了解社会救助、贫困问题等基本理论，熟悉最低生活保障制度、灾害救助制度及其他救助制度等的目标、原则及基本内容。

>> 关键概念

社会救助　贫困　市场菜篮子法　恩格尔系数　生活救助　灾害救助　医疗救助　住房救助　教育救助　最低生活保障　临时救助　流浪乞讨人员救助

第一节　概　　述

社会救助是历史最悠久的社会保障制度，但现代社会救助却不同于历史上具有浓厚的恩赐、怜悯色彩的救济活动，而是一种通过立法规范并制度化的社会政策，它与其他社会保障制度一样，都是立足于社会公平特别是底线公平基础之上并以保障国民生活权益、促进社会和谐发展为宗旨的制度安排。因此，学习社会保障的发展史需先学习社会救助制度的发展史，学习现代社会保障制度亦应当自学习社会救助制度开始。

一、社会救助的含义

社会救助，是指国家和社会依法向由不能维持最低或基本生活水平的贫困人口以及天灾人祸中的不幸者组成的社会脆弱群体提供款物接济和扶助的一种社会保障制度安排。它在社会保障体系中具有基础性地位，通常被视为政府的当然责任或义务，采取的也是非供款制与无偿救助的方式，目的是帮助社会脆弱群体摆脱生存危机，进而维护社会秩序的稳定。社会救助的外延，包括贫困救助、灾害救助及其他各种针对社会弱势群体的扶助措施。① 这一含义可从以下三个方面进行解析。

（一）现代社会救助是一种政府行为

作为政府行为，它表现为政府在相应的立法规范下，通过实施社会救助政策为社会成员提供最低生活保障等，政府不仅对这一政策的实施负有直接的财政责任，亦负有直接的管理与实施责任。同时，社会救助也是一种社会行为，它表现为民间或社会团体对救助对象的自发性救助，主要以自发性的募捐和其他慈善公益服务形式来实现，带有自发性、不确定性的特点。

（二）以容易遭遇生活困境的社会脆弱群体为救助对象

所谓社会脆弱群体（多称弱势群体），是指依靠自身能力难以摆脱生活困境的社会成员，包括低收入困难人口、就业市场竞争中的失败者、遭遇天灾人祸难以自拔者，以及因身体原因或年龄原因乃至政策歧视原因等而在生活及就业中处于显著不利地位的社会成员。② 社会脆弱群体因其不能依靠自己的力量维持基本的生活水平，而需要国家和社会的扶助。

（三）以满足社会成员的起码生活需求为目标救助

社会救助是为生活在规定的低收入标准之下或遭遇特定事件导致陷入困境的社会成员提供物质及其他方面援助的社会保障制度，目标是避免社会成员陷入生存危机，确保满足社会成员的起码生活需求，维护法律赋予公民的基本生存权利。需要说明的是，低收入标准是以维持人的基本生存条件为依据确立的，它是一个动态的概念，伴随社会经济发展而呈现出水涨船高的特征。如农业社会的低生活标准是指食物或营养方面的最低标准，但进入工业社会尤其是进入发达社会后，这一标准显然要高得多，它不仅仅是指维持生命极限所需要的食物消费需求，而是相对于一定时期其他社会成员已经拥有的平均消费水平以及其他生活保障需求，由国家和政府根据历史、道德、

---

① 郑功成. 社会保障学：理念、制度、实践与思辨［M］. 北京：商务印书馆，2020：13-14.
② 郑功成. 社会保障与弱势群体保护［M］//郑杭生. 中国人民大学中国社会发展研究报告 2002——弱势群体与社会支持. 北京：中国人民大学出版社，2003.

社会等因素加以确定。这一标准通常低于社会平均收入水平及相应的社会平均消费水平。

值得指出的是,长期以来,中国习惯将对贫困人口、灾民等提供物质帮助的行为称为救灾救济或社会救济,社会救助是改革开放以后才出现并逐渐被广泛使用的概念。社会救助与社会救济在实际工作中并没有本质的区别,但在概念上还是略有差异。一方面,社会救助的覆盖面比社会救济更广泛,不仅包括政府的救济,也包括社会的支持和帮助;不仅包括社会保障体系中的社会救济和社会互助,还应包括其他有效的针对救助对象的扶助措施。另一方面,由于救济一词源远流长,历史上曾经包含着慈悲、怜悯等不平等的色彩在内,而救助一词则是可以看成较为中性的词,从而更加符合现代社会的发展理念。实际上,社会救助概念的提出,还有其特定的经济社会背景,其内涵的扩大是与人类生存需求内容的扩展相联系的,可以说是现实中贫困人口基本生存条件的变化推动了单纯的衣食救济向综合型的社会救助的转变。因此,从社会救济到社会救助,概念改变的本身即反映了这一制度的发展趋势。

二、社会救助的发展进程

社会救助(社会救济)是最早产生的社会保障形式,是从慈善事业发展而来的制度安排。最初的救济活动包括宗教慈善事业、官办慈善事业及民间慈善事业(见本书第二章),正是这些慈善事业形成了现代社会救助的雏形。

从历史纵向视角来看,国家直接介入济贫事务是社会生产力发展的要求。在自然经济向商品经济转化、农业社会向工业社会迈进的过程中,逐渐摆脱人身依附关系的一部分农业劳动者开始进入城镇成为无产者,从而形成城镇的流动人口和失业人口。由于他们没有财产,又找不到工作,其生活成为严重的社会问题。在这种情况下,仅凭临时的、不确定的慈善行为根本无法保障他们最起码的生存条件,同时也就无法保障社会的稳定,这就在客观上提出了由政府向贫困人口提供物质援助的要求,从而使援助贫困人口成为国家和政府的重要职责。在西方,1601年英国颁发的《济贫法》,可以称得上是西方最早以法律形式确定的社会救助措施,虽然它在一定程度上保障了部分贫困人口的最低生存水平的生活,却因带有"惩戒性"和以损害受助者的人格与尊严为代价而引起人们的极大不满。在中国,灾害救助几乎与有文字记载的历史同步,自宋代开始则从"救急不济穷"发展到既救急又济穷的综合型社会救助,因此,中国的社会救助发展史较西方国家要早数百年。

真正具有现代意义的社会救助制度产生于20世纪初,较确立社会保险制度的时间要晚。当时,人们已经认识到,贫困并非万恶之源,因为进入现代社会后,导致贫困的主要原因已经不在个人而在社会,因此,给贫困者提供物质援助亦应当成为政府与社会的责任,接受物质援助的贫困者也不应当低人一等,社会救助应当成为国民的一项基本权益。尤其是 1929—1931 年欧美各国爆发了严重的经济危机,产生了大量贫困人口,社会陷入不稳定状态。在传统的济贫手段和社会保险都不足以解决问题的前提之下,各国政府不得不尝试建立社会救助制度,以弥补社会保险制度的不足。例如,英国 1930 年政府在应对经济危机的过程中,就提供了范围较宽的社会救济,当时称为"公共救济";1948 年英国通过《国民救济法》,正式确立了社会救济制度;1966 年又将国民救济改为补助待遇,弱化了原来的短期待遇,强化了长期待遇,以利于老年人。1986 年的社会保障法对贫困救助作出了较大改革,将原来的贫困补助待遇改成了贫困收入支持。经过历年的补充完善,英国形成了一个健全的社会救助体系。

在美国,1933 年国会通过《紧急救济法案》,联邦政府自此开始实施社会救济;1935 年通过《社会保障法》,自此建立包括社会救助在内的美国式社会保障制度。尽管美国的社会保障制度不似欧洲国家发达,但其对弱者的权益保护较为重视,其社会救助制度亦相当健全。

第二次世界大战以后,越来越多的国家建立了自己的社会救助制度,享受社会救助成为社会成员的一项基本权利,而提供社会救助则构成了国家和社会的应尽职责和义务。尽管因社会保险的普及化和社会福利事业的持续发展,使社会救助在现代社会保障体系中的地位相对下降,但因社会救助承担的救助贫困人口、不幸者等的功能无可替代,其在整个社会保障制度中的基础地位不可动摇。

新中国的社会救助制度源自 1949 年、1950 年先后实施的应急性救灾、救济失业工人行动,随后形成了以生活救济为主体内容的救灾救济制度,它主要覆盖城镇无单位的孤老残幼,农村则依靠集体经济建立覆盖孤老残幼的五保制度,此外还实施重大自然灾害救济或乡村春荒救济。因此,计划经济时期由政府负责的社会救助制度覆盖面较窄。改革开放后,由于农村推行土地承包制,集体经济逐渐弱化,城镇则不再是国有经济一统天下,国有企业也面临破产的市场风险,这使得需要救助的范围超越了原有的城乡孤老残幼群体,而是需要面向全民。1999 年,国务院颁布《城市居民最低生活保障条例》,该行政法规确立的最低生活保障制度是继农村五保制度之后又一个上升到法治化轨道的社会救助项目;2010 年,国务院颁布《自然灾害救助条例》,为灾害救助制度的实施提供了法律依据;在此前后,各种专项救助与临时救助措施也陆续出台。到 2014 年,国务院颁布《社会救助暂行办法》,作为这一领域的集约式行政法规,进一步确立了明确中国社会救助制度的基本框架。2020 年 8 月,中共中央办公厅、国务院办公厅联合发布《关于改革完善社会救助制度的意见》,为推进社会救助制度改革深化并走向成熟、定型指明了方向。尽管 2020 年圆满实现了脱贫攻坚目标、全面建成了小康社会，绝对贫困现象被送进了历史，但中国低收入人口规模仍然庞大，相对困难的城乡居民不仅仍然需要社会救助，而且需要社会救助持续发展。新时代赋予的这种使命决定了社会救助应当适应新时代相对贫困条件下的救助需要，明确扩大社会救助的责任边界，全面发挥其对低收入人口的综合性保障功能，同时通过实行救助对象收入豁免制、提升救助对象就业能力、激发救助对象自我发展的积极性，避免救助对象陷入救助陷阱，助力救助对象逐渐跟上共同富裕的步伐。①

三、社会救助的基本特征

在现代社会保障体系中，社会救助系统虽然只覆盖贫困人口与不幸者，保障待遇也较其他社会保障子系统低，但却是最基本的和不可或缺的，即使对社会保障制度持批判态度的新自由主义经济学家，对社会救助制度亦持肯定态度。正如 1965 年美国出版的《社会工作百科全书》所述："社会救助是社会保险制度的补充，当个人或家庭生计断绝急需救助时，乃给予生活上的扶助，是在整个社会保障制度体系中，最富有弹性而不受拘束的一种计划。"与其他的社会保障制度相比，社会救助制度在实践中具有自己的特征，这些特征主要表现在三个方面。②

1. 最低保障性

从现代社会保障体系来看，社会保险、社会福利与军人保障等均是水平较高的社会保障制度，它们解决的不仅是社会成员的生存问题，而且也保障了社会成员一定的生活质量甚至促进了个人发展。只有社会救助面对的是陷入生存困境并迫切需要国家或社会援助的社会成员，其救助（待遇）水平通常以维持社会成员的最低生活需求为标准，从而是整个社会保障体系中待遇最低的制度安排。这一特征使社会救助成为整个社会保障体系或社会稳定系统的第一道防线，被称为最低保障制度。不过，这种最低并非绝对值，而是同一时代或阶段满足受助者起码的生活需要，它是一个动态的发展的概念。

2. 按需分配

社会救助是有别于按劳分配与按资分配的国民收入再分配渠道。一方面，社会救助虽然面向全体社会成员，不像其他社会保障子系统有特定的年龄、职业或性别等身份限制，也不存在事先参加的问题，但它以确定的贫困线或救助起点为依据，只有生活陷入困境或者遇到特殊困难的社会成员才有资格申请社会救助，并通过这一途径获

---

① 郑功成. 中国式现代化与社会保障新制度文明 [J]. 社会保障评论，2023（1）.
② 郑功成. 论中国特色的社会保障道路 [M]. 武汉：武汉大学出版社，1997：222-223.

得国家或社会的援助。另一方面，国家或社会提供的社会救助包括现金援助、实物援助、服务援助等，一般根据不同社会救助对象的具体需求来提供，例如，实物援助有食物救助、衣被救助等，服务救助有医疗救助、心理咨询、教育及培训救助等。因此，社会救助具有在确定的标准范围内向救助对象按需分配的特征，从而是对按劳分配与按资分配形式的重要补充，是典型的收入再分配手段，这种再分配对调节国民收入初次分配的格局、缩小收入分配差距并促进社会公平，显然是必不可少的。

3. 权利与义务单向性

与其他社会保障子系统相比，社会救助体现了权利与义务单向性的特征，即享受社会救助的社会成员只要符合救助的条件，就有权利申请得到救助。对受助者而言，其享受的是单纯的法定权利；而提供社会救助则成了国家和社会的职责和法定义务，当需要社会救助却不能提供或提供救助不足、不及时时，便可以视为政府与社会的失职或未尽到应尽的义务，这种不作为或不及时作为可能使救助机构承担相应的法律责任。而社会保险等却强调权利与义务相结合，但又并非是权利与义务对等。

上述特征是社会救助系统区别于其他社会保障子系统的基本标志，也是社会救助始终在社会发展进程和社会保障体系中占有特殊地位的原因。

四、社会救助的功能

从历史上的慈善活动到早期的社会救助，扮演的均是临时应急措施，功能也较单一。但现代社会救助制度，在应对贫困问题、维护社会稳定等方面有多方面的功能。

（一）缓解贫困问题是社会救助最基本和最直接的功能

社会救助通过及时地对处于贫困线或者最低生活标准之下的贫困人口实施救助，帮助他们解决基本的生活问题，使他们不致因此而危及生存，直接保障了贫困人口的生存。这种直接功能既体现在对遭遇灾害、急难而难以维持生活的群体实施救助以帮助他们应对突发的急难事件上，也体现在改善贫困人口的生存状况上，即社会救助可以让每一个贫困人口都能维持其最低生活水平，或使他们接受医疗救助以恢复健康，或使他们有条件接受教育和学习劳动技能，或者扶助他们自力更生，成为社会的建设力量。

（二）社会救助推动着社会公平和社会文明进步

在人类社会，无论是发达国家还是发展中国家，无论是历史上还是现代社会，对弱势群体的关注与援助均是人道主义与人文关怀精神的体现，是社会文明进步的象征。

现代社会救助在面对社会发展进程中的社会分化和贫富冲突时，通过运用政府的公共权力与公共资源对收入分配进行适度调节，依法对低收入人口（贫困人口与不幸者）生存权利进行维护，恰恰体现了社会公平与正义的价值追求，它能够在一定程度上消除市场经济条件下效率对公平的排斥，减轻低收入人口的生存压力，从而起到协调社会关系、促进社会稳定和文明进步的作用。同时，社会救助还为劳动力再生产提供了相应条件。在现代经济生活中，社会再生产呈现周期性的运行特征，这种周期性运行特征要求暂时处于失业状态的劳动者作为劳动力后备军仍需进行正常的再生产。失业的劳动者在失业保险待遇享受期过后，若仍处于失业状态、没有收入，社会救助可以为其提供最低生活保障，为劳动力的正常再生产创造了必要的条件。

（三）社会救助同时还是国家宏观调控的工具

作为一种收入调节制度，社会救助的水平高低会对社会需求的总量和结构产生影响，成为国家调节社会需求进而调节经济运行的重要手段。因此，在现代社会，社会救助通过保障社会成员的最低生活需求，同时也会部分地实现国家对生产、分配、交换与消费等的有效调节，进而对经济运行起到"自动稳定器"的作用。这方面的具体表现为：当社会需求不足、经济衰退时，就业岗位减少，失业人口增加，低收入人口规模会扩大，享受社会救助的人口也会自动增加，政府的社会救助金支出亦会增加，进而使社会需求通过社会救助支出的增加而保持一定规模，缓减社会供求之间的矛盾，推动经济增长；反之，在社会需求膨胀，供给相对不足，经济发展过热的情况下，就业岗位会增加，失业人口会减少，低收入人口规模会缩小，享受社会救助的人口亦会自动减少，从而客观上起到了减少社会需求，稳定经济发展速度的作用。

第二节 社会救助的基本内容

一、社会救助体系

社会救助体系是指一个国家或地区对贫困人口与不幸者进行的各种救助项目所形成的一整套制度体系。在实践中，社会救助一方面依然存在并将继续保留救灾、济贫等传统项目，另一方面也在根据社会经济发展的需要，不断增加新的救助项目，其内容在不断丰富和完善。

（一）社会救助体系的划分

社会救助的体系可以按照三类标准划分。

1. 救助的实际内容

依据救助的实际内容划分，社会救助可分为基本生活救助、专项救助、急难或临时救助等三类。

（1）基本生活救助。基本生活救助是指对家庭人均收入低于贫困线或当地最低生活保障标准的贫困人口，实行差额补助的制度安排。中国的最低生活保障制度就是一种生活救助，其最显著的特点就是解决保障对象的最低生活保障问题，而不是改善其生活。

（2）专项救助。专项救助是指对遭遇特定困难事件的社会成员实行专门救助的制度安排。主要有四种：一是灾害救助，它是指当社会成员遭受自然灾害袭击而造成生活困难时，由国家和社会紧急提供援助的一种社会救助，目的在于帮助社会成员走出生活困境；二是医疗救助，它是指对患病后无经济能力进行治疗的人实施专项帮助和支持的一种社会救助，它通常是在政府主导的基本医疗保险基础之上，对困难患者无力承受的医疗费用给予援助；三是教育救助，它是国家和社会为保障适龄人口获得接受教育的公平机会而对贫困地区和贫困家庭子女提供物质援助的一种社会救助，其特点是通过减免、资助学杂费用等方式帮助贫困人口完成相关阶段的学业，以提高其文化技能；四是住房救助，它是指政府向低收入家庭和其他需要保障的特殊家庭提供住房租金补贴或以低廉租金配租住房的一种社会救助，其实质就是由政府承担住房市场价格与居民支付能力之间的差额，解决部分居民因住房支付能力不足而居无定所的问题。此外，还有就业援助、法律援助等。

（3）临时救助。它是专门面向临时遭遇急难事件而陷入生活困境的社会成员提供一次性援助或短期援助的社会救助制度安排。如针对流浪人员的急难救助、对因突发重大公共卫生事件而遇到临时急难社会成员的救助等。

2. 救助的手段

依据救助的手段来划分，社会救助可以划分为现金救助、实物救助、服务救助及以工代赈等。

（1）现金救助。现金救助是指以发放现金的形式为救助对象提供帮助的社会救助手段，费用的减免或核销其实也是现金救助，它是现代社会救助的主要形式。现金救助的优点是受助者可以根据自己的需要来将其转换为各种物质或服务，从而更有利于据需保障。在社会救助中，现金救助最经常被采用。

（2）实物救助。实物救助是指以发放物资的形式为救助对象提供帮助的社会救助手段，它是一种传统的救助形式。实物救助的优点是所发的物资可以直接消费，救助的效果比较快捷，因此，在现代社会它主要在灾害救助中经常被采用。不过，实物救助需要讲究针对性，因而并非任何救助项目均可以采用。

（3）服务救助。服务救助是指针对特殊的救助对象提供生活照顾和护理等服务的社会救助手段，主要包括对高龄老人的护理服务、对孤儿的关爱和照顾等。

（4）以工代赈。以工代赈是指通过提供相应的工作或就业机会并发放劳动报酬的形式实现对救助对象的救助。在灾害救助与扶贫开发中，以工代赈就是一种被国内外较为广泛采用的救助手段。

实际上，许多救助项目在实践中并不限于使用上述一种手段，而是可能多种救助同时采用，如灾害救助就包括了上述四种救助手段。

3. 救助的时间

依据救助的时间长短，社会救助可以划分为定期救助和临时救助。

（1）定期救助。定期救助是指在时间上具有连续性的社会救助，它一般表现为在相对长一些的时间里，社会救助管理机构按规定连续地、定时地为救助对象提供援助。例如，对孤寡老人、孤残儿童以及长期生活在贫困线或最低生活保障标准之下的社会成员的救助等，均采取定期救助。

（2）临时救助。临时救助是指在时间上没有连续性，或者救助时间比较短的社会救助，它是为解决社会成员临时的生活困难而进行的社会救助。这种需要救助的条件往往是短期的或者临时的，因此，当需要救助的条件消失之后，救助的必要性也就不复存在。临时救助主要包括各种灾害救助和失业救助等，其特征是短期性和非连续性。

（二）典型国家的社会救助体系

从各国的社会救助实践来看，其社会救助体系并不相同。发达国家的社会救助项目齐全、保障全面、水平相对较高，已经超过了早期社会救助提供基本食物保障的阶段；发展中国家大多停留在食物保障阶段，但也在不断发展。

美国的社会救助体系健全，其救助项目包括低收入家庭能源补助、强制性儿童补助、特困人员收入补助、抚养子女补助、就业与劳动技能援助、食品券补助、医疗补助、住房补助、额外津贴等。此外还有失业救助，但其经费主要来源于失业保险。

英国从1601年颁布《济贫法》，到20世纪四五十年代确立新型的国民补助制度，再到1986年对贫困救助进行较大改革，经过近年的补充完善，形成了健全的社会救助体系，主要包括低收入家庭救助、老龄救助、儿童救助、失业救助及疾病救助等内容。

德国的社会救助大体分为两大类：一类是特殊困难的救助，另一类是一般低收入家庭的救助。特殊困难的救助包括残疾人救助、老年人救助、病人救助、孕妇救助和产妇救助、在其他国家的德国人救助等。一般低收入家庭社会救助面向全社会，低于政府规定最低生活保障标准的家庭都可申请社会救助，救助的内容包括食品费、生活费、燃料费以及杂费等日常生活费。此外，还有家庭津贴，有一个及以上子女的家庭都可以申请，子女越多得到的家庭津贴也越多。

日本的公共救助和社会救济共同构成了社会救助制度。其公共救助制度包括生活保护和灾害救助，而社会救济主要由生活、义务教育、住宅、医疗、生育、立业和丧葬等七个救济制度组成，是为保障所有贫困国民的最低生活水平并促进其生活自立而设立的。

此外，有的国家的社会救助制度不仅包括生活补助、医疗补助、灾害救助等，还包括对残疾军人的补助。

中国现行的社会救助体系主要由最低生活保障、特困人员救助、灾害救助、医疗救助、教育救助、住房救助、临时救助等多个制度组成。

二、社会救助对象

在各国的社会救助制度中，对社会救助对象通常会有明确的规定，即只对自我保障有困难而且确实需要国家和社会给予救助才能摆脱生存危机或困境的社会成员负责。国际劳工组织认为，在工业化国家，所谓处于最低生活水平的救助对象，是指那些收入相当于制造业工人平均工资30%的家庭和个人。联合国欧洲经济合作委员会认为，如果一个成年人本人可支配收入（缴纳所得税和保险税后）低于平均水平的50%，则属于救助对象。各国一般是通过家庭财力（包括收入状况与资产状况）审查和就业（针对有劳动能力的人）审查，来确认申请人领取社会救助金的资格。

由于各国情况不同，加之社会救助体系日益发达，对救助对象也有不同的划分标准和偏重。例如，英国社会救助对象主要分为四类：无固定职业或就业不充分，无力定期缴纳社会保险费，因而无权享受社会保险者；有权领取社会保险津贴，但不足以维持最低水平生活者；领取社会保险津贴已满期限，却无其他收入者；未参加社会保险，生活又无着落者。

中国的社会救助对象主要包括三类人员：一是贫困人口，即收入水平与生活水平低于国家规定最低生活保障标准的社会成员，其中包括特别困难群体，这是社会救助覆盖的主要对象范围；二是灾民，即遭受灾害严重而使生活一时陷入困境的社会成员，这类社会成员有劳动能力也有生活收入来源，只是由于突发性的灾害使其遭受严重的财产损失或人身伤害，生活一时发生困难，需要国家和社会给予相应的援助；三是遭遇特别困难需要救助的社会成员，例如，低收入群体中的住房困难者、上学困难者、就业困难者、医疗困难者等，以及遭遇突发公共卫生事件需要临时救助者。

三、社会救助标准

实行社会救助的目的,是保障社会成员享有当时、当地的起码生活水平,这种起码生活水平不能凭主观判断,而是必须科学界定,否则,社会救助的功能就不可能发挥应有的作用。同时,由于贫困救助或者低收入家庭救助是各国社会救助的主体,对救助标准的确定亦以社会成员的收入状况与生活状况即贫困状态为主要依据。

(一) 绝对贫困与相对贫困

一般来说,社会成员的贫困状态有绝对贫困与相对贫困之分。所谓最低生活标准就是绝对贫困,是指仅能保证维持生命所需的最低限度的饮食和居住条件的生活状态,或者称为赤贫状态。所谓相对贫困,则是指社会成员只能享有相对当时、当地的生活水平来讲,属于数量最少的消费和服务,它并非是缺衣少食、受冻挨饿,而只是相对于其他群体拥有的消费品和服务数量少的"贫困"。

从社会发展阶段来看,发展中国家的贫困大多属于绝对贫困,发达国家的贫困基本上属于相对贫困;农业社会的贫困属于绝对贫困或赤贫状态,而进入工业社会后,随着生产力的迅速发展和国家对收入分配调节力度的加强,社会成员的生活水平也会随着经济增长而得到普遍性的提高,昔日的绝对贫困或赤贫状态会越来越少,此时的"贫困"便具有相对贫困的意义了。正因为如此,现代社会举办的社会救助,其目标主要是针对相对贫困,即经过社会救助,力求使相对贫困群体能够享有更加公平的生活保障。

(二) 最低生活标准的影响因素

既然社会救助的目标在于保障受助者享有当时当地的最低生活标准,那么科学地确定最低生活标准则构成社会救助的重要环节。由于各国的经济发展水平和国民的生活水平差异极大,各国的最低生活标准也差距很大。发达国家确定最低生活标准多采用收入比例法,即贫困者的收入为社会平均收入的50%~60%,发展中国家的一般比例为平均收入的25%~35%。国际劳工组织专家建议,工业国家最低生活标准大体上应相当于制造业工人平均工资的30%。联合国欧洲经济委员会建议,最低生活标准应相当于一个成年人可支配收入的50%。同时,由于不同人群的最低生活需求不同,如老年人、儿童、成年人维持最低生活的消费支出就不同,在确定救助标准时还需要按照贫困人群的不同特点,适当调整救助标准的结构,形成多层次的救助体系。

总的来说,最低生活标准主要受以下四个因素的影响:一是一定时期的社会生产力水平，它决定着社会的富裕程度，也决定着一定时期政府实施社会救助的财政实力，它与社会救助的标准构成正比例关系；二是一定时期的社会平均收入水平，它表明该时期满足社会基本生活所要求的收入量，一般情况下，社会救助标准必须以社会平均收入水平作为标准制定的重要参考因素，在平均收入水平的基础上根据实际情况向下调整一定幅度；三是消费品价格指数，它是将收入转化为实际消费能力的最重要的制约因素，在收入水平一定的情况下，消费品价格指数高，同样收入所能转化为消费的能力就弱一些，反之就强一些，因此，确定社会救助标准，必须考虑消费品价格指数；四是贫困人口的数量，在经济发展所能提供的济贫资金一定的情况下，贫困人口的数量制约着政府和社会对贫困人口的供养能力，进而制约着社会救助的标准，它与贫困人口的数量成反比关系。上述四个因素是各国决定自己最低生活标准及社会救助标准时必须要加以考虑的宏观因素。

（三）最低生活标准的确定方法

从实施社会救助已久的发达国家的经验来看，决定最低生活标准的具体方法，主要有四种。

1. 市场菜篮子法

市场菜篮子法是根据一个人的生存和发展需要确定必不可少的基本需求并按照市场价格来计算这种需求的标准的方法。1978年，美国人率先提出一整套划定贫困标准的具体生活消费指标，包括食品、房租、衣服、家具、交通、卫生保健、水暖电气、税收和文化娱乐，依据市场上这些生活必需品和有关服务项目的价位，计算出维持人们生存和发展必不可少的基本需求的开支，从而得出最低生活标准。1990年，世界银行也提出一个设想，以人们日常最起码消费支出的总费用作为划定贫困的标准，具体包括人们的生活必需品和参与社会日常生活的费用。为了真实地反映贫困者所需，在确定菜篮子的内容时，需要由群众和专家共同作出决定。但这种方法有很大的不确定性，因为不同的国家或地区人们的生活水平参差不齐，生活必需品在不同的地方也有不同的界定，因而很难进行国际比较。在中国，各个地区的最低生活标准并不统一，同一个城市生活在市区与生活在郊区或郊县的最低生活标准也不统一，就是因为市场价格与生活要素的差异所致。

2. 恩格尔系数法

恩格尔系数法是根据一个家庭用于食物的支出在全部支出中所占的比例来衡量贫困程度的一种方法，源于恩格尔定律。19世纪，德国统计学家厄恩斯特·恩格尔经过大量调查研究发现这样一个规律，即如果食物支出占家庭总支出的比例很高，意味着家庭生活水平很低，收入只能维持现有生产力水平下的最低生活；反之，如果食物支出比例很低，则意味着家庭用于满足其他生活需求的收入很多，生活状况肯定较好。这种食物支出与家庭收支逆向相关的情况，被称为恩格尔定律。根据恩格尔定律，国际上较为公认的标准是，凡食物支出占家庭支出59%以上的，属于绝对贫困的家庭；这一比例介于40%~59%的，则进入小康生活水平；这一比例下降到20%~40%时，家庭生活便上升到富裕行列；这一比例降到20%以下时，则属于极富裕阶层。在美国，只要家庭开支中有1/3用于购买食物以果腹的，便被视为贫困家庭和贫民，将给予社会救助。美国的贫困线便以此项食物支出的绝对额乘以3，得出最低收入标准。凡是收入不高于或低于这一水平的家庭和个人，便有权享受救助。伴随国家的发展与进步，市场菜篮子法的局限性也日益明显，因为今天的社会救助早已不是只解决温饱问题了。

3. 国际贫困标准法

国际贫困标准法是由经济合作与发展组织提出的一种收入比例法，它根据一个国家或地区社会的平均收入水平来确定最低标准。经济合作与发展组织认为，社会的平均收入水平在一定程度上反映了一定生产力水平下满足社会成员基本生活需求所要求的平均消费价格。这种消费价格是社会的平均水平，是基于最高和最低之间的消费水平。社会救助是以满足最低生活消费为目的的，这种最低消费水平的确定可以以一定时期社会平均收入水平为依据，向下进行一定比例的调整。一般情况下，最低生活标准相当于社会平均收入的50%~60%。

4. 生活形态法

生活形态法也称"剥夺指标法"，它从人们的生活方式、消费行为等"生活形态"入手，提出一系列有关贫困家庭生活形态的问题让被调查者回答，然后选择出若干"剥夺指标"，并据此及被调查者的实际生活状况来确定哪些人属于贫困者，再分析他们被剥夺的需求以及消费和收入来求出最低生活标准。这种方法实际上是以当地大多数人的主观判断来确定贫困者的，并以此为基础作进一步的调查确认，之后进行救助。例如，20世纪80年代初，我国香港地区学界就有人对326位各界人士进行调查，得出的贫困生活状态是：无力为子女上学提供必需的学习用品，过年过节无力送礼，生大病买不起补药，子女九年义务教育后立即就业，家中无电话，过年过节开不起舞会，等等。[①] 这种方法带有较强的主观性。

以上方法各有特色，具体到某个国家或地区采用哪一种方法或是兼用几种方法要根据该国或该地区的基本情况来决定，即从实际情况出发，根据当地实际生活水平、

---

① 张彦，陈红霞. 社会保障概论 [M]. 南京：南京大学出版社，1999：124.

经济发展水平、当地政府的财力状况和需要救助对象的范围等因素而定。因此，地域性是确定救助标准的一个非常重要的因素。一般来说，发达国家或地区的救助标准多采用收入比例法，保障水平相对较高；发展中国家和不发达地区多根据基本需求，采用绝对贫困标准，保障水平较低。社会救助的总体趋势是走向多维度测量，以求更好地满足社会脆弱群体的基本生活需要。

四、社会救助管理

在现代社会保障体系中，社会救助是政府介入程度最深，并直接以财政充当经济后盾的制度安排，因此，社会救助管理亦必然是政府管理。这显然与社会保险可以存在类似于德国自治管理模式、社会福利可以交由民间福利机构管理的做法有着重要区别。

（一）社会救助管理模式

各国社会救助的管理体制在保持政府供款、直接管理并负责实施的共性时，也存在一些差别，即中央政府和地方政府在社会救助方面的事权、财权划分方面并不尽一致。概括起来，各国政府对社会救助的管理模式主要有三种类型。

1. 中央政府集中管理模式

在中央政府集中管理模式下，中央政府直接承担着管理全国社会救助事务的责任，包括确定社会救助标准并负责实施，中央政府中的社会救助管理机构直接延伸到各个地区，其特征是高度统一。英国、澳大利亚、新西兰等国家采取这种管理模式。

2. 地方政府分散管理模式

在地方政府分散管理模式下，一般由中央政府制定社会救助标准，由地方政府根据本地区的具体情况来负责管理并实施社会救助。日本、瑞士、瑞典、芬兰和挪威等国家采取这种管理模式。在中国，虽然社会救助政策主要由中央政府制定，中央政府每年有专门的预算拨款分配给各地，但社会救助的管理主要采取由地方政府分散管理的模式。

3. 中央和地方政府分层管理模式

中央和地方政府分层管理模式是指划分中央政府与地方政府在社会救助方面的职责，并按照分工负责的原则履行各自职责。法国、卢森堡和美国等国均实行这种管理体制。在法国，中央政府制定最低生活保障制度并统一管理部分专项救助事务，其他非现金救助由地方政府出资并负责管理。在卢森堡，由中央政府负责确定社会救助标准，地方政府负责具体实施，头3个月到1年的开支由地方财政承担，以后的开支由中央财政负担。美国则是分工负责，如食品券补助等是由联邦政府负责的，紧急援助金是地方政府负责的，而家庭补助金自福利改革法案在1996年通过后，由联邦政府每年拨出一部分专款给州政府，再由州政府提供相应的拨款，按照本州的法则管理并实施。

（二）社会救助管理程序

在社会救助实施过程中，管理机构主要是根据法定的程序来实施救助。按一般规定，受助者需具备一定的条件。因此，首先需要由申请者提出申请，并由主管部门对申请者财产和收入进行调查，确定合乎条件的申请者的救助标准，并付给救助费。对申请者的调查一般称之为家庭经济状况调查，这是进行社会救助的必要前提。西方国家的家庭经济状况调查内容包括家庭收入水平、市场物价、购买力的动向、就业状况、消费构成等指标，目的是核实申请者的真实经济情况。

在中国，根据2020年8月中共中央办公厅、国务院办公厅印发的《关于改革完善社会救助制度的意见》，明确提出要建立完善主动发现机制，将走访、发现需要救助的困难群众列为村（社区）组织重要工作内容，要求有关组织及人员在工作中发现困难群众基本生活难以为继的，应当及时报告有关部门。县级民政部门开通"12349"社会救助服务热线，逐步实现全国联通。这意味着在坚持由求助者申请的同时，还开辟了救助机构及相关组织、人员主动发现的途径，这是为了更好地保障社会救助制度切实兜住救助底线的新举措。

第三节　最低生活保障

在中国社会救助体系中，1999年国务院颁布的《城市居民最低生活保障条例》所确立的最低生活保障制度，是继农村五保制度之后又一个上升到法治化轨道的社会救助项目，2014年国务院颁布并于2019年修订的《社会救助暂行办法》使城乡统筹的最低生活保障制度得到了巩固，它不仅在整个社会救助体系中占据最重要的地位，而且成为整个社会保障体系中的重要组成项目，是中国特色社会保障制度中的主体项目之一。伴随走向共同富裕的脚步，最低生活保障制度将向覆盖范围更广、救助水平不断提升的基本生活救助制度升华。

一、最低生活保障的内涵及基本原则

1. 最低生活保障的内涵

所谓最低生活保障，是指国家和社会为生活在最低生活保障标准之下的社会成员

提供满足基本生活需求的物质帮助的一种社会救助制度安排。最低生活保障的根本目标，就是运用国家财力帮助那些低于当地最低生活保障标准的贫困人口摆脱生活困境，使其达到最基本的生活水平。

2. 最低生活保障的基本原则

作为"社会最后一道安全网"，最低生活保障制度的确立及其实施，必须遵循一定的基本原则，包括生存保障原则、普遍性原则、与当地实际生活水平相联系原则、维护受助者尊严原则等。

（1）生存保障原则。在当代社会，生存权不仅是国民在现代生活中最重要的权利，也是国民享受其他合法权益的基础，因此，保障全体国民的生存权是国家和社会的当然职责与基本义务，最低生活保障制度就是为保障国民生存权而建立的社会保障制度。尽管各国确定的保障标准不一，但是最低生活保障标准能够维持受助者最低生活水准的"保底"原则却是一致的。换言之，贫困人口在获得最低生活保障救助后，能够避免挨饿受冻，并能够享受起码的生活条件。

（2）普遍性原则。尽管最低生活保障制度的保障对象是低于最低生活保障标准的个人和家庭，但这一标准是开放的，社会成员不论其身份地位、有无职业，只要生活陷入困境，即应一视同仁地予以救助。也就是说，在最低生活保障制度下，全体社会成员一律平等。因此，它所起的"保底"作用，是全体社会成员普遍适用的标准。

（3）与当地实际生活水平相联系原则。一般而言，对贫困人口及其生活状况的认定，通常是与他周围的人群相比较的，在幅员辽阔、地区发展不平衡的中国，暂时还不可能有全国统一的最低生活保障标准。例如，北京市的贫困人口只能和北京市的居民来比较，不可能与贵州省相对贫困地区的居民来比较。因此，最低生活保障标准的制定，还需要坚持与当地实际生活水平相联系的原则，即与当地居民的总体生活水平和各方承受能力相适应。如果救助范围过窄、救助水平过低，不可能真正解除有需要者的生存危机；如果救助范围过大、救助标准过高，又可能扭曲这一制度的基本社会功能，甚者会形成贫困陷阱。因此，最低生活保障制度应当保持与当地社会经济发展相适应、与当地居民收入与消费水平相衔接的状态。当然，中国已经站在全面建成小康社会并向共同富裕目标迈进的新起点上，最低生活保障政策也应当加快缩小城乡与区域之间的差距，持续提升其公平性，真正成为维护底线公平的坚实制度保障。

（4）维护受助者尊严原则。在历史上，总把对贫困者的救助视为一种恩赐、施舍与怜悯，受助者以牺牲人格尊重为代价。然而，社会救助之所以在现代社会被上升到法律规范的层面，其所体现的恰恰是国家和社会对解决贫困问题的责任与义务，而接受救助则是社会成员在陷入生活困境时应当享受的法定权益，社会救助制度的核心价值在于平等，即救助者与受助者的地位是完全平等的。因此，在实施最低生活保障制度时，不能损害受助者个人尊严。否则，将会产生与建立这一制度的初衷相反的效果。

此外，最低生活保障制度还应当遵循法治化、规范化等原则。

二、我国最低生活保障制度的基本内容

（一）最低生活保障的资金来源

中国在开始建立城市最低生活保障制度时，各省筹集经费主要有两种办法：一是由各级地方财政按一定比例分级负担，所需经费列入财政预算；二是各方出力、财政保底，也就是在原有单位保障"谁家孩子谁抱走"的前提下，先由所在单位解决，当有些单位无力保障或仅能保障一部分时再由地方财政兜底。在此，第一种办法确立了政府的全额财政责任，从而也就消除了传统救助体制下的弊端；第二种办法则只是原有体制的简单延续。

1999年10月1日实施的《城市居民最低生活保障条例》，从法律上明确了最低生活保障资金的来源，规定"城市居民最低生活保障制度所需资金，由地方人民政府列入财政预算，纳入社会救济专项资金支出项目，专项管理，专款专用"。这一规定表明，最低生活保障制度是以地方政府为责任主体的社会救助，地方财政应当承担全部责任。不过，考虑到一些地方财政困难，中央财政事实上自1999年以来就承担着为最低生活保障制度供款的责任，并且保持了逐年增长的势头，从而为全国实施最低生活保障制度提供了条件。除明确政府供款责任外，《城市居民最低生活保障条例》还同时规定"国家鼓励社会组织和个人为城市居民最低生活保障提供捐款、资助；所提供的捐赠资助，全部纳入当地城市居民最低生活保障资金"。因此，社会捐助构成了最低生活保障制度的补充供款渠道。

2014年国务院颁布并于2019年修订的《社会救助暂行办法》明确最低生活保障是国家责任和政府义务，强调将政府安排的包括最低生活保障在内的社会救助资金和社会救助工作经费纳入财政预算，并实行专项管理、分账核算、专款专用。

（二）最低生活保障标准

根据现行规定，最低生活保障标准由省、自治区、直辖市或者设区的市级人民政府按照当地居民生活必需的费用确定、公布，并根据当地经济社会发展水平和物价变动情况适时调整。在实践中，通常会考虑居民的衣、食、住费用，水、电、燃煤（燃气）费用，以及特定事件发生时所需要的援助。因此，中国的最低生活保障标准主要

是为贫困人口提供食物保障及其他生活必需条件。

需要指出的是,由于城乡差距大,地区发展不平衡,各地的最低生活保障标准亦存在差距。不仅如此,同一城市亦可能存在着市区、郊区、郊县的不同低保标准。经过多年来的努力,上述差距不断缩小,但仍然未达到城乡统一标准,离全国统一标准更有较大距离。2022年,全国城市低保平均保障标准为752.3元/人·月,农村低保平均保障标准为582.1元/人·月,农村标准相当于城镇标准的77.4%[①],这表明在缩小城乡之间差距方面已经取得了很大进展,但地区差距仍然较大。需要指出的是,国家已经建立了正常的调整机制,以确保困难群体的基本生活能够在这一制度下真正得到有效的保障。

(三)最低生活保障待遇的申领程序

社会成员享受最低生活保障待遇的权利,需要经过相应的程序。《社会救助暂行办法》第十一条、第十二条规定,申请最低生活保障,按照下述四项程序办理。

(1)申请。由共同生活的家庭成员向户籍所在地的乡镇人民政府、街道办事处提出书面申请;家庭成员申请有困难的,可以委托村民委员会、居民委员会代为提出申请。

(2)调查。乡镇人民政府、街道办事处应当通过入户调查、邻里访问、信函索证、群众评议、信息核查等方式,对申请人的家庭收入状况、财产状况进行调查核实,提出初审意见,在申请人所在村、社区公示后报县级人民政府民政部门审批。

(3)审批。县级人民政府民政部门经审查,对符合条件的申请予以批准,并在申请人所在村、社区公布;对不符合条件的申请不予批准,并书面向申请人说明理由。

(4)发放保障金。对批准获得最低生活保障的家庭,县级人民政府民政部门按照共同生活的家庭成员人均收入低于当地最低生活保障标准的差额,按月发给最低生活保障金。对获得最低生活保障后生活仍有困难的老年人、未成年人、重度残疾人和重病患者,县级以上地方人民政府应当采取必要措施给予生活保障。

同时,为了及时了解受助者的生活状况,明确要求受助家庭的人口状况、收入状况、财产状况发生变化的,应当及时告知乡镇人民政府、街道办事处。救助机构亦应当对上述状况定期核查,对有变化的,应当及时决定是否增发、减发或者停发最低生活保障金,决定停发的应当书面说明理由。

需要指出的是,新中国成立后建立的农村五保制度在纳入统一的社会救助制度后,

---

① 2022年民政事业发展统计公报.民政部网站.https://www.mca.gov.cn/n156/n2679/c1662004999979995221/attr/306352.pdf.

演变为特困人员供养,它延续了原有的政策覆盖范围,但又有新的拓展。特困人员供养的适用范围包括无劳动能力、无生活来源且无法定赡养、抚养、扶养义务人,或者其法定赡养、抚养、扶养义务人无赡养、抚养、扶养能力的老年人、残疾人以及未满16岁的未成年人。此类特别困难人群由政府提供全额生活保障,其可以在当地的供养服务机构集中供养,也可以在家分散供养。

需要指出的是,我国在1999年确立的最低生活保障标准强调的是起码的生活保障。党的十八大后,大规模脱贫攻坚战确立了"两不愁三保障"标准,其中,"两不愁"是平稳达到农村贫困户不愁吃、不愁穿,"三保障"是保证其基础教育、基本医疗和个人住房安全性,这是衡量农村贫困户脱贫的基础标准和关键指数。显然,脱贫标准较之低保标准的水平更高、保障更加全面。在脱贫攻坚任务圆满完成后,我国在2020年如期建成全面小康社会,现在正向着全体人民共同富裕的理想境界迈进,因此,面向未来的社会救助已经超越了最低生活保障范畴,步入了保障低收入家庭基本生活的较高水准阶段。

第四节 灾害救助

一、灾害与灾害救助

灾害是对人类社会造成物质财富损失和人身伤亡的各种自然现象的总称,它作为人类社会发展进程中的破坏性因素,一直伴随着人类社会的发展而发展,并迫使人类社会不得不考虑建立灾害救助机制来应付其后果。因此,各种灾害构成了灾害救助的风险基础。

所谓灾害救助,是指国家和社会对遭遇各种自然灾害及其他特定灾害事件的袭击并因此而陷入生活困境的社会成员给予一定的现金、实物或服务援助,以帮助其渡过特殊困难时期的一种社会救助。灾害救助是社会救助体系不可缺少的重要组成部分,也是整个社会保障体系中的特殊保障制度安排,其目的是通过对遭遇灾害袭击的社会成员的救助,使其尽快恢复正常的生活,同时减少遭灾地区的破坏后果并使灾区尽快恢复正常秩序。

在人类社会发展进程中,自然灾害种类繁多,其中威胁人类生存与发展最大的自然灾害有水灾、旱灾、地震等,这些灾害所造成的主要后果是人员伤亡、社会财富损毁,成为制约社会经济持续发展的重要因素,工业社会的灾害问题较农业社会的灾害问题更加具有普遍性、全面性和严重性。中国因幅员辽阔、地形地理环境复杂,自古以来就是多灾之国。新中国成立后虽然在灾害治理方面取得了巨大进展，但各种自然灾害并没有减少，全国每年遭受各种自然灾害袭击的人口达亿人次，每年因自然灾害造成的死亡人数数千人不等，需要转移安置的人口以百万乃至千万计，农作物受灾面积多为数万公顷，大的自然灾害还容易引发传染病疫情，后果十分严重。例如，1976年的唐山大地震，就造成了24万多人死亡、16万多人重伤、50多万人轻伤，一座百万人的工业城市变成一片废墟的惨烈后果；1998年的江淮大水灾，造成近千万人流离失所，各种经济损失达2 000多亿元；其他如虫灾、风灾、雹灾、霜灾和雪灾等也对人类生存产生了不同程度的威胁。

进入21世纪后，灾害问题更趋严重，灾害的种类也在增多。例如，2001年发生在美国的恐怖分子利用民用飞机袭击世界贸易大厦，造成数千人死亡，直接经济损失100多亿美元，成为人类史上的重大灾难。2003年发生在中国的非典型性肺炎亦是引起全国乃至世界震惊的传染病，是当年中国发生的影响最重大的灾难性事件。2004年12月26日，发生在印尼苏门答腊岛附近海域的强烈地震引发的海啸，更是人类史上的一场重大灾难，它波及印尼、斯里兰卡、泰国、印度、马来西亚、孟加拉国、缅甸、马尔代夫等国，造成近30多万人死亡和失踪，其中印尼在这场地震和海啸灾害中死亡和失踪的人数达到20多万多人。2008年5月12日发生在四川的汶川大地震，造成69 227人遇难、17 923人失踪、374 643人不同程度受伤、1 993.03万人失去住所，受灾总人口达4 625.6万人，直接经济损失达8 451.4亿元。这场大地震被称为新中国成立后破坏性最强、波及范围最广、灾害损失最重、救灾难度最大的一次地震。

灾害的严重后果，不仅在于造成社会财富的灭失，更在于造成众多伤亡并直接影响到遭遇灾害的社会成员的生存条件，如果国家和社会缺乏有效的救助灾民的保障措施，灾民可能难以自救，灾区就会失去控制，中国历史上历次农民起义与朝代更替均以大灾害的发生为背景，表明了灾害问题的破坏性会产生连带效应。因此，在中国历史上，统治者就实施了相应的救灾措施，如仓储后备和以工代赈等，在某些年代这些救灾措施确实发挥过很好的作用。进入现代社会后，各国政府更是积极建立灾害救助制度，利用公共资源和社会力量，通过为灾民提供衣、食、住、行、医疗等基本生活资料，帮助其脱离灾难和危险。在发达国家，政府负责的灾害救助主要是灾时紧急救助，灾后也有帮助灾民实施灾后重建，但商业保险发挥着非常重要的作用；在发展中国家，各国亦建立有自己的灾害救助制度或措施。

新中国的灾害救助制度源自1949年12月中央人民政府发布的《关于生产救灾的指示》，此后形成稳定的政府救灾体制机制。2010年6月，国务院制定《自然灾害救助条例》并于同年9月1日实施，灾害救助逐步走向法治化，但主要限于自然灾害救助。

2014年2月，国务院制定《社会救助暂行办法》，在第四章对灾害救助做了专门规范。对于类似2003年的非典型性肺炎、2020年暴发的新冠肺炎疫情等突发重大公共卫生事件，亦形成了相对稳定的灾害救助机制，但还未上升到法律法规规制的层次。

二、灾害救助的基本特征

与其他社会保障项目相比，灾害救助因其面对的风险是各种突发性的灾难，其在实践中也具有自己明显的特征。它主要体现在四个方面。[①]

（一）灾害救助的急切性

由于各种灾害的发生大都具有突发性（除旱灾外）和严重的危害性，遭遇灾害的社会成员可能迅即陷入生活困境，甚至倾家荡产、人身伤亡，大面积的自然灾害或其他重大灾难（如美国9·11恐怖袭击事件）等又往往极易造成疫病流行，如果国家和社会不紧急实施救助，遭遇灾害袭击的社会成员就可能非正常死亡、流离失所等，灾区将因此陷入危机并进而连带影响其他地区的安定。因此，灾害救助必须对灾民及时进行各种生活和医疗服务等救助，各种救灾实物或服务资源必须迅速到位，以及时解决遭灾社会成员的生存危机并将灾害造成的后果减少到最轻程度。

（二）灾害救助内容与方式的多样性

由于各种灾害造成的后果是多方面的，包括人身伤亡、财产损失、基础设施损毁以及疫病流行等，灾害救助的内容与手段也必须是多种多样的。在救助内容方面，既包括对人的救护，也包括对物资财产的转移和保护；既包括衣食等基本生活用品的救援，又包括医疗服务等特殊救助。在救助方式方面，既采用现金救灾、实物救灾、服务救灾等救助方式，在特定条件下也可以采取以工代赈等特殊方式。因此，在整个社会保障体系中，灾害救助的内容与方式是最多样化的，这主要是灾害及其损害后果的广泛性及特殊性所决定的。

（三）灾害救助的非经常性

尽管灾害救助作为一种制度是需要常备不懈的，但由于灾害的发生具有偶发性与不平衡性，即灾害的发生是不以人的主观意志为转移的，在时间与地区分布上是不平衡的，遭遇灾害袭击的社会成员的生活困境也是暂时的。因此，与其他社会保障制度

[①] 郑功成. 中国社会保障论[M]. 武汉：湖北人民出版社，1994：192-194.

相比，灾害救助虽然在总体上也是一项经常性的社会救助制度安排，但具体实施时却是非经常性的，因为只有发生需要国家和社会救助的灾害时才需要灾害救助，如果风调雨顺、平安无事，则灾害救助就不需要。

（四）灾害救助的不确定性

由于灾害无法事先确定，灾害救助也就不像其他社会保障制度安排，可以事先计划并按照确定的方案开展。灾害救助的不确定性，主要表现在：一是灾害发生的不确定性，即灾害发生的时间、地点是不确定的，灾害救助也无法事先准确确定救助的时间与地区；二是灾害的损害后果是事先无法确定的，所需要救助的财力也是不确定的，虽然政府每年均有救灾的财政预算，但具体需要多少却要由具体的灾害事件来决定，这一特点决定了政府的救灾预算总是与实际需要的救灾支出不相符合；三是救助的形式具有不确定性，它需要在灾害发生时根据不同灾民的受灾程度及需要，选择不同形式的救助。因此，灾害救助在形式上是一种预防性的社会保障制度安排，但实践中却需要临灾应变，灾害救助在实践中越是有针对性，救灾的效果就越好；反之，即使投入大量人力、财力，救灾的效果也可能不好。

灾害救助的上述特征，表明国家既需要将这一项目制度化并有常备不懈的应急机制，也需要积累经验，有临灾应变之良策；既要有财政专款作为经济后盾，也要有救灾物资储备作为物质基础，还需要调动社会力量参与等。

三、灾害救助的方针及内容

（一）灾害救助的方针

灾害救助并不总是被动的，面对各种灾害的威胁，中国政府强调防灾、抗灾、救灾三结合，同时发动人民群众开展生产自救。其中，防灾是指对易发生灾害的地区在灾害发生前积极地采取预防措施，尽可能避免或减少灾害的发生。例如，建筑防洪坝和农田水利设施以防止洪水灾害，种植防沙林以防流沙袭击，加强病虫害预测预报以防治病虫害，提高建筑物的抗震标准以防止地震灾害等，均可以减轻灾害及其危害。抗灾是指为抵御、控制和消除灾害的影响，在灾情出现时采取各种措施将损害后果降到最低程度，包括紧急抢险、转移疏散灾区人口、抢种抢收农作物等。救灾是指当灾害已经形成后，政府就应当迅速开展灾害救助，组织力量抢救人们生命财产，安排灾民生活，尽快恢复灾后社会成员的正常生活。因此，人类社会在对付灾害袭击时，防灾、抗灾和救灾三者相辅相成。中国政府奉行的灾害救助方针是依靠群众、依靠集体、生产自救、互助互济，辅之以国家必要的救济和扶持。

同时，由于灾害是人类社会的共同敌人，灾害发生后往往容易引起同情，也能够得到广泛的援助。因此，各国的灾害救助往往还奉行官民结合的方针，即在灾害发生时迅速发动社会各界参与灾害救助，包括捐献款物、参加义工行动等。大的灾难发生时，还会得到国际社会的援助。例如，2004年12月26日发生的印度洋海啸，遭灾国家获得国际社会的援助就达数十亿美元，其中中国政府官方的援助近亿美元，民间的捐献亦超过了5亿人民币。2008年四川汶川大地震发生后，当年募集的善款（含物）逾千亿元，为赈济灾民生活和灾区恢复重建做出了重大贡献。2020年新冠肺炎疫情在武汉暴发后，同样激发了公众与各界的捐献热情，短期几个月内即募集到了逾500亿元善款（含物）。这些充分说明了来自社会的救灾力量不容忽视。

（二）灾害救助的内容

根据灾害救助的实践，灾害救助的内容主要包括四个方面。

1. 救助灾民生命

灾害尤其是突发性重大自然灾害的发生是以造成人员伤亡和财产损失为特征的，因此，尽最大努力最大限度地减少灾区伤亡人数和抢救灾区伤亡人员是灾害救助的最直接目的和基本内容。

2. 为灾民提供基本生活保障

灾害的发生往往使灾民的生存条件丧失，这就要求灾害救助在抢救灾民生命的同时，还必须迅速解决好灾民基本生活问题，为灾民提供基本的生活资料，包括发放食物、水，搭建帐篷，以及提供必要的药品等救灾物品。

3. 安抚灾民情绪，实施精神救灾

大灾的发生不仅严重破坏灾民的生存条件，还冲击着灾民的精神和心理，从而产生不利于恢复的消极情绪和心态。实施精神救灾，安抚灾民情绪，重构被灾害破坏了的精神世界，日益成为各国灾害救助的重要内容。

4. 帮助灾民确立自行生存的能力

灾民自行生存能力，是指灾民在大规模救灾活动停止后，依靠自己的力量，进行正常的物质生活和精神生活的能力。当然，这并不意味着政府在灾后不再帮助灾民，许多国家在灾后也会出面帮助重建灾区社会，但主要依靠灾民自己来恢复受创的生活与生产条件。因此，恢复或帮助灾民确立自行生存的能力，既是灾害救助的重要内容，也是灾害救助的根本目的。

在管理体制方面，中国的自然灾害救助实行属地管理、分级负责。2018年前，灾害救助工作由民政部门负责管理。2018年国务院机构改革后,灾害救助事务纳入新组建的应急管理部门。

第五节 其他救助

在中国社会救助体系中,最低生活保障(基本生活救助)、灾害救助是两项最重要的救灾制度安排,但事实上城乡居民中还有遭遇其他问题并导致生活困难的情形,从而需要有相应的专项救助与临时救助。

一、专项救助

根据中国现行救助法规,除灾害救助外,专项救助主要还有医疗救助、教育救助、住房救助、就业救助等。

(一)医疗救助

医疗救助面向城乡居民中的困难患者,旨在弥补基本医疗保险制度对城乡居民保障的不足,保障医疗救助对象获得基本医疗卫生服务。现行政策规定,可以申请相关医疗救助的对象包括最低生活保障家庭成员、特困供养人员、县级以上人民政府规定的其他特殊困难人员。在实践中,医疗救助采取下列两种方式:一是对救助对象参加城镇居民基本医疗保险或者新型农村合作医疗的个人缴费部分,给予补贴,实质上是代受助者承担缴纳基本医疗保险费的义务,让其能够享受到基本医疗保险待遇;二是对救助对象经基本医疗保险、大病保险和其他补充医疗保险支付后,个人及其家庭难以承担的符合规定的基本医疗自负费用,给予补助。医疗救助标准,由县级以上人民政府按照经济社会发展水平和医疗救助资金情况确定、公布。国家还建立疾病应急救助制度,对需要急救但身份不明或者无力支付急救费用的急重危伤病患者给予救助,符合规定的急救费用由疾病应急救助基金支付。

医疗救助由国家医疗保障部门统一管理。在具体实践中,申请医疗救助的,应当向乡镇人民政府、街道办事处提出,经审核、公示后,由县级人民政府医疗保障部门审批。最低生活保障家庭成员和特困供养人员的医疗救助,由县级人民政府医疗保障部门直接办理。县级以上人民政府应当建立健全医疗救助与基本医疗保险、大病保险相衔接的医疗费用结算机制,为医疗救助对象提供便捷服务。

(二)教育救助

教育救助面向在校学生。根据现行政策,国家对在义务教育阶段就学的最低生活保障家庭成员、特困供养人员，给予教育救助；对在高中教育（含中等职业教育）、普通高等教育阶段就学的最低生活保障家庭成员、特困供养人员，以及不能入学接受义务教育的残疾儿童，根据实际情况给予适当教育救助。在具体实践中，教育救助根据不同教育阶段需求，采取减免相关费用、发放助学金、给予生活补助、安排勤工助学等方式实施，保障教育救助对象基本学习、生活需求。教育救助标准，由省、自治区、直辖市人民政府根据经济社会发展水平和教育救助对象的基本学习、生活需求确定、公布。教育救助由国家教育行政部门主管，申请人按照国家有关规定向就读学校提出，按规定程序审核、确认后，由学校按照国家有关规定实施。

（三）住房救助

住房救助面向住房困难者。根据现行政策，国家对符合规定标准的住房困难的最低生活保障家庭、分散供养的特困人员，给予住房救助。住房救助通过配租公共租赁住房、发放住房租赁补贴、农村危房改造等方式实施。住房困难标准和救助标准，由县级以上地方人民政府根据本行政区域经济社会发展水平、住房价格水平等因素确定、公布。在具体实践中，城镇家庭申请住房救助的，应当经由乡镇人民政府、街道办事处或者直接向县级人民政府住房保障部门提出，经县级人民政府民政部门审核家庭收入、财产状况和县级人民政府住房保障部门审核家庭住房状况并公示后，对符合申请条件的申请人，由县级人民政府住房保障部门优先给予保障。农村家庭申请住房救助的，按照县级以上人民政府有关规定执行。各级人民政府按照国家规定通过财政投入、用地供应等措施为实施住房救助提供保障。

（四）就业救助

就业救助面向困难劳动者。根据现行政策，国家对最低生活保障家庭中有劳动能力并处于失业状态的成员，通过贷款贴息、社会保险补贴、岗位补贴、培训补贴、费用减免、公益性岗位安置等办法，给予就业救助。在具体实践中，申请就业救助的，应当向住所地街道、社区公共就业服务机构提出，公共就业服务机构核实后予以登记，并免费提供就业岗位信息、职业介绍、职业指导等就业服务。最低生活保障家庭中有劳动能力但未就业的成员，应当接受人力资源社会保障等有关部门介绍的工作；无正当理由，连续3次拒绝接受介绍的与其健康状况、劳动能力等相适应的工作的，县级人民政府民政部门应当决定减发或者停发其本人的最低生活保障金。对于吸纳就业救助对象的用人单位，可以按照国家有关规定享受社会保险补贴、税收优惠、小额担保贷款等就业扶持政策。同时，在积极就业政策框架下，对最低生活保障家庭有劳动能力的成员均处于失业状态的，县级以上地方人民政府应当采取有针对性的措施，确保该家庭至少有一人就业。

事实上，还会有一些面向特定对象的专项救助，例如，面向艾滋病患者的救助，即使符合条件的艾滋病患者可以获得相应的援助。

二、临时救助

临时救助是专门面向临时遭遇急难事件而陷入生活困境的社会成员提供一次性援助或短期援助的社会救助制度安排。国家对遭遇突发性、紧迫性、灾难性困难，生活陷入困境，靠自身和家庭无力解决，其他社会救助制度暂时无法覆盖或救助之后生活仍然有困难的家庭或个人，通过临时救助给予应急性、过渡性生活保障。例如，根据现行政策，国家对因火灾、交通事故等意外事件，家庭成员突发重大疾病等原因，导致基本生活暂时出现严重困难的家庭，或者因生活必需支出突然增加超出家庭承受能力，导致基本生活暂时出现严重困难的最低生活保障家庭，以及遭遇其他特殊困难的家庭，给予临时救助。

一般而言，临时救助分为两类：一类是急难型临时救助，通常采取小金额先行救助、事后补充说明情况的方式；另一类是支出型临时救助，通常按照审核审批程序，采取跟进救助，或一次审批、分阶段救助等方式。临时救助的关键在于救助的及时性、精准性。临时救助的具体事项、标准，由县级以上地方人民政府确定、公布。

在具体实践中，民政部门是临时救助的主管部门。申请临时救助的，应当向乡镇人民政府、街道办事处提出，经审核、公示后，由县级人民政府民政部门审批；救助金额较小的，县级人民政府民政部门可以委托乡镇人民政府、街道办事处审批。情况紧急的，可以按照规定简化审批手续。

需要指出的是，2003年6月国务院发布《城市生活无着的流浪乞讨人员救助管理办法》并于同年8月1日实施，1982年5月12日国务院发布的《城市流浪乞讨人员收容遣送办法》同时废止，由此建立了城市生活无着的流浪乞讨人员救助制度。这一制度的建立，是对过去的城市流浪乞讨人员收容遣送制度的矫正，被国内外认为是中国人权发展的进步。流浪乞讨人员救助制度面向生活无着的流浪乞讨人员提供临时食宿、急病救治、协助返回等救助，国家为此建立救助站，以切实保障流浪乞讨人员人身安全和基本生活。同时完善源头治理和回归稳固机制，做好长期滞留人员落户安置工作，为符合条件人员落实社会保障政策；并积极为走失、务工不着、家庭暴力受害人等离家在外的临时遇困人员提供救助。在具体实践中，相关法规政策明确规定，公安机关和其他有关行政机关的工作人员在执行公务时发现流浪、乞讨人员的，应当告知其向救助管理机构求助。对其中的残疾人、未成年人、老年人和行动不便的其他人员，应当引导、护送到救助管理机构；对突发急病人员，应当立即通知急救机构进行救治。

此外，重大疫情等突发公共卫生事件中遇困群众也被纳入临时救助范畴。2020年新冠肺炎疫情在武汉暴发后，部分外地人口因封城措施而被困市内，而隔离措施又使其陷入收入丧失、生活无着状态，在这样的情形下，民政部及时调整救助政策，打破以往以户籍为依据实施救助的做法，为这些外地遇困人员发放临时救助金，帮助其渡过生活难关。由此也确立了类似的临时救助政策，2020年8月中共中央办公厅、国务院办公厅发布的《关于改革完善社会救助制度的意见》确认了这一政策。

 本章小结

> 社会救助是指国家和社会依法向由不能维持最低或基本生活水平的贫困人口以及天灾人祸中的不幸者组成的社会脆弱群体，提供款物接济和扶助的一种社会保障制度安排，通过非供款制与无偿援助的方式，帮助社会脆弱群体摆脱生存危机，进而维护社会秩序的稳定。社会救助具有最低保障性、按需分配、权益义务单向性的特点。
>
> 社会救助的对象是自我保障有困难而且确实需要国家和社会给予救助才能摆脱生存危机或困境的社会成员。各国一般是通过家庭财力审查和就业审查来确认申请人领取社会救助金的资格。
>
> 一般来说，可以把贫困分为绝对贫困与相对贫困。
>
> 所谓最低生活标准就是绝对贫困，仅能保证维持生命所需的最低限度的饮食和居住条件的生活状态。所谓相对贫困，则是指社会成员只能享有相对当时、当地的生活水平来讲，属于数量最少的消费和服务。最低生活标准的确定可以有市场菜篮子法、恩格尔系数法、国际贫困标准法、生活形态法等几种方法。
>
> 根据我国社会救助的实际内容，社会救助可以分为基本生活救助，专项救助（灾害救助、医疗救助、教育救助、住房救助、就业救助），临时救助等不同类别。而各国的社会救助体系所包含的具体项目都是根据本国国民的实际需求，受经济发展水平、历史文化传统等多种因素的影响，具有很强的国别特色。
>
> 最低生活保障，是指国家和社会为生活在最低生活保障标准之下的社会成员提供满足基本生活需求的物质帮助的一种社会救助制度安排。其根本目标是帮助社会成员达到最基本的生活水平。

> 灾害救助是社会救助体系中不可缺少的重要组成部分,其目的是通过对遭遇灾害袭击的社会成员的救助,使其尽快恢复正常的生活,同时减少遭灾地区的破坏后果并使灾区尽快恢复正常秩序。
>
> 医疗救助、教育救助、住房救助、就业救助等专项救助,均为有需求者提供相应的救助保障,以帮助其缓解或解除疾病医疗、教育、住房、就业困难。
>
> 临时救助是针对遭遇急难事件而陷入生活困境的社会成员施以援手的社会救助制度安排,其中的流浪乞讨人员救助制度、突发公共卫生事件等的临时救助项目均具有特殊意义。

案例讨论 1

"孙志刚事件"推动收容遣送转向流浪乞讨救助

2003年3月17日晚上,任职于广州某公司的湖北青年孙志刚在前往网吧的路上,因缺少暂住证,被当地警察送至广州市"三无"人员(即无身份证、无暂住证、无用工证明的外来人员)收容遣送中转站收容。次日,孙志刚被收容站送往一家收容人员救治站。在这里,孙志刚受到殴打,于3月20日死亡。这一事件被称为"孙志刚事件"。这一事件通过新闻报道披露,引起国内外广泛关注,不仅损害了政府的形象,也促使人们对基于1982年《城市流浪乞讨人员收容遣送办法》确立的收容遣送制度的深度反思,进而不仅推动了国务院废除这一办法,而且转而建立了城市流浪乞讨人员救助制度。

2003年6月国务院发布《城市生活无着的流浪乞讨人员救助管理办法》并于同年8月1日起施行,1982年5月12日国务院发布的《城市流浪乞讨人员收容遣送办法》同时废止。2003年7月21日,民政部发布《城市生活无着的流浪乞讨人员救助管理办法实施细则》,为全面实施城市生活无着的流浪乞讨人员救助制度提供了具体的执行依据。这一制度对在城市生活无着的流浪、乞讨人员实行救助,保障其基本生活权益,从而是改革开放后社会救助制度变革与发展取得的重大进展。

从收容遣送政策到社会救助政策的转变,无疑是社会文明发展进步的表现,也是完善社会保障制度的重要表现。伴随这种制度变革,亿万农民工进城就业日益具备宽松的政策环境,进而为中国的工业化、城镇化进程起到了极大的推动作用。从"孙志刚事件"推动收容遣送制度向流浪乞讨救助制度转化的过程中,可以看到其对社会救助制度发展的直接意义,也可以发现其超越社会救助制度的深远意义。

资料来源:作者搜集整理。

案例讨论 2

从五保供养到特困人员供养

在中国社会救助制度变革与发展进程中，在计划经济时期曾经被视为社会主义制度优越性并具有中国特色的农村五保制度逐渐退出历史舞台，取而代之的是特困人员供养制度，这一变化其实隐含着社会发展进步与救助对象变化等多重含义。

某地农村有一对父子，父亲年逾80岁，儿子年满60岁。根据农村五保制度，儿子因无劳动能力、无生活来源且无法定赡养、抚养、扶养义务人而符合享受五保待遇的享受条件，但其父亲却因为有法定赡养人而不符合享受五保的条件，结果是儿子可以享受五保供养，父亲却不能享受。这一案例充分反映了农村五保制度在20世纪50年代建立时未能够考虑到虽有法定赡养人但法定赡养人实无赡养能力的情形，如果不调整政策，显然无法解决现实中的类似问题。同时，伴随中国社会的快速发展，原定的五保对象事实上也新增了若干新的人员类型，如计划生育政策下的失独老年人、虽然有子女但子女残疾且完全缺乏自立能力的老年人等，这类人类均是需要救助的特别困难群体。因此，五保制度逐渐不适应中国社会的发展进程。

在这样的背景下，2014年国务院颁布的《社会救助暂行办法》，取消了五保制度，新增了特困人员供养制度，这是适应时代的发展变化，以使包括传统五保户在内的特困人员得到生活保障的行动。特困人员供养制度显然扩展了原有的五保制度覆盖范围。根据现行政策规定，特困人员供养的适用范围实际上包括：无劳动能力、无生活来源且无法定赡养、抚养、扶养义务人，或者其法定赡养、抚养、扶养义务人无赡养、抚养、扶养能力的老年人、残疾人以及未满16岁的未成年人；前者是传统五保制度的延续，后者是扩展。由此可见，社会救助制度在不断发展进步。

资料来源：作者搜集整理。

案例讨论 3

社会救助应当提供社工服务吗？

某市一低保户为母女两人，母亲已经78岁，完全失能，女儿年届50岁，照看失能老人10多年，无业、未婚。当地民政部门按照现行政策规定，批准其享受低保待遇，同时享受相关救助待遇，其基本生活是有保障的。然而，当地邻居反映女儿陷入严重的抑郁状态，自杀倾向明显，并多次言及要带上其失能母亲一起离开现实生活的苦海。

原因是其对生活已经完全丧失信心，认为自己的未来生活就是陪同失能母亲走向死亡，早死可以早点摆脱不幸的人生。面对这种情形，救助机构认为仅仅解决其物质生活基本需求将不能挽回其正常生活，因而通过购买服务的方式，请专业社工与其接洽，通过辅导其上网逐渐转移注意力，进而指导其线上学习并帮助其网上创业，终至使其精神状态恢复正常并以积极的态度投入网上工作，所获收入迅速改善了自己的生活质量，现在其成为能够积极面对生活并有一定能力帮助他人的人。

通过上述案例，可以发现，如果没有社工的介入，这一低保户可能因女儿抑郁至深自杀而陷入灭顶之灾，而随着社工专业服务的介入着实改变了救助对象的精神面貌并使之奋发向上，进而不仅解放了自己，也成了有益于社会的劳动者，是"社会救助+相应的服务"挽救了救助对象并使之过上了有希望的新生活。在此，我们可以获得如下一些启示：一是高质量的社会救助制度不能停留在只解决衣食之忧层次了，还需要考虑到精神层次的需求才能真正解决问题；二是社会救助与社会福利及相关服务确实是分工不同的制度安排，但在社会福利及相关服务不发达的情形下，如果社会救助不主动采取相应的措施，救助对象就可能陷入非物质方面的困境，进而依然会出现严重的社会问题，因此，在无法依靠其他制度安排来解决救助对象的精神困境的条件下，在社会救助制度安排中通过适当购买服务的方式来寻求帮助救助对象摆脱困境无疑是切实解决问题的正确取向；三是在健全社会救助制度的同时，仍然需要同步发展好社会福利及相关服务，特别是专业化的社工服务，进而使整个社会保障体系成为体系完备、结构严密、功能互补的安全与发展网络，这应当成为中国特色社会保障制度的发展方向。

资料来源：作者搜集整理。

复习思考题

1. 社会救助有哪些特征？
2. 社会救助体系包括哪些内容？
3. 为什么说社会救助是社会最后一道"安全网"？
4. 最低生活保障制度有哪些基本内容？
5. 简述最低生活保障待遇的申领程序。
6. 为什么要设置专项救助？
7. 临时救助的意义有哪些？

第九章 社会保险

>> 学习要点

通过本章的学习,应当了解社会保险的一般知识,熟悉养老保险、医疗保险、工伤保险、失业保险等主要项目的内容,掌握社会保险制度运行的一般规则。

>> 关键概念

社会保险 养老保险 医疗保险 工伤保险 失业保险 护理保险 现收现付 完全积累 部分积累 给付确定模式 缴费确定模式 社会统筹与个人账户相结合 国家医疗保险 社会医疗保险 储蓄医疗保障 医疗救助 补充医疗保险 失业 无过失补偿 职业病

第一节 概 述

在现代社会保障体系中,社会保险无疑占有最重要的地位。它起源于19世纪80年代的德国,它的产生被看成是现代社会保障制度得以确立的标志。

作为工业社会的产物,社会保险是由国家立法规范,主要面向劳动者建立的一种强制性社会保障制度,它包括养老保险、医疗保险、工伤保险、失业保险、护理保险等项目,是各国社会保障体系中的主体组成部分。

社会保险得以产生的原因，主要是工业社会使人的生产方式与生活方式发生了重大改变，而机器大生产取代了手工生产后，工业劳动者组成了一个日益壮大的以出卖劳动力为生的无产阶级。工业社会不仅直接增加了劳动者的职业伤害风险与失业风险，而且也使农业社会中被视为个人风险的疾病医疗、养老等演变成了群体性的社会风险。在这样的背景下，仅仅依靠传统的慈善事业或者有限的救济措施根本不可能解决劳动者的后顾之忧。因此，必须寻求新的社会化保障机制，社会保险制度因其能够解决劳动者在职业伤害、失业、疾病医疗、养老等方面的诸多后顾之忧，并因增进了劳工福利而使劳资矛盾得以缓解，很自然地成为各国政府的首选。

中外学术界公认社会保险制度起源于德国在1883—1889年先后颁布的有关工人的疾病保险、工伤事故保险、老年和残障社会保险等法律，这三部法律不仅为德国此后建立完整的社会保险制度奠定了基础，也为世界上其他国家建立社会保险制度提供了示范。德国早期确立的社会保险制度具有法律强制规范、责任分担、互助共济等基本特征，凡法律规定范围内应当参保的人必须依法参加，保险费由雇主、雇员与政府三方负担，它强调权利与义务相结合，以集体之力量化解个体不确定的生活风险。随后，欧洲各国纷纷仿效德国，相继建立自己的社会保险制度，如奥地利于1887年建立了工伤保险制度，捷克斯洛伐克于1888年建立了疾病生育保险制度，法国于1905年建立了自愿投保的失业保险制度，英国于1908年建立了老年社会保险制度，德国模式风靡世界。

社会保险制度之所以产生于德国而不是更发达的英国等欧洲国家，有其深刻的社会、经济和政治背景。

社会背景——工业社会。在18世纪以前的传统农业社会里，人的生活风险（如年老风险）都是依靠家庭来解决的，东西方国家皆是如此。而经过18世纪的工业革命后，工厂机器大生产逐渐代替了家庭、作坊手工业生产，生产方式走向社会化，工业化带来了城市化进程的加快，人口相对向城市聚集，生产的社会化在加深劳动者之间社会联系的同时，造成劳动者对家庭的依赖程度逐渐减弱，进而对社会的依赖程度逐渐增强。在这样的时代背景下，家庭的生产功能和分配功能必然发生重要变化，家庭规模的缩小和联系的分散亦使家庭保障功能持续弱化，这种变化使家庭成员之间的相互保障及代际反哺式的养老保障面临日益严重的挑战。[①] 因此，工业社会是催生社会保险制度的社会背景。19世纪七八十年代的德国，社会问题异常突出，大量工人失业，包括疾病医疗、职业伤害、养老等均成为当时的社会难题，而风起云涌的工人运动更

---

① 张彦，陈红霞. 社会保障概论［M］. 南京：南京大学出版社，1999：148.

是对国家提供相应的社会保障提出迫切的要求。因此，德国在颁布有关医疗保险、工伤事故保险方面的立法后，又制定了社会化的养老保险法。可见，工业社会生产与生活方式的改变、家庭保障功能的弱化和生活风险结构的改变，构成了社会保险产生的基本原因和强大推动力。

经济背景——社会化大生产与物质财富增长。社会保险的产生需要一定的经济条件，因为这一制度解决的是劳动者在遭遇特定事件并导致收入暂时或永久丧失时的经济来源问题，采取的也是发放现金或提供服务的方式，如果没有相应的经济基础，这一制度便不可能存在。只有进入工业社会后，社会化大生产才真正大幅度地提高了社会生产力，社会财富亦大量增加，从而使得当时的社会有可能考虑用社会保险的方式来解决劳动者普遍存在的一些生活风险问题。因此，社会财富的增加是推动社会保险制度产生的重大因素，它构成了社会保险制度的物质基础。

政治背景——社会矛盾激化与工人阶级的斗争。19世纪后半期，资本主义的自由竞争开始向垄断阶段发展。德国在19世纪七八十年代，社会问题异常突出，其原因就是由于垄断竞争中普遍存在的排挤和吞并现象造成大量中小企业倒闭，疾病医疗、工伤、养老、失业等问题日益尖锐，这使得工人阶级对疾病医疗、工伤、养老、失业等保障的需求也日益迫切。工人阶级为了维护自身利益和基本生存权利，为争取社会保障进行了不懈的斗争，社会民主运动此起彼伏，工人运动空前高涨。在这种政治背景下，为了维护自身的统治地位，资产阶级曾采取过多种镇压手段，但"铁血宰相"俾斯麦在镇压工人运动失败后，为了缓和阶级矛盾，巩固自己的统治地位，不得不做出一些让步，提出用"胡萝卜加大棒"的办法来对付工人运动，采取软化政策以缓解社会矛盾，一个重要的措施就是将社会保险作为"消除革命的投资"，依此来维护社会的稳定，这就是社会保险在德国产生的政治根源。

可见，社会保险作为一项极其重要、影响深远的社会保障制度安排，是在特定的社会背景、经济背景与政治背景下产生的，其产生的过程就是适应工业社会带来的变化和适应生产力发展的过程，这标志着人类文明和社会进步。

需要指出的是，德国创立的社会保险制度虽然被世界上许多国家仿效，但社会保险制度经过一百多年来的发展，又确实发生了许多重要的变化。一方面，继德国俾斯麦模式之后，英国等国建立了福利国家，新加坡等国也创建了完全积累式的公积金制度等，这些制度的创新，表明了各国社会保障制度的多样化；另一方面，以德国模式为代表的社会保险制度在一些国家也发生了重要变化，例如，有的国家的养老保险制度已经转为覆盖全民的福利性国民年金，医疗保险向全民健康保险发展，生育保险被普遍性生育津贴所取代，失业保险向就业保障发展等。所有这些，均表明社会保险制度产生一百多年以来,不仅被绝大多数国家所认同并仿效,而且在发展中不断地被改造并完善。当然,无论怎样变化,德国通过建立社会保险制度而做出的首创现代社会保障制度之贡献已经在人类发展史上特别是现代化史上写下了浓墨重彩的篇章。

本章将重点介绍养老保险、医疗保险、工伤保险、失业保险与护理保险。

第二节 养老保险

一、养老保险的内涵、发展过程及特征

(一)养老保险的内涵、发展过程

1. 养老保险的内涵

养老保险是指国家和社会通过相应的制度安排为劳动者解除养老后顾之忧的一种社会保险制度,其目的是增强劳动者抵御老年风险的能力,同时弥补家庭养老保障的不足,手段则是在劳动者退出劳动岗位后为其提供相应的收入保障。

年老是人生不可回避的自然规律,尤其是进入现代社会后,随着社会经济的发展和生活水平的提高,人均预期寿命不断延长,越来越多的国家跨入了老年型社会行列,人口老龄化及其不断加快的发展趋势对越来越多的国家构成了日益严重的挑战。伴随着老年风险的普遍性和日益社会化,养老也就成为当代世界各国面临的主要社会问题之一。与此相适应,养老保险因在保障社会成员老年生活方面发挥了重要作用而成为社会保险制度中最重要的项目,也是现代社会保障体系中最重要的项目。一个国家社会保障制度的成败,很大程度上取决于养老保险制度的成功与否。

2. 养老保险的发展过程

在养老保险制度的发展进程中,最早是1669年法国制定的《年金法典》明确规定对不能继续从事海上工作的老年海员发放养老金,这应当是开有关养老保险立法之先河。奥地利和比利时则分别于1854年和1868年实施了矿山劳动者养老金制度。[①] 但由于受当时历史条件的限制,这些制度根本不可能在较大的范围内实施,它只是针对一些特定行业而制定的,同时也并不具有现代社会保障的基本特征。因此,法国、奥地利、比利时等国在早期实施过的养老金办法,并不能算是现代社会养老保险产生的标志。理论学术界公认的具有现代意义的养老保险制度,是德国1889年颁布的《老年和

---

① 邹根宝. 社会保障制度——欧盟国家的经验与改革 [M]. 上海:上海财经大学出版社,2001:84.

残障社会保险法》，这一立法正式确立了社会保险模式的养老保险制度，并打上了深厚的俾斯麦时代的烙印。

自养老保险制度在德国产生后，工业化国家纷纷仿效。例如，丹麦于1891年、新西兰于1898年、瑞典于1903年、奥地利于1906年、澳大利亚于1908年、英国于1908年、法国于1910年、荷兰于1913年、意大利于1919年、智利于1924年、加拿大于1927年、南非于1928年、美国于1935年相继建立了社会养老保险制度。另外一些发展中国家，如新加坡、马来西亚、印度、缅甸、泰国、菲律宾、墨西哥、阿根廷、巴西、沙特、科威特、埃及、中国等也在第二次世界大战后先后建立了自己的养老保险制度。截至20世纪末，世界上已有170多个国家建立了养老保险制度，这表明了养老保险不仅是人类社会发展的普遍需要，而且也是政府着力推进的重大社会政策。

（二）养老保险的特征

养老保险作为社会保险制度的主要项目，显然具有社会保险的性质和一般特征，但与劳动者面临的失业、疾病、工伤及其他社会风险相比，老年风险的特征显著，因此，作为化解老年风险为己任的制度安排，养老保险的特征也很显著，它可以概括为普遍需求、地位特殊、长期积累、多层次等。

1. 普遍需求

由于年老是人生不可避免的自然规律，这就决定了任何人如果想要安享晚年，都需要有相应的养老保险，人们对养老保险的普遍需求，正是根源于其化解老年风险的普遍性。相对于失业、疾病、工伤等不确定事件而言，年老是一个确定的、可以清晰预见的、人人都会遇到的事件，虽然由于不同的人的能力、经历和家庭条件不同，对年老收入锐减、身体衰弱等的承受能力也不同，但随着寿命的不断延长、家庭规模缩小及其保障功能弱化，以及市场竞争带来的各种风险的集中化和多重化，任何人都不能保证自己的老年没有风险。因此，在养老风险日益成为人生最普遍风险的同时，养老保险亦成为社会成员的普遍需求。

即使从参加保险后的待遇享受来看，医疗保险待遇只有参保人在生病期间才能享受，失业保险待遇只有参保人在失业期间才能享受，工伤保险待遇只有遭遇职业伤害的参保人在受伤害及维系生活期间才能享受，这些社会保险项目从风险发生的视角来看具有普遍性需求，但从保障待遇实现的视角来看却并非是普遍需求，只有养老保险在化解老年风险和确保享受权益方面能够满足普遍需求。

2. 地位特殊

一方面，老年风险的普遍性决定了这种风险的影响面和波及层的广度和深度，而

"安度晚年"一直都是中国传统文化和道德规范下公认的理想的晚年生活方式,这就决定了老年风险是应得到最高重视的一种风险,在人均预期寿命不断延长的条件下更是如此;另一方面,养老保险因待遇较高(需要保障老年人的基本生活),领取养老金的时间长(自退休起到死亡,甚至参保人死亡后还继续惠及其家属),基金收支的规模庞大,决定了养老保险不仅是最重要的社会保险项目,而且在各国社会保障体系中占据着举足轻重的地位。

各国养老保险制度的实践,充分证明了这一制度在现代社会保障体系中占有的特殊地位。例如,1979—1983年,美国、德国、澳大利亚、苏联、巴西等国的养老金支出就占其整个社会保险支出的50%以上,英国、法国、意大利等国的同一指标在40%以上,而上述国家的社会保险支出占整个社会保障支出中的60%以上,有的国家的社会保险支出占其社会保障支出的比重甚至达90%以上。① 在中国,养老保险是最大的社会保障支出项目,以2022年为例,全年基本养老保险基金收入68 933亿元、基金支出63 079亿元,而同年基本医疗保险基金(含生育保险)收入30 698亿元、基金支出24 432亿元,工伤保险基金收入1 053亿元,基金支出1 025亿元,失业保险基金收入1 596亿元、基金支出2 018亿元。② 这一组数据表明,基本养老保险的基金收入占全部社会保险基金收入的67%以上,而基金支出占全部社会保险基金支出的近70%,其重要性及特殊地位由此可见一斑。

3. 长期积累

养老保险通常是劳动者在年轻时参保,达到退休年龄办理退休手续后再领取,直到退休者死亡时终止,有的养老保险还惠及劳动者需要抚养的家属,其领取的时间更长。这样,养老保险就具有了如下两个固有的特征:一是缴费时间长达数十年,二是领取养老金的时间也长达十多年到数十年不等。

例如,我国现行法定退休年龄是男性职工60周岁、女职工50周岁,如果劳动者20岁参加工作,则男、女职工的缴费年限将分别达40年和30年,即使中间可能因失业等原因导致缴费时间中断,但缴费时间长是毋庸置疑的。2021年时全国人均预期寿命已达78.2岁,其中女性较男性人均预期寿命约长6年,如果按时退休,则男性退休者领取养老金的时间平均为14年,女性退休者领取养老金的时间平均达30年,部分退休者领取养老金的时间长达40年以上。

可见,养老保险无论采取何种制度模式,均伴随着劳动者自走上劳动岗位后到死亡,这种长期积累性是养老保险固有的特性。这一点与其他社会保险项目显然是不同

---

① 郑功成. 论中国特色的社会保障道路[M]. 武汉:武汉大学出版社,1997:182.
② 本处数据分别由人力资源社会保障部、国家医疗保障局、民政部等提供。

的，因为工伤、生育、医疗保险均是保障不确定的偶发事件，均追求即期平衡，而失业保险虽然要考虑到经济周期及失业率的高低，但也只要在一个经济周期内实现周期平衡即可。

4. 多层次

伴随人口老龄化时代的到来并向纵深发展，各国养老保险制度大多采取多层次养老保障体系，即通常会建立包括法定的基本养老保险制度、企业或职业年金制度和个人养老金制度等，而其他社会保障项目多是单一层次，即使在特定时期会考虑多层次，也必定是法定保障为主体性的制度安排。因此，考察各国的养老保险制度实践，需要同时考察其旨在保障个人基本生活的基本养老保险层次，以及进一步提高个人老年生活保障水平的补充养老保险层次，还有一些满足个人需求的个性化保险。

强调当今世界各国养老保险制度追求的是"多层次"而非"多支柱"，实质意义在于"多层次"须从第一层次建起，第一层次是需要政府承担直接责任并依法赋予社会成员基本权益，于后才是第二、第三层次，其先后顺序及轻重缓急是有明显区别的，而"多支柱"则不存在此种要求。

二、养老保险模式划分

养老风险的普遍性、复杂性以及各国国情的差异性决定了养老保险模式的多样性。但这并不妨碍我们在总结多国养老保险制度实践的基础上，按照一定的标准将养老保险作一下归类。

（一）养老保险责任承担模式

根据养老保险的责任承担机制，可将养老保险划分为政府负责型、责任分担型、个人承担型、多层次结构下的责任分担型等模式。

1. 政府负责型

政府负责型是指由政府直接负责、财政支撑的养老保险制度，它通常以国民年金的形式存在。在这种模式下，用人单位与个人承担社会保障的纳税义务，政府通过财政预算来为国民提供养老金，政府对养老保险事务实行直接管理并严格监督。这种模式的最大特征就是强调政府责任，实现养老金待遇的普遍性，发放对象包括所有老年人，充分体现出制度的公平性，不足之处是可能因人口老龄化而给财政带来日益沉重的负担。

一般而言，福利国家因其实行国民年金制度，客观上属于政府负责型制度安排，在这些国家享受养老保险待遇通常与是否参与社会劳动、是否缴付养老保险费脱钩，它通常只强调是否属于本国公民、是否达到法定退休年龄。也有部分国家实行双层或多层次养老保险制度，其中处于基础层次的养老保险亦采取政府负责的国民年金形式。

需要指出的是，曾经风行社会主义国家的国家保险型制度，也包括了养老保险在内（一般称为养老金制度）。它以生产资料公有制为基础，纳入计划体制，对包括养老保险在内的社会保障制度实行国家统筹，国家财政充当经济后盾；同时，国家通过法律来确立国民"老有所养"的基本权利，养老金支出亦全部由政府和用人单位（也以财政为后盾）承担，个人不用缴纳养老保险费，从而也可以纳入政府负责型养老保险模式。

2. 责任分担型

由政府、用人单位、个人等多方分担养老保险责任，是社会养老保险制度发展的主流形式。这种模式是基于责任分担或责任共担的原则确立的，其特点是劳动者的养老保险责任由多方分担或共担，它有利于养老责任风险分散和财务稳定。

在实践中，责任分担型养老保险制度既有政府、用人单位、个人三方分担型，也有用人单位与个人、政府与个人双方分担型。不过，即使是用人单位与个人双方分担型，政府也负有相应的责任。

责任分担型养老保险制度体现了劳动者的权利与义务相统一和养老保险基金来源多元化的特色，同时又具有较强的社会互济性，从而更有利于调控养老保险的财务风险，更有利于养老保险制度的可持续发展。因此，责任分担型养老保险是大多数国家选择的基本养老保险制度模式。

3. 个人负责型

除了缺乏社会保险只能由个人或家庭自我负责养老保障，在制度化的保障机制中，亦有极少数国家的养老保障完全由个人负责。这种模式的典型是智利自20世纪80年代后推行的公共养老金私有化改革即个人账户制，由此确立了养老保障的个人负责模式。在这种模式下，国家通过立法规定劳动者参加养老保障制度，但政府与雇主均不承担缴费义务，而是完全由劳动者个人缴费，所缴保险费完全计入个人账户，并通过市场机制实现有偿运营，所赚收益再充实到个人账户中去，到劳动者退休后可以领取自己账户中的养老金用于养老。

这种责任模式强调个人自我负责，即将养老责任完全由个人承担，政府责任很小，缺乏互助共济性和风险分散功能，亦无缩小不公平和维护公平的功能，它在实践中除了为个人进入老年后积累一笔养老资金，主要是起到提高储蓄率刺激经济发展的作用，它对个人有一定的激励作用，但并不能真正解决劳动者的养老问题。进入21世纪后，智利养老金制度因其丧失公平性与互济性而遇到了巨大危机,成为社会风险的重要来源,智利政府不得不重建一个公共养老保险制度,此举表明公共养老金私有化是一个失败的试验。

4. 多层次结构下的责任分担型

在多层次养老保险制度体系建构中,总体上仍然遵循着责任分担机制,但政府责任在不同层次中是不同的。一般而言,在第一层次即法定基本养老保险制度中,政府、用人单位、个人均承担着直接责任;在第二层次中,政府通常采取减免税收的办法给予支持,但用人单位、个人仍然承担直接责任;第三层次则遵从市场法则,虽然仍然会有一定的税制优惠,但主要是个人自主选择并承担直接责任。

例如,日本既有政府负责的水平较低的国民年金保险,又有劳资双方分担责任的企业或职业年金保险;在中国,政府主导建立的法定基本养老保险制度包括企业职工基本养老保险制度、机关事业单位工作人员基本养老保险制度与城乡居民基本养老保险制度,同时也在推进第二层次养老保险制度建设,包括面向机关事业单位工作人员的职业年金、面向企业职工的企业年金,还推出了市场化的个人养老金制度等。

(二)养老保险财务模式

养老保险是社会保障体系中公认的最大开支项目,社会保险乃至整个社会保障制度的财政状况是否良好,很大程度上取决于养老保险制度的财政状况是否良好。因此,各国均对养老保险的筹资模式给予高度重视。

概括起来,世界各国的法定基本养老保险筹资模式主要有现收现付制、完全积累制、部分积累制等三种。[①]

1. 现收现付制

现收现付制,亦称为非基金制或纳税制或统筹分摊方式。该模式不考虑资金储备,只从当年或近两三年的社会保险收支平衡角度出发,确定一个适当的费率标准向用人单位与个人征收社会保险费,其特点是以支定收,实行初期因支出规模小而费率较低,以后则会随着支出规模的不断扩大而提高,实质上体现着养老保险负担的代内互助与代际转移。

现收现付制的优点在于收支关系简单清楚,管理方便,无资金贬值的风险与保值增值的压力。缺点是因各期支付额不同而造成费率波动大,不利于成本核算,养老金的代际转移也会造成劳动者代际的矛盾激化。

---

① 郑功成. 社会保障学:理念、制度、实践与思辨 [M]. 北京:商务印书馆,2020:343-345.

迄今为止，现收现付制仍然是世界各国法定养老保险制度采取的主流财务模式。

2. 完全积累制

完全积累制，也可称为基金制或总平均保险费制或预提分摊方式。该模式是在对有关社会经济发展指标如退休率、伤残率、通货膨胀率等进行宏观上的长期测算后，从追求养老保险收支长期平衡的角度出发，确定适当的费率标准，将养老保险较长时期的支出总和按比例分摊到整个时期并向单位与个人征收，同时对已筹集的养老保险基金进行有效运营与管理。其特点是强调长期平衡，费率较为稳定，能够积累起养老保险基金。

完全积累制的优点在于能够预防人口老龄化的冲击，使资金的收取能与用人单位的经济条件相联系，劳动者的权利与义务关系紧密。缺点是固定的费率标准难以适应经济的发展变化，通货膨胀导致基金贬值的风险客观存在又使资金的保值增值压力倍增，同时因对每个用人单位与每个劳动者分别立账需历经多年也使管理工作难度倍增。对无积累的国家而言，采用这种模式筹集养老保险资金，还意味着要让用人单位与劳动者既承担对自己未来养老金的供款之责，又要承担着对已退休或即将退休的劳动者的供款之责，偿还旧债与预筹新款的双重压力，将使国家与用人单位均难以承受。因此，真正采取完全积累制的国家并不多见。

3. 部分积累制

部分积累制，亦称为部分基金制或混合制、阶梯制。尽管现收现付制与完全积累制均有自己的特点与长处，但单独采用又都存在难以逾越的困难，因此，越来越多的国家采取兼具上述两种筹资模式特点的混合筹资模式。该模式根据分阶段以收定支、略有节余的原则确定征收费率，目标是保持养老保险基金在一定时期内的收支平衡，其特点是费率具有弹性，可以根据养老金支出的需求分阶段地调整费率。

部分积累制的优点在于：既能满足一定时期内的养老保险基金支出，又能有一定的资金积累；既不会超过用人单位与劳动者个人的经济承受能力，又因阶梯时间不太长而易预测，面临的保值增值压力亦不会太大。

（三）养老保险基金运行模式

养老保险基金运行模式，是指养老保险基金筹集后的管理方式，它主要有社会统筹模式、个人账户模式，以及社会统筹与个人账户相结合模式等。

1. 社会统筹模式

社会统筹模式是指将通过养老保险筹资渠道筹集到的养老保险基金全部进入社会统筹，由相关部门根据当年或一个周期内的社会需要统筹规划养老保险基金的使用问题。该模式的最大特点就是高度社会化，最大限度地发挥了社会保险互助共济和风险共担的功能，将"大数法则"利用到极致。但该模式通常只考虑短期内基金的平衡，一般没有或只有很少的节余，因此，采用该模式的养老保险制度要在人口结构较稳定的情况下才得以维持，当人口结构发生变化，如出现人口老龄化危机时，往往需要采取其他措施如建立多层次养老保险体系或者建立战略储备基金等加以化解。在具体制度安排中，这种模式总是和现收现付的财务模式联系在一起。迄今为止，除个别国家外，世界绝大多数国家的法定养老保险制度是采取社会统筹模式。

2. 个人账户模式

与社会统筹模式相对应，个人账户模式是指征缴的养老保险费全部进入个人账户，当劳动者步入老年、失去劳动能力、离开劳动力市场以后，再按照个人账户积累的金额（本金+运营收入），领取属于自己的养老金。

这种模式对于劳动者具有一定的激励作用，但没有体现"大数法则"，没有互助共济和风险分担功能，而且基金保值增值压力大。在具体制度安排中，这种模式总是和完全积累的财务模式联系在一起。因个人账户模式违背了社会养老保险制度的客观规律，世界上只有新加坡、智利等个别国家采取此类模式，而智利为了弥补其个人账户养老保险制度的严重缺陷，还重建了社会统筹式的公共养老保险制度。

3. 社会统筹与个人账户相结合模式

社会统筹与个人账户相结合模式，是中国首创的一种新型养老保险基金运行模式。社会统筹部分现收现付与个人账户部分完全积累同时并存。该模式实行的是国家、用人单位和个人三方承担供款责任但分别计账，其中，个人所缴部分全部进入个人账户，其余的实现社会统筹，计发时实现结构性组合。

社会统筹与个人账户相结合模式自20世纪90年代中期在中国开始实践，目前存在无法全面实现基本养老保险制度的社会统筹，也无法做实个人账户的问题，未来还需要通过全面深化改革才能走向完善。

（四）养老保险缴费模式与给付模式

1. 养老保险的缴费模式

养老保险缴费模式包括给付确定模式和缴费确定模式。

所谓给付确定模式（Defined Benefit，DB），是先设定养老金为保障一定的生活水平需要达到的替代率，以此确定养老金的给付标准，再结合相关影响因素进行测算，来确定养老保险费的征缴比例。因此，这种模式实质上是"以支定收"模式。给付确定模式维持的是短期内的横向平衡，一般没有节余。这种模式总是和现收现付制联系在一起。

所谓缴费确定模式（Defined Contribution，DC），是结合未来的养老负担、基金的保值增值要求、通货膨胀率、企业负担的合理性、现行劳动力市场和工资水平等因素，经过预测，确定一个相当长时期内比较稳定的缴费比例或标准，再根据这个缴费标准来筹集养老保险基金，并完全或部分地存入劳动者的个人账户，在劳动者失去劳动能力后，以其个人账户中的金额作为养老金或养老金的一部分。这种模式实质上是"以收定支"。缴费确定模式维持的是长期内的纵向平衡。这种模式总是和完全积累制或部分积累制联系在一起。

2. 养老保险的给付模式

按养老金的给付标准是否与享有者工作期间的收入水平有关，可将养老保险划分为普遍生活保障模式和收入关联模式。

普遍生活保障模式（Flat-rate universal pension）强调对所有老年国民都提供养老保险，养老金的标准是统一均等的，水平高低与消费水平有关联，与老年人是否是工薪阶层劳动者、退休前工资收入高低、职业是否稳定等没有关联，一般是保障基本生活水平。普遍生活保障模式的养老保险制度生存下去的基石是政府财政的有力支持。

收入关联模式（Earning-rate universal pension）强调养老保险费一般由雇主、雇员和国家三方共同负担，养老保险的缴费额度和养老金的给付标准都与享有者退休前的工资收入有关联。由于这是一种与收入水平有关联的制度模式，也就自然而然地将非工薪阶层（如农民）排除在这种模式的养老保险制度之外。与普遍生活保障模式相比，收入关联模式更强调权利与义务的平衡。[①]

三、养老保险的基本内容

一个国家的养老保险制度，通常要包含以下内容：覆盖范围，基金筹集、运营和管理，养老金享受的资格条件和待遇标准，养老保险管理体制等。

（一）覆盖范围

法定基本养老保险的覆盖范围，是指法定的适用对象和适用人群。各国因经济社会发展水平不一和制度规定的差异，其覆盖范围也宽窄有别。虽然社会保险是针对劳动者的一项社会制度，但有些国家的养老保险却覆盖了全体国民，像西欧、北欧福利国家，如瑞典就是普遍生活保障模式；有些国家的养老保险只覆盖劳动者，是选择性

---

① 董克用，王燕. 养老保险 [M]. 北京：中国人民大学出版社，2000：37.

保障模式，如美国等。中国的法定基本养老保险则以机关事业单位工作人员基本养老保险、企业职工基本养老保险和城乡居民基本养老保险三大制度实现了制度全覆盖，即每一个中国人都可以依法加入其中的一个基本养老保险制度。

（二）基金筹集、运营和管理

基金来源是养老保险制度存在和发展的物质基础。从各国养老保险制度的实践来看，养老保险费用的分摊不外乎如下四种方式。

（1）由雇主、雇员和国家三方共同负担的方式，如英国、德国和意大利等国家，这种方式最为普遍。

（2）由雇主和雇员双方分担，如法国、荷兰、葡萄牙、新加坡等国家。

（3）由雇主和国家双方分担费用，如瑞典2000年以前就是采取的这一方式。

（4）完全由雇员个人负担，如智利。

总的来说，第一种方式属于多方分担，其资金来源渠道多、保险系数较大，因此得到多数国家的青睐。值得一提的是，就是在采用同一方式的国家，费用的分摊比例也会有相当大的差异，这也是各国国情不同决定的。

在现收现付制、完全积累制和部分积累制三种财务模式中，各国选择的模式通常与本国的养老保险制度直接相关。从欧洲各国的养老保险实践来看，一般都是起始于积累制，但随着时代的变迁，积累制逐渐向现收现付制演变，于后又因人口老龄化与养老保险基金支付的压力，开始走向多层次化。1937年瑞典进行财政方式改革，开始同时使用积累制和现收现付制，实际上相当于部分积累制。而从诞生之日起就采用积累制的德国养老保险制度则于1967年转向了现收现付制。目前，除个别国家外，绝大多数国家均采用现收现付式的筹资模式，即使是率先采取个人账户制即完全积累制的智利，也因无法解决制度公平与老年贫困等一系列问题而不得不重新建立一个公共养老保险制度。不过，为了适应人口老龄化的需要，重视多层次养老保险制度建构成为主流。

（三）养老金享受的资格条件和待遇标准

每个建立养老保险制度的国家都会对养老金的申领资格作出明确的规定，而且绝大多数国家规定的给付条件都是复合型的，即要享受养老金必须满足两个或两个以上的资格条件。

1. 年龄条件

在各国的给付条件中，达到规定的支付年龄往往是核心条件之一。在各国的养老保险制度中，享受领取养老金权益的年龄条件通常是法定的退休年龄，不过，由于人均预期寿命的差异等，各国的退休年龄并不相同，发达国家的退休年龄多为65岁甚至更高，而且大多是男女退休年龄相同；发展中国家的退休年龄显然要低，且存在着男女退休年龄不一致的现象。需要指出的是，在处理退休年龄与领取养老金的政策规定方面，亦存在着两种现象。一方面，一些国家为了更好地适应和保障尚未达到法定退休年龄的高龄者的需要和利益，先后建立了养老金提前支取制度，这些制度的相似之处是提前支取的年龄一般为60岁以上，例如，德国规定劳动者63岁（或60岁时，身体状况已不适合工作）并已参加保险35年时可以提前退休；葡萄牙规定60岁后的失业人员可以提前退休，从事重体力劳动或有害于身体健康的行业的劳动者55岁后可以提前退休；西班牙则规定对于那些从事艰苦的、有害（毒）的、危险的、不利于健康的工作的劳动者也可以在65岁的法定退休年龄前退休。另一方面，为了减轻养老金支出日益增加的压力，以及照顾那些虽年老但仍然精力充沛且业务经验丰富的高龄者，一些国家（如西班牙、法国等国家）建立推迟退休的制度。这些国家中有的规定了退休年龄上限，如卢森堡最高至68岁，瑞典为70岁，英国男性70岁、女性65岁；有的则没有规定退休年龄上限，如德国、西班牙、奥地利、芬兰等国。[1] 各国退休年龄的确定和各国的人口平均预期寿命、劳动适龄人口的就业状况以及经济活动人口的老龄化程度等因素有关系，随着人口平均寿命延长，提高法定退休年龄已成为许多国家在劳动就业和社会保障方面的重要举措。例如，美国在1983年就通过了一项法案，内容是从2000年开始，逐步提高退休年龄，到2027年，将可领取全额养老金的退休年龄，由现在的65岁逐步提高到67岁；德国则在2006年决定，从2012年开始到2029年，逐步将法定退休年龄提高到67岁。

2. 缴费条件

缴费条件是参加养老保险的年限和缴纳养老保险费的年限。例如，德国规定享受养老金的条件是至少有35年的缴费记录；法国规定享受养老金的条件为年满60岁且投保37.5年，如果未达到37.5年，则减发养老金；意大利则规定，参保人若已缴纳养老保险费满35年，则无论退休与否，均可开始领取养老金。[2]

3. 其他条件

其他条件是指工龄条件、居留条件等。在工龄条件方面，苏联、东欧国家和改革前的中国就有相关规定，例如，苏联规定的享受条件为男满60岁且工龄满25岁，女年满55岁且工龄满20年；瑞典的附加养老金也要求工龄满30年才有资格领取。在居留

---

[1] 邹根宝. 社会保障制度——欧盟国家的经验与改革 [M]. 上海：上海财经大学出版社，2001：96.
[2] 任正臣. 社会保险学 [M]. 北京：社会科学出版社，2001：124.

条件方面，会规定申领者满足一定的居住期限，例如，丹麦规定国家养老金领取者必须在25~67岁时至少在丹麦居住了3年，瑞典规定在瑞典居住不满40年的人，其养老金计算方法是每居住1年可得1/40的基础养老金，但至少要在瑞典居住3年才能拿到最低的基础养老金，即全部基础养老金的3/40。[1]

（四）养老保险管理体制

养老保险管理体制的选择对于养老保险制度的运行起着非常重要的作用。从世界各国的实践来看，养老保险共有三种管理模式，即由政府部门直接管理、由政府监督下的自治公共机构管理、由私营基金公司管理。

第一，由政府部门直接管理。养老保险事务由政府直接管理的一些典型国家有中国、日本、加拿大、美国和瑞士等。政府直接管理养老保险事务，又可细分为两种：一是中央集权式的管理方式，如英国、日本等，相对来说更为强调中央集权化，统一化程度较高；二是分权式的管理方式，如加拿大、美国和瑞士，地方机构在养老保险的管理中扮演着重要的角色。

第二，由政府监督下的自治公共机构管理。采用这种管理模式的代表性国家有德国、瑞典、新加坡等国，政府承担的主要是监督责任，这三国分别由养老保险协会、就业委员会、中央公积金局等机构管理养老保险。

第三，由私营基金公司管理。采用这种管理体制的代表性国家有智利。在智利，就是由私人养老保险基金管理公司管理个人资本化账户。不过，即使是这种管理模式，政府也无一例外地要承担相应的监管责任。

四、中国的养老保险

中国养老保险制度改革以前，养老金也称退休金、退休费，是城镇劳动者最主要的养老待遇；改革开放后曾实行退休制度与离休制度"双制并存"。20世80年代退休制度改革后，原有的退休制度、离休制度逐渐被社会养老保险所替代，并自1995年起确立了由政府主导的社会统筹与个人账户相结合的基本养老保险制度，这一制度在改革试验中又被不断修订。目前，中国的养老保险制度开始步入成熟、定型发展新阶段。[2]

---

[1] 邹根宝.社会保障制度——欧盟国家的经验与改革[M].上海：上海财经大学出版社，2001：97.
[2] 本小节参见郑功成.中国养老金：制度变革、问题清单与高质量发展[J].社会保障评论，2020（1）.

（一）养老保险制度改革历程

1993 年，党的十四届三中全会通过的《中共中央关于建立社会主义市场经济体制若干问题的决定》中提出，城镇职工养老和医疗保险金由单位和个人共同负担，实行社会统筹和个人账户相结合。明确了养老保险基金实行"社会统筹与个人账户相结合"的原则。1995 年，国务院发布《关于深化企业职工养老保险制度改革的通知》，就企业职工养老保险体制改革问题作出一系列新规定，这是深化养老保险制度改革并构建新的养老保险制度框架的标志，由此提出了社会统筹与个人账户相结合的基本养老保险制度模式。国务院当年同时批准两种养老保险方案，尽管都强调社会统筹与个人账户相结合，但由国家体制改革委提出的方案更强调建立个人账户；而由劳动部提出的方案更突出建立社会统筹基金。国务院允许各地有权自行选择，以致全国在短短两年内冒出了上百个不同的养老保险改革方案。1997 年 7 月，国务院在充分听取各方面的意见并吸取两种实施方案优点的基础上，发布《关于建立统一的企业职工基本养老保险制度的决定》，这个文件的基本内容包括：明确确立社会统筹与个人账户相结合的养老保险模式，统一企业和职工个人的缴费比例，统一个人账户的规模，统一基本养老金的计发办法，还提出进一步扩大养老保险覆盖范围，加强基本养老保险基金管理，以及提高统筹层次和行业统筹的归属管理问题。至此，社会统筹与个人账户相结合模式正式成为有中国特色的企业职工基本养老保险制度模式。

2000 年 12 月 25 日，国务院发布并实施《关于完善城镇社会保障体系的试点方案》，同时选择辽宁作为试点省。在这一改革方案中，基本养老保险制度改革的一个重要变化就是社会统筹账户与个人账户由过去的通道式管理转变到板块式的分账管理，职工所缴养老保险费全部计入其个人账户，真正做实个人账户成为基本养老保险制度的现实政策。2004 年，国务院又确定完善城镇社会保障体系试点方案的试点省增加黑龙江与吉林两省，该方案确定的基本政策成为中国基本养老保险制度发展的基本取向。

2009 年 9 月，国务院发布《关于开展新型农村社会养老保险试点的指导意见》，尝试建立面向农民的养老保险制度。2010 年 10 月，全国人民代表大会常务委员会通过了《中华人民共和国社会保险法》，为社会养老保险的发展提供了初步的法律依据。2011 年 6 月，国务院发布《关于开展城镇居民社会养老保险试点的指导意见》，补上了基本养老保险制度未能覆盖城镇非从业居民的"补丁"。2014 年 2 月，国务院发布《关于建立统一的城乡居民基本养老保险制度的意见》，标志着面向城乡居民的基本养老保险制度正式确立。2015 年 1 月，国务院发布《关于机关事业单位工作人员养老保险制度改革的决定》，同年 3 月国务院办公厅发布《机关事业单位职业年金办法》，正式将免缴费型的退休金制度送进了历史，标志着中国建立了完整的法定基本养老保险制度体系。2018年5月，国务院发布《关于建立企业职工基本养老保险基金中央调剂制度的通知》，向全国统筹迈出了关键性步伐。2022年4月，国务院办公厅发布《关于推动个人养老金发展的意见》，为市场化的个人养老金制度建立提供了基本依据，它同时标志着市场化的第三层次养老保险步入新的发展阶段。

（二）养老保险管理体制改革

1998年3月，国务院实行机构改革，在劳动部的基础上新组建了劳动和社会保障部，人事部、民政部等部门负责社会保险事务的职能与机构统一被划拨到劳动和社会保障部，原来由多部门分割管理的社会保险管理体制由此迈向统一集中管理。社会保险管理体制的统一，使养老保险制度改革步伐进一步加快，其中极为重要的事件有二：一是国务院发布了《关于实行企业职工基本养老保险省级统筹和行业统筹移交地方管理有关问题的通知》，将原来由11个行业分割统筹的基本养老保险业务统一到政府的社会保险经办机构集中管理；二是国务院颁布《社会保险费征缴暂行条例》，对包括基本养老保险费在内的社会保险征缴进行了规范。

2008年3月，在国务院机构改革中，组建人力资源社会保障部，不再保留原有的人事部、劳动和社会保障部，两部负责的社会保险事务的职能划入人力资源社会保障部。2018年国务院机构改革中，管理养老保险事务仍为人力资源社会保障部的重要职责，但其参与管理的全国社会保障基金划转财政部管理；同时，该部管理的医疗保障事务、退役军人保障事务的职责分别划转新成立的国家医疗保障局、退役军人事务部。人力资源社会保障部的主要职责中，包括拟订人力资源社会保障事业发展政策、规划，起草相关法律法规草案，制定部门规章并组织实施；统筹推进建立覆盖城乡的多层次社会保障体系；拟订养老、失业、工伤等社会保险及其补充保险政策和标准；拟订养老保险全国统筹办法和全国统一的养老、失业、工伤保险关系转续办法；组织拟订养老、失业、工伤等社会保险及其补充保险基金管理和监督制度；编制相关社会保险基金预决算草案；参与拟订相关社会保障基金投资政策。在该部内设机构中，养老保险司、农村社会保险司分别负责机关企事业单位基本养老保险、企业（职业）年金、个人储蓄性养老保险、城乡居民基本养老保险相关事务，社会保险基金监管局负责基本养老保险、失业保险、工伤保险及企业（职业）年金、个人储蓄性养老保险基金监管制度和养老保险基金运营政策。

（三）现行法定基本养老保险制度

根据现行政策，中国的法定基本养老保险制度包括以下三项。

1. 企业职工基本养老保险制度

企业职工基本养老保险制度的覆盖范围是各类企业和企业化管理的事业单位及其职工，同时，灵活就业人员、城镇个体工商户等亦可以纳入该制度保障范围。它采取单位与个人分担缴费制，实行社会统筹与个人账户相结合的财务机制，现行单位缴费率为其工资总额的16%，个人缴费率为其工资的8%。单位缴费全部计入社会统筹基金；个人缴费全部计入参保人的个人账户，并属个人所有，可以继承。包括养老保险费在内的社会保险费由国家税务机关统一征收。在享受资格方面，除有特殊规定外，现行政策规定享受养老金需要具备的条件有两个：一是达到国家法定退休年龄；二是在企业职工基本养老保险覆盖范围并且参保缴费期限满15年。职工的养老金包括来自社会统筹基金中的基础养老金和来自个人账户中的养老金两个部分。

2. 机关事业单位工作人员养老保险制度

机关事业单位工作人员养老保险制度的覆盖范围是全国各级各类机关事业单位的工作人员，通常涵盖有编制的人员。该制度与企业职工基本养老保险制度的相关政策相通，不同的是，因该制度覆盖的人群均是财政供款的机关事业单位工作人员，政府事实上扮演着雇主的角色，单位缴费一般是财政承担。正因如此，在机关事业单位工作人员养老保险改革后，虽然原有的免缴费型退休金制度改革为缴费型社会养老保险制度，原有的单一层次制度安排变成了基本养老保险制度与职业年金制度，但因有财政作为后盾，参保人可以享有双层保障待遇。

3. 城乡居民基本养老保险制度

城乡居民基本养老保险制度的覆盖范围是年满16周岁（不含在校学生）、非国家机关和事业单位工作人员及不属于职工基本养老保险制度覆盖范围的城乡居民，他们可以在户籍地参加城乡居民基本养老保险。城乡居民基本养老保险基金由个人缴费、集体补助、政府补贴构成，其中个人缴费按照规定自主选择缴费标准，有条件的村集体经济组织对参保人缴费给予相应补助，同时地方人民政府应当对参保人缴费给予补贴，对重度残疾人等缴费困难群体，地方人民政府为其代缴部分或全部最低标准的养老保险费。该制度和上述两种制度不同点有三个。第一，居民基本养老保险实行全个人账户制，即国家为每个参保人建立终身记录的养老保险个人账户。个人缴费，地方人民政府对参保人的缴费补贴，集体补助及其他社会经济组织、公益慈善组织、个人对参保人的缴费资助全部计入个人账户；个人账户储存额按国家规定计息。第二，城乡居民基本养老保险待遇由基础养老金和个人账户养老金构成，支付终身。基础养老金由中央政府确定最低标准并建立正常调整机制，地方人民政府可以根据实际情况适当提高基础养老金标准；政府负责全额支付符合领取条件的参保人的基础养老金，其中，中央财政对中西部地区按中央确定的基础养老金标准给予全额补助，对东部地区给予50%的补助。个人账户养老金计发方式和性质与上述两种制度相同。三是领取年龄条件不同。机关事业单位工作人员、企业职工领取养老金的年龄条件有干部与职工、男性与女性之别，而城乡居民养老金领取条件均为年满60岁。

（四）其他层次养老保险制度

建设多层次养老保险体系是中国养老保险制度改革的既定目标，经过近20多年来的探索，多层次体系的框架已经呈现，但还未成熟。

处于第二层次的是职业年金与企业年金。其中，职业年金是面向机关事业单位工作人员的补充养老保险，由于有政府财政支撑，基本实现了全覆盖，从而构成了机关事业单位工作人员养老金的重要来源。企业年金是面向企业职工及其他劳动者的补充养老保险，由于实行自愿参加，迄今只有少数企业与少数职工参与，这一现实使大多数参加企业职工基本养老保险的劳动者在退休后较机关事业单位工作人员少了补充养老金来源。而居民尚未建立补充性质的第二层次养老保险制度。

处于第三层次的个人养老金及其他市场化养老保险产品，2022年进入试验性探索之中。

（五）养老保险制度面临的问题与挑战

尽管中国的养老保险制度改革取得了相当的成就，实现了制度全覆盖，所有老年人均能够按月领取一笔数额不等的养老金，但这一制度亦面临许多问题与挑战。

一方面，法定基本养老保险制度还未成熟。例如，企业职工基本养老保险还未实现全国统筹，城乡居民基本养老保险不足以解决居民年老后的基本生活需要，机关事业单位工作人员、企业职工、城乡居民三大群体养老金待遇差距偏大，特别是基本养老保险中的个人账户衍生出互济性减弱、权益失衡等不良效应，所有这些，均需要通过深化改革才能真正促使法定基本养老保险制度走向定型。

另一方面，老龄化、少子化在加速发展。中国于2000年进入老年型国家行列，2021年65岁及以上人口占总人口的比重达14.2%，标志着已经从轻度老龄化步入中度老龄化时代，并且不可逆转地向重度或深度老龄化迈进。与此同时，生育率在持续下降，2016年以来的总和生育率在1.3以下，成为当今世界生育率最低的国家之一，少子化趋势已经十分明显。老龄化、少子化加剧了人口结构的深刻变化，导致传统的家庭保障功能难以为继，进而导致养老保险筹资压力与基金支付压力急剧增长，这是养老保险制度必须妥善应对的严峻挑战。

此外，尽管多层次养老保险体系建设是20世纪90年代确立的改革目标，但迄今仍未取得明显的实质性进展。企业年金仍是少数国有企业与国有企业职工才能享有的福利待遇，城乡居民基本养老保险的参保人更无补充养老保险制度安排。在第三层次养老保险制度安排上，个人养老金政策已经出台，但实践效果不算理想。因此，中国的多层次养老保险体系建设任重道远。

第三节 医疗保险

一、医疗保险的内涵、发展过程及特征

（一）医疗保险的内涵、发展过程

疾病是人生中难以避免的风险，健康是人们最具普遍意义的诉求，而医疗保障是化解人民群众疾病医疗后顾之忧并提供健康素质的基本制度保障。[①] 以法律的形式确立医疗保险，是从1883年德国颁布《疾病保险法》开始的，至今已有140余年历史了。在此之前，人们要获得疾病医疗的保障主要是通过行业或地区组成的各种基金会、互助组织等民间保险形式，通过个人共同集资来偿付医疗费用，国家既无立法规范，政府亦不参与其中。1883年，德国颁布的《疾病保险法》规定，某些行业中工资少于规定限额的工人应强制加入疾病保险基金会，基金会强制性征收工人和雇主应缴纳的医疗保险费并用于工人的疾病医疗，这标志着医疗保险作为一种强制性社会保障制度得到确立，它也是现代社会保障制度诞生的标志。随后，20世纪上半叶这项政策逐渐在整个欧洲以各种形式推广，进而向其他地区迅速扩展。在欧洲，奥地利于1887年、挪威于1902年、英国于1911年相继建立了自己的医疗保险制度；法国于1921年通过疾病医疗保险方面的立法，1930年正式实施。到20世纪30年代早期，大多数欧洲工业化国家建立了这种保险制度，当时以生育和疾病社会保险的名义实行。第二次世界大战以后，西欧、北欧等国家宣布建立福利国家，面向工薪劳动者的疾病医疗保险被普遍性的高水平的国民保健制度替代，其他欧洲国家的医疗保险范围进一步扩展，医疗保险水平不断提升，已经成为这些国家最重要的社会保障项目。在亚洲，日本于1922年颁布《疾病保险法》，1938年颁布《国民健康保险法》，将工薪阶层和非工薪阶层的医疗保险区分为健康保险和国民健康保险。医疗保险的覆盖范围从部分大企业的雇员

---

① 郑功成. 加快构建高质量中国特色医保制度 [N]. 人民日报, 2020-01-08.

逐步扩展至产业工人、海员、政府工作人员、职员和农民等，按日计酬的短工和参保人的家属也被包括其中。由于人口迅速老龄化，老年人口医疗开支增加，1972年，日本为70岁以上以及65~70岁但生活不能自理的老年人建立了老年医疗保健制度，日本现行的医疗保险基本覆盖了全体国民。亚洲其他一些国家在第二次世界大战后也开始探索自己的医疗保险制度，中国的公费医疗、劳保医疗与农村合作医疗制度的建立与发展，更是使亿万人民直接受益。

（二）医疗保险的特征

与其他社会保险项目相比，医疗保险具有社会保险制度的共同特征，它们一起对劳动者的生老病死及意外事故承担保障责任，但由于疾病风险和医疗服务需求的特殊性，又使医疗保险在实践中表现出自身固有的一些特征。

1. 待遇支付形式为非定额的费用补偿

建立医疗保险的作用之一，是避免参保人因疾病而无法获得基本医治，同时尽快恢复患者的身体健康和劳动能力。众所周知，养老保险是发放现金，工伤保险既发放现金也提供医疗服务，失业保险既发放现金也提供诸如培训等服务，三者基本上是一种收入保障机制；而医疗保险则是一种医疗费用补偿机制，它通过为参保人提供相应的医疗服务来达到恢复患者健康的目的，这种费用补偿待遇与缴费多寡无关而与医疗费用直接相关，即患者获得的费用补偿不是取决于其缴过多少医疗保险费，而是取决于病情、疾病发生的频率以及实际需要。因此，医疗保险的待遇不同于养老保险、失业保险那样实行标准的定额支付，而是依据每个患者疾病的实际情况确定补偿。

2. 补偿期短但受益时间长

由于疾病的发生具有随机和不可预测性，医疗保险提供的补偿也具有不确定性，一次疾病的时间通常不会太长，从而每次的补偿期也较短。不过，由于人的一生中不可避免地要生病，医疗保险也就会伴随参保人的一生，这一点显然与其他社会保险有很大区别。例如，养老保险是劳动者退休后才能享受，失业保险只在失业者失业期间才能享受，工伤保险只在劳动者发生工伤事故后才能享受，生育保险更是一次性保险。从这个意义上讲，医疗保险不仅会惠及所有参保人，而且自其参加保险之日起将伴随其一生，可以说是受益时间最长的社会保障项目。

3. 涉及关系非常复杂

医疗保险涉及政府、用人单位、医疗机构、社会保险机构、医药机构和患者个人等多方之间复杂的权利义务关系，要处理好这样复杂的关系，必然需要兼顾主体各方的权益并对各利益主体形成一种制衡机制。因此，医疗保险制度的有效性不仅取决于其本身的科学合理性，同时还与公共卫生资源的合理配置、医疗卫生体制（重点是医疗机构）、医药流通体制等紧密相关，如果医疗卫生体制、医药流通体制不能同步改革，医疗保险就不可能独自发展。医疗保险制度的复杂性还表现在医疗机构、医药机构与患者之间的信息不对称，再加上由医疗保险机构（第三方）付费，这就存在着先天的约束不足。医疗保险的复杂性决定了该制度实践的难度很大。

4. 医疗服务消费具有不确定性和被动性

医疗保险的费用控制是一个世界性的难题，同养老、失业等其他社会保险相比，医疗保险关系十分复杂。参保人患病时每个人的实际医疗费用无法事先确定，支出多少也不仅取决于疾病的实际情况，还有医疗处置手段、医疗服务供给方的行为甚至可能的道德风险等对医疗费用产生的影响。在医疗服务消费中，医疗服务供给方始终处于主动地位，其服务供给也处于相对的垄断地位，而患者的医疗消费却是被动性的，患者很难真正通过市场手段来选择医疗服务的内容和数量，也没有足够的动机去主动控制医疗费用的支出。因此，医疗保险的管理也就有别于养老、失业等其他社会保险，它不仅需要对医疗保险基金的收支进行管理，而且需要对医疗服务供给方以及项目、内容等进行管理。

医疗保险的上述特征，是它作为一个独立的社会保险项目的本源特性，也是它区别于其他社会保险项目的基本标志。

二、医疗保险的基本内容

（一）医疗保险参与主体

医疗保险参与主体是指直接介入医疗保险制度并承担相应责任的单位及个人，包括政府、医疗保险机构、医疗服务供给方、参保人和雇主。

1. 政府

在医疗保险中，政府通常负有如下责任：（1）推动医疗保险立法，并依据法律制订相应的政策，为医疗保险的运行提供依据；（2）规划和构建医疗保险体系，包括改善公共卫生资源配置、推进医疗卫生体制与医药流通体制改革、确定医疗保险发展规划，以及从宏观层面上统筹公共卫生、医药流通及各种医疗保险项目的发展；（3）监督医疗保险的运行，纠察医疗保险中的失范行为，确保医疗保险在规范的轨道上健康发展；（4）提供社会医疗救助，发展公共卫生事业，为医疗保险制度提供良好的基础与配套；（5）必要时对医疗保险给予相应的财政支持，以及对医疗服务与医药产品进行计划调节。当然，各国政府对医疗保险的干预程度随医疗保险制度模式不同而存在着差异：一种是全面干预医疗保险和医疗服务市场，如在英国，政府、医疗保险机构和医疗服务供给方实际上是合为一体的，由政府具体处置各方的关系；另一种是干预医疗保险但不全面干预医疗服务市场，医疗机构由各种所有制组成，例如，加拿大由地方政府设立医疗保险机构具体负责筹资和付费，政府和医疗保险机构合为一体，但医疗机构由公营和非营利机构共同组成。中国的医疗保险管理机构是国家医疗保障局及地方各级医疗保障行政部门。

2. 医疗保险机构

医疗保险机构是具体经办医疗保险事务并管理医疗保险基金的机构。在大多数国家，医疗保险机构均是公营机构，但也有由雇主与雇员代表组成自治管理机构的，如德国。医疗保险机构区别于其他社会保险机构的一个显著特点是，它必须借助医疗机构才能为参保人提供医疗服务。医疗保险机构具有一定的独立自主经营权，在性质上属于非营利性（非商业性）机构，它的基本任务就是按照国家的相关法律、法规有效地开展医疗保险业务，保证医疗保险制度的正常运转。在实践中，医疗保险机构要接受政府行政主管部门的管理与监督，其承担的职责主要是管理具体的医疗保险事务，包括参与有关医疗保险的法律、法规和政策的制定，征缴医疗保险费，确立医疗机构与服务方式，确定合适的医疗费用支付方式并实施医疗保险费用的结算，对医疗服务的供给方和需求方实行有效的监督，管理和运营医疗保险基金。国外的医疗保险经办机构大多是独立的法人，如德国的医疗保险经办机构是由雇主代表与工会代表组成的疾病保险基金会，韩国的医疗保险经办机构是韩国健康保险公团。中国的医疗保险经办机构则隶属于各级医疗保障行政部门。

3. 医疗服务供给方

医疗服务供给方包括医院、医生和药店。医院通过资源配置和合同方式与参保人建立医疗服务关系，与医疗保险机构建立付费关系。医生则有掌握患者病情的信息优势，从而是决定医治手段、费用支出的关键因素。中国采取定点医院与定点药店制。定点医院、医生和定点药店承担着为参保人提供医疗服务的义务，同时拥有依法或合同接受医疗保险机构付费的权利。可见，在医疗保险中，医疗服务供给方、需求方与付费方分别构成了三对权利义务关系，服务提供与费用支付存在脱节，这种特殊现象是医疗保险各主体之间关系复杂化的基本原因。

4. 参保人

在医疗保险中，参保人既是享受医疗服务的权利主体，也是承担缴纳医疗保险费的义务主体。但也有一些特殊情况，如在实行雇主医疗保险责任制或者有最低工资限制的国家，就由雇主承担全部缴费义务，这样，参保人就是单纯的权利主体。在德国，领取医疗津贴、生育津贴、子女抚育津贴、享受子女抚育假之前，曾经取得过负有缴费义务的收入但现在没有取得任何应负有缴费义务的收入的人员，以及未就业或属灵活雇佣性质的人员因为其配偶或父母有法定医疗保险投保人的身份能够实现家庭成员连带保险的，可以享受免费的医疗保障。在中国，符合条件的低收入困难群体由政府设置的医疗救助代为缴纳基本医疗保险费，这一群体亦是基本医疗保险制度的参保人，这不是免费医疗而是在人们无力承受缴费义务时由政府代为缴费，待其摆脱贫困后再自行承担缴费义务。

5. 雇主

雇主是医疗保险缴费方之一，在医疗保险关系中是单纯的义务主体。在不同国家，雇主、雇员双方分担医疗保险的供款责任是一般的做法，而政府则视情形加入其中。

（二）医疗保险基金的筹集

医疗保险基金是医疗保险制度的物质基础，它是医疗保险机构依法通过对法定范围内的单位和人群征收医疗保险费来筹集的。在筹集的过程中，医疗保险基金通常体现出强制性、费用共担及收支平衡的原则。在财务机制方面，医疗保险的财务机制与养老保险类似，也可以分为现收现付制、完全积累制和部分积累制三种情况，但大多数国家选择现收现付制。

医疗保险基金的筹集渠道，主要有政府专门税收、雇主与雇员缴费、公共财政补贴，以及如利息、滞纳金等其他方面的收入（较少）。不过，多数国家采取由雇主与雇员分担缴费责任或者政府、雇主与雇员三方分担缴费责任的做法。医疗保险费的缴纳方式通常采取与工资或收入挂钩制，即按照参保人的工资或收入的一定比率征收医疗保险费。也有个别国家采取固定保险费金额制，即确定一个固定的额度向承担缴费义务者征收医疗保险费，如中国现行的城乡居民基本医疗保险制度。

至于具体的费率结构，有的国家较为简单，有的国家却较为复杂。例如，在德国，法定医疗保险就规定了七种不同的费率，包括一般费率、提升费率、减免费率、适用于服兵役或民役服务人员的减免费率、适用于大学生和实习生的费率、适用于养老金人员的费率，以及适用于其他收入的费率。在日本，由政府经办的针对中小企业的雇员医疗保险，雇员和雇主各按工资的4.2%缴费；由社会经办的针对大企业的雇员医疗保险，雇员按工资的3.6%缴费，雇主的缴费标准却为4.6%；而对参加国民健康保险的人员，费率按照每个人的收入以及富裕程度来决定，比例要高于雇员医疗保险。在中国，企业职工基本医疗保险的费率较为简单，用人单位缴费率为6%，个人缴费率为2%；城乡居民基本医疗保险则采取按照人头缴纳等额医疗保险费的做法，这种做法与社会医疗保险应当按照可支配收入一定比例缴费的规则不同,其长期运营效果有待检验。

(三)医疗保险待遇的给付

最初,医疗保险的待遇是补偿参保人因病造成的收入损失,后来逐步扩展到承担因治疗疾病所发生的医疗费用。随着医疗费用的增加和医疗保险基金储备不足之间的矛盾日益突出,各国为保障医疗待遇水平,减少医疗费用浪费,一直在探索更为经济有效的医疗保险机制。在一些福利国家中,逐渐将预防、免疫、疾病的早期诊断、保健、老年护理和康复等项目纳入医疗保险的范围。但在不同的国家,由于经济社会发展水平和医疗保险的筹资水平不同,医疗保险的医疗服务范围及其支付标准差别很大。例如,在英国等福利国家,实行的是免费医疗服务或者不需要个人付费的公费医疗服务,个人承担的费用几乎可以忽略不计;在法国,个人承担的医疗费用支付责任不超过10%;日本、韩国医疗保险的保障水平均较高,个人承担的医疗费用控制在10%左右。

医疗保险机构作为医疗保险服务付费人,对医疗机构的补偿方式是整个医疗保险制度运行中的重要环节。概括起来,医疗保险费的支付方式可以分为后付制和预付制两类。前者指按服务项目付费;后者有总额预算制、按人头付费、按病种付费、工资制等方式。

1. 按服务项目付费

按服务项目付费是医疗保险最传统、应用最广泛的支付方式。医疗保险机构根据医疗机构上报的医疗服务项目和服务量向医疗机构支付费用,它属于事后付费。在具体操作上,可以先由医疗机构垫付后再与医疗保险机构结算,也可以先由患者垫付再从医疗保险机构报销部分或全部费用。这种付费方式具有实际操作方便、适用范围广泛等优点,但由于医疗机构的收入同所提供的医疗服务项目、数量直接相关,医疗机构因此具有提供过度服务甚至虚报服务的动机。同时,第三方付费的事实亦使医患双方缺乏费用控制机制,从而容易造成医疗浪费。

2. 按人头付费

按人头付费指医疗保险机构按合同规定的时间(如一年),根据接受医疗服务的参保人人数和规定的收费标准,预先支付医疗服务费用的支付方式。在此期间(一年),医疗机构负责提供合同规定范围内的一切医疗服务,不再另行收费。按人头付费实际上就是一定时期、一定人数的医疗费用包干制。由于医疗机构的收入与接受医疗服务的参保人人数成正比,与提供的服务成反比,节余归自己,超支自负,这就产生了内在的成本制约机制,从而有利于医疗费用控制和卫生资源的合理利用。不过,这种付费方式也可能产生鼓励医疗机构减少服务提供或降低服务质量的现象。为了保证医疗服务质量,防止医疗服务质量降低,一些国家甚至规定了每个医生最多照管病人的数量。在丹麦、荷兰、英国最早实行按人头付费的办法后,意大利、美国等国家也广泛采用这种方式来支付医疗费用。

3. 总额预算制

总额预算制指医疗保险机构通过对服务地区的人口密度、人口死亡率、医院的规模、服务数量和质量、设备设施情况等因素进行综合考察和测算后,按照与医院协商确定的年度预算总额支付医疗费用的方式。这种付费方式的特点是,医疗机构必须为前来就诊的参保人提供合同规定的服务,自负盈亏,所以也称为总额预算包干制。英国、加拿大、澳大利亚等国采用这种付费方式。

4. 按病种付费

按病种付费亦称按疾病诊断分类定额支付。这种方式是根据国际疾病分类法,将住院病人的疾病分为若干类,每一类又根据疾病的轻重程度及有无合并症、并发症分成若干级,同时将住院病人的疾病按诊断、年龄、性别等分为若干组,对每一组的不同级别分别制定价格标准,按照这种价格对该组某级疾病治疗的全过程进行一次性支付。简单地讲,就是按诊断的住院病人的病种进行定额支付。该方式的优点是可以激励医院为获得利润而主动降低成本,缩短平均住院日,一定程度上减缓和控制医疗费用上升的趋势;缺点是难以在水平不同的医院、服务项目、服务质量以及病例的组合中建立准确、恰当的分类系统,尤其是当诊断界限不明时,容易诱使医生将诊断升级以获得较多的费用支付,而且标准复杂、调整频繁,管理成本较高。

5. 工资制

工资制指社会保险机构根据合同和医疗机构医务人员所提供的服务向他们发工资,以补偿医疗机构人力资源消耗。这种方式的优点是医疗保险机构能够较好地控制医院的总成本和人员开支,医务人员的收入也有保障。缺点是由于医疗保险机构支付给医务人员的费用是固定的,与医务人员提供服务的数量和质量无关,所以不能对他们形成激励机制,有可能会导致医疗服务质量的下降。这种方式广泛应用于芬兰、瑞典、苏联、西班牙、葡萄牙、希腊、土耳其、印度、印度尼西亚、以色列以及拉美国家,英国、加拿大等国对医院的医生也实行这种方式。

三、其他医疗保障模式[①]

除前面介绍的社会医疗保险外，世界上还存在着国家医疗保险、强制储蓄医疗保险、私营医疗保险等模式，每种模式均有着自己鲜明的特点。不过，各种医疗保障模式也并非总是一成不变，各国医疗保障制度改革进程亦表明了各种模式之间相互吸取经验和教训已经成为主流，混合型模式或许会成为一种世界趋势。

（一）国家医疗保险模式

国家医疗保险模式，亦称为全民医疗保险或全民健康保险，是指政府直接举办医疗保险事业，向全体国民提供免费或低收费医疗服务的模式。国家医疗保险资金主要通过政府税收的形式筹措，然后通过预算拨款给有关部门或直接拨给公立医疗机构，国民在看病时享受免费或低收费的医疗服务。实行国家医疗保险的国家，均由公立医疗机构提供各种医疗服务，医疗服务活动具有国家垄断性。在公立医疗机构工作的医务人员的工资由国家财政承担。英国、瑞典、爱尔兰、丹麦、芬兰、加拿大等福利国家均实行覆盖全民的国家医疗保险制度。这种模式的突出特点是全民性与公平性，能够全面保障全体国民的身体健康，满足全体国民多方面的医疗保障需求；不过，这种模式在实践中也存在医疗机构微观运行缺乏活力、卫生资源配置效率低下、政府财政负担过重等问题。

英国是世界上第一个宣布建立福利国家的国家，也是实行所有医疗机构国有化、医护人员国家公职人员化和全民医疗保险制度的国家，它对所有国民均提供免费医疗（实质上是国家财政支撑的公费医疗），这一制度又称国民卫生保健制度（NHS）。瑞典的卫生保健制度始建于1955年，其健康保险向全体国民及外籍居民提供医疗服务。加拿大也是实行全民医疗保险制度的国家，1966年加拿大联邦政府制定了《全民疾病保险法案》，1972年全面实施全民健康保险制度，加拿大联邦政府对医疗卫生服务实行统一计划和管理，在卫生服务提供的过程中表现出许多国家垄断的特征，医疗保险基金主要来自联邦所得税和省所得税。在加拿大的全民医疗保险计划下，所有国民不论其经济状况如何，都自动成为医疗保险计划的投保人和保险待遇享受者。个人只需支付很少的医疗费用，便能够享有基本的住院医疗服务和门诊服务，不会因为医疗费用的支出而降低人们的生活水平。贫困人口和丧失经济能力的人和家庭可以申请部分或全部减免保险费，所有65岁以上的老年人均可以自动成为免费医疗保险的享受者，终

[①] 本小节参见郑功成2005年在复旦大学出版社出版的《社会保障概论》第六章。

身享受医疗保健服务。

（二）强制储蓄医疗保障模式

强制储蓄医疗保障制度，是通过立法强制劳资双方或劳动者建立医疗保健储蓄账户（即个人账户）并用以支付个人及家庭成员的医疗费用的一种医疗保障制度。这种模式下的医疗保障，所筹集的医疗基金既不是强制性纳税，也不是强制性缴纳保险费，而是以家庭为单位"纵向"筹资，是基于自我负责精神建立的一种制度。由于强制储蓄医疗保障不能体现社会保险互助共济的基本特征，不能在不同身体状况的人之间进行交换，所以它实质上属于"非保险型筹资制度"。

在强制储蓄医疗保障模式中，政府的责任主要是组织建立个人储蓄医疗保障制度，保证个人医疗储蓄基金的保值增值，并对医疗机构给予适当补贴。这种模式以新加坡为代表，马来西亚、印度尼西亚等发展中国家也采用了这种制度，属于公积金制度的一个部分。

在新加坡，医疗保障制度由三个层次构成，即在全国范围推行的、强制性的、以帮助个人储蓄和支付医疗费用的保健储蓄计划，非强制性的、对大病进行保险的健保双全计划、增值健保双全计划，以及政府为帮助那些不能支付医疗费用的贫困人口而拨款建立的保健基金计划。此外，还有老年护理计划、老年护理保险计划等辅助性医疗保险计划。它们共同筑成新加坡人的医疗保障体系，保证了每个国民都能获得基本医疗服务。其中，保健储蓄计划是1984年在原有公积金制度的基础上建立的一项全国性、强制性储蓄计划，它要求每一个雇员（包括自我雇佣人员）都要按法律规定参加保健储蓄计划，保健储蓄账户上的资金可以用于疾病医疗，在个人55岁时，保健储蓄账户中积累的资金可以提取，但必须保有一个"最低限额"，确保参保人在退休后患病时有足够的资金支付住院费。健保双全计划是为了弥补保健储蓄计划的不足，于1990年制订并实施的一种非强制性大病保险计划，凡参加该计划的人员，发生重病住院医疗费用时，先按保健储蓄计划规定支付一定数额后，剩余部分从健保双全计划统筹基金中支付80%、自付20%。在健保双全计划的基础上，新加坡还建立了增值健保双全计划，这是为那些希望得到比健保双全计划更多保障的群体设计的。保健基金计划则实施于1993年，是由政府拨款设立基金，为无力支付医疗费用的贫困人口提供帮助的医疗保障"安全网"，根据该计划，凡无力支付医疗费用的人，均可以向保健基金委员会申请帮助，由委员会依据一定的程序审批并发放基金。这一计划在一定程度上解决了那些低收入或无收入居民因个人账户资金不足而没钱治病的问题。

(三)商业医疗保险模式

商业医疗保险是按照市场法则由私营机构自由经营的医疗保险模式。在这种模式下,医疗保险被视为一种特殊商品,在市场上自由买卖,买方可以是企业、团体、政府或个人,卖方则是营利(不享受税收优惠)或非营利(享受税收优惠)的私人医疗保险公司或民间医疗保险机构。商业医疗保险的资金主要来源于参保人及其雇主所缴纳的保险费,政府财政不负责补贴,缴费水平通常取决于参保时年龄、性别以及个人的健康状况,是在假定未来保险费收入现值与医疗费用支出现值相等的基础上计算出来的,缴费一般较高。因此,私营医疗保险一般不适用于低收入者、老年人及体弱多病者,但能较好地满足中高收入者高层次的医疗服务需求,其社会公平性差。

在世界上,美国选择的是多元并举的混合型医疗保障模式,是实施商业医疗保险模式的典型代表。在美国的多元化医疗保障体系中,既有由政府举办的社会医疗保障(包括联邦医疗保险制度、医疗救助制度和少数民族免费医疗制度),也有营利性的商业医疗保险及非营利性的医疗保险。据统计,美国的卫生费用位居全球之首——占国内生产总值的18%以上,迄今全美仍有数千万人没有医疗保险。

由于种种原因,私营机构自身并不可能胜任规模如此庞大、涉及面如此广的医疗保险,而商业医疗保险本身所固有的保险对象与疾病风险限制性,亦不可能真正满足全体社会成员的医疗保险需求。因此,美国政府除了专门为65岁以上老年人和残疾人提供联邦医疗保险,以及为低收入家庭提供医疗救助,还通过联邦所得税税制对私营医疗保险给予隐含补贴。美国的实践证明,商业医疗保险虽然也算现代医疗保障体系的一个组成部分,但在解决社会成员的疾病医疗问题方面所起的作用明显的不如社会医疗保险。

四、中国的医疗保障

(一)医疗保障的改革历程

中国传统的医疗保障制度始建于20世纪50年代,它基于中国城乡二元分割状态,由面向城镇居民的公费医疗、劳保医疗和面向农村居民的农村合作医疗三种制度共同构成。其中,公费医疗和劳保医疗是以工资收入者为主要对象并惠及其家属的制度安排,农村合作医疗则是建立在农村集体经济基础之上的农村居民互助保障制度。由公费医疗、劳保医疗、农村合作医疗构成的传统医疗保障体系,在新中国历史上对解除城乡居民疾病医疗后顾之忧和提高国民的健康素质发挥了重大作用,它促使中国迅速将"东亚病夫"的耻辱性称呼送进了历史，人均预期寿命持续快速提升。然而，随着经济体制改革的推进，传统医疗保障体制因丧失了相应的经济基础与组织依托，再加上存在一些内在缺陷，亦开始进入改革时代。

在前期各地自主探索改革劳保医疗制度的基础上，1994年国务院选择江苏省镇江市和江西省九江市两个中等城市进行医疗保险改革试点（简称"两江"试点），医疗保险改革在中央政府主导下正式步入改革时代。1998年，国务院在继续总结"两江"试点经验的基础上，发布《关于建立城镇职工基本医疗保险制度的决定》，不仅要求在全国范围内建立覆盖全体城镇职工的基本医疗保险制度，而且明确了改革目标与政策框架，从而标志着中国城镇职工医疗保险制度改革进入了一个新的发展阶段。随后，国家还批准实施公务员医疗补助办法，社会保障主管部门亦发布了企业建立补充医疗保险的政策性文件。2003年，国务院启动新型农村合作医疗试点，开始重建面向农村居民的基本医疗保险制度。2007年，国务院启动城镇居民基本医疗保险试点，还为城乡居民建立了大病保险制度与医疗救助制度。2009年，中共中央、国务院推进深化医药卫生体制改革，中国由此走向全民医保新发展阶段。2016年，国务院推进城乡居民基本医疗保险制度整合，由此开始形成职工医保与居民医保组成的法定医疗保障制度，它们构成了中国医疗保障体系的主体。2018年，国务院在机构改革中组建国家医疗保障局，全国医疗保障事务管理体制得以集中统一，此举扫除了过去长期制约医保改革与发展的体制性障碍。2020年，中共中央、国务院发布《关于深化医疗保障制度改革的意见》，为建立医疗保障改革与制度建设提供了顶层设计，由此医保改革从长期试验性状态走向成熟、定型发展的新阶段，并明确提出到2030年全面建成中国特色的医疗保障制度体系，医保改革走向全面深化。2021年，国务院颁布《医疗保障基金使用监督管理条例》，这是新中国成立以来制定的首部医疗保障行政法规，标志着医疗保障运行开始步入法治化轨道。

（二）现行医疗保障制度安排

目前，中国法定医疗保险制度按照职工与居民两大群体设置。

1. 城镇职工基本医疗保险制度

现行的城镇职工基本医疗保险制度，是在总结以往各地医疗保险改革试点经验的基础上，根据1998年12月国务院发布的《关于建立城镇职工基本医疗保险制度的决定》建立的，2010年全国人民代表大会常务委员会制定的《中华人民共和国社会保险法》对此进行了原则规制。城镇职工基本医疗保险制度的基本内容包括：明确强制参保范围，城镇所有的用人单位及其职工和退休人员都必须参加基本医疗保险；明确医疗保险费由用人单位（或雇主）和职工共同承担缴费责任；实行社会统筹与个人账户相结合的财务机制并明确其使用范围；同步推进医保经办服务改革。

2. 城乡居民基本医疗保险制度

城乡居民基本医疗保险制度面向职工覆盖范围之外的城乡居民，是法定医疗保障制度的主体。与法定的职工医疗保险制度相比，法定的居民医疗保险制度包括基本医疗保险、大病保险、医疗救助三种制度安排，均是政府主导的法定医疗保障制度，但大病保险实质上是从基本医疗保险制度上派生出来的，并不构成一种独立制度安排。在筹资方面，居民医疗保险基金由政府补贴与个人缴费组成，在现行政策下，政府补贴约占全部基金来源的2/3，个人则采取按照人头缴纳等额保险费制。同时，居民医疗保险不建立个人账户。

总之，作为现代社会保障体系中的重要制度安排，医疗保险除具备社会保险的共性功能之外，还具有保障劳动者身心健康、及时"修复"劳动能力、减轻劳动者及其家庭的经济负担、提高全民身体素质、促进卫生事业健康发展等功能，重视社会保障制度建设与发展必然需要高度重视医疗保险制度的建设与发展。

第四节 工 伤 保 险

一、工伤保险的内涵、发展过程及工伤责任的认定[①]

（一）工伤保险的内涵、发展过程

工伤保险，也称职业伤害保险，是指对法定范围内的劳动者在工作中或在规定的某些特殊情况下因遭受意外伤害和患职业病，暂时或永久丧失劳动能力以及死亡时，劳动者或其遗属可以从国家和社会获得物质帮助的一种社会保险制度。它包含了两层含义：一是劳动者本人因工伤造成暂时或永久丧失劳动能力时，可以从国家和社会获得医疗救治、职业康复、经济补偿等物质帮助；二是劳动者本人因工伤死亡时，其遗属可以从国家和社会获得遗属抚恤、丧葬补助等物质帮助。

工伤所造成的直接后果是伤害到劳动者的健康及生命，使劳动者的健康权、生存权和劳动权受到影响、损害甚至被剥夺，并由此造成劳动者及家庭成员的精神痛苦和经济损失。因此，在大多数国家的立法实践中，都明确规定劳动者应享有工伤保险的

---

① 本小节参见郑功成2005年在复旦大学出版社出版的《社会保障概论》第八章。

权利。现代意义上的工伤保险最早产生于 1884 年的德国。目前在世界范围内，无论发达国家还是发展中国家，无论社会背景如何，都在不同程度上实行了工伤保险制度。据国际劳工组织统计，到 20 世纪末，世界上近 180 个国家建立了工伤保险制度，约占国家总数的 80%，是最具普及性的一种社会保险制度。中国的工伤保险制度始建于 20 世纪 50 年代，当时的法律依据是《中华人民共和国劳动保险条例》，20 世纪 80 年代后，国家开始对传统的工伤保险制度进行一系列的改革探索，但进展缓慢。直到 2003 年 4 月 27 日国务院颁布《工伤保险条例》，并于 2004 年 1 月 1 日起正式施行，适应市场经济的工伤保险制度才得以确立，它标志着中国工伤保险制度建设进入了一个崭新的发展阶段。2010 年 12 月，国务院发布《关于修改〈工伤保险条例〉的决定》，根据《中华人民共和国社会保险法》对工伤保险制度做了相应的完善。

（二）工伤责任的认定

工伤责任的认定，决定着工伤保险制度的产生与发展，以及劳动者遭遇工伤后的法定权益。从早期工伤事故由劳动者个人责任到现代工伤保险制度确立的无过失责任，工伤责任认定走过了一个较长的发展过程，从有利于维护雇主利益转变为有利于维护劳动者权益。根据工伤责任承担主体和方式的不同，大体上可以划分为劳动者个人责任、雇主过失责任、雇主无过失责任三个发展阶段。

1. 劳动者个人责任阶段

在资本主义早期，劳动者在工作中受到职业伤害的一切后果都由其本人承担。这就是所谓的劳动者个人责任原则。这种做法的理论依据是"危险自负说"，这是 18 世纪英国著名经济学家亚当·斯密在风险承担理论中提出的观点，他认为，雇主在与劳动者签订劳动合同时，其支付的工资中已经包含了对劳动者工作岗位危险性的补偿，因此，劳动者在工作过程中因发生工伤事故而蒙受的一切损失应由劳动者本人承担。这一理论风行于早期资本主义时代，成为雇主推卸工伤责任的理论依据。

2. 雇主过失责任阶段

伴随着资本主义工业化的发展进程，大机器所导致的工伤事故和职业病越来越多，给劳动者身心健康及其生活带来了严重危害。劳动者为了获得工伤赔偿，纷纷起来抗争，要求雇主承担工伤赔偿责任，并取得了一定的胜利，即劳动者在受到职业伤害时，可以通过法律手段获得一定的赔偿。但这种赔偿是依据民事赔偿法律，通过法院的裁决实现的。劳动者只有证明工伤是由于雇主的过错造成的，法院才能判决雇主给予赔偿，否则后果自负，这就是所谓的雇主过失赔偿原则，它以雇主存在过失为赔偿前提。与此相适应，对工伤事故的保障进入了雇主过失责任保险阶段。例如，1884 年，英国通过的《雇主责任法》明确规定,劳动者只有在法庭上证明雇主有过失,才能获得赔偿。此后,许多国家也在工厂法有关劳动条件的条文中规定了工伤赔偿责任。与劳动者个人责任相比,雇主过失责任赔偿显然是一大进步。然而,实行雇主过失责任赔偿并不能真正解决劳动者遭受工伤后的赔偿问题,主要原因有:一是劳动者很难提供证据证明工伤是由于雇主的过失造成的;二是法律诉讼费用往往太高,劳动者难以承担;三是劳动者起诉雇主,会带来被解雇的后果。因此,劳动者往往会放弃诉讼,最终得不到合理的补偿。

3. 雇主无过失责任阶段

到 19 世纪末,随着工人阶级斗争的胜利和社会文明的进步,德国、英国、法国等工业化国家普遍确认了职业危险原则。该原则认为,工业化给社会创造巨额财富的同时,也容易发生难以抗拒的工伤事故和职业病;凡是利用机器或劳动者体力从事经济活动的雇主,均有可能造成劳动者受到职业方面的伤害;而劳动者发生职业伤害,无论雇主是否存在过失,只要不是劳动者的故意所为,雇主就应进行赔偿;雇主支付职业伤害赔偿金是一笔日常开支,就像修理和维护设备的保养费和支付给劳动者的工资一样,是雇主应负责的一部分管理费用。在这种无过失补偿原则指导下,保障工伤受害者权益的风险保障机制也开始从雇主过失责任阶段进入雇主无过失责任阶段。

正是基于雇主无过失补偿原则的确定,工伤保险才在全世界范围内得到了普遍性发展。在德国,这种工伤保险甚至覆盖了全德约 80% 的人口,各类学生均包括在其中,从而实际上已经成了职业伤害与人身意外风险保障机制。

二、工伤保险的特征、原则及作用[①]

(一)工伤保险的特征

在各国工伤保险实践中,可以发现,它除具有社会保险的一般特征以外,还具有自身的一些特征,这就是实施范围最广、保障性最强、待遇相对优厚、给付条件最宽。在世界上,凡是实行社会保险的国家,大都建立了工伤保险制度;在保障方面,工伤保险除了要对因工受伤的劳动者提供及时的医疗救治、医疗护理,还要根据其伤残程度提供经济补偿、职业康复等,对因工死亡的劳动者遗属提供基本的生活保障,其待遇比养老、失业、医疗保险的待遇都要高。因为养老保险只能保障劳动者退休后的基本生活需要;失业保险虽然也保障劳动者失业期间的基本生活,但带有救济的性质;

---

① 本小节参见郑功成 2005 年在复旦大学出版社出版的《社会保障概论》第八章。

医疗保险只能满足劳动者患病时的基本医疗需求。工伤保险不但要保障劳动者的基本生活，还要根据其伤残程度提供经济补偿，其医疗待遇也比非因工负伤、患病的医疗待遇要高。此外，劳动者参加工伤保险不需要缴纳任何保险费，而且享受工伤待遇不受年龄、工龄、缴费年限、性别等条件的限制，凡是因工伤残或死亡的，都能享受相应的待遇。工伤保险的上述特征，是其区别其他社会保险制度的重要标志。

（二）工伤保险的原则

综合考察世界上大多数国家的工伤保险制度，普遍遵循五个原则。

1. 无过失补偿原则

无过失补偿原则亦称严格责任或绝对责任原则，它是指劳动者在工作过程中遭遇工伤事故或职业病时，无论企业或雇主是否有过错，只要不是劳动者本人故意所为，均按照法律规定的标准支付劳动者相应的工伤保险待遇。无过失补偿原则是工伤保险应遵循的首要原则。无过失补偿原则的确立，有利于劳动者在工伤发生后能够得到及时的治疗和经济补偿。当然，实施无过失补偿原则，并不意味不追究事故责任；相反，对于事故的发生必须认真调查、分析事故原因、查明事故责任，以便吸取教训、降低事故发生率。

2. 个人不缴费原则

工伤事故属于职业伤害，是在生产劳动过程中，劳动者为向雇主创造物质财富而付出的健康乃至生命的代价，因此，工伤保险待遇带有明显的"劳动力修复与再生产投入"性质，属于生产成本的特殊组成部分。工伤事故的这种特殊性和无过失补偿原则，决定了工伤保险的保险费只能由雇主单方承担，这是工伤保险与其他社会保险制度的根本区别。

3. 补偿直接经济损失原则

劳动者发生工伤后，应给予经济补偿。但这种补偿只是对劳动者直接经济损失的补偿，不包括间接的经济损失。所谓直接经济损失，是指劳动者工资收入方面的损失。这种损失会直接影响劳动者本人及其家庭的基本生活保障，也会影响劳动力再生产，因此，必须给予及时的、较为优厚的补偿。而间接经济损失是指劳动者直接经济损失以外的其他经济损失，包括兼职收入、业余劳动收入等。这部分收入并非人人都有，是不固定的收入，很难准确核定，不具有普遍性，因此，这一部分收入一般不列入经济补偿的范畴。

4. 因工伤残与非因工伤残区别对待原则

由于职业伤害与工作或职业有直接的关系，因此，工伤保险待遇水平要明显高于非因工伤残的医疗待遇,而且享受条件也不受年龄、性别、缴费期限等条件的限制。对因工和非因工的区分是建立工伤保险的前提和出发点。

5. 补偿与预防、康复相结合的原则

工伤保险首要的任务是工伤补偿,因为劳动力是有价值的,劳动者因工伤残甚至死亡时,会给劳动者及其家庭带来经济上的损失,理应得到赔偿。但这并不是工伤保险唯一的任务,工伤补偿、工伤预防与职业康复三者是密切相关的。加强安全生产、减少事故发生和发生事故时及时进行抢救治疗,采取有力措施帮助劳动者尽快恢复健康并重新走上工作岗位,比工伤补偿更有意义。把工伤补偿、工伤预防与康复有机结合起来,这是目前许多国家工伤保险制度的一项重要内容。

(三) 工伤保险的作用

工伤保险在实践中的作用,主要表现在三个方面。

第一,工伤保险是维护劳动者最基本权益的重要手段。生命与健康权是劳动者最基本的权益,而工伤事故或职业病作为劳动者从事职业工作时难以完全避免的劳动风险,威胁的正是广大劳动者的健康和生命,进而影响到他们的工作和生活甚至社会的稳定。尽管国家和用人单位采取各种措施和手段预防工伤事故和职业病的发生,但工伤事故与职业病的发生却难以完全避免。因此,工伤保险对于社会化大机器生产条件下的劳动者而言,是维护劳动者最基本权益的必要手段。建立工伤保险制度,有利于保障劳动者在发生工伤后能够得到及时救治、医疗康复和必要的经济补偿,保障其合法的权益。

第二,工伤保险是分散行业或企业的职业伤害风险,减轻行业或企业负担的重要措施。不同的行业或企业,工伤事故和职业病发生的概率也不同。一些从事危险行业生产的企业,其工伤事故和职业病较多。如果完全依靠企业自己解决,负担很重。实行工伤保险后,可以通过建立工伤保险基金,分散行业或企业的职业伤害风险,工伤保险的互济功能避免企业一旦发生重大工伤事故而陷入困境甚至导致破产,有利于企业的正常经营和生产活动。

第三,工伤保险是建立工伤事故和职业危害防范机制的重要条件。工伤保险可以通过强化用人单位工伤保险缴费责任,实行行业差别费率和单位费率浮动机制,建立工伤保险费与工伤发生率挂钩的预防机制,能够促进企业改善劳动条件、注重安全生产,有效防止工伤事故和职业病的发生。

三、工伤保险的基本内容

综观各国的工伤保险制度,其主要内容一般包括:工伤范围认定、工伤鉴定、工伤保险待遇、工伤保险基金、工伤预防与职业康复等。

（一）工伤范围认定

各国法律对工伤范围认定均包括工伤事故和职业病。

工伤事故的范围最初只限于因工作原因直接造成的伤害，但后来大许多国家扩大到某些因工作原因间接造成的伤害，如上下班途中发生的事故等，也被列入了工伤的范围。国际劳工组织1964年第121号建议书《工伤事故津贴建议书》第5条规定，每一会员国均应在规定的条件下将下列事故视为工伤事故：（1）不管什么原因，凡工作时间内在工作地点或工作地点附近，或在工人因工作需要而去的其他任何地方发生的事故；（2）上班前和下班后的一段合理时间内，当事人在搬运、清洗、准备、整理、维修、堆放或收拾其工具和工作服时发生的事故；（3）工人往返于工作地点和特定地方（主要住宅或别墅、通常用餐的地方、通常领取工资的地方）的直接途中发生的事故。此外，许多国家还把参与红十字会活动或营救、消防、治安、民防等公益活动中所发生的事故也列为工伤。中国对工伤事故范围的界定，基本涉及了上述几个方面的内容，但也不完全一致。

职业病作为工伤的一大类别，是指劳动者在劳动过程中接触职业性有害因素所导致的疾病。它同劳动者所从事的特定职业密切相关，与劳动卫生相对应，属于职业性有害因素对劳动者健康的慢性伤害。因此，世界上实行工伤保险的国家通常把职业病列入工伤的范围，对因工作原因接触职业性有害因素所导致的职业病患者提供医疗救治、经济补偿、职业康复等物质帮助，以帮助他们尽快恢复健康。1925年，国际劳工组织将铅中毒、汞中毒和炭疽病感染列为职业病。1980年，国际劳工组织将职业病的范围扩大到29种。中国目前的职业病分为10类132种。随着经济的发展、科技的进步和劳动卫生工作的加强，职业病的范围也将扩展。

不过，伴随第四次工业革命带来的各种新业态大发展，灵活就业成为各国就业领域的潮流，传统的建立在正规就业或劳动关系基础之上的工伤保险制度遭遇重大挑战，因为互联网平台使劳动关系更加隐性化、复杂化，劳动者自由支配劳动时间与劳动方式等的流行，使现有的工伤保险制度很难覆盖到所有需要者身上，必须做出重大调整才能适应新时代发展的需要。

（二）工伤鉴定

工伤鉴定是工伤保险的重要环节，工伤鉴定结果是直接决定劳动者遭受伤害后能否享受工伤待遇以及享受哪一等级待遇的直接依据。所谓工伤鉴定，是指劳动者因工伤事故或职业病致残后，由国家法律规定的工伤鉴定机构对其丧失劳动能力的程度进行鉴定以确定伤残等级的法定检验与评价。

在国际上，对工伤的鉴定通常有两种办法。一是劳动能力鉴定，它是以同年龄、同性别的健康人群的平均劳动能力为对照标准，评价劳动者伤残后所具有的劳动能力大小，国际劳工组织一般把因工伤造成的劳动能力丧失分为完全永久丧失劳动能力、部分永久丧失劳动能力、完全暂时丧失劳动能力和部分暂时丧失劳动能力四类，中国一般把因工伤造成的劳动能力丧失分为完全丧失劳动能力、大部分丧失劳动能力和部分丧失劳动能力三类。二是致残程度鉴定，它是按照器官损伤、功能障碍、医疗依赖三个方面将工伤、职业病伤残程度分解为相应等级的鉴定办法，它并不直接评价劳动者劳动能力的丧失程度，而是通过致残程度的相对严重性，来间接反映劳动能力的损害程度。上述两种鉴定方法各有优缺点。中国采取的是劳动能力鉴定的办法。

（三）工伤保险待遇

与其他社会保障项目相比，工伤保险待遇无论在给付项目、给付标准还是给付期限上，均更为优厚。尽管各国的工伤保险待遇不尽相同，但归纳起来，大体上包括如下三种。

1. 医疗待遇

医疗待遇是指劳动者因工伤所发生的合理的医疗费用，主要包括挂号费、住院费、医疗费、药费、就医交通补贴等，一般由国家或雇主负责支付，而不由劳动者本人负担。多数国家对于工伤保险的医疗待遇远远优于普通医疗保险待遇，还会包括康复及交通费用。例如，美国的工伤医疗待遇规定，工伤受害者可以报销医疗费、住院费，获得医疗期间的收入补偿以及就医交通补贴。有些国家的工伤医疗待遇等同于医疗保险或由医疗保险基金支付。

2. 伤残待遇

伤残待遇是指劳动者因工伤丧失劳动能力时，由工伤保险经办机构所给予的现金津贴，包括暂时伤残待遇和永久伤残待遇。

暂时伤残待遇也称为工伤津贴，是对因工伤暂时丧失劳动能力的劳动者失去的工资收入所给予的一种经济补偿，一般来说，大多数国家的工伤津贴比例为本人平均工资的60%、66%和75%，但不少国家规定有3~15天的等待期，在此期间由雇主付给全额工资。暂时伤残待遇是一种短期待遇，支付期限一般为26~52周。

永久伤残待遇也称为年金，是一种工伤长期待遇，各国基本上将永久伤残分为完全永久伤残和部分永久伤残两类，并按照评残等级的不同而享受不同的伤残待遇。

(1)永久完全伤残待遇是对经工伤鉴定为永久完全丧失劳动能力的劳动者支付的待遇，一般称为伤残抚恤金或伤残年金，实行工伤保险制度的国家才予发给。永久完全伤残待遇一般规定了最高限额和最低限额，多数国家支付的标准为本人工资的66%～75%，需要护理的一般都规定加发护理费。实行雇主责任制的国家，一般是给予一次性抚恤待遇，最高为4年工资。(2)永久部分伤残待遇是对经工伤鉴定为永久部分丧失劳动能力的劳动者支付的待遇，一般以永久完全伤残待遇为100%，部分伤残待遇根据伤残程度按比例递减。支付方式也视伤残程度而定，对伤残程度达到一定界限以上的人定期支付，对轻度伤残者一般发给一次性抚恤金。大多数国家以丧失20%劳动能力为界限，20%以下的一次性支付。

3. 死亡待遇

死亡待遇是指劳动者因工伤死亡后，支付给劳动者遗属的经济补偿，一般包括丧葬补助和遗属抚恤金两种。其中，丧葬补助是一次性支付的，有的国家按一定的金额或死者生前一个月或几个月工资标准支付，也有国家按最低工资的几倍支付。遗属[①]抚恤金也称遗属津贴，它包括定期抚恤金和一次性抚恤金两部分。定期抚恤金按照死者生前供养人口、年工资收入等情况给付，标准一般为死者生前工资收入的一定比例。国际劳工组织《工伤赔偿公约》规定，一个标准家庭（夫妻加两个子女）遗属抚恤金最低标准为60%。实行雇主责任制的国家均支付一次性待遇，一般不少于死者生前三年工资的收入。

需要指出的是，工伤保险待遇的支付，除工伤医疗费用按照实际需要支付外，死亡待遇与残疾待遇并非一个固定金额，而是以工伤受害者遭受工伤前若干个月工资为支付标准的。

（四）工伤保险基金

工伤保险基金是为支付工伤待遇以及工伤预防和职业康复等费用而专门设立的一项社会保险基金，它是工伤保险制度顺利实施的物质保证。建立工伤保险基金，能够使劳动者在因工作原因遭受意外伤害和职业病时，得到及时的医疗救助和基本的生活保障。

实行工伤保险的国家，在筹集工伤保险基金时，遵循的原则主要有以下两个：一是企业或雇主缴费原则，劳动者个人不需要缴费；二是按风险程度征收、调整工伤保险费原则，政府在征收工伤保险费时，一般会根据各个行业发生工伤事故和职业病的

---

① 作者注：遗属包括死者配偶和未成年子女，以及死者的父母等，还有的国家规定可以包括死者未成年的弟妹。

概率分别算定危险率，按照危险率不同，划分若干危险等级，对不同危险等级的行业实行不同的缴费标准。同时，定期按行业或企业实际发生工伤事故和职业病的情况，重新算定危险率和确定危险等级，据此调整缴费标准。

绝大多数国家的工伤保险费都是以企业上一年职工工资总额为基数，按照一定的比例缴纳。在缴费费率的确定上，主要有以下三种方式：一是差别费率，即对行业或企业单独确定工伤保险的缴费比例，体现出对不同工伤事故和职业病发生率的行业或企业实行差别性负担，世界上大多数国家实行的是差别费率，中国采取的也是这种费率；二是浮动费率，它是在差别费率的基础上，每年对行业或企业的安全卫生状况和工伤保险费用支出状况进行分析评价，根据评价结果，由工伤保险管理机构决定该行业或企业的工伤保险费率上浮或下浮，一般做法是在差别费率实施三到五年后，在通过合理评价、确定调控指标的基础上，开始实行费率浮动，浮动幅度为原费率的5%~40%；三是统一费率，即按照法定统筹范围内的预测开支需求，与相同范围内企业的工资总额相比较，求出一个总的工伤保险费率，所有企业都按统一的比例缴费，世界上实行工伤保险的国家中，约有1/3的国家采取这种费率确定方式。

工伤保险基金的筹集方式主要有以下三种：一是当年平衡式，即当年筹集的费用与支付的费用平衡；二是阶段平衡式，即在满足支付即期费用的基础上，在企业可以承受的范围内，每年多筹集一部分资金作为储备；三是总体平衡式，即征集的费用与参保人在享受待遇期间所需要的费用平衡。从国外实践的情况看，工业化国家大多采用当年平衡式。

（五）工伤预防与职业康复

现代工伤保险在给予劳动者工伤补偿的同时，通常还把工伤预防与职业康复紧密结合起来，以便更好地发挥其在维护社会稳定、保护和促进生产力发展方面的作用。一些国家的实践证明，工伤保险向工伤预防领域发展，可以减少工伤事故和职业病的发生率，降低工伤保险基金的支出；而为工伤受害者提供职业康复，亦可以尽快恢复或提高工伤受害者的劳动能力，使其能够重新适应社会生活。

1. 工伤预防

工伤预防是指事先防范工伤事故和职业病的发生，减少工伤事故和职业病的隐患，改善和创造有利于劳动者健康的、安全的生产环境和工作条件，保护劳动者在生产和工作环境中的健康与安全的一系列举措。工伤预防工作注重在生产工作全过程中对工伤事故、职业病的防范并努力降低其发生率，注重对已经发生的工伤事故、职业病加以总结和科学研究、分析。工伤预防与工伤保险之间既有区别又有联系。两者的区别表现在：工伤预防侧重于对安全生产过程中工伤事故和职业病的"事先防范"，而工伤保险则侧重于对工伤事故和职业病的"事后处理"。两者的联系表现在：两者是同一事物的两个方面，工伤预防工作搞得好，措施得力，可以减少或避免工伤事故和职业病的发生，从而减少工伤保险待遇的支付和与之相关的大量善后工作。在工伤保险实施初期，工伤待遇仅仅作为一种补偿手段，对劳动者发生工伤后的生活给予保障。随着时间的推移，人们逐渐认识到，工伤保险制度应当对工伤事故和职业病的发生进行干预，促使企业加强劳动保护，改善劳动卫生条件。工伤预防的具体措施主要包括以下几个方面：一是通过缴费手段和费率机制将企业是否重视安全与本企业经济利益相联系；二是利用工伤保险基金中的一小部分资金，开展预防研究工作；三是通过各种手段，开展工伤预防宣传教育和培训工作。

2. 职业康复

职业康复是指综合利用药物、器具、疗养、护理、就业咨询、职业能力鉴定、就业前的职业教育与训练、就业安置等多种手段，帮助工伤受害者基本恢复正常人所具备的工作、生活能力和心理状态的一项工作。1952年国际劳工大会通过的《社会保障（最低标准）公约》规定，负责医疗照顾的当局应该与工伤康复部门共同合作，使残疾人重新获得适当的工作；1955年通过的《残疾人职业康复建议书》明确要求为残疾人提供适当的就业设施，其中应包括免费职业介绍；1964年通过的《工伤事故与职业病津贴公约》提出，政府应当重视工伤康复工作，提供充足的财政援助，以满足残疾人对康复的需要。从此，职业康复为世界大多数国家所接受。职业康复作为现代工伤保险制度的重要目标之一，其目的是使工伤受害者尽可能地恢复重新就业的能力，这不仅有利于增强他们的生活适应能力，而且有利于增加他们的就业机会。

世界上大多数国家现行的工伤保险制度都是工伤预防、工伤补偿与职业康复三位一体发展，它揭示的是工伤保险制度不可逆转的发展方向。不过，在发展中国家，由于工伤保险制度刚刚确立，大多需要先真正解决好工伤补偿的问题，之后才能逐步向工伤预防、工伤补偿与职业康复三位一体的制度安排迈进。

四、中国的工伤保险

中国的工伤保险制度建立于20世纪50年代初，原属于劳动保险制度的一项内容，并与劳保医疗、生育待遇混合在一起，由单位负责组织实施，是典型的单位保障模式。改革开放后，我国对这一制度进行了改革探索。2003年4月27日，国务院颁布《工伤保险条例》，并于2004年1月1日起实施，这是中国第一部专门的工伤保险行政法规，它标志着独立的新型工伤保险制度基本确立。2010年12月，国务院根据全国人民代表大会常务委员会制定的《中华人民共和国社会保险法》，颁布《关于修改〈工伤保险条例〉的决定》并于 2011 年 1 月 1 日实施，对工伤保险制度作了相应的完善。

（一）工伤保险的实施范围

建立工伤保险制度的主要目的，是为了保障因工作遭受事故伤害或者患职业病的职工获得医疗救治和经济补偿，促进工伤预防和职业康复，分散用人单位的工伤风险。因此，工伤保险的实施范围包括：（1）中华人民共和国境内的企业，无论何种所有制性质、无论规模大小，凡是已经工商登记注册的企业，都应参加工伤保险；（2）有雇工的个体工商户，鉴于各地经济发展不平衡，有雇工的个体工商户参加工伤保险的具体步骤和实施办法，由各省、自治区、直辖市人民政府规定。

（二）工伤保险基金

工伤保险基金是工伤保险制度的财政基础，它由用人单位缴纳的工伤保险费、工伤保险基金的利息和依法纳入工伤保险基金的其他资金构成。

工伤保险费根据以支定收、收支平衡的原则确定费率。国家根据不同行业的工伤风险程度确定行业的差别费率，并根据工伤保险费使用、工伤发生率等情况在每个行业内确定若干费率档次。行业差别费率及行业内费率档次由国务院社会保险行政部门制定，报国务院批准后公布施行。统筹地区经办机构根据用人单位工伤保险费使用、工伤发生率等情况，适用所属行业内相应的费率档次确定单位缴费费率。

用人单位缴纳工伤保险费的数额为本单位职工工资总额乘以单位缴费费率。对难以按照工资总额缴纳工伤保险费的行业，其缴纳工伤保险费的具体方式，由国务院社会保险行政部门规定。

根据现行规定，工伤保险基金存入社会保障基金财政专户，用于工伤保险待遇，劳动能力鉴定，工伤预防的宣传、培训等费用，以及法律、法规规定的用于工伤保险的其他费用的支付。

根据现行法律、法规，工伤保险基金以省级统筹为目标，但目前还未实现省级统筹。

（三）工伤认定

《工伤保险条例》规定了七种应当认定为工伤的情形，三种应当视同工伤的情形，同时还规定了三种不能认定为工伤或者视同工伤的情形。

1. 应当认定为工伤的情形

《工伤保险条例》规定，职工有下列情形之一的，应当认定为工伤：一是在工作时间和工作场所内，因工作原因受到事故伤害的；二是工作时间前后在工作场所内，从事与工作有关的预备性或者收尾性工作受到事故伤害的；三是在工作时间和工作场所内，因履行工作职责受到暴力等意外伤害的；四是患职业病的；五是因工外出期间，由于工作原因受到伤害或者发生事故下落不明的；六是在上下班途中，受到非本人主要责任的交通事故或者城市轨道交通、客运轮渡、火车事故伤害的；七是法律、行政法规规定应当认定为工伤的其他情形。

2. 视同工伤的情形

《工伤保险条例》规定，职工有下列情形之一的，视同工伤：一是在工作时间和工作岗位，突发疾病死亡或者在 48 小时之内经抢救无效死亡的；二是在抢险救灾等维护国家利益、公共利益活动中受到伤害的；三是职工原在军队服役，因战、因公负伤致残，已取得革命伤残军人证，到用人单位后旧伤复发的。

3. 不能认定为工伤的情形

《工伤保险条例》规定，职工有下列情形之一的，不得认定为工伤或者视同工伤：一是故意犯罪的；二是醉酒或者吸毒的；三是自残或者自杀的。

（四）劳动能力鉴定

劳动能力鉴定是指劳动功能障碍程度和生活自理障碍程度的等级鉴定，劳动能力鉴定结论是工伤职工享受工伤保险待遇的依据。

职工发生工伤，经治疗伤情相对稳定后存在残疾、影响劳动能力的，应当进行劳动能力鉴定。劳动功能障碍分为十个伤残等级，最重的为一级，最轻的为十级。生活自理障碍分为三个等级：生活完全不能自理、生活大部分不能自理和生活部分不能自理。劳动能力鉴定标准由国务院社会保险行政部门会同国务院卫生行政部门等部门制定。

劳动能力鉴定的程序包括两步。

第一，提交鉴定申请。劳动能力鉴定由用人单位、工伤职工或者其近亲属向劳动能力鉴定委员会提出申请，并提供工伤认定决定和职工工伤医疗的有关资料。

第二，作出鉴定结论。设区的市级劳动能力鉴定委员会收到劳动能力鉴定申请后，应当从其建立的医疗卫生专家库中随机抽取 3 名或者 5 名相关专家组成专家组，由专家组提出鉴定意见。设区的市级劳动能力鉴定委员会根据专家组的鉴定意见作出工伤职工劳动能力鉴定结论。

劳动能力鉴定结论应当及时送达申请鉴定的单位和个人。申请鉴定的单位或者个人对设区的市级劳动能力鉴定委员会作出的鉴定结论不服的，可以在收到该鉴定结论之日起 15 日内向省、自治区、直辖市劳动能力鉴定委员会提出再次鉴定申请。省、自治区、直辖市劳动能力鉴定委员会作出的劳动能力鉴定结论为最终结论。自劳动能力鉴定结论作出之日起 1 年后，工伤职工或者其近亲属、所在单位或者经办机构认为伤残情况发生变化的，可以申请劳动能力复查鉴定。

（五）工伤保险待遇

工伤保险的待遇，分为医疗待遇、工资待遇、伤残待遇与死亡待遇。

1. 医疗待遇

职工因工作遭受事故伤害或者患职业病进行治疗，享受以下工伤医疗待遇：一是工伤医疗费用，治疗工伤所需费用符合工伤保险诊疗项目目录、工伤保险药品目录、工伤保险住院服务标准的，从工伤保险基金支付；二是康复性治疗费用，即工伤职工到签订服务协议的医疗机构进行工伤康复的费用，符合规定的，从工伤保险基金支付；三是辅助器具安装配置费用，即工伤职工因日常生活或者就业需要，经劳动能力鉴定委员会确认，可以安装假肢、矫形器、假眼、假牙和配置轮椅等辅助器具，所需费用按照国家规定的标准从工伤保险基金支付；四是住院伙食补助费，职工住院治疗工伤的伙食补助费从工伤保险基金支付；五是转外地治疗的交通、食宿费，经医疗机构出具证明，报经办机构同意，工伤职工到统筹地区以外就医所需的交通、食宿费用从工伤保险基金支付。工伤职工治疗非工伤引发的疾病，不享受工伤医疗待遇，按照基本医疗保险办法处理。

2. 工资待遇

职工因工作遭受事故伤害或者患职业病需要暂停工作接受工伤医疗的，在停工留薪期内，原工资福利待遇不变，由所在单位按月支付。停工留薪期一般不超过 12 个月。伤情严重或者情况特殊，经设区的市级劳动能力鉴定委员会确认，可以适当延长，但延长不得超过 12 个月。工伤职工评定伤残等级后，停发原待遇，按照《工伤保险条例》的有关规定享受伤残待遇。工伤职工在停工留薪期满后仍需治疗的，继续享受工伤医疗待遇。

3. 伤残待遇

根据伤残等级工伤职工适用不同的一次性伤残补助待遇、伤残津贴、生活护理费待遇，一至四级伤残职工退休后的基本养老保险待遇低于伤残津贴的，由工伤保险基金补足差额。

4. 死亡待遇

职工因工死亡待遇包括丧葬补助金、供养亲属抚恤金和一次性工亡补助金三个部分，由其近亲属按照下列规定从工伤保险基金领取：一是丧葬补助金，标准为6个月的统筹地区上年度职工月平均工资；二是供养亲属抚恤金，按照职工本人工资的一定比例发给由因工死亡职工生前提供主要生活来源、无劳动能力的亲属，配偶标准为每月40%，其他亲属标准为每人每月30%，孤寡老人或者孤儿每人每月在上述标准的基础上增加10%，核定的各供养亲属的抚恤金之和不应高于因工死亡职工生前的工资；三是一次性工亡补助金，标准为上一年度全国城镇居民人均可支配收入的20倍。具体标准由统筹地区的人民政府根据当地经济、社会发展状况规定，报省、自治区、直辖市人民政府备案。

伤残职工在停工留薪期内因工伤导致死亡的，其近亲属享受丧葬补助金待遇。一级至四级伤残职工在停工留薪期满后死亡的，其近亲属可以享受丧葬补助金、供养亲属抚恤金待遇。

（六）监督管理与法律责任

人力资源社会保障部门是工伤保险的管理机构，具体业务则由工伤保险经办机构负责实施。同时，财政部门和审计机关依法对工伤保险基金的收支、管理情况进行监督，工会组织依法维护工伤职工的合法权益，对用人单位的工伤保险工作实行监督。

此外，《工伤保险条例》还对用人单位不按规定参加工伤保险、劳动能力鉴定的组织或者个人的违规行为、工伤保险经办机构违规行为、劳动保障行政部门的违规行为，以及单位或个人挪用工伤保险基金、骗取工伤保险待遇的行为等应当承担的法律责任作了具体规定，对构成犯罪的依法追究刑事责任。

第五节 失业保险

市场经济条件下失业现象的存在，是失业保险产生并得到发展的根本原因。尽管建立失业保险制度的国家不像建立养老保险、医疗保险和工伤保险制度的国家多，但这并不意味着失业保险不重要，而是取决于各国的经济社会发展形势、劳动就业政策及对失业与失业保险的认识。

一、就业、失业及失业保险

（一）就业

失业是与就业相对的概念，要界定失业，首先需要明确就业的概念。广义的就业是指劳动力要素和生产资料要素结合的状态，它是通过劳动过程中人和物的结合形成社会生产力，为社会创造财富；狭义的就业是指具有劳动能力并处在法定劳动年龄阶段的人从事某一岗位的工作或合法的社会经济活动以获取劳动报酬或经营收入的一种活动。狭义的概念说明了判断就业需要具备三个条件：一是从事劳动的人处在法定劳动年龄阶段，且有劳动能力；二是从事的劳动是法律允许、社会承认的劳动；三是从事的劳动是有报酬或收入的劳动，义务劳动不能属于就业范畴。国际劳工组织也是基于对就业的狭义理解来界定就业的，国际劳工组织认为，就业是指一定年龄阶段内的人们所从事的为获取报酬或为赚取利润所进行的活动。

（二）失业

失业也有广义和狭义之分。广义的失业是指劳动者和生产资料相分离的一种状态，在这种分离的状态下，劳动者的主观能动性和潜能无法发挥，不仅是社会资源的浪费，还会对社会经济发展造成负面影响，因此，最大可能地缓解失业问题、降低失业率便成为各国极力实现的宏观调控目标之一。狭义的失业，通常是指处在法定劳动年龄阶段，具有劳动能力并有就业愿望的劳动者失去或没有得到有报酬的工作岗位的社会现象，失业还意味着失去了参与社会经济生活、获得社会归属感的最主要的机会，从而使自己的物质需求和精神需求得不到满足，因此，失业威胁着社会的安全稳定和经济的健康发展。[①] 根据狭义的失业定义，失业者是指处在法定劳动年龄阶段虽有劳动能力和就业愿望但没有工作岗位的劳动者，它需要具备如下三个条件：一是处于法定劳动年龄范围内的劳动者；二是劳动者有劳动能力；三是劳动者有就业愿望，但却没有找到工作岗位。

（三）失业保险

失业作为市场经济的必然产物，不可避免，其带来的对劳动者个人及家庭的不利后果，以及可能导致的社会问题，促使各国政府均重视治理失业现象，并把就业岗位的增长与对失业率的控制列为政府最基本的宏观调控指标之一。与此同时，许多国家也把失业保险作为解除劳动者后顾之忧和化解失业带来的不利影响的一种重要制度安排来建设。失业保险的保障对象是劳动者，当依法参加失业保险的劳动者因失业而失去收入来源时，失业保险机构即会根据规定向其提供物质帮助，以保障失业者及其家属的基本生活；失业保险的目标是提高劳动者抵御失业风险的能力，采取的手段包括

---

① 杨伟民，罗桂芬. 失业保险 [M]. 北京：中国人民大学出版社，2000：13.

向失业者提供失业保险金以保障失业者及其家属的基本生活,通过再就业培训和就业指导帮助失业者尽快实现再就业等。失业保险作为社会保险制度的一个基本项目,同样具有社会保险的强制性、互济性、社会性、福利性等特点。

法国是世界上最早建立失业保险制度的国家,于 1905 年就颁布了专门的失业保险法,建立了非强制的失业保险制度。此后,挪威和丹麦也分别于 1906 年、1907 年建立了失业保险制度。1919 年 10 月,国际劳工组织在美国华盛顿召开第一届国际劳工大会上,通过了涉及工时、失业、保护生育、夜间工作、最低年龄和未成年人夜间工作问题的六项国际劳工公约,这表明以制度化方式分散失业风险已在很大的范围内达成了共识。20 世纪 70 年代以后,由于世界经济增长速度趋缓,失业现象越来越普遍,影响越来越严重,采用制度化的方式来化解失业风险便成为许多国家的共同做法。1999 年时,全球就有 68 个国家建立失业保险制度,占有任一社会保险项目国家总数的 40%。[1]

二、失业保险的基本内容

(一)失业保险的目标与功能

1. 失业保险的目标

失业有广义和狭义之分,失业保险的目标也可以从社会经济层面和失业者个人层面分别来看。从社会经济层面来看,失业保险的目标主要是通过保障尽可能多的失业者失业期间的基本生活,来维持社会安定、缩小劳动者之间收入差距,同时保证劳动力的合理流动,促进劳动力资源的合理配置,促进经济发展,发挥"自动稳定器"的作用。从失业者个人层面来讲,失业保险的目标主要是通过对非自愿失业者提供物质帮助,使他们失业期间的基本生活得以维持,从而为他们再就业提供了缓冲期,使他们有时间寻找新的工作,同时还为失业者提供再就业培训和就业指导,通过帮助失业者提高劳动技能促使他们尽快实现再就业。

2. 失业保险的功能

失业保险的功能,主要有五个。

(1) 保障基本生活功能。失业保险的保障功能一方面体现为基本生活保障功能,即失业保险机构通过向符合条件的失业者发放失业保险金,保障失业者的基本生活,维持劳动力的再生产;另一方面其就业保障功能越来越突出,通过加大再就业培训支出的比重、建立就业导向的机制等来促进失业者再就业,这一保障功能有逐渐增强的

---

[1] 张彦,陈红霞. 社会保障概论 [M]. 南京:南京大学出版社,1999:244.

趋势。

（2）合理配置劳动力功能。这体现在两方面：一是由于失业保险的存在，失业者在寻找新的就业岗位时获得了经济保障，免除了后顾之忧，失业者也就有条件寻找尽可能与自己的兴趣、能力相符的工作岗位，从而有利于劳动力的合理配置；二是由于失业保险的存在，用人单位减轻了向外排斥冗员的经济、社会两方面的压力，有利于单位制定理性的、合理的用人决策，从而也更有利于劳动力的合理配置。

（3）促进就业功能。促进就业功能是失业保险就业保障功能的必然效果。失业保险促进就业的功能不仅体现在上述两个功能中，如通过基本生活保障和劳动力的合理配置间接促进了就业，而且体现在失业保险机构对再就业培训、就业指导、职业介绍的重视，以及就业信息的及时有效沟通对再就业的直接推动上面。

（4）稳定功能。稳定功能一是体现为社会稳定功能，二是体现为经济稳定功能。失业保险为失业者提供基本生活保障，不会使其因无法生存铤而走险或心理上出现严重失衡而危害社会，有利于维持社会的稳定；失业保险金的筹集及发放具有抑制经济循环自然结果的作用，是"减震器"，减轻了经济波动的剧烈程度。

（5）调节功能。失业保险可以通过向失业者提供物质帮助来调节社会上的贫富差距，通过更合理配置劳动力、更高的劳动生产率来调节经济的运行。

（二）失业保险类型的划分

根据不同的划分方法，可以对失业保险进行分类。

1. 是否强制性参加失业保险

按照是否强制性参加失业保险，可分为强制性失业保险和非强制性失业保险。强制性失业保险是指由国家立法或政府制定规章来强制实施的，符合规定条件的劳动者或用人单位必须参加，双方必须依据规定履行各自的供款义务。非强制性失业保险一般是由工会组织实施的，用人单位和劳动者自愿参加，政府不参与管理，由工会建立的失业保险基金会进行管理，政府提供一定的资金支持。

2. 获得失业保险金的依据

按照失业者获得失业保险金的不同依据，可将失业保险分为权利型失业保险和调查型失业保险。权利型失业保险是指失业者只要符合规定的缴费年限、非自愿失业等条件，就可以领取失业保险金，而不用管失业者的家庭收入情况。这种情况下，领取失业保险金是其合法的权利，强制性失业保险和非强制性失业保险都属于此类。调查型失业保险也是由政府组织实施，但是建立在收入调查的基础上，以调查结果为依据，对于那些"确认"无法生存的失业者提供资助。这种类型的失业保险也被称为失业补助,并不是严格意义上的社会保险。

3. 失业保险制度的层次

按照失业保险制度层次上的不同安排,可将失业保险分为单层次失业保险和多层次失业保险。单层次失业保险是指仅有一个层次的失业保险制度,例如,只有强制性失业保险或只有非强制性失业保险,只有权利型失业保险或调查型失业保险。多层次失业保险一般是指权利型失业保险与调查型失业保险同时并存的情况,在多层次保险制度的安排上,一般是将权利型失业保险作为第一层次的失业保障措施,将调查型失业保险作为第二层次的失业保障措施。

(三) 失业保险的覆盖范围

从理论上讲,在市场经济中,每一个有可能面临失业风险、成为失业者的劳动者都应该被覆盖。但纵观失业保险的发展,可以发现失业保险的覆盖范围经历了一个从小到大、从严格到宽松的演变过程。

在失业保险建立初期,覆盖范围仅限于"正规部门"的劳动者,既不包括季节工、临时工及"非正规部门"的劳动者,也不包括职业稳定、无失业风险的国家公务员。随着社会经济的发展变化,各国对失业的理解和看法也发生了变化,失业保险的覆盖范围在不断拓宽。失业保险的覆盖范围大小与一个国家的经济发展水平、价值取向、历史传统有很大关系。因此,各国的失业保险覆盖范围也就不是完全雷同的,例如,荷兰、瑞士的失业保险覆盖所有雇员,英国的失业保险覆盖周收入在 62 英镑以上的雇员,葡萄牙的失业保险甚至覆盖了初次求职者等。[1]

随着灵活就业日益成为很多劳动者的就业方式,失业保险也面临着覆盖范围的挑战。要么继续沿用现行规则,但覆盖的劳动者占比将日益缩小,越来越多的具有失业风险的灵活就业人员不可能从失业保险制度中获得失业补偿;要么改变现行规则,将所有劳动者纳入其中,这样可以使灵活就业者同样享受失业保险,但与之相关的管理服务、责任分担及缴费、待遇给付等均需要作出调整。

(四) 失业保险基金的筹集和使用

失业保险基金是在国家法律或政府行政强制的保证下集中建立的,用于化解失业风险,给予符合领取条件的失业者物质补偿的资金。

筹集失业保险基金一般需要明确三方面的内容。第一,资金来源。在世界范围内,

---

[1] 杨伟民,罗桂芬. 失业保险 [M]. 北京:中国人民大学出版社,2000:70.

政府在失业保险中承担责任的最常见方式是负担行政管理费和弥补失业保险基金赤字，而用人单位和劳动者共同缴纳失业保险费是比较普遍的情况，少数国家实行的是政府和用人单位单方缴费制。第二，筹资方法。主要有三种：一是征收失业保险税，如美国全国失业保险税率平均为2.7%；二是按工资一定比例征收失业保险费，这种方法一般需要设置收费起始标准和最高征收标准；三是按固定金额征收，即不论参保人的收入高低，一律按一个固定金额征收。第三，确定合理的缴费比例。

失业保险待遇与促进就业支出构成了失业保险基金的主要用途。其中，失业保险待遇一般包括失业保险金、失业补助和附加补助金，如医疗补助金、丧葬抚恤金等，是维持失业者基本生活的最主要的来源，给付失业保险待遇构成失业保险基金支出的最大部分。促进就业支出又可细分为开展再就业培训方面的支出、抑制失业及开发就业岗位、职业介绍等各部分的支出。这部分支出在失业保险基金中的比重呈逐渐上升的趋势，因为变消极的失业生活保障为积极的促进就业，从根本上解决失业者的生活和工作问题，已成为绝大多数国家的共识。如德国的失业保险基金支出中，除60%用于失业保险待遇给付外，余下40%中的大部分被用于职业介绍、再就业培训及其补贴、补助企业雇用失业者等促进就业的工作上。此外，失业保险管理费在一些国家（如日本）完全是政府财政补贴，而在一些国家则是由失业保险基金支付，或是按一定比例提取，或是按固定金额提取，这样，失业保险的管理效率决定了管理成本的高低，必然影响失业保险基金在其他两个方面即基本生活保障和就业促进方面的支出，从而在一定程度上影响失业保险的实施效果。中国以前的失业保险制度曾规定失业保险管理费从失业保险基金中按一定比例提取，但现行制度已作了调整，规定失业保险机构所需经费列入政府预算由财政拨付，以保证失业保险基金不受侵蚀。

（五）失业保险待遇

失业保险待遇是失业保险基金的重点支出项目，是失业保险中一个非常重要的部分。

1. 失业保险待遇的领取条件

领取失业保险金或各项补助金均需要满足一定的条件。从客观上来看，首先，失业者必须处于法定劳动年龄范围内并具有劳动能力；其次，失业者必须在失业前就参加了失业保险并履行了相应的缴费义务（一般规定有最短缴费期限）；最后，失业者需要向失业保险机构登记失业并接受再就业培训或职业介绍。但有些国家的失业保险覆盖初次就业者，意味着工作年限、投保年限在这些国家并不是享受失业保险待遇的必要条件。同时，在主观方面也有标准，一是失业者必须是没有失业的故意即并非自愿放弃工作岗位的,而是由于非自愿的原因造成的失业;二是在失业后有就业的愿望并必须在失业后到职业介绍机构或失业保险机构进行求职登记、办理相关手续,还应参加培训、不无理由拒绝职业介绍机构提供的合适的就业机会等。失业者只有完全达到上述两方面的要求,才有资格享受失业保险待遇。

2. 失业保险待遇水平

为使失业保险待遇既能确保失业者及其家属在失业期间的基本生活,又不会形成"失业陷阱",各国失业保险的待遇给付一般遵循如下三个原则:一是保障失业者及其家属的基本生活的原则;二是待遇水平必须低于失业者原工资水平的原则;三是权利与义务相结合的原则。确定失业保险待遇给付金额的方法有:一是工资比例法,即与失业者失业前的工资水平相联系;二是均等法,对所有符合条件的失业者给付同等水平的失业保险待遇;三是混合法,这是工资比例法与均等法的结合。目前,我国失业保险金的标准是高于最低生活保障标准低于最低工资标准。

3. 失业保险待遇的领取期限

失业的暂时性和阶段性,决定了失业保险待遇不可能像养老保险、工伤保险那样进行无限期或长期限的给付,而是根据失业者的平均失业时间确定一个给付期限。其中,失业保险金的给付期限包括等待期和最长给付期。等待期就是失业后,必须等待一段时间,才能领取失业保险金,等待期的长短,取决于各国所实行的就业政策,以及失业保险基金的规模和财政状况。西方国家规定的失业保险金给付等待期都很短,多数为7天;而发展中国家因建立失业保险不久,基金积累不足,往往规定较长的等待期。①

关于失业保险金的最长给付期,有两种确定方法。一是将最长给付期与参加失业保险时间的长短对应起来,例如,西班牙规定,参保期为6~12个月的,失业保险金的最长给付期为3个月;参保期为12~18个月的,失业保险金最长给付期为6个月;等等。二是将最长给付期与失业时间的长短联系起来,例如,德国在20世纪70年代规定,失业期长达12个月的失业者,有权领取4个月的失业保险金;失业期为18个月、24个月、30个月和36个月的失业者分别可以领取6个月、8个月、10个月和12个月的失业保险金。中国按照第一种方式确定失业保险金的最长给付期。

4. 失业保险待遇停止给付的各种情况

各国都规定了失业保险待遇停止给付的各种情况。除了因领取期限已满,失业保险金自动停止给付外,在另外一些情况下,也有可能停止给付失业保险待遇。例如,

---

① 任正臣. 社会保险学 [M]. 北京:社会科学文献出版社,2001:169.

失业者不愿接受或故意失去职业介绍机构介绍的工作，或拒绝接受就业机构提供的再就业所必需的职业培训，或已经或正企图骗取失业保险金等。

三、中国的失业保险

（一）失业保险制度改革历程

在传统的计划经济体制下，中国的劳动就业体制实行"统包统配、安置就业"的固定工制度，企业缺少用人自主权，劳动者缺乏自由择业权，实行的是"铁工资、铁饭碗、铁交椅"的"三铁制度"，表面上的"零失业"掩盖了"低工资、高就业"政策所带来的劳动效率低下的"隐性失业"。因此，失业保险也就没有存在的必要。

20世纪80年代中期以后，中国进入全面改革阶段，建立现代企业制度是改革的中心环节，国营企业迫切需要改变固定工制度。为此，国务院于1986年7月颁布《国营企业实行劳动合同制暂行规定》《国营企业招用工人暂行规定》和《国营企业辞退违纪职工暂行规定》，第六届全国人民代表大会常务委员会第十八次会议于同年12月2日通过《中华人民共和国企业破产法（试行）》，由此初步确立了国营企业的劳动合同制度、新的用工制度、辞退职工制度和破产制度，不仅使劳动力有了一定的流动性，国家也不再实行无条件"包下来"的政策，一些长期效益不良的国营企业走向破产，国营企业不再是长生不死。正是在这样的背景下，长期存在的"隐性失业"问题开始显性化，失业保险制度也就应运而生。1986年7月12日，国务院颁布的《国营企业职工待业保险暂行规定》（以下简称《暂行规定》）可以作为中国开始建立失业保险制度的标志。尽管当时称为待业保险，但事实上待业就是失业，待业保险就是失业保险。该《暂行规定》初步确立了中国失业保险制度的基本框架，明确了这项制度的主要内容，不过，这一时期的失业保险更多的是一种制度象征意义而并未发挥应有的功能作用。1993年4月12日，国务院重新发布《国有企业职工待业保险规定》（以下简称《规定》）取代了1986年颁布的《暂行规定》，在已经明确建立市场经济体制的前提下，该《规定》仍然局限于国有企业并继续采用待业保险名称，从一个侧面反映了其作为过渡政策的必然性，但该《规定》在覆盖范围、资金筹集、保险水平及组织管理模式等方面作了相应的调整。到1994年，全国有194万人享受到了失业保险待遇，超过1986—1993年七年的总和，失业保险制度开始发挥作用。

1999年1月22日，国务院颁布《失业保险条例》（以下简称《条例》），它的出台标志着中国失业保险制度的基本确立。该《条例》吸收了以往失业保险制度建立和发展中的实践经验，借鉴了国外的有益做法，在许多方面作了重大调整和突破，如实施范围不再限于国有企业而是扩展到机关事业单位及非国有企业，保险基金的筹集、基金的使用等均有相应的调整。与此同时，国务院还颁布了《社会保险费征缴暂行条例》，主管部委亦下发了关于建立社会保险参保登记管理、缴费申报管理、征缴监督检查、基金财务会计、失业保险金申领发放和失业保险统计制度，以及事业单位参加失业保险和调整基金支出结构等有关规章，中国的失业保险制度开始走向规范化。

（二）失业保险制度的主要内容

2010年全国人民代表大会常务委员会制定《中华人民共和国社会保险法》，第五章对失业保险进行了专门的法律规制。根据该法，失业保险制度主要包括四方面内容。

1. 覆盖范围及失业保险费分担

职工应当参加失业保险，由用人单位和职工按照国家规定共同缴纳失业保险费。由此可见，失业保险只适用正规就业，缴费责任由单位与个人分担。

2. 失业保险待遇

失业人员符合下列条件的，从失业保险基金中领取失业保险金：失业前用人单位和本人已经缴纳失业保险费满1年的；非因本人意愿中断就业的；已经进行失业登记，并有求职要求的。失业保险金的标准，由省、自治区、直辖市人民政府确定，不得低于城市居民最低生活保障标准。

对最长领取时间的规定为：失业人员失业前用人单位和本人累计缴费满1年不足5年的，领取失业保险金的期限最长为12个月；累计缴费满五年不足10年的，领取失业保险金的期限最长为18个月；累计缴费10年以上的，领取失业保险金的期限最长为24个月。重新就业后，再次失业的，缴费时间重新计算，领取失业保险金的期限与前次失业应当领取而尚未领取的失业保险金的期限合并计算，最长不超过24个月。

失业人员在领取失业保险金期间，参加职工基本医疗保险，享受基本医疗保险待遇。失业人员应当缴纳的基本医疗保险费从失业保险基金中支付，个人不缴纳基本医疗保险费。

失业人员在领取失业保险金期间死亡的，参照当地对在职职工死亡的规定，向其遗属发给一次性丧葬补助金和抚恤金，所需资金从失业保险基金中支付。个人死亡同时符合领取基本养老保险丧葬补助金、工伤保险丧葬补助金和失业保险丧葬补助金条件的，其遗属只能选择领取其中的一项。

3. 失业保险申办程序

用人单位应当及时为失业人员出具终止或者解除劳动关系的证明，并将失业人员的名单自终止或者解除劳动关系之日起15日内告知社会保险经办机构。失业人员应当持本单位为其出具的终止或者解除劳动关系的证明,及时到指定的公共就业服务机构办理失业登记。失业人员凭失业登记证明和个人身份证明,到社会保险经办机构办理领取失业保险金的手续。失业保险金领取期限自办理失业登记之日起计算。

4. 停止享受失业保险待遇的规定

失业人员在领取失业保险金期间有下列情形之一的,停止领取失业保险金,并同时停止享受其他失业保险待遇:一是重新就业的;二是应征服兵役的;三是移居境外的;四是享受基本养老保险待遇的;五是无正当理由,拒不接受当地人民政府指定部门或者机构介绍的适当工作或者提供的培训的。

统计资料表明,2022年年末,全国就业人员73 351万人,其中城镇就业人员45 931万人,同年全国参加失业保险人数23 807万人,占城镇就业人员近52%。全年失业保险基金收入1 596亿元,基金支出2 018亿元,基金累计结余2 891亿元。全年共为616万名失业人员发放了不同期限的失业保险金。这一组数据表明,失业保险制度对保障失业人员的基本生活发挥了较好作用,但覆盖范围偏窄。未来还需要扩大覆盖面,并提升促进就业的功能。

第六节 护 理 保 险

一、护理保险的内涵、发展过程及意义

(一)护理保险的内涵、发展过程

护理保险亦称长期护理保险,它是指为那些因年老、疾病或伤残需要长期照顾的参保人提供护理服务费用补偿的一种社会保险制度。作为一种伴随人口老龄化进程而出现的社会保险制度,德国有创制之功,日本、韩国等多个国家也先后建立了自己的护理保险制度,成为社会保险体系中的重要组成部分。

德国的护理保险制度于1994年通过立法确定,1995年开始征缴保险费,1996年开始全面待遇支付。经过20多年的发展,护理保险在德国五大社会保险制度中仅次于养老保险、医疗保险,其收支规模要大于工伤保险和失业保险。

德国护理保险制度的基本内容包括四个方面。一是以法定制、独立建制。二是强制参保、覆盖全民。三是筹资机制是雇主与雇员共同缴费、负担各半,并采取现收现付财务机制;自2019年起,其缴费率为3.05%,雇员和雇主各负担一半(1.525%)。四是有关待遇给付的内容。根据德国《社会法典》第十一编,因为身体、精神、心理

疾病或残障，而需要在日常生活中得到实质性的协助（至少持续6个月），即被视作需要护理人群。得到护理待遇给付需要满足以下条件：（1）有护理需求；（2）证明参保已满特定时长；（3）提出申请，由专业机构评估申请人的情况并决定是否批准。护理等级评级是长期护理保险待遇给付的基准，护理定级由隶属于医疗保险机构协会的医疗服务中心（MDK）负责。2020年，全德护理保险基金收入为506亿欧元；总支出（含管理费用）为491亿元，其中管理费用为14亿欧元，待遇支出总计为456亿欧元，用于居家护理的支出约为290亿欧元，用于机构护理的支出约为165亿欧元。在受益人数方面，1996年给付人数为156万人；2020年增长到约430万人，其中选择居家护理的约为350万人，占总数近80%，机构护理人数约为80万人。尽管德国长期护理保险制度在实践中也面临着一些内外部挑战，但总体成效良好，在保持财务稳健的同时较好地满足了全民长期护理服务的需求，减轻了地方财政救助压力，促进了护理基础设施的发展，从而成为其他国家学习借鉴的榜样。[①]

随后，日本借鉴德国做法，于2000年实施《护理保险法》，正式推行长期护理保险制度。与德国相比，日本借鉴了其社会保险模式及一般特征，但也存在一些区别。例如，在受益对象方面，德国护理保险受益群体是所有人口，而日本则限定在65岁以上老年人以及少数40~64岁年龄段的失能人口；在经办管理上，德国的长期护理保险由类似于养老保险、医疗保险等制度的多个护理保险基金分散经办，而日本则明确地方政府是管理人，且由地方政府大规模直接建设服务设施；在待遇给付方面，日本的长期护理保险在受益资格标准的要求上相对德国要宽松一些，显得更加慷慨，但德国对居家护理服务提供现金补贴而日本没有。

韩国于2008年建立了自己的长期护理保险制度。它在借鉴德国与日本经验的基础上，将之与韩国集中统一的社会医疗保险紧密关联，对长期护理保险采取统一的费率和护理服务包，并由其国家健康保险公团统一管理社会医疗保险和长期护理保险制度，政府不直接经办长期护理保险业务。在筹资方面，来源于雇主与雇员缴纳的长期护理保险费，与医疗保险费共同征收，同时政府税收给予补贴；在特定情形下，居家照护可获得现金给付待遇。

（二）护理保险的意义

护理保险在德国、日本、韩国等国的发展实践表明，它是积极应对人口老龄化的有效举措。一方面，护理保险制度能够解除年老失能需要长期照料的后顾之忧，弥补

---

① 华颖. 德国社会保障制度［M］. 北京：中国劳动社会保障出版社，2023.

了养老保险与医疗保险的不足,使老年人(有的国家还包括残疾人)的生活更有保障,从而是现代化国家完备的社会保障体系的有机组成部分。另一方面,护理保险制度的建立,还能够为养老服务业的发展提供有力支持。因为养老服务业需要有相应的购买力支撑,如果没有法定的制度安排,老年居民自愿选择购买相关服务往往受制于收入水准,还有消费偏好以及服务供给,有了专门的护理保险制度及依此建立的护理保险基金,就构成了有需要者的强大支付能力,进而将有需要者的需要变成现实消费,这不仅使老年人的生活质量得到保障,也会形成有规模的消费群体,进而使养老服务业得到更好的发展。

二、护理保险的基本内容

概括而言,护理保险作为社会保险体系中的一个险种,符合社会保险制度的基本特征,其主要包括三个基本内容。

(一)独立建制

从德国、日本、韩国等国家的经验来看,护理保险是以尽可能长地维持个体的身体机能而不是以治愈为主要目的,它是作为对护理费用的经济补偿,主要是支付老年人的日常照顾费用。这一特定职责或功能决定其很难作为养老保险、医疗保险的附属责任,而是需要建立专门的制度加以应对。因此,护理保险是依据社会保险制度一般规律建立的独立制度安排。这一制度的覆盖范围在各国之间有所不同,如德国、韩国基本上是全体就业人口参保,而日本则明确为65岁以上老年人以及少数40~64岁年龄段的失能人口参保。

(二)责任分担、互助共济

一方面,护理保险在筹资方面采取责任分担机制,即雇主与雇员均需要依法缴纳护理保险费、建立护理保险基金,政府则给予与其他社会保险项目一样的税收减免支持。另一方面,在护理保险待遇给付方面,它以失能评估为基本依据,对符合条件的人从护理保险基金支付相应的待遇,包括按照确定等级支付现金或提供服务。一般分为家庭照料给付和机构照料给付。

(三)与医疗保险、养老服务的关系

护理保险与医疗保险关系密切,因为其需要的服务虽然不以治愈为目的,但也属于广义的医疗服务,需要有专业的护理技能。它与医疗保险的根本区别在于,医疗保

险主要保障医疗治疗所需要的费用,而护理保险主要用于保障一般生活照料所支付的费用,通常不包含医疗介入。

护理保险的最终目的是要满足有护理需求的人能够获得相应的生活照料服务,而这又以养老服务业的发展为条件。因此,建立护理保险制度还需要同步发展好养老服务业。

三、中国的护理保险

进入21世纪后,中国的人口老龄化进程在持续加快。以65岁及以上人口占总人口之比重为依据,中国在2000年进入轻度老龄化时代,2021年进入中度老龄化时代,正在向重度或深度老龄化时代迈进。在老龄化、少子化的大背景下,对护理保险的需求也日益高涨。

2016年6月,人力资源社会保障部办公厅印发《关于开展长期护理保险制度试点的指导意见》,提出开展长期护理保险制度试点工作的原则性要求,明确河北省承德市、吉林省长春市、黑龙江省齐齐哈尔市等15个城市作为试点城市,这标志着国家层面开始启动护理保险制度建设。当时的试点以长期处于失能状态的医疗保险参保人群为保障对象,重点解决重度失能人员基本生活照料和医疗护理所需费用。

2018年国务院机构改革中,护理保险与医疗保险一样集中统一划转新组建的国家医疗保障局。2020年9月,经国务院同意,国家医疗保障局会同财政部印发《关于扩大长期护理保险制度试点的指导意见》(以下简称《指导意见》),长期护理保险试点城市增至49个。这份政策性文件可以视为中央政府对推进护理保险试点的基本政策取向。其主要内容包括三个方面。

(一)总体要求

《指导意见》强调要坚持以人民健康为中心,深入探索建立适应我国国情的长期护理保险制度,进一步健全更加公平更可持续的社会保障体系,不断增强人民群众在共建共享发展中的获得感、幸福感、安全感。

《指导意见》明确提出六项基本原则。一是坚持以人为本,重点解决重度失能人员长期护理保障问题。二是坚持独立运行,着眼于建立独立险种、独立设计、独立推进。三是坚持保障基本,低水平起步,以收定支,合理确定保障范围和待遇标准。四是坚持责任共担,合理划分筹资责任和保障责任。五是坚持机制创新,探索可持续发展的运行机制,提升保障效能和管理水平。六是坚持统筹协调,做好与相关社会保障制度及商业保险的功能衔接。

设定的工作目标是探索建立以互助共济方式筹集资金、为长期失能人员的基本生活照料和与之密切相关的医疗护理提供服务或资金保障的社会保险制度。力争在"十四五"期间，基本形成适应我国经济发展水平和老龄化发展趋势的长期护理保险制度政策框架，推动建立健全满足群众多元需求的多层次长期护理保障制度。

（二）基本政策框架

在参保对象和保障范围方面，试点阶段从职工基本医疗保险参保人群起步，重点解决重度失能人员基本护理保障需求，优先保障符合条件的失能老年人、重度残疾人。有条件的地方可随试点探索深入，综合考虑经济发展水平、资金筹集能力和保障需要等因素，逐步扩大参保对象范围，调整保障范围。

在资金筹集方面，探索建立互助共济、责任共担的多渠道筹资机制。科学测算基本护理服务相应的资金需求，合理确定本统筹地区年度筹资总额。筹资以单位和个人缴费为主，单位和个人缴费原则上按同比例分担，其中单位缴费基数为职工工资总额，起步阶段可从其缴纳的职工基本医疗保险费中划出，不增加单位负担；个人缴费基数为本人工资收入，可由其职工基本医疗保险个人账户代扣代缴。有条件的地方可探索通过财政等其他筹资渠道，对特殊困难退休职工缴费给予适当资助。建立与经济社会发展和保障水平相适应的筹资动态调整机制。

在待遇支付方面，长期护理保险基金主要用于支付符合规定的机构和人员提供基本护理服务所发生的费用。经医疗机构或康复机构规范诊疗、失能状态持续6个月以上，经申请通过评估认定的失能参保人员，可按规定享受相关待遇。根据护理等级、服务提供方式等不同实行差别化待遇保障政策，鼓励使用居家和社区护理服务。对符合规定的护理服务费用，基金支付水平总体控制在70%左右。做好长期护理保险与经济困难的高龄、失能老年人补贴以及重度残疾人护理补贴等政策的衔接。

（三）管理与经办

长期护理保险制度由国家医疗保障行政部门统一集中管理。在具体业务经办管理方面，护理保险基金单独建账，单独核算，基金管理参照现行社会保险基金有关制度执行。同时建立健全基金监管机制，创新基金监管手段，完善举报投诉、信息披露、内部控制、欺诈防范等风险管理制度，确保基金安全。

在服务管理方面，进一步探索完善对护理服务机构和从业人员的协议管理和监督稽核等制度。做好参保缴费和待遇享受等信息的记录和管理。建立健全护理保险管理运行机制，明确保障范围、相关标准及管理办法。引入和完善第三方监管机制，加强对经办服务、护理服务等行为的监管。加强费用控制，实行预算管理，探索适宜的付费方式。

在经办管理方面，引入社会力量参与护理保险经办服务，充实经办力量。同步建立绩效评价、考核激励、风险防范机制，提高经办管理服务能力和效率。健全经办规程和服务标准，优化服务流程，加强对委托经办机构的协议管理和监督检查。社会力量的经办服务费，可综合考虑服务人口、机构运行成本、工作绩效等因素，探索从长期护理保险基金中按比例或按定额支付，具体办法应在经办协议中约定。加快长期护理保险系统平台建设，推进"互联网+"等创新技术应用，逐步实现与协议护理服务机构以及其他行业领域信息平台的信息共享和互联互通。

本章小结

社会保险是现代社会保障体系中最为重要的制度安排，它是适应工业社会的发展需要而产生并得到发展的基本社会保障制度。其内容主要包括养老保险、医疗保险、工伤保险、失业保险、护理保险等。

养老保险是指国家和社会通过相应的制度安排为劳动者解除养老后顾之忧的一种社会保险制度，其目的是增强劳动者抵御老年风险的能力，同时弥补家庭养老保障的不足。养老保险不仅是社会保险制度中最重要的项目，也是现代社会保障体系中最重要的项目。养老保险具有普遍需求、地位特殊、长期积累和多层次等特点。在各国的养老保险制度实践中，通常表现出多样化的特色。就责任承担而言，养老保险有政府负责型、责任分担型、个人负责型和多层次结构下的责任分担型之分；就财务模式而言，养老保险有现收现付制、完全积累制和部分积累制之分；就基金运行模式而言，有社会统筹模式、个人账户模式、社会统筹与个人账户相结合模式等；就缴费模式而言，有给付确定模式、缴费确定模式之分；就给付模式而言，有普遍生活保险模式、收入关联模式之分。中国的基本养老保险采取社会统筹与个人账户相结合模式。

医疗保险是社会保险制度中又一重要的制度，它负责解除人们的疾病医疗后顾之忧，并具有自己显著的特点。医疗保险的参与主体包括政府、医疗保险机构、医疗服务供给方、参保人和雇主，是涉及关系最为复杂的社会保险项目。除社会医疗保险外，还有其他疾病保障模式，如国家医疗保险模式、强制储蓄医疗保障模式、商业医疗保险模式等。中国的医疗保障在历史上是指公费医疗、劳保医疗和农村合作医疗，改革开放后则是重建了面向城镇职工与城乡居民的基本医疗保险制度，同时建立了大病保险、医疗救助等制度。

工伤保险是与职业伤害风险直接关联的保障机制，在各国社会保险制度发展进程中通常被放在优先考虑的地位。工伤保险奉行无过失补偿原则、个人不缴费原则和补偿直接经济损失原则等。工伤保险的基本内容包括工伤范围认定、工伤鉴定、工伤保险待遇、工伤保险基金，以及工伤预防与职业康复。

失业保险是基于市场经济条件下失业现象的存在而建立的一种维护失业者利益的制度安排，其主要目的在于保障失业者及其家属的基本生活，同时促进失业者再就业。

护理保险是伴随人口老龄化趋势加快而日益引起重视的一种社会保险制度。德国、日本、韩国等国经过自己的实践建立了健全的护理保险制度，中国正在开展长期护理保险试点，未来将成为重要的社会保险险种。

案例讨论1

连续工作38年无处领养老金

由于中国的养老保险改革采取渐进改革策略，从传统的退休金制度转化为社会养老保险制度且经历了自下而上的发展进程，在此过程中出现的一些案例可为进一步了解制度变革进程提供参考。

陈中1942年出生，1964年参加工作。在南京一家国有企业工作达31年并担任总工程师。1995年他调离原单位，到深圳工作，并在深圳参加了基本养老保险。2002年陈中在深圳办理了退休手续。然而，退休后他却无处可领养老金。因为深圳方面认为，根据中国现行基本养老保险政策，要领取基础养老金须缴费满15年，而陈中缴费只有7年，从而不具备领取基础养老金的条件；当陈中到南京原单位要求领取养老金时，南京方面告诉他无法办理，因为他并未参加南京的基本养老保险。这样，陈中在为国有企业工作38年后，因工作调动和养老保险制度改革，变成了无处领养老金的退休老年人。

这一发生在20世纪90年代中期的个案，反映了当时中国基本养老保险制度的缺失。一方面，深圳与南京两地都拒绝发放养老金，是因为基本养老保险制度还处于地区统筹层次，不是全国统筹的制度，地方很自然地要考虑本地的利益，不可能将在外地工作的经历计算在内，这是基本养老保险制度未达到全国统筹层次必然出现的现象，如果是一个全国统一的养老保险制度，陈中退休后就不可能领不到养老金；另一方面，当时的制度安排只考虑了同一个统筹区域不同单位工作的情况，而没有考虑类似陈中这样在不同统筹区域因工作调动而丧失领取养老金资格的现象，这是制度的缺漏，当时如果能够在区域统筹的条件下保障参保人的养老保险关系可以顺利接续、连续计算，陈中的权益就能够得到维护。

进入21世纪后，国家高度重视此类问题。2009年12月，国务院办公厅发布《关于转发人力资源社会保障部、财政部城镇企业职工基本养老保险关系转移接续暂行办法的通知》，为保证参保人员跨省、自治区、直辖市流动并在城镇就业时基本养老保险关系的顺畅转移接续提供了政策依据。2022年，国家决定推进《企业职工基本养老保险全国统筹改革方案》落实，伴随这一制度走向全国统一，不仅此类现象将会完全避免，而且劳动者在全国范围内自由流动也不会出现养老金权益的损失。因此，改革中出现的问题还需要通过深化改革才能获得解决。

资料来源：作者搜集整理。

 案例讨论2

提前退休与养老金"黑洞"

企业职工违规提前退休，不仅增加了养老保险基金的支出，而且减少了养老保险基金的收入，使得养老保险社会统筹雪上加霜。然而，在全国各地，企业职工提前退休的现象非常普遍，已成为侵蚀养老保险金的一个"黑洞"。所谓提前退休，就是职工未达到法定退休年龄就退出工作岗位、办理退休手续、领取养老金的行为。

对于职工提前退休问题，国家曾经制定了相关政策，它包含了两部分内容：一是国家在计划经济体制下为照顾一些企业从事特殊工种和部分因病、残完全丧失劳动能力的职工，允许其在法定退休年龄前办理退休手续，这一政策仍然有效；二是国家在20世纪90年代初针对产业结构、行业结构进行大规模调整的现实，对国有工业破产企业、有压锭任务的国有纺织企业、资源性枯竭企业职工，允许在规定范围内办理提前退休手续，这是一项过渡时期出台的一项特殊政策。在这样一种政策背景下，一些企业为减轻自身负担而纷纷为职工办理提前退休手续；一些效益不好的企业，在大量职工下岗的情况下，也想尽办法钻退休审批程序的空子，违反规定给职工办理提前退休手续。

不可否认，对于一些接近法定退休年龄、健康状况欠佳、缺乏转岗就业能力的职工，在本人自愿的前提下让其提前退休，是企业在经济转轨特定历史时期的一种特殊举措，也是企业面对压力的一种缓冲。国务院在《关于在若干城市试行国有企业破产有关问题的通知》中规定：距退休年龄不足5年的职工，经本人申请，可以提前离退休。但有些企业却将这一规定放宽到"距退休年龄不足10年的男性职工"，这种随意降低退休年龄和要求、扩大适用范围的做法，无疑为那些想方设法违规提前退休的人开了方便之门。出现这样的现象，主要是一些企业在面临困难苦无良策的条件下，把职工提前退休当成其减员增效的手段，因为企业在职工提前退休后不仅可以不再负担其工资，而且还可以逃避缴纳养老保险费等义务。在当时，一名职工如果提前一年退休，单位可以因此少缴养老、医疗等社会保险费和少付工资数千元，腾出的位置还可以安排新职工，这对于企业来说是件好事。从职工的角度来说，企业效益不好，即使有活干，收入也很难有保障，而按现行养老保险政策规定，退休后不仅每月可从社会保险机构领到足额的养老金，而且养老金每年还能随社会平均工资的增长而"水涨船高"，在一些职工的心中，养老保险无异于安全可靠的"方舟"，登上这艘"方舟"，下半辈子的生活便有了保障。由于企业与职工结成了利益共同体，许多不符合政策规定的提前退休虽然违规，却屡禁不止。按规定，在职职工都要缴养老保险费，不该提前退休的人提前退休了，对于养老保险基金来说，他就由缴费者变成了养老金领取者，养老保险基金因此遭受损失，因此，提前退休构成了侵蚀养老保险基金一个不容忽视的因素。

要解决这一问题，首先，应当及时调整相关政策，进一步严格可以提前退休的资格条件；其次，政府管理部门应当严格监督管理，如以职工的原始档案为准，按照国家公布的"特殊工种"目录加以审核，同时也可以采取措施加大透明度，将所有按"特殊工种"提前退休的职工在领取待遇之前先在本单位实行公示，由群众进行监督；最后，应当进行政策宣传，在促使每个单位与职工都明了提前退休政策的规范下，确立严格的处罚机制，对违规者进行行政、经济等方面的处罚。

资料来源：作者搜集整理。

案例讨论 3

劳动者自愿放弃社会保险能否获得用人单位的经济补偿

社会保险，关系到劳动者的基本人权。《中华人民共和国劳动合同法》以及《中华人民共和国社会保险法》都明确规定用人单位和劳动者应当参加社会保险，并对用人单位与劳动者缴纳社会保险费作出了明确规定。但在现实中，却有一些单位与劳动者签订劳动者自愿放弃社会保险的协议，以此作为不参加社会保险、不缴纳社会保险费的依据，当劳动者与用人单位解除劳动关系时要求用人单位支付经济补偿金时却引起重大分歧。那么，自愿放弃社会保险能否获得补偿呢？

在实操中，存在两种观点。

一种是支持劳动者获得经济补偿。例如，天津市 2021 年判处的有关案例中，法院认为，从法律规定来看，用人单位为员工缴纳社会保险费是法定的义务，不能根据劳动者或用人单位自己的意愿而免除，不管是口头承诺还是签订书面协议放弃缴纳社会保险费的行为，均违反了法律强制性规定，属于无效协议。又根据天津市人力资源社会保障局《关于印发天津市贯彻落实〈劳动合同法〉若干问题实施细则的通知》（津人社规字〔2018〕14号）第十五条规定，"用人单位与劳动者约定不缴纳或少缴纳社会保险费的，双方约定无效，应视为因用人单位原因导致未缴纳或未足额缴纳社会保险费"，即便是劳动者承诺放弃缴纳社会保险费，也不能免除用人单位的法定义务，用人单位应承担相应法律责任，即支付经济补偿金。北京市高级人民法院认为，用人单位与劳动者签订的"自愿放弃社会保险声明"内容违反法律强制性规定，应为无效。用人单位未为劳动者缴纳社会保险费，劳动者以此为由要求支付解除劳动关系经济补偿金，合法有据，本院予以支持［见（2020）京0114民初1825号］。上海市高级人民法院认为，用人单位在职期间确实未为劳动者缴纳社会保险费，故劳动者以此为由作经济补偿金之主张成立。用人单位关于此系劳动者自愿放弃，用人单位并无恶意等辩称，不能免除经济补偿金支付义务。原因之一，依法为劳动者缴纳社会保险费，是法律规定的用人单位应尽义务，用人单位未缴纳是客观事实，此系过错，因此承担经济补偿金符合《中华人民共和国劳动合同法》关于用人单位应当承担经济补偿的法律宗旨。原因之二，只有在权利归己私有时才谈得上所谓的放弃，而社会保险不仅涉及劳动者个人利益，同时兼具社会保险权能，故劳动者所作不要求用人单位缴纳的承诺，或双方就此达成的一致，因违反法律强制性规定故而无效。原因之三，劳动者虽系签署承诺，但从承诺书系格式文本，以及劳动者作为求职劳动者，与用人单位作为用人单位的地位优劣来看，劳动者关于无奈签字等意见尚有一定可信度。事实上无奈也好，自愿也罢，如若允许用人单位以协议或劳动者自愿为凭回避缴费、回避经济补偿等义务承担，则势必导致有法可不依，以及社会秩序的无序。因此，劳动者尚应承担"承诺书"无效的法律后果，用人单位亦不能因此免除离职补偿义务的承担［见（2017）沪0110民初24431号］。

二是不支持劳动者据此获得经济补偿。例如，江苏某法院认为，劳动者因自身原因不愿意缴纳社会保险费，是对自身权利的合法处分并应承担相应的后果，现劳动者以用人单位未为其缴纳社会保险费为由主张经济补偿金，违反诚实信用原则，原审法院未支持其诉讼请求，并无不当［见（2018）苏民申339号］。上海某法院认为，虽然我国现行法律规定用人单位为劳动者缴纳社会保险费系被告的法定义务，用人单位不为劳动者缴纳社会保险费，不仅侵害了国家及社会的权益，也侵害了劳动者依法享有的相关权益，该行为有违法律规定。但是，考量用人单位未为劳动者缴纳社会保险费的原因及理由，应从实际情况出发予以解析。用人单位在入职时，已通过书面方式明确表示因其个人原因无须用人单位为其缴纳社会保险费,即造成用人单位未为劳动者缴纳社会保险费,责任不仅在于用人单位也在于劳动者,因此劳动者现以该项理由解除劳动关系继而要求支付经济补偿金的诉讼请求,本院实难支持[见(2021)沪0112民初14794号]。广东某法院认为,经审查,劳动者在入职时签署"入职承诺声明",明确表示不参加社会保险并自愿承担一切后果,诉讼期间也没有提交证据证明其入职后要求用人单位为其办理社会保险手续。故劳动者以用人单位未办理社会保险为由解除劳动关系并请求用人单位支付经济补偿金的诉讼请求,本院不予支持[见(2021)粤15民终1090号]。①

从上述案例可知,对类似案例的处理明显存在分歧,这种分歧从整体上看,可以从用人单位和劳动者对该违法行为客观事实、主观恶意、催告义务、补缴机会等多方面予以综合考虑。但第二种处理实质上尚未对劳动者能否自愿放弃社会保险作出合理的裁判。因为社会保险是强制性保险,用人单位与劳动者以任何理由不参保或者不承担缴费义务,都属于违法行为,用人单位无疑承担着主要责任,这种性质并不因为劳动者是否自愿放弃而改变用人单位的义务和责任。因此,无论何种情形,用人单位都应当承担起依法参保的义务和责任。

资料来源:作者搜集整理。

 复习思考题

1. 社会保险是如何产生的?有何历史背景?
2. 社会保险有哪些特征?
3. 试析人口老龄化与养老保险的关系。
4. 比较养老保险的责任承担模式。
5. 比较养老保险的财务模式。
6. 为什么中国现阶段要强调多层次的医疗保障体系?
7. 如何理解工伤保险的性质?
8. 为什么强调失业保险要发挥促进就业的功能?如何发挥其促进就业的功能?
9. 为什么要建立护理保险制度?如何界定其功能?

---

① 参考失效的文件精神:《广东省高级人民法院、广东省劳动人事争议仲裁委员会关于审理劳动人事争议案件若干问题的座谈会纪要》第二十五条规定,用人单位与劳动者约定无须办理社会保险手续或将社会保险费直接支付给劳动者,劳动者事后反悔并明确要求用人单位为其办理社会保险手续及缴纳社会保险费的,如用人单位在合理期限内拒不办理,劳动者以此为由解除劳动合同并请求用人单位支付经济补偿金,应予支持。

第十章 社会福利

>> 学习要点

通过本章的学习，应当了解社会福利的概念、类型及基本内容，系统掌握老年人福利、儿童福利、残疾人福利、妇女福利的内容，了解中国社会福利的现状及发展趋势。

>> 关键概念

福利　社会福利　社会福利状态　社会福利制度　残补型福利　制度型福利　普惠性福利　选择性福利　医疗服务　教育福利　住房福利　社会服务　老年人福利　儿童福利　残疾人福利　妇女福利

第一节　概　　述

一、社会福利的概念界定

福利一词通常具有幸福、富足等多种含义，是日常生活和学术研究中的常用词，但同时人们对福利的理解也有很大的不同。综合起来看，福利一词有以下一些含义：（1）最一般意义上的福利，常指人们社会生活的一种良好的状态和总体上的利益，包含了富裕、幸福、平等等人们追求的价值理想；（2）福利是一种物质的或者是货币的资源分配方式，如福利性住房分配、福利性津贴制度等；（3）福利是对特殊社会成员提供帮助或者特殊服务的方式，常常指一些专门针对贫困者、残疾人、孤寡老人和孤儿等特殊群体的社会救助和特殊服务。

社会福利一词，最早见于1941年美国总统罗斯福与英国首相邱吉尔签订的《大西洋宪章》和1945年多国签订的《联合国宪章》中。对于社会福利一词的理解，往往包含了上述三个方面的内容。但是，在不同的国家，对于社会福利的界定是不同的；即便是在同一个国家，由于研究者的研究视角不同，对于社会福利的理解也有很大的差异。

美国《社会工作词典》指出，社会福利具有两个方面的含义，"第一，一种国家的项目、待遇和服务制度，它帮助人们满足社会的、经济的、教育的和医疗的需要，这些需要对维持一个社会来说是最基本的；第二，一个社会共同体的集体的幸福和正常的存在状态"[①]。美国社会工作者协会1999年出版的《社会工作百科全书》对社会福利的解释是，"社会福利是一个宽泛的和不准确的词，它最经常地被定义为旨在对被认识到的社会问题做出反应，或旨在改善弱势群体的状况的'有组织的活动''政府干预'以及政策或项目……社会福利可能最好被理解为一种关于公正社会的理念，这个社会为工作和人类的价值提供机会，为其成员提供合理程度的安全（保障），使他们免受匮乏和暴力，促进公正和基于个人价值的评价系统（的实现），这一社会在经济上是富于生产性的和稳定的。这种社会福利的理念基于这样的假设：通过组织的治理，人类社会可以生产和提供这些东西，因为这一理念是可行的，社会有道德责任实现这样的理念"[②]。美国学者巴克尔（Robert L. Barker）认为，社会福利是指"一种由社会福利计划、社会福利津贴和社会服务构成的，帮助人们满足对维持社会运转必不可少的社会需要、教育需要和健康需要的国民制度"[③]。

日本在1950年社会保障审议会提出的《关于社会保障制度的劝告》中提出，"社会福利是指对于国家扶助的对象，加上残疾人、儿童及其他需要援助的人，给予必要的生活指导、回归社会指导、生活保护等，以达到充分发挥他们的能力，走向自立为目的的事业"。此外，日本在《社会事业法》的第3条中，对社会福利事业的宗旨进行了规定，"社会福利事业是对于需要进行援助、培养和需要重新谋求生活手段的人，在不损害其独立生活意志的前提下，给予生活上的援助。必须以此为其宗旨并从事活

---

① BARKER R L. The social work dictionary [M]. 4th ed. Washing D C: NASW Press, 1999: 20-21.
② EDWARDS R L. Encyclopaedia of social work [M]. 19th ed. Washing D C: NASW Press, 1999: 59-60.
③ BARKER R L. The social work dictionary [M]. 2nd ed. Silver Spring, M D: NASW Press, 1991: 221.

动"。也就是说，社会福利等于社会福利事业，它是"对需要援助和保护的人所进行的诸项活动"①。

1994年出版的《中国社会工作百科全书》对社会福利的解释是，"按其字义和一般人的观念，通常被理解为有关改善社会成员物质、文化生活的一切举措。在社会工作专业领域里，有广义和狭义两种理解。在世界许多国家，特别是西方发达国家里，大多把社会福利当作社会保障的同义词。如《简明不列颠百科全书》将社会保障解释为'一种公共福利计划'，属于对'社会福利'一词的广义解释。在另一些国家里，如美国、日本等国，社会福利仅指社会保障制度中的一个特定的范围和领域，通常是指专为弱者所提供的带有福利性的社会服务与保障，如儿童福利、老年人福利、残疾人福利，等等。从这个意义上，'社会福利'一词便具体化为'社会福利服务'或'社会福利事业'，属于对社会福利的狭义理解。在中国，社会福利仅仅是社会保障体系的一个组成部分，属于狭义社会福利范畴"②。

在本书中，我们把社会福利界定为国家和社会通过社会化的福利津贴、实物供给和社会服务，满足社会成员的生活需要并促使其生活质量不断得到改善的一种社会保障政策。这一概念包括五个层次。③

第一，国家（通过政府有关职能部门）和社会（通过从事福利事业的社会团体）是社会福利的责任主体，国家颁布相关法律对各项福利事业进行规范，如中国就先后颁布过《中华人民共和国残疾人保障法》《中华人民共和国妇女权益保障法》《中华人民共和国老年人权益保障法》等若干部法律或法规，政府通过有关职能部门对社会福利事业进行监督与管理，并承担着相应的供款责任。

第二，与其他社会服务相比，社会福利的本质主要体现在经济福利性上，从而既属于第三产业范畴，又不同于一般第三产业，是难以采取市场调节的社会公共领域，政府的呵护与政策扶持往往是其生存、发展的必要条件。

第三，强调社会化，即福利的提供是开放式的。因此，严格而论，由各机构提供给员工的福利并不能算是社会福利。

第四，社会福利的供给，主要采取的是提供服务的方式。如青少年教育服务、残疾人康复服务、老年人养老服务，以及其他各种具有福利性的社会服务等，从而主要处于服务保障的层次，也包括对有需要者的精神慰藉。

第五，社会福利的目标，不单是为了保障社会成员的基本生活或解除社会成员的

---

① 一番ヶ瀬康子. 社会福利基础理论 [M]. 沈洁, 赵军, 译. 武汉：华中师范大学出版社, 1998: 26.
② 陈良瑾. 中国社会工作百科全书 [M]. 北京：中国社会出版社, 1994: 419.
③ 郑功成. 社会保障学——理念、制度、实践和思辨 [M]. 北京：商务印书馆, 2000: 20-21.

后顾之忧，还在于促使社会成员的生活质量不断得到改善和提高，如满足社会成员在教育、文化方面的需求等。

在现实生活中，社会福利可以指社会福利状态，也可以指社会福利制度。社会福利状态是指人类社会（包括个人、家庭和社区）的一种正常和幸福的状态；社会福利制度则是指国家和社会为实现社会福利状态所做的各种制度安排，包括增进收入安全的社会保障制度安排。一般来说，社会福利制度指国家为促进人类幸福、疗救社会病态的规范的社会行为。狭义的社会福利制度仅指为帮助特殊的社会群体、疗救社会病态而提供的各种福利服务，它在社会生活中是补缺性的，涉及的是传统社会工作的内容，宗教和慈善机构、邻里和社区等在其中起着重要作用。广义的社会福利制度则包括医疗服务、教育福利、住房福利以及社会服务等。除此以外，政府还可以通过税收制度影响社会福利状态，如对有儿童的家庭和残疾人提供税收减免等。

需要指出的是，社会福利与社会保障的关系在理论学术界事实上存在着争议。一种观点是将社会福利广义化，将社会保障作为社会福利的一部分；另一种观点是将社会福利狭义化，并将社会福利作为社会保障的一部分。也有的学者将社会保障划分为三大层次，即基本保障——社会保险，最低保障——社会救助，最高保障——社会福利；还有的学者认为社会福利和社会保障这两个概念都有广义和狭义的定义。这种争议还会持续。不过，在中国，官方一直采取广义社会保障的概念，而对社会福利则作狭义的解释，即社会福利被视为社会保障体系中的一个子系统，并发挥着不断改善和提高国民生活质量的功能；在理论学术界，社会保障一词在绝大多数情形下亦指包含了社会福利在内的广义社会保障体系。

二、社会福利的类型

对于社会福利类型的划分，有的学者根据社会福利的对象，划分为老年人福利、儿童福利、残疾人福利、妇女福利等；有的根据社会福利的内容，划分为医疗服务、教育福利、住房福利以及社会服务等。上述两种分类将在后文中着重介绍，这里主要从其他几种分类方式介绍以下四种类型。

（一）残补型与制度型

按照社会福利的作用方式来划分，可以分为残补型和制度型，这是国际上最为流行的一种划分方法。它是20世纪60年代由社会学家威伦斯基和勒博克斯提出的。他们根据国家在社会福利供给中的职能，将社会福利制度划分为残补型（residual，也有的译为剩余型或补缺型）和制度型（institutional）两种类型。残补型社会福利指国家只有在其他通常的渠道（如家庭和市场）不能维持时，才为遇到困难的社会成员提供帮助，实际上是一种针对弱势群体的、有限的、基于家计调查的服务。制度型社会福利将社会福利服务当作工业社会一种正常的功能，以提供制度化的、针对全体社会成员的普遍福利为标志。这种关于社会福利的类型划分显然与对社会福利的广义、狭义理解密切相关。这一框架已被广泛运用于社会福利的国际比较研究中。

（二）现金给付、实物给付及社会服务

按照社会福利资源的提供方式来划分，可以分为现金给付、实物给付及社会服务。其中，现金给付一般被称为社会津贴或社会补贴，它是政府在实施某项可能影响社会成员物质利益的社会经济政策时，为了使社会成员能够分享社会经济发展成果，或者使社会成员不致因新政策的出台使生活水平降低而为社会成员普遍提供的一种津贴，如农产品提价时由政府普遍为社会成员提供的物价补贴等；实物给付是指政府和社会通过举办各种社会福利事业向社会成员提供社会福利设施等实物的形式来体现社会福利待遇，例如，供应食品券，国家通过兴办教育事业、实行义务教育或者低收费教育来提高社会成员的教育福利，通过兴建各种文体娱乐设施以丰富社会成员文化体育生活，通过举办疗养院、社会福利院等为社会成员提供生活和康复福利等；社会服务是指政府和社会为解决社会成员的生活困难，使其生活更加方便和愉快，由社会福利组织及其工作人员向社会成员提供服务的社会福利形式，它主要通过社区组织和福利机构来实现，主要形式是社区服务，它通过举办各类福利院、福利工厂、福利卫生医疗机构、福利性娱乐场所等来为社会成员提供服务，以提高他们的生活质量和水平。

（三）普惠性福利与选择性福利

按照社会福利资源的分配方式来划分，可以分为普惠性福利与选择性福利。

普惠性福利是指社会成员在社会福利资源分配的过程之中，不论贫富，皆有资格享受福利服务，例如，福利国家中的国民失业保险、家庭儿童津贴与退休保险、国民健康服务等。此模式的优点是每个人都有平等的机会来享受社会福利服务；其最大缺点是容易造成国家财政负担过重，阻碍社会经济的正常发展。

选择性福利是通过社会福利机构将社会福利资源分配给那些真正需要福利服务的低收入者，其服务对象是有选择的而非全民的，选择的方法一般是通过家计调查，由需要社会福利服务的个人或者家庭，先向社会福利机构提出申请，经过家庭经济状况调查合格后，才能享受政府所提供的各种社会福利服务。例如，家庭补助、住房福利

都属于这种模式。选择性福利的优点是能够避免社会福利资源的浪费,能够充分利用福利资源的再分配改善贫困者的生活状况;缺点是对接受福利者的隐私保护不够,容易影响接受福利者的正常态度和心理健康发展。

(四)反集体主义福利模式、半集体主义福利模式、费边社会主义福利模式及马克思主义福利模式

英国学者乔治(Vie George)和韦尔定(Paul Wilding)在1976年合著的《意识型态与社会福利》(Ideology and Social Welfare)一书中,提出影响社会福利发展的四种意识形态,并表示因福利意识形态的差异,才形成四种不同社会福利模式。[①]

1. 反集体主义福利模式

反集体主义福利模式看重自由、个人主义和不平等的社会价值,强调个人有选择的最大自由。社会福利服务的供给,必须依循个人选择的自由,政府的功能在于确保个人的自由,任何政府不当的干涉都可能扭曲市场机能的正常运作。

2. 半集体主义福利模式

半集体主义福利模式的社会福利价值理念与反集体主义福利模式十分相似,也是强调个人自由和不平等,但这个模式坚信如果要达到个人自由的目标,资本主义的市场分配必须透过规范和控制才能确保资本主义的效率和功能。政府在提供福利服务上所扮演的角色十分有限,仅提供极为有限的福利服务。这个模式认为自由市场体系的运作就可以满足个人福利需求,政府若是过度干预可能会威胁到个人选择的自由。

3. 费边社会主义福利模式

费边社会主义福利模式所追求的社会价值是平等、自由、友爱和民主等。这种福利模式认为社会的不平等导致缺乏效率,同时也违社会正义的原则。就费边社会主义来说,平等不仅意味着机会的平等,同时更意指达到目的之手段的平等。因此,在社会福利方面,政府的角色在于提供各种福利服务,而个人则依不同需求而"各取所需"。这种福利模式也认为政府干预市场机能提供福利资源,可以弥补市场机能的缺点,通过社会福利可以达到所得再分配的目标。

4. 马克思主义福利模式

马克思主义福利模式的价值理念与前述费边社会主义福利模式十分类似,都强调自由、平等、博爱,但这种模式的社会福利尤其强调为了实现自由、平等和博爱的社会价值理念,政府的角色在于扩大政府干预的范围,使社会福利的供给能满足不同福

---

① 詹火生. 社会福利理论研究 [M]. 台北:巨流图书公司,1988:16-17.

利的需求。其最常见的方式就是由政府来供应所有的福利资源，所有的生产资源也由政府来统筹经营管理。

三、人的需要与社会福利

需要是人的一种生存状态，它是个体在"感到缺什么"和"期望得到什么"这两种状态下形成的一种心理状态。一个人从出生到死亡都存在着需要问题。人类在维持其生命和延续种族的发展过程中形成了一些本能的需要，同时，人类在共同的社会生活中又产生了各种社会性需要。从需要与个人的关系来看，每个人都有各种各样的需要，它们给个人以行动的动机和目的，一个人的一生开始可能是生理需要占据重要地位，而当一个人进入社会生活、成长起来以后，可能是各类社会性需要占据重要地位，人的一生在一定程度上表现为需要的产生、发展而又不断被满足的过程。从需要与社会的关系来看，社会是人们共同生活的产物，社会要稳定存在和顺利发展必须解决人的需要问题。一方面，社会的物质生产和精神生产要不断提供人们需要的各种产品，以便使人们的需要得到满足；另一方面，社会还必须控制、引导人们需要的产生、发展和满足，使人们的需要合理、合法，这两方面都是通过一定的社会制度来实现的。

马克思、恩格斯在《德意志意识形态》中指出，"我们首先应当确定一切人类生存的第一个前提，也就是一切历史的第一个前提，这个前提是：人们为了能够'创造历史'，必须能够生活。但是为了生活，首先就需要吃喝住穿以及其他一些东西。因此第一个历史活动就是生产满足这些需要的资料，即生产物质生活本身"[1]。这里强调的是人本身首先得保证自己生命的存在即有一定的物质生活资料，然后才能进行其他一切活动，因此，物质生活资料是人的自然需要即第一需要，是人的生存之本，离开了这个生存之本，其他需要就无从谈起。马克思、恩格斯接着指出，"第二个事实是，已经得到满足的第一个需要本身、满足需要的活动和已经获得的为满足需要而用的工具又引起新的需要"[2]。这种需要显然要高于作为物质生活资料的第一需要，包括了对舒适与幸福生活的追求，是在解决了生存需要的条件下出现的第二层次的需要，它显然超出了人的自然需要，也超出了人的单纯对象性需要，它使活动本身成了需要，从而构成了人区别于动物的新的社会需要。尽管马克思、恩格斯没有在此同时论述更高层次的人的需要，但在《共产党宣言》和马克思、恩格斯的其他多篇著作中所强调的，"人的自由发展"无疑是最高需要，它是马克思的终极目标，也是一个漫长的渐进的满足过程，只有在共产主义社会才能真正全面实现。因此，人们一般将马克思主义经典著

---

[1] 中共中央编译局. 马克思恩格斯选集（第一卷）[M]. 北京：人民出版社，2012：158.
[2] 中共中央编译局. 马克思恩格斯选集（第一卷）[M]. 北京：人民出版社，2012：159.

作对人的需要学说分为三个层次，即生存需要、享受需要和发展需要，其中，生存需要是人维持生活活动的需要，满足这种需要的是物质生活资料，属于物质层面；享受需要是在生存需要得到相应满足的基础上对舒适与幸福生活的追求，兼具物质与精神层面的需要；发展需要则是人的最高层次需要，它是人对于克服自身的局限性、不断超越和完善自我的渴望，如自我实现、自由全面发展的需要等，它应当属于精神层面。因此，人的需要是逐渐从物质层面上升到精神层面的，但无论哪个层面，物质层面的基础地位不会动摇，而精神层面的需要及其满足程度取决于社会发展与文明进步程度。在此，当然不排除有个体的例外现象。①

美国著名心理学家亚伯拉罕·马斯洛提出了很有影响力的需要层次论（见本书第三章）。马斯洛认为，一个国家多数人的需要层次结构，是同这个国家的经济发展水平、科技发展水平、文化和人民受教育的程度直接相关的。在发展中国家，生理需要和安全需要占主导，人数相对较多，高层次需要人数相对较少；在发达国家，则恰恰相反。②

客观而论，人的需要不仅有一个发展和满足的层次，而且也表现为各种需要的同时并存。美国学者莱恩·多亚尔和伊恩·高夫（Len Doyal and Ian Gough）认为，马斯洛对需要的排序是不完整的，有关需要满足的严格排序是错误的。他们主张，无论何种社会，人们都有两种基本需要：身体健康的需要和自立的需要（见表10-1）。自立的需要不但要求对自身及社会有恰当的认识，而且还要精神健康，拥有新的重要的行动机会。

表 10-1　　　　　　　　　　　　人的基本需要和中间需要

基本需要	中间需要
身体健康	富有营养的食物和清洁的水 良好的住所 舒心的工作环境 称心的物质环境 良好的身体保健
自立	儿童期的安全感 良好的亲情关系 物质上的安全感 经济上的安全感 充分的教育
妇女的健康和自立	安全生育和安全抚养小孩

资料来源：[美] 威廉姆·H. 怀特科. 当今世界的社会福利 [M]. 解俊杰, 译. 北京: 法律出版社, 2003: 67.

---

① 郑功成. 以人民为中心：新时代中国民生保障 [M]. 北京: 中国人民大学出版社, 2021: 19-20.
② 马斯洛. 动机与人格 [M]. 许金声, 等, 译. 北京: 中国人民大学出版社, 2007.

他们认为,人们每一基本需要的满足有赖于相互关联的中间需要的满足。身体健康有赖于富有营养的食物和清洁的水、良好的住所、舒心的工作环境、称心的物质环境以及良好的身体保健。在人的自立中,精神健康是一个重要因素。如果一个人在儿童期缺乏他人的关爱、缺乏安全感,并且经济上一无所有,那么就会对人的精神健康产生消极影响。因而,人们在情感方面的自立与其他四个中间需要密切相关:儿童期的安全感、良好的亲情关系、物质及精神上的安全感。[①] 第10个中间需要——充分的教育,能够促进人们智能上的自立。另外,对于妇女来说,生育小孩的能力产生了第11个需要——安全生育和安全抚养小孩。人们中间需要的满足不仅要通过个人的努力,而且要通过正式的和非正式的活动以及公共社会福利计划和私人社会福利计划。如果人们的中间需要得到良好的满足,那么就会使人们的身体健康和自立等基本需要得以实现。当社会成员的基本需要和中间需要得到实现时,对社会的发展和繁荣至关重要的社会目标同样有可能得到实现。

20世纪70年代以来,国际社会开始关注世界性的贫穷问题,进而衍生出对于人类需要的界定。1977年国际劳工组织为基本需要作了以下定义,"体现人们的基本人权,并且能促进达致其他社会目标"[②]。总的来说,这些需要都包括食物、衣服、住宿、健康等人类的生活需要。然而,正如国际劳工组织的定义所指出的那样,"基本需要"还应包括其他非生理性的需要,如接受教育、就业甚至参与社会事务等的权利。

当然,人的需要不是静止的,在人的生命周期的不同阶段表现为不同的需要。生命周期是指从妊娠到生命终止的时期,每一个生命周期阶段都有特定的生存需要和满足这些生存需要的方式(见表10-2)。

表10-2　　　　　　　　　满足贯穿于人的生命周期的生存需要

阶段	满足生存需要的方式
胎儿期	依赖母亲的健康
新生儿期	受出生条件和出生环境的影响
婴儿期	依赖监护人,通常是家人和医务人员
儿童期	高度依赖监护人,尤其在家里和学校里;认识到朋友及自己和活动的重要性
青春期	对监护人的依赖减少,自我行为和自我决定的自主性增强,尤其是关于吸烟、饮酒、营养、性关系、朋友等

---

① 威廉姆·H. 怀特科. 当今世界的社会福利 [M]. 解俊杰,译. 北京:法律出版社,2003:66-68.
② 蔡文辉. 社会福利 [M]. 台北:五南图书出版公司,1999:86.

续表

阶段	满足生存需要的方式
青年成年期	较少依赖家庭，注重经济自立及自我发展的角色，与配偶或情人及朋友建立了重要的关系
中年成年期	最大限度地得到自立及自我照顾，形成多重相互关怀关系
退休期	尽可能地做到自我照顾，维持多重的相互关怀关系，对配偶、朋友、医务专业人员的依赖性增强
死亡	最终丧失对自身的生理支配

资料来源：[美] 威廉姆·H. 怀特科. 当今世界的社会福利 [M]. 解俊杰, 译. 北京：法律出版社，2003：73.

一般来说，人们的幼年和老年是生理上的无助期，这两个时期也会影响人们的其他需要：儿童除了满足其基本的生存需要，还要依靠别人来实现其情感、智力、交往等方面的需要；老年人如果在基本生存需要方面依靠别人，那么他们的人际交往及心理就会受到影响。每个成年人都能体会到，如果他们的自立性由于患病或出了事故而受到削弱，那么他们在人际交往、社会参与及其他方面就会遇到一定的困难。

需要的实现从来不是孤立静止的。随着人们生命周期阶段的变化，人们就会用新的资源来实现其基本需要，不过也会遇到许多新问题。我们不难看出，人的生命进程主要是人们生理的、心理的、社会的因素相互作用、相互渗透的过程。只要其中一个因素发生变化，人们的观念及行为就会作相应的调整。

正是基于人的需要，社会福利以及一切制度化的社会保障措施才成为人类社会发展进程中日益重要的制度安排。

社会福利正是为了满足社会成员需要的一种制度安排。美国学者威廉姆·H. 怀特科认为，社会福利是通过以下三条途径来满足人们的需要：（1）减少困难；（2）增能；（3）提供所需的资源。① 像所有社会制度一样，社会福利通过加强人们和社会的相互联系维持了现存的社会秩序。在大多数情况下，社会福利成功地向社会成员提供了生存和发展所需的资源——钱、房子、教育、咨询等。这反过来又有益于社会，因为当人们更好地发挥作用时，人们生活的整体质量也得到了提高。值得注意的是，社会福利不仅增强了现存的社会结构的功能，而且还推动了社会结构的变革。当个人的需要无法得以基本满足时，或者当处于不利地位的个人无法拥有更好的机会去满足其自身需要时，那么这些结构或模式就必须进行改革。

---

① 威廉姆·H. 怀特科. 当今世界的社会福利 [M]. 解俊杰, 译. 北京：法律出版社，2003：82-85.

社会福利帮助人们满足自身需要的途径之一，是减少人们所面临的困难。例如，残疾儿童和其他儿童一样接受教育，从而帮助他们发展智力、提高社会能力、增进身心健康。此外，还有对残疾儿童进行治疗、拥有医疗保险以及改善环境，帮助他们克服残疾所造成的明显障碍。

社会福利帮助人们的途径之二是增能，即增强他们满足自身需要和克服障碍的能力。社会福利服务通过提供信息和增强人们自主行为的能力以专门解决这些问题。当然，这是以所帮助的人是心理上健康的人作为前提的。

为了能获得并利用知识及有效的资源，人们需要有一种权利感及为自己而献身的愿望。因此，社会福利帮助人们的途径之三就是提供所需的资源，即给予人们增进处理日常生活所需的能力的权利，其中包括教育权利，懂得如何利用社会组织的力量，知道自己的权利等。同时，提高人们人际交往方面的能力也是很重要的。随着人际交往能力的提高，人们在遇到困难时就不会感到孤独无助。不仅如此，他们还可以成为实现自身需要的更有效的实践者，可以更加有效地参与家庭、社区、工厂及社会的有关活动。因此，提供所需的资源是社会福利的一项重要功能，社会福利为人们提供金钱、食品、住房、衣物、医疗保险、咨询、情感支持、法律援助、人身保护及其他所需的资源。社会福利不仅为个人（如社会保险券），而且还为家庭（住房）、公司（为雇主咨询）、社区（老年人活动中心）及社会（健康而有知识的人口）提供所需的资源。每个人都有社会福利可以帮助实现的需要，因而每个人都可从中受益。

四、社会福利的基本内容

在约定俗成的中国社会保障政策话语体系中，社会福利通常与社会保险、社会救助并列，是中国社会保障体系三大基本组成部分之一。实践中的社会福利主要包括老年人福利、儿童福利、残疾人福利与妇女福利等类别及其他一切以社会化方式提供给国民的现金津贴及相关服务，是一个项目众多、内容广泛的保障系统，也是满足老年人、儿童、残疾人、妇女等特定群体需要并实现其分享国家发展成果的重要途径，其功能不仅在于化解国民物质生活方面的后顾之忧，而且要特别考虑到精神慰藉与情感保障。[①] 鉴于面向特定群体的老年人福利、儿童福利、残疾人福利以及妇女福利在下文专节阐述，本部分着重从福利提供的类型介绍医疗服务、教育福利、住房福利和社会服务以及职业福利五个方面的内容。

---

① 郑功成. 中国社会福利改革与发展战略：从照顾弱者到普惠全民[J]. 中国人民大学学报，2011（2）：47-60.

（一）医疗服务

1. 医疗服务的内涵与目标

在世界各国，医疗服务都是社会福利制度中的重要组成部分。概括一些研究者的观点，可以将医疗服务定义为：医疗服务是政府在配置医疗卫生资源，解决医疗卫生问题，预防疾病，以促进、保护或恢复健康等方面的一系列福利政策和行动的总称。

医疗服务的基本目标是降低各种疾病的发生和危害，满足社会成员的卫生需求，提高全社会的健康水平，进而促进经济发展与社会进步。这一基本目标可以分为两个层次的具体目标：疾病预防和疾病治疗。疾病预防是通过政府行动而建立全社会的疾病控制体系，并提高社会成员的健康水平和防病抗病的能力；疾病治疗则是通过政府干预而提高全社会医疗技术水平和医疗服务质量，提高医疗服务的可及性，以尽可能公平的方式使尽可能多的人享有基本的医疗服务，进而满足人民群众不断提高的健康需要。

2. 医疗服务的基本内容

尽管各国医疗服务的内容因政府干预的程度与方式不同而有差异，但医疗服务的基本内容仍然可以概括为三个方面。

（1）预防性医疗服务。预防性医疗服务多从公共卫生政策中体现，公共卫生政策一般有三个方面的作用：为人们提供预防性卫生服务、促进健康行为和改善健康环境。预防性公共卫生政策的基本内容包括：①提供面向全部社会成员或部分人口的预防性卫生服务，例如，计划免疫，急、慢性传染病的预防与控制，职业病、地方病和寄生虫病的防治等；②大众健康教育，主要是普及基本卫生知识和基本食品安全知识，使民众养成健康的生活方式，促进健康行为；③改善健康环境，重点是改善环境卫生、食品卫生、劳动卫生、学校卫生和放射卫生等。

（2）治疗性医疗服务。治疗性医疗服务包括由政府投资建设公共医疗设施，构建社会医疗服务网络，合理配置医疗服务资源，并且以公共资金支持医疗及护理服务体系建设和医护人员队伍建设，通过政府行动促进医疗技术进步和医疗服务质量的提高，它是通过政府公共资金投入而降低医疗服务价格等方面的公共行动。

（3）针对专门人群的医疗服务。针对专门人群的医疗服务主要包括：①妇幼保健医疗服务，包括妇女卫生保健服务和儿童卫生保健服务；②老年医疗保健服务，包括老年病防治和为老年人提供更加优惠的医疗服务等；③残疾人医疗康复事业；④针对低收入群体和其他特殊困难群体的医疗卫生政策。

（二）教育福利

1. 教育福利的内涵和重要性

教育福利是国家和社会为保障国民的受教育权利、提高国民素质、促进教育公平而承担的责任和义务，以及为此提供的公共资源和优惠条件。① 人类的教育活动已有久远的历史，在当代社会中，随着知识在经济和社会发展中重要性的提高，教育对个人和社会的重要性也不断增强。一方面，教育对个人的成长与发展具有重要性，它能够帮助穷人摆脱困境，促进社会平等；另一方面，教育对社会的发展非常重要，它不仅有利于社会文化的传递和主导价值观的灌输，具有文化整合的作用，而且有利于提高国民文化素质和社会人力资本，可以赋予人们进入各种不同职业的必要条件，进而跨越自己原有的阶层，实现"向上流动"。然而，在现代社会中，教育的花费也越来越大，以至于部分社会成员难以承担，如果纯粹以市场机制去分配教育资源，则会导致教育机会的不平等，尤其是会使贫困家庭的孩子丧失教育机会，从而导致贫困的代际传递。因此，需要通过政府的教育福利去弥补市场的不足。事实上，世界上许多国家都因采取教育优先或发展教育福利的战略而获得了快速、持续的发展。有些国家几乎所有的学校都是公立学校，而另外一些国家则是公立学校与私立学校并存。教育福利主要体现在公立学校，同时也体现在国家对私立学校的支持与援助上。

2. 教育福利的基本内容

从教育的层次上看包括初级教育、中等教育和高等教育；从教育的结构来看包括普通教育、职业教育、成人教育和特殊教育；从教育的正规化程度上看，又包括正规教育和非正规教育。一般来说，教育福利的基本内容主要包括四个方面。

（1）由政府为主体负责建设教育机构，包括投入教育事业的基础设施、设备和建设教育人员队伍，直接管理教育机构或者指导教育机构的运行。各国都注重兴办教育基础设施，培训合格的教师员工队伍，并对教育机构进行管理和监督。

（2）建立不同层次的免费或低收费教育体系，为低收入者提供教育补贴。当今世界各国在巨大的公共教育体系的支撑下，基本上解决了义务教育阶段的教育需要，特别是在相对较发达国家中，几乎所有青少年都能接受法律所规定的义务教育。在公共教育机构中的义务教育阶段一般都是由公共资金支持，而个人受教育是免费的。联合国教科文组织 2018 年发布的报告显示，在 192 个有完全统计数据的国家和地区中，义务教育年限 10 年及以上的国家与地区有 112 个，其中，义务教育年限为 11 年的有 19

---

① 郑功成. 中国社会保障改革与发展战略（救助与福利卷）[M]. 北京：人民出版社，2011：203.

个，义务教育年限为12年的有25个，委内瑞拉义务教育年限最长，为17年。

（3）建立合理的教育结构，注重教育的层次结构、专业结构和区域分布。大多数国家根据本国的情况建立了包括各类教育在内的多样化的教育体系，除了普通教育，还有大量的职业教育、成人教育和特殊教育等，以满足各类人员对教育的不同需要。在高等教育阶段，发达国家一般都实现了高等教育的大众化，有的国家是通过政府举办公共高等教育机构来向所有人提供免费或低费的高等教育服务，而另外一些存在大量私人教育机构的国家中，政府或其他组织会通过提供奖学金等制度来保证人们受教育的权利。目前，发达国家大都形成了一个纵向上包含从基础教育到高等教育，横向上包含从普通教育、职业教育到成人教育的立体的终身学习网络。

（4）在特殊地区实施鼓励教育发展的政策，在农村地区、贫困地区、少数民族地区等实行对教育的特殊投入和其他特殊政策。随着社会的发展，教育福利扮演的角色越发重要。教育福利的主要功能是促进教育公平，进而也就从起点上促进社会公平。教育本身不一定能够自然而然地促进社会公平，特权性的教育、垄断性的教育甚至是造成社会不公平的手段和原因。教育福利首先是要努力实现教育本身的公平，然后通过教育公平促进社会公平。教育福利的这一功能具有根本性、无可替代性，它是教育福利所有功能的核心，也是教育能否公平以及能在什么程度上达到公平的决定性条件，是教育公平性乃至社会公平性的标志。[①]

（三）住房福利

1. 住房福利的内涵和重要性

在现代社会，随着经济的发展，人们的住房条件在总体上不断改善。但住房困难的情况也大量存在，即使在经济最发达的国家中也有很多无家可归者，存在住房拥挤和贫民窟现象。这种情况说明，仅靠市场机制难以完全解决国民住房问题。为此，许多国家或地区普遍采用政府干预的方式来弥补市场机制在满足住房需要方面的不足。西方国家自进入工业化社会以后，随着城市居民住房困难加剧，政府逐渐开始采取公共行动以解决城市居民住房困难的问题。到第二次世界大战结束以后，住房福利在许多国家或地区成为社会福利制度中的重要内容。

所谓住房福利，按西方国家惯用的界定方法，是指中央政府和地方政府解决全体国民住房问题的社会福利措施和手段。住房福利在于满足人们的住房需求，在维持社会稳定方面具有举足轻重的作用，尤其是在现代社会中，住房福利已是政府必须要制

[①] 郑功成. 中国社会保障改革与发展战略（救助与福利卷）[M]. 北京：人民出版社，2011：202.

定和执行的一项政策。许多国家或地区普遍存在住房困难的问题，一方面，许多国家或地区都在不同程度上存在住房供应短缺的现象；另一方面，即使在住房供应总量并不短缺的国家或地区，也有许多人居住在潮湿寒冷、通风不好或取暖设施不好的住房里。因此，需要政府通过住房福利来解决住房问题。从其功能来看，政府实施一定的住房福利除了满足人们的住房需求，还可以缓解各种社会矛盾，防止形成贫民窟，并为增进人民的健康做出贡献。

2. 住房福利的基本内容

概括而言，住房福利一般包括以下三项内容。

（1）提供低租公房。这是由政府直接建造大量低租公房供住房困难户、低收入户居住。例如，20 世纪 80 年代以来，美国的公共住房建设的重点从直接扩大住房增量转向利用并优化已有的住房存量，政府更倾向于通过租房补贴来改善大众的住房需求，而不是投资于建筑成本更高的新住房项目。2018 年德国联邦政府在"居住空间攻势"的框架内，以建造 150 万套新住宅和自有房为目标，为社会福利住宅建设投入 20 亿欧元。同时，德国政府通过住房津贴为社会弱势家庭、低收入人群提供支持，以帮助租房者支付日常居住开支（如水电费）和租金。联邦和州政府各承担一半的住房津贴支出。2020 年年底，德国领取住房津贴的户数近 58 万户。英国政府通过投资建设一部分公房，以低于市场价格约 40% 的水平出租，满足低收入群体长期租赁需求与城市居民短期租赁需求。在我国的香港地区，政府举办的公共房屋迄今仍然是许多香港居民解决住房问题的基本途径。

（2）提供住房补贴。这种方式通常有两种做法。一是用来补贴购买自住住房者的免税减税。例如，美国联邦政府对第一次购房者实行个人所得税减免，即第一次购房的所有支出，包括首期付款以及每年贷款偿还额从个人所得税的税基中扣除；此外，地方政府还对第一次购房者减免不动产税若干年。英国的住房福利规定，买房可在贷款利息、保障金及住房维护等方面享受一定的优惠，管理部门对申请人的收入水平、存款、家庭成员和住房条件等进行全面审查，获得批准的国民可享受政府提供的优惠条件和住房补助。二是用来补贴租房者的现金补贴。例如，美国的租金优惠券计划允许住房管理机构根据当地经济水平设立房租补贴规定，如果要领取租金补贴，低收入家庭必须是找到了符合居住要求的房子。低收入家庭可以在市场上寻找租金高于或低于标准房租的房屋，按市场价格向房东支付不超过自身收入 30% 的房租，不足部分由政府提供补贴。

（3）住房金融政策。住房金融政策亦是政府介入住房领域的一个重要手段，一些研究者把住房金融政策概括为四种主要模式。①

第一，在政府有效控制之下的私营机构为主体的综合型模式。这种模式以美国为代表，其基本特征是：首先，经办房地产金融业务的机构中私营金融机构占主体地位，大多数美国人能通过私营金融机构的住房抵押贷款来解决住房问题；其次，联邦政府的住房金融管理机构对住房金融市场进行有效的调控，包括成立初级市场的政府担保机构、建立联邦住房贷款银行系统、建立全国性的二级抵押市场、组建证券经营机构等方式；最后，在政府实施有效调控的同时也重视发挥私人资本的作用，私人资本活动与政府调节高度融合。

第二，公私机构互为补充的混合型模式。这种模式以日本为代表，住房金融公司是日本政府为了向国民提供购买、建造住房贷款而成立的公营住房金融机构，它行使政府住房金融职能，融通长期低息资金，依照日本政府的住房福利对购买、建造住房者提供优惠长期低息贷款。

第三，政府全面直接控制的基金型模式。这种模式以新加坡最为典型，新加坡自1965年独立以来推行公积金制度，雇员可以用公积金购房。购房的款项，包括首付款和从银行得到的贷款，都可以用公积金储蓄偿还，但不可用公积金支付房租。

第四，民间专营机构控制的互助型模式。这种模式以英国最为典型，建房社团是英国住房金融业务的主要经办者，受政府特别保护，在执业前要事先向政府申请。作为专营住房金融业务的民间互助机构，英国建房社团所办理的住房金融业务占全国的80%以上，它是办理存款、向会员和非会员发放住房金融贷款的非营利机构，受特殊法律手段管理。

经过多年的改革与发展，中国逐渐形成了以公共租赁住房、保障性租赁住房和共有产权住房为主体的住房保障体系，并且建立了一套较为完整的住房保障政策和管理制度。公共租赁住房也叫公租房，是指限定建设标准和租金水平，面向符合规定条件的城镇中等偏下收入住房困难家庭、新就业无房职工和在城镇稳定就业的外来务工人员出租的保障性住房。公共租赁住房通过新建、改建、收购、长期租赁等多种方式筹集，可以由政府投资，也可以由政府提供政策支持、社会力量投资。公共租赁住房可以是成套住房，也可以是宿舍型住房。② 公租房有两种方式，一种是实物保障，另一种是货币补贴。符合这个条件的保障对象向政府申请，政府既可以提供实物的公租房，也可以给予货币补贴。实物的公租房一般在60平方米以下，货币补贴的具体标准由各市县人民政府规定。保障性租赁住房以人口净流入城市为重点，着力做好新市民和青

---

① 关信平. 社会政策概论 [M]. 北京：高等教育出版社，2004：284—285.
② 住房和城乡建设部. 公共租赁住房管理办法 [EB/OL]. 2012-05-28.

年人的住房保障。它由政府给予政策支持，引导多主体投资、多渠道供给，具体的方式可以多种多样，包括利用集体土地建设，企事业单位自有闲置土地建设，园区配套用地建设，还有非居住存量房屋，包括空置的商业办公楼、工业厂房等。它的主要特点是利用存量土地和存量房屋，一般为小户型（70平方米以下）、租金较低。共有产权住房则由城市政府因地制宜，主要帮助有一定经济实力、买不起房子的居民能够尽快改善居住条件。

此外，中国的住房福利还包括1991年在上海初创并随后在全国普遍建立发展的住房公积金制度。住房公积金是指国家机关、国有企业、城镇集体企业、外商投资企业、城镇私营企业及其他城镇企业、事业单位、民办非企业单位、社会团体及其在职职工缴存的长期住房储金。《全国住房公积金2022年年度报告》显示，2022年，全国有6 782.63万人提取住房公积金共21 363.27亿元；住房公积金制度惠及面进一步扩大，全年住房公积金实缴单位452.72万家，实缴职工16 979.57万人。但近年来住房公积金制度存在的公平失衡、效率弱化、功能异化等问题也日益突出。

（四）社会服务

1. 社会服务的内涵和特征

在现代社会中，人们每天在衣食住行方面，在照料老年人、残疾人和儿童方面，以及在家庭生活、文化娱乐、休闲和心理调适等方面都需要大量的服务。尽管商业化的服务产业在满足人们服务需求方面发挥了重要的作用，但它不可能满足所有人的所有服务需要。因此，同样需要政府或其他组织以公共投资和福利性的方式来提供各种服务，以满足人们对服务的需求。

所谓社会服务，也叫社会福利服务，是指直接面向社会成员尤其是具有特殊需求的个人、家庭或群体而提供的福利性服务。社会服务包含的内容很多，既有针对普通居民的服务，也有针对各类群体的专门化服务。从服务方式上看，既有在社区中为居民提供的各种服务，也包括在各种"院舍"中对某些特殊困难者的集中服务。当代各国的福利性服务政策行动主要是基于商业化服务的不足和家庭自我服务功能的弱化而设立的，其特征主要体现在三个方面。

（1）福利性。社会服务的首要特征是其具有福利性，尽管各种社会服务的福利性程度不同，但均有政府（或其他公共组织）的投入并且不以营利为目标，实现的是社会性目标，因而可以免除或降低向服务对象的收费。

（2）个体性。社会服务一般是指针对个人的福利性服务，其目标是满足个人对各种服务的需求，如为普通居民提供的便民服务、老年生活照料服务、残疾人服务、特殊儿童服务等。因此，这类服务又被称为"个人服务"。

（3）救助性。社会福利与社会救助既相互关联又有不同。在有些国家，社会福利的概念基本上等同于社会救助。从实践模式上看，社会福利服务与社会救助项目有一定的交叉，一些社会福利服务项目包含社会救助的因素。例如，我国城市中对社会孤老、孤儿等特殊对象提供的社会福利服务，以及农村五保户制度等都既属于社会福利服务，又具有社会救助的特点。

2. 社会服务的基本内容和形式

从各国社会服务项目的基本内容来看，主要包括以下三个方面。

一是满足社会成员基本生活需求的社会服务。这方面的服务主要包括在基本的衣食住行方面的便民利民服务。尽管对普通居民说来，大多数基本生活服务需求都可以从市场中得到满足，但通过福利性的服务方式来提供一些最基本的社会服务，可以加强生活服务体系的基本保障功能，在保障居民基本服务需求和提高居民生活质量方面可以起到更好的作用。

二是满足社会成员共同生活需要的社会服务。大的方面有政府通过在市政建设、公共交通、治安、环境等方面的公共政策行动来提供的这一类的服务。此外，在社会福利层面上也有此类的服务，如在社区和企事业单位的社会服务体系中就包含了居民生活环境治理、社区治安、生活小区绿化、公共阅览室以及一些文化娱乐设施等方面的服务，这些服务均属于共同生活需要类服务。

三是针对特殊困难者的社会服务。所谓特殊困难者，主要包括贫困者、老年人、残疾人、孤残儿童以及其他一些在生活中具有特殊困难和特殊需要的个人和家庭，这些人由于自身的特殊困难而比其他人需要更多的服务，但他们当中有很多人又因为经济条件的限制而比其他人更加难以利用商业化服务。因此，需要政府或其他组织以福利性服务的方式给他们提供必要的生活服务，以解决他们的困难。

需要指出的是，社会服务通常以社区福利服务的方式出现。在此，社区一般指聚集在一定地域范围内的社会群体和社会组织，是具有某种互动关系和共同文化维系力的人类群体进行特定社会活动的活动区域，它一般为地域的、规模较小的基层社会共同体。社区的构成要素包括一定的地域要素、人口要素、组织体系（如居民委员会）、社区意识，以及相应的物质要素支持（如办公场地）。

社区福利服务则是在政府的倡导与支持下，由社区组织并发动社区成员开展互助性的社会服务活动，就地解决本社区的社会问题。社区福利服务的内容主要有：面向老年人、残疾人及特殊人群的福利性服务，面向社区居民的便民利民服务，面向社区企事业单位和机关团体开展的双向服务等。由于社区福利服务的群众性、互助性、功能多、方便居民等众多优点，它在新型社会福利体系中虽然层次不高，但所占地位日益重要，并会成为未来社会福利制度中的一大支柱。

从我国的实践来看，面向老年人、残疾人及特殊人群的福利性服务是社区福利服务的主要内容，它主要包括三个系列：（1）老年人服务系列，包括孤老服务站、敬老院、托老所、老年人公寓、老年庇护所、老年婚姻介绍所、老年人活动站、老年人医疗保健站、老年人康复中心、老年人康复门诊、老年人学校等；（2）残疾人服务系列，包括残疾人服务站、残疾人医疗站、精神病患者医疗站、康复中心、残疾人婚姻介绍所、智力残疾儿童启智班、伤残儿童寄托所等；（3）未成年人服务系列，包括托儿所、幼儿园、学前班、课后辅导班、小学生午餐点、儿童医疗保健站、失足青少年帮教组等。其中，居民委员会对特殊居民群众提供的从物质到精神、从有形到无形的救助、关爱和照顾，都是对国家社会福利政策的补充和完善。居民委员会的服务，既是社区服务的依托，又是社会福利的社区体现形式。

（五）职业福利[①]

职业福利（又称机构福利、单位福利）是在国家政策支持下，由企业或用人单位自主开办的福利，它只面向本单位的职工。职业福利的经费来源于企业或用人单位的生产经营或其他收益，其内容通常是职工午餐补助、度假津贴、免费旅游、集体福利设施等，后来伴随多层次社会保障体系的发展，企业年金或职业年金、补充医疗保险等成为与职业相关的重要福利项目。

在欧美国家，职业福利通常不纳入社会保障体系，但在东亚国家中，受特定的儒家文化的影响，职业福利相对优厚，并构成了整个社会保障体系的有效补充部分。

第二节 老年人福利

一、老年人的福利需求

伴随我国步入中度老龄化社会且高龄化发展不断加快的事实，老年人已经不仅仅有对养老金的需要，对社会福利也提出了更高要求。因此，老年人福利构成了许多国家社会福利中的主体内容。由于人皆有老，而人到老年必然体力衰退、劳动能力下降甚至完全丧失，难以再进行劳动创造收入，而且生活照料能力亦是持续下降。在老年

---

① 郑功成．论中国特色的社会保障道路［M］．北京：中国劳动社会保障出版社，2009：236-237．

人口持续增长、家庭保障功能持续弱化、人口流动加剧和观念变化等情形下，老年人问题俨然已由个人或家庭问题演变成了社会问题，老年人福利正是解决老年人问题的重要制度安排。

所谓老年人福利，是指国家和社会为了安定老年人生活、维护老年人健康、充实老年人精神文化生活而采取的政策措施以及提供的设施和服务。它作为养老保险的延续和提高，在解决老年人基本物质生活需要的基础上，进一步满足老年人精神文化生活与相关服务的需要，努力实现"老有所养、老有所依、老有所为、老有所乐"的社会目标。

从老年人的生活保障出发，老年人的福利需求可以归纳为以下五个方面。

第一，老年人的经济保障需求。人进入老年后，必然退出劳动领域，其收入来源便会由此中断，而生活仍需要继续，因此，老年人面临的最突出的问题还是收入中断或减少所带来的经济问题，从而使经济保障成为老年人安度晚年的必要保障。在各国，老年人的经济保障除来源于家庭或自己的积蓄外，社会化的保障主要来源于养老保险、老年救济与老年津贴等。

第二，老年人的健康保障需求。人生进入老年阶段后，生理功能衰退，抵御疾病的能力也会下降，患病的概率增加，并且容易患老年性疾病，影响其行动能力和独立生活能力。因此，对健康保障的需求尤显迫切。

第三，老年人的情感保障需求。减少或失去实际的或潜在的收入、减少参与社会和经济活动、社会地位降低等，都可能导致情感空虚，尤其是在家庭结构小型化和少子化已经成为当代社会不可逆转的趋势下，许多老年人的子女不在身边，更容易产生孤独感，因此，老年人不仅需要自己转换角色，同时也需要有相应的情感保障。

第四，老年人的服务保障需求。由于生理机能的衰退，老年人随着年龄的增长，其生活自我照料能力也会持续下降，从而特别需要有相应的生活照料服务等。如果子女不在身边，这种需求会表现得更加突出。

第五，老年人的其他保障需要。例如，老年人寿命延长，而他们的知识和技能可能不能适应社会的需要，对教育培训亦会有新的需要；同时，在脱离原有的工作环境后，老年人亦需要参与娱乐及其他社会活动。

综上，老年人对生活保障的需要是多方面的，也是复杂的，它需要一个健全完备的社会福利系统。因此，随着人口老龄化高峰的到来，老年人福利事业必定成为社会福利制度乃至整个社会保障体系中的重要项目。

二、老年人福利的理论基础

老年人福利的基础理论旨在揭示个体老龄化原因，解释个体老龄化过程，总结个体老龄化和适应老龄化的规律。现有的老年期理论观点均是从社会学或心理学的某一个角度或某一个方面阐述个体老龄化过程的，尚未形成一个完整的老年学理论体系。这里介绍几种主要的理论观点。①

（一）脱离理论

脱离理论，又称撤退理论或休闲理论，这是老年学家提出的第一个主要理论，其代表作是卡明（Cumming）和亨利（Herry）所著1961年出版的《年事日增》（Growing Old）。脱离理论最初的资料基础是对275个人所做的一次横向调查。被调查者年龄在55~90岁，经济自立，能独立行走，居住在美国堪萨斯城。脱离理论认为，老年人身心衰弱，不宜继续担任角色，而应该脱离社会，这既有利于老年人，也有利于社会。

脱离理论有四个主要观点。第一，老年人身衰体弱，形成了脱离社会的生理基础。老年人身体与日俱衰、生命脆弱、易于患病，其心理较为消极，经常想到死亡，甚至期盼死亡。第二，老年人的脱离过程可能由老年人启动，也可能由社会启动。老年人主动退却，减少活动和社会联系，是老年人启动的脱离过程；而社会对老年人的排挤、歧视和强制性退休制度，是社会启动的脱离过程。第三，老年人的脱离状态有利于老年人晚年生活，也有利于社会继承。老年人因再社会化能力降低，无法满足应付较高生产能力和竞争能力的社会期望，容易形成较大的心理压力。脱离社会一方面可以摆脱职业角色的负担，保持一种平和心态，另一方面可以进入比职业角色更令人愉快的家庭关系。当老年人无法履行职业角色所规范的权利、义务和责任时，年轻人就要成为老年人的接替者，或者说，年轻人将会完全取代老年人所占有的职业角色。第四，老年人的脱离过程具有普遍性和不可避免性。

虽然脱离理论在一定程度上反映了老年期社会老龄化的事实，但对脱离理论的批评，大致集中在四个方面。第一，忽视个性差异。性格开朗、喜欢交际、思维活跃的老年人可能并不喜欢、也不赞成脱离社会，而是主张继续参与活动，与社会保持密切联系；而那些性格沉闷、不喜交际的老年人，则比较愿意选择退出社会的生活方式。第二，忽视地位差异。老年人脱离社会的程度与方式往往与其在社会结构中所处的地位有关。第三，忽视脱离造成的弊端。老年人脱离社会，有对老年人和社会有利的一面，但也会造成明显的弊端。据研究，有工作、有朋友和有家庭的老年人，其身心健康水平明显高于无工作、无朋友和无家庭的老年人。第四，忽视脱离的文化特征。在

---

① 邬沧萍. 社会老年学 [M]. 北京：中国人民大学出版社，1999：270-276.

实践中，脱离行为常常表现出鲜明的文化个性，从而打破了脱离行为不可避免的理论思维。在老年亚文化群体中的老年人是主要角色，始终与社会保持着密切的联系，老年人的社会功能也是其他人口群体无可代替的。

（二）活动理论

活动理论是美国学者罗伯特·哈维格斯特（R. Havighurst）对美国堪萨斯市 300 个人——主要是中产阶级的健康白人，年龄在 50~90 岁，通过 6 年的定期谈话和调查分析所形成的。这个研究结果发表于哈维格斯特与艾玉白（R. Albrecht）合撰的巨著《老年人》（Older People）一书中。

活动理论认为，老年人应积极参与社会。只有参与，才能使老年人重新认识自我，保持生命的活力。活动理论观点基于四个假设：第一，老年人的角色丧失越多，参与的活动越少；第二，老年人的自我认识需要在社会活动中形成和证明；第三，自我认识的稳定性源于角色的稳定性；第四，自我认识越清楚，生活满意度越高。这四个假设阐明了一种逻辑关系，即生活满意度源于清晰的自我认识，自我认识源于新的角色，新的角色源于参与社会的程度。

从活动理论的要点和假设条件上看，活动理论主张通过新的参与、新的角色以改善老年人因社会角色中断所引发的情绪低落，也就是重新认识自我。活动理论强调参与、活动与社会的认同，但也暴露出一些不足。例如，活动理论没有回答个性在老年人参与过程中的作用，该理论观点也未能有效地解释个人经历与老年人晚年活动需求的关系。

（三）连续性理论

连续性理论的重点在于解释老年人晚年生活的差异性。该理论认为，中年期的生活方式将会延续到老年期。换句话说，老年期的生活方式在很大程度上会受到中年期生活方式的影响。中年期开朗活跃者，老年期也会积极投入社会活动；中年期沉稳内向者，老年期一般也不会热衷参与社会活动。

连续性理论是以对个性的研究为基础的。美国学者莱卡德（Reichard）、利夫森（Livson）和彼得森（Peterson）曾对 87 位年龄在 55~84 岁的老年人的调适情况进行分析，列出了五种主要性格结构。调节正常的人可以归类为成熟型、摇椅型和装甲型，而调节不顺利的老年人则可归类为愤怒型或自我怨恨型。成熟型的老年人能正确认识自己和社会，既看到增龄的强处和弱处，又看到退休的不可避免性，坦然面对各种问题；摇椅型的老年人消极依赖，满足于既成事实，不为工作烦恼，也不为退休烦恼，对于社会活动漠然置之；装甲型的老年人性格则刚毅，有独立见解，一般依赖于活动以显示自己仍具有的独立性；愤怒型的老年人时常感到年龄的极度威胁，始终处于一种不稳定的状态，对人、对己、对社会都是满腹怨言；自我怨恨型的老年人认为自己是个凄凉的失败者，生活在一种自我怨恨、压抑不舒展的心境中。

连续性理论看到了个体社会老龄化的差异性，并用个性特征予以解释，弥补了脱离理论和活动理论的欠缺。但该理论亦有明显的弱点：其一，将能否遵循早期阶段个性特征视为老年期结果良好与否的标准，忽视了个性特征的具体内涵；其二，连续性理论未能充分考察连续性中的个性发展问题；其三，个性的变化与社会变化有密切的关系，因此，脱离社会环境的因素，孤立地用个性阐释个体老龄化的差异性，是不全面的。

（四）老年亚文化群理论

老年亚文化群理论，最初是由美国学者罗斯（Rose）提出的，该理论旨在揭示老年群体的共同特征，并认为老年亚文化群是老年人重新融入社会的最好方式。

按照罗斯的观点，只要同一领域成员之间的交往超出和其他领域成员的交往，就会形成一个亚文化群。老年人口群体正是符合这个特征的一种亚文化群体。老年亚文化群的形成有客观背景和主观背景。在客观背景中，法定的退休制度是开始老年期的最主要标志。老年公寓、老年服务设施和老年活动场所的兴建，加强了老年人之间的接触。老年人数量的迅速增加，也是引起社会注意老年人问题并将老年人作为一个群体认识的重要方面。在主观方面，相同的背景（衰老、孤独、60岁以上），问题（物质需求、精神需求、照料需求）和利益发展了老年人之间的关系，使他们彼此之间的交往多于与社会其他成员的交往。主观的吸引和客观的推动，共同促进老年亚文化群体的形成。

老年亚文化群理论指出了老年人活动和地位的一般特征，但这一概念不能应用于所有情况和所有老年人。在某些环境下，如论资排辈的环境，老年人拥有较高的地位，也能掌握较多资源（如知识、关系网、经济控制权、潜在的权力等）。有的老年人生活在几代同堂的家庭中，很少与外人交往，成为老年亚文化群的观望者。

三、老年人福利的主要内容

从西方国家老年人福利的实践发展来看，老年人福利的内容主要有老年经济保障、老年生活照顾、老年服务等。

（一）老年经济保障

老年经济保障是指对退出劳动领域或无劳动能力的老年人实行的社会保护和社会救助措施，包括经济、医疗等方面的社会保护和社会救助，主要有养老金、医疗保险、贫困救助等。例如，英国规定，2021年开始，男性、女性老年人领取养老金的年龄均为66岁。日本规定，缴纳保险费满10年以上（改革前为满25年），年龄65岁以上的老年人可以申请领取基础年金。特殊原因60岁以上的老年人也可申请，给付率不变，但是提前申请会根据年龄减少给付金额。足额领取基础年金的缴费年限为40年，缴费不足40年的，依次递减。被保险人在参保期间如果患病或者致残，可以获得残障基础年金，如果被保险人以及年金领取者死亡，其家属可以获得遗属基础年金。原则上65岁以后还可以领取国民年金，新修订的法律规定，60岁以上70岁以下的参保人，可以随时根据个人的经济收入状况，提前或者推迟领取国民年金，推迟领取者的年金金额可以递增。一些国家提供普遍性的国民年金，实际上就是老年人的经济福利，我国的高龄津贴也是老年人福利。

（二）老年生活照顾

老年生活照顾是指对于因年事已高而在生活中存在困难的老年人所进行的生活照料，主要为生活上的照顾，包括吃、穿、住、行等具体方面，以及医疗保健方面的照顾。老年生活照顾可以分为三种形式：家庭照顾、机构照顾和社区照顾。[①]

1. 家庭照顾

家庭照顾是指将需要照顾的老年人留在家中或让其生活在自己熟悉的环境里同时由社会提供生活上的照顾，它主要有家庭寄养与家庭助理服务。其中，家庭寄养是为了使一些孤寡老年人可以享受家庭生活而不必被送到养老院，社会服务机构就会征募一些愿意收养老年人的家庭，政府再对收养老年人的家庭给以补助。例如，英国对收养老年人的寄养家庭每个星期都发给照顾老年人所需费用、津贴。家庭助理服务是让老年人居住在自己的家中，由社会服务机构上门提供服务。在许多国家，例如，丹麦会依据其社会救助法案，在地方上由政府负责对老年人家庭提供家政服务，对于低收入家庭更是免费服务；美国也有针对那些需要照顾的老年人家庭所提供的家庭健康服务、饮食服务计划以及家事管理员服务等措施。

---

① 李迎生. 社会工作概论 [M]. 北京：中国人民大学出版社，2004：276-278.

2. 机构照顾

机构照顾是在一定的专门社会服务机构内为老年人提供护理、食宿、生活服务的照顾。进行老年人照顾的机构可以根据其收住对象和所提供的相对不同的服务分为四种。(1) 安老院。主要是针对那些没有亲属并且也没有工作能力的老年人，所提供的服务主要是住宿与饮食，以及一些像协助穿衣之类的非医疗性的服务。(2) 疗养院或者护理中心。该类机构提供全天候的专业护理以及医疗服务，入住费用会依据所提供的医疗服务的专业性和密集性的不同而有所不同。欧美国家老年人疗养院的设备都很完善，几乎每位老年人都有私人房间。(3) 日间照顾中心。有些老年人虽然住在家中，但由于自己家人忙于工作难以对老年人照顾周全，因此也需要机构提供某些服务。日间照顾中心就是针对这类老年人，在白天为老年人提供保护性的环境以及情绪上的支持，老年人在这里可以享受到生活上、医疗上的帮助。(4) 身心障碍中心。针对有身心障碍老年人的需要，除了特别的医疗照顾，还需要一些医疗设备。如在丹麦，每一郡都设有残障中心来帮助有此需要的老年人。服务的项目包括提供外科的整形、假肢、绷带、特别椅、床垫、浴室设备、助听器和室内外的轮椅等，购买和修复假肢的费用也可以申请政府帮助。值得指出的是，具有家庭生活气氛的老年公寓在许多国家受到欢迎。

3. 社区照顾

社区照顾是让那些需要照顾的老年人住在自己的家中或者尽可能地在靠近他们的社区的机构中接受照料。社区照顾建立在老年人自立、与社会保持接触和常态生活的基础上，其目的是帮助老年人体现出作为社区成员的角色，尽可能地让他们生活在一个"常态"的社会环境中。社区照顾的服务项目包括：(1) 解决老年人的住房安置；(2) 提供家庭之外的医疗卫生服务，从基本护理到技术性较强的专业护理，这些服务由不同行政机构的组织者提供；(3) 为促进老年人的全面健康而提供的专业咨询和情感援助，例如，为老年人提供社区日间活动中心、俱乐部、休闲及健身场所，让老年人接受继续教育，让老年人参加假日活动以及志愿者活动，等等。

（三）老年服务

老年服务构成了社会服务的主体内容，它包括老年人心理和社会服务、老年人教育服务和老年人再就业服务等。

1. 老年人心理和社会服务

面向老年人的心理和社会服务包括：(1) 个人的协助，减轻老年人生活压力、改善家庭关系或社会关系、提供老年人福利咨询、解决老年人各种困难等；(2) 团体活动,促进团体成员之间相互认识了解、改变老年人不正确的观念或态度、增加老年人生活知识等;(3)社区交流,促进老年人与社区居民交流、参与社区中各种活动、促进老年人积极价值观与生存目标的建立等;(4)促进老年人人际关系改善,了解妨碍老年人人际关系的各种因素,如敏感或迟钝的性格、不卫生、不良嗜好、好斗、喜欢争吵、不顾他人立场、不愿与他人互动,以及不主动与他人来往的消极思想和态度等,通过正式或非正式团体推动老年人积极参与社会活动,改变不良习惯和原有的消极态度,做好老年生活安排、充实老年生活;(5)老年人活动中心等,为老年人提供福利服务,增进老年人之间的交流。

2. 老年人教育服务

面向老年人的教育服务通常有三类。(1)老年大学教育服务,这是指为全社会老年人设立的传授知识和技术的培训学校。通过老年大学的教学活动,不但为老年人的晚年生活增加了丰富的活动内容和生活情趣,更能使老年人获得许多保健知识。(2)图书馆、博物馆及艺术馆等教育服务,老年人退休后有较多的空闲,但有时因行动不便,无法自行充分利用许多公共设施。瑞典的图书馆就为老年人提供专门服务,调查老年人阅读的兴趣,老年人可以通过电话借书在家中阅读;至于博物馆和艺术馆等机构,除了对老年人予以优惠或免费,还设立了老年人休息的座椅。(3)老年人职业学校、老年人讲座、老年人学习俱乐部等方面的教育服务。

3. 老年人再就业服务

一些老年人退休后,可能会有再就业的想法。虽然社会普遍重视的是年轻人的就业问题,但社会不应忽视老年人的就业问题。老年人就业服务也是"老有所为"的体现,而且一些学历高、身体健康的老年人,尤其是老年科技人才具有丰富的实践经验,让他们继续在行业中发挥作用,对社会经济发展是十分有利的。老年人再就业服务还包括退休者再雇佣训练与辅导、老年人创业或老年人就业专案计划等。

此外,一些国家还有相应的面向老年人的其他福利措施,如免费乘坐公共交通工具、免费游览公园等。

四、中国的老年人福利

由于有家庭养老的历史传统,中国的老年人大多依靠子女提供各种服务,老年人福利事业起步较晚。新中国成立后,政府主要面向城镇孤老建立福利院,将这些老年人集中收养;在乡村只有救济性质的五保制度。改革开放后,随着社会经济的发展,尤其是人口老龄化速度的加快,面向老年人的福利事业也得到了一定程度的发展。1996年8月29日,第八届全国人民代表大会常务委员会第二十一次会议通过的《中华人民共和国老年人权益保障法》，对老年人福利问题作了一些原则性规定；2018年12月29日，第十三届全国人民代表大会常务委员会第七次会议对其进行第三次修正，进一步明确了老年人享有的社会保障、社会服务以及社会优待等内容。此外，党中央、国务院亦制定了一些促进老年人福利事业发展的政策，例如，2023年5月，中共中央办公厅、国务院办公厅印发《关于推进基本养老服务体系建设的意见》，首次明确了《国家基本养老服务清单》。中国老年人福利的主要内容，可以概括为以下三类。

（一）物质生活福利

为老年人提供物质生活福利，是中国老年人福利事业的主体内容。在这方面，尽管各地规定不一，但大体上仍然可以归纳为两种。一是建立福利院、敬老院、老年公寓以及养老院等，收养没有生活保障的老年人，并扩大到对社会上一般老年人的收养安置，为老年人解决生活照料、医疗保障服务以及精神上的孤独问题。截至2022年年底，全国共有各类养老机构和设施38.7万个，养老床位合计829.4万张。二是向老年人发放补贴。全国60周岁及以上老年人都可以按月领取养老金，2021年，企业退休职工基本养老金人均超过2 900元/月，城乡居民基本养老金人均达到179元/月。不仅如此，2022年，老年人高龄津贴、经济困难老年人服务补贴、失能老年人护理补贴制度已全部实现了省级全覆盖，全国共有4 143.0万老年人享受老年人补贴，其中享受高龄补贴的老年人3 406.4万人，享受护理补贴的老年人94.4万人，享受养老服务补贴的老年人574.9万人，享受综合补贴的老年人67.4万人。[①]

（二）医疗保健服务

针对老年人身体功能衰退、疾病增加的自然现象，重视老年人的医疗保健亦构成了老年福利的一项重要内容。在这方面，城镇享受离退休待遇的老年人，通常继续享受原有的医疗保健待遇；其他老年人的医疗保健问题，则主要通过城乡居民基本医疗保险来解决。例如，在某些有条件的地方，由当地基层政府或所在单位或社区组织老年人开展定期的身体检查；在大多数医疗机构设立老年病科，开展老年病的治疗工作，大多数医院都有老年人挂号、看病、取药"三优先"公约。国家还鼓励多措并举满足老年人医疗服务需求：开展家庭医生签约服务；鼓励医疗资源丰富地区的部分一级、二级医院转型为护理院、康复医院等，畅通双向转诊通道；组织和提供资金或者由社区建立老年康复疗养机构，二级及以上中医医院要设置"治未病"科室，鼓励开设老

---

① 2022年民政事业发展统计公报. 民政部网站. https://www.mca.gov.cn/n156/n2679/c1662004999979995221/attr/306352.pdf.

年医学科，增加老年病床数量；及时为老年人接种相关疫苗；基层医疗机构探索设置日间护理中心、"呼叫中心"或家庭病床；发展互联网医疗服务，通过"互联网+"、家庭病床、上门巡诊以及医联体等方式为行动不便的老年人等提供专业的医疗护理服务；推动通过身份证、社保卡、医保电子凭证等多介质办理就医服务，鼓励在就医场景中应用人脸识别等技术；等等。国家还对面向老年人的医疗服务流程、服务行为以及人员培训等情况进行了规范，以期及时满足老年人的医疗服务需求。

（三）其他服务

除了保障物质和医疗问题，老年人的精神文化需求也是一个不可忽视的方面。因此，在城市，政府重视支持社区建立专门的老年人休闲娱乐活动场所，如老年人活动站、老年活动中心等，为老年人提供文化、教育、娱乐、体育活动设施，对老年人提供优惠服务，解决老年人的精神文化需要。在农村，建立了农家书屋、文化广场等。此外，城市中还建立了老年大学、老年人婚姻介绍所、老年人再就业介绍所、家政服务站等。

受中国城乡长期存在的二元结构的影响，加之城乡差距的客观存在，中国农村的老年人社会福利主要是侧重于社会救助性质的农村五保制度，国家真正意义上的农村老年人福利事业并未得到充分发展。随着乡村振兴的持续推进，农村老年人的精神文化需求也将会得到进一步解决。

第三节 儿 童 福 利

一、儿童福利的内涵

儿童福利，也叫未成年人福利，是指面向未满18周岁的社会成员提供的各种福利。我国儿童福利可以分为广义的儿童福利和狭义的儿童福利。广义的儿童福利是指所有直接或间接促进儿童生长和发展的活动和制度，是针对全体儿童普遍的主观、客观的需要，来提供各种设施、制定政策、完善服务，以及促进儿童生理、心理以及社会环境的发展，使其符合人类社会发展的需要。狭义的儿童福利是把关注的对象放在特定的儿童和家庭上面，特别是那些在家庭或其他社会福利机构中未能充分满足其需要的儿童，通过帮助那些儿童解决各种问题来改善他们的生存和发展条件，服务的对象主要是处于不幸境地的儿童，而服务的功能则相应地倾向于救助、矫治、扶助等恢复性功能和补救性取向，因此也被称为"以问题为取向的儿童福利"或"消极性儿童福利"。① 儿童由于身体、心理均在发育成长过程中,他们对自身的保护能力和对社会的适应能力还未形成,从而特别需要家庭和社会的关心、帮助和教化。儿童福利的目的,主要在于保护儿童的身心健康,维护儿童的合法权益,促进所有儿童健康成长与全面发展。

国际社会对保护儿童工作非常重视。例如,1920 年第 2 届国际劳工大会就通过了《最低年龄(海上)公约》,规定禁止 14 岁以下儿童在海上工作;1921 年第 3 届国际劳工大会通过的《最低年龄(扒炭工和司炉工)公约》,将禁止未成年人就业的领域扩展到扒炭工和司炉工等工业领域;1937 年第 23 届国际劳工大会通过的《最低年龄(工业)公约》,全面规定禁止 15 岁以下儿童受雇工业企业;1989 年联合国大会通过《儿童权利公约》,明确了儿童所享有的生存权、受保护权、发展权以及参与权,并提出了儿童最大利益原则。1999 年第 87 届国际劳工大会通过的《禁止和立即行动消除最恶劣形式的童工劳动公约》,更明确规定在全世界范围内要有效禁止童工被最恶劣的形式雇用。上述国际公约为各国保护儿童提供了国际性的法律依据。2006 年联合国大会通过《残疾人权利公约》,明确提出要采取一切必要措施,确保残疾儿童在与其他儿童平等的基础上,充分享有一切人权和基本自由。

在中国,国家对未成年人的成长高度重视。《中华人民共和国宪法》规定,儿童受国家的保护;父母有抚养教育未成年子女的义务;禁止虐待儿童。《中华人民共和国民法典》规定,父母有教育和保护未成年子女的权利和义务;非婚生子女享有与婚生子女同等的权利。在《中华人民共和国刑法》中,我国政府对各种侵害儿童合法权益的违法犯罪行为依法予以制裁。《中华人民共和国义务教育法》则对儿童、少年享受义务教育的权利和禁止招用应当接受义务教育的适龄儿童、少年作了一系列规定。2020 年 10 月,全国人民代表大会常务委员会修订通过了《中华人民共和国未成年人保护法》,明确了家庭保护、学校保护、社会保护、网络保护、政府保护以及司法保护六大保护范畴,为新时代儿童保护提供了坚强法律保障。北京、江西、甘肃等一些地区根据上述法律,亦制定了专门条例来保护儿童的利益。

二、儿童福利的主要内容

(一)托育服务

托育服务通常是指家庭内部儿童照顾功能因各种原因无法正常发挥时用以补充家

---

① 郑功成. 中国社会保障改革与发展战略(救助与福利卷)[M]. 北京:人民出版社,2011:233.

庭育儿功能的社会服务机制。① 托育服务主要包括机构托育、社区托育以及家庭托育三种形式。托育服务是世界上大部分国家特别是发达国家普遍采取的一项减轻家庭育儿负担、促进儿童健康成长的重要措施。

（二）儿童医疗保健设施和服务

儿童医疗保健设施和服务是指国家和社会面向儿童提供相应的保健设施和服务。例如，兴办专为儿童医疗保健服务的儿童医院，或者在全科医院中设立儿科；开展儿童保健工作，定期进行儿童健康检查、预防接种，防治常见病、多发病，使儿童健康成长。在实施上述项目时，一般由国家财政提供专门拨款。

（三）儿童的活动场所和条件

儿童的活动场所和条件是指国家和社会建立和完善的适合儿童文化生活需要的场所和设施。同时，鼓励社会团体、企事业单位和其他社会组织、公民个人参与儿童福利事业。在具体内容方面，主要是建立和普及托儿所、幼儿园，为婴幼儿提供良好的活动、生活条件和保育服务；建立儿童活动中心、儿童之家、少年宫、少年活动站，以及儿童公园、儿童乐园、亲子体验中心等儿童活动、学习场所；图书馆设立儿童阅读区或阅览室，免费或优惠参观博物馆、科技馆、纪念馆等；乘坐公共交通工具享有优惠以及对儿童相关设施进行无障碍改造等。

（四）儿童教育

义务教育是一项面向儿童的教育福利事业，普及义务教育是指保障每一位学龄儿童有接受教育的机会，对接受义务教育的儿童免收学费，对家庭经济困难的学生酌情减免杂费，对贫困家庭的儿童给予教育补贴，等等。

教育福利应当成为中国特色社会保障体系建设的有机组成部分，并伴随国家现代化进程而占据日益重要的地位。儿童教育包括学前教育、义务教育、高中阶段教育以及儿童特殊教育。目前，中国的教育福利包括：为普惠性幼儿园中家庭经济困难的儿童、孤儿和残疾儿童提供资助；义务教育阶段减免学杂费与免费提供教科书，为农村义务教育学生提供营养膳食补助；在普通高中、中等职业教育学校设立国家助学金；为家庭经济困难的残疾学生提供包括义务教育阶段、高中教育阶段在内的十二年免费教育，对残疾学生特殊学习用品、教育训练、交通费等予以补助等。随着中国式现代

---

① 刘中一. 普惠托育服务的内涵、实现路径与保障机制［J］. 中州学刊，2022（1）：99-105.

化的全面推进，应将学前教育纳入儿童福利范畴，将义务教育从九年制延伸到十二年制，促进义务教育优质均衡发展，并进一步增强职业教育的公益性。同时，坚持公平共享、尊重差异以及多元融合，促进特殊教育高质量发展。通过优化教育资源配置、逐步实现应试教育向素质教育转型、着力促进优质教育资源共享等措施来提升教育质量。①

（五）特殊儿童福利

特殊儿童主要是指孤儿、困境儿童以及身心发展上有各种缺陷的儿童。对于孤残儿童，国家和社会建立相应的福利机构来集中收养，或者在财政补贴下通过家庭领养、寄养、收养的方式提供保障，例如，儿童福利院是政府部门举办的以孤儿为主要收养对象的社会福利事业单位，其主要任务是收养无家可归、无生活来源、无法定义务抚养人的孤儿和收养自费的家庭无力看管的残疾儿童。此外，还有 SOS 儿童村等。为减轻残疾儿童的残障程度、恢复其自理生活和从事劳动的能力，建立残疾儿童康复中心，专门为残疾儿童提供门诊和家庭咨询，开展各种功能训练和医疗、教育、职业培训。对于自闭症儿童，通过合理布局自闭症儿童特殊教育学校与康复机构，为自闭症儿童提供健康教育、筛查、诊断、干预康复服务。

（六）儿童津贴

儿童津贴是一项普惠型的儿童福利制度，旨在通过财政资金安排，以现金给付的方式，降低家庭的儿童抚育费用，适度弥补父母为照顾儿童而损失的机会成本，进而缓解中青年群体的儿童抚育压力，改变国家在儿童抚育中角色缺失和责任缺位的局面。② 按照津贴性质划分，儿童津贴主要分为现金型津贴与服务型津贴。按照是否选择受益对象来划分，儿童现金给付可以分为普惠式和瞄准式两种。按照是否对受助对象有行为约束来划分，可以将儿童现金给付分为无条件和有条件两种类型。③ 儿童津贴是一些国家特别是发达国家采取的帮助适龄人群减轻育儿负担、促进生育水平提升的重要举措之一。

---

① 郑功成. 面向 2035 年的中国特色社会保障体系建设——基于目标导向的理论思考与政策建议 [J]. 社会保障评论，2021，5（1）：3-23.
② 何文炯，王中汉，施依莹. 儿童津贴制度：政策反思、制度设计与成本分析 [J]. 社会保障研究，2021（1）：62-73.
③ 姚建平. 儿童现金转移支付模式：国际比较与路径选择 [J]. 社会保障评论，2020（4）：118-132.

三、中国儿童福利的发展

新中国成立以后,随着国民经济的恢复与发展以及计划经济体制的确立,城镇形成了"家庭保障+单位保障+民政福利"的福利供给格局,农村则是"家庭保障+集体保障"的结构,特别是农村对集体收益的分配通常采取一半按劳分配、一半按人平均分配的做法。① 总体而言,在当时,依托于生产资料公有制和计划经济体制,我国逐渐建立了较为完善的儿童福利体系。福利水平虽低,但内容丰富且全面,有效保障了儿童健康成长。改革开放以后,随着社会主义市场经济的发展与社会福利的社会化,儿童福利的发展表现为从仅关注福利机构内孤残儿童到全面关注孤残儿童和艾滋病儿童。在农村,随着家庭联产承包责任制的推行与人民公社的取消,依托集体的村办托儿组织也彻底解体,五保制度的保障功能逐渐弱化。政府在儿童福利发展中的责任仅仅局限于救助少数的孤儿、流浪儿童等,儿童福利呈现出明显的补缺性特征。

进入新时代,我国对儿童福利的认识日益清晰,国家制定与修正相关法律,出台一系列政策文件,儿童福利发展不断加快。儿童福利普惠性特征逐步凸显,保障对象从局限于福利机构的孤残儿童扩展到所有困境儿童,儿童福利财政投入不断增加,养育标准逐步提高,政府责任进一步突出,儿童福利促发展的功能更加凸显。与此同时,随着人口政策的调整和家庭结构的小型化,儿童福利发展仍然面临不充分、不均衡的问题,特别是儿童福利法制建设缓慢,儿童福利服务供给不足、结构失衡以及质量不高等问题较为突出,未来发展迫切需要强化儿童优先的理念,加快儿童福利立法以及充分调动各种资源等。

第四节 残疾人福利

一、残疾人的定义、分类及特征

(一)残疾人的定义、分类

1. 残疾人定义

残疾人是一个值得关注的社会群体。残疾人是指在生理、心理、人体结构上,某种组织、功能丧失或者不正常,全部或部分地丧失以正常方式从事某种活动能力的人。

---

① 郑功成. 从饥寒交迫走向美好生活:中国民生70年(1949-2019)[M]. 长沙:湖南教育出版社,2019:265.

在国际上，对残疾人的定义并不完全统一。如国际劳工组织《残疾人职业康复和就业公约》（第159号）中就这样定义：残疾人是指因经正式承认的身体或精神损伤，从而在获得、保持适当职业并得到提升方面的前景大受影响的个人。联合国《残疾人权利宣言》中则认为：残疾人是指任何由于先天性或非先天性的身心缺陷而不能保证自己可以取得正常的个人生活和社会生活上一切或部分必需品的人。联合国《关于残疾人的世界行动纲领》中又将残疾人定义为：残疾人并不是一个单一性质的群体，包括精神病者，智力迟钝者，视觉、听觉和言语方面受损者，行动能力受限者和"内科残疾"者等。① 1980年，世界卫生组织首次编写出版了一本关于残疾的国际分类手册，精细地区分了疾病引起的不同后果。根据这本手册，残疾具有三方面的含义：（1）身体或心理方面的缺点或限制，通常以损害来表示；（2）这些损害必定会导致身体功能丧失或减少，通常以失能来表示；（3）这些失能者，倘若遭受社会的歧视或环境的限制，就会形成障碍，使其无法发展潜能或独立生活，这就成为残疾。② 我们认为，残疾人是指因病伤造成身体缺损或生理功能障碍，在心理适应和社会适应方面出现问题并影响日常生活的人。

2. 残疾人分类

以缺陷为标准，残疾人一般可分为智力残疾、肢体残疾、听力残疾、视力残疾、语言残疾五种。(1) 智力残疾，指智力明显低于一般人的水平（通常是指智商在70分以下），并表现出适应行为有障碍的现象。智力障碍通常以智能不足程度的轻重予以分类，多数国家将智力残疾者分为轻度、中度、重度三种。(2) 肢体残疾，指由于发育迟缓、中枢或周围神经系统发生病变、外伤，或其他先天、后天性骨骼肌肉系统的缺损，或疾病而形成的功能丧失或功能障碍的状况。肢体残疾分为上肢、躯干或下肢残疾三种，三类残疾程度亦分为重度、中度、轻度。(3) 听力残疾，指由于各种原因使双耳出现不同程度的听力丧失，听不到或听不清周围环境声及言语声（经治疗一年以上不愈者）。听力残疾包括聋（听力完全丧失）和重听（有残留听力但辨音不清，不能进行听说交往）两类。(4) 视力残疾，指由于各种原因使双眼视力出现障碍或视野缩小，通过各种药物、手术及其他疗法而不能恢复视功能者（或暂时不能通过上述疗法恢复视功能者），以致不能进行一般人所能从事的工作、学习或其他活动。视力残疾包括盲和低视力两类。(5) 语言残疾，指声音机能或语言机能障碍，与人沟通困难或完全无法沟通。一般分为发声器官失常、声音失常、口吃、语言发展落后、裂颚、脑麻

---

① 郑功成. 社会保障学 [M]. 北京：中央广播电视大学出版社，2004：334.
② World Health Organization. International classification of impairments, disability and handicaps 1980 [M] //李迎生. 社会工作概论. 北京：中国人民大学出版社，2004：315.

痹、听力损害、失语症八种。如果一个人同时患有上述两种或两种以上的残疾则为多重残疾。

(二) 残疾人的特征

由于生理、心理等缺陷,残疾人具有生理上的障碍性、经济上的低收入性、生活上的贫困性、政治上的低影响力和心理上的高度敏感性等特征。①

1. 生理上的障碍性

生理上的缺陷或障碍是残疾人的首要特征。这一特征源于残疾人自身的特殊性:他们不像弱势群体中的其他群体(老年人、儿童、贫困者)那样由于社会或者自然环境条件的限制而使自己的生活处于困境中,残疾人一般是由于生物器官(组织)的缺陷、损伤而使他们难以像正常人那样生活,更不用说公平地参与社会竞争。

2. 经济上的低收入性

经济上的低收入性是残疾人的普遍特征。残疾人通常都是经济上的低收入者,其经济收入低于社会人均收入水平,甚至徘徊于贫困线边缘。在残疾人群体中,一部分具有劳动能力或部分劳动能力,另一部分则没有劳动能力或丧失劳动能力。其中,有劳动能力或部分劳动能力的残疾人中,有一部分人在福利企业就业,但是收入较低;而没有劳动能力或者丧失劳动能力的残疾人则只能依靠国家救助或家人扶养。经济上的低收入性也进一步造成了残疾人的生活脆弱性,一旦遭遇疾病或其他灾害,他们很难具有足够的承受能力。

3. 生活上的贫困性

经济上的低收入性决定了残疾人在社会生活上的贫困性,既表现为生活必需品的占有量低下,也表现为生活质量的低层次性。在其消费结构中,绝大部分或全部的收入用于食品,即恩格尔系数高达80%~100%,入不敷出。

4. 政治上的低影响力

残疾人群体在社会中的政治参与机会较少,对于政治生活的影响力低,属于社会的弱势群体。残疾人群体由于"远离社会权力中心",较少参与社会政治活动,难以影响公共政策的制定。同时,这也意味着残疾人群体仅仅依靠自身的力量很难摆脱或者很难迅速摆脱自身的困境,解决自己的问题。必须依靠社会的力量制定更加公正的社会政策,建立社会保障体系,从各个方面为残疾人提供社会支持,保护残疾人的权利,维护残疾人的利益。

---

① 李迎生. 社会工作概论 [M]. 北京:中国人民大学出版社,2004:316-317.

5. 心理上的高度敏感性

残疾人由于自身的缺陷及其在经济上的低收入性和生活上的贫困性，他们在社会中的心理压力高于一般社会弱势群体。他们的职业技能往往缺乏市场竞争力，或者已经失去年龄优势，因而没有职业安全感，收入较低且不稳定，常有衣食之忧，对生活前途悲观，心理压力巨大。同时，由于残疾人群体在政治上的低影响力，也使得他们难以依靠自身的力量改变目前的处境。这些都造成了他们在心理上的高度敏感性，容易有比较严重的相对剥夺感和较为强烈的受挫情绪，在社会生活中缺乏社会支持感，而对自己本身则极易产生人际交往无能、焦虑及社会排斥感。

二、残疾人福利的内涵及主要内容

（一）残疾人福利的内涵

残疾人福利是指国家和社会对残疾公民在年老、疾病、缺乏劳动能力及失业、失学等情况下提供基本的物质帮助，并根据社会的经济、文化发展水平，给予残疾人相应的康复、医疗、教育、劳动就业、文化生活、社会环境等方面的权益保障，实现残疾人"平等、参与、共享"的目标。残疾人福利具有维护残疾人基本生活权利、消除残疾人与其他社会群体的不平等、促进残疾人社会融合以及维护残疾人的尊严与自由的功能。

虽然各国的残疾人福利政策存在一定的差异，但总体而言，残疾人福利的基本内容是一致的。按残疾人福利的领域来划分，一般包括残疾人生活保障、残疾预防、残疾人康复、残疾人教育、残疾人就业等。按残疾人福利提供的方式来划分，残疾人福利通常包括残疾人福利制度和残疾人福利服务，前者包括残疾人社会福利行政和残疾人社会福利立法，后者包括残疾人社会福利设施、残疾人社会福利服务或者残疾人社会工作。①

（二）残疾人福利的主要内容

具体而言，残疾人福利事业包括六项主要内容。

1. 残疾预防

残疾预防是指国家和社会通过采取一些行动来避免社会成员出现生理、智力、精神或感官上的缺陷（初级预防）或防止缺陷出现后造成永久性功能限制或残疾（二级

---

① 陈银娥. 社会福利 [M]. 北京：中国人民大学出版社，2004：178-179.

预防）。残疾预防可包括许多类别的行动，如产前产后的幼儿保健、营养学教育、预防传染病活动，防治地方病的措施、安全条例，在不同环境中防止发生事故的方案，包括改造工作场所以防止职业残疾和疾病，预防由于环境污染或武装冲突而造成残疾。简单地说，残疾预防是指在了解致残原因的基础上，利用现有的卫生医疗技术，积极采取各种有效措施、途径，防止、控制或延迟残疾的发生。

2. 残疾人康复

残疾人康复是指国家和社会旨在使残疾人达到和保持生理、感官、智力、精神或社交功能上的最佳水平，从而使他们借助于某种手段，改善其生活，增强自立能力，即通过专业化的程序和技术对生理的、心理的、行为的残疾人实施再教育和再塑造，增强他们适应社会的能力，以便进入正常的社会生活，乃至成为具有建设性的社会一员。它具体包括医疗康复、心理康复、教育康复、职业康复、社区康复、社会康复等，其目的在于通过各种康复手段，使残疾人回归社会。

3. 残疾人教育

残疾人教育是国家和社会提供给患有残疾的儿童、青年和成年人享有平等教育机会的一种制度安排，它同样包括学前教育、基础教育、高等教育、职业教育、成人教育等。在残疾人教育中，特殊教育是对有特殊需求的残疾人实施的教育，在教育过程中，需要有特殊的教具、学具和特殊的教学方式。残疾人教育福利通常包括以下三个方面：（1）有关残疾人教育的法律、法规。一般而言，世界各国都在相应的法律、法规中明确规定残疾人有平等的受教育权利；（2）残疾人教育机构，除了一般教育机构中的特殊教育，还有专门的残疾人教育机构，如聋哑学校和特殊教育学校等；（3）与残疾人康复相关的教育训练，如残疾人职业训练等。

4. 残疾人就业

与残疾人教育一样，残疾人就业也是残疾人福利的重要内容之一。现代残疾人福利重视残疾人自身的发展，倡导残疾人自立，其中一个重要表现就是采取各种措施保障残疾人就业。保障残疾人就业的福利措施一般包括两个方面：第一，利用法律或政策手段保障残疾人的就业机会，世界各国都有相应的法律明确规定企业有义务雇用一定比例的残疾人；第二，开展残疾人职业康复活动，提供残疾人职业咨询、职业评估、职业治疗、职业培训等福利服务。

5. 残疾人文化体育

早期的残疾人福利一般比较注重残疾人物质生活方面需要的满足，随着残疾人福利的不断发展，残疾人文化体育活动开始活跃，并丰富了残疾人的精神生活。残疾人体育就是其中影响深远的内容之一，现在许多国家都把残疾人体育的发展视为本国体育发展、经济发展水平与文明程度的标志，并予以高度重视。

6. 无障碍环境

无障碍环境包括物质环境、信息和交流环境的无障碍。物质环境无障碍要求城市道路、公共建筑物和居住区的规划、设计、建设应方便残疾人通行和使用，如城市道路应满足坐轮椅者、拄拐杖者通行和方便视力残疾者通行，建筑物应考虑在出入口、地面、电梯、扶手、厕所、房间、柜台等处设置残疾人可使用的相应设施和方便残疾人通行的路径等。信息和交流环境的无障碍要求公共传媒应使听力、言语和视力残疾者能够无障碍地获得信息并进行交流，如影视作品、电视节目可配备字幕和解说、运用电视手语，出版盲人有声读物等。

在物质环境无障碍设计上，世界各国都制定了相应的法律、法规，并在实际的建筑设计中实施，为残疾人营造了开放、方便、安全的行动空间。在信息和交流环境的无障碍设计上，网络信息技术的发展对无障碍环境建设提出了新的要求。一个令人关注的问题是残疾人的数字鸿沟问题，即残疾人在信息社会的信息权利问题，这包括两个方面：一是残疾人获取信息的机会权利；二是残疾人使用网络的无障碍，包括计算机硬件辅助的问题及计算机软件设计的问题等。

三、中国的残疾人福利

新中国成立后，我国残疾人福利事业获得了较快发展。1951年，中国政府颁布了《中华人民共和国劳动保险条例》，陆续开办了一些聋哑学校和社会福利机构以及社会福利企业。改革开放后，全国人民代表大会常务委员会制定了《中华人民共和国残疾人保障法》，国务院颁布了《残疾人教育条例》《无障碍环境建设条例》等法规，残疾人福利事业发展步伐逐渐加快。党的十八大以来，全国人民代表大会常务委员会进一步修正《中华人民共和国残疾人保障法》，国务院颁布了《残疾预防和残疾人康复条例》，修订了《残疾人教育条例》，出台《关于全面建立困难残疾人生活补贴和重度残疾人护理补贴制度的意见》等政策文件，残疾人福利事业进入快速发展的新时期。2023年6月，第十四届全国人民代表大会常务委员会第三次会议通过了《中华人民共和国无障碍环境建设法》，标志着有关残疾人福利事业的法制建设又向前迈进了一大步。

总体而言，我国残疾人福利事业的成就，主要表现在残疾人就业、残疾人教育、残疾人康复、残疾人无障碍环境建设和文化体育等方面。例如，在残疾人就业方面，截至2022年年底，全国城乡持证残疾人就业人数达905.5万人；在残疾人教育方面，2022年全国共有特殊教育学校2 314所，在校生91.85万人，全国共有特殊教育专任教师7.27万人；在残疾人康复方面，截至2022年年底，全国有残疾人康复机构11 661家，康复机构在岗人员达32.8万人，40.7万名残疾儿童得到康复救助，856.7万名残疾人得到基本康复服务，164.8万名残疾人得到基本辅助器具适配服务；截至2022年年底，共为61万个困难重度残疾人家庭实施无障碍改造，为26.3万名残疾人发放残疾人机动轮椅车燃油补贴。此外，中国的残疾人文化体育等方面也取得积极成效。[①]

然而，我国残疾人福利事业发展进程中，也存在着一些需要引起关注的问题。一是残疾人福利事业推进过程中的行政化现象严重、官方色彩浓厚，不利于民间残疾人福利事业的发展壮大；二是福利服务水平低，供需矛盾突出，能够享受到残疾人福利服务的残疾人群体仍然是少数，残疾人在生活保障、就业保障、康复医疗保障乃至文化教育保障等方面仍然得不到满足，这使残疾人在社会生活中处于非常不利的地位；三是残疾人福利事业的筹资渠道较单一，主要依赖财政拨款，社会资源动员不足，而在行政色彩浓厚的管理体制中，残疾人福利基金的管理和运用有待进一步规范，资源来源渠道单一、资源有限及管理低效的局面亟待改变；四是残疾人返贫致贫风险较高，残疾人持续增收的难度较大，残疾人的生活仍然比较困难，与我国经济社会发展的总体状况相比，残疾人事业发展相对滞后；五是城乡、区域残疾人事业发展的差距仍然存在，农村、偏远山区等经济落后地区为残疾人服务的能力尤其薄弱。

第五节 妇 女 福 利

妇女福利是国家和社会为满足妇女的特殊需要和维护其特殊利益而提供的照顾和福利服务，是社会福利项目之一。妇女福利项目是根据妇女的生理、心理特点以及可能受到的歧视和侵害而设立，对于保障和满足妇女的特殊利益需要和促进整个社会的高质量发展，具有重要的意义。

一、妇女福利的内涵

由于妇女在生理、心理上有与男性相区别的特点，需加以特殊的照顾和保护。因此，国家和社会极有必要发展妇女福利事业，它一般包括特殊津贴和照顾、劳保福利及相应的福利设施和服务这三方面内容。

---

① 数据来源：中国残疾人联合会发布的"2022年残疾人事业发展统计公报"以及教育部召开新闻发布会介绍的2022年全国教育事业发展基本情况。

（一）特殊津贴和照顾

国际劳工大会1919年通过的《生育保护公约》（第3号）和1952年通过的《生育保护公约（修正案）》（第103号）、《生育保护建议书》（第95号）以及2000年通过的《生育保护公约》（第183号），在世界范围内提供了照顾妇女生育的政策框架，它的宗旨就是确保妇女劳动者在产前产后使其本人及婴儿得到支持和照顾。许多国家的劳工立法，亦规定雇主支付产假工资，如果对妇女没有这种足够的保护，便由社会保障机构提供。有的国家建立专门的生育保险制度，面向工薪劳动者中的妇女，如中国建立的生育保险制度便是整个社会保险制度中的一个专门项目。在一些发达国家，会围绕妇女生育而提供综合性的特殊福利津贴，即除了生育津贴，还提供其他项目的福利津贴，如德国的"母亲养老金"、俄罗斯的"母亲资本"项目等。

（二）劳保福利

劳动保护福利即劳保福利，是保障妇女合法权益、照顾妇女身心特殊需要的重要方面，也是为了保护社会生产力、保护妇女及下一代身体健康所采取的必要措施。因此，各国的劳动法及相关法律，均有对妇女在劳动过程中提供相应的保护措施的规定，并要求用人单位严格执行。它主要包括：除特殊工种或岗位，保障妇女平等就业；男女同工同酬，不得因女职工怀孕、生育、哺乳而降低其工资；在妇女经期、孕期、产期和哺乳期，不得安排其从事高处、低温、冷水、有毒有害等劳动；在孕期、哺乳期不得延长女职工的工作时间和安排其夜班劳动，并为其提供特殊保护设施；生育时享受一定天数的产假等。

（三）福利设施和服务

在福利设施和服务方面，有为妇女提供保健服务的妇幼保健院、妇产医院；为妇女服务的妇女活动中心、咨询服务中心、健美中心、妇女用品专门店等。在许多国家，还设有专门的妇女庇护所，以为受虐妇女或遭遇特殊困难的妇女提供特殊救助。

随着社会的发展进步，妇女福利发挥的作用更加凸显。总体而言，妇女福利具有以下功能：妇女福利是实现男女平等的重要条件，有利于提高人口质量，促进妇女潜能得到充分发挥，维护家庭和睦幸福和社会安定。

二、中国妇女福利事业的发展

新中国成立70多年来，中国妇女福利事业的发展取得了重要进展，妇女地位得到明显提升，妇女在社会经济发展中扮演着越来越重要的角色。一方面，妇女福利法制建设不断健全。近年来，全国人民代表大会常务委员会制定了《中华人民共和国民法典》，陆续修订通过了《中华人民共和国母婴保健法》《中华人民共和国妇女权益保障法》等，国务院修订了《女职工劳动保护特别规定》，有力地保障了妇女人身权利，维护了妇女合法权益。另一方面，妇女健康水平、妇女教育素质得到了明显提高。例如，联合国发布的《世界人口展望》中的相关数据显示，2020年我国妇女平均预期寿命为80.88岁，比全球女性平均预期寿命高出4岁，在184个国家排名第62位，优于中高收入国家平均水平。再如，2020年，全国女性人口文盲率为4.1%，全国15岁及以上人口中男女平均受教育水平年限差距缩小为0.6年左右（男性10.22年、女性9.59年），本专科在校生中女性所占比例更是超过了50%。此外，妇女在社会经济发展与国家事务治理中发挥着越来越重要的作用。

尽管中国妇女福利事业发展取得了明显进展，但妇女福利事业发展也面临一些挑战与问题，例如，妇女权益受到侵害事件时有发生，女性与男性收入差距较大以及女性就业歧视现象依然存在，因育儿导致女性的家庭—职业矛盾较为突出等。

第六节　中国社会福利的未来发展[①]

随着中国式现代化的全面推进与共同富裕进程的加快，中国社会福利发展站在了新的历史起点上，面临着新的发展机遇，其中，中国式现代化的确定性为中国社会福利的高质量发展提供了最大确定性与可靠性。因此，要立足于社会主义制度与公有制，理性选择适合自己的社会福利发展之路，建设与中国特色社会主义和中国式现代化相适应的"福利中国"。[②]

一、确立新理念，让更多发展成果通过社会福利途径惠及民生

应当看到，社会福利是具有正能量的制度安排，发展社会福利事业不仅是国家社会经济发展进程中持续高涨的民生诉求，也是促进社会经济协调发展的不竭动力，没有社会福利事业的全面发展，就不可能有真正可靠的社会保障与稳定的安全预期，也不利于保障与提升国民的生活质量。因此，必须改变重经济增长、轻国民福利提供，重经济保障、轻服务保障，重地方政府创新、轻中央政府顶层设计的路径习惯，尽快确立国民福利与国民经济同步发展的基本方针，高度重视国民社会福利诉求中的精神

---

① 郑功成. 中国社会福利的现状与发展取向 [J]. 中国人民大学学报，2013 (2)：2-10.
② 郑功成. 共同富裕与社会保障的逻辑关系及福利中国建设实践 [J]. 社会保障评论，2022 (1)：3-22.

需要与情感满足，尊重社会福利制度的普适性发展规律，同时还要尊重中国的具体国情特别是传统文化与国民特性，真正走出一条中国式的社会福利发展道路。

面对社会福利事业发展滞后的现状，尤其不能以渐进改革为由，拖延促进社会福利事业大发展的时机。中央政府有必要抓紧进行顶层设计，尽快制定促进社会福利事业发展的路线图与推进时间表，并提供相应的财力保障，让老年人、儿童、残疾人、妇女群体的生活质量通过相关福利制度安排得到保障。

二、尊重客观规律，走中国式的社会福利发展道路

一方面，社会福利作为基本的社会保障制度安排，有着自身的客观规律，包括法制规范、公平普惠、社会化、多层次等，发展中国的社会福利事业必须尊重这些规律。通过法律赋予国民相应的福利权并规范相关制度是社会福利事业发展的前提条件，按照公平原则让社会福利事业普惠全民是其发展的追求目标，而社会化与多层次则是实现社会福利事业发展目标的基本手段。因此，改变当前社会福利事业无法可依、层次单一的现状已经刻不容缓。

另一方面，社会福利事业的主体内容是提供公共服务，并要求体现精神保障与情感慰藉，这就决定了中国的社会福利事业必须尊重中国人的需求，让中国人认同并接受，从而需要和中国文化与传统优势紧密结合。在这方面，制度安排与政策措施应当有利于维护和弘扬中华民族的优良传统。概括而言，中国人具有家庭成员相互照顾的家庭传统、邻里互助的社区传统、亲友相扶的社交传统、单位保障的集体传统。例如，家庭成员中有老弱病残，所有成员会分担照顾责任；农村孤寡老人（五保户）可以长期得到邻居照顾，城乡社区中一家有难、众皆援手；当社会成员遭遇不幸或陷入困境时，亲友之间也会施以援手；在各种组织或机构中，单位也会通过相应的福利与服务来增进其成员的归属感与安全感，集体主义色彩浓厚。这些传统都反映了中国人的精神需要与情感追求。然而，改革开放40多年来，市场化改革与自由主义取向也使这些传统受到了巨大冲击，注重个人自由而忽略集体主义、强调利己而漠视利他与公益的现象并不罕见，特别是一些制度安排或政策中的歧视更导致了陌生人社会与社会隔离（如本地人与外地人，城市人与农民工）。因此，在加快发展中国社会福利事业的进程中，必须真正重视中国人的精神需求与情感保障，必须是中国化的制度安排并取得中国人满意的效果。支持家庭保障、倡导邻里互助、促进社区服务与机构福利的发展，用公共资源进一步调动家庭资源、社区资源、单位资源等，应当成为中国式社会福利事业的题中应有之义。

三、合理设计社会福利制度的基本框架

在社会福利系统内部，面向不同群体的制度安排既有共性也有差异性，需要合理设计这一制度体系的基本框架。主要包括四项内容。

一是确立"津贴+服务+优待"三位一体的社会福利政策框架。以发展面向老年人、儿童、残疾人、妇女的相关公共服务为主体，以提供有限的老年津贴、儿童津贴（或家庭津贴）、残疾人津贴和完善社会优待体系为补充，让这些群体能够更加公平地分享到国家发展成果。

二是明确"普惠+特惠"双层架构的制度安排。以普惠性的制度安排为主体，同时还应当考虑到老年人、儿童、残疾人、妇女的特别诉求，提供护理、保育、康复等个性化或特色化的服务，以保障和改善这些群体的生活质量。

三是构建"公办+公助民办+民办"三轨并行的社会福利事业实施机制。基于传统路径与现实需求，在相当长的一段时间内，还有必要保留一部分公办福利设施，以为极端弱势群体提供相关服务，但宜以公助民办为主体，即通过具备独立法人资格的社会慈善、公益服务组织为有需要者提供相关服务，政府则可以提供财政资助、政策优惠或者购买服务。考虑到一部分收入较高者会需要更好的社会服务，因此，应当促进市场化的民办公益机构的发展。如果能够做到以公助民办、官民融合的社会福利事业实施机构为主体，并辅之以少数公办、民办实施机构，在统筹规划的条件下合理布局，将会使社会福利事业的公平与效率得到有机统一。

四是确立家庭支持政策。国家有必要制定专门的家庭支持政策，以达到维系并促进家庭保障的优良传统，如建立家庭津贴制度，明确有利于维护家庭成员友爱互助的政策导向，重视社区服务供给等。部分支持政策还应当向社区及亲友延伸，如农村五保户被邻里照顾，高龄或失能老年人、残疾人等被亲友供养，应当享受相应的津贴并得到表彰等。

四、多管齐下推进社会福利事业快速发展

中国式现代化需要全面推进社会福利事业快速发展，只有多管齐下才能实现这一目标。

一是尽快改变多头管理的格局，切实理顺社会福利事业的监管体制。在进一步厘清部门之间职责的同时，赋予民政部门更大的责任与权力，让其切实承担起整个社会福利事业的统筹规划、顶层设计与行政监管任务，让各人民团体与社会组织回归本位并真正扮演所代表群体的利益维护者角色。理顺行政管理体制对社会福利事业的健康

发展至关重要。

二是要尽快健全社会福利法制。包括制定社会福利事业的基本法——社会福利法，赋予公民法定的福利权；制定儿童福利法等专门法律，为相关福利事业的发展提供具体的法律依据；在适当时候制定老年人福利法、残疾人福利法、妇女福利法等，以便为社会福利事业的全面发展提供完备的法律依据。

三是扩大对社会福利事业的公共投入，并改革财政拨款机制。包括设立专项预算，明确财政拨款正常增长机制，改革福利拨款只对公办社会福利机构的传统做法，代之以"费随人转、费随事走"，这种改变不仅能够确保公共资源用到符合政策规定的对象身上，还可以带动社会投入与市场投入，使整个社会福利事业的财力不断壮大。

四是创新社会福利事业的运行机制。由于人们对社会福利的需求面广量大并兼具个性色彩，绝非政府举办公立设施可以满足，从而必须让社会组织承担起主要的福利服务供给责任，政府既可以向这些社会组织购买个别服务，也可以通过财政性福利拨款来强势引导社会化机构的发展。

五是坚持理性决策，严格决策问责。在推进社会福利事业的发展进程中，主管部门应当在摸清城乡居民社会福利需求及其发展态势的前提下，理性设计制度并进行合理布局，有必要建立相应的标准与评估机制，避免不良的福利制度安排酿成不良的社会后果。同时，还应当做好社会福利制度与社会救助、社会保险等制度安排的衔接，努力争取整个社会保障体系综合效能的最大化。

本章小结

　　社会福利是国家和社会通过社会化的福利津贴、实物供给和社会服务，满足社会成员的生活需要并促使其生活质量不断得到改善的一种社会保障政策。社会福利可以指社会福利状态，也可以指社会福利制度。社会福利按照作用方式来划分，可以分为残补型和制度型；按照资源的提供方式来划分，可以分为现金给付、实物给付及社会服务；按照资源的分配方式来划分，可以分为普惠性福利与选择性福利；按照意识形态来划分，可以分为反集体主义、半集体主义、费边社会主义以及马克思主义福利模式四种。

　　福利需求来源于人的需要，社会福利制度能够通过以下三条途径来满足人们的需要：减少困难、增能、提供所需的资源。在当今世界各国的福利制度中，医疗服务、教育福利、住房福利、社会服务是社会福利的重要内容。社区福利服务是在政府的倡导与支持下，由社区组织并发动社区成员开展互助性的社会服务活动，就地解决本社区的社会问题。

老年人福利，是以老年人为对象的社会福利项目，指国家和社会为了安定老年人生活、维护老年人健康、充实老年人精神文化生活而采取的政策措施以及提供的设施和服务，老年人福利的主要内容是老年经济保障、老年生活照顾和老年服务。

儿童福利，也叫未成年人福利，是指面向未满18周岁的社会成员提供的各种福利。儿童福利的主要内容包括托育服务、儿童医疗保健设施和服务、儿童的活动场所和条件、儿童教育、特殊儿童福利、儿童津贴这六方面内容。

残疾人福利是指国家和社会为残疾公民在年老、疾病、缺乏劳动能力及失业、失学等情况下提供基本的物质帮助，并根据社会的经济、文化发展水平，给予残疾人相应的康复、医疗、教育、劳动就业、文化生活、社会环境等方面的权益保障。残疾人福利的主要内容是残疾预防、残疾人康复、残疾人教育、残疾人就业、残疾人文化体育和无障碍环境等。

妇女福利是国家和社会为满足妇女的特殊需要和维护其特殊利益而提供的照顾和福利服务，是社会福利项目之一。妇女福利的主要内容包括特殊津贴与照顾、劳保福利及相应的福利设施和服务这三方面内容。

 案例讨论1

公建民营——海淀曜阳养老服务中心

北京市海淀区曜阳养老服务中心（以下简称海淀曜阳），又名海淀西三旗街道养老照料中心（曜阳），成立于2018年，是新建小区配套养老服务设施，位于海淀区西三旗建材城某小区，建筑面积约6 000平方米，设置床位126张，主要接收高龄独居、失能失智等社会重点保障的刚需老年人群，由海淀区民政局投资建设，中国红十字会总会事业发展中心以公建民营形式运营管理的综合性示范级品牌连锁服务机构。目前，海淀曜阳下设养老服务部、市场部、志愿者部、呼叫中心和质控部以及社区服务站。

海淀曜阳坚持以"老年人需求为中心"的服务理念，重点打造"医养结合、人文关怀"的品牌特色，坚持"机构、社区、居家"三位一体的品牌连锁运营模式。为了满足不同老年群体的多样化照护需求，服务中心搭建了以机构运营为资源支撑、以社区养老驿站为中间载体、以居家上门服务为补充的服务体系，同时设置了六级护理标准，共开展了22项服务内容。中心设有"社区之家"服务区、老年住养区、健康理疗区、中央餐饮区、多功能娱乐区等多个功能区域，可为老年人提供24小时生活照料、医疗护理、文化娱乐、教育培训、精神慰藉、康复理疗、营养助餐、居家服务（含家庭养老床位）等综合性养老服务，逐步建立了覆盖从活力老年人、失能老年人、临终关怀等不同老年人群的，集医疗、养老、健康、文化、教育相融合的可持续照料社区养老服务模式（CCRC）。

海淀曜阳的服务特色主要表现在医养结合服务、人文关怀服务、标准化建设以及信息化流程体系管控等方面。第一，医养结合服务。机构内设医务室，通过自建专业医护团队和与专业医疗机构合作等医养结合形式，探索新中医非药物整合疗法，重点打造以中医为特色的医养结合模式，24小时为老年人提供专业照护、医护服务、康复理疗、心理疏导等全方位医疗服务保障。由于自身不具备较高水平的医疗服务条件，因此，也通过与周边医疗机构建立绿色通道等方式实现医养结合，保障老年人的医疗卫生服务需求，解决好老年人的看病就医衔接问题，做好老年人日常健康管理工作。第二，人文关怀服务。一方面，在机构建筑设计及设施设备配套方面尊重入住老年人的生活习惯、民族习惯和宗教信仰，坚持安全环保、适老、经济适用等关怀理念；另一方面，也为老年人提供专业化、规范化的养老服务，不断满足老年人多层次、多样化的物质和身体方面的需求，更强调通过情绪疏导、心理帮扶、鼓励低龄老年人参与志愿服务等方式满足老年人精神慰藉、自我实现等更高水平的需求。此外，海淀曜阳建立了和谐的员工成长发展通道，激励员工不断向上发展；关心员工的生活状况与心理健康，开展员工的心理疏导工作，及时解决特殊时期员工面临的问题。第三，标准化建设。海淀曜阳对于照护人员进行专业的岗前培训，包括理论及实操培训。拥有一套标准的服务流程体系，保证服务过程中的流程化、专业化和规范化。通过制定、发布与实施统一的"曜阳养老"标准，规范成员机构的管理和服务行为，形成"曜阳养老"的"烙印"，从而获得最佳的社会效益和经济效益。推广落实"曜阳养老机构建设与管理指南""曜阳养老机构服务规范""曜阳养老机构员工手册"，逐步实现联盟成员机构在执业要求、绩效、管理运营、服务质量、环境、设施设备等方面的标准化建设，为连锁化发展打好基础。第四，信息化流程体系管控。海淀曜阳通过接入海淀区区级城市运行指挥中心（IOCC）体系，对养老服务进行监督和管控。居家养老服务信息化项目可与三级（辖区、街道、居委会）居家养老服务站（中心）紧密结合，既为信息化居家养老提供了服务载体，又为政府提供了强有力的业务指导和管理手段，可全面提升居家养老的服务水平。

作为较早进入国内养老服务行业的品牌，一方面，"曜阳养老"一直走在养老服务市场的前列，通过以机构住养为依托发展社区养老和家庭照护服务，形成1+N+M的服务矩阵，这种模式较好实现了资源的充分利用和较低的运营成本。同时，"曜阳养老"

在服务模式上形成了一定特色,包括上述的医养结合服务、人文关怀服务、标准化建设以及信息化流程体系管控,为养老服务机构的其他从业者提供了良好的借鉴。另一方面,作为一家市场化运营的养老机构,海淀曜阳也面临着补贴政策与需求不匹配、行业人才流失、政府支持不足、利润过低影响可持续发展以及运营模式单一等诸多运营困难。因此,需要进一步优化养老服务政策,促进养老机构的可持续发展。首先,改革取向应由供给侧改革转为需求侧支持,提高市场上养老服务的质量。其次,需要优化养老服务政策,降低公建民营准入门槛,促进民营养老机构可持续发展。最后,还应进一步探索互助养老的发展,建设低龄健康的老年人志愿者队伍,创造有活力的老龄化社会。

此外,要看到我国社会力量参与养老服务体系建设的内生动力不足,除了由于优惠扶持政策落地效果差或者含金量不高,还与民间资本把脉老年人需求、挖掘市场潜力的内生动力和能力不强有直接关系。民间资本参与养老尚未大量形成可复制的赢利模式,规模化、综合化、专业化和品牌化发展能力不强。在完善政策体系、鼓励社会力量充分参与、提供有力政策环境的同时,亟须进行结构性改革,提高服务质量,发展连锁化、规模化、专业化的养老机构,探索中国特色的经营模式,打造中国本土养老服务品牌,走出一条中国特色养老服务发展之路。

资料来源:作者调研而得。

案例讨论 2

<h3 style="text-align:center">15 岁少年的离奇死亡</h3>

2016 年 8 月 8 日清晨,深圳 15 岁自闭症少年雷某某离家出走。在此后两个多月的时间里,雷某某辗转进过派出所、医院、救助站,最终被送到韶关新丰县某托养中心。2016 年 12 月 3 日,雷某某死亡,新丰县人民医院确定死因为伤寒。据雷某某的父亲称,儿子离家出走时体格敦实,可是当他见到儿子的尸体时,儿子已经瘦成了皮包骨。同时,他对于托养中心出具的死因也不认同。

此外,有媒体报道称,雷某某生前所在的某托养中心存在多起托养人员死亡事件。根据当地殡仪馆的记录,2017 年 1 月 1 日到 2 月 18 日,短短 49 天内由某托养中心送来的死亡人员就多达 20 人。

"雷某某事件"是一件严重侵犯儿童权利的恶劣事件,一方面,该事件反映出对儿童等弱势群体保障严重不足。雷某某于 2016 年 8 月从深圳家中走失,经多番辗转进入托养中心，其间，雷某某曾清楚地写下了自己的名字与母亲的名字，可无论是派出所、救助站还是托养中心，均未联系到他找的家人。另一方面，这一事件反映出的绝不是儿童保护方面存在资金短缺的问题，而是制度残缺的问题，反映出我国儿童福利事业发展滞后的局面。换言之，在现行的残补型儿童福利下，制度建设不够完善，法制建设缓慢，一些儿童福利主管部门及其工作人员可能存在责任意识不强的问题，导致儿童权利得不到有效保护，合法权益受损。因此，随着各类社会风险的增多且复杂性不断上升，建设高质量的儿童福利制度迫在眉睫。

第一，要促进儿童福利事业转型发展，加快普惠型儿童福利制度建设。普惠型儿童福利注重儿童优先，服务项目较为齐全，在实践中会主动对儿童提供基本服务，满足儿童基本需求，从而会尽可能避免任何损害儿童权益的事件发生。普惠型儿童福利覆盖所有儿童，无论是哪种儿童陷入困境或遭遇突发情况，各职能部门均有义务有责任进行及时救助与保护，而且在救助与保护儿童过程中需要坚持儿童利益最大化。

第二，加强儿童福利法制建设。一方面，目前被托养人员主要是残疾人与流浪乞讨人员，残疾人托养主要由各地残疾人联合会委托专门机构来托养，流浪乞讨人员托养主要是各地民政部门下属的救助站委托专门机构来托养。但无论是哪种托养服务，目前仅仅是政策来保障，缺少法律支撑。例如，流浪乞讨人员托养，有《流浪乞讨人员机构托养工作指南》和《关于加强生活无着流浪乞讨人员身份查询和照料安置工作的意见》等，现有政策约束力显然不如法律法规，因而亟待建立并完善相关法规。另一方面，法律的强制性是儿童权益得到有效保护的关键所在，它可以对儿童福利机构等相关主体的行为起到有效约束作用。新丰县民政局曾两次对托养中心发出整改通知书，指出它存在没有按期参加年检、内部管理混乱以及内部管理不完善等问题。流浪乞讨人员救助站作为委托机构，有责任保障托养人员的生命健康权。如果每个委托机构真正对自己的工作负责，对托养人员的生命健康负责，就不会出现托养人员死亡率偏高的现象。因此，为避免一些问题的产生，通过法律强制规定约束相关人员的行为与强化相关人员的责任意识就越发重要。

第三，完善政府购买服务的法律法规与政策规范，切实提高公共服务供给质量和财政资金使用效率，满足儿童群体多元化需求。托养中心其实就是政府购买服务的一种，政府救助站在服务能力比较有限的情况下，将救助服务外包给社会机构，部分救助对象被输送到这些社会上的托养中心，由政府财政定期给予补贴，这些与救助站挂钩的托养中心是可以赢利的。而在托养中心的选择上，民政部门有绝对的话语权，由于对托养机构监管等机制的不完善，或是执行力涣散，导致对相关政府工作人员的约束力不够。因此，要健全相关法律法规与政策，对相关部门负责人员进行有效约束，避免其利用权力获利,进而切实提升政府购买服务的效率与质量。

第四,建立专业的社会工作队伍。社会工作人员介入后,在专业知识的指导下,托养中心在一定程度上将信息处于公开的状态,不管是社会工作人员、托养中心人员还是救助对象或普通公众,都能够较好地查询和观看到托养中心的现状,这种公开有利于多方面的监督和督促,从而更好地推进托养中心专业化发展,进而进一步提升托养中心的服务能力。

资料来源:王婧祎. 一个自闭症少年的死亡之路 [N]. 新京报, 2017-03-20 (A12).

案例讨论3

兴办福利工厂,她以这样的方式助力残疾人的幸福人生

辛兴芬出身于沂蒙山革命老区红色家庭,为了助残事业她将一个濒临倒闭的小厂(莒县福利服装厂)办得红红火火。自1994年辛兴芬担任厂长至今,27年间福利服装厂从6名聋哑人一步一步发展到200多名残疾人的就业规模。很多人不仅在这里学到了技术成为业务骨干,还收获了爱情组建了家庭,翻开了幸福人生的崭新一页……

2020年国庆节前夕,光明网记者曾专程赶往莒县福利服装厂进行采访。偌大的厂房机械轰鸣,工人们娴熟地在打版、剪裁、缝纫、熨烫等生产线上忙碌着,如没有人特别介绍,很难想象这里是一个残疾人服装工厂。

莒县是革命老区。辛兴芬出身于红色家庭,自小受父辈的影响,对党充满深厚感情。从小就在农村生活锻炼的她,20多年间与乡亲们结下了深厚的友谊。1984年招工进厂后,因为工作突出、乐于助人,单位把她树为榜样,每周在厂里的黑板报上宣传,号召全厂职工向她学习,被大家亲切地称为"雷锋大姐"。辛兴芬说:"表扬是一种压力,每走到表扬我的黑板下,就不敢抬头。"

1993年,辛兴芬调入莒县水利局工作,也正是这样一次工作调动,让她和残疾人事业结下了不解之缘。辛兴芬告诉记者,那个时候很多事业单位都在搞实体经济,水利局6家下属企业中就有一个小服装厂(福利服装厂的前身)。时隔20多年,辛兴芬依然记得1994年在一次全局职工大会上,局长宣布她去服装厂担任厂长的情景。由于担心自己没能力搞好这个濒临倒闭的小厂,散会后,辛兴芬急忙跑到局长办公室面谈请辞,却被领导的一番话感动了。领导对她说,这个厂子里有几个聋哑人,他们需要你,厂子办好了他们的生活就有着落了,你是共产党员,必须听从组织安排,哪里有

困难就应该去哪里。

听完领导的谈话，辛兴芬暗下决心要尽自己的全力把厂子办好。就这样，辛兴芬带领着7名正式职工和6名聋哑人白手起家，开始了艰苦的创业，并且一干就是27年。

在那个信息还不算发达的年代，寻找市场和销路是相当困难的。为了挽救濒临倒闭的小厂，辛兴芬走遍了胶州、青岛、诸城等地所有的服装市场，却始终拿不到订单，急得她嘴上都起了泡。功夫不负有心人，经历数次登门拜访后，一家外贸企业给了她一笔只有200条童裤的订单，且价格很低，每条只有2元钱。尽管如此，辛兴芬还是觉得如获至宝，把订单带回了工厂。

因为外贸服装对质量要求特别高，辛兴芬就带着大家先用旧衣服在机器上练习，并手把手地教工人们学习技术，加班加点抢进度，历经半个月时间，把200条童裤的订单做成了精品，赢得了客户的信任，工厂也从此打开了局面。

辛兴芬说，坚持做残疾人事业不容易，但却很有价值。20多年来，福利服装厂从6名聋哑人一步一步发展到200多名残疾人的就业规模，他们在这里刻苦钻研学习技术，一丝不苟地忙于生产，在奋斗的路上找到了生活和工作上的自尊、自强和自信。每每看到他们成双成对或领着孩子幸福微笑的样子，辛兴芬自己心里感觉暖暖的……

老天给他关上一扇门，就会给他打开一扇窗。在辛兴芬的眼里，残疾人心灵手巧、专注力强，只要你理解他，走进他的内心世界，他们总能在自己的岗位上做出让人惊喜的成绩。有些刚进厂性格内向甚至孤僻、沟通不畅且行动不便的人，都成了多面手，成为厂里的技术骨干。

一个曾经濒临倒闭的小服装厂变成了200多名残疾人的福利工厂，成了他们暖心的家。在这里，每一个人在工作、生活、住房、婚姻、家庭、子女教育、升学就业方面遇到的问题，辛兴芬都会事无巨细，亲力躬行地为大家解决难题。用她的话说，就是希望通过自己的努力让残疾职工活出生命的尊严，收获幸福人生。

2020年10月27日，总投资2 500余万元、建筑面积9 193平方米的莒县残疾人安康中心交接仪式在莒县福利服装厂举行。据了解，该安康中心主要用于莒县福利服装厂残疾职工生活居住、活动室、餐厅等，标志着困扰福利服装厂多年的残疾职工住房问题得以解决。在领钥匙的那一天，辛兴芬激动地说："残疾人安康中心圆了100多名残疾职工的'住楼梦'，政府帮了我们的大忙。"

辛兴芬兴办福利工厂，带动残疾人就业的故事在社会上广为流传。2014年，第五次全国自强模范暨助残先进集体和个人表彰大会在北京人民大会堂举行，辛兴芬荣获"全国扶残助残先进个人"荣誉称号。2015年，辛兴芬荣获"中国好人""全国五一巾帼标兵"荣誉称号。2019年，莒县福利服装厂被国务院残疾人工作委员会授予"残疾人之家"称号。除此以外，辛兴芬还先后荣获"山东好人""山东省道德模范""山东省脱贫攻坚先进个人""山东省优秀共产党员"等荣誉称号。

面对这些荣誉，辛兴芬说这是一种肯定也是一种鞭策，作为共产党员，自己要不断地为残疾人创造更好的工作和生活条件，带领大家更加勇敢地迎接生活挑战，更加坚强地为实现梦想而努力。

资料来源：【光明图刊】兴办福利工厂，她以这样的方式助力残疾人的幸福人生[EB/OL]．光明网，（2021-10-22）［2024-01-08］．https：//m.gmw.cn/baijia/2021-10/22/35244728.html.

复习思考题

1. 如何理解社会福利的概念？
2. 如何理解主要的福利思想？
3. 简述社会福利的基本内容。
4. 试述社区福利服务的含义和内容。
5. 如何理解人口老龄化与老年人福利的关系？
6. 为什么说残疾人福利事业最能体现社会文明进步的水平？
7. 比较社会福利与社会救助、社会保险制度的差异。
8. 妇女福利与儿童福利通常包括哪些内容？

第十一章 军人保障

>> **学习要点**

通过本章的学习,应当了解军人保障概念及制度框架,把握军人保障制度的特殊性及其在整个社会保障体系的独特地位,熟悉军人抚恤、军人保险、军人福利等军人保障制度的基本内容。

>> **关键概念**

军人保障 《恤荫恩赏章程》 军人抚恤 军人优待 军人保险 军人退役养老保险 军人退役医疗保险 随军未就业的军人配偶保险 安置保障 军人福利 优抚医院 退役军人事务部

第一节 概 述

古今中外,军人都肩负保家卫国的特殊职责,军人是一个有特殊风险的社会群体,国家为军人建立的保障制度亦通常与一般国民的社会保障相区别。①

---

① 本节参见郑功成于1997年在武汉大学出版社出版的《论中国特色的社会保障道路》第十章。

一、军人保障的内涵及基本特征

(一)军人保障的内涵

军人保障是指由国家建立的,以军人(特定情形下惠及其家属)为保障对象的各种社会保障制度的统称,它是一个由国家(中央政府)直接负责、能够涵盖军人多种风险的综合性保障制度系统。在现代社会保障体系中,军人保障构成了一个既相对独立又与其他社会保障系统相联系的子系统,它在解除军人后顾之忧、稳定军心、巩固国防等方面具有独特的意义。

(二)军人保障的基本特征

作为一个独特的社会保障系统,军人保障制度具有以下六个基本特征。

1. 保障对象特殊

军人保障以军人为保障对象,特定情形下惠及其家属,因此,它的保障对象是一个有别于一般社会保障对象的特殊保障群体。在实践中,通常以现役军人及其家属为享受相关保障待遇的资格条件,是一种有严格职业身份限制的保障制度安排。

2. 保障目标具有双重性

一般社会保障制度的目标,是保障社会成员的基本生活并促进社会的稳定与和谐发展,而军人保障的目标则包括稳定军心、巩固国防和稳定社会的双重目标,其中稳定军心、巩固国防是直接目标,并且是稳定社会的基础。这是其他社会保障系统所不具备的。

3. 保障待遇具有激励性

一方面,与普通国民的社会保障相比,军人保障的待遇要优厚一些,例如,退休军人的养老金待遇就较地方同职级的退休人员的待遇标准高,对军人的抚恤标准也要高于一般劳动者的工伤抚恤标准等,对军属、烈属的照顾亦是军人保障待遇较优厚的体现。另一方面,在军人保障中,又根据军人平时的贡献及遭遇事件的不同而有所区别对待。例如,对于立功者的抚恤较未立功者高得多,抚恤金的增发与立功大小成正相关关系;对因战伤亡的抚恤较因公伤亡的标准要高,而因公伤亡的抚恤标准又较因病伤亡的抚恤标准要高;在其他保障待遇方面,在艰苦地区服役的保障待遇标准要高于一般地区的保障待遇标准。这种待遇的优厚性和差别性,既体现了国家和社会对军人保卫国家、付出牺牲的补偿性,又体现了对军人的激励性。

4. 保障内容全面

军人保障不像社会保险、社会救助、社会福利那样，仅承担社会保障对象某一方面的保障任务，而是包含了保险、救助、福利等相关内容，承担着对军人提供全面保障的责任。例如，伤残、死亡抚恤制度与退休制度及军人保险就与一般社会保险的内容基本一致，军人精神病院、康复机构、光荣院、休养所以及义务兵邮资免费等实质上与社会福利性质一致，社区对军烈属的某些援助属于社会救助的性质，军人还实行免费医疗制度，等等。因此，军人保障具有明显的保障内容综合性特点，是一个以特殊群体对象为划分标志的综合保障子系统。

5. 管理体制采取军地结合、分工负责体制

根据现行体制，军人保障的组织管理实际是军地结合、分工负责制。在中国，面向现役军人的保险、福利、医疗保障等均由军方负责，军人退出现役后则加入地方面向社会成员的社会保障制度；而军人抚恤、军属优待等项目却由各级政府中的退役军人事务部门负责。

6. 经费主要来源于中央财政

军队是国家的军队，军人的职责是保卫国家安全，军队的统一性及其肩负的特殊使命，决定了军人保障的经费应当由中央政府提供。尽管有的军人保障项目亦需要地方政府乃至社会分担一些责任，但中央财政承担主要责任却是各国军人保障制度的共同特征。

二、军人保障制度的建立与发展进程

（一）军人保障制度的建立

为军人提供生活、医疗及抚恤等保障，其实是维护军队战斗力和激励军人为国效力的一种古老的激励措施。据有关史书记载，周文王死后，姜子牙继续辅佐周武王，进一步发扬前朝优抚军人的做法，规定"凡行军，吏士有死亡者，给其丧具，使归邑墓，此坚军全国之道也。军人被疮，即给医药，使谨视之。医不即治视，鞭之"。三国时，有"廪食恤抚"的记载。宋代由募兵制取代了兵农合一制，军人成为一种职业，为此而建立了军人优待、伤亡抚恤制度以及对退役士兵的安置制度，这些制度均对后世有重要影响。清代更有优待八旗的制度，1910年（宣统二年）8月，当时的清陆军部向宣统皇帝奏奉了厘定的《恤荫恩赏章程》，成为中国封建社会第一部完整的军人保障条例。该条例共分八章四十八条，对军人死亡、伤残抚恤及恩赏世职等办法进行了详细的规定，由国家议恤的范围分为阵亡、伤亡、因公殉命、积劳病故、临战受伤等

五类，分情况可享有世职荫袭、恩恤金、恩抚金等待遇或荣誉。在退伍士兵安置方面，清政府在光绪年间也先后颁布了《退伍兵暂行办法章程》和《退伍兵应守规则》，强调了将退役士兵"送回原籍适中之地，分别遣教"的安置原则。[①] 可见，军人保障与救灾济贫一样，也是历史悠久的国家或社会性保障措施。

在国际上，只要有军队，国家就都会从自己的兵役立法和国防需要出发，建立军人保障制度。例如，美国在1930年即成立了专门的退役军人管理署，内设卫生保健管理局、福利待遇管理局、阵亡纪念事务管理局，还有6个部长助理办公室和1个庞大的计算机中心，其管理的项目包括病残退役补偿、阵亡军人遗属抚恤、退役军人生活贫困补助、退役军人残疾后其配偶及子女补助、丧葬补助、职业培训、医疗补助、退役军人安置等。截至2017年年底，美国退役军人管理署在全美各州设有办事处58个，工作人员达37.8万人，主要负责全美2 700多万名退役军人和7 500多万名退役军人家属及遗孀的管理和服务工作；有1 700余家医疗、疗养中心、社区诊所等，每年为超过500万名退役军人提供医疗服务；有130个国家公墓，共安葬270多万名退役军人。[②] 在法国，早在19世纪就对军人实行了退役养老制度，并一直保持着优厚的军人保障待遇。从优安排军人保障制度客观上是世界各国的通例。

（二）中国现行军人保障制度的发展进程

考察中国现行军人保障制度的发展进程，基本上可以划分为传统军人保障制度阶段和军人保障制度改革发展两个阶段。

1. 传统军人保障制度阶段

传统军人保障制度，是指伴随着革命军队的诞生和发展而建立的中国军人保障制度（通常被称为社会优抚或优抚安置）。例如，1931年11月，全国苏维埃大会通过了《中国工农红军优待条例》；1932年2月，中华苏维埃共和国中央革命军事委员会通过了《红军抚恤条例》和《优待红军家属条例》等法规。到中华人民共和国成立后，根据当时具有临时宪法性质的《中国人民政治协商会议共同纲领》的有关规定，1950年制定了《革命军人牺牲、病故褒恤暂行条例》等一系列法规。进入20世纪80年代后，国家又针对军人离退休及安置问题颁布了相应的法规。

传统军人保障制度的框架，可用图11-1来展示。

由图11-1可见，中国传统的军人保障制度基本上由四部分组成，但理论界乃至官

[①] 周士禹，李本公. 优抚保障 [M]. 北京：中国社会出版社，1996：5.
[②] 退役军人事务部. 走近美国退役军人管理保障机构 [EB/OL]. (2018-04-20) [2023-06-04]. http://www.mva.gov.cn/fuwu/xxfw/wgtyjr/201807/t20180721_14008.html

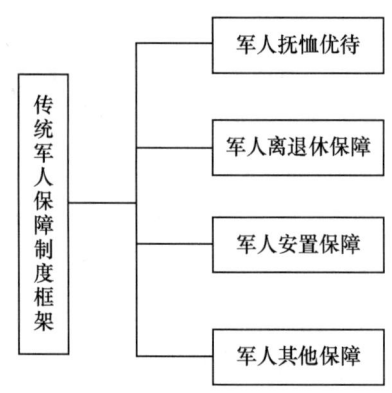

图 11-1 传统军人保障制度框架

方文件中却普遍将传统军人保障制度称为社会优抚或优抚安置。

传统军人保障制度的建立与发展，在实践中取得了多方面的成就。

第一，法制建设较其他社会保障制度健全。早在1950年，中央人民政府就制定并实施了《革命军人牺牲、病故褒恤暂行条例》《革命烈士家属、革命军人家属优待暂行条例》《革命工作人员伤亡褒恤暂行条例》《民兵民工伤亡抚恤暂行条例》《革命残废军人优待抚恤暂行条例》这五个条例，建立了以优待抚恤为基本内容的军人优抚制度。1981—1982年，国务院与中央军事委员会又先后颁布了《关于军队干部退休的暂行规定》《关于军队干部离职休养的暂行规定》，为建立正常的军队干部退休制度提供了基本依据；1984年，全国人民代表大会制定《中华人民共和国兵役法》，亦对军人保障方面的相关内容作了规定；1987—1988年，国务院颁布了《退伍义务兵安置条例》《军人抚恤优待条例》，同时废止了20世纪50年代颁布的五个条例，使军人抚恤优待制度走向统一。

第二，较全面地为军人及其家属提供了生活保障。如在保障内容方面，新中国成立前只有优抚待遇，可以称之为优抚阶段。新中国成立后增加了安置保障，进入了优抚安置保障阶段。20世纪80年代以后，又规范了军人离退休待遇，从而使军人保障进入了由优待、抚恤、安置、离退休等项目组成的较为全面的保障阶段。在保障对象方面，传统军人保障不仅面向现役军人和离退休军人，还惠及现役军人与烈士军人家属，以及一些复员军人，从而是一个从军人到军属都能够得到保障的系统。

第三，保障效果比较好。由于军人保障有较权威的法规依据和保障对象的群体特征，加之实施过程中强制性很强，其实践效果是比较好的，数十年来对保障军人权益进而稳定军心、改善军民关系发挥了很大的作用。正是因为传统军人保障制度较为成熟，加之这一群体特色鲜明和中央政府直接承担主要责任，使得对其进行改革所遇到的困难也会相对小些。

2. 军人保障制度改革发展阶段

当然，尽管传统军人保障制度是一种比较稳定的社会保障制度，但随着社会经济的发展尤其是社会主义市场经济体制的建立与社会保障制度的改革，传统军人保障制度也暴露出一些缺陷，这些缺陷日益成为制约这项制度得到良性发展的因素。如传统军人保障制度体系并不完善，保障待遇标准缺乏自动调整机制，政府财政责任不清晰，更与社会主义市场经济体制改革和社会保障制度改革呈现出不适应性。因此，自20世纪90年代以来，进入了军人保障制度改革发展阶段。改革的内容主要有以下几方面。

（1）建立军人保险制度。传统军人保障制度表现为国家福利与军队的职业福利，没有社会保险性质的制度安排。改革后，为更好地解除军人的后顾之忧，同时亦保持与面向普通劳动者的社会保险制度的适应性，在军队试行有关军人保险项目的基础上，2012年4月，第十一届全国人民代表大会常务委员会第二十六次会议通过《中华人民共和国军人保险法》并于同年7月施行，这是新中国成立以来专门就军人保险事务制定的第一部法律，该法弥补了《中华人民共和国社会保险法》中对军人保险规范不足的缺憾，为维护军人社会保险权益、构建中国特色军人保险制度提供了法律依据与保障。[1]

（2）完善军人抚恤制度。针对传统军人抚恤制度存在的优抚对象的抚恤补助标准长期落后于人民群众生活水平，以及"医疗难"日趋突出等问题，国务院、中央军事委员会先后于2004年、2011年、2019年三次修订《军人抚恤优待条例》，对抚恤制度做了重要完善。新修订的条例不仅提高了抚恤金标准，而且确定了各项定期抚恤标准的参照依据，使抚恤标准弹性化；同时将义务兵和初级士官患精神病纳入评残范围，还调整了军人残疾等级的设置，把原来的"四等六级"改为"一级至十级"；明确了义务兵家庭享受优待金的范围和标准；对重点优抚对象的医疗待遇进行分类施保；拓展了优抚对象的社会优待范围和内容，增加了现役军人享受优待的内容。此外，还明确了优抚机构及相关当事方的法律责任。

（3）重构面向军人的其他保障制度。例如，在就业安置保障方面，针对市场经济条件下的劳动力市场化与就业竞争化格局，退役军人就业安置遇到了重大挑战，为此，国家建立了以扶持就业为主，自主就业、安排工作、退休、供养等多种方式相结合的退役士兵安置制度；在军属优待方面，规范了优待内容，主要包括荣誉、生活、养老、医疗、住房、教育、文化交通和其他优待八个方面。

---

[1] 郑功成. 社会保障已成为共享发展的基本途径与制度保证 [EB/OL]. (2016-02-29) [2023-06-03]. https://www.ndrc.gov.cn/fggz/jyysr/jysrsbxf/201602/t20160229_1123980.html.

特别是全国人民代表大会常务委员会制定的《中华人民共和国退役军人保障法》于2021年1月1日实施，为进一步保障退役军人回到地方"化军为民"权益提供了完整的法律依据；随后，全国人民代表大会常务委员会制定的《中华人民共和国军人地位和权益保障法》于同年8月1日开始实施，为进一步维护军人地位和权益保障亦提供了新的法律依据。以上这两部法律直接推动了现役军人与退役军人权益保障工作迈上了新台阶。

三、新型军人保障制度的基本框架

根据目前军人保障制度的内容，可以将新型军人保障制度的框架用图11-2来展示。

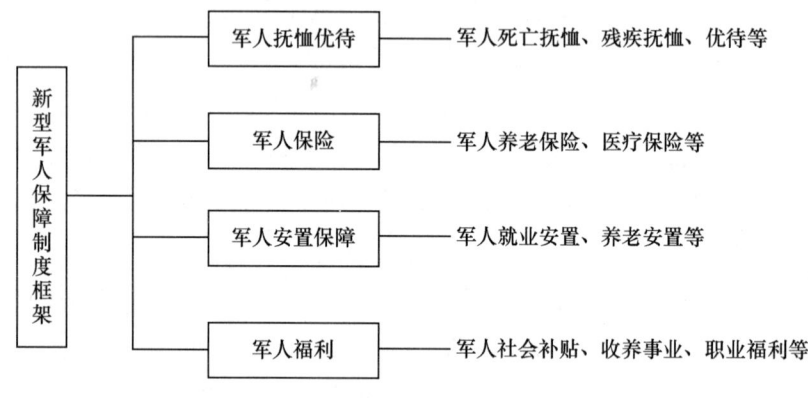

图11-2 新型军人保障制度框架

由图11-2可见，新型军人保障制度的框架是一个内容相当丰富的体系，也是能够适应社会经济发展变化、满足军人对社会性保障的新需求，并与其他社会保障子系统的改革与发展相协调的一种合理的结构。

第二节 军人抚恤优待

军人抚恤优待制度是军人保障制度的重要组成部分，它自战争年代建立至今，已经走过了较长的历程。中华人民共和国成立后，相关立法经历了1950年、1988年、2004年、2011年、2019年五次大的修订。2019年国务院修订颁行的《军人抚恤优待条例》共分为六章五十四条，其内容包括军人抚恤优待的总则、死亡抚恤、残疾抚恤、优待以及法律责任等内容。

一、军人抚恤优待制度概述

根据现行法规,军人抚恤优待制度面向的对象是指中国人民解放军、中国人民武装警察部队现役军人(以下简称现役军人)、服现役或者退出现役的残疾军人以及复员军人、退伍军人、烈士遗属、因公牺牲军人遗属、病故军人遗属、现役军人家属,上述人员可以依法享受抚恤优待。本处所称的复员军人,是指在1954年10月31日之前入伍、后经批准从部队复员的人员;带病回乡退伍军人,是指在服现役期间患病,尚未达到评定残疾等级条件并有军队医院证明,从部队退伍的人员。

同时,现行法规还规定,因参战伤亡的民兵、民工的抚恤,因参加军事演习、军事训练和执行军事勤务伤亡的预备役人员、民兵、民工以及其他人员的抚恤,亦参照军人抚恤优待的有关规定处理。

军人抚恤优待强调实行国家和社会相结合的方针,保障军人的抚恤优待与国民经济和社会发展相适应,保障抚恤优待对象的生活不低于当地的平均生活水平。国家要求全社会应当关怀、尊重抚恤优待对象,开展各种形式的拥军优属活动,同时鼓励社会组织和个人对军人抚恤优待事业提供捐助。

军人抚恤优待所需经费由国务院和地方各级人民政府分级负担。中央和地方财政安排的军人抚恤优待经费,专款专用,并接受财政、审计部门的监督。

县级以上地方人民政府退役军人事务部门主管本行政区域内的军人抚恤优待工作,国家机关、社会团体、企业事业单位则依法履行各自的军人抚恤优待责任和义务。

二、死亡抚恤

(一)死亡抚恤的分类及确定标准

死亡抚恤是军人抚恤优待制度的重要内容,根据法规规定,凡现役军人死亡被批准为烈士、被确认为因公牺牲或者病故的,其遗属依法享受抚恤待遇。其中,烈士的抚恤待遇最高,因病死亡的抚恤待遇较低。

现役军人死亡可以批准为烈士的情形包括:

(1)对敌作战死亡,或者对敌作战负伤在医疗终结前因伤死亡的;

(2)因执行任务遭敌人或者犯罪分子杀害,或者被俘、被捕后不屈遭敌人杀害或者被折磨致死的;

(3)为抢救和保护国家财产、人民生命财产或者执行反恐任务和处置突发事件死亡的;

(4) 因执行军事演习、战备航行飞行、空降和导弹发射训练、试航试飞任务以及参加武器装备科研试验死亡的；

(5) 在执行外交任务或者国家派遣的对外援助、维持国际和平任务中牺牲的；

(6) 其他死难情节特别突出，堪为楷模的。

现役军人在执行对敌作战、边海防执勤或者抢险救灾任务中失踪，经法定程序宣告死亡的，按照烈士对待。属于因战死亡的烈士，由军队团级以上单位政治机关批准；属于非因战死亡的，由军队军级以上单位政治机关批准；属于其他死难情节特别突出情形的，由中国人民解放军总政治部批准。

现役军人死亡可以确认为因公牺牲的情形包括：

(1) 在执行任务中或者在上下班途中，由于意外事件死亡的；

(2) 被认定为因战、因公致残后因旧伤复发死亡的；

(3) 因患职业病死亡的；

(4) 在执行任务中或者在工作岗位上因病猝然死亡，或者因医疗事故死亡的；

(5) 其他因公死亡的。

现役军人在执行对敌作战、边海防执勤或者抢险救灾以外的其他任务中失踪，经法定程序宣告死亡的，按照因公牺牲对待。现役军人因公牺牲，由军队团级以上单位政治机关确认；属于其他因公死亡情形的，由军队军级以上单位政治机关确认。

现役军人因其他疾病死亡的可以确认为病故。现役军人非执行任务死亡或者失踪，经法定程序宣告死亡的，按照病故对待。现役军人病故，由军队团级以上单位政治机关确认。

对烈士遗属、因公牺牲军人遗属、病故军人遗属，由县级人民政府退役军人事务部门分别发给《中华人民共和国烈士证明书》《中华人民共和国军人因公牺牲证明书》《中华人民共和国军人病故证明书》。

现役军人失踪，经法定程序宣告死亡的，在其被批准为烈士、确认为因公牺牲或者病故后，又经法定程序撤销对其死亡宣告的，由原批准或者确认机关取消其烈士、因公牺牲军人或者病故军人资格，并由发证机关收回有关证件，终止其家属原享受的抚恤待遇。

（二）一次性抚恤待遇

现役军人死亡，根据其死亡性质和死亡时的月工资标准，由县级人民政府退役军人事务部门发给其遗属一次性抚恤金，标准是：烈士和因公牺牲的，为上一年度全国城镇居民人均可支配收入的 20 倍加本人 40 个月的工资；病故的，为上一年度全国城镇居民人均可支配收入的 2 倍加本人 40 个月的工资。月工资或者津贴低于排职少尉军官工资标准的，按照排职少尉军官工资标准计算，发给其遗属一次性抚恤金。获得荣誉称号或者立功的烈士、因公牺牲军人、病故军人，其遗属在应当享受的一次性抚恤金的基础上，由县级人民政府退役军人事务部门按照下列比例增发一次性抚恤金：

（1）获得中央军事委员会授予荣誉称号的，增发 35%；
（2）获得军队军区级单位授予荣誉称号的，增发 30%；
（3）立一等功的，增发 25%；
（4）立二等功的，增发 15%；
（5）立三等功的，增发 5%。

多次获得荣誉称号或者立功的烈士、因公牺牲军人、病故军人，其遗属由县级人民政府退役军人事务部门按照其中最高等级奖励的增发比例，增发一次性抚恤金。

对生前做出特殊贡献的烈士、因公牺牲军人、病故军人，除按照法规规定发给其遗属一次性抚恤金外，军队可以按照有关规定发给其遗属一次性特别抚恤金。

一次性抚恤金发给烈士、因公牺牲军人、病故军人的父母（抚养人）、配偶、子女；没有父母（抚养人）、配偶、子女的，发给未满 18 周岁的兄弟姐妹和已满 18 周岁但无生活费来源且由该军人生前供养的兄弟姐妹。

（三）定期抚恤待遇

对符合下列条件之一的烈士遗属、因公牺牲军人遗属、病故军人遗属，发给定期抚恤金：

（1）父母（抚养人）、配偶无劳动能力、无生活费来源，或者收入水平低于当地居民平均生活水平的；
（2）子女未满 18 周岁或者已满 18 周岁但因上学或者残疾无生活费来源的；
（3）兄弟姐妹未满 18 周岁或者已满 18 周岁但因上学无生活费来源且由该军人生前供养的。

对符合享受定期抚恤金条件的遗属，由县级人民政府退役军人事务部门发给《定期抚恤金领取证》。

定期抚恤金标准参照全国城乡居民家庭人均收入水平确定。定期抚恤金的标准及其调整办法，由国务院退役军人事务部门会同国务院财政部门规定。

县级以上地方人民政府对依靠定期抚恤金生活仍有困难的烈士遗属、因公牺牲军人遗属、病故军人遗属，可以增发抚恤金或者采取其他方式予以补助，保障其生活不低于当地的平均生活水平。

享受定期抚恤金的烈士遗属、因公牺牲军人遗属、病故军人遗属死亡的，增发 6 个月其原享受的定期抚恤金，作为丧葬补助费，同时注销其领取定期抚恤金的证件。

三、残疾抚恤

现役军人残疾被认定为因战致残、因公致残或者因病致残的，依法享受残疾抚恤待遇。残疾抚恤待遇仍然划分为因战致残、因公致残和因病致残三类。

（一）残疾等级评定

根据法规规定，军人残疾的等级根据劳动功能障碍程度和生活自理障碍程度确定，由重到轻分为一级至十级。残疾等级的具体评定标准由国务院退役军人事务部门、人力资源社会保障部门、卫生部门会同军队有关部门规定。

现役军人因战、因公致残，医疗终结后符合评定残疾等级条件的，应当评定残疾等级。义务兵和初级士官因病致残符合评定残疾等级条件，本人（精神病患者由其利害关系人）提出申请的，也应当评定残疾等级。因战、因公致残，残疾等级被评定为一级至十级的，享受抚恤；因病致残，残疾等级被评定为一级至六级的，享受抚恤。评定残疾等级，应当依据医疗卫生专家小组出具的残疾等级医学鉴定意见，由认定残疾性质和评定残疾等级的机关发给《中华人民共和国残疾军人证》。

因战、因公、因病致残性质的认定和残疾等级的评定权限是：

（1）义务兵和初级士官的残疾，由军队军级以上单位卫生部门认定和评定；

（2）现役军官、文职干部和中级以上士官的残疾，由军队军区级以上单位卫生部门认定和评定；

（3）退出现役的军人和移交政府安置的军队离休、退休干部需要认定残疾性质和评定残疾等级的，由省级人民政府退役军人事务部门认定和评定。

现役军人因战、因公致残，未及时评定残疾等级，退出现役后或者医疗终结满 3 年后，本人（精神病患者由其利害关系人）申请补办评定残疾等级，有档案记载或者有原始医疗证明的，可以评定残疾等级。现役军人被评定残疾等级后，在服现役期间或者退出现役后残疾情况发生严重恶化，原定残疾等级与残疾情况明显不符，本人（精神病患者由其利害关系人）申请调整残疾等级的，可以重新评定残疾等级。

（二）残疾抚恤待遇

残疾抚恤金是国家给予残疾军人的生活保障待遇。退出现役的残疾军人，按照残疾等级享受残疾抚恤金，残疾抚恤金由县级人民政府退役军人事务部门发给。因工作需要继续服现役的残疾军人,经军队军级以上单位批准,由所在部队按照规定发给残疾抚恤金。

残疾军人的抚恤金标准,参照全国职工平均工资水平确定。同时,县级以上地方人民政府对依靠残疾抚恤金生活仍有困难的残疾军人,可以增发残疾抚恤金或者采取其他方式予以补助,保障其生活不低于当地的平均生活水平。

对退出现役的因战、因公致残的残疾军人因旧伤复发死亡的,由县级人民政府退役军人事务部门按照因公牺牲军人的抚恤金标准发给其遗属一次性抚恤金,其遗属享受因公牺牲军人遗属抚恤待遇。退出现役的因战、因公、因病致残的残疾军人因病死亡的,对其遗属增发12个月的残疾抚恤金,作为丧葬补助费;其中,因战、因公致残的一级至四级残疾军人因病死亡的,其遗属享受病故军人遗属抚恤待遇。

退出现役的一级至四级残疾军人,由国家供养终身;其中,对需要长年医疗或者独身一人不便分散安置的,经省级人民政府退役军人事务部门批准,可以集中供养。对分散安置的一级至四级残疾军人发给护理费,护理费的标准为:

(1) 因战、因公一级和二级残疾的,为当地职工月平均工资的50%;

(2) 因战、因公三级和四级残疾的,为当地职工月平均工资的40%;

(3) 因病一级至四级残疾的,为当地职工月平均工资的30%。

退出现役的残疾军人的护理费,由县级以上地方人民政府退役军人事务部门发给;未退出现役的残疾军人的护理费,经军队军级以上单位批准,由所在部队发给。

残疾军人需要配制假肢、代步三轮车等辅助器械,正在服现役的,由军队军级以上单位负责解决;退出现役的,由省级人民政府退役军人事务部门负责解决。

四、优待

(一) 生活优待

优待是面向军人的一种特殊的福利。根据法规规定,对义务兵的优待包括:

义务兵服现役期间,其家庭由当地人民政府发给优待金或者给予其他优待,优待标准不低于当地平均生活水平。

义务兵和初级士官入伍前是国家机关、社会团体、企业事业单位职工(含合同制人员)的,退出现役后,允许复工复职,并享受不低于本单位同岗位(工种)、同工龄职工的各项待遇;服现役期间,其家属继续享受该单位职工家属的有关福利待遇。

义务兵和初级士官入伍前的承包地(山、林)等,应当保留;服现役期间,除依照国家有关规定和承包合同的约定缴纳有关税费外,免除其他负担。

义务兵从部队发出的平信,免费邮递。

复员军人生活困难的,按照规定的条件,由当地人民政府退役军人事务部门给予定期定量补助,逐步改善其生活条件。

(二) 医疗优待

除对义务兵、士官和复员军人的生活优待外,国家对一级至六级残疾军人的医疗费用按照规定予以保障,由所在医疗保险统筹地区社会保险经办机构单独列账管理。

七级至十级残疾军人旧伤复发的医疗费用,已经参加工伤保险的,由工伤保险基金支付,未参加工伤保险,有工作的由工作单位解决,没有工作的由当地县级以上地方人民政府负责解决;七级至十级残疾军人旧伤复发以外的医疗费用,未参加医疗保险且本人支付有困难的,由当地县级以上地方人民政府酌情给予补助。

残疾军人、复员军人、带病回乡退伍军人以及因公牺牲军人遗属、病故军人遗属享受医疗优惠待遇。具体办法由省、自治区、直辖市人民政府规定。中央财政对抚恤优待对象人数较多的困难地区给予适当补助,用于帮助解决抚恤优待对象的医疗费用困难问题。

在国家机关、社会团体、企业事业单位工作的残疾军人,享受与所在单位工伤人员同等的生活福利和医疗待遇。所在单位不得因其残疾将其辞退、解聘或者解除劳动关系。

(三) 交通及其他优待

现役军人凭有效证件、残疾军人凭《中华人民共和国残疾军人证》优先购票乘坐境内运行的火车、轮船、长途公共汽车以及民航班机;残疾军人享受减收正常票价50%的优待。

现役军人凭有效证件乘坐市内公共汽车、电车和轨道交通工具享受优待,具体办法由有关城市人民政府规定。残疾军人凭《中华人民共和国残疾军人证》免费乘坐市内公共汽车、电车和轨道交通工具。

现役军人、残疾军人凭有效证件参观游览公园、博物馆、名胜古迹享受优待,具体办法由公园、博物馆、名胜古迹管理单位所在地的县级以上地方人民政府规定。

此外,抚恤优抚对象还享有优先批准参军、优先录取国家公务员或升学、优先享受各种助学政策、优先进入各类社会福利机构,以及有关税费减免的优惠等。

国家还兴办优抚医院、光荣院,治疗或者集中供养孤老和生活不能自理的抚恤优待对象。

第三节 军人保险

一、军人保险制度概述

军人保险制度，是适应面向劳动者的社会保险制度改革和满足军人对养老保障、医疗保障等需求而新建的军人保障项目。一方面，许多国家建立有军人保险制度，以求与一般国民的养老保险、医疗保险制度保持可衔接性，并体现出军人在这项保障上的权利与义务；另一方面，除少数职业军人会坚持到退休外，多数军人将退出现役并最终融入社会化的劳动力市场，由于我国养老保险、医疗保险等社会保险项目的基本模式已经确立为社会统筹与个人账户相结合的形式，而军人若没有相应的保险积累，其社会保险权益就必然受到损害。因此，社会保险制度的改革，要求设置军人保险项目，并制定相应的政策，以求能够保证军人在退出现役进入地方工作时或退休后能够立即享受同等的社会保险权益。当然，军人保险的内容主要是养老保险，在役军人实行公费医疗制度，从而较普通国民的社会保险制度要简单一些。

在我国建立军人保险制度前，军队建立有离退休制度和公费医疗制度，前者的法律依据是国务院和中央军事委员会分别在1981年、1982年制定的《关于军队干部退休的暂行规定》《关于军队干部离职休养的暂行规定》。而公费医疗制度则建立更早，它面向全体军人。进入20世纪90年代，在市场经济体制改革背景下，为适应国家社会保障体制改革尤其是社会保险制度改革的要求，维护军人权益，军队自1994年开始研究军人的社会保险问题。1998年7月，国务院、中央军事委员会批准印发的《军人保险制度实施方案》规定：军人保险对象为现役军人；设置军人伤亡保险、军人退役医疗保险、军人退役养老保险，并可根据国家建立多层次社会保障体系的要求和军队建设的需要，适时建立其他保险；军人保险基金主要通过国家拨款和军人个人缴费渠道筹集。这一方案为后续立法建制奠定了相应基础。1998年8月，《中国人民解放军军人伤亡保险暂行规定》在全军施行，标志着军人保险制度开始建立；2000年1月，建立了军人退役医疗保险制度；2004年1月，又在全军实施军人配偶随军未就业期间的社会保险制度；2012年4月，全国人民代表大会常务委员会制定了《中华人民共和国军人保险法》，主要包括军人伤亡保险、退役养老保险、退役医疗保险、随军未就业的军人配偶保险等四项保险制度，标志着军人保险制度走向法治化轨道。

建立军人保险制度的目的，主要在于与一般国民社会保险制度保持适应性，便于军人退役后融入地方社会保险系统。

二、军人伤亡保险

军人伤亡保险是对因战、因公死亡或者因战、因公、因病致残的军人给予经济补偿。同时，为了使伤残军人退役后能够继续得到保障，明确已经评定残疾等级的因战、因公致残的军人退出现役参加工作后旧伤复发的，依法享受相应的工伤待遇。军人死亡和残疾的性质认定、残疾等级评定和相应保险金标准，按照国家和军队有关规定执行。我国军人伤亡保险实际上是在军人抚恤制度之上借鉴商业保险的做法，建立的一种补充性军人保险制度。

军人伤亡保险所需资金由国家承担，个人不缴纳保险费。军人伤亡保险待遇享受对象为现役军官、文职干部、士官、义务兵和供给制学员。当现役军人因战、因公死亡时，其法定保险金受益人可以领取一次性死亡保险金，军人死亡保险金给付标准，由军人保险主管部门定期公布；当现役军人因战、因公、因病致残时，按照评定的残疾等级，享受军人残疾保险待遇，军人本人可以领取一次性残疾保险金，军人一次性残疾保险金，按发生伤残当月本人工资收入乘以相应给付月数确定。符合享受军人伤亡保险待遇的，由军人本人或法定保险金受益人提出书面申请，提供相关证明材料，由所在单位财务部门按规定办理审批手续。军人伤亡保险金由军人所在单位财务部门，按照批准的数额给付保险金受益人。

当发生残情加重或二次致残等情况时，已领取过残疾保险金的，因残情加重又被评定了更高残疾等级的，按照提高后的残疾等级标准补齐差额；发生二次致残的，按照重新评定的残疾等级领取残疾保险金；因旧伤复发死亡的，按照认定的死亡性质给付死亡保险金。

为了体现军人职业特点，遵循岗位风险越大、补偿水平越高的原则，当军人发生伤亡时，在领取伤亡保险金基础上，再领取伤亡附加保险金。军人伤亡附加保险，是由军队统一向商业保险公司购买的团体商业保险，购买军人伤亡附加保险所需经费纳入军费预算安排，个人不缴纳军人伤亡附加保险费。

军人伤亡附加保险待遇享受对象与军人伤亡保险待遇享受对象相同。当现役军人因战、因公死亡或者病故时，根据死亡性质和承担任务、所在岗位风险程度，按照相应标准，由死亡军人的法定保险金受益人领取军人死亡附加保险金；当现役军人因战、因公、因病致残时，军人本人可以根据致残原因、残疾等级，按照军人死亡附加保险金的不同比例，领取军人残疾附加保险金。符合享受军人伤亡附加保险待遇的，由军人本人或死亡军人附加保险金受益人提出书面申请，提供相关证明材料，由所在单位财务部门按规定办理审批手续，按批准数额给付保险金受益人。

三、军人退役养老保险

军人退役养老保险,是为了保障军人退役出现后享有国家规定的养老保险待遇,解决养老保险政策军地衔接问题而建立的一种军人保险制度。《中华人民共和国军人保险法》规定,军人退出现役参加地方基本养老保险的,国家给予退役养老保险补助,所需缴费由中央财政解决,保证了军人养老保险待遇的有效落实。

军人退出现役后参加城乡居民基本养老保险的,按照国家有关规定办理转移接续手续;军人退出现役到公务员岗位或者参照公务员法管理的工作岗位的,以及现役军官、文职干部退出现役自主择业的,其养老保险办法按照国家有关规定执行;军人退出现役采取退休方式安置的,其养老办法按照国务院和中央军事委员会的有关规定执行。

军人退役养老保险待遇计算时间为军官、文职干部和士官从批准入伍的当月起,至军队停发工资的当月止。服现役期满退役的义务兵按24个月计算,提前退役的义务兵和供给制学员以实际服役月数计算。

四、军人退役医疗保险

军人退役医疗保险,是为了保障军人退出现役后享有国家规定的医疗保险待遇,维护军人权益,激励军人安心服役而建立的一种军人保险制度。国家设立军人退役医疗保险基金,对军人退出现役后的医疗费用给予补助。从性质上讲,军人退役医疗保险是在军人公费医疗基础之上建立的一种补充性医疗保险,是为了维护军人退役后能够享受与地方医疗保险对象同等待遇的一种措施。

军官、文职干部和士官退出现役时,按照国家规定参加城镇职工基本医疗保险的,由本人携带《军人退役医疗保险个人账户转移凭证》和银行汇款凭证,到安置地社会保险经办机构办理保险关系接续手续。其中,退役军人服役年限视同城镇职工基本医疗保险缴费年限,与入伍前和退出现役后参加城镇职工基本医疗保险的缴费年限合并计算。按照国家规定不参加城镇职工基本医疗保险的,退役医疗保险金发给本人。义务兵退出现役时,按照统一标准计付退役医疗保险金。

五、随军未就业的军人配偶保险

随军未就业的军人配偶保险,是为了解决军人配偶随军未就业期间的基本生活保障和社会保险补贴待遇及关系衔接问题而建立的一项社会保险制度,其目的在于解除军人后顾之忧,激励军人安心服役。

这一制度适用于中国人民解放军、中国人民武装警察部队现役军人随军配偶。根据《中华人民共和国军人保险法》第五章"随军未就业的军人配偶保险"规定，国家为随军未就业的军人配偶建立养老保险、医疗保险等。随军未就业的军人配偶参加保险，应当缴纳养老保险费和医疗保险费，国家给予相应的补助。

随军未就业的军人配偶保险个人缴费标准和国家补助标准，按照国家有关规定执行。随军未就业的军人配偶随军前已经参加社会保险的，由地方社会保险经办机构和军队后勤（联勤）机关财务部门办理保险关系转移接续手续。随军未就业的军人配偶实现就业或者军人退出现役时，由军队后勤（联勤）机关财务部门将其养老保险、医疗保险关系和相应资金转入地方社会保险经办机构，地方社会保险经办机构办理相应的转移接续手续。军人配偶在随军未就业期间的养老保险、医疗保险缴费年限与其在地方参加职工基本养老保险、职工基本医疗保险的缴费年限合并计算。随军未就业的军人配偶达到国家规定的退休年龄时，按照国家有关规定确定退休地，由军队后勤（联勤）机关财务部门将其养老保险关系和相应资金转入退休地社会保险经办机构，享受相应的基本养老保险待遇。

地方人民政府和有关部门应当为随军未就业的军人配偶提供就业指导、培训等方面的服务。随军未就业的军人配偶无正当理由拒不接受当地人民政府就业安置，或者无正当理由拒不接受当地人民政府指定部门、机构介绍的适当工作、提供的就业培训的，停止给予保险缴费补助。

第四节　安置保障与军人福利

作为一个独特的综合性社会保障子系统，除军人抚恤优待与军人保险外，军人保障制度事实上还包括安置保障及军人福利等内容。

一、安置保障

安置保障，是以安置退出现役的军人就业或养老等为内容的一项制度安排。安置保障之所以成为军人保障制度中的一个重要项目，是因为军队承担的特殊使命需要保持年轻旺盛的战斗力，士兵便不可能长期呆在军营。历史上有"铁打的营盘，流水的兵"的说法，即揭示了军人总是处于流动状态，即使是职业军人制，也有退出现役的时候，而退出现役便需要安置。因此，古今中外各国都有军人安置制度。在中国历史上，从上古至汉初这一时段，军人安置的基本特点是除因军功造成等差以外，所有服过兵役的士兵是以无条件地重回原籍原业为唯一途径；自汉至清咸丰年间，则主要采取就地安置办法，原因是职业兵制或者世袭兵制成了中国封建社会最基本的兵役制度，从而多数情况下并不存在所谓原籍原业的束缚，军人也就成了因国家需要而被随意安排的群体。但在 1853 年（咸丰三年）后，因曾国藩在家乡组建团练镇压太平天国起义，其属于乡兵而不同于清朝的八旗世袭兵制，从而开创了就地遣散自谋职业的安置办法，政府只是发挥辅导、帮助的作用，如发给路费等，这一办法延续到 1949 年新中国成立。①

新中国成立后的安置保障，主要面向军队转业干部、退伍义务兵和应由地方安置的离退休军人，以及退役的伤残、患病军人。其法律依据主要有 1978 年国务院、中央军事委员会颁发的《中国人民解放军干部服役条例》，1980 年中共中央颁发的《关于妥善安排军队退出现役干部的通知》，1984 年国务院、中央军事委员会批转的民政部、总政治部《关于做好移交地方的军队离休退休干部安置管理工作的报告》，2011 年国务院、中央军事委员会颁发的《退役士兵安置条例》等。特别是 2011 年的《退役士兵安置条例》施行后，建立了以扶持就业为主、多种方式相结合、城乡一体化的退役士兵安置制度，安置工作实现了由"城乡有别"到"城乡一体"，不再以户籍性质区分待遇，城乡退役士兵享有同等安置权利。

（一）安置方式

国家建立健全以扶持就业为主，自主就业、安排工作、退休和供养等多种安置方式相结合的退役士兵安置制度。

1. 自主就业

自主就业的对象为义务兵和服现役不满 12 年的士官退出现役的，由人民政府扶持其自主就业。对自主就业的退役士兵，由部队发给一次性退役金，一次性退役金由中央财政专项安排；地方人民政府可以根据当地实际情况给予经济补助，经济补助标准及发放办法由省、自治区、直辖市人民政府规定。一次性退役金和一次性经济补助按照国家规定免征个人所得税。各级人民政府应当加强对退役士兵自主就业的指导和服务。县级以上地方人民政府应当采取组织职业介绍、就业推荐、专场招聘会等方式，扶持退役士兵自主就业。

2. 安排工作

由人民政府安排工作的退役士兵须符合以下条件之一：（1）士官服现役满 12 年的；（2）服现役期间平时荣获二等功以上奖励或者战时荣获三等功以上奖励的；

---

① 罗平飞. 安置管理 [M]. 北京：中国社会出版社，1996：1-15.

(3) 因战致残被评定为 5 级至 8 级残疾等级的；(4) 是烈士子女的。由人民政府安排工作的退役士兵，服现役年限和符合法规规定的待安排工作时间计算为工龄，享受所在单位同等条件人员的工资、福利待遇。

3. 退休和供养

一方面，作退休安置的中级以上士官须符合下列条件之一：(1) 年满 55 周岁的；(2) 服现役满 30 年的；(3) 因战、因公致残被评定为 1 级至 6 级残疾等级的；(4) 经军队医院证明和军级以上单位卫生部门审核确认因病基本丧失工作能力的。退休的退役士官，其生活、住房、医疗等保障，按照国家有关规定执行。另一方面，被评定为 1 级至 4 级残疾等级的义务兵和初级士官退出现役的，由国家供养终身。国家供养的残疾退役士兵，其生活、住房、医疗等保障，按照国家有关规定执行。因战、因公致残被评定为 1 级至 4 级残疾等级的中级以上士官，本人自愿放弃退休安置的，可以选择由国家供养。

（二）安置地的确定原则

一般情况下，退役士兵安置地为退役士兵入伍时的户口所在地，即"从哪里来，回哪里去"，但符合规定条件的，也可以易地安置。《退役士兵安置条例》对退役士兵安置地的确定原则作出了相关规定。

第一，退役士兵安置地为退役士兵入伍时的户口所在地。但是，入伍时是普通高等学校在校学生的退役士兵，退出现役后不复学的，其安置地为入学前的户口所在地。

第二，退役士兵有下列情形之一的，可以易地安置：(1) 服现役期间父母户口所在地变更的，可以在父母现户口所在地安置；(2) 符合军队有关现役士兵结婚规定且结婚满 2 年的，可以在配偶或者配偶父母户口所在地安置；(3) 因其他特殊情况，由部队师（旅）级单位出具证明，经省级以上人民政府退役士兵安置工作主管部门批准易地安置的。易地安置的退役士兵享受与安置地退役士兵同等安置待遇。

第三，退役士兵有下列情形之一的，根据本人申请，可以由省级以上人民政府退役士兵安置工作主管部门按照有利于退役士兵生活的原则确定其安置地：(1) 因战致残的；(2) 服现役期间平时荣获二等功以上奖励或者战时荣获三等功以上奖励的；(3) 是烈士子女的；(4) 父母双亡的。

退役军人事务部成立后，为了进一步照顾退役士兵的家庭生活需要，于 2018 年 7 月会同有关部门联合出台了《关于进一步加强由政府安排工作退役士兵就业安置工作的意见》，进一步放宽安置地限制，明确符合安排工作条件的退役士兵服现役期间父母户口所在地变更的，可随父母任何一方安置；经本人申请，也可在配偶或者配偶父母任何一方户口所在地安置。其中，易地安置落户到国务院确定的超大城市的，应符合其关于落户的相关政策规定。县级安置任务较重的可由市级在本行政区域内统筹安排，市级安置有困难的可由省级统筹调剂安排。由上级统筹的人员，要经本人同意且不受户口所在地限制，公安部门根据实际安置地办理落户手续。

为配合实施安置保障工作，国家还建立了一些转业培训基地和一批休养所等社会化设施。

（三）安置保障的特殊性

相对于其他保障项目而言，安置保障又具有自己的特殊性，它主要表现在两个方面。

1. 保障过程和保障内容复杂

安置保障的过程，是从军人退出现役转为一般国民的过程。在这一过程中，不仅需要做与其他保障项目一样的基金收、管、支工作，同时还必须做退役军人的转业培训、工作安排以及老年军人的养老安置等多项工作。其工作环节包括建立接待或养老基地，接待退休或退役军人，对需要安置就业的退役军人的转业培训教育，对老年军人进行养老安置，安置退役军人的工作，管理离退休军人养老事业单位并照顾离退休军人生活等。安置保障的内容，虽有生活保障，但以退役军人的就业或工作岗位保障为主体内容。可见，安置保障并非像其他社会保障子系统或其他军人保障项目一样，只有较为单纯的基金收、管、支环节和生活保障内容，而是具有多环节性和内容复杂性等特点。

2. 涉及面广

军人安置保障的实质内容是让退役军人融入地方的工作与生活环境，包括就业安置与生活安置等，其涉及关系要复杂得多。在就业安置方面，除涉及退役军人、军方与作为军人安置保障主管机关的各级退役军人事务部门外，还直接涉及人社部门和其他相关部门及接收单位；在养老安置方面，则需要有专门的养老福利机构等。可见，安置保障是一项涉及面极广且需要多部门密切配合、协调的军人保障项目。

不过，在退役军人的就业安置方面，由于劳动力市场化和就业岗位存在竞争，国家不可能再像计划经济时期那样包办退役军人的就业，而是更加重视对退役军人的职业技能培训，将就业安置与经济补偿相结合，努力畅通符合退役军人特点的再社会化途径，探索新的安置之路。

二、军人福利的改革与完善

福利事业是当代任何社会成员都需要的，军人也不例外，需要有相应的职业福利及社会福利。军人福利作为增进其生活质量与解除后顾之忧的必要保障制度，包括享受各种政策津贴、休假待遇、集体福利设施、公房福利以及单位提供的现金或实物福利等。不过，过去那种由军队包办各种福利服务的做法其实并不利于军队的建设，因此，军队的某些福利服务亦应当与地方的福利事业发展结合起来。

面向军人的福利事业包括军人休养事业、疗养事业、精神病收养事业、孤老收养事业等内容。其中，休养事业面向残疾军人；疗养事业面向复员军人中的慢性病患者；精神病收养事业面向复员、退役军人中的精神病患者；孤老收养事业则面向孤老烈属、孤老退役红军老战士、孤老残疾或复员军人（未满16岁的烈士遗孤和患有残疾生活不能自理且家中无人照顾的烈士子女也可接收）。上述福利事业的共同特点是面向伤、病、残、孤军人与烈属，它通过建立独立专用的休养院、慢性病疗养院、精神病院和光荣院等福利设施予以实施。例如，优抚医院，它是国家为残疾退役军人和在服役期间患严重慢性病、精神疾病的退役军人等优抚对象提供医疗和供养服务的优抚事业单位，是担负特殊任务的医疗机构，主要包括综合医院、康复医院、精神病医院等，统一称为"荣军优抚医院"。该医院收治的优抚对象主要包括：（1）需要常年医疗或者独身一人不便分散供养的一级至四级残疾退役军人；（2）在服役期间患严重慢性病的残疾退役军人和带病回乡退役军人；（3）在服役期间患精神病，需要住院治疗的退役军人；（4）短期疗养的优抚对象；（5）主管部门安排收治的其他人员。此外，优抚医院还应当在完成主管部门下达的收治任务的基础上，为其他优抚对象提供优先或者优惠服务，为社会提供优质医疗服务。又如，光荣院，它是国家集中供养孤老和生活不能自理的抚恤优待对象，并对其实行特殊保障的优抚事业单位。该院主要服务对象包括：（1）老年、残疾或者未满16周岁的烈士遗属、因公牺牲军人遗属、病故军人遗属和进入老年的残疾军人、复员军人、退伍军人，无法定赡养人、扶养人、抚养人或者法定赡养人、扶养人、抚养人无赡养、扶养、抚养能力且享受国家定期抚恤补助待遇的为集中供养对象，可以申请享受光荣院集中供养待遇；（2）光荣院在保障好集中供养对象的前提下，可利用空余床位为其他老年且无法定赡养人、扶养人或者法定赡养人、扶养人无赡养、扶养能力的抚恤优待对象提供优惠服务；（3）有条件的光荣院在满足上述对象集中供养、优惠服务的需求外，可面向其他抚恤优待对象开展优待服务。

此外，还有一些其他保障性措施，如军人的社会补贴就是一项主要通过对粮食、衣服等的价格补贴或免费等来保障军人生活的补贴制度；军粮按议价或市场价格收购，按统销（优惠）价格供应部队，差价由中央与省级财政分担。

 **本章小结**

军人保障是指由国家建立的，以军人（特定情形下惠及其家属）为保障对象的各种社会保障制度的统称，它是一个由国家（中央政府）直接负责、能够涵盖军人多种风险的综合性保障制度系统。在现代社会保障体系中，军人保障构成了一个既相对独立又与其他社会保障系统相联系的子系统，它在解除军人后顾之忧、稳定军心、巩固国防等方面具有独特的意义。

军人保障的基本特征包括保障对象特殊，保障目标具有双重性，保障待遇具有激励性，保障内容全面，管理体制采取军地结合、分工负责体制，经费主要来源于中央财政。军人保障是历史悠久的国家或社会性保障措施。

中国军人保障制度的发展进程，基本上可以划分为传统军人保障制度和军人保障制度改革发展两个阶段。前者是指伴随着革命军队的诞生和发展而建立的军人保障制度（通常被称为社会优抚或者优抚安置），它主要包括军人抚恤优待、军人离退休保障、军人安置保障及军人其他保障；后者则是指20世纪90年代以来在改革完善中确立的新型军人保障制度，它主要包括军人抚恤优待、军人保险、军人安置保障及军人福利等，是一个综合性的军人保障系统。

军人抚恤优待制度是军人保障制度的重要组成部分，它自战争年代建立至今，已经走过了较长的历程。现行法律依据是2019年国务院修订颁行的《军人抚恤优待条例》。该制度强调实行国家和社会相结合的方针，所需经费由国务院和地方各级人民政府分级负担，县级以上地方人民政府退役军人事务部门主管本行政区域内的军人抚恤优待工作。该制度的内容包括死亡抚恤、残疾抚恤、优待等。

军人保险制度，是适应面向劳动者的社会保险制度改革和满足军人对养老保障、医疗保障等需求而新建的军人保障项目。其内容主要有军人伤亡保险、军人退役养老保险、军人退役医疗保险等。建立军人保险制度的目的，主要在于与一般国民的养老保险、医疗保险保持可衔接性，维护军人的社会保险权益。在军人保险制度中，军人伤亡保险实际上是在军人抚恤制度之上借鉴商业保险的做法，建立的一种补充性军人保险制度，该项制度的资金来源主要由国家承担。军人退役养老保险，是为了保障军人退出现役后享有国家规定的养老保险待遇，解决养老保险政策军地衔接问题而建立的一种军人保险制度。军人退役医疗保险，是为了保障军人退出现役后享有国家规定的医疗保险待遇，维护军人权益，激励军人安心服役而建立的一种军人保险制度。国家设立军人退役医疗保险基金，对军人退出现役后的医疗费用给予补助。从性质上讲，军人退役医疗保险是在军人公费医疗基础之上建立的一种补充性医疗保险，是为了维护军人退役后能够享受与地方医疗保险对象同等待遇的一种措施。随军未就业的军人配偶保险，是为了解决军人配偶随军未就业期间的基本生活保障和社会保险补贴待遇及关系衔接问题而建立的一项社会保险制度，其目的在于解除军人后顾之忧，激励军人安心服役。

作为一个独特的综合性社会保障子系统，除军人抚恤优待与军人保险外，军人保障制度事实上还包括安置保障及军人福利等内容。安置保障，是以安置退出现役的军人就业或养老等为内容的一项制度安排。军人福利作为增进其生活质量与解除后顾之忧的必要保障制度，包括享受各种政策津贴、休假待遇、集体福利设施、公房福利以及单位提供的现金或实物福利等。

案例讨论1

随军未就业的军人配偶保险制度的建立

随军未就业的军人配偶保险，是在原来实施的无工作随军配偶生活困难补助基础上，新创建的一项面向军人随军配偶的特殊社会保险制度，它是军人配偶在符合现行政策规定，随军期间未就业（失业）的情形下由国家保障相应社会保险待遇的新型制度安排，从而既非已有的失业保险，亦不类似于下岗职工生活保障，而是军人保障体系的一项新制度，也是中国社会保障体系中的新内容。简要介绍这一制度的建立有利于了解和认识军人保障制度的特殊性。

（一）制度出台的背景与过程

由于军人是特殊职业，军官更是长年服役，为照顾其生活，国家政策允许在部队服役超过一定年限的军人的配偶可以随军一起生活，国家在条件允许的情况下负责安排其工作，如果随军配偶是农村户口则负责转为城镇户口。然而，由于许多现役军人是在山区、边疆、海疆等地方服役，加之市场经济体制改革亦使劳动就业走向市场化，一部分军人配偶随军后实际上处于失业状态，这种状态既直接影响着军人家庭的收入与生活，又对国防建设极为不利。根据2003年的一份专题调查材料，全军有9万多名随军配偶处于无工作状态，它涉及9万多个营、连级军官家庭。不仅如此，随着社会保险制度的改革，养老保险、医疗保险等采取了社会统筹与个人账户相结合的模式，一些随军前有工作的人在随军后失去了相应的社会保险关系，以后再随配偶到地方工作后也无法接转社会保险关系。因此，有必要针对这一部分人在原来的生活困难补助的基础之上,建立一种稳定的、可靠的且能够与社会保险制度接轨的保障制度。

为此,中国人民解放军总后勤部军人保险局自2001年起就开始研究这一问题,并与政府部门及专家学者广泛交换意见,探索建立一种新型制度的可能性,包括建立失业救助制度、失业保险制度或者通过军人职业福利来解决问题等方案。经过长达三年的调查论证,军队保险局经与财政部、劳动和社会保障部、人事部、国务院法制办等相关部委、机构的多轮沟通与协商,就解决军人配偶随军未就业期间的社会保险问题取得了政府部门的原则支持。又经过一年左右的协商,对这一制度的具体内容基本达成共识。同一期间亦多次征求专家意见并召开小型座谈会,在基本取得共识的条件下,2003年10月,由中国人民解放军总政治部、总后勤部,以及劳动和社会保障部、财政部、人事部五部委联合向国务院、中央军事委员会报送《关于建立军人配偶随军未就业期间社会保险制度的请示报告》,以及由中国人民大学郑功成教授领衔签具的《关于建立军人配偶随军未就业期间社会保险制度的论证报告》,上述两份报告分别从主管机关和专家的角度反映了建立这一社会保险制度的必要性、可行性,并对建立这一独特社会保险制度的框架提出了明确意见。

2003年12月,经国务院、中央军事委员会批准,国务院办公厅、中央军委办公厅联合颁发了《中华人民共和国军人配偶随军未就业期间社会保险暂行办法》,自2004年1月1日正式实施,从而确立了军人配偶随军未就业期间的社会保险制度。

2012年4月,第十一届全国人民代表大会常务委员会第二十六次会议通过《中华人民共和国军人保险法》,随军未就业的军人配偶保险作为一项独立的制度安排受该法规制,从而正式上升为法定制度安排。

综上,随军未就业的军人配偶保险制度是以军方为主推动、军队与政府主管部门共同协商、主管部门与专家相结合共同探索的结果。

(二) 制度的基本内容

根据《中华人民共和国军人保险法》,国家为随军未就业的军人配偶建立养老保险、医疗保险等。随军未就业的军人配偶参加保险,应当缴纳养老保险费和医疗保险费,国家给予相应的补助。随军未就业的军人配偶保险个人缴费标准和国家补助标准,按照国家有关规定执行。

随军未就业的军人配偶随军前已经参加社会保险的,由地方社会保险经办机构和军队后勤(联勤)机关财务部门办理保险关系转移接续手续。

随军未就业的军人配偶实现就业或者军人退出现役时,由军队后勤(联勤)机关财务部门将其养老保险、医疗保险关系和相应资金转入地方社会保险经办机构,地方社会保险经办机构办理相应的转移接续手续。军人配偶在随军未就业期间的养老保险、医疗保险缴费年限与其在地方参加职工基本养老保险、职工基本医疗保险的缴费年限合并计算。

随军未就业的军人配偶达到国家规定的退休年龄时，按照国家有关规定确定退休地，由军队后勤（联勤）机关财务部门将其养老保险关系和相应资金转入退休地社会保险经办机构，享受相应的基本养老保险待遇。

同时，法律还规定，地方人民政府和有关部门应当为随军未就业的军人配偶提供就业指导、培训等方面的服务。随军未就业的军人配偶无正当理由拒不接受当地人民政府就业安置，或者无正当理由拒不接受当地人民政府指定部门、机构介绍的适当工作、提供的就业培训的，停止给予保险缴费补助。

（三）评论

从随军未就业的军人配偶保险制度建立的背景，可以看出军人保险制度的重要性、必要性及要求的特殊性。尽管这一制度只涉及一小部分人的利益，但因为涉及的这一部分人是军队的骨干与中坚力量且长期服役于艰苦地区，从而构成了军队社会保障制度的重要基础，并对国防建设起到有益的作用。

从军人配偶随军未就业期间社会保险制度的建立过程，可以发现军人保障虽然是中国社会保障体系一个相对独立的综合性保障系统，但这种独立性主要表现在管理及运行过程方面，最终仍然要与地方社会保障制度相联系和相衔接，从而在建立过程中就必须与政府主管部门保持密切联系并共同协商，这是军人保障制度得以建立的重要条件。因为军人保险的对象最终会通过转业、复员、退伍等方式由现役军人转变为普通国民，这就要求军人保险须与一般社会保险制度保持相应的衔接通道，如果军人保险制度不与一般社会保险制度相衔接，则当军人退役后就无法与面向普通国民的社会保险制度接轨，最终可能损害军人及其家属的权益，并导致出现社会问题，严重的还会动摇军心。同时，军人保险制度是用经济手段来解决军人的后顾之忧，同样需要以国家财政作为后盾，因此，国家的财力在很大程度上决定了军人保险制度的保障水平。在该制度的建立过程中，重视发挥专家的作用、采纳专家的意见，并将专家意见向最高决策层一并报送，是现代社会保障制度确立的一种科学方法，因为它能够集思广益，有利于更好地保障制度建设的科学性与合理性，一项军人的社会保险制度能够做到这样，确实创造了社会保障制度改革与发展的典范案例。

从随军未就业的军人配偶保险制度的基本内容可以发现，军人保障制度虽然保持了与国家普通社会保险制度的适应性，但确实具有自己独特的内容，包括覆盖范围、管理体制、经费来源、保险内容等，均体现了军队自身的特色，这使得它能够与其他面向军人的保障制度共同构成一个对象群体特殊的综合性保障系统。

从随军未就业的军人配偶保险制度的实施来看,它解除了9万多个基层军官家庭的后顾之忧,提高了9万个基层军官家庭的收入与生活水平,不仅对稳定军心起到了良好的作用,而且也对军人保险与一般社会保险制度的相互适应和相互衔接开辟了通道,从而是对我国社会保障制度的完善。同时,这一制度的出台也表明,我国现行社会保障体系还存在着很多残缺,保障不足仍然是我国社会保障制度建设面临的主要问题,从而需要进一步重视社会保障制度,并加大投入,真正促使人人都能够不同程度地享受到相应的社会保障。

资料来源:作者搜集整理。

 案例讨论2

退役军人事务部的设立

建立健全的军人保障制度,是解决军人后顾之忧、建立强大国防力量的必由之路,而理顺管理体制构成了健全制度保障的重要条件。因此,2018年党和国家机构改革中组建退役军人事务部并由其统一负责退役军人保障事务,开启了我国军人保障的新时代。

(一)退役军人事务部的组建过程

在党的十九大报告中,习近平总书记宣布组建退役军人管理保障机构。2018年3月,第十三届全国人民代表大会第一次会议批准国务院机构改革方案,其中即包含了组建退役军人事务部。2018年4月16日,退役军人事务部挂牌仪式和成立大会在京举行。截至2018年年底,全国31个省(区、市)都成立了省级退役军人事务厅(局)。2019年3月,全国3 200多个县级以上退役军人事务厅、局全部挂牌运行。2019年2月26日,国家退役军人服务中心挂牌成立,此后各级退役军人服务中心(站)相继建立,形成纵向到底、横向到边的六级服务保障体系,打通了政策落实、服务保障的"最后一公里"。同时,原有的转业军官培训中心、优抚医院、光荣医院、军休所、军供站等事业单位陆续转隶至退役军人事务部门。2019年2月27日,中国爱国拥军促进会等4家社会组织转隶退役军人事务部,社会力量加入退役军人服务保障"阵营"。2022年6月"退役军人事务员"这一新职业诞生。伴随这一历史性步伐,我国的退役军人保障工作因扫除了部门分割的体制性障碍而迈入了新发展阶段。

(二)退役军人事务部的工作成效

自2018年退役军人事务部组建以来,取得了显著的工作成效。

截至 2023 年 4 月，全国共建成退役军人服务中心（站）61.8 万个；各级各地健全"阳光安置"工作机制，接收安置退役军人 227 万余名，转业军官安置到党政机关和参公单位的比例超过 88%，安排工作的退役士兵主要安置到事业单位和国有企业；全国举办退役军人专场招聘会近 4.6 万场次，建立了退役军人就业创业园地 3 550 个，累计帮扶就业创业 260 万人次，促进了退役军人更加充分、更高质量就业；连年提高部分退役军人和其他优抚对象抚恤补助标准，部分退役士兵基本养老保险集中补缴全面完成，285.3 万人享受政策红利；完成全国退役军人和其他优抚对象基本信息采集工作，常态化开展建档立卡……

上述成就的取得，让老兵对美好生活的期盼不断变为现实，奏响了全社会关爱退役军人的时代强音，军人正在成为一种广受社会尊崇的职业。

（三）评论

2018 年国务院机构改革减少了正部级机构 8 个、副部级机构 7 个，却在保留民政部、人力资源社会保障部的同时，新增了与社会保障事务密切相关的退役军人事务部并成为国务院组成部门，将原来分割在民政部的退役军人优抚安置职责、人力资源社会保障部的军官转业安置职责以及中央军事委员会政治工作部、后勤保障部有关职责整合在一起，符合同一类人（军人和军属）的保障、安置及相关事务由同一部门统一管理的原则，极大地优化了社会保障管理体制，因而具有三点优势。

一是促进政策统一，提供行政效能。因消除了部门分割管理的痕迹，将使同一类退役军人事务从政出多门走向政出一门，这将极大增进相关退役军人事务政策的统筹性、统一性和执行力，以往因部门分割导致的职责不清、相互扯皮甚至滋生效果对冲的局面一去不返，行政效能必然得到提升。

二是能够使退役军人事务相关制度按照客观规律健康发展，进而使社会公平得到提升。退役军人事务部消除了按照官、兵分别由人力资源社会保障部、民政部分割管理的传统，有利于统筹考虑相关制度安排，并促进面向军人的保障制度走向公平，为建立一支现代化的武装力量提供有力的、公平的制度保障。

三是可以集中问责，接受监督。由于同一类人群、同一类性质的保障事务归口同一部门统一管理，必然化解过去"多龙治水、多龙管理"难以问责的弊端，集中管理必然可以集中问责。例如，退役军人的优抚安置中存在的问题，便可以集中问责退役军人事务部。

资料来源：郑功成谈机构改革：社保更受重视，体制走向优化 [EB/OL]. (2018-03-13) [2023-06-05]. http://www.ce.cn/xwzx/gnsz/gdxw/201803/13/t20180313_28458564.shtml；有增改。

案例讨论 3

退役军人权益保障法的出台

军人是一个特殊的职业,退役军人是一个相对特殊的群体,制定退役军人保障法,对于建设一支强大的国防力量并借此维护国家主权、统一和领土完整及在全球化进程中的国家利益具有十分重要的战略意义与现实意义。

(一)退役军人权益保障法出台的背景

进入 21 世纪后,特别是进入新时代以来,军人保障制度日益难以适应时代的发展要求与变化。

首先,随着国家的快速现代化和国际环境的日益复杂化,我国需要建设一支强大的国防力量,强军须以解除军人后顾之忧、维护军人合法权益并让军人成为社会普遍尊崇的职业为前提,而通过专门的立法为全体军人提供稳定安全、相对优厚的社会保障预期至关重要。

其次,长期以来的制度安排已经落后于时代发展的要求,突出的表现有三点。一是长期以来的军地分割、部门分割、城乡分割、官兵分割的管治格局,导致面向军人的各种保障政策碎片化,军人中的不同群体甚至不同年份的退役军人的保障政策亦存在差异,导致矛盾冲突。2018 年机构改革中,国务院设置了统一的退役军人事务部,解决了过去退役军人管理体制分割的问题,但相关制度安排仍未统一。二是对退役军人的保障不足。在面向社会成员的社会保障制度日益健全且水平不断提升的条件下,面向退役军人的保障显得相对弱化,伴随就业市场化,军人后顾之忧事实上在增加,军人的社会地位也相对弱化。三是在追求社会公正、社会融合的大背景下,再将退役军人保障作为孤立的制度安排已经不合时宜。这些问题的存在,不仅不利于有效维护退役军人的权益,不利于让军人成为社会普遍尊崇的职业,而且容易滋生不安定因素,全面深化退役军人保障制度的改革并使之步入法治化轨道十分必要且具有紧迫性。

最后,新时代面临的新问题、新挑战急切需要在退役军人保障制度安排上作出明确的回应。例如,就业市场化决定了退役军人的就业问题需要将传统的政府安置转化为市场化就业为主、政府安置为辅相结合;大规模的人户分离现象已经常态化下的退役军人保障,需要从过去以户籍为依据转向以户籍与常住人口并行为依据;人口的高流动性,决定了面向退役军人的保障及相关服务需要同步加以改进;公正社会建设决定了社会保障制度建设必须追求公平,基本公共服务必须走向均等化,从而要求退役军人尽快融入社会，这使得通过普惠性制度安排来解决退役军人的保障问题成为主要取向，不能通过普惠性制度安排解决的特定问题则需要专门的制度安排或措施来解决，这两者的有机融合需要有清晰的法律规制。此外，新时代退役军人的自主性也在日益增强，要求相关制度安排能够同步赋予其一定的自主选择权，而市场主体与社会力量的不断壮大亦为这种选择提供了有利的条件。

为此，为了加强退役军人保障工作，维护退役军人合法权益，让军人成为全社会尊崇的职业，2020年11月11日第十三届全国人民代表大会常务委员会第二十三次会议通过《中华人民共和国退役军人保障法》，2021年1月1日正式施行该法。

(二) 退役军人权益保障法的主要内容

根据《中华人民共和国退役军人保障法》，退役军人权益保障的主要内容包括十个方面。

1. 立法目的

为了加强退役军人保障工作，维护退役军人合法权益，让军人成为全社会尊崇的职业，根据宪法而制定。

2. 适应对象

中国人民解放军依法退出现役的军官、军士和义务兵等人员，中国人民武装警察部队依法退出现役的警官、警士和义务兵等人员。

3. 保障原则

退役军人保障应当与经济发展相协调，与社会进步相适应；退役军人安置工作应当公开、公平、公正；退役军人的政治、生活等待遇与其服现役期间所做贡献挂钩；国家建立参战退役军人特别优待机制。

4. 退役安置

对退役的军官，国家采取退休、转业、逐月领取退役金、复员等方式妥善安置；对退役的军士，国家采取逐月领取退役金、自主就业、安排工作、退休、供养等方式妥善安置；对退役的义务兵，国家采取自主就业、安排工作、供养等方式妥善安置。机关、群团组织、事业单位接收安置转业军官、安排工作的军士和义务兵的，应当按照国家有关规定给予编制保障；转业军官，安排工作的军士和义务兵，由机关、群体组织、事业单位和国有企业接收安置。国家建立伤病残退役军人指令性移交安置、收治休养制度。

5. 教育培训

国家建立学历教育和职业技能培训并行并举的退役军人教育培训体系。军人退役前，部队可提供职业技能储备培训，组织参加高等教育自学考试和各类高等学历继续教育，以及知识拓展、技能培训等非学历继续教育。退役军人接受学历教育时，可按规定享受国家教育资助政策；高等学校根据国家统筹安排，可以通过单列计划、单独招生等方式招考退役军人。现役军人入伍前已被高校录取或正在就读的，服役期间保留入学资格或学籍，退役后两年内允许入学或复学，且可按规定转入本校其他专业；达到报考研究生条件的，按规定享受优惠政策。军人退出现役，安置地政府应根据当地就业需求组织其免费参加职业教育、技能培训，考试考核合格的，发给相应证书并推荐就业。

6. 就业创业

公共人力资源服务机构应当免费为退役军人提供职业介绍、创业指导等服务；退役军人未能及时就业的，在人力资源社会保障部门办理求职登记后，可以按照规定享受失业保险待遇。机关、群团组织、事业单位和国有企业在招录或者招聘人员时，可适当放宽对退役军人的年龄和学历条件要求，同等条件下优先招录、招聘退役军人；退役的军士和义务兵入伍前是机关、群团组织、事业单位或者国有企业人员的，退役后可以选择复职复工。各地应当设置一定数量的基层公务员职位，面向服现役满五年的高校毕业生退役军人招考；服现役满五年的高校毕业生退役军人可以报考面向服务基层项目人员定向考录的职位；军队文职人员岗位、国防教育机构岗位等，应当优先选用符合条件的退役军人。退役军人服现役年限计算为工龄，退役后与所在单位工作年限累计计算。县级以上地方人民政府投资建设或者与社会共建的创业孵化基地和创业园区，应当优先为退役军人创业提供服务。退役军人创办小微企业，可以按照国家有关规定申请创业担保贷款，并享受贷款贴息等融资优惠政策；退役军人从事个体经营，依法享受税收优惠政策。用人单位招用退役军人符合国家规定的，依法享受税收优惠等政策。

7. 抚恤优待

坚持普惠与优待叠加的原则；对参战退役军人，应当提高优待标准。逐步消除退役军人抚恤优待制度城乡差异、缩小地区差异。退役军人依法参加各类社会保险，并享受相应待遇；退役军人服现役年限与入伍前、退役后参加职工基本养老保险、职工基本医疗保险的缴费年限依法合并计算。退役军人符合安置住房优待条件的，实行市场购买与军地集中统建相结合。军队医疗机构、公立医疗机构应当为退役军人就医提供优待服务，并对参战退役军人、残疾退役军人给予优惠。退役军人凭退役军人优待证等有效证件享受公共交通、文化和旅游等优待。充分利用现有医疗和养老服务资源，收治或者集中供养孤老、生活不能自理的退役军人；各类社会福利机构应当优先接收老年退役军人和残疾退役军人。国家建立退役军人帮扶援助机制，对生活困难的退役军人按照国家有关规定给予帮扶援助。

8. 褒扬激励

退役军人安置地人民政府在接收退役军人时，应当举行迎接仪式。地方人民政府应当为退役军人家庭悬挂光荣牌，定期开展走访慰问活动。国家、地方和军队举行重大庆典活动时，应当邀请退役军人代表参加；被邀请的退役军人参加重大庆典活动时，可着退役时的制式服装，佩戴勋章、奖章、纪念章等徽章。县级以上地方人民政府应将本地部分符合条件的退役军人的名录和事迹，编入地方志。国家统筹规划烈士纪念设施建设，弘扬英雄烈士精神；国家推进军人公墓建设，符合条件的退役军人去世后，可以安葬在军人公墓。

9. 经费来源

退役军人保障工作所需经费由中央和地方财政共同负担；退役安置、教育培训、抚恤优待资金主要由中央财政负担。国家鼓励和引导企业、社会组织、个人等社会力量依法通过捐赠、设立基金、志愿服务等方式为退役军人提供支持和帮助。

10. 其他

退役军人保障政策落实不到位、工作推进不力的地区和单位，其主要负责人将被约谈；其他负责退役军人有关工作的部门及其工作人员工作不力，由其上级主管部门责令改正。

（三）评论

在立法基本原则上，《中华人民共和国退役军人保障法》坚守了如下四条原则：一是优先优厚原则，充分考量与新时代发展要求的适应性，确保让退役军人融入社会时有相对优先的机会、相对优厚的待遇；二是实行分类规制原则，在坚持总体原则一致的条件下，不同的退役军人及其家属需要有不同的保障措施，确保每一类退役军人及其家属的相关权益法定化、合理化；三是普惠+特惠的双重保障原则，只有将普惠性制度安排与特惠性制度安排有机融合，才能在维护整个社会保障体系完整、结构有序的条件下更好地保障退役军人的各项合法权益，并促进整个社会的公正与团结；四是物质待遇、服务保障与精神褒奖三结合原则，一个完整的退役军人保障制度，应当包括相对优厚的物质待遇、优先满足基本需要的服务保障、能够提升社会声誉的精神褒奖三大组成部分。

在立法特点上，该法规定和保障的是军人退役回到地方"化军为民"这个过程和环节的合法权益，从表面上看是维护广大退役军人的个人权益，实质上却是维护建设强大国防、一流军队这一国家利益，它能够让退役军人安居乐业，让现役军人安心、尽心，鼓舞的是全军士气。可以说，这部法律是国家利益和个人利益的有机结合，是一部刚性的、完全能够得到落实的、管用的法律。

在保障内容上，该法是保障退役军人权益的综合法、基本法，涉及内容较为广泛，而就业支持与社会保险权益是绝大多数退役军人最关注的切身权益。该法规定，通过政府推动、市场导向、社会支持相结合的方式，鼓励和扶持退役军人就业创业，同时明确退役军人就业的途径与方式，确保退役军人就业机会优先。同时，明确退役军人转交地方后，及时办理养老保险、医疗保险、失业保险等的关系接续，并做好有关社会保险关系和相应资金转移接续工作，这一规定是对退役军人社会保险权益的全面维护。

在待遇享有上，由于我国地区发展很不平衡，要求全国各地统一退役军人保障，退役军人在哪里都享受一模一样的待遇，客观上还很难做到。但一定要明确，退役军人保障是国家统一的制度安排，这个定性不能因地区发展不平衡被扭曲。因而在制度建设与现实操作中，要以公平统一为目标，适度兼顾地区差异。为了实现这个目标，应当区分情况，例如，基本养老保险、基本医疗保险等社会保险已有全国统一制度安排的要执行全国标准；对退役军人享受公共服务还没有全国统一规定的，应由国家制定基本的标准，允许各地在基本标准之上做加法，但绝不能做减法；中央财政要有足够的投入、承担更大的责任，避免地区之间的差距太大，以早日实现退役军人权益保障公平统一的目标。

在权益落实上，该法要真正落地。首先，应尽快出台相关的配套法规和政策。例如，退役军人未就业期间享受失业保险待遇，究竟需要什么条件？有什么标准？可以享受多长时间？如何操作？一系列的问题都需要具体的法规政策来规范。其次，要加大对相关法律、法规的宣传，既要维护退役军人的合法权益，也要引导退役军人的合理预期。再次，要强化中央财政的责任，因为军队是国家的，国家财政对它赋有直接的责任，在解决不同地区发展不平衡的条件下，让退役军人享受到更公平的保障。最后，《中华人民共和国退役军人保障法》的落地，还需要相关各部门的密切配合、形成共识、协同推动，同时也要激励社会力量广泛参与。

资料来源：郑功成. 退役军人保障立法的基本思路与关键问题 [J]. 中国党政干部论坛, 2020（11）：44-49. 郑功成. 审议《退役军人保障法》的专家郑功成，怎么这么"较真儿"[J]. 中国退役军人, 2020（12）；有增改。

复习思考题

1. 如何理解军人保障的独特性？

2. 军人保障系统包括哪些制度安排?
3. 比较军人抚恤与工伤保险的异同。
4. 比较随军未就业的军人配偶保险与失业保险的异同。
5. 比较传统军人保障制度与新型军人保障制度的异同。

第十二章
补充保障

>> **学习要点**

通过本章的学习,应当理解补充保障的概念及社会功能,掌握企业年金、慈善事业、商业保险等的基本内容,能够正确把握补充保障与基本社会保障的关系以及政府在补充保障中的角色和职能。

>> **关键概念**

补充保障　企业年金　职业年金　慈善事业　商业保险

第一节　概　　述

现代社会保障体系除了政府主导的基本社会保障,通常还包括多种补充保障形式,如企业年金、慈善事业与商业保险等。虽然这些补充保障是基于不同的目标建立的,形式各异并自成体系,但它们共同从属于国民生活保障系统,对社会发展和增进国民福祉起着不可低估的作用。在全球实践中,多层次社会保障体系建设代表了当今世界社会保障改革与发展的主要取向,是满足不同人群社会保障多元化、个性化需求的有效途径,而补充保障构成了多层次社会保障体系的有机组成部分。因此,学习社会保障知识时,很自然地要学习各种补充保障知识。

一、补充保障的内涵及分类

（一）补充保障的内涵

补充保障是基本社会保障安排之外的，以非政府主导性、非强制性为特征的各种社会化保障机制的统称，它与政府主导的基本社会保障一起，共同构成国民生活保障系统。这一定义包含了四点要素。

1. 补充保障是现代社会保障体系的一个组成部分

社会保障是各种具有经济福利性的、社会化的国民生活保障系统的统称。社会保障体系可以划分为基本社会保障和补充保障两个部分。基本社会保障是由政府（或官方机构）主导或承担组织实施任务，而补充保障则是由社会团体、市场主体、雇主等举办，个人自愿参加，采取社会化机制运作和管理的保障项目。然而，举办形式不同并不妨碍补充保障发挥社会保障的作用，如企业年金能够弥补基本养老保险的不足，商业保险通过市场机制能够弥补基本社会保障的缺漏，慈善事业可以成为对基本社会保障尤其是社会救助与社会福利及相关服务的重要补充，它们是社会化、市场化的生活保障机制，均不同程度地体现了社会保障的特色并发挥着社会保障的客观功能。因此，各国社会保障体系通常将补充保障机制纳入其中并给其以适当定位。

2. 补充保障是一个相对概念

补充保障是相对于基本社会保障而言的，它是一个相对的概念。由于各国社会保障制度的建制理念、制度模式以及基本社会保障项目均有所不同，所以补充保障的内涵和外延也不尽相同。同时，在同一国家的不同时期，补充保障和基本社会保障也并非是一成不变的。在一定条件下（如因各种原因使政府转变了社会保障政策），它们还可以相互转换。因此，补充保障有别于基本社会保障，定位不同、运行方式亦异，但客观功能却可以起补充作用。

3. 补充保障具有非强制性特征

相对于政府主导的、国家法律规定（具有强制性）的基本社会保障而言，政府在补充保障中并非当事人和责任主体，这就表明补充保障中并无公权的直接介入，也就没有了强制性，从而体现了补充保障的自愿、可选择性的特征。正是这种自愿性与选择性，才使补充保障有了存在的必要并能够满足不同人群的需求。当然，这并不意味着政府对补充保障"听之任之"，或者说补充保障"排斥"政府，实践中，政府仍然负有引导补充保障并给以相应支持的责任。

4. 补充保障采取社会化运行机制

社会化是社会学中的一个重要概念，如今它从狭义走向广义，已经发展成为内涵丰富、外延广泛的概念。不同领域、不同角度对其理解、认识也不尽相同。从公共管理的角度出发，社会化强调社会要素间的整合和社会力量对公共事务的广泛参与。在我国，社会化有时还会伴有"现代化"的含义。

（二）补充保障的分类

从世界各国尤其是发达国家的实践来看，补充保障是一个非常复杂的系统，因为举办方式不同、参与主体不同，同一补充保障方式可以由各单位或机构组织自行举办。在此，可以对其进行简单分类。

1. 按照补偿方式划分

按照补偿方式划分，补充保障同样有经济保障、服务保障与精神保障等。其中，经济保障通过现金给付或实物援助的方式来提供，服务保障以各种生活服务为基本内容，精神保障则包括文化、伦理、心理慰藉方面的保障。

2. 按照实施主体划分

按照实施主体划分，补充保障有社会补充保障、企业补充保障和个人自我保障等。其中，社会补充保障由各种社会团体（如非政府组织或非营利组织）主导实施，如互助保险、慈善事业等；企业补充保障由雇主主导实施，如企业年金、补充商业保险等；个人自我保障包括家庭成员之间的相互保障以及纯粹个人行为保障，如个人参加的商业保险、个人储蓄等。

3. 按照运行机制划分

按照运行机制划分，补充保障主要通过市场和社会两大机制提供保障。无论是与职业关联的企业年金还是个人的商业保险、储蓄等，都是通过市场完成的，遵循自由交易的原则；社会机制则是在非交易的社会生活领域，以道德为基础形成的自愿共享机制，慈善事业与社会互助均属于社会机制，既可以为低收入困难群体与天灾人祸中的不幸者提供援助，又可为社会成员提供更加全面的社会服务。

4. 按照与基本社会保障的相关性划分

按照与基本社会保障的相关性划分，可以分为附加型补充保障和独立型补充保障。前者如建立在基本社会保险之上并以其为前提的各种补充保险，后者如互助保障与慈善事业。

5. 按照保障水平或保障内容划分

按照保障水平划分，有社会救助型、查漏补缺型（主要指未被基本社会保障覆盖人口参加的商业保险和互助保险等）和增进福利型。

按照保障内容划分，有为补充医疗保障、补充养老保障、社会服务等。

二、补充保障的社会功能

任何社会经济制度或政策均有其特定的社会功能，补充保障在实践中亦具有多方面的功能。

第一，补充保障具有为基本社会保障"查漏补缺"的功能。一方面，补充保障为尚未被基本社会保障覆盖的人群提供了化解风险的途径。除了少数经济发达国家，大部分国家或地区的基本社会保障往往只覆盖法定范围的有限人群，那些未被基本社会保障覆盖或者漏在社会"安全网"外的人群并不能从中获得基本的社会保护。据统计，目前，全球只有46.9%的人口被一项或多项社会保障待遇有效覆盖，而53.1%的人口没有得到任何保障。其中，欧洲和中亚的社会保障覆盖率最高，83.9%的人口至少享有一项待遇；美洲也高于全球平均水平，为64.3%；而亚洲和太平洋地区（44%）、阿拉伯国家（40%）和非洲（17.4%）的覆盖面缺口要大得多。① 按照马斯洛的需要层次论，生理和安全需要是人类的最低层次需要。为了规避社会化大生产以及工业化给个人带来的种种风险，他们只能通过各种形式的补充保障来满足这种最基本的需要。在现阶段，中国已建成世界上规模最大的社会保障体系，基本医疗保险覆盖率稳定在95%以上，基本养老保险覆盖超过10亿人。但现有保障仍然不足，既难以满足高收入群体超出基本保障的需要，也难以满足低收入群体的某些需要，以至于某些有特殊困难的人不得不寻求民间慈善救助、互助团体等补充保障渠道。另一方面，补充保障可以对基本社会保障之外的保障项目进行补充保障。在一些国家，补充保障事实上具有越来越大的社会功能，许多补充保障甚至可以满足国民大部分的社会服务需求，从客观上对由政府主导的制度化的基本社会保障起到了一定的替代作用。例如，美国的社会保障制度是一种混合型保障制度，基本社会保障的服务对象主要是弱势群体，为老年人、残疾人、遗属提供生活保障，为贫困者提供家庭津贴，所以在职人员和其家属的社会保障问题，或由企业提供的补充保障解决，或由非营利的社会团体来帮助解决，或由个人购买商业保险，这些非政府主导的、非强制性的补充保障形式发挥了非常重要的作用。除此之外，美国的慈善事业也是世界上最为发达的，不仅可以调动很丰厚的社会资源，而且提供了广泛的社会服务。

第二，补充保障可以提高国民社会保障的水准，增进特定人群的福利。补充保障

---

① 国际劳工组织. 世界社会保障报告（2020—2022）：处在十字路口的社会保障——追求更加美好的未来[M]. 华颖, 等, 译校. 北京：中国劳动社会保障出版社, 2022.

可以适应不同人群对保障项目和水平的不同层次需求，提高他们的保障待遇标准和福利水平。由于政府负责的社会保障水平一般偏低，往往需要社会机构举办相应的补充保障，通过补充保障的弥补，被基本社会保障覆盖的社会成员会增加一个层次的保障，没有被基本社会保障覆盖的社会成员也会因补充保障而增加了一种福利保障。因此，补充保障的存在与发展，具有增进社会成员福利水平的明显功效。

第三，一些补充保障可以作为组织人力资源管理的手段之一，为实现组织目标服务。这里主要指以员工福利（或职业福利或机构福利）为表现形式的企业补充保障。对企业来说，他们期望通过合理设计员工福利吸引、挽留优秀人才，实现对员工即期或长期激励，属于企业或社会团体人力资源管理范畴。其评价指标则是成本核算和工作效率，建立初衷及目标则是为组织的最大利益服务。

第四，补充保障还具有满足人们施与仁爱之心、促进社会融合的功能。无论是西方宗教还是东方文化，无论是耶稣的"爱人如己"还是中国传统道德中的"推己及人"，都有善心、善行、博爱的意思体现。人类具有向社会脆弱成员及其他公益事业奉献爱心的内在需求，也需要有相应的外在条件，而慈善事业作为一种补充保障形式，作为一种建立在捐赠基础上的民营社会化保障事业，源于慈心、终于善行，在客观上不仅为他人提供了物质帮助，而且可以满足人类奉献爱心的精神需求。同时，补充保障的社会化运行机制使人们相互关爱、相互尊重、相互补充，增强社会融合、反对社会排斥并促进和谐社会的形成。

除此之外，由于补充保障也是社会保障体系的一个组成部分，它在社会、政治、经济等广泛领域中同样发挥着稳定功能、调节功能、促进发展功能和互助功能等多种功能。

三、政府在补充保障中的职能

尽管补充保障在某种意义上排斥政府的行政干预，但它的发展同样需要有政府的政策扶持甚至财政援助。作为一项关系到人们根本利益的社会活动，必须在国家规定的法律框架下运行，并接受政府监督。事实上，发达国家的补充保障体系之所以发达并能够发挥重要的保障作用，与政府在这一领域适度地发挥影响力是分不开的。因此，在许多国家，要发展多层次社会保障体系，在政府所能提供的基本保障之外建立补充保障体系，同样需要政府的适度介入。

自 20 世纪 80 年代以来，一些发达国家因面临社会保障的财政压力，纷纷采取不同的措施来应对人口老龄化等带来的对基本社会保障的挑战，其中一个共同的做法就是提倡和鼓励各种补充保障的发展。由于各种补充保障并非政府主导，政府亦不承担直接责任，而是利用民间或社会力量或市场机制来增进国民福祉的。因此，政府作为宏观调控者，也就有责任根据社会保障发展的现状和目标，对补充保障进行倾向性的政策鼓励或约束；同时，政府作为社会公平的促进者与维护者，亦有责任针对体现为合同或契约关系的补充保障实施相应的监督和管理。归纳起来，政府的责任主要包括：推动立法、实行监督，宏观调控、政策引导。

（一）推动立法、实行监督

推动立法的目的在于为补充保障的发展创建良好的宏观环境，保护信息资源劣势一方的合理权益，规范补充保障行为。在补充保障的当事人中，信息资源优势方的行为总是从自身利益出发，可能会损害劣势方的某些权益。为了确保补充保障义务方应尽义务的履行以及权利方合法权利的获得，无论是政府主导型社会保障，还是市场主导型的补充保障，政府都有责任推动有关立法工作。立法的内容通常包括机会均等、即得受益权、信息公开、基金运作等。这些法律的完善将大大降低补充保障运行的成本，保证补充保障运作的效率并促使其规范化发展。当然，由于补充保障的形式具有多样性，补充保障不可能使用同一部法律进行规范。各国都是结合本国的实际情况，针对不同的补充保障项目或者补充保障项目运作的不同环节进行立法规范。例如，既需要有关于企业年金、补充医疗保险、慈善事业等不同项目的立法，也需要有关于捐赠、基金运作、相关税收等环节的立法。同时，还需要有政府的适度监管，以确保补充保障能够规范运行、健康发展。

（二）宏观调控、政策引导

政府对补充保障的另一重要职能就是宏观调控、政策引导。对于补充保障，应注重充分运用市场"无形的手"和政府调控"有形的手"两种手段。政府可以从国民经济发展的大局出发，统一规划基本社会保障与补充保障，综合考虑相关政策的协调性与相互配合，使其相得益彰，共同为社会发展和增进国民福祉的目标服务。政府最重要的调控手段，就是财政政策和货币政策，它可以起到引导（扶持或抑制）补充保障发展的作用。常见的政府引导方式有税收政策（如减免税收或增加附加税）、利率（如贴息贷款）、财政支持（如拨款）以及允许投资运营等手段。

中国现阶段社会保障建设的重点，是尽快促使法定社会保障走向成熟、定型，如社会保险、社会救助等，而多层次社会保障体系建设则主要体现在企业年金、商业保险、慈善事业等补充保障项目上。因此，国家应当积极促进各种补充保障事业的发展，如鼓励企业承担社会责任，引导有条件的企业建立企业年金、发展职业福利，积极发展商业性的养老保险、医疗保险，大力发展慈善公益事业，真正引导社会资源投向社会福利事业，这既是完善中国特色社会保障体系的内在要求，也是在更大范围内动员社会资源且增进国民福祉的要求。

第二节　企业年金与职业年金

在发达国家大多数企业的员工福利方案中，企业年金与职业年金是较具普遍意义的一种员工福利计划，它作为员工现期工资收入的延期支付，对保障和提高员工退休后的收入有重要影响。

一、企业（职业）年金的基本理论

（一）企业（职业）年金的概念及特点

1. 企业（职业）年金的概念

企业年金是企业根据自身发展战略需要和经济实力建立的，旨在为本企业员工提供一定水平的退休收入保障的员工福利制度。职业年金一般是指雇主发起的职业养老金计划（或称雇主计划、雇主年金），因而包含企业年金。但在当下中国，职业年金特指公共部门（包括机关、事业单位）及其工作人员在参加基本养老保险的基础上，建立的补充养老保险制度。为避免与实践混淆，本节职业年金特指后者。由于企业年金和职业年金均属于雇主举办的职业养老金，只是雇主性质有所不同，在功能、筹资、待遇、监管、税收等方面均无本质差异，为此，本节内容将首先介绍二者概况，再分别介绍我国企业年金和职业年金的发展情况。

从宏观角度讲，企业（职业）年金既不同于基本养老保险，亦非商业性的人寿保险，它实质上是在国家政策支持下，对法定基本养老保险的一种补充，其直接目的虽然是为了激励员工的劳动积极性，但客观上会提高员工的退休养老金水平。从微观角度讲，企业年金一般被企业视为人力资源管理战略的有机组成部分，它作为人力资源管理系统中的薪酬管理或员工福利管理项目，是雇主为了吸引和留住员工长期为企业服务和提高劳动生产率，向员工提供的一笔养老金。而职业年金作为公共部门对员工的待遇承诺，由国家通过立法或者制度保障实施。对于企业（职业）年金的所有者——员工个人来说，企业（职业）年金属于私人经济范畴，是一种私人性质的产品。一般来说，企业（职业）年金基金在经营中独立于举办者的资金和业务，即使举办单位破产，员工仍然可以领到企业（职业）年金。因此，企业（职业）年金还是以民间储蓄为基础的私人养老金。

2. 企业（职业）年金的特点

与基本养老保险相比，企业（职业）年金具有以下五个特点[①]。

第一，基本养老保险通常是强制实施的、统一的养老金计划，管理机构的经费纳入财政预算并由政府安排、由政府机构进行管理。企业（职业）年金计划在多数国家是由企业自愿决定是否建立，也不排除一些国家对企业（职业）年金采取强制计划，但整体而言，无论是强制参加还是自愿参加，其均是利用市场机制来选择合适的管理和运作方式，弹性较大，灵活性较强。

第二，基本养老保险的养老金是公共产品，而企业（职业）年金属于私人产品。因此，政府对企业（职业）年金一般不直接承担责任，政府的作用主要表现在推动立法、实行监督和税收政策引导三个方面。

第三，基本养老保险一般采取现收现付制或部分积累制的财务模式，强调社会统筹与互助共济，而企业（职业）年金通常采用完全积累制，以个人账户方式记载每个员工企业（职业）年金的雇主缴费、个人缴费以及投资收益、利息等全部资产。企业（职业）年金个人账户全部资产归员工个人所有，不具有互助共济性。

第四，基本养老保险基金一般由政府机构管理和运营，或者即使是交由私营机构管理运营，政府对其也有比较严格的规定。保值增值的手段通常是银行储蓄和购买国债，同时也可以投向证券市场，但确保安全性为第一原则。而企业（职业）年金主要是通过资本市场，如各种金融机构来运作，投资手段更多样化，更加注重基金的投资收益率。

第五，基本养老保险强调社会公平原则，而企业（职业）年金更注重效率原则，在企业内部人力资源战略中是具有激励机制的福利手段。

（二）企业（职业）年金的功能和建立的外部条件

1. 企业（职业）年金的功能

从企业（职业）年金的发展进程来看，它已经经历了三个发展阶段，即雇主自我管理阶段、政府介入管理阶段以及与社会保障协调发展阶段。在企业（职业）年金的实践中，它在不同层面发挥着特有的作用。归纳起来，其功能作用主要体现在五个方面。

（1）补充基本养老金或公共养老金水平，提高劳动者的退休待遇。对于国家来讲，

---

① 郑功成. 社会保障学［M］. 北京：中央广播电视大学出版社，2004：356.

企业（职业）年金有利于分散养老保障责任，适应人口老龄化的需要，因为企业（职业）年金计划的建立使降低国家基本养老金替代率有了可能，对于个人则分散了老年收入的风险，也提高了退休保障的水平。在工业化国家，企业（职业）年金的目标替代率一般为20%~30%，与公共养老金合计可达到60%~70%的总替代率水平。在中国，按照社会保障体系建设的总体方案设计，劳动者退休后的收入保障将主要来自三个方面：一是法定的基本养老保险，二是企业（职业）年金，三是个人储蓄性保险（如商业性人寿保险或储蓄等）。因此，企业（职业）年金应当是中国基本养老保险制度的重要补充。

（2）促进资本市场和劳动力市场的完善，有利于改善劳资关系。企业（职业）年金属于完全积累型福利机制，并采取个人账户制，存续期可长达数十年，所以它在抑制消费基金的膨胀、提高国民储蓄率的同时，又能够形成可以用于长期投资的资本，这笔资本一旦进入资本市场必然会衍生长期投资和高收益的金融工具。另外，企业（职业）年金的本质是劳动者工资收入的延期支付，工资和企业（职业）年金的相互作用可以促进"按劳分配"和减少其不辞而别或故意违反劳动合同的现象，企业（职业）年金的实施又能在一定程度上促进工会等员工组织的发展，从而对劳动力市场的良性发展和改善劳资关系具有促进作用。

（3）企业（职业）年金为雇主提供了一种新的可供采用的收益分配形式。在员工的收益分配中，工资、奖金、津贴、股权和期权均属于现期或即期分配范畴，而企业（职业）年金属于延期分配范畴。由于多数员工尤其是中老年员工更会关心自己未来的长远利益，年龄越大越看重退休后的收入保障，因此，雇主还需要有为员工长远利益着想的收益分配机制，企业（职业）年金恰好为此提供了这样一种有效工具。

（4）企业（职业）年金是提高劳动生产率和增强单位凝聚力的重要手段。一般而言，福利越好的单位对劳动者越具有吸引力。企业（职业）年金按照效率、激励原则建立，工资收入高、工作年限长的员工可以积累更多的养老金，这样有利于树立员工长期服务的意识。同时，企业（职业）年金是雇主自主创立的，通过企业（职业）年金的实施，可以将雇主和员工的利益紧密联系在一起，使员工真正产生归属感，其工作热情和工作效率也会不断提高。

（5）企业（职业）年金的运营还会给员工带来丰厚的经济回报。企业（职业）年金基金在个人账户的积累和储蓄过程中，均要进行投资经营，以获得较高的收益。与员工相比，雇主在金融方面更具有管理运营优势，尤其是当这种投资由专业化的投资机构进行的话，其安全性与收益性都会较高，这显然是普通员工个人很难做到的。因此，由雇主通过市场运作的方式对企业（职业）年金进行投资运营，可以使员工获得更为丰厚的收益回报。

2. 企业（职业）年金建立的外部条件

虽然建立企业（职业）年金制度需要考虑普遍性原则，但并不意味着所有雇主都能建立这种制度。雇主建立企业（职业）年金是需要一定条件的，雇主只有具备了一定的条件，才有资格和能力建立。例如，企业（职业）年金覆盖率较高的德国，2019年自愿性的企业（职业）年金覆盖率为57%，日本为50.5%，美国为43.6%，法国为25.2%。在发展中国家，企业（职业）年金的覆盖率普遍较低。在实践中，企业（职业）年金计划的发展需要有相应的外部条件：一是良好的宏观经济环境，包括经济繁荣、税收优惠政策、完善的资本市场；二是明确规范的运行规则；三是较好的监管机制；四是专业的经办机构；五是风险预防和担保机制。

（三）企业（职业）年金的基本内容

1. 企业（职业）年金的类型划分

企业（职业）年金不是国家法定的制度安排，而是在国家政策引导下，由各单位自主建立并实施的，因此，它不可能有统一的模式。在各国企业（职业）年金的实践中，按照不同的划分标准，可以有不同的分类。

根据供款来源不同，可以分为个人缴费的企业（职业）年金和个人不缴费的企业（职业）年金。其共性是雇主都需要缴费，而个人却不一定缴费。个人缴费的企业（职业）年金通常能够让员工更加关注这一福利计划，个人不缴费则可以降低管理成本。

根据决定因素不同，有强制性企业（职业）年金、自愿性企业（职业）年金和集体谈判决定的准强制性企业（职业）年金三种。强制性企业（职业）年金是指由国家立法规范要求雇主必须举办，员工个人也不能退出，虽然强制性企业（职业）年金不是主流，但仍然有不少国家采取，如瑞士、澳大利亚等国家就属于这一类型；自愿性的企业（职业）年金是大多数国家采用的企业（职业）年金方式；而通过集体谈判决定的准强制性企业（职业）年金的方式采用较少，只有瑞典、丹麦和荷兰等少数国家采用。[①]

根据筹资方式不同，企业（职业）年金计划又分为完全积累制和现收现付制。但从世界各国的实践来看，绝大多数国家选择完全积累制企业（职业）年金，只有少数甚至个别国家（如法国、丹麦和突尼斯）选择现收现付制企业（职业）年金。[②]

---

① 郑秉文，孙守纪. 强制性企业年金制度及其对金融发展的影响——澳大利亚、冰岛和瑞士三国案例分析 [J]. 公共管理学报, 2008 (2).

② 胡峰. 企业年金理论与实务 [M]. 北京：中国电力出版社，2018.

根据缴费和受益关系不同，企业（职业）年金又有给付确定模式（DB）、缴费确定模式（DC）和混合模式等诸多种类。从各国的实践来看，多数企业（职业）年金都是缴费确定模式（DC），少数情形下选择给付确定模式（DB）或混合模式。在部分发达国家，给付确定模式（DB）和缴费确定模式（DC）同时存在，国家公务员及军队军官的企业（职业）年金采取给付确定模式（DB），私营部门则采取缴费确定模式（DC）。

需要说明的是，企业（职业）年金的上述分类，并不是以国别而论的，而是对所有企业（职业）年金类型的概括和归类。事实上，在同一个国家，不同的单位选择的企业（职业）年金模式可能也不一样。

2. 企业（职业）年金的覆盖范围

企业（职业）年金的覆盖范围是指企业（职业）年金的参与人员和受益对象。它通常与四个因素有直接或间接的关系。

第一，政府主导的基本养老保险覆盖率和待遇水平。企业（职业）年金和基本养老保险在某种程度上存在相互替代的关系，如果基本养老金替代率偏高，企业（职业）年金的需求就会受到抑制，反之亦然。企业（职业）年金之所以能够在许多工业化国家发展起来并占有重要地位，其根本原因在于这些国家的基本养老金替代率往往较低。在中国，基本养老金的替代率偏高，必然导致对企业（职业）年金的需求不旺。

第二，政府是否立法强制实施。在政府通过立法手段强制雇主实行企业（职业）年金计划的国家，覆盖率就比较高，如澳大利亚、冰岛和瑞士等国实施强制性的企业（职业）年金，覆盖率大于90%；非强制实施企业（职业）年金计划的国家的覆盖率则很难达到这个水平，如美国为40%~50%。为了提高企业（职业）年金的覆盖率，一些国家推行自动加入机制，如新西兰、英国、意大利等国。①

第三，政府税收政策。税收政策是政府对企业（职业）年金使用的财政杠杆，通过这一杠杆传递政府是否鼓励以及支持力度的信息，优惠的税收政策是企业（职业）年金计划发展的必要条件。

第四，经济实力。一些国家，通常是大中型企业集团有能力建立和维持企业（职业）年金计划，小型企业及萎缩中的行业则较少实施企业（职业）年金计划。如在美国，大中型私有企业中70%以上建立了企业年金，小型企业只有40%左右建立了企业年金计划。② 在中国，建立企业年金的企业亦通常是大企业、垄断企业（或集团或行

---

① OECD. Coverage of private pension plans before and after the introduction of automatic enrolmen［M/OL］//OECD pensions outlook 2014. Paris：OECD Publishing, 2014. https://doi.org/10.1787/pens_outlook-2014-graph54-en.

② 王东岩. 劳动科学研究论文选编［M］. 北京：地震出版社, 1997.

业），中小企业一般未考虑建立企业年金，覆盖率仅6%左右。

3. 企业（职业）年金的缴费和给付

如上所述，企业（职业）年金可以分为给付确定模式（DB）和缴费确定模式（DC）。

给付确定模式（DB）是雇主向员工允诺员工退休后按期（月）获得固定的养老金待遇，由精算师依据这一待遇水平，根据参加计划的员工的工资水平、服务年限等因素，计算出每年应储存（缴费）金额。企业（职业）年金的计发办法大致有三种形式：一是统一福利计划，即向每一个参加年金计划的员工提供一个固定数额的养老金（如每月100美元），而与工资收入和工龄没有直接联系；二是根据员工工作年限及退休前几年的工资水平确定，按不同比例计发养老金；三是将员工工龄与年工资收入相乘，再乘以一个百分比（养老金系数，如1%）来确定退休金。通常情况下，企业雇主会为员工设立一个公共账户并按期缴费，员工不需缴费。实行给付确定模式（DB）企业（职业）年金的优点是收益额明确，退休后收益有保障；缺点是存在通货膨胀及待遇刚性增长等风险，需要定期做精算评估，员工难以理解，对自己的权益缺乏直观感受。

缴费确定模式（DC）是先确定缴费比例，由雇主和员工分担或只由雇主缴费，计入员工的个人账户。到员工退休时，根据个人账户中的缴费累积额（包括本金、利息和投资利润等）一次性或定期支取企业（职业）年金。这种计划采取完全积累制，基金通常由寿险公司或其他投资机构运营。员工退休时，可以从以下三种办法中选择一种领取企业（职业）年金：一是一次性全部领取，但要纳税，税率较高；二是按月领取、按月纳税，税率稍低；三是转存入银行，不需纳税，但也存在着利息税等问题。实行缴费确定模式（DC）企业（职业）年金的优点是设计简单，员工可以自主投资决策、便携性强，较为灵活；缺点是退休收入不确定，员工权益难以保障，投资风险由员工承担。

4. 企业（职业）年金基金投资运营

与基本养老保险的管理方式有所不同的是，企业（职业）年金更加需要通过投资运营来获取收益，以实现基金的保值增值。

第一，投资原则。在企业（职业）年金的投资中，通常要遵守三个基本原则，即安全性原则、流动性原则和收益性原则。安全性原则保证投资本金能够全部收回，并能够得到预期收益。流动性原则强调的是投资的变现能力，目的在于保证养老金到期能够支付，同时方便投资组合，以便分散和规避投资风险。收益性原则是投资的根本目的，只有获得收益才能确保基金的保值增值，使基金能够应付利率变动、工资增长和通货膨胀等因素的负面影响。

第二，资产管理。对于企业（职业）年金资产的管理，可以分为自我管理和委托外部专业机构管理两种形式。大多数企业（职业）年金项目的资产委托银行、保险公司或其他金融机构（如基金公司、信托公司等）进行投资，也有一些大公司自己雇用投资经理进行企业（职业）年金计划的自我管理。

第三，投资工具和资产分布。从世界范围来看，企业（职业）年金投资几乎涉及所有的投资工具。比较常见的有：银行存款、债券、股票、房地产、风险投资和金融衍生产品等。不同的投资工具所承担的风险和回报差异很大，而且风险的大小和回报率的高低一般呈正相关关系，所以选择投资工具实际上就是寻找合适的均衡点，并进行投资组合。例如，股票的投资收益与公司经营业绩、资本市场成熟度，特别是股票市场运作规范程度等多个因素关系密切，投资风险高，收益机会也多。在诸多投资工具中，债券以其较高的收益率和较低的风险备受青睐。需要强调的是，理性的企业（职业）年金投资是能够合理组合投资品种的投资。

5. 政府对企业（职业）年金的监管

尽管企业（职业）年金计划本质上属于自愿性的、由私营公司经营的项目，但政府并非完全放任自流，而是在其中发挥相应的作用。政府的介入主要体现在推动立法并完善法制、依法监督和税收政策上。

第一，推动立法并完善法制。立法的目的在于对员工权利的保护。由于在企业（职业）年金体系中，雇主和员工的信息不对称，即雇主掌握着基金积累的水平和解雇员工的权利，而员工却不能完全了解这一计划的有关情况。为了确保员工的平等权利和企业（职业）年金在规范的轨道上运行，政府通常推动相关立法，以求通过法律的规范来为企业（职业）年金的建立与运行提供依据，同时，在国家立法的指导下完善具体的企业（职业）年金政策，以此来确保企业（职业）年金的健康发展和维护员工的合法权利。企业（职业）年金立法的内容，通常包括如下几方面：机会均等，即无论收入或职位高低，每个员工都有权享有企业（职业）年金；享有权期限，即超过这一规定时期员工才有权享有企业（职业）年金待遇；此外还有信息公开、公共担保和投资方面的限定。

第二，依法监督。对企业（职业）年金项目的监督，有的由政府部门进行，有的由雇主和工会组成的机构进行。政府监督的目的是保证有关立法的执行和基金投资的安全性。监督的内容包括法律法规方面的监督、财务运行机制方面的监督和税收监督。以美国为例，联邦政府劳工部是私人养老金计划的监督机构，它监督的主要内容包括：基金投资是否得当、有效、安全，如发现投资有危险就令其纠正；雇主对年金基金是否有舞弊行为，如挪用基金；雇主执行企业（职业）年金法规的情况。

第三，税收政策。企业（职业）年金的税收政策与企业（职业）年金基金运行涉及的缴费、收益和给付三个环节有关，如对企业（职业）年金的缴费减免税收，即雇主在扣除企业（职业）年金费用后再计征所得税或企业税，员工的缴费可免缴所得税，也叫"税前列支"；对缴费形成的基金、利息和投资收入可免税或延迟纳税。各国的税收政策也根据是否在这三个阶段缴税而分为不同的形态。以"E"代表免税、"T"代表缴税，可以将税收政策分为 EEE、EET、ETE、TEE、ETT、TTE、TET 和 TTT 八种模式。由于税收政策是企业（职业）年金发展的重要条件，它体现了国家对企业（职业）年金的支持与引导，许多国家对企业（职业）年金计划往往给予税收优惠政策，TTT 一般不作为各国私人养老金的主要税收政策。2018 年部分国家主要私人养老金的税收政策见表 12-1。

表 12-1 　 2018 年部分国家主要私人养老金含（企业或职业年金）的税收政策

模式	国家
EET	加拿大、智利、克罗地亚、爱沙尼亚、芬兰、德国、希腊、冰岛、爱尔兰、日本、拉脱维亚、荷兰、挪威、波兰、罗马尼亚、斯洛文尼亚、西班牙、瑞士、英国、美国
EEE	保加利亚、哥伦比亚、墨西哥、斯洛伐克
ETE	塞浦路斯
TET	奥地利、比利时、法国、韩国、马耳他、葡萄牙
TEE	捷克、匈牙利、以色列、立陶宛、卢森堡
TTE	澳大利亚、新西兰、土耳其
ETT	丹麦、意大利、瑞典

资料来源：OECD. The tax treatment of retirement savings in funded private pension arrangements [M] //Financial incentives and retirement savings. Paris：OECD Publishing, 2018. https://doi.org/10.1787/9789264306929-4-en.

注：表题中的私人养老金包含企业（职业）年金。

需要说明的是，虽然税收政策体现了政府对企业（职业）年金的支持和引导，但企业（职业）年金归根结底是私人补充性质的养老金，遵循市场发展规律，是雇主基于人力资源市场竞争需要和福利合理化需求而设立的基金，企业（职业）年金应当由雇主主导，如果过分夸大政府及税收政策对于企业（职业）年金等私人养老金的作用，将会加大养老保障待遇的不公平性。

二、中国的企业年金

（一）企业年金的发展

中国企业年金的出现始于 20 世纪 90 年代初期。当时，一些行业为更好地保障退休人员的生活，率先探索和建立了企业补充养老保险制度，此为企业年金的源头。2000年12月，国务院颁发《关于完善城镇社会保障体系的试点方案》并选择辽宁省开始试点，首次将企业补充养老保险更名为"企业年金"，并明确企业年金举办单位可以享受税前列支的税收优惠政策，即企业缴费在工资总额4%以内的部分可以从成本中列支；同时，该方案还规定，企业年金基金实行市场化运营和管理。

2004年，有关主管部门发布了多项有关企业年金的行政规章或政策性文件，对企业年金的建立与运行进行了相应的规范。例如，2004年1月6日，劳动和社会保障部发布《企业年金试行办法》；同年2月23日，劳动和社会保障部、中国银行业监督管理委员会、中国证券监督管理委员会、中国保险管理监督委员会联合发布《企业年金基金管理试行办法》。上述两部规章均于2004年5月1日实施，对企业年金的建立、运行及其管理进行了规范。2004年12月31日，劳动和社会保障部又发布《企业年金基金管理机构资格认定暂行办法》，于2005年3月1日施行，该规章对企业年金基金管理机构资格认定的程序、标准等进行了规范；2015年，该规章进行了修订，弱化了对法人受托机构和投资管理人的资本和净资产的要求。2017年，财政部与人力资源社会保障部又联合出台《企业年金办法》等规章，对企业年金的税收政策已经完全明朗化。

（二）企业年金的实践效果

1. 覆盖率

企业年金的覆盖率是考察补充养老保险制度有效性和公平性的重要指标，但我国迄今为止的实践效果并不理想，企业年金仍然只有极少数企业与个人参与。2007年，企业年金参保人数929万人，参保人数占当年企业职工基本养老保险参保人数比例为4.61%；2022年，企业年金参保人数为3 010万人，占当年企业职工基本养老保险参保人数比例为6.26%，15年间比例仅提高1.65%。不仅如此，参加企业年金的用人单位与个人基本为国有企业和机关事业单位职工，民营企业鲜有参与，低收入劳动者更是无缘。若任由这种局面长期持续，将拉大中小微企业与国有企业、机关事业单位的差距，从而造成养老保险制度新的不公平和新的碎片化，不仅不利于多层次养老保险体系的建设，也不利于我国养老保险制度的公平和可持续发展。[①] 要想推动我国养老保险走向多层次化，只有降低第一层次单位的缴费率，单位才有责任和能力来建第二层企业年金。第一层次覆盖所有老年人，第二层次覆盖多数劳动者，采取鼓励措施，让低收入劳动者也享有企业年金，应当是我国养老保险体系的发展目标。

---

① 郑功成. 多层次社会保障体系建设：现状评估与政策思路 [J]. 社会保障评论, 2019 (1).

2. 投资收益率

企业年金的投资收益受宏观经济和资本市场影响较大,从图12-1可以看出,收益最高的2007年的收益率达到41%,与2022年收益率-1.83%相差43%左右。整体而言,年平均收益率为6.85%,高于个人储蓄及多数理财产品的收益率。

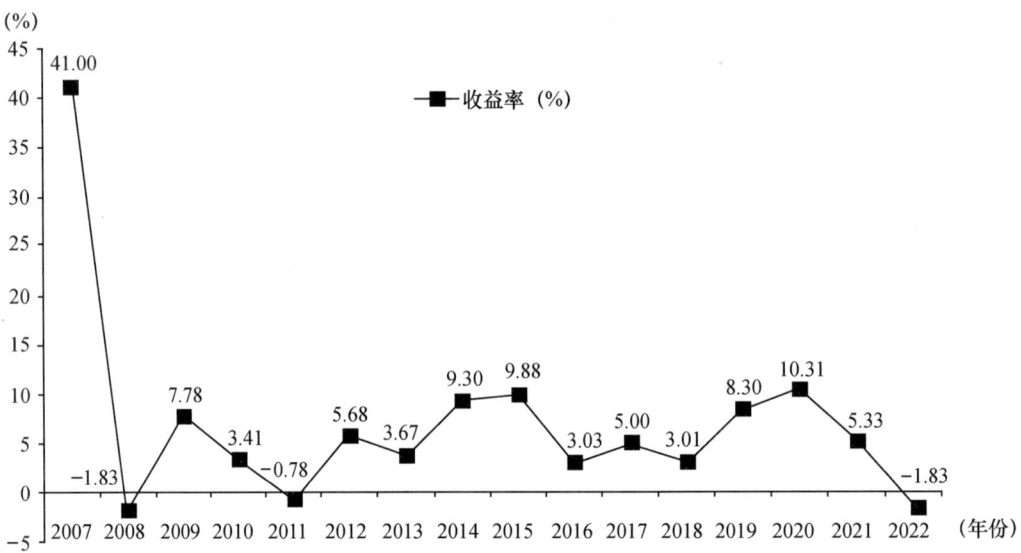

图12-1 2007—2022年企业年金基金投资收益率折线图

数据来源:人力资源社会保障部社会保险基金监管司. 2022年度全国企业年金基金业务数据摘要[EB/OL]. (2023-06-29)[2023-03-21]. http://www.mohrss.gov.cn/shbxjjjds/SHBXJDSzhengcewenjian/202303/W020230321375137526290.pdf

3. 区域分布结构

企业年金的区域分布呈现出发达省份及地区远远高于欠发达地区、中央高于地方的分布特征。以2022年为例,企业账户数最多的上海市达到11 079个,而西藏自治区账户数仅41个,分别占总账户数约9%和0.03%;人力资源社会保障部企业账户数为29 597个,占总账户数比例为23%。①

三、中国的职业年金

中国的职业年金是伴随着机关事业单位工作人员养老保险制度改革而出现的,同步建立职业年金是机关事业单位养老保险制度改革的重要条件,是这一制度结构优化

---

① 人力资源社会保障部社会保险基金监管司. 2022年度全国企业年金基金业务数据摘要[EB/OL]. (2023-06-29)[2023-03-21]. http://www.mohrss.gov.cn/shbxjjjds/SHBXJDSzhengcewenjian/202303/W020230321375137526290.pdf.

的具体体现，它的作用不仅是促使养老保险责任分担机制更加合理，而且能够有效弥补基本养老保险金的不足，以便让退休人员养老金总体水平能够得到保障。2015年3月，国务院办公厅印发《机关事业单位职业年金办法》，对机关事业单位职业年金制度作了具体规定。

第一，职业年金的筹资。职业年金的筹资模式采取基金积累制，由单位和工作人员个人共同承担。单位和个人缴费基数与机关事业单位工作人员基本养老保险缴费基数一致。根据经济社会发展状况，国家适时调整单位和个人职业年金缴费的比例。

第二，职业年金的管理。职业年金基金采用个人账户方式管理。个人缴费实行实账积累。对财政全额供款的单位，单位缴费根据单位提供的信息采取记账方式，每年按照国家统一公布的记账利率计算利息，工作人员退休前，本人职业年金账户的累计储存额由同级财政拨付资金记实；对非财政全额供款的单位，单位缴费实行实账积累。实账积累形成的职业年金基金，实行市场化投资运营，按实际收益计息。职业年金基金投资管理应当遵循谨慎、分散风险的原则，保证职业年金基金的安全性、收益性和流动性。职业年金基金的具体投资管理办法由人力资源社会保障部、财政部会同有关部门另行制定。单位缴费按照个人缴费基数的8%记入本人职业年金个人账户；个人缴费直接记入本人职业年金个人账户。职业年金基金投资运营收益，按规定记入职业年金个人账户。职业年金基金应当委托具有资格的投资运营机构作为投资管理人，负责职业年金基金的投资运营；应当选择具有资格的商业银行作为托管人，负责托管职业年金基金。

第三，职业年金的给付。参加职业年金的工作人员在达到国家规定的退休条件并依法办理退休手续后，由本人选择按月领取职业年金待遇的方式。可一次性用于购买商业养老保险产品，依据保险契约领取待遇并享受相应的继承权；可选择按照本人退休时对应的计发月数计发职业年金月待遇标准，发完为止，同时职业年金个人账户余额享有继承权。本人选择任一领取方式后不再更改。出国（境）定居人员的职业年金个人账户资金，可根据本人要求一次性支付给本人。工作人员在职期间死亡的，其职业年金个人账户余额可以继承。

中国的职业年金在短短几年之内覆盖率达到90%以上，相比之下，企业年金的覆盖率仅仅在6%左右，这主要是因为职业年金是强制参加，而企业年金是自愿参加。职业年金的建立表明政府在承担雇主责任，但企业年金和职业年金的覆盖率长期存在大幅差距不利于养老保险制度的公平性和养老保险体系的结构优化。

第三节 慈善事业

一、慈善事业的基本内涵

何为慈善事业？慈善事业是建立在社会捐献基础上的社会公益事业。首先，捐献为慈善事业立身之本，没有捐献就没有慈善事业，而没有关爱之心亦不会有无偿捐献的动机与热情。其次，慈善事业是民营事业，虽然封建时代有过官办慈善事业（如西方国家通常将早期由政府举办或教会举办的救灾济贫事业称为慈善事业），但现代社会将对国民的保障作为国家应当承担的责任与义务，早已被各国制度所规范，并得以强制推行，从而对政府举办的福利保障事业不能称为慈善事业，只有非强制性的民营公益事业才构成现代慈善事业。再次，慈善事业是社会公益事业。尽管家庭成员之间的互助、社会成员个人之间的互助均是值得倡导的善行，但既然是一项事业，就需要有专门的组织来运营，以保证能够根据需要最有效地运用慈善资源，同时形成面向所有需要慈善援助的社会脆弱成员的社会公益事业，并保持它的经常性、持续性、规范性和相对稳定性。最后，慈善事业是社会化保障事业，它的最直接目的是帮助社会中的脆弱群体，贫民、灾民、孤老病残等是慈善事业工作的对象，而这些群体的存在同时也是慈善事业得以产生并得到发展的社会条件，因此，在工作目的方面，它与政府举办的救灾济贫及有关福利事业又是相通的，从而能够得到许多国家政府的支持甚至是直接财政资助。上述分析已经表明，慈善事业起到了社会保障的作用，从而应当纳入现代社会保障体系研究之中。[1]

在经济意义上，慈善事业实际上是一种混合型的社会分配方式，也是一种独特的财富转移方式，它的经费来源主要包括三条渠道：一是企业和各种经济实体的捐献，它通常记入捐献者的生产经营成本，从而属于社会产品的初次分配范畴；二是政府对慈善事业的拨款或援助（如购买慈善组织的服务等），它通常被纳入财政预算，在部分国家或地区甚至成为固定的预算科目，这一部分经济来源显然属于社会产品的再分配范畴；三是社会成员的个人捐献，它是社会成员通过社会产品的初次分配和再分配而获得相应份额后自愿付出的份额，从而属于社会产品的第三次分配。尽管上述三条渠道来源的比重不同，但各国或地区的慈善基金主要来源不外乎上述三条渠道。可见，慈善事业同时也是一个社会分配领域的范畴，是一种独特的混合型社会分配方式。[2]

---

[1] 郑功成. 社会保障学：理念、制度、实践与思辨 [M]. 北京：商务印书馆，2020.
[2] 郑功成. 当代慈善事业 [M]. 北京：人民出版社，2010.

二、慈善事业的本质特征[①]

尽管慈善事业与政府举办的社会救助和公共福利事业都是为了济贫解困，都起到了缓解社会成员生存危机和促进社会和谐发展的客观作用，但慈善事业作为一项民营社会公益事业，却有着自己独特的本质特征。

（一）以善爱之心为道德基础

慈善属于道德范畴，慈善行为的非强制性和自愿性，决定了社会成员的善爱之心对慈善事业的发展起道德支撑作用。一个缺乏对弱者关爱的社会，不可能有真正意义上的慈善事业；一个缺乏善爱之心的社会成员，也不会真正无偿地向慈善组织或社会脆弱成员捐献。因此，慈善事业的存在与发展，首先需要具备相应的道德基础与社会氛围，即慈善事业只能建立在社会成员善爱之心的道德基础之上，这与政府举办的纳入社会政策或法制社会制度的事业是有根本区别的。

（二）以贫富差别的存在为社会基础

共同贫穷的社会，不会产生慈善事业，因为社会成员都需要得到援助，而社会成员又都无能力来帮助他人，如中国历史上虽然也有一些慈善家和慈善活动，却始终未能成就一项公益事业；新中国成立初期积贫积弱，慈善事业无生存的土壤。共同富裕的社会也不需要慈善事业，因为社会成员都具备足够的能力来解决自己可能遇到的困难，即使个别社会成员遇到特殊困难，政府与社会也能够通过相应的制度安排来加以解决，发达的社会主义和共产主义社会将证明这一点。唯有存在贫富差别的社会，才需要慈善事业，因为只有在这一阶段，构成慈善事业两极的社会成员——有捐献能力者与需要救助者才会并存，慈善事业则成为沟通两者关系并适度平衡其利益的良好途径。因此，贫富差别的存在是产生并需要发展慈善事业的社会基础。客观地正视中国的贫富差距，正确地认识中国的贫富差别不是短期可以解决的客观事实，将是发展中国慈善事业的重要条件。

（三）以社会捐献为独特的经济基础

前已述及，慈善事业是一种混合型社会分配方式，并不是否定它以捐献为经济基础，而是反映现代慈善事业发展的客观现实。慈善事业不会排斥政府的财政援助，但

---

① 郑功成. 当代慈善事业 [M]. 北京：人民出版社，2010.

无社会捐献则无慈善事业，慈善事业生存与发展的独特的经济基础只能是社会捐献，也就是说社会各界尤其是社会成员的自愿捐献构成整个慈善事业生存与发展的独特经济基础，这是国内外慈善事业发展实践证明了的一条重要规律。首先是有能力帮助他人的各类组织和社会成员在善爱之心支配下能够做到自愿捐献、乐于奉献；其次是所捐献的资金或实物等能够为慈善事业的正常运作提供相应的财政来源；最后才会有慈善事业的政策及健康发展。因此，对慈善事业而言，社会成员间的贫富差别使其存在具有必要性和可能性；而社会各界的捐献则使其存在与发展具有了合法性。面向全社会，立足社会捐献，是慈善事业求得发展的唯一正确的取向。强调以社会捐献为经济基础，指的是慈善事业的存在与发展必须要有社会捐献的支撑，如果没有社会捐献的份额，便不可能有慈善组织和慈善活动，只能说是政府主导的法定社会保障行为或者市场交易行为；只有具有相应的社会捐献，才具备慈善行为的本源意义。在此，强调社会捐献并不等于慈善组织的财政基础只能是社会捐献，事实上，中国香港地区的一些慈善组织的财政来源主要是政府社会福利拨款，但因为有社会捐献的存在，并未改变其慈善事业的性质，这恰恰是其独立存在与发展，并与政府构成伙伴关系的前提条件。

（四）以民营公益机构为组织基础

慈善事业虽然可接受政府的财政帮助并接受其依法监督，但由于政府干预可能改变慈善事业的性质并背离捐献者的意愿，在具体运作中可能排斥政府的干预（中国香港地区部分慈善组织对接受政府财政拨款过多而出现妨碍慈善事业自主发展的现象已有反思）。因此，慈善事业只能由民间公益团体来承担具体的组织实施工作，这是慈善事业之所以成为一项公益事业而非单个的施舍行为的组织基础，也是它作为一项社会性保障事业而不被纳入法定社会保障体系的重要原因所在。在当代社会，政府是公共政府，掌握的是公共权力，控制的是公共资源，其一切行为均是由法授权、由法规责、依法运行，其承担的是法定责任，不可能开展慈善活动，而市场主体（如企业）因追逐利益最大化而与慈善事业的追求本质相悖。因此，民营公益机构的存在，才真正构成慈善事业存在与发展的组织基础，没有大量的合法的民营公益机构，便不可能有发达的现代慈善事业。当然，个人或零散的民间救助行为，如邻里之间的互助等，亦是值得倡导的传统慈善行为。

（五）以捐献者的意愿为实施基础

没有捐献，就不会有慈善事业。这种特殊的经济基础决定了慈善组织必须坚持以捐献者的意愿为实施基础，即慈善事业具有捐献者意愿至上的特点。捐献者有权要求慈善组织将资金用于指定的慈善项目，即使捐献者没有指定专门的用途，慈善组织也应当将其捐献直接用于慈善项目或与慈善直接相关的项目，唯有如此，才不会违背捐献者的本意和慈善事业的本源职责。当然，捐献者的意愿不能违背现行法律、法规和社会公德，而应当有益于慈善事业和慈善精神发扬光大。慈善组织的设立，目的在于淡化捐助者和受助者之间的对应关系，以增进双方的平等，但这种淡化对应关系必须以尊重捐献者的意愿为条件，否则，慈善组织可能凭自己的意愿来改变捐献者的捐献目的，从而导致对捐献者的损害。因此，慈善组织的独立性是以尊重捐献者意愿为前提条件的，从这个意义上讲，慈善组织实际上扮演的是捐献者的代理人或受托人角色，是受捐献者委托来开展慈善活动的专业机构。正是因为慈善事业必须尊重捐献者的意愿，强制性或半强制性捐献便显得不合时宜，同时，对慈善组织透明运行的要求以及对其运行过程进行有效监督构成了确保慈善事业健康发展的保障。

（六）以公众普遍参与为发展基础

毫无疑问，富人有更大的责任与能力推动慈善事业发展，但当慈善行为仅仅是少数富人的事情时，不可能形成有利于慈善事业发展的社会氛围，这当然不利于慈善事业发展。只有社会成员的普遍参与，才能形成一种有利的、自觉的促进慈善事业发展的社会氛围，从而使慈善事业具有更加广泛的群众基础与更加厚实的经济基础，最终使单个的慈善行为集约成为一项宏伟的事业。因此，慈善事业应当成为一切有能力帮助他人的社会成员共同参与的社会公益事业，这是慈善事业赖以发展、壮大的内在要求与必要条件，也是慈善事业发展的一条基本规律。

三、慈善事业发展的影响因素

（一）社会因素

1. 意识形态

意识形态一般是指在一定的社会经济基础上形成的系统的思想观念，其内涵十分丰富。这里只介绍宗教、文化传统以及舆论导向对慈善事业发展的影响。

宗教是慈善事业的重要思想源泉和动力，佛教、基督教、天主教等对慈善事业的影响很大。一方面，各种宗教教义多将行善列为基本准则，例如，佛教的"慈悲为怀"倡导布施、福田、利行等行善的方法，基督教的"爱人如己"等；另一方面，教会组织也是最早的慈善组织和施善团体，宗教慈善事业从未间断，并随着宗教影响区域的扩大而扩大，构成现代社会保障制度的重要补充。这些思想和慈善行为都在影响着整个社会慈善意识的形成和加强。

自人类开始社会生活后，对人与人关系的行为准则问题出现了各种不同的哲学的、神学的、伦理学的观念和学说，当这些观念和学说被广泛接受，就形成一种民族文化心理，成为一种民族的文化传统，其内涵和外延也在流传中不断被丰富和发展。慈善无国界，但慈善事业有国界，原因即在此。只有尊重所在国家的文化传统与伦理道德，才能产生社会公民，达成社会共识，促进大众参与。中国与欧美国家文化有很大差异，西方慈善是以宗教为母，崇尚"平等、博爱、爱人如己"，倡导组织化、专业化、为非特定受益人募集资源；而中国传统慈善强调恻隐之心，以亲友相济、邻里互助为基，表现出扶助弱者、推己及人、由私及公、由近及远的特点，至今仍然深刻影响着中国人的慈善行为。两者文化既具有差异，又在当下同时具有实践基础，这就决定了要在两种文化和慈善形态中融合发展，共同推动中国特色慈善事业，两者不可偏废，尤其不能主观地以西方文明为"历史终结"否定传统优秀文化。

舆论导向在慈善思想的传播以及慈善事业的发展中起到不可忽视的重要作用。将现代慈善价值观深入公众意识，是发展慈善事业的重要基础。在培育慈善价值观的过程中，应注重媒体的引导力量。大量的慈善行为规范，不可能完全依靠法律和政策进行框定，基于慈善组织行为的特点，应充分发挥各种媒体的舆论监督作用，促进慈善事业规范、健康发展。

2. 特殊环境因素

这里的特殊环境因素指的是如战乱、灾荒等特殊事件。20世纪三四十年代慈善事业得到一定发展就说明了特殊时期环境因素对慈善事业的影响是直接的。这一时期，由于灾害频发、战乱连年，政府又疲于解决庞大的军费开支无力顾及慈善救济，民间慈善事业迎来了一个小高潮，慈善组织和慈善家队伍壮大。据1930年调查，江苏等18个省的566个县市有1 621个旧有慈善团体，占所有社会救济机构的78%。又据1946年年底的统计，全国29个省市总共有救济机构3 045个，其中私营救济机构有1 011个，约占1/3。1948年的《中国年鉴》披露，当时全国有4 172个救济机构，其中私营救济机构有1 969个，占47%以上。[①] 这些数据虽因调查范围不同而有所差异，但也反映了这一时期因政府不能负责，民间慈善救济机构拥有的重要地位和影响。实际上，重大自然灾害等因素也是直接推进慈善事业与捐献热潮的因素。例如，1998年发生的波及半个中国并造成巨大损失的江淮大水灾，捐献款物在新中国历史上首次超过了百

---

① 郑功成，张奇林，许飞琼. 中华慈善事业 [M]. 广州：广东经济出版社，1999.

亿元人民币；2008年四川汶川大地震发生后，全国捐献款物逾千亿元；2020年新冠肺炎疫情暴发后，一度掀起捐献热情，短期内募集的善款即达400多亿元。因此，特殊事件会激发和放大人们的善爱之心。

（二）经济因素

慈善事业是以社会捐献为基础的，社会的经济状况以及人们对它的心理预期影响着捐助的水平和慈善组织的作用。

一是经济发展促进了社会财富的增长，越来越多的人有条件帮助他人。

二是经济发展如果伴随着贫富差别加大，对慈善事业发展的影响就比较复杂。一方面，贫富差别是慈善事业发展的社会基础，差别加大意味着社会有更多的救助需求，而富人拥有更多的财富用以捐献（若其边际捐献倾向不变或提高时）；另一方面，贫富差别加大也可能让人们产生对经济消极的心理预期，使其边际捐献倾向降低。

尽管经济因素对慈善事业的影响不能简单地断定是积极或消极，但一般来讲，人们认为经济发展对于慈善事业来讲是利好消息，经济因素对慈善事业发展的影响不仅很大，而且非常直接。

（三）政府介入的程度

1. 规制与引导的程度

慈善事业的民间性质并不意味着政府任其自由发展，政府必须推动相关立法对其进行必要的管理和规范，否则，慈善组织和慈善行为的无序化，将大大影响慈善事业的公信度，进而影响慈善事业的发展。2016年全国人民代表大会通过的《中华人民共和国慈善法》为新时代慈善事业的全面发展提供了基本法律依据。2017年全国人民代表大会常务委员会修订了《中华人民共和国红十字会法》，使从事人道主义工作的社会救助团体——红十字会，其系统的慈善活动被正式纳入法定慈善范畴。2017年国务院还颁布了《志愿服务条例》，对志愿服务等作出了明确规制，使《中华人民共和国慈善法》之"慈善服务"一章中有关志愿服务的规制得到细化。此外，民政部、财政部等部门出台了包括慈善组织认定登记、公开募捐管理、慈善信托管理、慈善活动支出、互联网公开募捐平台、信用管理、志愿服务、慈善信息公开、慈善财产保值增值、公开募捐违法案件管理、有关非营利组织免税资格认定管理、公益性捐赠税前扣除、慈善捐赠物资进口管理、政府购买服务支持社会组织培育发展等规章或政策性文件。一些地方立法机关或政府亦出台了专门的地方性慈善法规或规章。我国慈善事业自此开始步入法治化发展新阶段。

2. 支持与激励的力度

由于慈善事业与社会保障的密切关系，各国政府均对慈善事业采取支持的态度，即直接拨款和利用相应税收政策及其他鼓励政策（如嘉奖）等进行支持。税收政策包括：一是对社会各界的慈善性捐赠给予免税待遇；二是对慈善团体经营活动的利润用于慈善事业的部分免税；三是鼓励遗产继承人将遗产中的一部分捐赠给慈善事业；四是促使高收入人群积极参与慈善事业等。我国于 2018 年修正的《中华人民共和国企业所得税法》第九条规定，企业发生的公益性捐赠支出"超过年度利润总额 12% 的部分，准予结转以后三年内在计算应纳税所得额时扣除"，这有利于企业大额捐赠。但慈善事业要发展为大众普遍参与的事业，税收优惠是一方面，还要注重慈善事业的社会价值和精神激励。要看到慈善事业在经济价值方面作用有限，而对促进精神共同富裕和提升社会价值的空间是无限的。应当对慈善事业促进精神共同富裕和提升社会价值给予更高程度的重视，这是中国新时代发展所需要的，是慈善事业所具有的卓越功能，它使得慈善事业具有不可替代性。为此，应当对长期参与公益慈善事业的先进个人给予应有的精神褒奖与社会尊重，营造行善光荣、善者受尊敬、让有贡献者有社会地位的社会氛围，必须避免行善者受质疑、受委屈的现象。为此，应当建立健全多层次、多元化的慈善激励机制，这将有利于形成人人向善、人人行善的社会环境，进而促使慈善事业全面发展，第三次分配的作用也会得到充分发挥。

3. 基本社会保障制度的发展

慈善事业与官方强制性的社会保障事业存在差异，但同时却构成其有益的补充，所以，以政府为实施主体的社会保障制度的发展水平和完备程度对民间慈善事业的发展具有很大影响。一般来说，如果国家的社会保障制度功能健全，保障水平较高，需要慈善事业的空间就会相对萎缩；如果国家的社会保障制度不堪重负，慈善事业就有相当的发展空间。由于以政府为责任主体举办的各种社会保障限于财力、效率等因素，很难覆盖所有需要通过社会性保障措施来解决的各种现实社会问题，民间的慈善事业恰好能够弥补这种缺失。

四、慈善事业与社会保障

毫无疑问，现代慈善事业是现代社会保障体系的一个有机组成部分，它既与法定的基本社会保障制度有联系，并构成对基本社会保障制度的补充，又与基本社会保障制度有重大区别。

第一，在属性方面，二者从属于不同范畴。政府举办的基本社会保障制度是保障国民生活和增进社会福利的行政机制范畴，体现了政府的责任与义务，而慈善事业既属于道德范围也在客观上是一种社会化保障机制。

第二，二者的组织基础和资金筹集渠道不同。社会保障制度是以官营或公营机构为组织基础，以财政拨款或强制性筹款为经济基础；而慈善事业在组织机制上是民办或私营机构，在资金来源上以捐献为主。

第三，受益范围和内容不同。慈善事业援助的对象一定是社会弱者与不幸者，因此，其受益范围通常较小且遵循捐献者的意愿，存在一定程度的特殊主义；而社会保障则是基于社会公平原则，通常覆盖全民，虽然并非所有人享受的均是同一水平的保障，但覆盖全民的社会保障制度却是绝大多数国家追求的目标。

第四，调节机制不同。社会保障制度是以法律制度为实施基础，它与道德并无直接关系，只是法制规范的政府、社会、用人单位与个人之间的一种强制性利益调节机制，主体各方的权利与义务都是由法律明确规范的。而慈善事业虽然客观上具有社会保障的某些功能，并事实上作为一种特殊的社会保障形式存在，它在目标上却较社会保障制度多了一层弘扬助他与互助美德的宗旨。它是建立在自愿的基础之上，具有道德性、自愿性和民营性特点，在现代社会只能是社会保障体系不可或缺的补充保障机制。除了必要的法律规范，慈善事业和慈善组织为获得较高的社会公信度，还需建立严格的自律机制，接受舆论监督。

正如前文所述，慈善事业和社会保障制度存在一定的替代和互补关系，一般而言，如果社会保障制度完备、功能健全，慈善事业就相对萎缩；反之，慈善事业就有广阔的发展空间。全面建成多层次社会保障体系是我国的既定目标，相关制度安排早已将慈善事业作为一个层次纳入其中，如慈善扶贫济困、慈善医疗、慈善救灾、慈善助残、慈善养老等。要创新公共服务提供方式，鼓励支持社会力量兴办公益事业，满足人民多层次、多样化需求，使改革发展成果更多更公平地惠及全体人民。慈善事业作为公益事业的重要形态得到了体现，其目标与任务已经很明确。将慈善事业的发展作为中国特色民生保障制度体系不断发展与完善的一个方面，才是正确的发展方向。

第四节 商业保险

商业保险是相对于社会保险而言的，是在法定社会保障制度外通过市场机制提供风险保障的途径。纵观世界，构建多层次社会保障体系是发展的必然取向，而商业保险是其中重要的组成部分。因此，在发展补充保障时，政府要加强规范、支持与引导，让商业保险成为分散风险、增进民生福祉的有效机制。

一、商业保险的内涵

《中华人民共和国保险法》(以下简称《保险法》)对商业保险的定义是:"本法所称保险,是指投保人根据合同约定,向保险人支付保险费,保险人对于合同约定的可能发生的事故因其发生所造成的财产损失承担赔偿保险金责任,或者当被保险人死亡、伤残、疾病或者达到合同约定的年龄、期限等条件时承担给付保险金责任的商业保险行为。"商业保险的本质可以从经济、法律和社会功能三个角度对其本质进行揭示。

(一)从经济角度看

第一,商业保险是一种经济行为。保险与银行、证券一样都归属于金融服务业,其产品是无形的服务。保险这种经济行为之所以能够进行,是因为社会对保险产品有需求和供给。从需求的角度看,存在大量标的面临同样的危险,而与之有利害关系的社会成员需要获得保障,他们宁愿付出一定代价,希望在遭受损失后获得赔偿。从供给角度看,保险人用特殊的技术手段(如大数法则)进行论证,证明完全可以凭借收取的保险费对被保险人因危险事故造成的损失进行补偿,并且赢利。

第二,保险又是一种金融行为。对社会而言,保险组织通过收取保险费聚集了大量的资金,再对这些资金进行运作,实际上在社会范围内起到了资金融通的作用。从这个意义上讲,保险组织是金融中介机构。

第三,从被保险人之间的关系看,保险还起到了国民收入再分配的作用。保险的运行机制是大家共同缴纳保险费,共同出资,组成保险基金。当某一个被保险人遭受损失时,他可以从保险基金中获得补偿,补偿源于被保险人缴纳的保险费。因此,遭受损失的人实际获得的是全体被保险人的共同经济支持。这意味着一个人的损失由大家分担,被保险人之间是一种互助共济关系,从这一点出发,保险是一种分摊意外事故损失的财务安排,在被保险人之间起到了收入再分配的作用。

(二)从法律角度看

商业保险是一种合同行为。投保人购买保险,保险人出售保险,实际上是双方在法律地位平等的基础上,经过自愿的要约与承诺,达成一致意见并签订合同。《保险法》规定:"订立保险合同,应当协商一致,遵循公平原则确定各方的权利和义务。除法律、行政法规规定必须保险的外,保险合同自愿订立。"投保人的权利是当约定的风险事故发生后能够向保险人要求赔偿或给付保险金,义务是向保险人支付保险费并履行合同规定的其他义务。保险人的权利是向投保人收取保险费,其义务是当约定的危险事故发生后向被保险人进行赔偿或给付保险金。

(三) 从社会功能角度看

保险是一种危险损失转移机制。保险使众多单位和个人结合起来，从整体上提高了对危险事故的承受能力。保险能够转移危险损失，通过付出一定保险费的代价换取未来经济上的稳定。这种危险损失转移机制有助于整个社会的经济生活稳定运行，因此，与社会保障一样，商业保险也具有"社会稳定器"的功能。

二、商业保险的类型

第一，按照保险标的分类。保险标的是指保险事故有可能发生的载体，可以是财产、人身等。广义的商业保险可以分为财产保险和人身保险两大类。狭义的分类可细分为财产保险、人身保险、责任保险和信用保证保险。财产保险的保险标的是财产及与之相关的利益。人身保险的保险标的是人的身体或生命，以生存、年老、伤残、疾病、死亡等人身危险为保险事故，被保险人在保险期间因保险事故的发生或生存到保险期满，保险人依据合同对被保险人给付约定的保险金。广义的财产保险和人身保险有着本质不同，前者是损失保险，可以用货币计量；后者是给付性质的，不能用货币计量。

第二，按危险转移层次分类。商业保险可被分为原保险和再保险。原保险是指投保人与保险人直接签订合同，确立保险关系，将危险损失转移给保险人。再保险也称作分保，是保险人将其所承保业务的一部分或全部分给另一个或几个保险人。

第三，按照保险主体或投保单位分类，保险可以分为个人保险和团体保险。

第四，按照是否在保险合同中列明保险标的物的价值，商业保险可分为定值保险和不定值保险。

第五，按照保险金额占标的物的价值的比例分类，商业保险可以分为足额保险、不足额保险和超额保险。

三、商业保险的职能

(一) 基本职能

第一，分担危险的职能。商业保险公司通过向投保人收取保险费建立的保险基金将个体单独面临的风险分摊给集体，这类似于经济学中的规模效应，发挥了"人人为我，我为人人"的互助共济功能，从而提高了个体抵抗风险的能力。

第二,补偿损失的职能。把危险分散给集体的过程就是对遭受损失的个体经济补偿的过程。人寿保险虽然没有以危险事故发生为前提,但是年老也可以被认为是一个逐渐发生损失的过程,因此,人寿保险是现在付出一定的成本换取年老导致的经济损失,更具有储蓄性质,是个体财富在生命周期的平滑,也可认为其具有补偿损失的职能。

(二)派生职能

第一,融资职能。商业保险的融资职能实质是将保险基金暂时闲置的部分重新投入社会再生产中,产生经济效益。但商业保险的融资职能是派生职能,保险基金应当首先承担补偿损失职能,保险产品的设计和管理都应当以危险分担和补偿危险带来的经济损失为前提,不可本末倒置。

第二,防灾防损职能。商业保险公司作为以营利为目的的商业机构,为了尽力减少赔偿的损失,主动防灾防损具有客观必然性。从自身条件看,商业保险公司具有参与防灾防损工作的能力和动力。此外,为了尽力减少损失和厘清双方责任,被保险人的相关行为也会被法律及合同约束,以增强其防灾防损意识。为此,无论是保险人还是被保险人都会在商业保险合同的约定下积极防灾防损,从而降低危险发生的可能性。

第三,分配职能。商业保险实际参与了国民收入再分配。保险通过向多数投保人收取保险费建立保险基金,并在危险事故发生后向少数被保险人进行经济赔偿,这种情形就像财政中的转移支付一样,从而实现国民收入的再分配。

四、商业保险与社会保障、社会保险的关系

商业保险与社会保险本质有别,但都是多层次社会保障体系的一部分,只不过社会保险是现代社会保障体系的主体构成部分。社会保险起源于商业保险,因此,商业保险与社会保险的技术手段相同,都是针对年老、疾病、生育、残障等社会风险,通过风险转移与分散达到"互助共济"的一种管理方式,但它们的区别也很明显。

第一,二者属性不同。如上所述,商业保险是一种提供金融服务的市场产品,保险人与投保人双方遵循市场自愿交易、企业竞争的原则,应当充分保护双方的自愿性。社会保险则是国家为了履行保障社会成员的义务而建立的法定制度,具有强制性。

第二,供给主体目的不同。商业保险的供给主体是商业保险公司,是以营利为目的,而社会保险的供给主体是政府,以促进社会公平、为社会成员提供保障、维护社会稳定为目的。

第三,所属法律范畴不同。社会保险是国家规定的社会成员应当享有的基本权利,

体现国家、用人单位、社会成员等责任主体的权利和义务，在立法方面属于社会法范畴；商业保险体现的是合同双方的责任、权利和义务的关系，属于经济法范畴。

 本章小结

　　补充保障是指基本社会保障安排之外的，以非政府主导性、非强制性为特征的各种社会化保障机制的统称。由于补充保障是一个非常复杂的系统，依照不同标准可以有不同的划分。

　　补充保障具有为基本社会保障"查漏补缺"的功能；补充保障可以提高国民社会保障的水准，增进特定人群的福利；一些补充保障可以作为组织人力资源管理的手段；补充保障还具有满足人们施与仁爱之心、促进社会融合的功能等。补充保障也在社会、政治、经济等广泛领域中发挥着稳定功能、调节功能、促进发展功能和互助功能。在实践中，补充保障必须在国家规定的法律框架下运行，并接受政府监督，而政府在补充保障机制中的责任主要包括推动立法、实行监督，宏观调控，政策引导。

　　企业年金与职业年金作为员工现期工资收入的延期支付，对保障和提高员工退休后的收入有重要的影响。它可以提高劳动者的退休待遇，促进资本市场和劳动力市场的完善，为雇主提供了一种新的可供采用的收益分配形式，也是提高劳动生产率和增强单位凝聚力的重要手段。按照缴费和受益关系不同，企业年金可以分为给付确定模式（DB）、缴费确定模式（DC）和混合模式等。中国的企业年金还处于初期阶段，发展速度比较缓慢。

　　现代慈善事业是现代社会保障体系的一个有机组成部分，它既与法定的基本社会保障制度有联系，并构成对基本社会保障制度的有益补充，又与基本社会保障制度有重大区别。影响慈善事业发展的因素有社会因素、经济因素以及政府介入的程度等。

　　商业保险是多层次社会保障体系中的重要组成部分，具有分担危险、补偿损失的职能，对保障社会成员生活具有重大意义。

案例讨论 1

"99 公益日"见证：数字化助力公益慈善向真向善向美

如今，数字技术正嵌入经济社会的方方面面，同样也影响着公益慈善行业。公益数字化正成为发展之必然趋势。

2022 年 9 月 13 日发布的《中国公益慈善数字化发展研究报告》（以下简称《报告》）显示，目前，全国每年有超过百亿人次关注、点击和参与各类网络公益慈善活动，仅"99 公益日"的捐赠人次，就从 2015 年的 220 万人次上升到了 2022 年的近6 000 万人次；参与公益慈善的方式，也从传统的捐款拓展丰富为捐微笑、捐积分、捐阅读、捐步数、捐小红花等，门槛不断降低，人人皆可慈善；大数据等新技术手段的运用则不断推动公益慈善项目更透明、更诚信地对接捐助方和受助方。

在数字技术的赋能下，千千万万人的小红花和小爱心正在汇聚成向真、向善、向美的磅礴力量。正如中国社会保障学会会长郑功成在《报告》发布会中的致辞所言，以互联网为载体的公益数字化将各界各方参与主体和亿万爱心人士连接在一起，正在形成全新的公益慈善生态。

数字工具与透明问题。社会的痛点是公益的起点。公益数字化要解决的行业痛点是"信任"，而透明是赢得信任的重要途径。可喜的是，用数字化工具解决透明化问题，已然成为公益慈善组织、互联网企业、相关产品服务供应商的共识，人们正不断探索以数字化实现透明化的可行路径。"捐的钱去哪儿了"的疑问正在被给出越来越清晰的答案。受益于透明、开放的态度，某公益平台 2015 年全年捐赠收入为 4.79 亿元，2022 年"99 公益日"，仅十天时间内，捐赠额就达到 33 亿元。借助数字技术，公益越透明、公众越靠近、捐赠越增长，这才是公益事业发展的良好土壤和稳固根基。

资源配置与社会议题。数字技术在资源配置效率上发挥的作用有目共睹。在公益慈善领域，通过公开透明解决信任问题之后，数字化更深层次的应用是高效配置资源，从而挖掘倡导社会议题，并带来全新解决方案，推进社会治理。这是一个全民共创的公益交互机制。公众因关注身边的社会议题，成为公益慈善项目的策划者、捐赠人；企业提供资金，帮助公众实现公益梦想；公益慈善组织落实公益梦想，并接受公众监督。公益行为中每一个参与者所掌握的资源被充分调动、高效利用，所挖掘出来的社会议题也更接地气、直达人心。共同支持公益梦想、共同追求真善美、共同推动社会进步，全民共创的公益，正在触动人们心中最柔软的地方。

"我们还在探索'技术'与'资助'之间的连接。"某基金会秘书长葛某介绍，过去几年,引领技术企业关注社会议题的脚步从未停止。比如,AI 语音降噪技术,赋能耳蜗生产厂商后,可实现实时声音识别处理;AI 图像识别技术,赋能雪豹巡护团队,将极大地提高识别和保护效率;AI 模型识别,可以进行两岁以下孩子的自闭症筛查;等等。"还有更多技术企业在等待加入,公益数字化如何发挥好资源配置作用,助力技术企业提升、助力社会议题解决,需要全社会共创。"葛某说。

数字鸿沟与能力建设。郑功成认为,数字化是有利于公益慈善事业发展的新生产力,但我国公益数字化总体上起步不久,还有很大提升空间。公益慈善组织虽具有借助互联网动员更多社会资源的动力,但仍缺乏与之相适应的观念、技术与人才,数字化建设较为滞后。

为行业伙伴培育数字人才、提供数字工具、搭建数字生态……正是某公益平台致力的重心之一。"公益数字化在项目管理、项目执行等方面存在深水区,如果这一状况不能得到改善,我们所畅想的一个开放互助、共创共享的公益数字化生态就难以打造。"某公司副总裁、可持续社会价值事业部负责人陈某某表示,这也正是其企业在可持续社会价值创新战略升级后,在公益慈善领域力推数字化人才培养和数字工具配置的原因。"数字化不是目的,只是一个方法。它与公益碰撞擦出的火花不但有助于公益的透明理性、有助于整个行业的效率提高,更有助于保护和回馈每个人的善念,这才是公益慈善事业长久发展的源泉。"陈某某对未来充满希望,"新技术的赋能将激发中国公益慈善巨大潜力,期待更多行业伙伴一同携手,在公益数字化领域同行、共创"。

资料来源:《中国社会报》2022 年 9 月 14 日第 1 版的文章,内容有删减。

案例讨论 2

"惠民保"迭代寻求可持续发展

普惠医疗保险在我国多层次医疗保障制度中扮演着不可或缺的角色。近日,上海、深圳、南宁、成都等多地陆续上线 2023 版"惠民保",对产品进行了升级。其中,多地产品扩展保障责任、降低免赔额、扩大投保范围,并创新加入医保账户余额、数字人民币缴费方式,吸引民众投保。

低价格、低门槛、高保障。说起"惠民保",民众最直观的印象就是实惠:几十块或一百来块钱的保险费、几百万元的保险额度、几乎没有投保限制条件等。作为一种普惠性补充医疗保险,"惠民保"对服务社会发展有着重要作用,其低价格、低门槛、高保障等特点,有效降低了居民医疗保险目录内和目录外的医疗负担,也为参保人提供了更高层次的医疗费用报销比例,有效弥补了多层次医疗保障体系的缺口。据中国人民保险集团相关负责人介绍,"惠民保"价格低廉,保险费不到百万医疗险的1/4,在保险额度方面却能基本和百万医疗险持平。它面向的是基本医疗保险参保人,具有不分年龄、不限职业、不用健康告知的特点,提升了健康保险的公平性。"惠民保"比传统商业保险准入门槛低,不限年龄、不限既往症,且价格便宜、实惠,各类群体都能购买,这也极大提高了医疗险产品的普及率。

产品升级促服务提升。在普惠利民的发展理念之下,"惠民保"成为很多地方政府重要的民生工程。从2020年至今,"惠民保"的保险费价格持续上涨,2022年均价已达到123元,且100元以上的产品数量占比增加,与上涨的保险费相对应的是以特殊药物数量和种类为代表的保障范围也在不断扩大。此外,在罕见病的保障方面,深圳"惠民保"也走在了市场前列,纳入了6种罕见病、7个自费药物,报销比例与连续参加原重疾险或者深圳"惠民保"的年限挂钩,最高支付70%,年支付限额50万元。据了解,我国罕见病患者数量约2 000万人,目前仅有5%的罕见病有有效的治疗方法,而且罕见病的用药价格十分昂贵,罕见病患者往往需要终身用药,一般家庭很难负担。记者在采访中了解到,绝大部分罕见病自费费用高昂,患者及其家庭面临基本医疗保险无法报销、普通商业保险无法承保理赔的困境。然而,"惠民保"产品近年来保障范围不断扩大,有效解决了罕见病患者用药负担。

未来发展充满挑战。随着"惠民保"产品运营迭代的时间增加,一方面,其价格亲民、承保条件友好、覆盖人群广泛、与基本医疗保险衔接等特征,为人民群众有效转移化解了医疗费用负担;另一方面,运营过程中也出现续保率承压、获得感不强、民众医疗保障仍有缺口等问题。"惠民保"的可持续发展问题引起了各方的关注与重视。

有研究机构统计数据显示,2022年我国"惠民保"业务平均参保率为18%,显著高于2021年的13%,且参保率在5%以上的产品占比显著提高。此外,参保率超过30%的产品共有10个,除珠海和深圳外,其他产品均来自浙江省。其中,浙江丽水的"浙丽保",参保率高达90.4%,为全国最高水平。

未来"惠民保"的发展前景如何?阳光财险相关负责人认为,对"惠民保"的未来还是要保持谨慎乐观的态度,"惠民保"的市场需求一直存在,随着经济社会发展,人们对多层次、多样化的健康保障需求会不断释放。预计市场也会出现更多的创新型产品,通过社会保险、商业保险融合创新发展,与基本医疗保险、大病保险形成有效衔接和补充,不断推进完善多层次医疗保障体系建设。"惠民保"的可持续发展有赖于政府、保险公司、第三方平台等参与主体的有序合作和价值主张的实现,但也应强化商业保险的定位，尊重商业保险的运营规律，减少政府约束，这是"惠民保"未来可持续发展的关键。在实现普惠性与人民性的前提下，兼顾与保障参与主体利益，方可维护"惠民保"的健康可持续发展。

资料来源：《经济日报》2023年5月22日第7版的文章，内容有删减。

复习思考题

1. 如何理解补充保障以及政府在其中的职能？
2. 企业（职业）年金的分类有哪些？
3. 企业（职业）年金与基本养老保险的联系和区别是什么？
4. 如何理解慈善事业？
5. 慈善事业与社会保障的关系如何？
6. 通过慈善事业的影响因素，分析我国慈善事业的发展。
7. 商业保险的职能有哪些？
8. 简述如何发展商业保险以促进社会保障体系的完善。